Psicometría

María Rosario Martínez Arias
María Victoria Hernández Lloreda
María José Hernández Lloreda

Psicometría

Alianza Editorial

Reservados todos los derechos. El contenido de esta obra está protegido por la Ley, que establece penas de prisión y/o multas, además de las correspondientes indemnizaciones por daños y perjuicios, para quienes reprodujeren, plagiaren, distribuyeren o comunicaren públicamente, en todo o en parte, una obra literaria, artística o científica, o su transformación, interpretación o ejecución artística fijada en cualquier tipo de soporte o comunicada a través de cualquier medio, sin la preceptiva autorización.

© María Rosario Martínez Arias, María Victoria Hernández Lloreda y María José Hernández Lloreda, 2006
© Alianza Editorial, S. A., Madrid, 2006
 Juan Ignacio Luca de Tena, 15; 28027 Madrid; teléf. 91 393 88 88
 www.alianzaeditorial.es
 ISBN-13: 978-84-206-6406-4
 ISBN-10: 84-206-6406-5
 Depósito legal: M. 47.045-2006
 Compuesto e impreso en Fernández Ciudad, S. L.
 Coto de Doñana, 10. 28320 Pinto (Madrid)
 Printed in Spain

SI QUIERE RECIBIR INFORMACIÓN PERIÓDICA SOBRE LAS NOVEDADES
DE ALIANZA EDITORIAL, ENVÍE UN CORREO ELECTRÓNICO A LA DIRECCIÓN:
alianzaeditorial@anaya.es

Índice

Prólogo 13

1. Tests psicológicos y educativos: conceptos básicos, clasificación y construcción 15

    1. Introducción 15

        1.1. La medida en psicología y educación 15
        1.2. ¿Por qué los profesionales necesitan conocer la teoría de los tests? 16

    2. Concepto de test. Algunas clasificaciones 18
    3. El proceso de inferencia psicométrica 20
    4. Los principios del modelo psicométrico 23

        4.1. Fiabilidad 23
        4.2. Validez 24
        4.3. Comparabilidad 24
        4.4. Equidad 24

    5. Los modelos de tests 25
    6. La construcción de un test 26

        6.1. La finalidad del test 27
        6.2. Restricciones en la aplicación 28
        6.3. Marco del test: características del constructo o dominio 28
        6.4. Especificaciones derivadas del marco 30
        6.5. Especificación del formato de los ítems. Reglas de puntuación 31
        6.6. Revisión de los ítems 33
        6.7. Estudio piloto 33

	6.8. Estudio de campo	34
	6.9. Manual del test y sus revisiones	35
7.	Criterios para la valoración de un test	35

2. Teoría Clásica de los Tests (TCT) I: el modelo y la fiabilidad de las puntuaciones ... 37

1. El modelo de la TCT 37
2. Supuestos y deducciones del modelo 38
3. Concepto de fiabilidad 41
4. Relaciones del modelo basadas en el supuesto de paralelismo ... 44
5. Factores que afectan al coeficiente de fiabilidad 46
   - 5.1. Fiabilidad y variabilidad de la muestra 46
   - 5.2. Fiabilidad y longitud: fórmula de la profecía de Spearman-Brown ... 47
6. Estimación empírica del coeficiente de fiabilidad 50
7. La fiabilidad como consistencia interna 52
   - 7.1. Procedimientos basados en la división del test en dos mitades ... 52
   - 7.2. Métodos basados en las covarianzas entres los ítems ... 54
8. Coeficiente de fiabilidad como acuerdo entre jueces 60
9. Tests de velocidad y tests de potencia 62
10. Fiabilidad en situaciones más complejas: tests compuestos y puntuaciones diferencia ... 63
    - 10.1. La fiabilidad de un test compuesto 63
    - 10.2. Fiabilidad de las ganancias o puntuaciones diferencia ... 65
11. Algunas consideraciones sobre las estimaciones del coeficiente de fiabilidad ... 66
12. Consecuencias de los errores de medida sobre los análisis de datos ... 67

3. La Teoría Clásica de los Tests II: puntuaciones, análisis de elementos, consideraciones finales ... 69

1. Las puntuaciones en la TCT 69
   - 1.1. Puntuaciones de los tests como suma de las respuestas a los ítems ... 69
   - 1.2. Tests formados por ítems dicotómicos de elección múltiple (EM) ... 70
   - 1.3. Problemas especiales con los tests de velocidad 72
2. Puntuaciones con ponderación de los ítems 73
3. La estimación de las puntuaciones en la TCT 74
   - 3.1. Estimadores puntuales 74
   - 3.2. Estimaciones de intervalos o bandas de puntuaciones ... 75
   - 3.3. Interpretación de algunas diferencias 77
4. El análisis de los ítems en la TCT 79
   - 4.1. El análisis de las opciones del ítem 80
   - 4.2. Estadísticos de los ítems 82
   - 4.3. Cálculo de los estadísticos de los ítems con programas de ordenador ... 97
5. Valoración de las TCT 99

4. Introducción a la Teoría de la Generalizabilidad (TG) 101
   1. Introducción 101
   2. Innovaciones de la TG 102
   3. Los conceptos fundamentales de la TG 103
      3.1. El objeto de la medición 103
      3.2. Facetas y niveles 103
      3.3. Puntuación observada *versus* puntuación del universo 104
      3.4. Diseño experimental 104
      3.5. Estudios G y D 105
   4. Estudio de generalizabilidad (estudio G) 106
      4.1. Modelo estadístico de la TG 106
   5. Estudios de decisión 113
      5.1. El coeficiente de generalizabilidad 113
      5.2. Estimación de los componentes de la varianza en los estudios D 114
      5.3. Decisiones absolutas y relativas 116
      5.4. Los errores en la TG 117
      5.5. Cálculo de los coeficientes de generalizabilidad 118
      5.6. ¿Cómo se pueden obtener en la práctica los estimadores de los coeficientes de la Teoría de la Generalizabilidad? 121
   6. Valoración general de la TG 122

5. Teoría de la Respuesta al Ítem (TRI) I: conceptos básicos y modelos para ítems dicotómicos 123
   1. Introducción 123
   2. Principales diferencias entre la Teoría Clásica de los Tests y la Teoría de la Respuesta al Ítem 126
   3. Características generales de los modelos de la TRI 127
      3.1. Aspectos comunes a los distintos modelos 127
      3.2. Principales ventajas de los modelos de la TRI 130
   4. Los supuestos de la TRI 131
      4.1. Unidimensionalidad (dimensionalidad en general) 131
      4.2. Independencia local 132
   5. Los parámetros de la Curva Característica del Ítem (CCI) o Función de Respuesta al Ítem (FRI) 134
   6. La forma de los modelos de la CCI 140
      6.1. Modelos logísticos 141
   7. La elección de un modelo para ítems dicotómicos 153

6. Teoría de la Respuesta al Ítem (TRI) II: estimación de los parámetros, información y otros conceptos 155
   1. Introducción a la estimación de los parámetros de los modelos 155
      1.1. Estimación de la aptitud θ de los sujetos 156

  1.2. Las puntuaciones estimadas en la TRI 161
 2. Calibración de los ítems o estimación de los parámetros del ítem 162
 3. Calibración de los ítems de un test y estimación de las puntuaciones de los sujetos: ejemplo de cálculo con un test real 163
 4. Cumplimiento de los supuestos y ajuste de los datos al modelo de TRI elegido .. 167
  4.1. Prueba de los supuestos de los modelos 167
  4.2. El ajuste de los modelos a los datos 170
 5. La escala de aptitud θ y la curva característica del test 173
 6. La información de los ítems y del test 177
  6.1. La información del ítem 177
 7. La información del test $I(\theta)$ 181
  7.1. La función de información del test 181
  7.2. La función de información del test y el error típico de estimación 184
  7.3. Estimación de la aptitud, información de ítems y test y errores típicos de estimación con el programa BILOG-MG 186
  7.4. La función de eficiencia relativa y su papel en la construcción de un test .. 189

7. Modelos Politómicos de la Teoría de la Respuesta al Ítem 193

 1. Introducción 193
 2. Modelo de Respuesta Graduada (MRG) 195
 3. Modelo de *Rating Scale* (Muraki, 1990) 203
 4. Modelo de Crédito Parcial (MCP) 208
 5. Modelo de Crédito Parcial Generalizado (MCPG) 212
 6. *Software* para la estimación de los modelos de la TRI 216

8. Validez de los tests 219

 1. Introducción 219
 2. La evolución del concepto de validez 221
 3. Una visión general del proceso de validación de tests 226
 4. Argumentos de validez y sus fuentes de evidencia 229
 5. Evidencias de validez basadas en el contenido del test 229
  5.1. Concepto 229
  5.2. Procedimientos para el análisis de las evidencias de validez de contenido 231
 6. Evidencias basadas en el análisis de los procesos de respuesta 233
 7. Evidencias basadas en la estructura interna (análisis psicométrico interno del test) 234
 8. Evidencias basadas en las relaciones con otras variables 235
  8.1. Las evidencias convergente y discriminante 236
  8.2. Las evidencias referidas a criterios 240
 9. Evidencias basadas en las consecuencias del test 243
 10. El tratamiento de las evidencias de validez en las investigaciones psicológicas 244

9. Evidencias de validez referidas a un criterio, I: una variable predictora   245

   1. El coeficiente de validez como correlación entre un test y un criterio   245
      1.1. Introducción   245
      1.2. Las ecuaciones de regresión lineal y el criterio de mínimos cuadrados ordinarios   246
      1.3. Conceptos utilizados en la Teoría de la Validez   248
      1.4. Inferencias en el modelo de regresión   251
   2. Factores que afectan al coeficiente de validez como correlación entre puntuaciones del test y del criterio   258
      2.1. Relaciones entre fiabilidad y validez de las puntuaciones de X y de Y   259
      2.2. Cambios en el coeficiente de validez cuando se producen cambios en la longitud de los tests   263
      2.3. Cambios en el coeficiente de validez con cambios en la variabilidad del grupo: el problema de la restricción del rango   265
   3. Generalización de la validez   276

10. Evidencias de validez referidas a un criterio, II: validez y utilidad   279

    1. Decisiones derivadas del uso de los tests   279
    2. Utilidad de las decisiones en selección   281
    3. Decisiones con los tests de diagnóstico clínico   284
       3.1. Algunos índices utilizados en la validación de tests   284
       3.2. El análisis mediante las curvas ROC   288

11. Evidencias de validez referidas a un criterio, III: múltiples predictores. Correlación y Regresión Lineal Múltiple   295

    1. Decisiones derivadas del uso de los test   295
    2. Modelo de Regresión Lineal Múltiple (RLM)   296
       2.1. Supuestos   297
       2.2. Estimación de los parámetros del modelo   297
       2.3. Coeficientes de la regresión   298
       2.4. Descomposición de la variación total observada en Y   299
    3. Coeficientes de determinación múltiple y de correlación múltiple   299
    4. Ejemplo de un modelo de regresión lineal múltiple   301
    5. Inferencias acerca del modelo ajustado   303
       5.1. Significación global del modelo   303
       5.2. Significación estadística de los coeficientes de la regresión   304
       5.3. Una interpretación simple de los valores de los coeficientes   305
    6. Valores pronosticados, residuos e intervalos de confianza   306
    7. Selección de predictores   307
       7.1. La multicolinealidad en los predictores   308
       7.2. Significación estadística de un predictor añadido   309
       7.3. Contribución de los predictores al pronóstico   310
       7.4. Algo más sobre los procedimientos paso a paso   312

12. **Evidencias de validez relativas a la estructura interna del test, I: Análisis Factorial Exploratorio (AFE)** 317

    1. Introducción 317

        1.1. Introducción 317
        1.2. Aproximaciones actuales al AF 319
        1.3. Ejemplo para las ilustraciones de las técnicas 321

    2. Conceptos básicos del Análisis Factorial Exploratorio 322

        2.1. Fases del Análisis Factorial Exploratorio 322
        2.2. Modelo del AFE y la ecuación fundamental 324
        2.3. Algunos conceptos básicos del modelo de AF 325

    3. Extracción de los factores 327

        3.1. Métodos de extracción de los factores 330
        3.2. Número de factores a extraer 333

    4. Soluciones factoriales indirectas: la rotación 337

        4.1. Algunas matizaciones de las soluciones oblicuas 341
        4.2. Los algoritmos de rotación de los programas de ordenador 341

    5. Interpretación de los factores 343

        5.1. Tamaños muestrales requeridos para realizar Análisis Factorial y la replicabilidad de los factores 344

    6. Factores de orden superior 344
    7. Puntuaciones factoriales 345
    8. Consideraciones en el Análisis Factorial de ítems de los tests 347

        8.1. Problemas en la aplicación del AF a ítems de tests 347
        8.2. El caso particular de los ítems dicotómicos 349

13. **Evidencias de validez relativas a la estructura interna del test, II: Análisis Factorial Confirmatorio** 353

    1. Análisis Factorial Confirmatorio 353
    2. Especificación del modelo 355

        2.1. La matriz de varianzas-covarianzas del modelo 357

    3. Otras consideraciones previas a la estimación del modelo 357

        3.1. Preprocesamiento de los datos 357
        3.2. Elección de la matriz para el análisis 358

    4. Identificación del modelo 359
    5. Estimación de los parámetros del modelo 361

        5.1. Mínimos Cuadrados no Ponderados (ULS) 362
        5.2. Mínimos Cuadrados Generalizados (GLS) 362
        5.3. Máxima Verosimilitud (ML) 363
        5.4. Estimación de parámetros en el modelo del ejemplo 363

    6. Evaluación del ajuste de los modelos 365

        6.1. Medidas globales de bondad de ajuste 366

	6.2. Estadísticos de ajuste global para los datos del ejemplo	371
	6.3. Ajuste de los componentes del modelo	371
7.	Reespecificación de los modelos	373
8.	Comparación de modelos anidados	377

14. Equidad del test y funcionamiento diferencial de los ítems 379

    1. Introducción 379
        1.1. Concepto de equidad o ausencia de sesgo 379
        1.2. Preocupación histórica por el estudio del sesgo 381
    2. Detección del sesgo 382
    3. Procedimientos empíricos para la detección del DIF en ítems dicotómicos 385
        3.1. Procedimientos no paramétricos 385
        3.2. Procedimientos paramétricos: regresión logística 391
    4. Procedimientos basados en estimaciones de la variable latente para la detección del DIF en ítems dicotómicos: métodos basados en Teoría de la Respuesta al Ítem 394
        4.1. Definición y tipos de DIF en la TRI 394
        4.2. Procedimientos paramétricos 396
        4.3. Procedimientos no paramétricos basados en la variable latente 399
    5. Modelos basados en tablas de contingencia frente a modelos basados en la TRI .. 399
    6. Procedimientos de detección del DIF para ítems politómicos 400
        6.1. Dificultades especiales de análisis del DIF en ítems politómicos 400
        6.2. Procedimientos paramétricos basados en variables latentes 402
    7. Algunas consideraciones finales 402

15. Interpretación de las puntuaciones: escalas, normas y equivalencias de puntuaciones 405

    1. Introducción 405
    2. Interpretaciones normativas 406
        2.1. Introducción 406
        2.2. Transformaciones lineales y no lineales 407
        2.3. Otros tipos de normas 416
        2.4. Grupos normativos 416
    3. Equivalencia de puntuaciones y técnicas para lograr la comparabilidad 420
        3.1. Introducción 420
        3.2. Condiciones para la equiparación 421
        3.3. Diferentes formas de lograr la comparabilidad 423
        3.4. Diseños para la recogida de datos 425
    4. Algunos métodos de equiparación basados en la TCT 428
        4.1. Equiparación en puntuaciones observadas en la TCT con grupos aleatorios 429
        4.2. Métodos de equiparación para el diseño de grupos no equivalentes 434

  5. Procedimientos de equiparación basados en la TRI 436

    5.1. Calibraciones separadas de X e Y 436
    5.2. Calibración concurrente con el programa BILOG-MG (PARSCALE, ICL). 437

  6. Observaciones finales 438

16. Interpretación de las puntuaciones basada en criterios: Test Referidos a Criterios (TRC) y estándares de rendimiento 439

  1. Introducción 439
  2. Definición y principales características de los TRC 440
  3. Principales diferencias entre TRC y Tests Referidos a Normas (TRN) 441
  4. Construcción de un TRC 442
  5. Análisis de los ítems en los TRC 444

    5.1. Análisis de contenido de los items 445
    5.2. Análisis estadístico de los items 446

  6. Fiabilidad de los TRC 451

    6.1. La fiabilidad de los TRC en las puntuaciones del dominio 451
    6.2. La fiabilidad de las clasificaciones 452

  7. Determinación de puntos de corte para establecer los niveles 457

    7.1. Procedimientos de establecimiento de los puntos de corte 459

Bibliografía 465

Prólogo

Este libro es el resultado de nuestra experiencia en la enseñanza de la asignatura de Psicometría a los estudiantes de Psicología de la Universidad Complutense de Madrid y de una extensa práctica en la construcción de instrumentos de medida. El objetivo fundamental de la asignatura que impartimos es introducir a los estudiantes en los principales conceptos, métodos y procedimientos de cálculo para construir, evaluar y aplicar tests en psicología, educación y en las ciencias sociales en general.

Desde nuestra visión, la Psicometría, como fundamento para la construcción y uso de los tests, debería estar contextualizada y guiada por conceptos sustantivos y no solamente como un mero conjunto de ejercicios estadísticos. Por este motivo, la mayor parte de los capítulos están ilustrados con conjuntos de datos reales similares a los que surgen habitualmente en la investigación psicológica.

Escribir el libro no ha sido fácil, ya que la Psicometría constituye hoy un extenso cuerpo de conocimientos, basado en diferentes modelos estadísticos. Algunos, de una gran tradición y antigüedad como la Teoría Clásica de los Tests, han proporcionado los fundamentos para el desarrollo de la mayor parte de los tests que los psicólogos utilizan en la actualidad, sean éstos de aptitudes, personalidad o rendimientos académicos. En los últimos treinta años se han ido incorporando con fuerza otros modelos como la Teoría de la Generalizabilidad y la Teoría de la Respuesta al Ítem, que juegan hoy un importante papel en la medición psicológica y educativa, en lo que se refiere al tratamiento del error y de la fiabilidad. Los siete primeros capítulos del libro explican los conceptos básicos de los tests, así como los fundamentos de las citadas teorías, imprescindibles para explicar las puntuaciones.

En la teoría de los tests no solamente son importantes los modelos para las puntuaciones, sino que aún lo es más el concepto de validez que permite fundamentar las inferencias y usos derivados de las puntuaciones. Aunque insuficientemente tratado en muchos textos de Psicometría, la validez es el aspecto más importante de un test y debe ser considerado desde muchos puntos de vista, dependiendo del uso que se pretende dar a los datos. Esto lleva a una gran variedad de procedimientos estadísticos, que quedan recogidos en el libro en los capítulos 8 a 13.

Los psicólogos y otros usuarios de los tests deben utilizarlos de forma justa y equitativa, no discriminando con su uso a determinadas poblaciones y el capítulo 14 ofrece una visión de esta problemática y de algunos procedimientos estadísticos para abordarla.

Finalmente, en los capítulos 15 y 16 se presentan las dos formas de interpretación de los tests, conocidas en la literatura como tests referidos a normas y tests referidos a criterios.

La cobertura de temas es extensa, lo que implica que no puedan ser tratados en profundidad, ya que serían necesarios libros monográficos para la mayor parte de los tópicos considerados. El libro intenta desarrollar una visión aplicada de la psicometría que resulte comprensible para los lectores. Por este motivo se ha prescindido de las demostraciones formales, insistiendo más en las aplicaciones y en el uso de *software* para la realización de los cálculos y en la interpretación del *output* de los distintos programas. En todos los casos se remite a los lectores interesados a numerosas referencias en las que pueden encontrar justificaciones rigurosas.

Una advertencia importante para los lectores se refiere a la notación utilizada en los capítulos. La psicometría procede de muchas fuentes teóricas y de muy diversos autores y grupos, que desarrollan notaciones específicas y que no tienen en cuenta las de otras fuentes. Esta diversidad de notación se aprecia sobre todo en los temas de modelos de puntuaciones/fiabilidad y los de validez. En el primer caso, en las ecuaciones suelen utilizarse letras griegas, mientras que en los temas referidos a la validez es común la utilización de letras latinas. En general, se ha seguido este tipo de notación, respetando la que es habitual en la mayor parte de los textos. Esperamos que no cree confusión a los lectores.

Con el objetivo de no alargar excesivamente el libro y no perder continuidad en su lectura, no se incluyen ejercicios prácticos ni instrucciones para la aplicación de los programas utilizados en los ejemplos que se presentan. No obstante, somos conscientes de la extraordinaria utilidad de los ejercicios prácticos y por eso se incluyen en el acceso al título de este manual, *Psicometría*, a través de la página web de la editorial (www.alianzaeditorial.es), una serie de ejercicios, tutoriales y datos con los que se pueden realizar prácticas.

Las autoras
Madrid, julio de 2006

1. Tests psicológicos y educativos: conceptos básicos, clasificación y construcción

1. Introducción

1.1. La medida en psicología y educación

La meta de las ciencias es el establecimiento de principios generales que permitan la descripción, predicción y explicación de los fenómenos de su área de interés. Para lograr este objetivo, como señala Torgerson (1958), los científicos deben recoger y comparar datos que permitan fundamentar las teorías y la medida es un componente fundamental en este proceso. La especialidad de la psicología que estudia los procesos de medición es la psicometría, que es un término genérico que aglutina todo un conjunto de modelos formales que establece las bases para que la medición de los fenómenos psicológicos y educativos se realice de forma adecuada.

En la teoría de los tests las definiciones de medida son sencillas. Existe bastante acuerdo en considerarla como la asignación de números a atributos de los sujetos, de tal forma que los números reflejen los diferentes grados del atributo que es evaluado (Nunnally y Bernstein, 1994, De Vellis, 2003). Una definición similar es la dada por Lord y Novick (1968) que la definen como «un procedimiento para la asignación de números (puntuaciones) a propiedades especificadas de las unidades experimentales, de modo que las caractericen y preserven las relaciones especificadas en el dominio comportamental» (p. 17).

Algunos lectores considerarán un poco simplista la definición de medida seguida, ya que se han omitido aspectos importantes de las *teorías de la medición*, de gran relevancia en la psicología. Estas teorías intentan vertebrar la medición psicológica en torno a tres grandes áreas o problemas: la representación, la unicidad y la significación. Los lectores interesados en esta problemática pueden acercarse a las obras de Krantz, Luce, Suppes y Tversky (1970), Luce, Krantz, Suppes y Tversky (1990), Suppes, Krantz, Luce y Tversky (1989) y a la interesante crítica de Michell (1999). El mundo de los tests ha estado bastante alejado de esta problemática, ya que se parte del supuesto de que los valores asignados a las respuestas forman una escala numérica de intervalo, aunque la mayor parte de las veces no se soportan las propiedades de dicha escala (Lord y Novick, 1968). Este tipo de medición apriorística, o por *especificación*, ha recibido diversos nombres en la teoría de la medición: medidas por definición (Torgerson, 1958), medidas de indicador (Suppes y Zinnes, 1963) y medidas de índice (Dawes, 1972). Estas diferentes denominaciones suponen distintas formas de caracterizar el estatus métrico de las puntuaciones de los tests con respecto a la teoría de la medición, que puede resumirse en una simple frase: «ausencia de la justificación de las propiedades de la escala» (esta característica no es aplicable a un tipo de modelos que serán tratados más adelante, los modelos de Rasch). Para justificar esta aproximación, Lord y Novick (1968) insisten en la necesidad de evaluar estas puntuaciones desde el punto de vista pragmático, es decir, desde la utilidad de la escala resultante, destacando que si las puntuaciones de los tests proporcionan más información para la clasificación y predicción cuando son tratadas como de intervalo, pueden usarse así.

A pesar de las críticas, a veces recibidas de los ortodoxos de la teoría de la medición, es un hecho indudable que los tests psicológicos y educativos están entre las contribuciones más importantes de las ciencias del comportamiento a la sociedad, proporcionando mejoras fundamentales sobre otros procedimientos de medición.

La medida mediante tests en psicología tiene una larga historia, en la que por limitaciones de espacio no podemos entrar. Recomendamos a los lectores interesados la lectura de Du Bois (1970).

1.2. ¿Por qué los profesionales necesitan conocer la teoría de los tests?

Cuando una persona se enfrenta a esta materia por primera vez, como sucede con los estudiantes de psicología o educación, suelen plantearse ciertos interrogantes de los que son ejemplo los señalados por Crocker y Algina (1986):

1. ¿Qué es la teoría de los tests y por qué su conocimiento es imprescindible en psicología y educación?
2. ¿Por qué se requiere para su estudio conocer la estadística?

Tests, escalas de calificación, autoinformes, cuestionarios y otros instrumentos similares forman parte de la actividad cotidiana de psicólogos y educadores, y están llegando al público en general. Diferentes características de los sujetos, las escuelas, los estados, etc., son evaluadas periódicamente e incluyen tests de desarrollo, capacidades académicas, aptitudes, rendimientos escolares, inteligencia, actitudes, motivación, etc. Por otra parte, los resultados de los tests suelen tener con frecuencia impacto en la vida de los sujetos u otras unidades medidas. Es necesario conocer los procedimientos en los que se basan las puntuaciones de los tests, la información que proporcionan y las limitaciones que entrañan, para hacer un buen uso de los mismos. Como señalan los *Standards for Educational and Psychological Tests* (AERA, APA, NCME, 1999, en adelante SEPT), «el uso inadecuado de los tests puede causar considerables perjuicios a los sujetos que contestan al test y a otras partes afectadas por las decisiones derivadas de los tests» (p. 1).

Puesto que los constructos medidos en psicología y educación son abstracciones que únicamente se pueden evaluar indirectamente, el diseño de instrumentos adecuados de medición presenta múltiples problemas que se pueden resumir en los siguientes:

1. No existe una única aproximación a la medición de un constructo que sea universalmente aceptada. Diferentes procedimientos de medición, que se derivan de distintas definiciones del marco, pueden llevar a distintas conclusiones sobre la caracterización de los sujetos en el atributo o rasgo latente. El término constructo es utilizado aquí en sentido amplio, como el concepto o característica que el test pretende medir (SEPT, 1999).
2. Todos los tests están basados en muestras limitadas de conductas del dominio que se pretende medir. Determinar el número de elementos de la muestra y su variedad es uno de los principales problemas en el desarrollo de los instrumentos de medida.
3. Las medidas obtenidas siempre contienen error. Puesto que se basan en muestras limitadas de contenidos, se ven afectadas por todos los errores de muestreo. Las inconsistencias en las puntuaciones ligadas al muestreo de tareas, ocasiones o situaciones pueden considerarse como errores aleatorios.
4. Falta de escalas de medida con origen y unidades de escala definidas, lo que da lugar a una indeterminación de la medida.
5. Los constructos no pueden definirse aisladamente, simplemente en términos de definiciones operativas, sino que deben establecerse sus relaciones con otros constructos y con las conductas observables.

En cuanto a sus relaciones con la estadística y la Teoría de la Probabilidad, estas disciplinas constituyen las bases teóricas que fundamentan la teoría de los tests, como el lector podrá comprobar en la lectura de los siguientes capítulos.

En la evaluación psicológica y educativa observamos lo que las personas dicen o hacen en circunstancias particulares e intentamos inferir lo que conocen o son capaces de hacer. Existe una cadena de inferencias que dependen de modelos estadísticos y probabilísticos, y es con estos enlaces con los que se asocian las propiedades psicométricas a las que se refieren términos como fiabilidad, validez y comparabilidad. Las fórmulas y procedimientos de la teoría de los tests proporcionan definiciones de trabajo e instrumentos prácticos para tratar estos aspectos, que cumplen su función en la cadena de inferencias de las observaciones al constructo (véase más adelante la figura 1.1). Como señala Messick (1994), «validez, fiabilidad, comparabilidad y equidad, no son solamente cuestiones de medida, sino valores sociales que tienen significado y fuerza más allá de la medida siempre que se emiten juicios y se toman decisiones» (p. 2).

2. Concepto de test. Algunas clasificaciones

La palabra inglesa *test* tiene varios significados. Como nombre significa prueba, reactivo, etc. Como verbo, ensayar, comprobar, etc. Este término ha sido adoptado internacionalmente para designar un tipo de examen o evaluación de uso extendido en psicología y educación. Aunque se han propuesto muchas definiciones de tests (véase Martínez Arias, 1995, para una revisión de las mismas), adoptamos la definición presentada en los últimos SEPT (1999) que recoge muy bien la variedad de aspectos a los que se puede aplicar esta denominación: «Un test es un instrumento evaluativo o procedimiento en el que se obtiene una muestra de la conducta de los examinados en un dominio especificado y posteriormente es evaluada y puntuada usando un procedimiento estandarizado» (p. 3).

En algunos contextos a veces se establecen distinciones entre los términos tests, inventarios, cuestionarios o escalas. En las páginas que siguen utilizamos la palabra test para referirnos a cualquiera de los tipos de instrumentos de medición, tal como establecen los SEPT. Por lo tanto, en el desarrollo del proceso de evaluación, toda la teoría que explicamos puede aplicarse tanto a los tests de rendimiento, aptitudes, actitudes, personalidad, etc.

Aunque se han propuesto múltiples clasificaciones de los tests, presentamos aquí las más habituales en los contextos psicológicos y educativos:

1. En función de las *consecuencias* para el sujeto. Es frecuente dividir los tests o instrumentos de evaluación a lo largo de un continuo de consecuencias, aunque simplificadamente suele hablarse de tests de altas consecuencias (como, por ejemplo, tests utilizados en procesos de selección) y tests de bajas consecuencias (como, por ejemplo, cuando se utilizan en investigación). Esta distinción es una consideración importante en la interpretación de los resultados.
2. En función del *planteamiento del problema y tipo de respuesta*. Los tests están construidos a partir de una muestra de conductas que exi-

ge, por parte del sujeto, una determinada forma de planteamiento y resolución del problema presentado. Como veremos en capítulos siguientes, esta distinción suele plantearse en términos del denominado formato de los ítems o tareas del test, y en este ámbito es frecuente hablar de tests de respuesta seleccionada (RS) o elección múltiple (EM) y test de respuesta construida (RC), incluyendo ambos diferentes modalidades.
3. En función del *área del comportamiento acotada*. Se establecen distinciones frecuentes entre tests cognitivos (aptitudes, inteligencia, rendimiento académico, etc.) y no cognitivos (personalidad, intereses, motivación, actitudes, etc.), a veces conocidos como tests de ejecución o rendimiento máximo frente a tests de ejecución típica.
4. En función *de la modalidad de aplicación*. Con respecto a este aspecto suelen utilizarse diferentes etiquetas para los tests, tales como individual/colectivo, papel y lápiz/ordenador, adaptativo/no adaptativo, etc.
5. En función de *las demandas temporales*. Este aspecto permite clasificar los tests en un continuo que va de rapidez o velocidad a potencia.
6. En función del *grado de aculturación o demandas específicas* de una cultura o grupo requeridas en la resolución del test. No se establece una división dicotómica, sino que, como alguna de las dimensiones anteriores, permite situar los tests a lo largo de un continuo.
7. En función del *modelo estadístico* en que se basan las puntuaciones del test. La construcción de un test necesita basarse en algún modelo probabilístico que permita dar un significado a las puntuaciones y hacer inferencias a partir de la muestra de conductas planteadas en el test. Aunque se han presentado muchos modelos a lo largo de la historia de la psicometría, los que han tenido trascendencia pueden clasificarse en los dos grupos siguientes:

    a) Teoría Clásica de los Tests (TCT) y sus extensiones, como la Teoría de la Generalizabilidad (TG), a veces conocidos como Modelos Débiles de la puntuación verdadera, basados en el modelo lineal general y en las puntuaciones totales de los tests.
    b) Teoría de la Respuesta al Ítem (TRI) que modeliza las probabilidades de respuesta a un ítem para diferentes niveles del rasgo latente mediante un modelo no lineal.

8. En función del *tipo de interpretación de las puntuaciones*. Se establece una distinción entre:

    a) La que pone el acento en el nivel o grado de ejecución sobre algún dominio o criterio definido de antemano, que da lugar a los normalmente conocidos como Tests Referidos a Criterio, TRC (Criterion Referenced Tests).

b) La aproximación basada en normas, que sitúa a los sujetos o estímulos en función de estadísticos calculados en algún grupo de referencia al que pertenece el sujeto, que da lugar a los conocidos como Tests Referidos a Normas (TRN).

Otra diferenciación importante, que se tratará más adelante, es la que se establece en función de los usos pretendidos del test.

3. El proceso de inferencia psicométrica

Una dificultad a la que se enfrenta la psicometría es que la mayor parte de los atributos de interés en psicología y educación no son observables directamente, debiendo acudir a indicadores indirectos de los mismos: las conductas observables. Las teorías positivistas marcaron el lenguaje de la psicometría, refiriéndose a estas características no observables directamente como *constructos teóricos*, conectados por medio de las teorías con las conductas observables y con otros constructos. La relación de los constructos latentes con los hechos observables permite asignarles números y establecer relaciones empíricas entre ellos. Para la medida de estos constructos latentes se requiere algún instrumento que ponga de relieve los niveles variables del constructo y de algún modelo que relacione lo que se observa en el mundo real (las conductas observables) con el atributo o constructo que se pretende evaluar, que existe como parte de una teoría. Estas conductas observables de los sujetos suelen recogerse en un instrumento estandarizado, que suele denominarse test y como señala Wilson (2005), el propósito central de la medida en psicología y educación es proporcionar una forma razonable y consistente de resumir las respuestas de los sujetos a estos instrumentos en algún tipo de puntuación, que suele utilizarse para tomar decisiones sobre sujetos o grupos de sujetos. La idea central que subyace al uso del test es que hay un atributo único, el constructo, que es lo que el instrumento intenta medir y que en ese atributo, utilizando las puntuaciones del test, pueden situarse las personas y los estímulos o ítems del test.

Los constructos que intenta medir el test pueden ser muy variados: parte de un modelo cognitivo, la actitud de las personas hacia algo o un trastorno psicológico, pero en todos los casos, tras la aplicación del instrumento y siguiendo una regla que se aplica a las respuestas u observaciones, obtenemos una o más puntuaciones numéricas del sujeto. Suponemos que estas cantidades observadas reflejan de algún modo la cantidad que el sujeto posee en el atributo o propiedad medida, pero no podemos asumir directamente que refleje bien la verdadera cantidad de interés. El azar, en forma de errores aleatorios, juega un importante papel en estas mediciones o asignaciones numéricas y el proceso de medición se convierte en un proceso inferencial.

Esta problemática del proceso de inferencia psicométrica queda reflejada en la figura 1.1, a partir de la que examinaremos la complejidad de dicho proceso.

Figura 1.1. El proceso de inferencia psicométrica

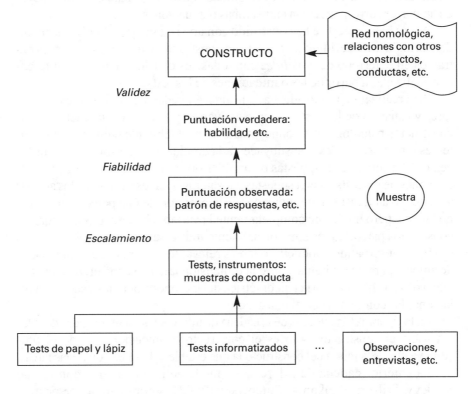

Como puede observarse en la figura, en primer lugar se construyen una serie de tareas (los ítems del test) a las que se pide al sujeto que responda. Normalmente estas tareas se construyen a partir de las especificaciones del constructo o dominio de contenidos que conviene que sean lo más detalladas posibles. La presentación y las respuestas a estas tareas pueden adoptar múltiples modalidades, como puede observarse en la figura. Son las respuestas a estas tareas la única parte observable del proceso. Estas respuestas reciben una puntuación numérica que suele denominarse también puntuación observada por medio del proceso conocido como *escalamiento*. Existen diversos procedimientos según el modelo de puntuaciones seguido en la construcción del test, pero el resultado del proceso siempre es una puntuación, a veces denominada estimador muestral. Cuando aplicamos un test, pensemos por ejemplo en un test de habilidades matemáticas de 6.º de educación primaria, solamente se presenta una muestra de toda la población o dominio y la puntuación del sujeto solamente refleja la puntuación en un conjunto particular de tareas, que puede reflejar mejor o peor la auténtica capacidad del sujeto y puede considerarse como un estimador muestral de ésta. El grado en que la puntuación observada representa la puntuación verdadera o su posición en el dominio (V en la TCT, puntuación del universo en la TG y θ en la TRI) se conoce como la fiabilidad del instrumento o precisión de la medida (en TCT), generalizabilidad o grado de confianza (en la TG) e información (en la TRI). A mayor fiabilidad, mayor seguridad en la medida, es decir, mayor correspondencia entre ambas puntuaciones.

Ahora bien, el test se ha construido con una finalidad u objetivo de medida, normalmente definido a través de un constructo o dominio y entonces entramos en el terreno de la *validez* con todas sus consideraciones de inferencias realizadas a partir de las puntuaciones de los tests.

Para realizar de modo adecuado la anterior cadena de inferencias, los autores y usuarios de los tests deberán apoyarse en la teoría psicométrica. Los constructos psicológicos se conceptualizan normalmente como variables latentes o no observables que subyacen a la conducta y que son las que influyen o determinan las respuestas o variables observables, tales como las puntuaciones de los tests o respuestas a los ítems. Las respuestas de los sujetos a un ítem o a un test son un indicador de la posición de una persona en el rasgo latente, pero no define completamente la variable latente. Las medidas de constructos psicológicos son normalmente indirectas. Las variables latentes se miden observando conductas o tareas relevantes o ítems. Las propiedades de ambos, personas e ítems, sobre la dimensión latente se infieren de la conducta observable. La teoría psicométrica debe proporcionar las bases para relacionar las conductas con el constructo.

En la figura 1.1 las flechas de la cadena de inferencias están dirigidas de la tarea hacia el constructo, pero es el constructo el iniciador de todo el proceso, ya que es la teoría del constructo la que establece la selección de las tareas.

La anterior cadena de inferencias puede complementarse con lo que Mislevy, Wilson, Ercikan y Chudowsky (2003) denominan la perspectiva del *razonamiento evidencial*, que se refiere a cómo extraer inferencias sobre lo que los estudiantes conocen, pueden hacer o comprenden y que se representa en la figura 1.2. Una aportación interesante de esta perspectiva es que el constructo se establece en términos del *modelo del estudiante*, que se refiere a lo que queremos evaluar acerca de lo que un estudiante conoce, comprende o puede hacer. Siguiendo una tradición en psicometría a este constructo lo denotamos como θ. Este término puede referirse a una única categoría de conocimiento, como uso de vocabulario, o algo más complejo, como una serie de estrategias que el estudiante debe poner en juego. En el último nivel de la figura, nivel inferior en el modelo, tenemos las tareas, que son las situaciones en las que observamos lo que el estudiante hace. Estas tareas también precisan de un modelo. El modelo de tareas debe estar dirigido por el constructo o, como señala Wilson (2005), por el «mapa del constructo». El modelo de las tareas dirigirá el proceso de asignación de las puntuaciones X.

Entre el modelo de tarea y el modelo del estudiante (constructo) se encuentra el modelo de la puntuación y el modelo de medida que establecen el enlace entre lo que observamos y el constructo. El *modelo de la puntuación* se refiere al procedimiento que permite asignar las respuestas de los sujetos a unas categorías diferenciadoras (X), que normalmente se establecen en términos de algún tipo de ordenación.

El modelo de medida, conocido normalmente como modelo psicométrico, es el que nos permite conectar las puntuaciones con el constructo objetivo. Este modelo psicométrico es el que establece una serie de principios que garantizarán la adecuación de las inferencias psicométricas. Los usuarios de los tests deben ser conscientes de que raramente podemos inferir con certeza, ya que el conocimiento en el que se basa la inferencia psicométrica suele ser incompleto, pudiendo llevar a más de una explicación.

Figura 1.2. Modelo general de un diseño de evaluación (adaptado de Mislevy, *et al.*, 2003)

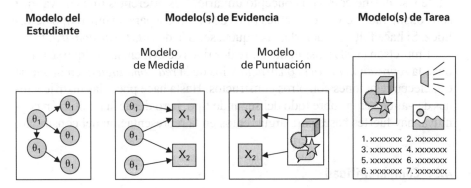

4. Los principios del modelo psicométrico

Aunque pueden recibir diferentes nombres en diferentes textos, básicamente los principios psicométricos que garantizan la calidad de las medidas, pueden reducirse según Mislevy, *et al.* (2003) a los siguientes: validez, fiabilidad, comparabilidad y equidad o ausencia de sesgos discriminatorios. Phillips (1996), por su parte, habla de validez, generalizabilidad, comparabilidad y equidad.

Aunque serán desarrollados en los capítulos posteriores, exponemos brevemente los aspectos que abordan cada uno de ellos.

4.1. Fiabilidad

Este principio tiene que ver con los errores cometidos en el proceso de medición, por lo que responde al problema de hasta qué punto las cantidades observadas reflejan con precisión la puntuación verdadera (puntuación del universo o aptitud) de la persona. En la práctica, tal como señala Brennan (2001b), tiene que ver con el proceso de repetición o generalización de la medida, idea que ha sido predominante desde los trabajos iniciales de Spearman (1904).

4.2. Validez

Es el más importante de los principios y nos habla del grado en que el uso que pretendemos hacer de las puntuaciones de los tests está justificado. Supone examinar la red de creencias y teorías sobre las que se asientan los datos y probar su fuerza y credibilidad por medio de diversas fuentes de evidencia. Requiere debilitar las explicaciones alternativas sobre el comportamiento del sujeto ante los ítems y eliminarlas para reducir los errores inferenciales.

Los primeros trabajos sobre validez distinguían entre un número de variedades de validez, tales como contenido, predictiva, convergente, discriminante y de constructo. En los SEPT actuales, la validez es el tema predominante y se define como un concepto unitario. Los diferentes tipos de validez son considerados como diferentes tipos de evidencia para un único tipo de validez. Si hace falta etiquetarla, la etiqueta sería la de *validez de constructo*.

Embretson (1983) distinguió entre dos tipos de evidencia: los que se refieren a la *representación del constructo* y los de la *red nomológica*, en la que se establecen relaciones con otros constructos. Hasta hace poco, las justificaciones de validez eran sobre todo del segundo tipo, pero desde la revolución cognitiva, hay fuertes bases para argumentos en la representación del constructo.

4.3. Comparabilidad

En ocasiones la recogida de datos se realiza de forma distinta para diferentes sujetos o para los mismos sujetos en diferentes momentos. Diferentes condiciones de medida hacen surgir hipótesis alternativas cuando se realizan comparaciones entre sujetos, o cuando se comparan con estándares o con el progreso en el tiempo. El problema de la comparabilidad responde a cuestiones tales como: ¿puede haber diferencias sistemáticas en las conclusiones si observamos las respuestas del test A en vez de las del test B?, ¿en un TAI (test adaptativo informatizado) frente a uno de lápiz y papel?, ¿con un evaluador frente a otro? A la hora de hacer inferencias deben eliminarse estas posibles explicaciones alternativas.

4.4. Equidad

En general, bajo esta problemática nos referiremos a explicaciones alternativas de los resultados de la evaluación que pueden estar relacionadas con factores tales como diferencias sociodemográficas, la historia personal de cada individuo, lenguaje, familiaridad con las representaciones, etc. Cuando el mismo instrumento de medida se aplica a muchos sujetos (un grupo), es preciso examinar el impacto de dichos factores.

Es un concepto que hasta cierto punto también se solapa con otros aspectos, estando relacionado, además, con perspectivas sociales, políticas y educativas, sobre los usos de la evaluación (Willingham y Cole, 1997). En realidad, aunque será tratada separadamente, como señalan Moss y Schutz (2001a), forma parte de la teoría general de la validez.

5. Los modelos de tests

Como ya se ha señalado, para relacionar conductas observadas o respuestas con los constructos se usan normalmente modelos (*modelo de medida,* recogido en la figura 1.1). En el caso de la medida psicológica o educativa, son modelos matemáticos en los que variables independientes, los constructos, se combinan numéricamente para predecir de forma óptima una variable dependiente, la respuesta del sujeto.

Seguramente uno de los aspectos más característicos de la psicometría es el uso de modelos estadísticos. Los modelos de medida proporcionan reglas formales explícitas de cómo integrar las diferentes piezas de información que pueden ser relevantes para una inferencia particular. La idea esencial es aproximar las relaciones sustantivas importantes en términos de relaciones entre variables en un modelo probabilístico. Esto lleva a una versión simplificada de la realidad, que nos da reglas para su interpretación. En el caso, por ejemplo, de los tests de aptitudes, establecen las relaciones entre dichas aptitudes de los sujetos y su conducta observable en el test. Es decir, establecen las relaciones entre las variables latentes θ y las variables observadas X. No sabemos exactamente qué hará un sujeto en una situación particular, pero para los sujetos con un valor dado de θ, habrá una distribución de probabilidad de valores posibles de X, es decir, $P(X|\theta)$. Un modelo de medida no intenta explicar cada detalle de los datos, solamente aproximar los patrones importantes.

En el modelo deben considerarse varios aspectos. En primer lugar, el modelo especifica la escala para las observaciones o variable dependiente, que puede ser una puntuación, las respuestas a un ítem o una matriz de relaciones entre ítems y respuestas. Además, especifica una o más variables de diseño que son las variables independientes. Junto a esto, especifica cómo se combinan las variables independientes para predecir la variable dependiente. El modelo puede especificar una simple combinación aditiva de variables que predicen la variable dependiente, como en el modelo de la regresión lineal. Los pesos para las variables de diseño o independientes son los parámetros del modelo. Los modelos a veces especifican relaciones más complejas. Por ejemplo, pueden combinarse interactivamente o seguir un determinado tipo de función (p. ej., la función de distribución normal o logística) para relacionar las variables independientes con las dependientes.

Durante muchos años la TCT ha sido el modelo básico usado en la construcción de los tests. No obstante, y como observamos en varias partes de este libro, la complejidad de los problemas de medida, especialmente en el marco de las Evaluaciones a Gran Escala (EGE), lleva a situaciones que la TCT no es capaz de resolver de una forma eficaz. La popularidad creciente de la TRI se basa en que proporciona justificación teórica para hacer muchas cosas que no son posibles en el marco de la TCT. Algunos de los problemas, como veremos, también tienen soluciones desde la TCT, pero menos eficaces.

6. La construcción de un test

Un buen instrumento de evaluación debe ser construido de una forma rigurosa si queremos que sea adecuado para los usos a los que está dirigido. En la práctica, el desarrollo de un test es una tarea laboriosa que requiere de la colaboración entre expertos en la materia o constructo a evaluar y expertos en medición. Los tests pueden desarrollarse en el marco de dos grandes modelos, conocidos como Teoría Clásica de los Tests (TCT) y Teoría de Respuesta al Ítem (TRI).

Aunque el uso particular marcará algunas especificidades en el instrumento, hay una serie de normas que si se siguen, llevarán a buen puerto la tarea de construcción del test. Existe un conjunto de guías de buenas prácticas sobre el desarrollo y construcción de tests, cuya lectura recomendamos antes de embarcarse en la construcción de un test, entre las que se encuentran: *Standards for Educational and Psychological Tests* (AERA, *et al.*, 1999), *Standards for Quality and Fairness* (Educational Testing Service, 2000); y *Technical Standards for IEA Studies* (Martin, Rust y Adams, 1999).

En el terreno de los test educativos, otro complemento para aprender más sobre la construcción de instrumentos son los textos recientes sobre medida en educación a los que remitimos a los lectores: Haladyna (2004), Popham (2000), Nitko (2001) y Linn y Gronlund (2000). En el ámbito de la psicología social y de la personalidad son interesantes los textos de Netemeyer, Bearden y Sharma (2003) y De Velis (2003) y en castellano el de Morales, Urosa y Blanco (2003).

Aunque en ningún caso pueden obviarse las lecturas señaladas, presentamos algunas consideraciones sobre el desarrollo de los tests en la práctica. Revisaremos el proceso de construcción del test a partir de las fases siguientes:

1. Identificación del propósito o finalidad del test.
2. Restricciones para la aplicación.
3. Marco del test o mapa del constructo.
4. Especificaciones derivadas del marco.
5. Especificación del formato de los ítems y reglas de puntuación.
6. Revisión de los ítems del test.
7. Estudio piloto.
8. Estudio de campo.
9. Construcción del manual del test y sus revisiones.

6.1. La finalidad del test

El desarrollo de un test comienza con la delimitación del objetivo del test y el constructo o dominio que se pretende medir. En este terreno, un primer paso es considerar cuáles son las poblaciones a las que está destinado y el tipo de decisiones que se tomarán con las puntuaciones obtenidas.

Con respecto a la primera cuestión deberán determinarse las edades de los sujetos (o los cursos en muchos de los tests de rendimiento), si el test se aplicará a todos los sujetos o a grupos seleccionados de alguna forma (tests para la población general o destinados a grupos especiales), requisitos de lenguaje que deben tener los sujetos (pueden establecerse también modificaciones o adaptaciones permisibles), si se necesita o no una motivación especial para realizar el test, etc.

Con respecto a los posibles usos de las puntuaciones, sin ánimo de ser exhaustivos, entre los tipos de decisiones más frecuentes encontramos:

a) Decisiones relativas al nivel de instrucción o habilidad. El objetivo consiste en determinar si los sujetos poseen dominio de ciertos conocimientos o destrezas predeterminados de antemano. Suelen ser decisiones propias de los llamados Test Referidos a Criterio.

b) Decisiones de diagnóstico. Tienen como objetivo la identificación de fallos o deficiencias en el comportamiento para emprender alguna intervención o tratamiento. Aunque las puntuaciones suelen compararse con datos normativos, este tipo de decisión también es propia de los Tests Referidos a Criterio.

c) Decisiones de selección. El objetivo en este caso es la selección de los sujetos más capaces en algún sentido o materia. Las puntuaciones de los sujetos en el test se usan para admitir o excluir, emplear o rechazar.

d) Decisiones de asignación. El objetivo es determinar en qué lugar debe colocarse una persona dentro de una jerarquía. Esta jerarquía puede ser de carácter profesional (qué puesto de trabajo corresponde a un determinado sujeto), de carácter formativo (dentro de un programa de formación qué nivel le correspondería), etc.

e) Decisiones de clasificación. El objetivo radica también en asignar a los sujetos a ciertas categorías pero, en este caso, las asignaciones son de *tipo* en lugar de nivel. Por ejemplo: ¿dentro de qué categoría diagnóstica clínica clasificamos a un sujeto?

f) Decisiones de consejo. El objetivo es orientar al sujeto con respecto a algún aspecto de su comportamiento futuro, abarcando una gran cantidad de decisiones que el sujeto toma con ayuda de un profesional de la psicología o la psicopedagogía.

g) De *screening* (detección rápida): tiene como finalidad la detección rápida de algún tipo de trastorno, deficiencia o anomalía. El objetivo es proveer una herramienta sencilla, de rápida aplicación que permita detectar personas que potencialmente puedan presentar un determinado trastorno, deficiencia, etc., sirviendo como «criba» antes de la aplicación de otras pruebas de carácter más exhaustivo.

6.2. Restricciones en la aplicación

Además de por la finalidad de uso, el desarrollo de un test estará condicionado por restricciones en la aplicación. Cualquier test debe plantearse siempre dentro de los límites impuestos por la práctica y el constructor del test deberá ajustarse a ellos.

Una de las limitaciones más claras es la del tiempo de aplicación, ya que los sujetos solamente pueden disponer de un tiempo limitado para la realización del test. Existe una estrecha relación entre la longitud del test y la fiabilidad de las puntuaciones, como se observa en el capítulo correspondiente a la TCT. Será necesario tener en cuenta esta cuestión, guardando un equilibrio entre ambas.

Otra cuestión de carácter práctico, que también impone restricciones, tiene que ver con cómo será la modalidad de aplicación del test. Esto es, si será aplicado de forma individual, colectiva, informatizada, etc. Así, por ejemplo, en el caso de aplicación colectiva, se deberá tener especial cuidado en las instrucciones, que deberán ser de fácil comprensión para la población a la que van destinados. En el caso de aplicación individual habrá que tener en cuenta aspectos tales como el tipo de material que se podrá manipular, tipo de ayuda que puede dar el examinador, número de intentos permitidos, etc. Estas consideraciones se aplican, de igual forma, a los test informatizados.

También es preciso matizar los materiales a utilizar durante la realización del test, tales como calculadoras, diccionarios, materiales de laboratorio, etc. Normalmente hace falta ajustarse a otros tipos de restricciones, como que los contenidos del test no se vean afectados por factores irrelevantes para la medida del constructo, p. ej., que un test de matemáticas requiera destrezas lingüísticas en las que existen diferencias individuales entre los sujetos, que el material estimular del test favorece a los varones frente a las mujeres, etc.

6.3. Marco del test: características del constructo o dominio

A partir del propósito del test y del dominio o constructo que se pretende medir se desarrolla el marco sobre el que comenzará el diseño del test.

Una aproximación al instrumento de evaluación centrada en el constructo comenzará preguntándose qué complejo de conocimientos, destrezas u otros atributos serán evaluados, presumiblemente porque estén ligados explícita o implícitamente a objetivos de la instrucción o son valorados por la sociedad. A continuación, qué conductas o actuaciones revelarán estos constructos, y qué tareas o situaciones elicitarán estas conductas. De esta forma, la naturaleza del constructo guía la selección o construcción de tareas relevantes, así como el desarrollo racional de criterios y rúbricas de puntuación basadas en el constructo.

(Messick, 1994, p. 16)

La cita de Messick establece los ingredientes necesarios para comenzar con el desarrollo del test: 1) se parte del constructo que se pretende medir, que, por ejemplo, en el caso de la evaluación educativa las cuestiones del test deben corresponderse con metas importantes de los programas, el currículo y la instrucción; 2) se especificarán las conductas que revelarán esos constructos, y 3) qué tareas o situaciones elicitarán dichas conductas.

Como se ha señalado anteriormente, el fenómeno o constructo que una escala intenta reflejar se denomina variable latente. Se caracteriza porque no es directamente observable pero se plantea como causa de las respuestas a los ítems construidos para medirlo. Es una variable, es decir, su fuerza o magnitud cambia y esto es precisamente lo que la escala pretende estimar, la magnitud actual para cada persona, en el tiempo y lugar de la medida.

Una tarea de fundamental importancia para la construcción del test que ha de medir un determinado constructo es la definición precisa del mismo. El constructo ha de estar claramente definido, así como también lo han de estar sus facetas y dominio. Es el primer paso y, probablemente, el más difícil en el proceso del desarrollo de escalas de medida. Todo constructo está basado en un marco teórico, disponer de una teoría bien especificada, normalmente disponible en la bibliografía, se convierte en un elemento imprescindible. Una revisión exhaustiva de la bibliografía puede revelar intentos anteriores de medir el constructo, y las fuerzas y debilidades de esos intentos. Cada vez se insiste más en el establecimiento de modelos teóricos del constructo para el desarrollo del test. Solamente una representación cuidadosa del constructo evitará la omisión de aspectos importantes, esto es, una infrarrepresentación del constructo, o la inclusión de conductas irrelevantes para el constructo. El proceso de construcción de tests guiado por la teoría es el más recomendable y el único que llevará a tests con fuertes evidencias de validez de constructo. A pesar de las demandas en este sentido que llegan desde la psicología cognitiva, este aspecto está algo descuidado en los tests psicológicos y educativos actuales (Pellegrino, *et al.,* 2001).

Una vez delimitado el constructo, el equipo responsable tendrá que especificar las principales conductas observables representativas del constructo (dominio o atributo de interés) e identificar las tareas mentales o procesos que el sujeto debe realizar en la materia particular, tales como recuerdo, análisis, aplicación, descubrimiento, etc. Estos aspectos necesarios al comienzo del desarrollo del test, se corresponden con lo que en epígrafes anteriores denominábamos los modelos del sujeto (conductas o rendimientos que se quieren medir) y el modelo de tareas para elicitar dichas conductas. El modelo del sujeto especificará las variables en términos de lo que intentamos que caracterice a los sujetos. Los modelos de tareas son esquemas para obtener datos que proporcionen evidencias sobre ellas.

En la elección de las conductas representativas del constructo, la mayor parte de las referencias se centran en tests de rendimiento académico, existiendo muy poco escrito en psicología sobre cómo la teoría sobre el constructo se plasma en elementos o ítems del test. Normalmente en psicología se parte de un modelo teórico en el que se inscribe el constructo y una serie de conductas observables ligadas a éste. Si el dominio teórico no está suficientemente especificado, suelen recomendarse actividades como: *análisis de contenidos* donde se plantean preguntas abiertas a los sujetos sobre el constructo de interés clasificándose posteriormente en categorías, *revisión de las investigaciones publicadas*, estudio de *incidentes críticos,* que consiste en la identificación de conductas que caracterizan a los extremos del constructo de interés, realización de *observaciones directas, entrevistas con informadores clave*, *grupos de discusión, juicios de expertos* o a través de los *objetivos instruccionales o de programas de intervención,* que especifican normalmente las conductas observables que los sujetos mostrarán tras la aplicación del programa.

En el caso de los test educativos, la elección de las conductas representativas suelen establecerse a partir del currículo o del consenso de los expertos. En este caso el proceso incluye consideraciones sobre cómo se usarán los resultados, las consecuencias (deseadas y no deseadas) del uso, los estándares de contenido articulados, el material cubierto por el currículo, y las formas en que los estudiantes mostrarán el dominio del material.

6.4. Especificaciones derivadas del marco

Una vez que se ha establecido el propósito de la evaluación y el marco, deben desarrollarse las especificaciones del test que describan el marco anterior con más detalle, identificando las conductas concretas, destrezas o conocimientos que se evaluarán, las proporciones de ítems para cada uno de los aspectos, etc. Es conveniente también incluir especificaciones estadísticas, referidas a aspectos como las dificultades de los ítems, valores de coeficientes de fiabilidad y errores típicos de medida, etc.

En la generación del conjunto de ítems es fundamental revisar todas las áreas de contenido del constructo realizando un muestreo representativo o con elementos proporcionales a las facetas. En la construcción de un test normalmente se parte de un conjunto de ítems mucho mayor que el que va a constituir la versión definitiva. Esto permite al constructor seleccionar aquellos ítems que se adaptan mejor a las especificaciones del test. A partir del conjunto inicial, la elección de los ítems para la versión definitiva tendrá lugar a través de procedimientos de revisión del test y el estudio piloto, que serán tratados en apartados siguientes.

6.5. Especificación del formato de los ítems. Reglas de puntuación

La primera cuestión hace referencia al formato de los ítems, aspecto esencial en el desarrollo de los instrumentos. ¿Serán diseñados para corrección automatizada, demandarán respuestas construidas orales o escritas, o emplearán una combinación de ambos procedimientos?

El propósito del test y el dominio o constructo a evaluar también impondrá ciertas restricciones al formato de los ítems. Así, en los test de inteligencia y aptitudes las alternativas están entre la «construcción» de la respuesta por parte del sujeto y la «selección» entre un conjunto de alternativas planteadas. Si bien se ha tendido al uso de esta última opción, porque permite plantear un mayor número de preguntas en el mismo período de tiempo y su rapidez y facilidad de puntuación, las críticas a este tipo de formato cuestionan su uso indiscriminado (Bennett y Ward, 1993). En los test de personalidad, sin embargo, la selección de la respuesta es el procedimiento habitual.

Siguiendo a Bennett (1993), entre los posibles formatos de respuesta, ordenados de menor a mayor elaboración requerida, encontramos:

1. Elección múltiple: el sujeto ha de elegir entre un conjunto limitado (entre 3 y 5) de respuestas posibles.
2. Selección o identificación: el sujeto ha de elegir entre un número de respuestas posibles pero, a diferencia del anterior, el número es grande, evitándose de esta forma el efecto del azar. Un ejemplo de este tipo de formato sería: «eliminar palabras redundantes de un texto».
3. Ordenación del material estimular. El sujeto ha de disponer los estímulos en la secuencia correcta, por ejemplo, ha de ordenar frases o dibujos para que sigan una secuencia lógica, expresiones matemáticas para que constituyan una demostración, etc.
4. Sustitución/corrección. El examinado ha de sustituir algún elemento por una alternativa correcta. Corregir errores gramaticales u ortográficos, corregir sentencias de un programa de ordenador, etc., serían ejemplos de este formato.
5. Completar. El sujeto ha de completar algún estímulo que se presenta de forma incompleta, como por ejemplo, dar una respuesta numérica a un programa de cálculo, indicar qué palabra completa una frase, etc.
6. Construcción. En este caso, el sujeto ha de generar la respuesta completa. Por ejemplo, hacer un dibujo, un ensayo, gráficos a partir de un conjunto de datos, etc.
7. Presentación. El sujeto es evaluado bajo condiciones reales o simuladas. Es muy utilizado en selección de personal, ejemplos de este tipo de formato son las «muestras de trabajo».

En caso de elegir el formato de «selección» de respuesta, la segunda decisión es el número de alternativas que se van a ofrecer. En los test de rendimiento, inteligencia y aptitudes variarán de verdadero-falso a formatos entre 3 y 6 alternativas y en los test de personalidad los formatos varían entre «dicotomías» (sí-no) y «varios grados» (normalmente entre 4 y 9). En este último caso, un elemento importante es el enunciado verbal de los puntos de referencia. Otros formatos como las escalas tipo Thurstone y Guttman (cuyos ítems varían en la intensidad del atributo) tienen escaso uso en la actualidad. Y formatos como las ordenaciones suelen crear dificultades desde el punto de vista psicométrico.

Dentro de las escalas graduadas con más amplio uso se encuentran las escalas tipo Likert y el diferencial semántico, que admiten una gradación de las respuestas. Las escalas tipo Likert constan de un enunciado seguido de opciones de respuesta que indican grados variables de acuerdo o de frecuencia. Los puntos de la escala deberían reflejar intervalos de la misma distancia. El diferencial semántico (Osgood y Tannenbaum, 1955) se usa para escalar estímulos: objetos, grupos de personas, etc. En cada ítem hay un par de adjetivos que representan los extremos de un continuo: honesto… deshonesto; tranquilo… ruidoso, etc. Otro tipo de escala graduada de uso también en la actualidad es el análogo visual. Presenta una línea continua entre un par de descriptores que representan los opuestos de un continuo. Entre sus virtudes se encuentra que evita el anclaje verbal, es potencialmente más sensible y elimina la posibilidad del recuerdo de las respuestas.

Otras consideraciones importantes sobre el formato son las siguientes:

1. Los formatos dicotómicos llevan a distribuciones de puntuaciones muy sesgadas, pero necesitan menos tiempo de respuesta. También reducen la varianza de la escala, siendo necesaria la inclusión de más ítems.
2. Los formatos graduados requieren decidir sobre el número de puntos, que oscila normalmente entre 3 y 9. Cuando los números llevan etiquetas verbales, es preciso tener en cuenta si éstas pueden ser lo suficientemente diferenciadoras.
3. El hecho de tener un número impar de puntos permite disponer de un punto medio o neutral, un número par por el contrario fuerza a una mayor discriminación.

Otra cuestión fundamental en el desarrollo del test es el de la escritura de los ítems. Con respecto a la cual conviene cuidar los siguientes aspectos:

1. Claridad de los enunciados. Los ítems han de ser redactados evitando la ambigüedad, de modo que todos los sujetos los comprendan de la misma forma. El lenguaje ha de ser adecuado a la población objetivo cuidando, además, el nivel de dificultad de la lectura. Los ítems han de ser cortos y sencillos, ya que una longitud extensa reduce la claridad. No son convenientes tampoco los comienzos negativos.

2. Evitar la redundancia. Es importante evitar las reiteraciones innecesarias del texto, ya que aumentan el tiempo de lectura del sujeto no aportando nada a su comprensión. Hay que señalar que una cierta redundancia de ítems es necesaria, no obstante, hay redundancias inútiles, por ejemplo el cambio en una palabra. Es importante cambiar las palabras y la estructura sintáctica.
3. Considerar si es conveniente la presencia de ítems positivos y negativos. Esto permite evitar sesgos de aquiescencia y afirmación. No obstante, hay que tener cuidado a la hora de los análisis de la escala porque en algunos casos esto puede contribuir a un factor de método. Conviene, en cualquier caso, no comenzar con «no» y cuidar la coherencia con la escala de respuesta.

6.6. Revisión de los ítems

El proceso de revisión de los instrumentos puede prevenir errores costosos, por lo que conviene revisar los materiales desde varias perspectivas. En la revisión del test participarán expertos en el contenido, sujetos de las poblaciones objetivo y expertos en psicometría. Los especialistas en contenido deben revisar los instrumentos asegurándose que no ocurran problemas de infrarrepresentación del constructo o introducción de varianza irrelevante al constructo. Expertos en medida deben revisarlos desde el punto de vista metodológico. También conviene que sean revisados por sujetos pertenecientes a la población objetivo con diferentes experiencias y posiciones, para evitar sesgos de los tests, evitar situaciones de lenguaje ofensivas a grupos particulares, etc.

6.7. Estudio piloto

El propósito de esta fase es probar el funcionamiento del test, recabando información relativa a los métodos de recogida de datos, estímulos, materiales y cuestiones, validez y fiabilidad, criterios de puntuación, etc., que permitirá mejorar los instrumentos para la versión definitiva. La prueba se realizará sobre una muestra de sujetos, que ha de ser de características similares a la población objetivo.

Es importante recoger información de los sujetos sobre si comprenden las instrucciones, las cuestiones y los procedimientos de respuesta. Para ello, es importante desarrollar un cuestionario para que los que hacen el estudio piloto recojan las incidencias y dificultades implicadas, pudiéndose realizar también entrevistas después de la sesión. En esta fase es importante la recogida de tiempos de realización, para ajustar los tiempos finales. Como hemos señalado, normalmente se cuenta con muchos más ítems de los que se usarán en el test definitivo y en algunas aplicaciones, se introducen ítems «variantes» que no se utilizan en la puntuación, y que se pilotan para futuras aplicaciones.

En esta fase también se realizarán ya algunos análisis estadísticos de los ítems para ver su funcionamiento, pudiéndose obtener información sobre la dificultad de las cuestiones y las relaciones de los ítems con el instrumento. Los análisis de los ítems son muy importantes para poder seleccionar de entre todos ellos los que se adapten mejor al objetivo del test. En el capítulo 4, en el apartado de análisis de elementos, se desarrollará en profundidad esta cuestión. Es importante también examinar el rendimiento de diferentes subgrupos para evaluar problemas potenciales de sesgo. En el capítulo 12 se tratará este tema. Finalmente, el estudio piloto permitirá, igualmente, examinar las propiedades estadísticas de los tests completos.

6.8. Estudio de campo

En los tests referidos a normas, la puntuación de cada sujeto se interpreta en relación a los otros sujetos de la población a la que pertenece, por lo que necesitamos datos procedentes de grupos de referencia. Los grupos de referencia están constituidos por las poblaciones y subpoblaciones a las que va dirigido el test. Normalmente, en los test referidos a criterio no es necesario, siendo el rendimiento o conducta de una persona en términos absolutos suficiente para describir su estado con relación al dominio establecido.

El test será aplicado a una muestra representativa de la población, que recibe el nombre de grupo normativo, que servirá de grupo de referencia para interpretar las puntuaciones de los sujetos. Así pues, el primer paso consiste en la selección de la muestra representativa de la población o subpoblaciones a las que va dirigido el test. En caso de sospecha de que puede haber diferencias entre subpoblaciones, deben establecerse los estratos necesarios (p. ej., sexos, profesiones, edades...).

Una vez aplicado el test a los sujetos seleccionados se estimarán a partir de los datos los estadísticos del test: fiabilidad, errores de medida, errores de clasificación, validez para el uso al que está destinado, estructura interna, etc. En el caso de los test referidos a criterio construidos desde la TRI, la muestra servirá para la calibración del test (estimación de las propiedades de los ítems). A partir de los datos se obtendrán las escalas de puntuaciones en las que están basadas las normas. En el caso de tests referidos a normas, se obtendrán las normas o baremos. Si está basado en estándares o criterios habrá que determinar los puntos de corte que establecen los distintos niveles.

6.9. Manual del test y sus revisiones

La elaboración de un manual del test es imprescindible cuando el test ha sido construido para su comercialización o para que sea utilizado por otros profesionales distintos al constructor. En él deberán incluirse los siguientes aspectos:

1. Fundamentación teórica del constructo o explicación del dominio que cubre el test.
2. Usos a los que se puede destinar el test.
3. Poblaciones a las que está dirigido.
4. Instrucciones completas para su administración.
5. Coeficientes de fiabilidad o datos de precisión de la medida.
6. Evidencias de validez para los usos a los que está destinado.
7. Sugerencias sobre posibles usos de las puntuaciones de los tests.
8. Normas de intepretación de las puntuaciones.

Por último, hemos de señalar que cambios en el dominio medido mediante un test, nuevos datos científicos sobre el constructo a evaluar o nuevas condiciones de uso de un test son factores que podrían cuestionar la validez de un test en el estado o uso actual o sugerir modificaciones en el contenido del mismo. De ahí, la necesidad de que el test sea revisado periódicamente para ver la conveniencia de cambios. Otra cuestión no referida al contenido pero que también necesita revisión es la actualidad de las normas de interpretación en los test de carácter normativo.

7. Criterios para la valoración de un test

A la hora de valorar un test de cara a su posible utilización existen una serie de cuestiones que el potencial usuario del mismo debe plantearse.

Presentamos una posible guía de éstas siguiendo normas extraídas de los SEPT.

1. ¿Está bien definido el marco y las especificaciones del constructo o dominio?
2. ¿Existen instrucciones estandarizadas y adecuadas a la población a la que va dirigido, e incluye ejemplos?
3. Si el test debe contener elementos de distinta dificultad, ¿están los elementos ordenados por dificultad creciente?
4. ¿Se especifican los procedimientos usados en el muestreo de ítems?
5. ¿Tiene el test instrucciones adecuadas para el tratamiento de la adivinación o el azar?
6. Si en un test de personalidad se ha incluido la opción «¿?», ¿se ha especificado el significado de dicha opción?

7. ¿Se ha analizado el sesgo o posible validez diferencial para grupos sociodemográficos?
8. ¿Tiene una acogida favorable por los sujetos a los que va dirigido?
9. ¿No provoca recelos ni suspicacias en los sujetos?
10. ¿Existe en el manual información suficiente sobre las propiedades estadísticas? En el caso de la TRI, ¿están calibrados los ítems?
11. Si el test es de tiempo límite, ¿está especificado?
12. ¿Es sencilla y fiable la forma de corrección y puntuación?
13. ¿Es suficientemente clara la hoja de respuestas, de modo que su cumplimentación no suponga una tarea añadida a la resolución de los problemas del test?
14. ¿Especifica el test las diferentes muestras y el diseño muestral seguido en su tipificación?
15. ¿Refleja el manual la bibliografía utilizada en relación al atributo que mide el test?

2. Teoría Clásica de los Tests (TCT) I: el modelo y la fiabilidad de las puntuaciones

1. El modelo de la TCT

Después de que los ítems son construidos y aplicados a los sujetos, hay que relacionar las respuestas con el constructo que los inspiró. Es de decir, hay que obtener alguna forma de puntuación en el constructo. Esta relación se establece por medio del denominado «modelo de medida». Los modelos de medida de uso extendido en la psicometría responden básicamente a dos formas:

- Los que ponen el acento en la puntuación total obtenida a partir del conjunto de ítems, que se basan en alguna forma de agregación de las puntuaciones de los ítems, normalmente mediante su suma o suma ponderada. Esta aproximación es denominada por Wilson (2005) la *teoría simple de la puntuación*. El modelo que la justifica es la denominada *Teoría Clásica de los Tests* (TCT) y alguna de sus extensiones, como la *Teoría de la Generalizabilidad* (TG).
- Los que ponen el acento en los ítems considerados individualmente, y en los patrones de respuesta. Hay diferentes modelos agrupados de forma general bajo la denominación de *Teoría de la Respuesta al Ítem*.

En el proceso de la construcción del test pueden seguirse ambas aproximaciones, por lo que las dos son tratadas en el texto. En ellas se pretende justificar de algún modo la precisión de las observaciones para evaluar el valor desconocido del constructo latente. Comenzamos por la TCT, la más antigua y todavía hoy la de uso más generalizado, que se explica en este capítulo y en el capítulo 3; esta teoría es seguida por su extensión más importante, la TG, que se explica en el capítulo 4. En los capítulos 5, 6 y 7, se presentan los modelos y principales conceptos de la TRI.

2. Supuestos y deducciones del modelo

La TCT fue formulada por Spearman (1904a) casi en su totalidad. Su desarrollo se llevó a cabo fundamentalmente durante la primera mitad del siglo pasado y queda reflejada en toda su extensión en el libro de Gulliksen (1950/1987). La teoría fue formalizada en el marco de la estadística del momento, la correlacional Pearsoniana. Lord y Novick (1968) llevaron a cabo una nueva formalización.

El modelo parte de que las respuestas dadas a los ítems del test se combinan en una única puntuación total X_i para cada sujeto i. La formalización de la relación de esta puntuación con el constructo se refleja en el siguiente modelo:

$$X_i = V_i + E_i \qquad [2.1]$$

El modelo expresa, simplemente, que la puntuación observada surge de una puntuación verdadera, V_i que es la cantidad que el sujeto posee del atributo más un error de medida, E_i. Como puede observarse, la relación entre X y E es aditiva, dando lugar a un modelo lineal.

Para una persona s, la puntuación V_i es constante, es el verdadero estatus del sujeto en el constructo, pero las puntuaciones observadas y los errores son variables aleatorias, ya que diferentes aplicaciones repetidas de un mismo instrumento de medida, aun realizadas bajo las mismas condiciones, proporcionan diferentes puntuaciones observadas. Sucede algo similar a lo que ocurre en la teoría de muestras en estadística, cuando en muestras repetidas de la misma población se obtienen valores diferentes para los estimadores de los parámetros. Puesto que las puntuaciones observadas en un test son las únicas que se pueden obtener empíricamente, las puntuaciones verdaderas y el error deben expresarse por medio de las puntuaciones observadas.

Como todo modelo formal, la TCT necesita de un conjunto de supuestos acerca de la naturaleza de las variables implicadas y de sus relaciones. La TCT se formula a partir de supuestos débiles, que se acomodan a la mayoría de las situaciones prácticas (de ahí que también se la conozca como «modelo débil de la puntuación verdadera»).

Los supuestos del modelo de la TCT se resumen en los siguientes [1]:

$$1) \quad E(E_i) = 0 \qquad [2.2]$$

---

[1] Se establecen los supuestos en términos de covarianzas de las puntuaciones.

El primer supuesto establece que el valor esperado de la variable aleatoria *error de medida* es igual a cero, para una población de personas medidas con el mismo test o para una repetición infinita de medidas realizadas sobre la misma persona.

$$2)\ \sigma_{V_iE_i} = 0 \qquad [2.3]$$

El segundo supuesto establece la falta de relación ente la puntuación verdadera y el error, ello implica que los sujetos con diferentes valores en el atributo se ven afectados por cantidades de error que no tienen que ver con su estatus en el atributo.

$$3)\ \sigma_{E_iE_j} = 0 \qquad [2.4]$$

El tercer supuesto indica que si se aplican dos test distintos, a una población de sujetos, los errores que se cometan al aplicar el primer test no estarán correlacionados con los errores que se cometan al aplicar el segundo test.

$$4)\ \sigma_{V_iE_j} = 0 \qquad [2.5]$$

El cuarto supuesto establece que los errores de medida de un test tampoco están correlacionados con las puntuaciones verdaderas de otro test, ya que en otro caso no se trataría de un error aleatorio, sino de un error relacionado con alguna dimensión medida por segundo test.

Por tanto, el modelo de la TCT considera el *error de medida* como una desviación aleatoria, no sistemática, de la puntuación verdadera. En las aplicaciones de un test también se producen errores sistemáticos, pero no son objeto de estudio de los modelos psicométricos en general, ni de la TCT, en particular.

A partir de los supuestos anteriores, se establecen una serie de deducciones importantes, entre las que cabe destacar las siguientes:

$$E(X_i) = E(V_i) \qquad [2.6]$$

El valor esperado de las puntuaciones observadas es igual al valor esperado de las puntuaciones verdaderas, puesto que el valor esperado de los errores es cero.

$$E(E_i \mid V_i) = 0 \qquad [2.7]$$

La esperanza matemática del error para una subpoblación con la misma puntuación verdadera será cero.

$$\sigma_x^2 = \sigma_v^2 + \sigma_e^2 \qquad [2.8]$$

Puesto que las puntuaciones verdaderas y los errores son independientes, la varianza de las puntuaciones observadas es la suma de la varianza de las puntuaciones verdaderas y de la varianza de los errores de medida. Si no hubiese errores de medida, todas las diferencias entre puntuaciones observadas reflejarían diferencias entre puntuaciones verdaderas y, por tanto, $\sigma_x^2 = \sigma_v^2$.

$$\sigma_{xv} = \sigma_v^2 \qquad [2.9]$$

La covarianza entre las puntuaciones empíricas y verdaderas es igual a la varianza de las puntuaciones verdaderas, puesto que lo que tienen en común las puntuaciones empíricas y las verdaderas es justamente la puntuación verdadera, siendo independientes de los errores.

Una justificación formal de las deducciones anteriores puede encontrarse en Gulliksen (1950/1987) y en Martínez Arias (1995).

Puede definirse ahora la correlación a partir de la covarianza y de las desviaciones típicas de las puntuaciones implicadas, que mediante algunas de las deducciones anteriores, puede establecerse como:

$$\rho_{xv} = \frac{\sigma_v}{\sigma_x} \qquad [2.10]$$

La ecuación anterior que indica la correlación entre X y V se denomina en la TCT *índice de fiabilidad*.

En estadística es frecuente utilizar la correlación al cuadrado, que es el cociente de la varianza de las puntuaciones verdaderas a la varianza de las puntuaciones observadas.

$$\rho_{xv}^2 = \frac{\sigma_v^2}{\sigma_x^2} \qquad [2.11]$$

Este cociente indica la proporción de varianza de las puntuaciones observadas explicada por su relación lineal con las puntuaciones verdaderas. Las puntuaciones verdaderas explicarían perfectamente las puntuaciones observadas cuando $\rho_{xv}^2 = 1$, es decir, cuando toda la varianza observada se debiera a varianza verdadera. Spearman (1904a) denominó a esta razón *coeficiente de fiabilidad* de las puntuaciones que, aunque es una cantidad al cuadrado, suele denotarse mediante el símbolo ρ_{xx}, por razones que se presentan más adelante.

Una formulación alternativa puede hacerse a partir de la proporción de la varianza de los errores:

$$\rho_{xe}^2 = \frac{\sigma_e^2}{\sigma_x^2} \qquad [2.12]$$

La correlación al cuadrado de las puntuaciones observadas y errores es igual al cociente entre la varianza de ambas variables. Este cociente indica la proporción de varianza de las puntuaciones observadas no explicada por su relación lineal con las puntuaciones verdaderas, sino por el error aleatorio. A partir de esta proporción, puede derivarse otra expresión equivalente para el coeficiente de fiabilidad:

$$\rho_{xv}^2 = 1 - \frac{\sigma_e^2}{\sigma_x^2} = 1 - \rho_{xe}^2 \qquad [2.13]$$

En la expresión anterior puede verse el efecto de los errores sobre el coeficiente de fiabilidad. Por tanto, cuando la varianza de los errores es pequeña con relación a la varianza observada, el valor del coeficiente de fiabilidad será elevado.

3. Concepto de fiabilidad

Cuando se utiliza cualquier instrumento para medir, ya sean variables físicas o psicológicas, la medida resultante siempre está afectada por un error aleatorio. Si aplicamos el mismo instrumento de medida a los mismos sujetos en varias ocasiones, el resultado no será siempre el mismo para cada uno de ellos, sino que proporcionará diferentes estimaciones de una ocasión a otra. Este hecho revela una falta de fiabilidad en el instrumento. Afortunadamente, las mediciones realizadas en diferentes aplicaciones también muestran consistencias. Cuando aplicamos un test de motivación a un conjunto de sujetos, un sujeto que obtenga la puntuación más alta en la primera medición, en una segunda medición estará entre los que obtenga una puntuación más alta, aunque no sea exactamente la mayor. Esta tendencia a la *consistencia* de un conjunto de medidas es lo que se denomina *fiabilidad*.

En la medición de variables psicológicas el problema de la consistencia es más complejo que en la medición de variables físicas, ya que en repeticiones del mismo test, el resultado puede variar tanto por falta de fiabilidad o precisión del instrumento como por otros aspectos del propio sujeto o del contexto en el que se realiza la medición. En estos dos últimos casos la falta de estabilidad de las puntuaciones no puede atribuirse a la falta de fiabilidad del instrumento. Existen, por tanto, otro tipo de errores, que pueden explicarse por la teoría psicológica, denominados *errores sistemáticos*, que no son objeto de estudio de la teoría de la fiabilidad. Hay variaciones que son explicables por la teoría del constructo que estamos midiendo (por ejemplo, si entre la primera aplicación de un test y la segunda ha tenido lugar un proceso de aprendizaje o de maduración) y otras por cambios del contexto de la medida (por ejemplo, si se aplica el instrumento de medida al principio de una jornada, donde el sujeto está menos cansado, o al final, donde pueden aparecer efectos de fatiga). En todos los casos las variaciones son sistemáticas y predecibles. Por el contrario, la fiabilidad de la medida se refiere a variaciones en las puntuaciones que se producen sin razones teóricas y/o empíricas que justifiquen el cambio, por lo que las diferencias encontradas se deben a errores aleatorios asociados al proceso de medición.

El nivel de fiabilidad de las puntuaciones es fundamental, tanto para el uso de los tests con fines de investigación, como para su utilización en cualquier proceso de decisión. En el caso de la investigación, no podemos hacer predicciones ni inferencias a partir de puntuaciones con baja fiabilidad, ya que la fiabilidad limita el valor de la correlación que podemos obtener entre dos medidas y afecta a los diferentes estadísticos calculados a partir de los datos, como se verá a lo largo del capítulo. En la utilización de los test para la toma de decisiones, a menor fiabilidad mayor probabilidad de tomar una decisión incorrecta sobre el sujeto.

La razón de definir el coeficiente de fiabilidad como lo hizo Spearman (véase en la ecuación 2.12) desde la teoría de la regresión lineal fue porque representa una buena forma de establecer el grado de aproximación entre las puntuaciones verdaderas y las observadas. Si recordamos la teoría de la regresión de estadística, para cada puntuación verdadera puede obtenerse una distribución de puntuaciones observadas X, de tal modo que $E(X_i|V_i) = V_i$. Bajo este modelo hablamos del coeficiente de determinación, ρ_{xv}^2 o proporción de la variación de X explicada por V, es decir, por las puntuaciones verdaderas, definido como $\rho_{xv}^2 = \sigma_v^2/\sigma_x^2$, que es la misma expresión dada en la ecuación 2.12 o en términos de los errores como en la ecuación 2.13.

El coeficiente así definido se denomina coeficiente de fiabilidad del test y puede considerarse una buena definición de la fiabilidad del instrumento, como se observa claramente en los gráficos representados en la figura 2.1.

Figura 2.1. Representación de la relación lineal entre puntuaciones verdaderas y empíricas y el diagrama de dispersión para dos casos extremos

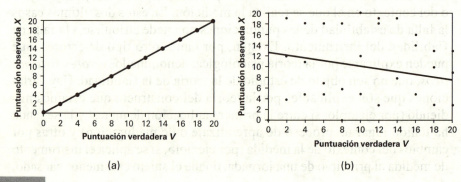

(a)　　　　　　　　　　　(b)

En la figura 2.1 (a) se representa el hipotético caso en el que una puntuación verdadera V_i siempre da lugar a la misma puntuación observada, X_i, y esto es así para las distintas puntuaciones verdaderas. En este caso, todas las puntuaciones se encuentran en la recta de regresión y en términos del modelo significa que $E = X - V = 0$, no existiendo discrepancias entre las puntuaciones observadas y las verdaderas, ni entre dos mediciones diferentes de la misma puntuación verdadera. En estos casos todos los errores son 0, igual que su varianza y la situación reflejaría una fiabilidad perfecta. En la figura 2.1 (b) nos encontramos el caso opuesto, ya que las diferentes puntuaciones verdaderas dan lugar a distribuciones similares en rango de puntuaciones observadas, es decir, que sujetos con puntuaciones verdaderas diferentes pueden obtener la misma puntuación empírica y sujetos con la misma puntuación verdadera pueden obtener puntuaciones empíricas muy diferentes. Como para la misma puntuación verdadera cualquier diferencia $X - V$ se debe a errores de medida, podemos decir que $\sigma_x^2 = \sigma_e^2$ para todo el rango de puntuaciones verdaderas y, en este caso, toda la varianza observada se debe a varianza de los errores. En estas condiciones la fiabilidad del instrumento de medida será 0.

En la mayor parte de los casos, la situación será similar a la encontrada en la figura 2.2. En (a) puede observarse que los sujetos con puntuaciones verdaderas bajas tienden a tener puntuaciones observadas bajas, con puntuaciones medias, puntuaciones observadas medias, y con puntuaciones verdaderas elevadas, puntuaciones observadas también elevadas. No obstante, existen algunas discrepancias entre puntuaciones observadas para una misma puntuación verdadera, debida a errores de medida. La dispersión de las puntuaciones en torno a la puntuación verdadera se debe a errores y su varianza impide que la correlación sea perfecta. En (b) la dispersión es menor, lo que sugiere que los errores o discrepancias con las puntuaciones verdaderas son menores y también su varianza.

Figura 2.2. Representación de la relación lineal entre puntuaciones verdaderas y empíricas y el diagrama de dispersión para dos casos habituales

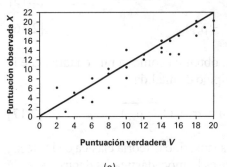
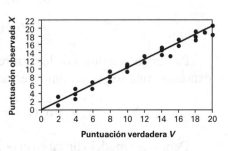

(a)   (b)

4. Relaciones del modelo basadas en el supuesto de paralelismo

La imposibilidad de calcular empíricamente el coeficiente de fiabilidad llevó a Spearman al concepto de *tests o medidas paralelas*. Dos tests, cuyas puntuaciones observadas se denotan como X y X', son paralelos en la concepción de Spearman, si se dan en ellos los siguientes supuestos:

- Igualdad de las puntuaciones verdaderas, es decir:

$$X = V + E$$
$$X' = V + E'$$

- Igualdad de las varianzas de los errores, $\sigma_e^2 = \sigma_{e'}^2$.
- Los dos supuestos anteriores conducen a la igualdad de medias y de varianzas de las puntuaciones observadas

$$\mu_x = \mu_{x'} \text{ y } \sigma_x^2 = \sigma_{x'}^2$$

Fácilmente se demuestra que la correlación entre dos tests paralelos es igual a la razón de la varianza verdadera a la varianza de las puntuaciones observadas, es decir:

$$\rho_{xx'} = \frac{\sigma_v^2}{\sigma_x^2} = \rho_{vx}^2 \qquad [2.14]$$

Por tanto, los supuestos del paralelismo permiten llegar a una estimación empírica del coeficiente de fiabilidad, ya que ahora las puntuaciones de las dos formas X y X' pueden obtenerse empíricamente y calcular con ellas el coeficiente de fiabilidad. Esta es la razón de denotar este coeficiente como $\rho_{xx'}$ o a veces como ρ_{xx}.

Una vez calculado el coeficiente de fiabilidad, pueden estimarse los valores de las varianzas verdadera y error:

$$\sigma_v^2 = \sigma_x^2 \rho_{xx'} \qquad [2.15]$$

$$\sigma_e^2 = \sigma_x^2 (1 - \rho_{xx'}) \qquad [2.16]$$

La desviación típica de los errores, obtenida como la raíz cuadrada de la expresión anterior, se denomina error típico de medida.

$$\sigma_e = \sqrt{\sigma_x^2 (1 - \rho_{xx'})} = \sigma_x \sqrt{(1 - \rho_{xx'})} \qquad [2.17]$$

Dentro del modelo lineal en el que se inscribe la teoría clásica de los tests, la varianza de los errores se supone que es homocedástica, es decir, que es *la misma en todos los niveles de las puntuaciones.* Lo mismo es aplicable al error típico de medida.

Otras dos relaciones interesantes, cuando se dispone de conjuntos de varios tests paralelos, $X_1, X_2, ..., X_j, ..., X_p$, son las siguientes:

- Las correlaciones entre cualquier par de tests de un conjunto de tests paralelos son iguales, e iguales al coeficiente de fiabilidad: $\rho_{12} = ... = \rho_{1p} = ... = \rho_{p,p-1}$.
- Las correlaciones de cualquiera de los tests del conjunto con una variable externa al mismo, Y, también son iguales entre sí: $\rho_{1y} = ... = \rho_{p-1,y} = ... \rho_{py}$.

Puesto que el coeficiente de fiabilidad se trata de un coeficiente de correlación al cuadrado de X con V o de la correlación empírica entre dos tests paralelos, sus valores deben oscilar entre 0 y 1, alcanzando el valor de 1 solamente cuando no hay errores de medida y el de 0, cuando toda la varianza observada se debe a errores de medida.

La correlación entre dos formas paralelas es, evidentemente, una forma de estimar la fiabilidad del test, pero como, en la práctica, el supuesto de paralelismo es muy difícil de conseguir, se han propuesto otros conceptos de equivalencia entre medidas que suponen una relajación del supuesto de paralelismo: medidas equivalentes en puntuación verdadera (o tau-equivalentes), medidas esencialmente equivalentes en puntuación verdadera (o esencialmente tau-equivalentes) y medidas linealmente equivalentes en puntuación verdadera (o congenéricas).

Las medidas *equivalentes en puntuación verdadera*, o *tau-equivalentes*[2], suponen la misma puntuación verdadera pero admite diversidad en la varianza error.

$$X_j = V + E_j$$
$$X_h = V + E_h$$

Por tanto, también se cumple la igualdad de medias y de varianzas de las puntuaciones verdaderas. Pero no se cumple la igualdad de las varianzas de los errores ni de las puntuaciones empíricas.

Las medidas *esencialmente equivalentes en puntuación verdadera*, o esencialmente tau-equivalentes, permiten que las puntuaciones verdaderas de ambas medidas difieran en una constante aditiva.

$$X_j = V_j + E_j$$
$$X_h = V_h + E_h$$

donde: $V_h = V_j + a_{jh}$.

---

[2] De τ, letra griega correspondiente a la palabra inglesa verdadera: *true*.

Las medidas *linealmente equivalentes en puntuación verdadera*, o congenéricas, permiten que la puntuación verdadera de una de ellas sea transformación lineal de la otra.

$$X_j = V_j + E_j$$
$$X_h = V_h + E_h$$

donde: $V_h = b_{jh}V_j + a_{jh}$.

Por tanto, no se cumplen ni la igualdad de varianza ni la igualdad de medias de ambas medidas, aunque se puede obtener la transformación de una en otra.

Para estos tres tipos de equivalencia, en los que no se cumple el supuesto de paralelismo, las puntuaciones empíricas son distintas, por tanto:

- Las correlaciones entre cualquier par de tests de un conjunto de test equivalentes serán diferentes y, por tanto, obtendremos diferentes estimaciones del coeficiente de fiabilidad.
- Las correlaciones de cualquiera de los tests de un conjunto de tests equivalentes con una variable externa también pueden ser diferentes.

Una explicación más extensa sobre estos tipos de modelos puede encontrarse en Traub (1994).

5. Factores que afectan al coeficiente de fiabilidad

La estimación del coeficiente de fiabilidad, calculada a partir de datos empíricos, está afectada por varios factores cuyo efecto analizaremos a lo largo de este apartado: 1) variabilidad del grupo y 2) longitud del test.

5.1. Fiabilidad y variabilidad de la muestra

Como el lector recordará de estadística, el coeficiente de correlación es sensible al rango o variabilidad de las variables, en el sentido de que, manteniendo constantes el resto de los factores, a menor variabilidad, menor correlación. Esto mismo sucede con el coeficiente de fiabilidad. En circunstancias particulares, como cuando se calcula con muestras de variabilidad menor que la que tiene la variable en la población, el problema suele denominarse de *restricción del rango*. El supuesto de la homocedasticidad, o igualdad de la varianza de las puntuaciones a lo largo de todo el rango de la variable, ha permitido a la TCT obtener unas ecuaciones para estimar el valor del coeficiente de fiabilidad en muestras distintas a aquellas en las que se ha calculado.

Sean dos muestras que denotamos como j y k, respectivamente, con varianzas σ_j^2 y σ_k^2 y coeficientes de fiabilidad $\rho_{jj'}$ y $\rho_{kk'}$. Suponiendo que el coeficiente se ha calculado en la muestra j y si conocemos la varianza de la muestra o población k, puede obtenerse para ésta una estimación de su coeficiente de fiabilidad:

$$\rho_{kk'} = 1 - \frac{\sigma_j^2}{\sigma_k^2}(1 - \rho_{jj'}) \qquad [2.18]$$

Lord y Novick (1968) advierten que esta estimación debe usarse con cautela, dado que el supuesto de homocedasticidad de los errores no siempre es sostenible en la práctica.

El problema de la restricción del rango también afecta a las correlaciones con variables externas. Gulliksen (1950/1987) presenta ecuaciones para este problema que se expondrán en el capítulo sobre validez.

5.2. Fiabilidad y longitud: fórmula de la profecía de Spearman-Brown

Un aspecto muy influyente en el valor del coeficiente de fiabilidad es la *longitud* del test o número de ítems que lo componen. Spearman y Brown, de forma independiente, propusieron en 1910 una fórmula, conocida a veces como la *fórmula de la profecía*, que permite estimar cambios en el coeficiente de fiabilidad producidos por la adición de ítems paralelos a los existentes. Este procedimiento también puede aplicarse si queremos conocer en cuánto se reducirá la fiabilidad eliminando ítems del test. Una aplicación frecuente es su utilización como corrección en el procedimiento de cálculo de la fiabilidad a partir en la división de un test en dos mitades, que consideraremos en el siguiente apartado. La deducción de las ecuaciones puede encontrarse en Martínez Arias (1995).

Sea un test con un coeficiente de fiabilidad $\rho_{xx'}$ y sea k un valor multiplicador de su longitud (p. ej.: si duplicamos, $k = 2$; si triplicamos, $k = 3$; si pasamos de una longitud de 10 ítems a 15, $k = 1,5$ y si reducimos de 45 a 15, $k = 1/3$). Denotamos por ρ_k el coeficiente de fiabilidad del test obtenido multiplicando por k la longitud del original.

Los cambios en el coeficiente de fiabilidad se producen por cambios en las varianzas verdadera, error y observada de las puntuaciones. Veamos cuáles son los efectos de multiplicar por k la longitud, añadiendo elementos paralelos:

1. Sea $\overline{X}$ la media de las puntuaciones del test original formado por n elementos. Si se multiplica la longitud por k añadiendo elementos paralelos, sería lo mismo que si se sumasen las puntuaciones de k tests paralelos, por lo que la media del test modificado sería $k\overline{X}$.

2. Efectos sobre las varianzas observadas, verdaderas y error. Puede demostrarse (véase Martínez Arias, 1995, p. 102) que el efecto de multiplicar la longitud por k produce los cambios siguientes en estas varianzas, donde σ_x^2, σ_v^2 y σ_e^2 son las varianzas observada, verdadera y error del test original de n elementos y σ_{kx}^2, σ_{kv}^2 y σ_{ke}^2 las correspondientes varianzas empírica, verdadera y error del test multiplicado por k en longitud, añadiendo elementos paralelos:

$$\sigma_{kx}^2 = k\sigma_x^2 + k(k-1)\rho_{xx'}\sigma_x^2$$
$$\sigma_{kv}^2 = k^2\sigma_v^2$$
$$\sigma_{ke}^2 = k\sigma_e^2$$

Sustituyendo los valores de σ_k^2 y σ_{kv}^2 en la definición de fiabilidad como razón de ambas varianzas, y simplificando, se llega a la siguiente ecuación para estimar el coeficiente de fiabilidad en longitud multiplicada por k:

$$\rho_k = \frac{k\rho_{xx'}}{[1 + (k-1)\rho_{xx'}]} \qquad [2.19]$$

El coeficiente de fiabilidad aumenta siempre que se añadan ítems paralelos, teniendo como límite 1, en el caso de que se añadiesen infinitos ítems.

En la figura 2.3, adaptada de Gulliksen (1950), pueden observarse los cambios en la fiabilidad con cambios en la longitud.

De esta ecuación general puede deducirse otra que permite estimar el número de elementos requerido para alcanzar una cierta fiabilidad

$$k = \frac{\rho_k(1 - \rho_{xx'})}{\rho_{xx'}(1 - \rho_k)} \qquad [2.20]$$

donde los términos tienen el mismo significado anterior. K nos da el coeficiente por el que habrá de multiplicar la longitud actual del test para llegar a una nueva longitud n' en la que el coeficiente de fiabilidad alcanza el valor deseado, es decir, $n' = kn$ y el número de elementos a añadir será $n' - n$, redondeado al entero más próximo.

El caso de duplicar la longitud ($k = 2$) es un caso particular de la situación general reflejada en la ecuación de Spearman-Brown. Los cambios en las varianzas observada, verdadera y error serán ahora:

$$\sigma_{xk=2}^2 = 2\sigma_x^2(1 + \rho_{xx'})$$

Figura 2.3. Valores del coeficiente de fiabilidad (ρ_k) para tests alargados como función de la fiabilidad inicial ($\rho_{xx'}$) y del aumento en la longitud (k)

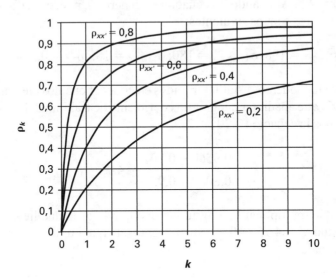

y el coeficiente de fiabilidad:

$$\rho_{k=2} = \frac{2\rho_{xx'}}{(1 + \rho_{xx'})} \qquad [2.21]$$

Ejemplo

Sea un test de Razonamiento formado por $n = 40$ ítems de elección múltiple. El test se aplicó a una muestra nacional de $N = 1.000$ sujetos en el que se obtuvieron los siguientes resultados: $\overline{X} = 25$, $\sigma_x^2 = 36$, $\rho_{xx'} = 0,80$ (realmente son estimadores muestrales, pero por simplicidad se omite el símbolo del estimador). Consideramos en primer lugar el caso de duplicar la longitud, $k = 2$. Como se puede verificar fácilmente, se producirán los siguientes cambios en las varianzas y en el coeficiente de fiabilidad.

$\sigma_{xk=2}^2 = 2 \cdot 36(1 + 0,80) = 129,6$; $\sigma_{vk=2}^2 = 4 \cdot 28,8 = 115,2$;
$\sigma_{ek=2}^2 = 2 \cdot 7,2 = 14,4$

$$\rho_{k=2} = 2 \cdot \frac{0,80}{(1 + 0,80)} = 0,89$$

Veamos ahora el cambio bajo el supuesto de que se le añaden 60 elementos paralelos a los ya existentes. En estas condiciones, la nueva longitud es

$n' = 100$. Puesto que las ecuaciones se establecen en términos de k o multiplicador de la longitud, habrá que determinar k que siempre es el cociente de la nueva longitud a la original, es decir, $k = n'/n$, que en este caso será $k = 100/40 = 2,5$. Aplicando las ecuaciones generales, puede verificarse que los nuevos valores son los siguientes:

$$\sigma^2_{xk=2,5} = 198;\ \sigma^2_{vk=2,5;\,v} = 180;\ \sigma^2_{ek=2,5} = 18;\ \rho_{2,5} = 0{,}909$$

Finalmente, podemos estar interesados en conocer cuántos elementos paralelos habría que añadir para lograr un coeficiente de fiabilidad de 0,95. Para ello utilizamos la ecuación 2.20:

$$k = \frac{0{,}95(1 - 0{,}80)}{0{,}80(1 - 0{,}95)} = 4{,}75$$

Habría que multiplicar la longitud inicial por 4,75, lo que llevaría a una nueva longitud $n' = 4{,}75 \cdot 40 = 190$ elementos, lo que implicaría añadir 150 a los 40 originales.

6. Estimación empírica del coeficiente de fiabilidad

Una vez definido el coeficiente de fiabilidad como correlación entre formas paralelas de un test, hay que determinar cómo se van a tomar las distintas medidas, supuestamente paralelas. Formas distintas de recogida de datos llevan a diferentes procedimientos para el cálculo de la fiabilidad. Aunque todas ellas reciben el nombre genérico de coeficiente de fiabilidad, el resultado de usar una u otra dista mucho de ser homogéneo, tanto en los valores resultantes del coeficiente, como en la interpretación que podemos hacer del mismo. Todas ellas estiman diferentes fuentes de error bajo la etiqueta genérica de σ^2_e. En la tabla 2.1 se resumen las diferentes aproximaciones a la fiabilidad desde la TCT, con la fuente de varianza error estimada en cada caso, la denominación que recibe el coeficiente y el procedimiento de cálculo.

La elección del procedimiento depende en parte de la finalidad del test. En la mayoría de los instrumentos para la evaluación psicológica suelen utilizarse procedimientos de consistencia interna. Pero como veremos más adelante, existe un tipo de tests en los que estos procedimientos están desaconsejados: los *tests de velocidad*.

La estimación de los coeficientes de fiabilidad de las puntuaciones como test-retest y como formas alternativas no introduce nuevos procedimientos de cálculo. En ambos casos supone el cálculo de un coeficiente de correlación entre dos conjuntos de puntuaciones:

Tabla 2.1. Aproximaciones al cálculo del coeficiente de fiabilidad en la TCT

Fuente principal de error	Coeficiente de fiabilidad	Procedimiento de análisis de datos
Cambio en las puntuaciones a lo largo del tiempo. Muestreo de tiempos.	Coeficiente de estabilidad temporal o test-retest.	Correlación, normalmente lineal, entre las puntuaciones obtenidas en dos aplicaciones del test
Cambios en los contenidos de las formas. Muestreo de contenidos.	Coeficiente de equivalencia entre formas alternativas.	Correlación, normalmente lineal, entre las puntuaciones de las dos formas.
Muestreo de contenidos + Muestreo de tiempos.	Formas alternativas en aplicación diferida.	Correlación, normalmente lineal, entre las puntuaciones de las dos formas.
Contenido de los ítems. Muestreo de contenidos y heterogeneidad de los ítems.	Coeficiente de consistencia interna.	Existen diversos procedimientos específicos basados en las covarianzas o correlaciones entre partes del test.
Cambio en los calificadores. Muestreo de calificadores.	Fiabilidad o acuerdo entre calificadores.	Porcentajes de acuerdo o coeficientes de asociación o correlación.

a) Las puntuaciones de la primera aplicación (test) con las de la segunda (retest), en el caso del procedimiento test-retest.
b) Las puntuaciones de la primera forma con las de la segunda, en el caso de las formas alternativas.

El coeficiente de correlación suele ser el coeficiente producto momento de Pearson, aunque en caso de puntuaciones no cuantitativas, se seleccionará el coeficiente de correlación adecuado.

Los métodos de consistencia interna y de acuerdo entre jueces llevan a procedimientos específicos, que se explican a continuación.

Un tratamiento completo de las diversas concepciones de la fiabilidad puede encontrarse en Feldt y Brennan (1989). Para una revisión histórica y conceptual, puede consultarse Brennan (2001) y los lectores interesados en el uso de los coeficientes de fiabilidad en la investigación psicológica pueden leer el libro editado por Thompson (2003).

7. La fiabilidad como consistencia interna

Los procedimientos que desarrollaremos en este apartado requieren una única aplicación del test, por lo que son los más utilizados en la práctica. Estos coeficientes de fiabilidad, a diferencia de los anteriores, no se obtienen mediante un simple coeficiente de correlación. Por ello, pasamos a exponer los procedimientos usuales de cálculo de la fiabilidad como consistencia interna.

7.1. Procedimientos basados en la división del test en dos mitades

Para utilizar este procedimiento, en un test que se aplica en su integridad a los sujetos, se dividen los ítems en dos partes, denominadas primera y segunda mitad, con objeto de obtener dos puntuaciones diferentes para cada sujeto, que podrían considerarse como paralelas. Existen muchas formas posibles de asignación de los ítems a las dos partes (Gulliksen, 1950). No obstante, en los tests cognitivos, la división más habitual es pares e impares. El procedimiento de cálculo consiste simplemente en la correlación lineal entre los dos conjuntos de puntuaciones. Conceptualmente, el coeficiente de correlación entre las dos mitades puede interpretarse como el coeficiente de equivalencia entre ambas y si las mitades son paralelas, puede considerarse como el coeficiente de fiabilidad de cada una de ellas, es decir, de un test con longitud $(1/2)n$. Dadas las relaciones entre fiabilidad y longitud ya estudiadas, para obtener el estimador del coeficiente de fiabilidad del test completo, esta correlación debe corregirse, puesto que es la fiabilidad de un test con la mitad de elementos. Para corregirla se utiliza la ecuación de Spearman-Brown (2.21) con $k = 2$, ya que realmente el test completo tiene el doble de longitud.

Esta corrección únicamente es válida en el caso de mitades paralelas. Cuando no es éste el caso, pero puede considerarse que las mitades son *tau-equivalentes* o *esencialmente tau-equivalentes*, existen otros procedimientos, que son casos particulares del coeficiente alpha con dos partes (véase Martínez Arias, 1995) como los coeficientes de Rulon (1939) y Guttman (1945), que son formas equivalentes de expresar el coeficiente de fiabilidad cuando las mitades no son necesariamente paralelas, y que cuando las mitades son paralelas, su valor coincide con el proporcionado por la corrección de Spearman y Brown. Las expresiones para estos coeficientes, todas ellas equivalentes, son las siguientes:

$$\rho_{xx'} = 1 - \frac{\sigma^2_{(X_1-X_2)}}{\sigma^2_x} = 1 - \frac{\sigma^2_d}{\sigma^2_x} = 2\left(1 - \frac{\sigma^2_{X_1} + \sigma^2_{X_2}}{\sigma^2_x}\right) \qquad [2.22]$$

donde X_1 y X_2 hacen referencia a las puntuaciones de la primera mitad y de la segunda, respectivamente. La varianza $\sigma^2_{(X_1-X_2)} = \sigma^2_d$ hace referencia a la varianza calculada con las diferencias entre la primera mitad y la segunda para cada sujeto. Las varianzas $\sigma_{X_1}^2$ y $\sigma_{X_2}^2$ son las varianzas de las puntuaciones de la primera mitad y de la segunda, respectivamente. Por último, σ_x^2 hace referencia a la variante de las puntuaciones en el test total, es decir, sumando las dos mitades.

7.1.1. Ejemplo para la ilustración del cálculo del coeficiente de fiabilidad mediante dos mitades

En la tabla 2.2 se presentan datos ficticios correspondientes a las respuestas de 10 sujetos a 8 ítems dicotómicos.

Tabla 2.2. Datos ficticios para el cálculo del coeficiente de fiabilidad

Sujeto	Ítem								Mitad A (impar)	Mitad B (par)	Total
	1	2	3	4	5	6	7	8			
1	1	1	1	0	0	0	1	1	3	2	5
2	0	1	0	0	0	0	1	0	1	1	2
3	1	1	1	1	0	0	0	1	2	3	5
4	1	1	0	0	1	1	0	0	2	2	4
5	0	1	1	1	1	1	1	0	3	3	6
6	0	0	1	0	0	0	0	1	1	1	2
7	0	1	1	1	1	0	1	0	3	2	5
8	0	0	0	0	0	0	1	1	1	1	2
9	1	1	1	1	1	0	0	1	3	3	6
10	0	1	1	0	0	1	1	1	2	3	5
Media									2,10	2,10	4,20
Desviación típica									0,83	0,83	1,54
Varianza									0,69	0,69	2,36
$\rho_{AB} = 0{,}71$											
$\sigma_{(x_1-x_2)}^2 = 0{,}40$											

En la práctica, los lectores calcularán los coeficientes de fiabilidad de las puntuaciones por medio de algún programa de ordenador, ya que con datos reales que suponen más ítems y muchos más sujetos, hacerlo manualmente con calculadora sería muy tedioso.

El método de Spearman-Brown requiere en primer lugar obtener la correlación entre las puntuaciones de las dos mitades, con la que se obtiene un valor $\rho_{AB} = 0{,}71$. A continuación debe aplicarse la ecuación 2.21, lo que da el siguiente valor:

$$\rho_{xx'} = \frac{2(0{,}71)}{1 + 0{,}71} = 0{,}83$$

Utilizando las expresiones equivalentes dadas en 2.22, se obtendrán los siguientes resultados:

$$\rho_{xx'} = 1 - \frac{0{,}40}{2{,}36} = 0{,}83 \quad y \quad \rho_{xx'} = 2\left(1 - \frac{0{,}69 + 0{,}69}{2{,}36}\right) = 0{,}83$$

Puede observarse que en este caso el coeficiente obtenido con los procedimientos de Rulon-Guttman es el mismo que el de la corrección de Spearman-Brown. Parece que las mitades podrían ser paralelas, como ponen de relieve la igualdad de las medias y las varianzas de las dos mitades. Si las mitades fuesen diferentes el valor de *R-G-F* sería inferior.

Para mitades no equivalentes y de diferentes longitudes, el lector interesado puede consultar en Feldt y Brennan (1989).

Los procedimientos de las dos mitades proporcionan una estimación rápida y poco costosa de cálculo del coeficiente de fiabilidad y fueron muy útiles cuando no existían facilidades para el cálculo. El problema que plantean es que existen numerosas formas de dividir el test, llevando cada una de ellas a estimaciones diferentes del coeficiente de fiabilidad. Una posibilidad sería usarlas todas y utilizar la media como estimador de la fiabilidad, pero sería poco práctico. Recordemos que la estadística es el arte de hacer inferencias acerca de mucho a partir de poco. Este problema será resuelto con el desarrollo de métodos basados en la covarianza entre los ítems, que exponemos en el apartado siguiente.

7.2. Métodos basados en las covarianzas entre los ítems

A finales de los años 30 y principios de los 40 aparecieron métodos que tienen en cuenta todos los ítems del test y sus covarianzas. Son destacables los procedimientos de Kuder y Richardson, los coeficientes de Guttman, el análisis de varianza de Hoyt y el coeficiente alpha de Cronbach. Todos ellos están basados en que las partes son esencialmente tau-equivalentes. El más popular de todos es el *coeficiente alpha* (Cronbach, 1951).

7.2.1. El coeficiente alpha

Cronbach (1951) derivó un estadístico, que es el límite inferior del coeficiente de fiabilidad del test. Es equivalente a calcular la media de los coeficientes basados en todas las mitades posibles y usar la ecuación de Spearman-Brown para estimar la fiabilidad del test, cuando las partes son paralelas. Dieciséis años más tarde Novick y Lewis (1967) probaron las condiciones bajo las que este estadístico es igual al coeficiente de fiabilidad (una condición necesaria y suficiente es que todos los componentes tengan la misma puntuación verdadera o que sean tau-equivalentes). El estadístico alpha de Cronbach es:

$$\alpha = \frac{n}{n-1}\left(1 - \frac{\sum_{j=1}^{n}\sigma_j^2}{\sigma_x^2}\right) \qquad [2.23]$$

donde: n es el número de ítems del test, σ_x^2 es la varianza de las puntuaciones totales y σ_j^2 es la varianza del ítem j ($j = 1, 2, ..., n$).

La expresión anterior es la expresión popular que aparece en todos los textos y resulta una simplificación útil para el cálculo, pero en ella no se aprecia bien la naturaleza de α como covariación entre los ítems. Una expresión equivalente es la siguiente:

$$\alpha = \frac{n}{n-1}\left(1 - \frac{\sum_{\substack{j,h=1 \\ j \neq h}}^{n}\sigma_{jh}}{\sigma_x^2}\right) \qquad [2.24]$$

donde σ_{jh} representa la covarianza entre los ítems j y h ($j, h = 1, 2, ..., n$).

También podría obtenerse en términos de las correlaciones, procedimiento que lleva al cálculo del denominado *coeficiente alpha estandarizado.*

El coeficiente α suele denominarse de Cronbach, porque apareció en su artículo de 1951. No obstante, este coeficiente, junto con otros basados en las covarianzas de los ítems, conocidos como coeficientes lambda, había sido publicado por Guttman (1945).

7.2.2. Los coeficientes de Kuder-Richardson

Kuder y Richardson (1937) derivaron una serie de coeficientes para tests con ítems dicotómicos. De ellos, los más populares, por su uso extendido todavía hoy en los tests, son los números 20 y 21, denotados como KR_{20} y KR_{21}, respectivamente. El primero es un caso particular del coeficiente alpha cuando los ítems son dicotómicos y tienen distinta dificultad. La expresión es idéntica a la de α, aunque suele sustituirse la expresión de la varianza del ítem, σ_j^2 por $p_j q_j$, que, como el lector recordará, es la expresión de la varianza de una variable dicotómica, donde p_j representa la proporción de aciertos al ítem y q_j es su complementario o proporción de no aciertos.

$$KR_{20} = \left(\frac{n}{n-1}\right)\left(1 - \frac{\sum p_i q_j}{\sigma_x^2}\right) \qquad [2.25]$$

Cuando todos los ítems tienen la misma dificultad, se puede utilizar el índice KR_{21}:

$$KR_{21} = \left(\frac{n}{n-1}\right)\left(1 - \frac{\mu_x - \frac{\mu_x^2}{n}}{\sigma_x^2}\right) \qquad [2.26]$$

En muchos programas actuales que calculan el coeficiente de fiabilidad, el lector no encontrará este procedimiento. La razón es que no es más que el coeficiente alpha cuando las puntuaciones de los ítems son dicotómicas.

7.2.3. Los coeficientes lambda de Guttman

Guttman (1945) definió un conjunto de coeficientes en un trabajo en que intentaba determinar el límite inferior del coeficiente de fiabilidad. Los designó con la letra griega lambda y subíndices. En el programa SPSS se designan con la letra L y mantenemos esta notación. Presentamos a continuación tres de estos coeficientes, L_1, L_2 y L_3, de los que L_3 es formalmente equivalente al coeficiente α. El más simple es L_1:

$$L_1 = 1 - \frac{\sum \sigma_j^2}{\sigma_x^2} \qquad [2.27]$$

Los términos de la ecuación tienen el mismo significado que en la ecuación del coeficiente α. Normalmente proporciona estimaciones menores que α.

El coeficiente L_2 se define como:

$$L_2 = 1 - \sum \frac{\sigma_j^2}{\sigma_x^2} + \frac{\sqrt{\frac{n}{(n-1)}\sum\sum \sigma_{jh}^2}}{\sigma_x^2} \qquad [2.28]$$

Y finalmente, el más conocido de todos es L_3, que es formalmente equivalente al coeficiente alpha. Puede establecerse la siguiente relación entre los coeficientes: $L_1 < L_3 = \alpha < L_2$.

Otros procedimientos que parten de la misma lógica de la covariación entre los ítems, son algunos derivados del análisis factorial o del análisis de componentes principales (véase capítulo 13), aunque son de escasa utilización. Los más mencionados son el coeficiente θ (no confundir con la aptitud latente) de Carmines y Zeller (1979), basado en el primer autovalor resultante del análisis de componentes principales y el coeficiente Ω de Heise y Bohrnstedt (1970), basado en las comunalidades resultantes del análisis factorial. Ambos son aproximaciones al coeficiente α, que tienden a sobreestimar su valor (Carmines y Zeller, 1979).

7.2.4. El coeficiente alpha mediante ANOVA

Hoyt (1941) propuso el cálculo del coeficiente de fiabilidad como consistencia interna mediante el análisis de varianza. Posteriormente Gullisksen (1950) demostró que era equivalente al L_3 de Guttman, o lo que es lo mismo, al coeficiente α. El modelo es el de ANOVA de medidas repetidas de efectos aleatorios, cruzando personas con ítems: $P \cdot I$. Los ítems en este caso son las medidas repetidas. La fórmula para el cálculo es la siguiente:

$$\rho_n^2 = 1 - \frac{\text{MCPI}}{\text{MCP}} \qquad [2.29]$$

donde: MCPI es la media cuadrática de interacción Persona · Ítem, que en este caso, por tener solamente una observación por casilla, se confunde con el error, y MCP es la media cuadrática de las personas. Ambos valores pueden obtenerse como *output* del análisis de varianza. Esta aproximación permite calcular la correlación intraclase (ρ_n^2), que expresa el grado de parecido medio, o consistencia de las puntuaciones, a lo largo de los tratamientos (ítems). El modelo establece que es constante para dos ítems cualesquiera.

A continuación, se muestra una aplicación de este procedimiento para los datos de la tabla 2.3. Los cálculos han sido realizados con un programa para análisis de varianza de modelos de efectos aleatorios y de efectos mixtos, que proporciona estimadores de los componentes de la varianza.

Fuente de variación	Suma de cuadrados	g.l.	Media cuadrática
Personas	8,30	30	0,276
Ítems	1,22	5	0,244
$P \cdot I$ (residual)	7,00	150	0,046

Aplicando la ecuación 2.27 a los datos del ejemplo se obtiene:

$$\rho_{xx} = 1 - \left(\frac{0{,}046}{0{,}276}\right) = 0{,}834$$

7.2.5. Inferencia estadística para los coeficientes de fiabilidad

Cuando el coeficiente de fiabilidad se calcula mediante la correlación entre dos conjuntos de puntuaciones (métodos test-retest y formas alternativas), pueden utilizarse los procedimientos estudiados en estadística para la significación de coeficientes de correlación o diferencias entre coeficientes de correlación. En el caso de los coeficientes de consistencia interna, deben utilizarse procedimientos inferenciales específicos. Los procedimientos pueden encontrarse en Fan y Thompson (2001), Feldt (1990), Feldt, Woodruff, Salih y Srichoi (1986) y en Martínez Arias (1995). No obstante, para la mayor parte de los propósitos suele ser suficiente con la obtención de los Intervalos de Confianza. Estos intervalos son construidos por el programa SPSS para el coeficiente de correlación intraclase y dada su equivalencia con α, pueden tomarse como IC para el coeficiente alpha. Examinaremos únicamente este procedimiento con el ejemplo desarrollado a continuación. Los lectores interesados en otros procedimientos pueden consultar las referencias.

7.2.6. Ilustración del cálculo de los coeficientes de consistencia interna con datos reales y el programa SPSS

El programa SPSS permite realizar los cálculos necesarios para el coeficiente alpha y otras formas de consistencia interna. Para ello se accede desde el menú de análisis a la opción Escalas y dentro de ella, Análisis de la Fiabilidad. Los datos corresponden al tests EOS8-Razonamiento, que es un test de razonamiento abstracto, con 25 ítems de elección múltiple puntuados de forma dicotómica. La muestra de sujetos que respondieron al test fue de $N = 3.174$.

En la tabla 2.3 se presentan resultados obtenidos con diversos procedimientos.

Tabla 2.3. Valores obtenidos para diferentes coeficientes de fiabilidad

Alpha	Lambda 1	Lambda 2	Lambda 3	Dos mitades (12 y 13)	Dos mitades (12 y 12)
0,815	0,782	0,820	0,815	0,826	0,825

En la tabla puede observarse que se ha obtenido el mismo resultado con alpha que con lambda 3, tal como se había señalado. Aunque el método de las dos mitades requiere que éstas sean de la misma longitud, el programa permite que tengan longitud desigual. Puede observarse que los valores son muy similares. El valor de la fiabilidad para cada una de las mitades también es proporcionado, siendo estos valores estimados como alpha de 0,648 y 0,717, respectivamente. La correlación entre las dos mitades es de 0,703, valor que una vez corregido por la ecuación de Spearman-Brown para el caso de duplicar la longitud, proporciona el valor de 0,825 dado en la tabla. Cuando se desea estimar este coeficiente de dos mitades, es conveniente seleccionar primero todos los ítems impares (1, 3, 5, …) y a continuación todos los pares, ya que por defecto el programa asume que los primeros $n/2$ ítems introducidos configuran la primera mitad y el resto la segunda.

Algunas versiones del programa proporcionan también el denominado *alpha estandarizado*, que utiliza para el cálculo las correlaciones entre los ítems en vez de las covarianzas.

En la tabla 2.4 se presenta la tabla ANOVA de la que se puede obtener el coeficiente alpha y la correlación intraclase. Estos datos pueden obtenerse mediante el procedimiento Escalas-Análisis de Fiabilidad del programa SPSS.

Tabla 2.4. ANOVA para el cálculo del coeficiente alpha

	Suma de cuadrados	gl	Media cuadrática	F	Sig
Entre personas	2.664,395	3.146	0,847		
Intrapersonas:					
Entre ítems	4.170,665	24	173,778	1.106,401	0,000
Residual	11.859,095	75.504	0,157		
Total	16.029,760	75.528	0,212		
Total	18.694,155	78.674	0,238		

Finalmente, en la tabla 2.5 se presenta la correlación intraclase, para un ítem individual (denotada como medida única o *single measures*) y para el conjunto de todos los ítems del test (medidas promedio o *average measures*). Esta última es la equivalente al coeficiente alpha.

Tabla 2.5. Coeficiente de correlación intraclase

	Correlación intraclase	Intervalo de confianza del 95%	
		Límite inferior	Límite superior
Single Measures	0,149 (b)	0,142	0,158
Average Measures	0,815 (c)	0,805	0,824

El intervalo de confianza del 95% para el conjunto de los n ítems (*average measures*) permite establecer inferencias para alpha.

8. Coeficiente de fiabilidad como acuerdo entre jueces

Este tipo de coeficiente de fiabilidad se utiliza sobre todo en aquellos casos en los que dos o más jueces atribuyen puntuaciones al mismo sujeto. Son típicos de ítems de respuesta construida, escalas de observación, y en general de medidas con respuestas abiertas, donde el sujeto elabora la respuesta. Normalmente admiten varios grados de puntuaciones. En los TRC, cuando dichos tests se emplean para clasificar a los sujetos, interesa examinar la fiabilidad de las clasificaciones establecidas por diferentes jueces o procedimientos de evaluación y también es típico su cálculo. Existen diversos índices que permiten estimar este tipo de fiabilidad, aquí expondremos sólo uno de ellos, el índice kappa de Cohen por ser el más utilizado, aunque no está exento de críticas. Para una exposición de otros índices de acuerdo puede consultarse Martínez Arias (1995).

El índice kappa de Cohen requiere dos conjuntos de puntuaciones. Para ilustrar el funcionamiento de este índice propondremos un ejemplo hipotético. Sean X e Y dos jueces que utilizan las puntuaciones de un test de respuestas abiertas, para clasificar a $N = 500$ sujetos en cuatro categorías diagnósticas: C_1, C_2, C_3 y C_4. Los resultados de la clasificación simultánea de los sujetos mediante los jueces X e Y se muestran en la tabla 2.6.

Tabla 2.6. Clasificaciones de 500 pacientes en 4 categorías mediante dos jueces

		Juez X				
		c_1	c_2	c_3	c_4	
Juez Y	c_1	185(N_{11})	20	10	9	224 $N_{1.}$
	c_2	17	70(N_{22})	6	7	100 $N_{2.}$
	c_3	6	7	38(N_{33})	7	58 $N_{3.}$
	c_4	42	3	26	47(N_{44})	118 $N_{4.}$
		250	100	80	70	500
		$N_{.1}$	$N_{.2}$	$N_{.3}$	$N_{.4}$	N

Es evidente que un elevado grado de acuerdo o fiabilidad entre jueces se produce cuando la mayor parte de las frecuencias conjuntas se encuentran en las casillas coincidentes (C_1, C_1), (C_2, C_2), etc. La proporción de acuerdos para estas categorías, para una clasificación con m posibilidades se define como:

$$p_0 = \sum_{j=1}^{m} p_{jj} = \frac{N_{11}}{N} + \frac{N_{22}}{N} + \ldots + \frac{N_{mm}}{N} \qquad [2.30]$$

En nuestro ejemplo:

$$p_0 = \frac{185}{500} + \frac{70}{500} + \frac{38}{500} + \frac{47}{500} = 0{,}68$$

El límite superior de p_0 es 1, que se obtiene cuando hay una consistencia total en la asignación a las categorías de todos los sujetos, realizadas mediante las dos formas o jueces X e Y. No obstante, algunas de las clasificaciones correctas podrían producirse por azar, por eso se considera que el límite inferior no es 0, sino la proporción de clasificaciones correctas que se producirían por azar p_e. Estas proporciones se obtendrían considerando que las dos clasificaciones son independientes, por medio de los marginales de la tabla. En general:

$$p_e = \sum_{j=1}^{m} p_{jj_e} = \sum_{j=1}^{m} \frac{N_{j\cdot} \cdot N_{\cdot j}}{N^2} \qquad [2.31]$$

Para los datos de nuestro ejemplo:

$$p_e = \frac{224 \cdot 250}{500^2} + \frac{100 \cdot 100}{500^2} + \frac{58 \cdot 80}{500^2} + \frac{118 \cdot 70}{500^2} =$$
$$= 0{,}224 + 0{,}04 + 0{,}018 + 0{,}033 = 0{,}315$$

El coeficiente κ propuesto por Cohen (1960) se basa en la utilización de las dos proporciones anteriores para la corrección de los efectos del azar y se define como:

$$\kappa = \frac{p_0 - p_e}{1 - p_e} \qquad [2.32]$$

Con los datos del ejemplo, el valor obtenido será κ = 0,5328.

K puede interpretarse como la proporción de clasificaciones consistentes, más allá de las que se podrían esperar por azar. El límite superior es 1, lo que indicaría una fiabilidad perfecta. Valores cercanos a cero indicarían que la mayor parte de la consistencia en las clasificaciones de ambos puede atribuirse al azar, es decir, que las clasificaciones generadas por ambos jueces son estadísticamente independientes. Cohen también propuso un error típico que permite estimar los límites del IC para el coeficiente, supuesta la normalidad de las distribuciones de las puntuaciones. En términos de proporciones, este error típico es:

$$\sigma_\kappa = \sqrt{\frac{p_e}{N(1-p_e)}} \qquad [2.33]$$

Para los datos del ejemplo, el error típico es 0,03 y los límites inferior y superior del intervalo de confianza, con un nivel de confianza del 95%, cuyo $|z_{\alpha/2}| = 1,96$, son, respectivamente, 0,4740 y 0,5916.

El coeficiente kappa junto con el correspondiente intervalo de confianza pueden obtenerse con el programa SPSS dentro del procedimiento Descriptivos-Tablas de Contingencia y solicitando dentro de Estadísticos el citado coeficiente.

Existen otros coeficientes de acuerdo, pero no se explican aquí por ser raramente utilizados. Una descripción de algunos puede encontrarse en Martínez Arias (1995).

9. Tests de velocidad y tests de potencia

Es importante establecer formalmente la distinción entre tests de potencia y tests de velocidad, ya que esta característica afecta al cálculo de los coeficientes de fiabilidad. La ausencia de velocidad como determinante de las puntuaciones será uno de los supuestos de la TRI.

Un test de velocidad pura es aquel compuesto por ítems fáciles, de tal forma que cualquier sujeto debería ser capaz de contestar correctamente a todos ellos, aunque por limitaciones de tiempo no todos los sujetos llegan a contestar el mismo número de ítems en el test. Por el contrario, un test de potencia está formado por ítems en los que las diferencias individuales en su ejecución reflejan diferencias en la capacidad de los sujetos en el rasgo. En los test de potencia el tiempo tiene que permitir a la mayor parte de los sujetos llegar al final del mismo. La mayoría de los tests no son ni de velocidad pura, ni de potencia pura, sino que suelen ser mixtos, acercándose en mayor o menor grado a cada uno de los tipos. Por ello, se han propuesto varios índices para expresar el grado de velocidad y de potencia de un test.

Para elaborar su índice de velocidad, Gulliksen (1950) distingue dos tipos de no aciertos, I, en los ítems: a) los errores y omisiones, que agrupa en la categoría E y b) los no intentos (NI), que son ítems a los que no se ha respondido porque el sujeto no ha llegado a intentarlo. La puntuación I se define como:

$$I = E + NI$$

En un test de velocidad pura $I = NI$, mientras que en un test de potencia pura $I = E$. Para determinar el grado de velocidad o de potencia de cualquier test propone un índice basado en la razón de la varianza de E y de I:

$$IV = \frac{\sigma_E^2}{\sigma_I^2} \qquad [2.34]$$

Cuanto menor sea el valor del índice, mayor será el nivel de velocidad del test. El límite inferior es 0, e indica que todos los no aciertos se deben a no intentos, y que, por tanto, se trata de un test de velocidad pura. Este índice tiene la ventaja, respecto a los índices que veremos a continuación, de poder calcularse con una única aplicación del test. Para los datos del ejemplo del test EOS8-Razonamiento, calculadas las dos varianzas requeridas en la fórmula se obtuvo el siguiente resultado: $IV = \frac{20{,}245}{21{,}175} = 0{,}95$. Por lo tanto, podemos considerar el test como de potencia.

Stafford (1971) propone un índice también sencillo:

$$IV = \left(\frac{\sum NI}{\sum E + \sum O + \sum NI} \right) \cdot 100 \qquad [2.35]$$

donde: NI son los ítems no intentados, E son los errores y O son las omisiones o ítems que el sujeto deja sin contestar, respondiendo a otros posteriores.

Si el test es de velocidad pura, E y O serán 0 y el IV será 100, en el caso de un test de potencia pura, NI será 0 y, en consecuencia, también el índice será 0.

Siguiendo con el ejemplo anterior,

$$IV = \left(\frac{1.411}{24.853 + 5.720 + 1.411} \right) \cdot 100 = \left(\frac{1.411}{31.984} \right) \cdot 100 =$$
$$= (0{,}044) \cdot 100 = 4{,}4$$

IV es igual a 4,4, por lo tanto, nos encontramos ante un test de potencia, puesto que el valor está mucho más próximo a 0 que a 100.

Recordamos a los lectores que los coeficientes de consistencia interna no deben aplicarse a puntuaciones procedentes de tests de velocidad, debiendo optar en estos casos por otras aproximaciones como el test-retest o las formas alternativas.

10. Fiabilidad en situaciones más complejas: tests compuestos y puntuaciones diferencia

10.1. La fiabilidad de un test compuesto

En ocasiones es necesario calcular una puntuación total combinando las puntuaciones obtenidas en varios tests o partes de tests. Para que esta puntuación tenga sentido, los tests deberán ser de atributos similares. En estos casos, la puntuación compuesta o total para un sujeto (omitimos el subíndice del sujeto) y p tests se define como:

$$T = \sum_{j=1}^{p} w_j X_j \qquad [2.36]$$

donde: T es la puntuación compuesta, w_j es el peso del test o componente j y X_j es la puntuación en el test j.

La fiabilidad se define de la forma habitual como el cociente de la varianza de las puntuaciones verdaderas a las puntuaciones observadas. Definiendo ambas varianzas para la puntuación total, que no es más que una suma de variables, llegamos a la siguiente formulación con los estimadores muestrales, cuya justificación puede encontrarse en Martínez Arias (1995):

$$\rho_{TT'} = 1 - \frac{\sum_{j=1}^{p} w_j^2 \sigma_j^2 - \sum_{j=1}^{p} w_j^2 \sigma_j^2 \rho_{jj}}{\sigma_T^2} \qquad [2.37]$$

La varianza de las puntuaciones totales, s_T^2, puede obtenerse a partir de las puntuaciones sumadas según 2.36 o a partir de las varianzas y covarianzas de los componentes. En este último caso se obtendría como:

$$\sigma_T^2 = \sum_{j=1}^{p} w_j^2 \sigma_j^2 + \sum_{j=1}^{p} \sum_{h=1; j \neq h}^{p} w_j w_h \sigma_{jh} \qquad [2.38]$$

En las dos expresiones anteriores los elementos de la fórmula tienen el siguiente significado: σ_T^2 es la varianza de las puntuaciones compuestas, w_j es el peso del test o componente j, w_h es el peso de otro test h, σ_j^2 es la varianza del test o componente j, ρ_{jj} es el coeficiente de fiabilidad del test j y σ_{jh} es la covarianza entre los tests j y h. Las ecuaciones anteriores también se pueden representar en notación matricial (Martínez Arias, 1995). Otras expresiones se pueden encontrar en Feldt y Brennan (1989) y en Lord y Novick (1968).

Las expresiones anteriores se simplifican en el caso de que todos los componentes reciban el mismo peso, obteniéndose entonces las expresiones siguientes para el coeficiente de fiabilidad y la varianza:

$$\rho_{TT'} = 1 - \frac{\sum_{j=1}^{p} \sigma_j^2 - \sum_{j=1}^{p} \sigma_j^2 \rho_{jj}}{\sigma_T^2} \qquad [2.39]$$

$$\sigma_T^2 = \sum_{j=1}^{p} \sigma_j^2 + \sum_{j=1}^{p} \sum_{h=1; j \neq h}^{p} \sigma_{jh} \qquad [2.40]$$

Ilustraremos los cálculos con un ejemplo.

Ejemplo

Un psicólogo quiere combinar las puntuaciones de tres tests de aptitudes en una puntuación total T. Se dispone de los datos estadísticos de los tres tests que denotamos como X_1, X_2 y X_3 así como de sus coeficientes de fiabilidad. El psicólogo considera que los tres tests deben tener diferentes pesos, asignando los siguientes: $w_1 = 2$, $w_2 = 1,5$ y $w_3 = 1$. Las varianzas son $s_1^2 = 36$, $s_2^2 = 25$ y $s_3^2 = 16$. Las covarianzas entre las puntuaciones son $s_{12} = 12$, $s_{13} = 7,2$ y $s_{23} = 4$. Los coeficientes de fiabilidad son $r_{11} = 0,90$, $r_{22} = 0,85$ y $r_{33} = 0,80$.

A partir de los datos anteriores y sustituyendo en las fórmulas, obtenemos el valor del coeficiente de fiabilidad del compuesto T:

$$\rho_{TT'} = 1 - \frac{(4 \cdot 36 + 2,25 \cdot 25 + 1 \cdot 16) - (4 \cdot 36 \cdot 0,90 + 2,25 \cdot 25 \cdot 0,85 + 1 \cdot 16 \cdot 0,80)}{(4 \cdot 36 + 2,25 \cdot 25 + 1 \cdot 16) + (2 \cdot 1,5 \cdot 12 + 2 \cdot 1 \cdot 7,2 + 1,5 \cdot 1 \cdot 4)} = 0,904$$

10.2. Fiabilidad de las ganancias o puntuaciones diferencia

A veces las puntuaciones ganancia, es decir, la diferencia entre dos mediciones, son importantes para evaluar la eficacia de programas o intervenciones. El uso de puntuaciones ganancia es controvertido, pero la TCT proporciona ecuaciones para determinar la fiabilidad de estas puntuaciones cambio o diferencia, obtenidas a partir de dos mediciones (normalmente pre y postest) con el mismo instrumento o con una forma paralela. La fiabilidad se obtiene mediante la siguiente ecuación, que expresamos con los estimadores muestrales:

$$\rho_d = \frac{\rho_{11}\sigma_1^2 + \rho_{22}\sigma_2^2 - 2\rho_{12}\sigma_1\sigma_2}{\sigma_1^2 + \sigma_2^2 - 2\rho_{12}\sigma_1\sigma_2} \qquad [2.41]$$

donde: ρ_d es la fiabilidad de las puntuaciones diferencia, σ_1^2 y σ_2^2 son las varianzas de la primera y segunda aplicación, respectivamente; ρ_{11} y ρ_{22} son los coeficientes de fiabilidad de las puntuaciones de la primera y la segunda aplicación y ρ_{12} es el coeficiente de correlación entre los dos conjuntos de puntuaciones.

Si se mantiene el paralelismo estricto en la segunda aplicación, la ecuación puede simplificarse. Esta ecuación ha sido muy controvertida. Como señala Traub (1994) para que tenga sentido, las dos medidas deben evaluar de idéntica forma la misma característica.

11. Algunas consideraciones sobre las estimaciones del coeficiente de fiabilidad

Para estimar los coeficientes de fiabilidad deben seguirse las mismas consideraciones que para el cálculo de otros estimadores muestrales, ya que sus valores pueden ser muy sensibles al tipo de muestra en que se calculan. Las muestras deben tener un tamaño suficiente, puesto que a mayor tamaño, mayor precisión del estimador. Las muestras deben ser además representativas de la población objetivo a la que se destina el test. Recuérdese que los valores del coeficiente son sensibles al grupo en que se calculan, por lo que si el test va destinado a diferentes grupos o poblaciones, debería estimarse la fiabilidad de las puntuaciones en cada uno de ellos. Vacha-Haase (1998) presenta procedimientos para la «generalización de la fiabilidad» que permiten combinar los resultados de diferentes estudios. Las condiciones de administración deben ser las mismas en las que se va a administrar el test, por lo que cambios en las condiciones de administración llevarán al cálculo de estimaciones del coeficiente de fiabilidad para cada condición.

Todas las características de las muestras con las que se obtienen los estimadores de los coeficientes de fiabilidad deben ser descritas en el manual del test o en el apartado del método en un artículo o trabajo de investigación. Las prácticas modernas de publicación de las investigaciones psicológicas (Wilkinson y APA Task Force, 1999) insisten en que deben exponerse los coeficientes de fiabilidad de las puntuaciones de los instrumentos utilizados, aunque el estudio no sea psicométrico. Dada la sensibilidad de los coeficientes a las características de las muestras, sería conveniente que se calculase la fiabilidad de las puntuaciones en cada estudio concreto. Desgraciadamente, esta práctica no es habitual entre los investigadores. Cuando los investigadores informan de la fiabilidad de las puntuaciones suelen referirse a datos de otros estudios o las presentadas en los manuales de los tests. Vacha-Haase, Bogan y Thompson (2000) se refieren a esto como la «inducción de la fiabilidad» y presentan algunos ejemplos de lo erróneo de la práctica.

Finalmente, los lectores se preguntarán sobre cuáles son los valores adecuados para la fiabilidad de unas puntuaciones. La respuesta no está clara, no se pueden establecer puntos de corte generales y basados en criterios formales sobre los valores. Entre otras cosas dependen del uso que se vaya a hacer de las puntuaciones de los tests. En la práctica, suelen seguirse las recomendaciones de Nunnally (Nunnally, 1978; Nunnally y Bernstein, 1994) que dan una serie de valores mínimos de referencia en función del uso. Suelen considerarse aceptables en los trabajos de investigación en los que usan puntuaciones de tests valores $\geq 0,70$, pero los valores deben ser muchos mayores cuando las puntuaciones se utilicen para tomar decisiones sobre sujetos concretos, siendo en este caso el mínimo recomendable de 0,90 y lo deseable de 0,95. No obstante, estos mismos autores señalan que la decisión no debe basarse únicamente en la fiabilidad, sino que es muy importante tener en cuenta la validez de las puntuaciones. En este mismo sentido de las decisiones insisten los *Standards for Educational and Psychological Tests* (AERA, *et al.*, 1999) cuando señalan que «la precisión y consistencia en una medida son siempre deseables. No obstante, esta necesidad aumenta a medida que las consecuencias de las decisiones crecen en importancia» (p. 30).

12. Consecuencias de los errores de medida sobre los análisis de datos

Los problemas derivados de la falta de fiabilidad de la medida tienen importantes repercusiones en los análisis de datos de las investigaciones. Ya Spearman demostró los efectos de los errores de medida sobre las correlaciones entre variables, denominándolos los *efectos de atenuación,* puesto que atenúan o reducen sensiblemente el tamaño de las correlaciones. Se propusieron procedimientos para su corrección que se presentan en el capítulo 10 a propósito de la validez de las puntuaciones. La atenuación del coeficiente de correlación no es el único efecto, sino que el valor del coeficiente de fiabilidad también tiene efectos en otros estadísticos. Resumiendo brevemente, los principales efectos de la baja fiabilidad son los siguientes:

1. En los estudios sobre *comparaciones de grupos*: reduce el tamaño del efecto, reduce la potencia estadística de los contrastes y aumenta la varianza de los tamaños del efecto.
2. En los estudios basados en *correlaciones*, además del ya señalado efecto de la atenuación, aumenta la variabilidad de la distribución muestral, reduciendo la potencia. Estos efectos son importantes en otros análisis de datos basados en coeficientes de correlación, como en la regresión y análisis factoriales.

Baugh (2002) presenta procedimientos para la corrección de los efectos de la fiabilidad en los tamaños del efecto.

3. La Teoría Clásica de los Tests II: puntuaciones, análisis de elementos, consideraciones finales

1. Las puntuaciones en la TCT

1.1. Puntuaciones de los tests como suma de las respuestas a los ítems

La forma más frecuente de puntuar un test es obteniendo la puntuación directa u observada X que se obtiene como la suma de las respuestas del sujeto a cada uno de los ítems que lo componen. Sea un test formado por n ítems, la puntuación para un sujeto s [1] se obtiene como:

$$X_s = \sum_{i=1}^{n} u_{si} \qquad [3.1]$$

donde u representa la puntuación en el ítem. En el caso de ítems planteados de forma invertida, es preciso recodificar las puntuaciones antes de proceder a la suma, es decir, cambiar la polaridad de las puntuaciones, de modo que todas tengan el mismo significado.

Cuando los ítems son dicotómicos, es decir, su puntuación admite sólo dos posibilidades de respuesta, acierto (codificado como 1) y no acierto (codificado como 0), la puntuación anterior coincide con el número de aciertos. A veces la puntuación suma se convierte en *proporción de aciertos:*

$$p = \frac{\sum_{i=1}^{n} u_i}{n} \qquad [3.2]$$

---

[1] En este capítulo se usa el subíndice s para el sujeto e i para el ítem.

Las puntuaciones número de aciertos o proporción de aciertos son adecuadas cuando los ítems son de respuesta construida, es decir, en los que los sujetos deben escribir la respuesta, no elegirla de entre un conjunto de opciones.

1.2. Tests formados por ítems dicotómicos de elección múltiple (EM)

En este tipo de ítems puede darse el caso de que el sujeto acierte el ítem sin conocer la respuesta correcta por adivinación, conjetura o azar. Este tipo de acierto distorsiona las puntuaciones de los tests, debiendo tenerse en cuenta en el momento de la puntuación.

Siguiendo a Gulliksen (1950), a la hora de puntuar tests formados por ítems dicotómicos es conveniente considerar cuatro categorías de respuesta al ítem:

- Aciertos (A) o número de ítems contestados correctamente.
- Errores (E) o número de ítems contestados incorrectamente.
- Omisiones (O) o número de ítems no contestados, pero que van seguidos de otros ítems a los que el sujeto responde.
- No intentados o no alcanzados (NI) que son ítems consecutivos, normalmente al final del test, no contestados por los sujetos y que no van seguidos de otros contestados. Se considera que no han sido presentados al sujeto o que éste no ha llegado a ellos por falta de tiempo.

Para la corrección del problema de la adivinación, desde los comienzos de los tests de EM, suele puntuarse el test mediante la denominada *fórmula de la puntuación*, que aplica una corrección estándar consistente en obtener la puntuación total como:

$$X = A - \frac{E}{(k-1)} \qquad [3.3]$$

donde: A es la suma de los aciertos (o $\sum_{i=1}^{n} u_i$ de la fórmula anterior), E es el número de errores y k es el número de alternativas de los ítems del test.

Una regla asociada con el uso de esta corrección es que los sujetos deben ser advertidos en la administración de que los errores serán penalizados. Las omisiones no cuentan como respuestas incorrectas. Una fórmula equivalente puede aplicarse a la proporción de aciertos:

$$p_c = p - \frac{p_e}{(k-1)} \qquad [3.4]$$

donde p_c representa la proporción corregida, p es la proporción de aciertos sin corrección, p_e es la proporción de respuestas erróneas y k es el número de alternativas de los ítems del test.

Ha habido mucho debate en la historia de la TCT sobre la adecuación de esta fórmula. La mayor parte de las críticas pueden agruparse en los dos tipos siguientes: a) que la corrección está basada en supuestos falsos sobre la conducta del examinado al responder al ítem, ya que se supone que la respuesta que da es al azar, y b) que penaliza a examinados con ciertos rasgos de personalidad. Con respecto al primer punto, las críticas suelen señalar que los sujetos que no conocen la respuesta raramente responden completamente al azar ya que, si así fuera, todas las opciones incorrectas serían elegidas aproximadamente con la misma probabilidad, lo que no suele ser el caso en la práctica. Además, ignora la posibilidad de que el sujeto tenga cierta información o conocimiento parcial. El problema es que los diferentes tipos de adivinación pueden tener efectos diferentes sobre la varianza de las puntuaciones.

Rogers (1997) distingue tres tipos de adivinación: completamente a ciegas, guiada por pistas o informada. El primer tipo tiene lugar cuando un examinado no tiene idea de la respuesta correcta y responde al azar. El acierto guiado por pistas ocurre cuando el sujeto no conoce la respuesta correcta pero acierta porque se basa en ciertas pistas del ítem. El acierto informado tiene lugar cuando el examinado basa la respuesta en un conocimiento parcial acerca de la cuestión. Esta autora también señala que la adivinación, en principio, puede ocurrir en cualquier tipo de ítem, aunque solamente se considera un problema serio en los de EM a causa de la mayor probabilidad de alcanzar la respuesta correcta sin un conocimiento de la misma. El problema fundamental es que ello hace que aumente la varianza error de las puntuaciones de los tests, reduciendo su fiabilidad y validez. Desde los años veinte, con el uso masivo de los tests tipo elección múltiple, se está investigando sobre este problema intentando encontrar una solución debido a la distorsión que introduce en las puntuaciones.

Con respecto al segundo punto, el comportamiento de los sujetos puede variar ante respuestas que no conocen, debido a diferencias individuales en la tendencia a omitir ítems de los que no se conoce la respuesta. Estas diferencias individuales introducen una fuente de variación adicional en las puntuaciones observadas, ajena al rasgo que mide el test. Algunos autores señalan que la tendencia a responder tiene que ver con diferencias individuales en asunción de riesgos, lo que lleva a la penalización de los sujetos con menor tendencia a asumir riesgos. Los estudios empíricos son mixtos en sus resultados. Rowley y Traub (1977) proponen la siguiente fórmula:

$$X_c = A + \frac{O + NI}{k} \qquad [3.5]$$

El numerador de la fórmula es aplicable si el test no es de velocidad, como sucede en la mayor parte de los tests de rendimiento. Esta fórmula se basa en añadir al número de aciertos de los sujetos los ítems omitidos y no intentados que podrían haber acertado por azar, en vez de recibir penalización por las respuestas incorrectas. Budescu y Bar-Hillel (1993) defensores de los modelos de *risk taking*, presentan un interesante estudio sobre estas tendencias y las respuestas a los ítems.

Como se verá en el capítulo correspondiente, la TRI resuelve el problema con la introducción del parámetro c (acierto por adivinación) en los modelos.

1.3. Problemas especiales con los tests de velocidad

Las ecuaciones anteriores no son totalmente adecuadas para los tests de velocidad, en los que es poco probable que se produzcan errores pero sí bastantes no intentos. La aplicación de la ecuación de Rowley y Traub (1977) que corrige en función del número de omisiones y no intentos, no es adecuada en este tipo de tests, ya que se basa en lo que respondería el sujeto si conociese la respuesta correcta. En los tests de este tipo, los ítems son fáciles y es bastante probable que el sujeto con tiempo suficiente conozca las respuestas a todos. Gulliksen (1950, p. 251) señala que si un test de velocidad está bien construido, el número de omisiones y de errores debería ser 0 y el test puede puntuarse directamente con la puntuación número de aciertos. Ahora bien, en ocasiones y con tests de pura velocidad, podemos encontrarnos con protocolos en los que el número de errores en los ítems finales es mucho mayor que al comienzo y podemos sospechar que los sujetos no han analizado cuidadosamente los ítems y que han respondido al azar para dar más respuestas. En estos casos es necesario corregir las puntuaciones. Es importante, además, insistir en las instrucciones en que no se cometan errores y en que no omitan ítems. Gulliksen (1950) propone una fórmula que penalice omisiones y errores con una ponderación diferente:

$$X_c = A - \frac{E}{C} - \frac{O}{D} \qquad [3.6]$$

Donde los términos A, E y O tienen el mismo significado de apartados anteriores y C y D son constantes arbitrarias, con la restricción de que $C < D$. Sugiere que D sea considerablemente mayor que el número de alternativas k y C algo menos que $(k - 1)$, señalando que un valor adecuado para C podría ser $C = [(k - 1) - 1]$.

2. Puntuaciones con ponderación de los ítems

Algunos autores consideran que las fórmulas anteriores no son correctas porque dan el mismo peso o valor a todos los ítems y sugieren procedimientos para obtener puntuaciones como *sumas ponderadas*:

$$X_s = \frac{\sum_{i=1}^{n} w_i u_{is}}{n} \qquad [3.7]$$

donde w_i representa el peso que recibe cada ítem del test en la fórmula. Se han propuesto diferentes criterios para la determinación de dichos pesos:

1. *Ponderar por la fiabilidad.* El error del compuesto será menor si reciben más peso los componentes más fiables. No obstante, la ponderación simple por la fiabilidad de los componentes no maximizará la fiabilidad compuesta.
2. *Ponderación por validez.* Cuando se dispone de una puntuación criterio, el peso relativo de diferentes aspectos que intervienen en la puntuación puede determinarse por medio de las técnicas de la regresión lineal múltiple. La lógica es que la puntuación sea tal que se minimicen los errores de predicción del criterio.
3. *Puntuaciones factoriales.* Cuando se utilizan procedimientos de análisis factorial en el análisis de los tests (véase capítulo 12) una forma de obtener puntuaciones ponderadas es por medio de las denominadas puntuaciones factoriales, que atribuyen pesos a los ítems según su importancia para el factor.

Se han realizado numerosos estudios para analizar los efectos de las ponderaciones. Gulliksen (1950/1987) le dedica un capítulo de 50 páginas al problema; Wang y Stanley (1970) realizaron una revisión de 40 páginas; Dawes (1976) revisó el problema en un artículo clásico sobre medidas igualmente ponderadas. En general, cuando se pone el acento en los efectos de la ponderación sobre la fiabilidad global del test parece que la ponderación tiene escasos efectos en el error global y que los resultados dados por los diferentes métodos están muy correlacionados (Ghiselli, *et al.*, 1981) y no se suele ponderar en la práctica.

En los tests actuales en los que se combinan con frecuencia *ítems dicotómicos y politómicos,* el problema es mayor. En estas situaciones, la TCT opta por diferentes soluciones:

1. La opción más común es sumar las puntuaciones obtenidas a lo largo del conjunto de los ítems, tomando los dicotómicos con el valor de 1 y los politómicos cada uno con el valor alcanzado por los sujetos. Este

procedimiento no es óptimo, ya que da más peso, no siempre justificado, a los ítems politómicos.
2. Obtener puntuaciones separadas para el conjunto de ítems dicotómicos, aplicándoles la fórmula de corrección, y para el conjunto de ítems politómicos.
3. Utilizar fórmulas de porcentaje de aciertos, calculando la proporción de ítems correctos para los ítems dicotómicos y un equivalente a la proporción de ítems correctos para los politómicos. La proporción de aciertos equivalente de un ítem es la puntuación alcanzada por el sujeto en el ítem dividida por la puntuación máxima del ítem. Para el conjunto de ítems politómicos, podrían sumarse las puntuaciones máximas del conjunto de ítems como denominador y en el numerador se colocaría la suma de puntuaciones de los sujetos a todos los ítems politómicos. Finalmente podría obtenerse un promedio (ponderado o no) de las dos proporciones de aciertos. También podrían obtenerse transformaciones de escala de estas proporciones, como la puntuación Δ (que es una transformación basada en la curva normal, que será explicada más adelante dentro del análisis de ítems).
4. Seguir cualquiera de los procedimientos anteriores, asignando pesos diferentes a los ítems, pero el problema no resuelto en la TCT es cómo obtener los pesos óptimos.

Ninguna de las soluciones anteriores es óptima, debido especialmente al problema de los pesos y en las evaluaciones educativas a gran escala se adoptan procedimientos derivados de la TRI. Un interesante tratamiento del problema con un análisis de diferentes soluciones se presenta en el libro editado por Thissen y Wainer (2001). Recomendamos a los lectores interesados la lectura de dicho texto, ya que no podemos entrar en su tratamiento.

3. La estimación de las puntuaciones en la TCT

3.1. Estimadores puntuales

La puntuación observada X obtenida por medio de las fórmulas anteriores proporciona un estimador puntual de la puntuación verdadera, ya que como se recordará del capítulo 2, $E(X) = V$.

A veces se recomienda obtener un estimador de la puntuación verdadera mediante la regresión lineal de ésta sobre la puntuación observada. Kelley (1927) propuso esta aproximación, utilizando el modelo de la regresión lineal simple (véase capítulo 11 o cualquier texto de estadística). La apariencia de la ecuación de predicción es algo diferente de las habituales fórmulas de X sobre Y, puesto que se aplican las propiedades de la TCT. La ecuación, utilizando estimadores muestrales, es la siguiente:

3. La Teoría Clásica de los Tests (II)

$$V'_s = \rho_{xx'}X_s + (1 - \rho_{xx'})\mu_x \qquad [3.8]$$

Donde V'_s es la puntuación verdadera pronosticada para un sujeto s, X_s es la puntuación observada para el sujeto, $\rho_{xx'}$ es el coeficiente de fiabilidad y $\overline{X}$ la media de las puntuaciones observadas, ambos estimados en un grupo de referencia. La varianza de estas puntuaciones verdaderas estimadas será menor que la de las observadas, ya que no está inflada por el error de medida. Para una justificación de la ecuación desde un punto de vista bayesiano, véase De Gruitjer y Van der Kamp (2003) o Wainer y Thissen (2001).

Ejemplo

Sea un test con un coeficiente de fiabilidad estimado en un grupo de 0,80. La media del test en dicho grupo es de 30 puntos y un sujeto alcanzó en el test una puntuación observada de $X = 25$ puntos. La puntuación verdadera estimada por el procedimiento de Kelley será: $V' = 0,80 \cdot 25 + (1 - 0,80) \cdot 30 = 26$. Sea otro sujeto con $X = 35$, para este sujeto la puntuación verdadera estimada será $V' = 34$. En general, el procedimiento de Kelley produce puntuaciones verdaderas menores que las observadas para las puntuaciones que están por encima de la media y superiores a las observadas cuando éstas están por debajo de la media.

Para una correcta aplicación de la ecuación asumimos distribución normal en las puntuaciones verdaderas en la población y para un valor especificado de X, la distribución de puntuaciones verdaderas en torno a ella también lo es.

3.2. Estimaciones de intervalos o bandas de puntuaciones

Un intervalo de puntuaciones representa un rango de puntuaciones en vez de un valor único y se usa a veces para la interpretación de las puntuaciones de los tests. Se establecen de la misma forma que los *intervalos de confianza* estudiados en estadística y permiten establecer proposiciones probabilísticas sobre la confianza acerca de algún valor desconocido. Tienen límites inferiores y superiores. Para construir estos intervalos es preciso disponer de estimadores del error típico y asumir alguna distribución de los errores. Usualmente esta distribución es la distribución normal. Un problema planteado en las diferentes aproximaciones es que se asume que el error típico de medida es el mismo a lo largo de todo el rango de puntuaciones. Harvill (1991) recoge las dos aproximaciones siguientes:

3.2.1. Intervalo de confianza alrededor de la puntuación verdadera para la puntuación observada obtenida

Aparentemente puede resultar extraña esta forma de intervalo, ya que la puntuación verdadera es una cantidad desconocida. No obstante, es un procedimiento útil para determinar puntos de corte en la toma de decisiones. Por ejemplo, si se supone que un niño debe tener un CI de 130 para poder entrar en un programa de superdotados, ¿qué puntuación mínima observada sería aceptable para entrar en el programa? Supongamos que el IC será establecido con un NC del 95%. Como consideramos distribuciones normales, el valor $|z_{\alpha/2}| = 1{,}96$ en este caso. Para construir el IC se calcula el error máximo por el procedimiento habitual, utilizando el error típico de medida: E. máx. $= |z_{\alpha/2}| \cdot s_e$. Supongamos que la desviación típica de las puntuaciones del test en el grupo de referencia fue de 15 puntos, la media 100 y el coeficiente de fiabilidad de 0,90. El error típico de medida, calculado como se ha visto en el capítulo 2 será de 4,74 y el error máximo de 9,29. De la forma habitual se construyen los límites superior e inferior, en este caso en torno a la puntuación verdadera fijada de 130. El límite inferior será 120,71 y el superior 139,71. Sujetos con puntuaciones observadas superiores a 120,71 deberían ser admitidos al programa.

A la misma conclusión podríamos haber llegado si planteamos el problema mediante un contraste de hipótesis. La hipótesis a contrastar sería si una puntuación observada determinada es compatible o no con una puntuación verdadera fijada. El estadístico de contraste será:

$$z = \frac{X - V}{s_e} \qquad [3.9]$$

Para el mismo caso anterior, con $V = 130$, supongamos que un sujeto quiere ser admitido en el programa y alcanza una $X = 121$. Se calcula el contraste para ver si la puntuación del sujeto es significativamente menor que V con un nivel de significación de 0,05 (en este caso, la hipótesis sería unilateral, siendo el z de $-1{,}64$). Aplicado el contraste, el valor de z es $-0{,}97$, que es mayor que $-1{,}64$, por lo que se considera que no se rechaza la hipótesis de que las dos puntuaciones son iguales y el sujeto deberá ser admitido en el programa.

3.2.2. Intervalos de confianza alrededor de la puntuación observada para estimar la puntuación verdadera

Este procedimiento es muy popular en la psicometría. Gulliksen (1950) recomienda construir el intervalo sobre la puntuación V' estimada mediante la ecuación de Kelley y no sobre la puntuación directamente observada X. Puede demostrarse (véase Gulliksen, 1950) que el error típico adecuado para esta estimación es una modificación del error típico de medida, denominado *error típico de estimación*, que utilizando estimadores muestrales se obtiene mediante la siguiente ecuación:

$$\sigma_{v.x} = \sigma_x \sqrt{1 - \rho_{xx'}} \sqrt{\rho_{xx'}} = \sigma_e \sqrt{\rho_{xx'}} \qquad [3.10]$$

Donde: σ_x es la desviación típica de las puntuaciones observadas y $\rho_{xx'}$ es un estimador del coeficiente de fiabilidad. En general, este error típico de estimación será menor o igual que el correspondiente error de medida, alcanzando la igualdad solamente cuando el coeficiente de fiabilidad estimado valga 1.

Para los datos del ejemplo anterior, vamos a construir un IC del 95% para estimar la puntuación verdadera. Para ello, debemos obtener en primer lugar la estimación de la puntuación verdadera V' para el sujeto con $X = 121$:

$$V' = 0{,}90 \cdot 121 + (1 - 0{,}90)100 = 118{,}9$$

A continuación se calcularía el error típico de estimación, que en este caso vale:

$$\sigma_{v.x} = 15\sqrt{1 - 0{,}90}\sqrt{0{,}90} = 4{,}50$$

El valor de $|z_{\alpha/2}| = 1{,}96$ para este nivel de confianza. Se calcula el error máximo, que en este caso será E. máximo = $\sigma_{v.x}|z_{\alpha/2}|$, alcanzando el valor de 8,82, para el ejemplo. Finalmente se obtienen los límites inferior y superior restando y sumando el error máximo de la puntuación verdadera estimada. En este caso se obtienen los valores de 110,08 y 127,72, respectivamente.

3.3. Interpretación de algunas diferencias

Para interpretar la diferencia entre puntuaciones de dos tests es necesario tener en cuenta los errores de medida, sean las comparaciones interindividuales o intraindividuales. Conviene recordar del capítulo anterior que la diferencia es menos fiable que las dos puntuaciones individuales, ya que se suman en ella las fuentes de error de los dos tests. Los casos más habituales en las aplicaciones son los que se presentan a continuación.

3.3.1. Diferencias de las puntuaciones de dos sujetos en el mismo test

El problema puede aproximarse construyendo el IC del nivel requerido para las dos puntuaciones. Si no se solapan, es que existe una diferencia estadísticamente significativa. No obstante, es más frecuente plantearlo como una prueba de hipótesis de diferencias, utilizando como denominador en el contraste el error típico de medida de las diferencias, que se obtiene mediante la siguiente ecuación:

$$\sigma_{A-B} = \sigma_x\sqrt{2}\sqrt{1 - \rho_{xx'}} \qquad [3.11]$$

donde todos los términos tienen el significado ya visto antes y σ_{A-B} es el error típico de la diferencia entre puntuaciones de dos sujetos en el mismo test.

Para el mismo ejemplo anterior, sean ahora dos sujetos con puntuaciones 110 y 120. Nos preguntamos si existen diferencias significativas entre ambos en sus puntuaciones verdaderas. Para responder hacemos una prueba de hipótesis sobre la diferencia, para lo cual debemos calcular el error típico de la diferencia, que en este caso será:

$$\sigma_{A-B} = 15\sqrt{2}\sqrt{1-0{,}90} = 6{,}71$$

El estadístico z es igual a la diferencia partida por el error típico:

$$z = \frac{110-120}{6{,}71} = -1{,}49$$

que no alcanza el valor crítico requerido para rechazar la hipótesis de igualdad ($-1{,}96$). A la misma conclusión llegaríamos si construyésemos los IC para las dos puntuaciones[2]. Si construimos el IC del 95% para la puntuación de 110, obtenemos un intervalo cuyos límites son 100,71 y 119,29, respectivamente. El IC del 95% para la puntuación de 120 estará entre los límites 110,71 y 129,29. Puede observarse que existe un solapamiento entre los intervalos, por lo que no se puede hablar de diferencias estadísticamente significativas ($p < 0{,}05$).

3.3.2. Diferencias entre puntuaciones en dos tests para un único sujeto

En este caso, un mismo sujeto realiza dos tests obteniendo puntuaciones aparentemente distintas y la pregunta es ¿difieren las dos puntuaciones del sujeto? La aproximación habitual es plantear una prueba de hipótesis, pero antes de llevarla a cabo es preciso que ambas puntuaciones estén en la misma escala (típica, típica transformada). Una vez en la misma escala, hay que calcular el error típico de la diferencia entre las puntuaciones del test J y del test H:

$$\sigma_{J-H} = \sigma_x\sqrt{2 - \rho_{jj} - \rho_{hh}} \qquad [3.12]$$

donde σ_x es la desviación típica de la escala común de puntuaciones (si fueran típicas, sería 1) y ρ_{jj} y ρ_{hh} son los coeficientes de fiabilidad del test J y del test H, respectivamente. Apliquémoslo a un ejemplo. Supongamos que un sujeto ha obtenido en un test de aptitud verbal (J) una puntuación de 20 puntos y en otro de aptitud espacial (H) de 15 puntos. Los estadísticos de J y H son los siguientes: $\bar{X}_J = 18$, $\sigma_J = 4$, $\rho_{JJ} = 0{,}80$ y $\bar{X}_H = 16$, $\sigma_J = 5$, $\rho_{JJ} = 0{,}85$. El primer paso consistirá en tipificar las puntuaciones en J y H:

---

[2] Los intervalos se constituyen directamente a partir de las puntuaciones observadas, sin estimar v'.

$$z_J = \frac{20-18}{4} = 0{,}50 \quad y \quad z_H = \frac{15-16}{5} = -0{,}20$$

La desviación típica común σ_x es 1 por tratarse de escala típica. El error típico será: $\sigma_{J-H} = 1\sqrt{2 - 0{,}80 - 0{,}85} = 0{,}59$. Finalmente se obtiene el estadístico de contraste z:

$$z = \frac{0{,}50 - (-0{,}20)}{0{,}59} = 1{,}19$$

Si se hubiese establecido el nivel de significación de 0,05 se necesitaría de al menos un valor de 1,96 para rechazar la hipótesis de igualdad, por lo que concluimos que en el sujeto no se muestran diferencias estadísticamente significativas entre las dos pruebas.

No se presentan procedimientos para la fiabilidad del cambio en el mismo test, ya que el problema es complejo.

4. El análisis de los ítems en la TCT

Todos los tests, independientemente de su ámbito de aplicación, están formados por un cierto número de ítems que son las piezas en las que se fundamentan y la calidad de estos ítems determinará la calidad del test completo. Como se verá en los capítulos 5, 6 y 7, los ítems son los protagonistas absolutos en la Teoría de la Respuesta al Ítem. La TCT, aunque más centrada en las puntuaciones totales del test, también desarrolló un conjunto de procedimientos para el análisis de los ítems, dado que la calidad de la puntuación total depende de la de los ítems. Los índices derivados de estos procedimientos son fundamentales en el proceso de selección de ítems, que suele tener lugar después de un estudio piloto. Aunque el proceso de construcción del test esté enmarcado dentro del enfoque de la TRI, estos índices de la TCT se calculan siempre. Para que los resultados de los análisis de los ítems del estudio piloto sean útiles, la muestra debe ser representativa de la población a la que se destina el test, ya que todos los estadísticos de los ítems de la TCT dependen en gran medida de las características de la muestra.

Para poder llevar a cabo los diferentes análisis se deberá disponer de una matriz de datos con las respuestas de los sujetos a cada uno de los ítems del test. En el caso de los ítems de elección múltiple es preciso disponer inicialmente de las respuestas de los sujetos a las diferentes opciones de cada ítem, asignando además códigos especiales a las omisiones (no contestados, pero con ítems posteriormente cumplimentados) y a los no intentados (no contestados porque el sujeto no ha llegado a ellos). Posteriormente, para algunos análisis, las puntuaciones deben estar codificadas en términos de «acierto» (1) y «no acierto» (0).

En la tabla 3.1 se presentan las respuestas de la base de datos correspondientes a dos sujetos en un conjunto de elementos del test EOS8-Razonamiento, que está formado por ítems de elección múltiple con seis opciones. En la parte inferior de la misma tabla, se presentan las respuestas de los mismos sujetos en términos de 1 (acierto) y 0 (no acierto).

Tabla 3.1. Extracto de una matriz de datos para el análisis de elementos

Código del sujeto	Edad	Sexo	ra1	ra2	ra3	...	ra23	ra24	ra25
Codificación inicial									
30341108101	15	1	1	1	3	...	5	4	6
30341108102	13	2	1	4	4	...	5	4	8
Codificación en términos de aciertos-no aciertos									
30341108101	15	1	1	0	0	...	1	1	0
30341108102	13	2	1	1	1	...	1	1	0

En la tabla puede observarse que los dos sujetos seleccionados han elegido la opción 1 en el ítem 1, uno de ellos la opción 1 en el ítem 2 y la 3 en 3, mientras que el segundo ha elegido la opción 4 en estos ítems. Puede observarse además que el segundo sujeto no ha llegado al ítem 25 (el código 8 se ha asignado a esta posibilidad).

En la parte inferior de la matriz está la codificación en términos de aciertos y no aciertos para estos mismos sujetos.

Si los elementos del test no son dicotómicos, como sucede con las escalas graduadas de tipo Likert, la matriz de datos para el análisis recogerá las opciones seleccionadas por el sujeto en cada uno de los ítems, sin necesidad de una recodificación posterior, excepto en el caso de las preguntas invertidas (aquellas en las que la puntuación alta significa ser bajo en el constructo de interés). Si alguno de los ítems está invertido en su formulación, es conveniente antes de realizar análisis posteriores proceder a la recodificación. En una escala con 5 grados, como la del NEO, la recodificación supone convertir el 5 en 1, el 4 en 2, 3 permanece igual, 2 en 4 y 1 en 5.

4.1. El análisis de las opciones del ítem

En los tests de elección múltiple, el primer paso consiste en analizar las frecuencias de elección de cada una de las opciones, tanto la correcta como las incorrectas o *distractores*. Suele calcularse la proporción de sujetos que eligen cada opción, p_{ij} ($j = 1, 2, ..., k$), para el conjunto total de los sujetos y en diferentes valores de la puntuación total, frecuentemente en cada uno de los cuartiles o los quintiles de la distribución. También a veces se calcula la media del test para los sujetos que han elegido cada opción. Este análisis es un primer paso imprescindible para controlar los siguientes aspectos:

- Que las opciones incorrectas sean elegidas por un cierto número de sujetos, es decir, que no sean tan claras como para que no las elijan.
- Que sean aproximadamente de un atractivo similar.
- Que la media de los sujetos en el test total sea inferior a la de los sujetos que eligen la opción correcta o que se produzca un descenso en la elección de las incorrectas a medida que aumenta la puntuación total de los sujetos, así como un incremento en la elección de la opción correcta con aumentos en la puntuación total.

El procedimiento habitual consiste en la representación tabular o gráfica de las frecuencias de elección de opciones en diferentes niveles de aptitud.

En la tabla 3.2 se presentan las frecuencias absolutas y relativas de elección de las opciones para un conjunto de ítems seleccionados del test EOS8-Razonamiento.

Tabla 3.2. % de elecciones de los sujetos, clasificados por cuartiles en función de la puntuación total, de cada una de las opciones de un conjunto de ítems seleccionados

Cuartil		1 (%)	2 (%)	3 (%)	4 (%)	5 (%)	6 (%)	9* (%)
1	ítem4	9,7%	21,4%	12,3%	20,5%	19,4%	8,3%	8,3%
	ítem21	3,1%	2,3%	2,8%	10,1%	50,3%	8,5%	23,1%
2	ítem4	10,8%	13,7%	26,4%	6,9%	25,9%	12,5%	3,8%
	ítem21	0,3%	0,1%	1,6%	11,5%	64,7%	4,7%	17,1%
3	ítem4	5,7%	9,0%	38,6%	6,0%	27,0%	10,6%	3,1%
	ítem21	0,3%	0,1%	0,7%	21,3%	65,3%	3,5%	8,8%
4	ítem4	2,5%	2,9%	65,8%	1,4%	19,0%	7,4%	0,9%
	ítem21		0,2%	0,5%	48,0%	46,9%	1,6%	2,7%

* Omisión.

En la figura 3.1 se presentan gráficamente estos dos ítems.

En la tabla 3.2 y figura 3.1 puede observarse que el ítem 4 es un ejemplo de un ítem bueno. La respuesta correcta (opción 3) es elegida por un mayor porcentaje de sujetos, que además se va incrementando con niveles crecientes de la puntuación total. La mayor parte de los distractores, y especialmente la alternativa 5, son elegidos por un % de casos aceptable y estos % van decreciendo con aumentos en la aptitud. Por el contrario, el ítem 21 es un ejemplo

Psicometría

Figura 3.1. Distribución de las respuestas por cuartiles a las opciones de los ítems 4 y 21

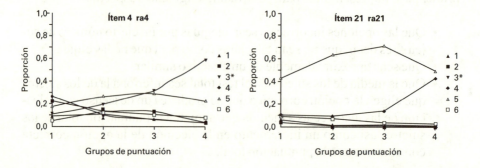

de un ítem con mal funcionamiento y que debería revisarse o ser eliminado del test. Hay un distractor, la alternativa 5, que es elegido por más sujetos que la respuesta correcta, lo que seguramente está reflejando ambigüedad en la solución. Además, el porcentaje de electores de esta opción sigue siendo muy alto en los niveles altos de aptitud. Finalmente, los restantes distractores parecen poco atractivos, ya que son elegidos por porcentajes muy bajos de sujetos en todos los niveles de aptitud.

Estos análisis descriptivos y gráficos pueden realizarse con programas estadísticos generales como el SPSS o con programas específicos de análisis de tests como el TESTFACT (Gibbons, *et al.*, 2003) o TiaPlus (CITO, 2003). La tabla del ejemplo fue obtenida con el SPSS (tablas) y las figuras proceden del programa TiaPlus.

4.2. Estadísticos de los ítems

Las propiedades de los ítems pueden cuantificarse mediante algunos índices estadísticos. Se han desarrollado muchos a lo largo de la historia de la psicometría, pero se explican solamente los que se utilizan habitualmente. Crocker y Algina (1986) clasifican los índices de los ítems en tres grandes grupos:

1. Índices que describen la distribución de las respuestas al ítem y que influyen en la media y varianza del test: índices de dificultad y poder discriminante del ítem.
2. Índices que describen el grado de relación entre la respuesta al ítem y algún criterio de interés (interno o externo al propio test): índices de discriminación del ítem.
3. Índices que son función simultáneamente de la varianza del ítem y de su índice de discriminación (interno o externo): índices de fiabilidad y validez del ítem.

Algunos otros estadísticos específicos se utilizan en los tests referidos a un criterio y en los orientados al diagnóstico clínico.

4.2.1. Índices basados en las respuestas al ítem o univariantes (media y varianza del ítem)

1) Índices de dificultad

La TCT se desarrolló inicialmente en el contexto de los tests de aptitudes y rendimiento en los que los ítems tienen una respuesta correcta y reciben puntuaciones dicotómicas (acierto, no acierto). El índice de dificultad se define como la proporción de sujetos que aciertan el ítem, p_i, formalmente:

$$p_i = \frac{\sum_{s=1}^{N} X_{si}}{N} = \frac{A_i}{N} \qquad [3.13]$$

donde $\sum_{s=1}^{N} X_{si} = A_i$, siendo el número de aciertos, ya que al ser las respuestas puntuadas como 1 o 0, la suma de las respuestas al ítem se corresponde con esta cantidad. En el denominador, N suele ser el número de sujetos que intentan el ítem, aunque en tests de potencia y en los que todos los sujetos son expuestos a los mismos ítems, N coincide con el número de sujetos que han respondido al test. En este caso, los ítems contestados incorrectamente, omitidos o no intentados puntuarían 0 y deberían tener este tratamiento en el cálculo de la proporción de aciertos (Gulliksen, 1950, p. 367). El razonamiento es lógico, ya que parece que los sujetos cuando no contestan es por desconocimiento del ítem. Hay diversidad de opiniones sobre cuál debe ser el denominador de la fórmula, no obstante, la principal consideración a tener en cuenta es el grado de potencia-velocidad del test.

Este índice no sería adecuado para los tests de velocidad, ya que las proporciones de aciertos se deberán fundamentalmente a la posición que ocupan los ítems en el test (Gulliksen, 1950, p. 367).

Realmente, el denominado índice de dificultad así calculado debería denominarse *índice de facilidad*, ya que valores muy altos representan ítems muy fáciles, mientras que valores muy bajos representan ítems muy difíciles.

2) Índices de dificultad corregidos

Cuando se trata de ítems de elección múltiple, el índice de dificultad puede estar artificialmente inflado por los aciertos por azar o adivinación y se han propuesto algunos procedimientos para la corrección de este efecto.

Guilford (1936) propone corregir el efecto del azar mediante la siguiente fórmula:

$$p'_i = \frac{A_i - \dfrac{E_i}{k-1}}{N} \qquad [3.14]$$

La aplicación de esta corrección requiere el supuesto de que todas las alternativas tienen la misma probabilidad de ser elegidas. En la práctica, la corrección es raramente utilizada.

3) Varianza del ítem

Es frecuente calcular también la varianza del ítem como un índice que permite ver el grado de variación de las puntuaciones. La varianza del ítem en el caso de los ítems dicotómicos depende del índice de dificultad p_i, ya que como se recordará de estadística, la varianza de una variable dicotómica es el producto de la proporción de aciertos por la de no aciertos, formalmente:

$$\sigma_i^2 = p_i q_i \qquad [3.15]$$

La varianza de las puntuaciones del ítem se maximiza cuando $p_i = 0{,}50$. A medida que la proporción se aleja en una u otra dirección de este valor, la varianza disminuye. La varianza expresa el *poder discriminante* del ítem, que alcanza el valor máximo en el señalado $p_i = 0{,}50$. Ésta es la razón por la que en los tests enmarcados en el contexto normativo de las diferencias individuales se recomienda que haya un gran número de ítems con dificultades medias.

La media (proporción de aciertos) y la varianza de los ítems influyen en la media y varianza del test total. Tests con ítems fáciles tendrán puntuaciones más altas que tests con ítems difíciles. Ebel (1972) demostró que si todos los ítems tienen $p_i = 0{,}50$, se alcanzaría la máxima varianza en las puntuaciones del test.

4) Índices de dificultad normalizados

Uno de los problemas de p_i es que no constituye una escala de intervalos iguales, sino que se trata de una escala ordinal. Un índice más satisfactorio es su expresión en una escala de *puntuaciones típicas normalizadas*, que transforma las proporciones de aciertos en puntuaciones típicas de dificultad. Los que proponen este tipo de estandarización también lo convierten en un auténtico índice de dificultad, en el que valores altos representan a ítems difíciles, mientras que valores bajos representen ítems fáciles.

El procedimiento de normalización consiste en considerar una distribución normal, en la que las proporciones reflejan áreas de la misma a las que les corresponde una puntuación z. Como se explica en el ejemplo siguiente, para obtener un índice que exprese realmente dificultad se obtiene la z correspondiente a $1 - p_i$.

Ejemplo

Sea un ítem cuyo índice de dificultad calculado como proporción de aciertos es $p_i = 0,41$. Esto implica que no es acertado por una proporción $1 - p_i = 0,59$. En una distribución normal habría un valor z_i correspondiente a este ítem que divide la distribución entre los que aciertan y los que no aciertan el ítem. Se podría tomar el valor 0,41 y buscar la z_i que le corresponde en la distribución normal estandarizada. No obstante, de esta forma, la puntuación z_i no representaría dificultad en el sentido deseado, sino su facilidad. En el ítem del ejemplo, un valor de 0,41 implica que el ítem es relativamente difícil, ya que es acertado por menos de la mitad de los sujetos, sin embargo, si obtenemos la z_i correspondiente a este valor sería de $-0,23$, indicando una dificultad menor que la media. Por este motivo, en vez de buscar la z_i correspondiente a p_i se busca el valor correspondiente a $1 - p_i$, que en la distribución normal acumulada es $z_i = 0,23$ indicando que el ítem está 0,23 desviaciones típicas por encima de la media. El procedimiento es sencillo, ya que solamente requiere encontrar el valor en la distribución normal estandarizada (media 0 y desviación típica 1).

Puesto que z_i puede tomar valores negativos y con múltiples decimales, sus valores suelen transformarse a otra escala mediante una transformación lineal. La escala más utilizada es la denominada escala Δ (delta) propuesta por el Educational Testing Service, con una media de 13 y una desviación típica de 4, realizándose por lo tanto la transformación como sigue:

$$\Delta = 4z + 13 \qquad [3.16]$$

Cuando se utiliza esta escala, la mayor parte de los ítems se encuentran en el rango entre 1 y 25, siendo el ítem más difícil cuanto mayor es el valor del índice. El programa TESTFACT (Gibbons, *et al.*, 2003) proporciona índices de dificultad en esta escala. La escala delta no es la única posible, pudiendo utilizarse otras constantes (con desviación típica y media fijadas) en la transformación.

4) Índices de tendencia central y variabilidad en ítems no dicotómicos

En los ítems no dicotómicos suelen calcularse estadísticos equivalentes, es decir, la media (u otro índice de tendencia central) y la varianza del ítem, así como estadísticos de la forma de la distribución como la asimetría y la curtosis, para reflejar la distribución de las puntuaciones. A veces, en tests cognitivos en los que los ítems admiten puntuaciones graduadas, como es frecuente en tests de rendimiento académico, se calcula una aproximación al índice de dificultad (facilidad) anterior, calculando la suma de puntuaciones en el ítem y dividiéndola por la suma máxima. Por ejemplo, si el ítem admite las puntuaciones 0, 1, 2 y 3, que reflejan grados de corrección en las respuestas, y lo han respondido 100 sujetos, la suma máxima de puntuaciones sería $100 \times 3 = 300$. Suponiendo que la suma real de puntuaciones de los 100 sujetos fuese de 100, el índice de dificultad sería $100/300 = 0{,}33$. Si la suma de puntuaciones fuese de 150, el índice de dificultad sería 0,50 y si fuese de 200, sería de 0,67. Es evidente que este último caso estaría reflejando un ítem más fácil.

4.2.2. Índices basados en la relación con un criterio (Índices de discriminación)

Un aspecto importante en la selección de ítems de un test es que el ítem permita discriminar de forma efectiva entre los sujetos altos en un criterio de interés y los que son bajos, es decir, un ítem será eficaz en la medida en que los sujetos altos en el criterio tiendan a responderlo correctamente (o con puntuaciones altas en los ítems no dicotómicos) y los sujetos bajos en el criterio a hacerlo de forma incorrecta (o con puntuaciones bajas). El criterio con respecto al que se valora la capacidad de discriminación del ítem puede ser *interno* al test (el propio test, normalmente la puntuación total) o *externo* al mismo (una variable externa al test con la que interesa maximizar la correlación, por ejemplo un diagnóstico, el éxito en el trabajo...). En la mayor parte de los tests la práctica corriente es utilizar el criterio interno (puntuación total en el test), ya que el énfasis suele estar en la homogeneidad del conjunto de ítems y además no suele ser fácil disponer de otros criterios externos. Este criterio suele mantener alta la fiabilidad como consistencia interna del test. Cuando el objetivo es hacer máxima la correlación con algún criterio externo, es importante seleccionar ítems que discriminen bien con respecto a este criterio. Éste es el caso de muchos tests utilizados en la clínica para el diagnóstico, en los que el objetivo es discriminar entre grupos; también en tests de selección, es frecuente que el objetivo se encuentre en la discriminación entre trabajadores con buenos o malos rendimientos.

En general, tanto la consistencia interna, como la correlación con un criterio, son propiedades muy deseables en un test. No obstante, con frecuencia estas aproximaciones llevan a resultados diferentes, incluso opuestos, cuando se consideran los índices de los ítems. Dónde poner el énfasis en el análisis y selección de ítems dependerá del uso pretendido o finalidad del test. En muchos casos se debe llegar a un compromiso entre estos dos objetivos.

Desde el punto de vista de los índices propuestos, la elección del criterio no afecta, ya que los procedimientos estadísticos son los mismos. La única diferencia se encuentra en que cuando el criterio es la puntuación total del test, debe eliminarse de ésta el ítem bajo consideración.

1) Índices de discriminación basados en proporciones de aciertos

Uno de los índices más sencillos se basa en las proporciones de aciertos de dos grupos de sujetos, definidos mediante algún punto de corte en la puntuación total del test (o de un criterio externo). Mediante el punto de corte se separa a los sujetos en dos grupos según que puntúen por encima o por debajo de dicho punto. La elección del punto de corte puede variar, siendo la mediana de las puntuaciones del test una elección frecuente. No obstante, en un estudio clásico, Kelley (1939) puso de relieve que bajo ciertas condiciones el índice de discriminación más sensible y estable es el que se obtiene formando grupos extremos definidos por los sujetos que conforman el 27% superior y el 27% inferior del grupo total. Estos grupos se definirían seleccionando aquellos sujetos que puntúan por encima del percentil 73 y por debajo del percentil 27, respectivamente.

Independientemente de los puntos de corte, para el cálculo del índice se dispone de dos grupos: inferior y superior, que se denotan con los subíndices S e I, respectivamente. Una vez formados los grupos se define el índice de discriminación como:

$$D_i = p_S - p_I \qquad [3.17]$$

donde, omitiendo el subíndice del ítem, p_S representa la proporción de aciertos al ítem en el grupo superior y p_I la proporción en el grupo inferior.

El estadístico D_i toma valores en el intervalo $[-1, +1]$. Valores positivos indican que el ítem discrimina a favor del grupo superior, mientras que valores negativos representan una discriminación invertida.

Ejemplo

Sea un hipotético test formado por 50 ítems de respuesta dicotómica. En la tabla 3.3 se presentan resultados ficticios de 10 sujetos en dos ítems del test. Los grupos se formaron con el criterio del 27% inferior (denotados con $-$) y 27% superior (denotados con $+$), no perteneciendo algunos sujetos a ninguno de los dos grupos.

Se calculan en primer lugar las proporciones de aciertos de los sujetos del grupo superior y de los del grupo inferior.

Estas proporciones son:

$$p_{S_1} = 0{,}67, \ p_{I_1} = 0{,}33$$
$$p_{S_2} = 1{,}00, \ p_{I_2} = 0{,}33$$

Tabla 3.3. Datos para el ejemplo de cálculo de D

Ítem	Sujetos									
	1(+)	2(+)	3(−)	4(+)	5	6	7	8(−)	9	10(−)
1	0	1	1	1	0	1	1	0	1	0
2	1	1	0	1	0	0	0	1	0	0
P. totales	42	45	25	40	34	31	28	23	37	17

A continuación se calculan los índices de discriminación:

$$D_1 = 0{,}67 - 0{,}33 = 0{,}34$$
$$D_2 = 1{,}00 - 0{,}33 = 0{,}67$$

Parece que el ítem 2 es más discriminativo que el ítem 1.

Una de las limitaciones de este índice es que se desconoce su distribución muestral, no pudiendo establecerse su significación estadística ni intervalos de confianza. No obstante, se utiliza mucho, especialmente en educación, por su facilidad de cálculo y lo intuitivo de su formulación. Ebel (1965) ofrece unas guías basadas en la experiencia para la interpretación de los valores, cuando el criterio es interno, es decir, la puntuación total:

- $D \geq 0{,}40$ el ítem tiene un funcionamiento satisfactorio.
- $0{,}30 \leq D \leq 0{,}39$ el ítem es aceptable y no requiere revisión.
- $0{,}20 \leq D \leq 0{,}29$ el ítem necesita revisión.
- $D \leq 0{,}19$ el ítem será eliminado o revisado completamente.

Aplicados estos valores a los dos ítems del ejemplo se podría concluir que el ítem 2 discrimina de forma satisfactoria y que el ítem 1 tiene una discriminación aceptable.

A pesar de la simplicidad del índice, suele proporcionar valores que muestran un alto acuerdo con los de otros índices. También, igual que sucede con otros índices que se verán a continuación, los valores de D dependen de la dificultad del ítem, obteniéndose valores más altos con ítems de dificultad intermedia.

2) Índices de discriminación del ítem basados en correlaciones

Los índices presentados en este apartado se basan en la correlación entre las puntuaciones del ítem y las puntuaciones en el criterio, teniendo en cuenta como se ha dicho antes, que en el caso de que el criterio sea la puntuación total del test, debe eliminarse el ítem correspondiente en su cálculo. Es decir, si en un test de 30 ítems se quiere calcular la correlación entre las puntuaciones del ítem 1 y la total, la total se calculará sumando las puntuaciones de los ítems 2 al 30; al calcular la correlación para el ítem 2, la total se obtendrá sumando la puntuación del ítem 1 y las de los ítems 3 al 30, y así sucesivamente. Esta forma de calcular la correlación ítem-total suele denominarse correlación corregida ítem-total.

La diferencia entre los diferentes índices correlacionales se encuentra en la elección del coeficiente de correlación, que depende fundamentalmente de la naturaleza de las puntuaciones del ítem y del test.

a) *Ítems dicotómicos y puntuación total cuantitativa:*
   correlación biserial-puntual y correlación biserial

La situación más frecuente en el análisis de ítems de tests cognitivos es que la puntuación del ítem sea dicotómica (con valores 0 y 1) y la puntuación del test (o del criterio externo) cuantitativa. En estas condiciones suele calcularse el denominado coeficiente de *correlación biserial-puntual*, que no es más que el coeficiente de correlación producto-momento de Pearson que adopta una forma simplificada cuando una de las variables es dicotómica. Por este motivo, algunos programas de análisis psicométrico la denominan correlación de Pearson. Formalmente, la correlación biserial-puntual se expresa en las siguientes ecuaciones:

$$r_{bp} = \frac{\overline{X}_A - \overline{X}}{s_x}\sqrt{\frac{p}{q}} = \frac{\overline{X}_A - \overline{X}_E}{s_x}\sqrt{pq} \qquad [3.18]$$

Como se puede observar, puede calcularse por medio de dos expresiones equivalentes. Donde: $\overline{X}_A$ es la media en el test de los sujetos que aciertan el ítem, $\overline{X}$ es la media en el test de todos los sujetos, $\overline{X}_E$ es la media en el test de los sujetos que no aciertan el ítem, s_x es la desviación típica de las puntuaciones del test total, p es la proporción de aciertos o índice de dificultad y q es la proporción de no aciertos, es decir, $q = 1 - p$.

Aunque al final de este apartado del análisis de ítems se presenta un ejemplo de cálculo completo realizado mediante la aplicación de un programa de ordenador, que es como se hace en la práctica, a continuación se presenta un ejemplo para un hipotético ítem.

Ejemplo

Sea un ítem de un test en el que se han encontrado los siguientes resultados:

$$\overline{X}_A = 9{,}90, \ \overline{X}_E = 7{,}49, \ \overline{X} = 8{,}48$$
$$s_x = 2{,}36, \ p = 0{,}41, \ q = 0{,}59$$

Aplicando la primera de las ecuaciones, se obtiene el siguiente resultado:

$$r_{bp} = \frac{9{,}90 - 8{,}48}{2{,}36} \sqrt{\frac{0{,}41}{0{,}59}} = 0{,}502$$

Aplicando la segunda ecuación, el resultado es el mismo:

$$r_{bp} = \frac{9{,}90 - 7{,}49}{2{,}36} \sqrt{0{,}41 \cdot 0{,}59} = 0{,}502$$

La correlación biserial-puntual es bastante *sensible a los valores del índice de dificultad* o proporción de aciertos, favoreciendo a los ítems de dificultad media (próximos a 0,50) y proporcionando resultados sesgados a medida que este valor se aproxima a los extremos. Esto ha llevado a proponer otro coeficiente de correlación para la misma situación, el *coeficiente de correlación biserial*. Este estadístico fue propuesto por Pearson (1909) como una aproximación al coeficiente producto-momento. Se considera que una de las variables es cuantitativa continua y con distribución normal y que la otra también se distribuye normal a lo largo de un continuo, pero que en un punto del mismo se ha establecido un corte, de modo que los sujetos que se encuentran por encima de este punto o umbral reciben la puntuación de 1 y los que están por debajo, la de 0. En el caso de los ítems, esto supondría considerar que la respuesta admitiría todo un continuo de puntuaciones posibles y que se ha establecido un punto de corte para determinar si es correcta o no. Suponiendo estas condiciones, la correlación biserial puede calcularse por medio de las dos expresiones equivalentes siguientes:

$$r_b = \frac{\overline{X}_A - \overline{X}}{s_x} \frac{p}{y} = \frac{\overline{X}_A - \overline{X}_E}{s_x} \frac{pq}{y} \qquad [3.19]$$

Todos los términos tienen el mismo significado explicado para el caso de la correlación biserial-puntual, apareciendo un nuevo término, *y*, que es la *ordenada* de la distribución normal estandarizada en punto asociado con el área correspondiente al valor *p* del ítem. Existen tablas de la distribución normal estandarizada en las que aparecen además del área o *p* y de la puntuación *z*, la ordenada o altura de la curva en cada valor. En el ejemplo que sigue, se usan los datos utilizados en el cálculo de la correlación biserial-puntual.

Ejemplo

Sea un ítem de un test con los mismos resultados del ejemplo anterior. Para obtener el valor de *y* se busca en la tabla de la distribución normal estandarizada el valor más próximo a $p = 0{,}41$ que se corresponde con $y = 0{,}3885$.

A continuación se aplican las dos expresiones dadas al cálculo de la correlación biserial:

$$r_b = \frac{9{,}90 - 8{,}48}{2{,}36} \frac{0{,}41}{0{,}3885} = \frac{9{,}90 - 7{,}49}{2{,}36} \frac{0{,}41 \cdot 0{,}59}{0{,}3885} = 0{,}635$$

Comparando los resultados de los dos ejemplos, puede observarse una característica de la correlación biserial que es que, en general, proporciona *valores superiores* a los de la correlación biserial-puntual. Puede establecerse la siguiente relación entre los valores de ambos coeficientes:

$$r_{bp} = r_b \frac{y}{\sqrt{p(1-p)}} \qquad [3.20]$$

Para los datos de los dos ejemplos anteriores, puede comprobarse la relación, obteniendo la correlación biserial-puntual a partir del valor obtenido en la correlación biserial:

$$r_{bp} = 0{,}635 \frac{0{,}3885}{\sqrt{0{,}41 \cdot 0{,}59}} = 0{,}5016 \cong 0{,}502$$

La diferencia en magnitud suele ser moderada para ítems de dificultad media, pero se hace mayor con proporciones extremas, incrementándose considerablemente con proporciones menores de 0,25 o mayores de 0,75. Magnusson (1967) mostró gráficamente la relación entre ambos coeficientes, encontrando que en niveles de dificultad muy extremos, la correlación biserial podría ser hasta cuatro veces mayor que la correlación biserial-puntual. El coeficiente de correlación biserial puede alcanzar en ciertas ocasiones valores superiores a 1. Esto puede suceder cuando las puntuaciones con las que se correlacionan las del ítem son bimodales o son muy asimétricas.

Una pregunta frecuente entre los autores de tests que deben analizar las propiedades de los ítems es *¿qué es preferible, la correlación biserial-puntual o la correlación biserial?* Desgraciadamente la respuesta no es clara. Existen argumentos a favor y en contra del uso de ambos coeficientes de correlación. Henrysson (1971) aboga por el coeficiente de correlación biserial, mientras que Guilford (1965) defiende el uso de la biserial-puntual argumentando que contribuye más a la validez del test total cuando sus puntuaciones se correlacionan con un criterio externo. Este hecho se debe a que la biserial-puntual favorece más a los ítems de dificultad media, que suelen discriminar mejor entre sujetos. Su principal desventaja es la dependencia en sus valores de la dificultad del ítem. Por este motivo, si se quieren mantener independientes ambos índices, sería preferible la biserial.

b) *Correlaciones corregidas ítem-total*
Se supone que los investigadores que deban calcular índices de discriminación de los ítems, realizarán sus cálculos con ayuda de algún programa de ordenador, tal como se hace en el ejemplo final que se presenta más adelante. En este caso, los valores proporcionados ya corrigen el efecto del ítem sobre la puntuación total. No obstante, si por algún motivo necesitase realizar sus cálculos con calculadora o programarlos en una hoja de cálculo, los valores de la correlación biserial-puntual o de la correlación biserial calculados con las fórmulas anteriores deberán corregirse. Siguiendo a Henrysson (1971), se presentan a continuación las fórmulas utilizadas en la corrección:

- Correlación biserial-puntual corregida ($r_{bp(c)}$):

$$r_{bp(c)} = \sqrt{\frac{n}{n-1}} \frac{r_{bp}s_x - \sqrt{p_i q_i}}{\sqrt{s_x^2 - \sum_{i=1}^{n} p_i q_i}} \qquad [3.21]$$

donde: n es el número de ítems del test, r_{bp} es la correlación biserial-puntual no corregida, s_x es la desviación típica de las puntuaciones totales y s_x^2 la correspondiente varianza, p_i es la proporción de aciertos en el ítem o índice de dificultad, q_i es la proporción de no aciertos en el ítem.

- Correlación biserial corregida:

$$r_{b(c)} = \sqrt{\frac{n}{n-1}} \frac{r_b s_x - \dfrac{p_i q_i}{y}}{\sqrt{s_x^2 - \sum_{i=1}^{n} p_i q_i}} \qquad [3.22]$$

r_b es la correlación biserial calculada por el procedimiento dado e y es la ordenada de la distribución normal utilizada en su cálculo. Los restantes términos tienen el mismo significado que en la correlación biserial-puntual.

Si el número de ítems es grande (40 o más) el efecto de la corrección es mínimo, alterando muy poco el tamaño de las correlaciones.

c) *Otros coeficientes de correlación para el cálculo de los índices de discriminación*
En el caso de los ítems puntuados de forma dicotómica, los coeficientes anteriores son los habituales; no obstante, a veces las puntuaciones en el criterio, especialmente si es externo, aparecen también en forma dicotómica o dicotomizada. Este es el caso de criterios como tener/no tener un determinado tras-

torno, éxito/no éxito en un puesto de trabajo, pasa/falla un examen, etc. En estas condiciones, ambas puntuaciones son dicotómicas o dicotomizadas y deben usarse otros coeficientes de correlación. Los más utilizados son el *coeficiente* ϕ (phi) y el coeficiente de *correlación tetracórica*. Normalmente se establece la distinción de si las puntuaciones son verdaderas dicotomías, en cuyo caso se utilizaría el primero, o están dicotomizadas, caso en que sería preferible el segundo. En la práctica del análisis de ítems es difícil tener en cuenta estas distinciones.

1. *Coeficiente* ϕ. Este coeficiente es un caso particular del coeficiente de correlación producto-momento de Pearson, al que se llega cuando las puntuaciones a correlacionar son dicotómicas. Si se calcula el coeficiente de Pearson con estas puntuaciones, se obtendría el coeficiente ϕ. No obstante, puesto que daba lugar a un procedimiento de cálculo considerablemente simplificado, se mantiene su denominación específica. Puesto que los valores de ambas variables son dicotomías, la tabulación de los datos lleva a una tabla de contingencia de 2 × 2 como la que se presenta a continuación:

Tabla 3.4. **Tabulación de los datos de un criterio y un ítem dicotómicos en proporciones (p, q) y frecuencias absolutas (a, b, c y d, entre paréntesis en la tabla)**

Criterio	Ítem i		
	A(+)	E(−)	
Bajos (−)	$p_{-+}(a)$	$p_{--}(b)$	$q_{c.}(a+b)$
Altos (+)	$p_{++}(c)$	$p_{+-}(d)$	$p_{c.}(c+d)$
	$p_{.i}(a+c)$	$q_{.i}(b+d)$	1 (N)

Cuando los datos de la tabla se presentan en términos de proporciones de aciertos (o éxito/no éxito, altos/bajos en el criterio), puede obtenerse el coeficiente ϕ mediante la siguiente expresión:

$$\phi = \frac{p_{++} - p_{c.}p_{.i}}{\sqrt{p_{c.}q_{c.}p_{.i}q_{.i}}} \quad [3.23]$$

donde: p_{++} representa la proporción de casos puntuados con 1 en el ítem y el criterio, $p_{c.}$ representa la proporción marginal de «éxitos» o 1 en el criterio, independientemente de la puntuación en el ítem, $q_{c.}$ representa la proporción marginal de «no éxitos» o 0 en el criterio, independientemente de la puntuación en el ítem, $p_{.i}$ representa la proporción marginal de aciertos en el ítem o índice de dificultad, independientemente de la puntuación en el criterio y $q_{.i}$

representa la proporción marginal de no aciertos en el ítem, independientemente de la puntuación en el criterio.

El coeficiente ϕ también puede calcularse a partir de las frecuencias absolutas como:

$$\phi = \frac{bc - ad}{\sqrt{(a+b)(c+d)(a+c)(b+d)}} \qquad [3.24]$$

Ejemplo de cálculo del coeficiente ϕ

Sea un hipotético ítem de un test de inteligencia puntuado de forma dicotómica y utilizado en selección de personal. El criterio es en este caso el grado de éxito alcanzado en un puesto de trabajo, que ha sido valorado como «éxito» con un 1 y «no éxito» con un 0. En la tabla 3.5 se presenta la distribución de frecuencias conjunta y las distribuciones marginales para una muestra de $N = 400$ sujetos. Debajo de las frecuencias, entre paréntesis, se presentan las correspondientes proporciones.

Tabla 3.5. Distribución conjunta de los resultados en un criterio y un ítem dicotómicos

Criterio	Ítem i		
	A(+)	E(−)	
Bajos (−)	41 (0,1025)	169 (0,4225)	210 (0,5250)
Altos (+)	123 (0,3075)	67 (0,1675)	190 (0,4750)
	164 (0,4100)	236 (0,5900)	400 (1,00)

Se utiliza en primer lugar el procedimiento basado en las proporciones, que sustituyendo en la fórmula, lleva al siguiente resultado:

$$\phi = \frac{0{,}3075 - 0{,}4750 \cdot 0{,}4100}{\sqrt{0{,}5250 \cdot 0{,}4750 \cdot 0{,}4100 \cdot 0{,}5900}} = 0{,}4591$$

Utilizando el procedimiento basado en las frecuencias absolutas se llega al mismo resultado:

$$\phi = \frac{(123 \cdot 169) - (41 \cdot 67)}{\sqrt{210 \cdot 190 \cdot 164 \cdot 236}} = 0{,}4591$$

El coeficiente ϕ tiene el problema de que sus valores están influidos por las proporciones marginales de la tabla, pudiendo alcanzar únicamente el valor máximo teórico de 1 en el caso de que las proporciones marginales sean iguales. Se recomienda para valorar el grado de correlación calcular el máximo valor posible que se podría alcanzar en una tabla teniendo en cuenta las proporciones marginales o $\phi_{máx}$ (phi máximo), que se puede determinar mediante la siguiente expresión:

$$\phi_{máx} = \frac{\sqrt{p_{.i}(1-p_{c.})}}{\sqrt{p_{c.}(1-p_{.i})}} \qquad (\text{si } p_{.i} \leq p_{c.}) \qquad [3.25]$$

Aplicada a los datos del ejemplo, el valor máximo posible que puede alcanzar el coeficiente de correlación es:

$$\phi_{máx} = \frac{\sqrt{0{,}41 \cdot 0{,}525}}{\sqrt{0{,}475 \cdot 0{,}59}} = 0{,}8763$$

2. *Coeficiente de correlación tetracórica (r_t)*. Cuando se asume una distribución normal bivariante para las dos variables, pero ambas son dicotomizadas, puede calcularse el coeficiente de correlación tetracórica. La justificación de si una variable es dicotómica o dicotomizada en el análisis de ítems no suele ser clara, utilizándose normalmente cualquiera de los dos coeficientes. Los datos se presentarían también en una tabla de contingencia de 2 × 2, como en el caso anterior. El procedimiento de cálculo es complicado y esta correlación no está implementada en todos los programas estadísticos de uso general (por ejemplo en el SPSS). En las páginas web de Paul Barret (www.paulbarrett.com) y de J. Ubersax (www.Ubersax.com) pueden encontrarse programas de libre distribución para su cálculo. Los programas específicos de análisis psicométrico como TESTFACT incluyen esta correlación. Si no se dispone de un programa para su cálculo, puede obtenerse una aproximación mediante un sencillo cálculo a partir de las frecuencias de la tabla de contingencia como la del apartado anterior y de una tabla de conversión. El procedimiento consiste en los siguientes pasos:

- Calcular el producto *bc*.
- Calcular el producto *ad*.
- Calcular el cociente *bc/ad*.
- Buscar en la tabla de conversión el intervalo de valores en el que se encuentra el cociente resultante, encontrando al lado del intervalo el valor de la correlación tetracórica[3].

Para los datos del ítem del ejemplo anterior, los cálculos necesarios son los siguientes:

$$bc = 169 \cdot 123 = 20.787; \quad ad = 41 \cdot 67 = 2.747; \quad \frac{bc}{ad} = 20.787/2.747 = 7{,}5672$$

---

[3] La tabla puede encontrarse en Martínez Arias (1995).

En la tabla se busca el intervalo de valores que incluye al valor resultante. Este intervalo es [7,43-7,75] y a la izquierda del intervalo se encuentra el valor aproximado para la correlación tetracórica, que es $r_t = 0,67$.

El coeficiente de correlación tetracórica es *menos sensible* que el coeficiente phi a los valores extremos de las proporciones marginales y su uso es recomendado en estos casos. Como se verá en el capítulo 12, muchos autores recomiendan utilizar este coeficiente cuando las correlaciones entre ítems dicotómicos van a ser sometidas a un análisis factorial.

d) *Elección de un coeficiente de correlación para el cálculo del índice de discriminación*

Se han propuesto índices alternativos para los mismos datos: r_{bp} frente a r_b en un caso o ϕ frente a r_t en otro caso. Las reglas de elección, como hemos comentado anteriormente, no siempre están claras y los estudios realizados parecen indicar que las mayores discrepancias entre los valores de coeficientes alternativos se encuentran con ítems con índices de dificultad extremos, muy fáciles o muy difíciles. Crocker y Algina (1986) hacen las siguientes sugerencias para la elección: 1) cuando los ítems son de dificultad media o moderada, se dan escasas variaciones entre los valores de los coeficientes, siendo preferibles los correlacionales a los *D*; 2) si hay índices con dificultades extremas, suele recomendarse la correlación biserial y, en el caso de ítems y criterios dicotómicos, la correlación tetracórica; 3) si se sospecha que la muestra utilizada puede ser muy diferente de otras en nivel de aptitud, lo que influirá en los valores del índice de dificultad, se recomienda la correlación biserial, ya que será menos sensible a estos valores; 4) cuando se van a seleccionar sobre todo ítems de dificultades medias, Lord y Novick (1968) recomiendan la correlación biserial-puntual.

e) *Índices de discriminación correlacionales con ítems no dicotómicos*

Con los ítems puntuados en escalas graduadas, suele calcularse la correlación de Pearson (corregida) entre las puntuaciones del ítem y las puntuaciones del test o de la escala total. Aunque las primeras son de un nivel de medida ordinal, suele asumirse que subyace un continuo latente. No obstante, también se han propuesto coeficientes de correlación que son generalizaciones de las correlaciones biserial y tetracórica para el caso de varios niveles de la puntuación, las denominadas *correlación poliserial* y *correlación policórica*, respectivamente. Estas correlaciones pueden obtenerse con el programa PRELIS, que acompaña al LISREL, y con el programa PARSCALE (Muraki y Bock, 2003) específico de la TRI y que se tratará en el capítulo 8, se puede obtener la correlación poliserial. El cálculo de estos coeficientes es complejo y no se trata en este texto. Su interpretación es similar a la de otros coeficientes de correlación.

4.2.3. Índices de fiabilidad y de validez del ítem

El tercer tipo de estadísticos del ítem basados en la desviación típica y en el índice de discriminación suele denominarse *índice de fiabilidad del ítem*, cuando el criterio es interno al test (la puntuación total) e *índice de validez del ítem*, cuando el criterio es externo. Las fórmulas son similares, aunque para diferenciarlos denotaremos como X a la puntuación total del test y como Y, las puntuaciones en un criterio externo. Con estas notaciones, se define el índice de fiabilidad del ítem (IF_i) como:

$$IF_i = \sqrt{p_i q_i}\, r_{iX} \quad \text{(ítems dicotómicos)} \qquad [3.26]$$

$$IF_i = s_i r_{iX} \quad \text{(ítems no dicotómicos)} \qquad [3.27]$$

donde s_i es la desviación típica de las puntuaciones del ítem, $\sqrt{p_i q_i}$ la desviación típica de un ítem dicotómico y r_{iX} la correlación entre las puntuaciones del ítem y las puntuaciones en el test.

El índice de validez del ítem (IV_i) tiene una formulación similar, sustituyendo X (puntuación total) por Y (puntuación en un criterio externo):

$$IV_i = \sqrt{p_i q_i}\, r_{iY} \quad \text{(ítems dicotómicos)} \qquad [3.28]$$

$$IV_i = s_i r_{iY} \quad \text{(ítems no dicotómicos)} \qquad [3.29]$$

4.3. Cálculo de los estadísticos de los ítems con programas de ordenador

A continuación se presentan los estadísticos de los ítems para una selección de ítems del test EOS8-Razonamiento, utilizando para su cálculo programas de ordenador, que es como se hace habitualmente en la práctica. La mayor parte de los resultados fueron obtenidos con el programa SPSS-12.0, utilizando el procedimiento «Escalas»-«Análisis de Fiabilidad» y seleccionando las opciones de Estadísticos descriptivos y Estadísticos ítem-total. El índice de discriminación mediante la correlación biserial fue calculado con el programa TESTFACT, ya que el SPSS no lo proporciona. Recordemos del capítulo 2 que el valor del coeficiente alpha para los 25 ítems fue de 0,815. Los estadísticos se presentan en la tabla 3.6.

La primera columna de la tabla representa la media del ítem, que en este caso es la proporción o índice de dificultad, con valores más altos para los ítems más fáciles y más bajos para los más difíciles, ya que representa las proporciones de aciertos. La segunda columna representa la desviación típica del ítem, es decir $\sqrt{pq}$. Como puede observarse, los ítems más próximos a las dificultades medias tienen mayor variabilidad, lo que indica que discriminarán mejor entre sujetos y los más extremos tienen menor variabilidad. La tercera columna representa el índice de discriminación calculado mediante la corre-

Tabla 3.6. Estadísticos de ítems seleccionados del test EOS8-Razonamiento (N = 3.147)

	Media (ID)	Desviación típica	Correlación corregida. Biserial puntual	Correlación corregida. Biserial	Alpha eliminado el elemento
Ítem 4	0,32	0,468	0,282	0,368	0,811
Ítem 6	0,98	0,146	0,310	0,854	0,812
Ítem 7	0,77	0,422	0,415	0,574	0,805
Ítem 20	0,67	0,472	0,482	0,625	0,802
Ítem 21	0,20	0,401	0,184	0,263	0,815
Ítem 22	0,74	0,437	0,482	0,653	0,802
Ítem 24	0,58	0,493	0,443	0,561	0,804
Ítem 25	0,16	0,365	0,151	0,226	0,816

lación de Pearson o correlación biserial-puntual y la cuarta, calculado con la correlación biserial. No existen reglas formales sobre los tamaños de los índices de discriminación. Una regla clara es que las correlaciones deben ser todas positivas y lo más altas posible. Suele recomendarse como regla práctica el considerar como aceptables los valores ≥ 0,30 para la correlación biserial-puntual, aunque en algunos textos a veces se rebaja hasta 0,20. Ítems candidatos a la revisión o eliminación con los dos criterios serían los ítems 21 y 25. Puede observarse que en todos los casos el valor de la correlación biserial es superior al de la biserial puntual y, como se ha explicado en la teoría, la discrepancia es mayor cuanto más extremos son los valores del índice de dificultad. Por ejemplo, en el ítem 6 que es muy fácil (ID = 0,98) los valores son 0,310 y 0,854 para la correlación biserial-puntual y biserial, respectivamente. Por último, la última columna expresa cuánto valdría el coeficiente de fiabilidad alpha si se eliminase el elemento. Los lectores recordarán de las propiedades del coeficiente alpha, que es función del número de ítems y que por tanto, si los ítems son homogéneos con el resto de la escala, al reducir ítems, alpha debería decrecer. Hay algunos ítems con los que no sucede eso, sino que alpha se incrementa ligeramente. Está claro que estos ítems serían candidatos a la eliminación. Puede observarse que esto se produce con el ítem 25 que es el que tiene además un menor valor en el índice de discriminación.

5. Valoración de la TCT

Una revisión del modelo de la TCT y de sus estadísticos pone de relieve un conjunto de problemas de la TCT, que brevemente enumeramos a continuación.

1. Dependencia *de los estadísticos del ítem de la población y/o muestra en los que se calculen.* Los estadísticos del ítem de la TCT dependen de la tendencia central y de la variabilidad del rasgo en la muestra y en la población. Los índices de dificultad serán más altos (representando ítems más fáciles) cuando los examinados están por encima del promedio; los índices de discriminación tienden a ser más elevados en grupos de mayor variabilidad, debido al efecto de la heterogeneidad del grupo sobre el coeficiente de correlación en el que se basa.
2. *Dependencia de los estadísticos del test de la población y/o muestra en que se calculen.* Los diferentes estadísticos que expresan características globales de un test (coeficiente de fiabilidad y error típico de medida) dependen en gran medida de la variabilidad de los grupos en que se calculan.
3. *Dificultades prácticas derivadas del concepto de paralelismo de las medidas.* El coeficiente de fiabilidad en el marco de la TCT se define como «la correlación entre puntuaciones obtenidas en formas paralelas de un test». En la práctica, satisfacer la definición de paralelismo es difícil. La flexibilización del concepto de paralelismo, por medio de las medidas tau-equivalentes o congenéricas, no libera a la TCT completamente del problema. Tampoco lo hace completamente la TG.
4. *Concepción única e indiferenciada del error.* Como se ha visto al tratar de las diferentes aproximaciones al concepto de la fiabilidad, bajo este término general, así como bajo el de varianza error o error típico de medida, se esconden diferentes fuentes de error, que dan un significado diferente a la interpretación de la fiabilidad.
5. *Dependencia de las puntuaciones del conjunto particular de ítems utilizado en el test.* La puntuación empírica total, base de la mayor parte de las inferencias de la TCT, depende de los ítems concretos que componen el test y como resultado, no podremos hablar de la aptitud del sujeto en términos generales, sino que deberemos especificar siempre el test con que fue determinada y sus elementos particulares.
6. *El estimador usual de la puntuación verdadera, V', depende de la población y/o muestra de referencia.* Esta afirmación resulta evidente con un simple examen de la ecuación de Kelley.
7. *La TCT no proporciona un modelo teórico para las respuestas a los ítems.* No nos permite determinar ni especificar el comportamiento de un sujeto en función de la cantidad del rasgo o habilidad que posee cuando se enfrenta a un ítem.

8. *Escasa plausibilidad de los supuestos sobre el error de medida.* Recordemos que la TCT, así como la TG, que se verá en el capítulo 4, descansan en el supuesto de homocedasticidad o igualdad de la varianza de los errores a lo largo de todo el continuo de la habilidad. El problema puede tratarse con modelos fuertes de la puntuación verdadera (Lord y Novick, 1968), aunque éstos no eliminan otras limitaciones de la TCT.
9. *Medidas sin adecuación óptima a las características de los sujetos.* Los tests de la TCT no producen medidas igualmente apropiadas para todos los sujetos, ya que son iguales para todos los sujetos; están concebidos para sujetos de aptitud media y de poblaciones mayoritarias y no proporcionan estimaciones precisas para grupos extremos.

Como consecuencia de las limitaciones anteriores, la TCT no proporciona soluciones óptimas a muchas situaciones que surgen en situaciones reales de medición: formas de tests diferentes que se deben comparar, tests adaptativos, tests de desarrollo o rendimiento con niveles múltiples, etc. Se han propuesto diferentes modelos alternativos, pero en la práctica han tenido repercusión básicamente la Teoría de la Generalizabilidad (TG), que se expondrá en el capítulo 4 y la Teoría de la Respuesta al Ítem, explicada en los capítulos 5, 6 y 7.

La TG no introduce apenas cambios, pudiendo considerarse como una extensión de la TCT. Permite romper con el término error indiferenciado, introduciendo la posibilidad de contemplar diferentes fuentes de error y en parte con la rigidez del paralelismo. Las mayores innovaciones las trajo la TRI, que como se verá en los capítulos correspondientes aporta soluciones a muchos de los problemas anteriores.

Como conclusión debemos destacar que la TCT ha sido muy importante durante 100 años en el desarrollo de instrumentos de evaluación, muchos de los cuales siguen siendo de gran utilidad. Todavía sigue utilizándose mucho en la actualidad. Si bien es cierto que no permite dar respuesta a muchos de los problemas de medición, también lo es que éstos se dan fundamentalmente en el ámbito de la evaluación educativa (tests adaptativos informatizados, frecuentes cambios de formas de tests, etc.). Como señala Reise (1999), muchos de los avances de la TRI son de escaso interés para los investigadores en evaluación de la personalidad y de las actitudes. Por otra parte, salvo en casos de puntuaciones extremas, son muy similares los resultados obtenidos con los dos modelos (Fan, 1998). No debemos olvidar además que las ventajas de los modelos de la TRI que se presentan en los capítulos siguientes, se derivan del cumplimiento de los supuestos de los modelos, algo que no siempre es fácil de conseguir y que para realizar estimaciones seguras de los parámetros, suelen requerir muestras muy grandes, que son frecuentes en educación, pero no en la mayor parte de las situaciones en psicología.

4. Introducción a la Teoría de la Generalizabilidad (TG)

1. Introducción

La Teoría de la Generalizabilidad (TG) suele considerarse una extensión de la TCT, que hace posible examinar cómo diferentes aspectos de las mediciones, tales como diferentes calificadores, diferentes ítems, o examinar a los sujetos en diferentes ocasiones, pueden afectar al grado de confianza que podemos tener en las inferencias basadas en las puntuaciones (Brennan, 2001a; Cronbach, *et al.*, 1972). Esto lo logra haciendo uso de los modelos de análisis de varianza, aunque, como señala Brennan (2001b) va más allá de la mera aplicación del ANOVA.

Los principales problemas de la TCT a los que intenta responder son los siguientes:

1. *La concepción unitaria e indiferenciada del error de medida.* Como se ha visto en la exposición de la TCT, en ella el error de medida es una entidad global y unitaria, en la que se combinan, de forma indiferenciada, errores procedentes de diversas fuentes. Esta concepción no se ajusta a la práctica de los tests y no resulta útil en el diseño de los mismos.
2. *La rigidez del concepto de paralelismo de las medidas.* Aunque hay algunas extensiones al concepto de paralelismo (medidas tau-equivalentes, esencialmente equivalentes y congenéricas), como hemos visto, existen situaciones de medida en las que es difícil mantener cual-

quiera de estas formas de equivalencia. Pensemos, por ejemplo, cómo se entendería el concepto de calificadores o jueces paralelos.

3. *Polisemia del concepto de fiabilidad.* La TCT descompone la variabilidad observada en varianza verdadera y varianza error. Esta concepción unitaria del error de medida lleva a estimaciones de la fiabilidad circunscritas a ese error de medida indiferenciado, que, en función del procedimiento de estimación utilizado, reflejará fuentes de error distintas y tendrá, por tanto, un significado distinto.

2. Innovaciones de la TG

Para superar las anteriores limitaciones, la TG introdujo una serie de modificaciones a la TCT, de las que las más notables pueden considerarse las siguientes:

1. Frente a la concepción unitaria e indiferenciada del error de medida, la TG utiliza el concepto estadístico de *muestreo de fuentes de variación múltiples*, lo que permitirá tratar cada característica de la situación de medida como una *faceta* de un plan de medición, concebido como un diseño experimental. Cada una de estas facetas tiene su propia variabilidad, lo que permitirá considerar diferentes fuentes de error, que pueden ser tratadas por medio del Modelo Lineal General.
2. Sustituye el concepto de medidas paralelas por el de *medidas aleatoriamente paralelas*, considerando que los distintos componentes de una evaluación (p. ej., las tareas, el conjunto de evaluadores, etc.) pueden considerarse como una muestra aleatoria de un universo más amplio, definido por las condiciones de muestreo de cada situación de evaluación concreta. Esta concepción es mucho menos restrictiva que la de paralelismo de la TCT.
3. La TG amplía el concepto de fiabilidad de la TCT convirtiendo este problema en uno mucho más general, y en línea con la investigación científica, de generalización o inferencia estadística a un universo o población a partir de la puntuación observada, que puede considerarse una muestra extraída de ese universo. Para ello:

    a) Sustituye el concepto de *puntuación verdadera* por el de *puntuación del universo*, definida como la esperanza matemática de todas las mediciones posibles de un sujeto bajo todas las condiciones que se consideren adecuadas o admisibles en una situación de medida. El error se concibe como la fluctuación muestral correspondiente a la extracción aleatoria de algunas condiciones (conjunto de tareas, evaluadores, etc.).

b) Para determinar el grado en que una medida o puntuación observada se aproxima a la puntuación del universo, se analiza su grado de generalizabilidad o invarianza dentro de la población de condiciones, sustituyendo el concepto de fiabilidad por el de generalizabilidad del resultado concreto a la población de condiciones.

Para una exposición más extensa de la TG, las personas interesadas pueden acudir a los textos específicos de Cronbach, *et al.* (1972), Shavelson y Webb (1991), Brennan (2001a). Una exposición algo más detallada en castellano puede encontrarse en Martínez Arias (1995).

3. Los conceptos fundamentales de la TG

3.1. El objeto de la medición

Es la entidad que se quiere describir por medio de una puntuación numérica. Los objetos de la medición suelen ser sujetos en los que se miden rasgos o conductas, pero también pueden ser evaluadores, escuelas, resultados de programas, etc. La identificación del objeto de medida es fundamental, ya que es la varianza de estos objetos el equivalente a la varianza verdadera, siendo las restantes fuentes de variación diferentes aspectos de la varianza error.

3.2. Facetas y niveles

Una medida concreta es una *muestra de un universo de observaciones admisibles*, es decir, de observaciones que consideramos intercambiables para un propósito concreto. En un test de rendimiento, por ejemplo, los ítems o tareas que lo componen representan una muestra de un universo muy extenso de posibles tareas. Basándonos en los resultados de la muestra, se intenta hacer generalizaciones al rendimiento de la persona en el dominio o universo de interés. El término *faceta* representa cada una de las características de la situación de medida, que puede modificarse de una evaluación a otra y definen, por tanto, el universo de observaciones admisibles. En el ejemplo anterior, la tarea constituye una faceta. Las facetas son equivalentes a los *factores* en el modelo de ANOVA, y sus efectos son considerados *efectos principales*. Las combinaciones entre facetas pueden analizarse como *interacciones*. Cada una de las manifestaciones posibles de una faceta se denomina *condición* en la TG, y pueden considerarse equivalentes a los *niveles* de los factores. Normalmente, un diseño para la construcción de un instrumento suele incluir más de una faceta.

3.3. Puntuación observada *versus* puntuación del universo

La puntuación observada de una persona se concibe con respecto a las facetas bajo las que fue obtenida. Desde la TG, una medida concreta es una muestra de un universo de observaciones admisibles. Si lo que se pretende es generalizar de un conjunto pequeño de ítems a un conjunto mayor (todos los posibles ítems que miden un rasgo concreto), el diseño incluiría solamente una faceta, los ítems o tareas, el universo de observaciones admisibles estaría formado en este caso por todos los posibles ítems que miden el mismo rasgo latente evaluado. Si lo que pretendemos es generalizar del resultado obtenido por una persona evaluada por un calificador a un conjunto mayor de calificadores posibles, el universo de observaciones admisibles estaría formado por todo ese conjunto de posibles calificadores. El valor esperado de la puntuación observada, esto es, de la puntuación obtenida bajo una muestra de ítems (o la otorgada por un calificador determinado) sería la puntuación del universo formado por todas las tareas posibles para la medida del rasgo latente evaluado (o por todos los calificadores posibles). Suele reservarse el término población para los objetos de medida y el de universo para las condiciones de medición. Un diseño con dos facetas, por ejemplo tareas y calificadores, tendría como universo de observaciones admisibles el conjunto de todas las observaciones que pudieran plantearse en el universo del conjunto de tareas y calificadores.

3.4. Diseño experimental

En la TG las variaciones entre objetos de medida (normalmente personas o sujetos) son una fuente de variación en el análisis, pero, como ya se ha señalado, no se consideran una fuente de error. Su varianza es considerada la varianza verdadera o varianza de las puntuaciones del universo, representada por σ_p^2. Las restantes fuentes de variación asociadas a las otras facetas de la medición y sus interacciones, así como las de éstas con las personas, se considera que contribuyen a la varianza error, ya que disminuyen la capacidad de generalización de las puntuaciones observadas a las puntuaciones del universo. Para separar los efectos de las posibles fuentes de variación, la recogida y organización de los datos responde a un *plan de diseño experimental*. Aunque en principio podría utilizarse cualquier diseño experimental, en la práctica, las aplicaciones de la TG suelen reducirse a diseños de dos o más factores, de dos tipos: factoriales cruzados y jerárquicos o anidados. En los primeros, todos los niveles de los factores están combinados. En los segundos, no se producen todas las combinaciones posibles. Por ejemplo, en un diseño de personas, tareas y calificadores, los calificadores podrían ser diferentes para las distintas tareas o por grupos de tareas. En este caso diríamos que los calificadores están anidados en las tareas, diseño que denotaríamos como: $p \cdot (c : t)$. En términos generales, se dice que un factor está anidado en otro si los niveles del primero (factor anidado) son diferentes para los distintos niveles del segundo. Una descripción ampliada de los diseños puede encontrarse en las referencias anteriormente citadas. Otro aspecto importante ligado al diseño experimental, en el que se diferencian los estudios de la TG, es el que se refiere a la condición de fijas o aleatorias de las facetas. Que una faceta sea fija o aleatoria tiene que ver, al igual que en el diseño experimental, con la respuesta a la siguiente pregunta: ¿Podríamos cambiar las condiciones particulares de la faceta por otro conjunto de condiciones del universo, del mismo tamaño? En caso afirmativo la faceta es aleatoria. Éste es normalmente el caso de las tareas o ítems de los tests. En otras situaciones, por el contrario, el conjunto de condiciones de la faceta estudiada agota el número de condiciones del universo, o son las únicas de interés para el investigador. En este caso, la faceta se considera fija. Esta distinción tiene consecuencias sobre la generalización de los resultados. Si las condiciones o niveles son aleatorios, puede generalizarse a todo el universo de condiciones de la faceta; por el contrario, si la faceta es fija, solamente se pueden extraer conclusiones referidas a las condiciones concretas estudiadas.

3.5. Estudios G y D

En la TG se diferencian dos tipos de estudios, los denominados G o de generalización y los llamados D o de decisión. En esencia, un estudio G es el que se realiza para estudiar las fuentes de variación de las medidas, esto es, qué condiciones de medición (las facetas) afectan a las puntuaciones de las personas. Estos estudios se llevan a cabo en la fase de construcción y desarrollo del instrumento. Ésta es la aplicación más frecuente de la TG, por ejemplo, en las evaluaciones a gran escala. Un estudio D es aquel en el que se toman decisiones basadas en las puntuaciones del instrumento de medida. En los estudios G se habla de universo de condiciones admisibles y su meta es analizar qué parte de la variabilidad de las puntuaciones es atribuible a cada una de las facetas y a sus posibles interacciones. El conocimiento de estas fuentes de variación (consideradas errores) permitirá optimizar el instrumento de medida para los estudios D. El estudio D utiliza la información obtenida en el estudio G para diseñar las mejores condiciones para la medición dada una finalidad particular, por lo que a estos estudios a veces se les llama de *optimización* (Cardinet y Tourneur, 1986). Así por ejemplo, cuando se encuentra que una faceta provoca mucha variabilidad en los datos, sus efectos deben minimizarse, o lo que es lo mismo, aumentar su fiabilidad. Esto se consigue como en la fórmula de Spearman-Brown, aumentando el número de condiciones de la faceta (por ejemplo el número de tareas o el número de calificadores). De esta forma pueden obtenerse diseños óptimos para el estudio D. En los estudios D se habla de universo de generalización, que normalmente coincide con el de condiciones admisibles o es un subconjunto de éste.

4. Estudio de generalizabilidad (estudio G)

4.1. Modelo estadístico de la TG

Como hemos señalado, un estudio G tiene como objetivo estudiar las fuentes de error que afectan a las observaciones de los sujetos. Esto es, qué características de la situación de medida (facetas) afectan a las puntuaciones y qué efectos tienen. El modelo estadístico utilizado es el modelo general del ANOVA, que permite la partición de las fuentes de variación que influyen en la variable dependiente (las puntuaciones observadas) en fuentes de variación separadas, las facetas o efectos principales y sus interacciones, además de la del objeto de medida y sus interacciones con las facetas.

No podemos entrar en una descripción exhaustiva de los diseños, para lo cual remitimos al lector a las referencias citadas. A modo ilustrativo, presentamos únicamente dos ejemplos de diseños de dos facetas, uno cruzado y otro anidado, en los que las facetas pueden ser las habituales en los instrumentos de evaluación del rendimiento: tareas y calificadores.

4.1.1. Ejemplo de estudio G cruzado con 2 facetas, tareas o ítems (i) y calificadores (c)

Imaginemos que queremos realizar una evaluación a gran escala. En las evaluaciones del rendimiento cada vez son más frecuentes las tareas de respuesta construida extendida, que requieren de jueces o calificadores para su valoración. También se ha encontrado, con frecuencia, diferencias importantes entre tareas. El equipo encargado del desarrollo del test está interesado en analizar los efectos tanto de las tareas como de los calificadores. En este caso, el universo de observaciones admisibles para las puntuaciones está definido por todas las combinaciones posibles de calificadores y tareas, por lo que tendríamos un diseño cruzado ($p \cdot c \cdot i$) que daría lugar a las siguientes fuentes de variación:

- Personas (p) o estudiantes: efecto de las diferencias de las personas en la variable que estamos midiendo. Refleja la varianza de la puntuación del universo u objeto de medida.
- Calificadores (c): efecto de la variación en las puntuaciones debido a diferentes calificadores. Es un efecto constante en todas las personas, que puede reflejar aspectos como diferencias en severidad entre los calificadores.
- Tareas o ítems del tests (i): efecto constante en todas las personas producido por las diferencias entre las tareas o ítems, por ejemplo algunos ítems pueden ser más difíciles que otros.
- $p \cdot c$: inconsistencias en las evaluaciones de los calificadores de una persona a otra. Por ejemplo, algunos calificadores pueden comportarse de forma diferente ante determinadas personas.

- $p \cdot i$: inconsistencias en el comportamiento de los sujetos de una tarea a otra. Por ejemplo, los sujetos tienen conductas diferentes en función de las tareas.
- $c \cdot i$: inconsistencias en los calificadores ante la evaluación de diferentes tareas. Es un efecto constante para las personas.
- $p \cdot c \cdot i, e$: efecto de la interacción de personas, calificadores y tareas, pero dado que solamente hay una observación para cada combinación, no se puede estimar, y sus efectos están confundidos con los errores aleatorios.

Supongamos que para el estudio se han seleccionado 30 sujetos, evaluados en 10 tareas de respuesta construida extendida y que cada uno de ellos ha sido evaluado por 3 calificadores en cada una de las tareas. Nos encontramos con un diseño factorial cruzado $30 \cdot 10 \cdot 3$ que generará 900 puntuaciones diferentes.

Siguiendo la notación del ANOVA, el modelo para las puntuaciones observadas será el siguiente:

$$X_{pic} = \mu + \alpha_p + \beta_i + \gamma_c + \alpha\beta_{pi} + \alpha\gamma_{pc} + \beta\gamma_{ic} + \alpha\beta\gamma_{pic,e} \quad [4.1]$$

donde:
- μ es la media general.
- α_p es el efecto de la persona p.
- β_i es el efecto del ítem o tarea i-ésima.
- γ_c es el efecto del calificador j-ésimo.
- $\alpha\beta_{pi}$ es el efecto de interacción persona · tarea.
- $\alpha\gamma_{pc}$ es el efecto de interacción persona · calificador.
- $\beta\gamma_{ic}$ es el efecto de interacción tarea · calificador.
- $\alpha\beta\gamma_{pic,e}$ es un efecto residual que confunde la triple interacción persona · tarea · calificador, con el error aleatorio.

Con este diseño, la puntuación observada puede descomponerse en siete fuentes de variación, así como la varianza de las puntuaciones observadas, en siete componentes, tal como aparece en la tabla.

Utilizando el programa BMDP-8V (modelo de componentes aleatorios) obtenemos la tabla de resultados del ANOVA que se presentan en la tabla 4.1.

Los componentes de la varianza (penúltima columna de la tabla) han sido estimados siguiendo las convenciones para los valores esperados de las medias cuadráticas, que se presentan en la tabla 4.2 y que el lector puede consultar en un texto de diseño experimental para otros diseños más complejos (recomendamos Kirk, 1995, o Winer, *et al.*, 1991).

Sustituyendo los valores esperados de las medias cuadráticas por sus estimadores, las MC calculadas con los datos, pueden obtenerse las ecuaciones mostradas en la tabla 4.3 para estimar los componentes de la varianza.

Tabla 4.1. Resultados del análisis del diseño cruzado 30 · 10 · 3

Fuente de variación	Suma de cuadrados	gl	Media cuadrática	Componente de varianza	% varianza total
Personas (p)	5.300,24	29	182,77	5,71	49,74
Tareas (i)	1.168,65	9	129,85	1,32	11,50
Calificadores (c)	65,35	2	32,67	0,09	0,78
p · i	2.421,11	261	9,28	2,57	22,39
p · c	214,38	58	3,70	0,21	1,83
i · c	67,65	18	3,76	0,01	0,09
p · i · c, e	817,26	522	1,57	1,57	13,67
Total	10.054,64	899		11,48	100,00

Tabla 4.2. Valores esperados de las medias cuadráticas para un diseño cruzado (p · i · c)

Fuente de variación	Componente de varianza	Valor esperado de la media cuadrática
Personas (p)	σ_p^2	$E(MCP) = \sigma_{pic,e}^2 + n_c\sigma_{pi}^2 + n_i\sigma_{pc}^2 + n_c n_i \sigma_p^2$
Tareas (i)	σ_i^2	$E(MCI) = \sigma_{pic,e}^2 + n_c\sigma_{pi}^2 + n_p\sigma_{ic}^2 + n_c n_p \sigma_i^2$
Calificadores (c)	σ_c^2	$E(MCC) = \sigma_{pic,e}^2 + n_p\sigma_{ic}^2 + n_i\sigma_{pc}^2 + n_i n_p \sigma_c^2$
p · i	σ_{pi}^2	$E(MCPI) = \sigma_{pic,e}^2 + n_c\sigma_{pi}^2$
p · c	σ_{pc}^2	$E(MCPC) = \sigma_{pic,e}^2 + n_i\sigma_{pc}^2$
i · c	σ_{ic}^2	$E(MCIC) = \sigma_{pic,e}^2 + n_p\sigma_{ic}^2$
p · i · c, e	$\sigma_{pic,e}^2$	$E(MCI) = \sigma_{pic,e}^2$

En los datos del ejemplo recogidos en la tabla puede observarse que las fuentes de variación más importantes, es decir, las mayores fuentes de error en las puntuaciones observadas, son las tareas y la interacción de las tareas con las personas. Estos resultados deberá tenerlos en cuenta el equipo encargado del diseño del test, aumentando el número de tareas. Éste suele ser, por cierto, el resultado más habitual en la práctica de la evaluación de los rendimientos educativos con tareas de respuesta extendida.

4.1.2. Ejemplo de estudio G anidado con 2 facetas, tareas o ítems (i) y calificadores (c)

Veamos ahora, para el mismo ejemplo, el caso de un diseño jerárquico o anidado. En un diseño con dos facetas como éste, pueden presentarse diferentes

Tabla 4.3. Estimadores de los componentes de la varianza para un diseño cruzado ($p \cdot i \cdot c$)

Componente	Fórmula para la estimación
$\hat{\sigma}^2_p$	$\dfrac{MCP - MCPC - MCPI + MCRES}{n_c n_i}$
$\hat{\sigma}^2_i$	$\dfrac{MCI - MCIC - MCPI + MCRES}{n_c n_p}$
$\hat{\sigma}^2_c$	$\dfrac{MCC - MCPC - MCIC + MCRES}{n_i n_p}$
$\hat{\sigma}^2_{pi}$	$\dfrac{MCPI - MCRES}{n_c}$
$\hat{\sigma}^2_{pc}$	$\dfrac{MCPC - MCRES}{n_i}$
$\hat{\sigma}^2_{ic}$	$\dfrac{MCCI - MCRES}{n_p}$
$\hat{\sigma}^2_{pci, e}$	$MCPIC, e = MCRES$

formas de anidamiento (véase Kirk, 1995). Aquí examinamos solamente uno de los anidamientos posibles como ejemplo, que es el caso en el que las tareas están anidadas en los calificadores, es decir, todos los sujetos responden a las mismas tareas, pero éstas no son calificadas por todos los calificadores, sino que algunos calificadores puntúan determinadas tareas mientras que otras son puntuadas por otros calificadores distintos. La notación del diseño es $p \cdot (i:c)$.

El modelo de las puntuaciones es el siguiente:

$$X_{pic} = \mu + \alpha_p + \gamma_c + \beta_{i:c} + \alpha\gamma_{pc} + \alpha\beta\gamma_{ic, pic, e} \qquad [4.2]$$

donde:
μ es la media general.
α_p es el efecto de la persona p.
γ_c es el efecto del calificador j-ésimo.
$\beta_{i:c}$ es el efecto del ítem o tarea i-ésima, anidada en el calificador.
$\alpha\gamma_{pc}$ es el efecto de interacción persona · calificador.
$\alpha\beta\gamma_{ic, pic, e}$ es un efecto residual que confunde la triple interacción persona · tarea · calificador, con el error aleatorio.

Este modelo da lugar únicamente a cinco componentes de la varianza estimables, ligados con cada uno de los efectos.

En la tabla 4.4 se presentan los resultados para los datos del ejemplo. Suponemos ahora que tenemos las puntuaciones de 10 personas (p), evaluadas cada una por tres calificadores (c) y cada calificador puntúa 4 tareas diferentes (i). Con este diseño se tendría un total de 120 puntuaciones y 119 grados de libertad.

Tabla 4.4. Resultados del análisis para el diseño 10 · (4 : 3) de efectos aleatorios

Fuente de variación	Suma de cuadrados	gl	Media cuadrática	Componente de varianza	% varianza total
Personas (p)	92,67	9	10,30	0,47	10,73
Tareas ($i : c$)	79,70	9	8,86	0,65	14,84
Calificadores (c)	48,20	2	24,10	0,32	7,30
$p \cdot c$	83,13	18	4,62	0,56	12,78
$pi : c, e$	192,80	81	2,38	2,38	54,34
Total	496,50	119		4,38	100,00

Los valores esperados de las medias cuadráticas para este diseño son los presentados en la tabla 4.5.

Tabla 4.5. Valores esperados de las medias cuadráticas para el diseño anidado $p \cdot (i : c)$

Fuente de variación	Componente de varianza	Valor esperado de la media cuadrática
Personas (p)	σ_p^2	$E(MCP) = \sigma_{pi, pic, e}^2 + n_i \sigma_{pc}^2 + n_i n_c \sigma_p^2$
Tareas ($i : c$)	$\sigma_{i:c}^2$	$E(MCI : C) = \sigma_{pi, pic, e}^2 + n_p \sigma_{i:c}^2$
Calificador (c)	σ_c^2	$E(MCC) = \sigma_{pi, pic, e}^2 + n_i \sigma_{pc}^2 + n_i n_p \sigma_c^2$
$p \cdot c$	σ_{pc}^2	$E(MCPC) = \sigma_{pi, pic, e}^2 + n_i \sigma_{pc}^2$
$pi : c, e$	$\sigma_{pi, pic, e}^2$	$E(MCPI : C) = \sigma_{pi, pic, e}^2$

Como en el caso anterior, pueden sustituirse los valores esperados de las medias cuadráticas por sus estimaciones para obtener las ecuaciones que proporcionan los componentes de la varianza. En este caso, las ecuaciones correspondientes se presentan en la tabla 4.6.

En los datos del ejemplo puede observarse como los porcentajes de variación atribuibles a fuentes extrañas al objeto de medida son muy elevadas, lo que le obligará al equipo de desarrollo del test a introducir numerosas condiciones en las facetas de medida, si quiere reducir los errores.

Tabla 4.6. Estimadores de los componentes de la varianza para un diseño anidado $p \cdot (i:c)$

Componente	Fórmula para la estimación
$\hat{\sigma}_p^2$	$\dfrac{MCP - MCPC}{n_c n_i}$
$\hat{\sigma}_c^2$	$\dfrac{MCC - MCPC - MCI:C + MCRES}{n_i n_p}$
$\hat{\sigma}_{i:c}^2$	$\dfrac{MCI:C - MCRES}{n_p}$
$\hat{\sigma}_{pc}^2$	$\dfrac{MCPC - MCRES}{n_i}$
$\hat{\sigma}_{pi,pic,e}^2$	$MCPIC, e = MCRES$

4.1.3. Estudios de generalizabilidad con facetas fijas

Aunque en la fase de desarrollo de instrumentos, que es la de aplicación usual de la TG, las facetas de medida suelen considerarse aleatorias, el lector se puede encontrar en la situación de tener que considerar alguna de las facetas como fija. En este caso las ecuaciones de estimación son distintas.

Existen tres situaciones que conducen a tratar a una faceta como fija: 1) estamos interesados únicamente en ciertas condiciones de una faceta que son, por tanto, las que vamos a seleccionar para nuestro estudio; 2) el universo de condiciones es pequeño, por lo que todas las condiciones están incluidas en el diseño y 3) dada la naturaleza de las condiciones de una faceta no parece razonable generalizar al resto.

Supongamos, por ejemplo, que en el diseño cruzado presentado anteriormente ($p \cdot i \cdot c$) las tareas utilizadas para evaluar el rendimiento de los sujetos constituyen diferentes formatos o tipos de tareas para la evaluación del conocimiento respecto a una determinada materia. El tipo de tareas que hemos seleccionado abarca todo el universo de posibles tipos de tareas o formatos. En este caso, la tarea sería una faceta fija, ya que las condiciones de la tarea constituyen el universo de condiciones admisibles.

Es importante señalar que la TG es una teoría de efectos aleatorios, por lo que no todas las facetas pueden ser fijas, al menos una de ellas debe ser aleatoria.

El tratamiento habitual de las facetas fijas desde la TG consiste en promediar las condiciones de la faceta fija y examinar el grado de generalizabilidad de dicho promedio a través de las facetas aleatorias (Brennan, 2001a;

Cronbach, *et al.*, 1972; Shavelson y Webb, 1991). Los pasos a seguir en la estimación de los componentes de la varianza en un modelo mixto los son los siguientes:

1. Se realiza el análisis de varianza considerando todas facetas aleatorias. Siguiendo con el ejemplo anteriormente presentado el primer paso consiste en calcular los componentes de la varianza para el diseño $p \cdot i \cdot c$ considerando todas las facetas aleatorias. Los resultados de dicho análisis son los que habían sido presentados en la tabla 4.1.
2. Se calculan los componentes de la varianza correspondientes a la parte aleatoria del diseño. Este cálculo consiste en sumarle a cada componente estimado, considerando todas las facetas aleatorias (paso 1), $1/n_m$ veces la varianza del componente correspondiente a la interacción de dicha fuente de variación y la faceta fija (siendo n_m el número de condiciones de la faceta fija). Para distinguir estos componentes de la varianza de los estimados considerando el diseño completamente aleatorio, serán denotados con un asterisco. En el caso presentado, σ^2_{p*}, σ^2_{c*} y $\sigma^2_{pc,e*}$.

Tabla 4.7. **Estimaciones de los componentes de la varianza del diseño mixto $p \cdot i \cdot c$ con i como faceta fija**

Fuente de variación	Fórmula para la estimación	Componente de la varianza	% varianza total
Personas ($p*$)	$\sigma^2_{p*} = \sigma^2_p + \dfrac{1}{n_i}\sigma^2_{pi}$	5,97	92,64
Calificadores ($c*$)	$\sigma^2_{c*} = \sigma^2_c + \dfrac{1}{n_i}\sigma^2_{ic}$	0,1	1,61
$pc, e*$	$\sigma^2_{pc,e*} = \sigma^2_{pc} + \dfrac{1}{n_i}\sigma^2_{pic,e}$	0,37	5,74
Total		6,44	100

Podemos observar que, promediando en las diferentes tareas, el efecto de los calificadores es muy pequeño y que la mayor parte de la variabilidad se debe a las diferencias en rendimiento entre estudiantes.

Si bien éste es el procedimiento general, hay ocasiones en las que no es apropiado trabajar con el promedio de las condiciones de la faceta fija. Al promediar los resultados de la faceta de efectos fijos, el estudio G nos informa sobre cómo afectan diferentes fuentes de variación (facetas aleatorias) a la puntuación promedio en las diferentes condiciones de la faceta fija. En función de la naturaleza de las condiciones, el investigador deberá decidir si éste es un procedimiento adecuado. Una alternativa es realizar estudios G separados para cada una de las condiciones de la faceta fija. La información que proporciona este procedimiento es distinta, obteniéndose, en este caso, para cada condición de la faceta fija, qué fuentes de variación inciden en las observaciones. Aunque la decisión sobre qué procedimiento resulta más adecuado (promediar o estudios G separados) deberá basarse en criterios fundamentalmente conceptuales, si el investigador considera utilizar la primera aproximación, es conveniente examinar los componentes de la varianza asociados a la faceta fija. Si la varianza debida a estos componentes es elevada, se recomienda que cada condición sea analizada por separado, ya que esto supone que las condiciones de la faceta fija difieren sustancialmente. En el ejemplo planteado, dado que la tarea y la interacción de ésta con los sujetos resultan fuentes importantes de variación, se recomendarían estudios separados para cada tipo de tarea.

Para un tratamiento más extenso del tema recomendamos acudir a Shavelson y Webb (1991) en el que los autores presentan un ejemplo siguiendo ambos procedimientos.

5. Estudios de decisión

5.1. El coeficiente de generalizabilidad

Aunque la TG pone el acento en las fuentes de variación que contribuyen al error de medida, también proporciona un tipo de coeficiente de fiabilidad, denominado *coeficiente de generalizabilidad*. Este coeficiente refleja el grado de seguridad que podemos tener en la generalización de la puntuación observada, basada en una muestra de conductas, a la puntuación del universo. Como el coeficiente de fiabilidad de la TCT, el coeficiente de generalizabilidad refleja la variabilidad sistemática de las puntuaciones, es decir, atribuible a la puntuación del universo (puntuación verdadera en la TCT).

Cronbach, *et al.* (1972) definieron el coeficiente de generalizabilidad como la proporción de la varianza de las puntuaciones observadas atribuible a la varianza de las puntuaciones del universo.

El coeficiente de generalizabilidad es conceptualmente similar al coeficiente de fiabilidad en la TCT:

$$\text{Generalizabilidad} = \frac{\text{Var (Punt. Universo)}}{\text{Var (Punt. Universo)} + \text{Var (errores)}} \quad [4.3]$$

La diferencia es que ahora la varianza de las puntuaciones del universo (que sustituye a la varianza de las puntuaciones verdaderas de la TCT) será diferente en función del diseño o plan de medición, y la varianza de los errores dependerá del diseño o plan de medición y del uso o finalidad de las puntuaciones (como veremos posteriormente).

Los valores de esta razón se encontrarán en el intervalo 0-1, significando un valor próximo a 1 que la fuente de variación esencial para explicar la variación de las puntuaciones observadas es la varianza de las puntuaciones del universo, mientras que un valor bajo, próximo a 0 implicará que existen fuentes de variación importantes ligadas a las condiciones particulares de la medida.

Para la operacionalización del concepto en términos de un coeficiente de correlación se utiliza la *correlación intraclase*.

El coeficiente de generalizabilidad suele calcularse en situaciones concretas ligadas a estudios D. En estos casos, no existe un único coeficiente de generalizabilidad, sino que dependerá del universo de generalización concreto. Para su cálculo se utilizan los componentes de la varianza atribuibles a cada faceta y a sus posibles interacciones obtenidos en el estudio G previo.

5.2. Estimación de los componentes de la varianza en los estudios D

Los estimadores de los componentes de la varianza obtenidos en el estudio G, son unitarios, es decir, son los que se obtendrían si se utilizase en la medición únicamente una condición de la faceta (un único ítem, un único calificador, etc.). Estos componentes tienen un gran interés puesto que permiten determinar la importancia de las distintas fuentes de variación que inciden en la medida. En las condiciones operativas, o estudio D, sin embargo, se suelen utilizar más de una condición, por lo que estos componentes deben *corregirse* en función del número de condiciones reales de la faceta que se utilicen en cada caso. Para obtener los *componentes corregidos* de las varianzas de las facetas, se dividen los componentes unitarios por el número de condiciones de la(s) faceta(s) a las que hace referencia el componente. Así, por ejemplo, en un diseño en el que cada sujeto es evaluado por medio de 10 tareas o ítems, los componentes σ_i^2 y $\sigma_{pi,e}^2$ deberán dividirse por $n_i' = 10$, ya que el número de ítems interviene en ambos componentes. Suele ser convención de la TG para diferenciar los componentes de la varianza no corregidos (del estudio G) y los corregidos, representar en los primeros el subíndice de la faceta con minúsculas, como hemos hecho hasta ahora, y los corregidos con la letra de la faceta en mayúscula. Para el ejemplo que acabamos de comentar con $n_i' = 10$, los componentes corregidos se denotarían como:

$$\sigma_I^2 = \frac{\sigma_i^2}{n_i'} \qquad [4.4]$$

y

$$\sigma^2_{pI,e} = \frac{\sigma^2_{pi}}{n'_i} \qquad [4.5]$$

Obsérvese que en el caso del último componente, aunque aparece p no se divide por el número de sujetos. Si dividiésemos por p el interés estaría en la media del grupo, no en la generalizabilidad de la puntuación de la persona.

Utilizaremos para ejemplificar la realización de estudios D, los ejemplos planteados en apartados anteriores: el diseño cruzado de dos facetas $p \cdot i \cdot c$, y el anidado $p \cdot (i:c)$.

Suponemos que en el estudio D utilizamos el mismo diseño cruzado que en el estudio G previo, con el mismo número de tareas (10), pero ahora con 2 calificadores. La estimación de los componentes corregidos del diseño figuran en la tabla 4.8.

Tabla 4.8. Estudio D: estimación de los componentes de la varianza corregidos para el diseño $p : i : c$

Fuente de variación	Componente de varianza	Fórmula para la estimación	Estimación
Personas (p)	σ^2_p	σ^2_p	5,71
Tareas (i)	σ^2_I	$\sigma^2_I = \dfrac{\sigma^2_i}{n'_i}$	$\dfrac{1,32}{10} = 0,132$
Calificador (c)	σ^2_C	$\sigma^2_C = \dfrac{\sigma^2_c}{n'_c}$	$\dfrac{0,09}{2} = 0,045$
$p \cdot i$	σ^2_{pI}	$\sigma^2_{pI} = \dfrac{\sigma^2_{pi}}{n'_i}$	$\dfrac{2.57}{10} = 0,257$
$p \cdot c$	σ^2_{pC}	$\sigma^2_{pC} = \dfrac{\sigma^2_{pc}}{n'_c}$	$\dfrac{0,21}{2} = 0,105$
$i \cdot c$	σ^2_{IC}	$\sigma^2_{IC} = \dfrac{\sigma^2_{ic}}{n'_i \cdot n'_c}$	$\dfrac{0,01}{10 \cdot 2} = 0,0005$
$pi : c, e$	$\sigma^2_{pIC,e}$	$\sigma^2_{pIC,e} = \dfrac{\sigma^2_{pic,e}}{n'_i \cdot n'_c}$	$\dfrac{1,57}{10 \cdot 2} = 0,0785$

En el caso de utilizar en el estudio D el diseño anidado $p \cdot (i:c)$ y realizar las mediciones en 10 tareas y con 2 observadores, los estimadores de la varianza corregidos serían los presentados en la tabla 4.9.

Tabla 4.9. Estudio D: estimación de los componentes de la varianza corregidos para el diseño anidado $p \cdot (i : c)$

Fuente de variación	Componente de varianza	Fórmula para la estimación	Estimación
Personas (p)	σ_p^2	σ_p^2	0,47
Tareas ($i : c$)	$\sigma_{I:C}^2$	$\sigma_{I:C}^2 = \dfrac{\sigma_{i:c}^2}{n'_i \cdot n'_c}$	$\dfrac{0{,}65}{10 \cdot 2} = 0{,}03$
Calificador (c)	σ_C^2	$\sigma_C^2 = \dfrac{\sigma_c^2}{n'_c}$	$\dfrac{0{,}32}{2} = 0{,}16$
$p \cdot c$	σ_{pC}^2	$\sigma_{pC}^2 = \dfrac{\sigma_{pc}^2}{n'_c}$	$\dfrac{0{,}56}{2} = 0{,}28$
$pi : c, e$	$\sigma_{pI:C,e}^2$	$\sigma_{pI:C,e}^2 = \dfrac{\sigma_{pi:c,e}^2}{n'_i \cdot n'_c}$	$\dfrac{2{,}38}{10 \cdot 2} = 0{,}12$

5.3. Decisiones absolutas y relativas

En la TG el grado de generalización de una medida depende del uso que se vaya a hacer de los datos. La teoría considera dos tipos de decisiones:

- Las destinadas a hacer una ordenación entre individuos o grupos, es decir, decisiones normativas o relativas.
- Las destinadas a obtener una valoración del nivel absoluto del sujeto, por ejemplo del grado de conocimientos en una materia.

Un test de rendimiento académico, por ejemplo, podría usarse para ordenar a los sujetos y establecer una escala de rangos percentiles con esas ordenaciones. Este tipo de decisión es frecuente cuando el interés principal de la evaluación está en destacar las diferencias individuales y en las comparaciones. Cuando existen cuotas, por ejemplo, para selección, concesión de recompensas, etc., la decisión es relativa, depende de la posición relativa de los sujetos en el conjunto. Ahora bien, las medidas proporcionadas por el mismo test podrían utilizarse de otra forma. Supongamos que para que un sujeto sea considerado dentro del nivel «avanzado», según las interpretaciones habituales basadas en estándares de rendimiento, debe alcanzar una puntuación de 325. Su clasificación, en este caso, depende de su puntuación absoluta y no de las puntuaciones de los otros sujetos. En esta situación, más ligada a las interpretaciones criteriales, se pone el acento en el nivel absoluto del sujeto, no en su posición relativa. Las decisiones en este caso se consideran decisiones absolutas.

El tipo de decisión que se tomará con las puntuaciones de los tests influye en la determinación del error de medida, en la cuantificación de su varianza y, por tanto, en la generalizabilidad de las puntuaciones.

5.4. Los errores en la TG

En apartados anteriores hemos visto cómo se analizan las fuentes de error en la TG y cómo distintos diseños y número de condiciones llevan a diferentes estimaciones de las varianzas de los errores, por lo que no habrá una única varianza error, ni un único coeficiente de generalizabilidad, sino que éstos dependerán del tipo de diseño.

Además de las diferencias derivadas del tipo de diseño, la TG establece una diferenciación conceptual de los errores en función de los tipos de decisiones (absolutas o relativas), distinguiendo entre:

- Errores en las decisiones absolutas (Δ).
- Errores en las decisiones relativas (δ).

5.4.1. Errores en las decisiones absolutas

Recordemos que en este tipo de decisiones la puntuación de una persona se interpreta por su valor, no con relación a las puntuaciones de grupo. En este caso, por tanto, todos los componentes de varianza de las facetas y sus interacciones contribuyen al error de medida, ya que son fuentes de variación de los datos y reducen el grado de generalizabilidad de una medida concreta. La varianza de los errores de las decisiones absolutas incluye, de este modo, todos los componentes de la varianza de las puntuaciones observadas, excepto la varianza de las puntuaciones del universo o varianza de las personas.

El estimador de la varianza de los errores absolutos en el diseño cruzado $p \cdot i \cdot c$ con 10 tareas y 2 calificadores será:

$$\sigma_\Delta^2 = \sigma_I^2 + \sigma_C^2 + \sigma_{pI}^2 + \sigma_{pC}^2 + \sigma_{IC}^2 + \sigma_{pIC,e}^2 =$$
$$= 0{,}132 + 0{,}045 + 0{,}257 + 0{,}105 + 0{,}0005 + 0{,}0785 = 0{,}618$$

En el caso del diseño anidado $p \cdot (i:c)$, el estimador de la varianza de los errores con 10 tareas y 2 calificadores será:

$$\sigma_\Delta^2 = \sigma_{I:C}^2 + \sigma_C^2 + \sigma_{pC}^2 + \sigma_{pI:C,e}^2 = 0{,}03 + 0{,}16 + 0{,}28 + 0{,}12 = 0{,}59$$

5.4.2. Errores en las decisiones relativas

En las decisiones relativas, todos aquellos componentes de la varianza que son comunes a todas las personas (por ejemplo, en el diseño cruzado de personas, tareas y calificadores, son efectos comunes los efectos principales de las tareas y los calificadores) no afectan a la decisión, ya que al afectar por igual a todos los sujetos no cambian sus posiciones relativas (véase Martínez Arias, 1995, pp. 211-212 para la justificación). En estos errores, por tanto, únicamente intervienen los efectos de interacción de las diferentes facetas con las personas.

Como regla práctica para determinar las fuentes de error que afectan en cada tipo de decisión, puede seguirse la siguiente:

a) Todos los componentes de la varianza de las puntuaciones observadas que llevan en su subíndice el correspondiente al objeto de medida (normalmente las personas, p), excepto el que se corresponde con el objeto de medida (normalmente σ_p^2) o varianza del universo, contribuyen al error relativo.
b) Todos los componentes de la varianza, excepto el correspondiente al objeto de medida o varianza de las puntuaciones del universo (normalmente σ_p^2), contribuyen al error absoluto.

En el diseño cruzado planteado, en el caso de tomar decisiones relativas el estimador de la varianza de los errores, será:

$$\sigma_\delta^2 = \sigma_{pI}^2 + \sigma_{pC}^2 + \sigma_{pIC,e}^2 = 0{,}257 + 0{,}105 + 0{,}078 = 0{,}44$$

En el caso del diseño anidado $p \cdot (i:c)$, el estimador de la varianza de los errores para decisiones relativas:

$$\sigma_\delta^2 = \sigma_{pI:C,e}^2 = 0{,}12$$

5.5. Cálculo de los coeficientes de generalizabilidad

Los coeficientes de generalizabilidad se calculan en los estudios D y en su cálculo se tienen en cuenta las distinciones anteriores entre los dos tipos de errores. Habíamos definido el coeficiente de generalizabilidad como la razón entre la varianza de las puntuaciones del universo a la varianza de la misma más la varianza error.

$$\text{Generalizabilidad} = \frac{\text{Var (Punt. Universo)}}{\text{Var (Punt. Universo)} + \text{Var (Errores)}} \quad [4.6]$$

4. Introducción a la Teoría de la Generalizabilidad (TG)

Por tanto, los dos tipos de errores tienen una implicación directa en el cálculo de los coeficientes de generalizabilidad.

Al igual que se distingue entre dos tipos de errores, absolutos y relativos, también se hace con los coeficientes de generalizabilidad. Así en función de las decisiones que se tomarán con el instrumento, relativas o absolutas, se distingue entre:

- Coeficiente de generalizabilidad para las decisiones relativas:

$$\rho_\delta = \frac{\sigma_p^2}{\sigma_p^2 + \sigma_\delta^2} \qquad [4.7]$$

Este coeficiente puede interpretarse como el valor esperado de la correlación al cuadrado entre las puntuaciones observadas y las puntuaciones del universo.

En el diseño cruzado planteado el coeficiente de generalizabilidad será:

$$\rho_\delta = \frac{5{,}71}{5{,}71 + 0{,}44} = 0{,}928$$

Y en el caso del diseño anidado:

$$\rho_\delta = \frac{0{,}47}{0{,}47 + 0{,}12} = 0{,}80$$

- Coeficiente de generalizabilidad para las decisiones absolutas (o coeficiente de confianza)

$$\rho_\Delta = \frac{\sigma_p^2}{\sigma_p^2 + \sigma_\Delta^2} = \phi \qquad [4.8]$$

En el diseño cruzado el coeficiente de confianza estimado será:

$$\rho_\Delta = \frac{5{,}71}{5{,}71 + 0{,}618} = 0{,}902$$

Y en el caso del diseño anidado:

$$\rho_\Delta = \frac{0{,}47}{0{,}47 + 0{,}59} = 0{,}443$$

El coeficiente derivado para las decisiones absolutas Brennan (2001) lo denota como φ y lo denomina *coeficiente de confianza (dependability)* por considerar que tiene una interpretación diferente. Shavelson y Webb (1991) están de acuerdo con esta distinción.

Recuérdese que en todos los casos se trabaja con estimadores, aunque, por simplificar, no hemos incluido su símbolo en la notación. Los errores que aparecen en los denominadores de las fórmulas son *errores corregidos*, es decir, calculados a partir de los componentes de las varianzas divididos por el número de condiciones utilizadas de la faceta.

Como habíamos señalado los estudios D o de decisión, que coincidirían con el uso operativo del instrumento, utilizan la información obtenida en G para diseñar instrumentos que minimicen los errores. A partir de los resultados obtenidos en el estudio G previo, el investigador obtiene información so-

Tabla 4.10. Cambios en las estimaciones de los componentes de la varianza y del coeficiente de generalizabilidad con cambios en el número de tareas

	Estudio G	Estudio D		
	$n_i = 10$ $n_c = 3$	$n_i = 10$ $n_c = 2$	$n_i = 4$ $n_c = 2$	$n_i = 15$ $n_c = 2$
Personas (p)	5,71	5,71	5,71	5,71
Tareas (i)	1,32	$\frac{1,32}{10} = 0,132$	$\frac{1,32}{4} = 0,330$	$\frac{1,32}{15} = 0,088$
Calificador (c)	0,09	$\frac{0,09}{2} = 0,045$	$\frac{0,09}{2} = 0,045$	$\frac{0,09}{2} = 0,045$
$p \cdot i$	2,57	$\frac{2,57}{10} = 0,257$	$\frac{2,57}{4} = 0,643$	$\frac{2,57}{15} = 0,171$
$p \cdot c$	0,21	$\frac{0,21}{2} = 0,105$	$\frac{0,21}{2} = 0,105$	$\frac{0,21}{2} = 0,105$
$i \cdot c$	0,01	$\frac{0,01}{10 \cdot 2} = 0,0005$	$\frac{0,01}{4 \cdot 2} = 0,001$	$\frac{0,01}{15 \cdot 2} = 0,0003$
$p \cdot i \cdot c, e$	1,57	$\frac{1,57}{10 \cdot 2} = 0,078$	$\frac{1,57}{4 \cdot 2} = 0,196$	$\frac{1,57}{15 \cdot 2} = 0,052$
σ^2_Δ		0,618	1,320	0,462
σ^2_δ		0,441	0,944	0,329
ρ_Δ		0,902	0,812	0,925
ρ_δ		0,928	0,858	0,946

bre qué facetas constituyen una fuente mayor de variabilidad. A partir de esto podrá decidir si convierte alguna faceta en fija (si no constituye una fuente importante de variación) o si aumenta el número de condiciones (si la variabilidad es elevada) para aumentar el grado de generalizabilidad.

Es decir, los resultados del estudio G pueden usarse para optimizar el número de condiciones necesarias en cada faceta para alcanzar un valor deseado en el coeficiente de generalizabilidad (fiabilidad), de la misma forma que se utilizaba la fórmula de Spearman-Brown en la TCT.

Así, por ejemplo, dado que en el estudio G realizado con el diseño $p \cdot i \cdot c$, la tarea y su interacción con las personas son las fuentes principales de variabilidad de las puntuaciones, podemos considerar aumentar el número de tareas a fin de aumentar la generalizabilidad de las puntuaciones. Es posible estimar, a priori, cómo aumentaría el coeficiente de generalizabilidad aumentando el número de tareas. De igual modo podríamos estimar cómo se vería reducido el grado de generalizabilidad de las observaciones si reducimos el número de condiciones de medida. En la tabla 4.10 se presentan las estimaciones de los componentes de la varianza, así como los coeficientes de generalizabilidad y confianza de las mediciones, en el hipotético caso de aumentar a 15 el número de tareas, y en el de reducir a 4 las mismas.

5.6. ¿Cómo se pueden obtener en la práctica los estimadores de los coeficientes de la Teoría de la Generalizabilidad?

La solución ideal es disponer de los programas específicos GENOVA o MGENOVA creados por Brennan. Su uso no es muy «amigable», pero son los que contemplan todas las posibilidades de la TG. Pueden bajarse de Internet de http://www.uiowa.edu.

No obstante, el modelo de los componentes de la varianza para el ANOVA suele estar implementado en la mayor parte de los paquetes generales de *software* estadístico, que podemos usar para realizar la parte dura del trabajo, es decir, obtener los estimadores unitarios de los componentes de la varianza y realizar las correcciones de los errores y el cálculo de los coeficientes de generalizabilidad, cuando sea necesario, con ayuda de una calculadora.

Brennan (2001b) advierte, no obstante, frente al uso de algunos de estos programas, concretamente VARCOMP del SAS, por no seguir el modelo de la TG. Señala que el modelo adecuado es el derivado de Scheffe (1959). Nosotros realizamos los cálculos con un programa, desgraciadamente poco actualizado en la actualidad, ya que está en MS-DOS, que es el BMDP-8V, que permite obtener fielmente los componentes de la varianza en la línea sugerida por Brennan. En Martínez Arias (1995) se encuentra desarrollado un ejemplo completo con las instrucciones requeridas para utilizar dicho programa. Es posible utilizar también el SPSS en el menú modelo lineal general: componentes de la varianza.

6. Valoración general de la TG

La TG ha permanecido muchos años en el abandono por parte de los constructores de tests, a pesar de sus múltiples ventajas. Probablemente la causa del olvido haya sido el gran auge de la TRI, como modelo alternativo a la TCT, que permite resolver muchos más de los problemas que se presentan en la evaluación de rendimientos académicos.

No obstante, no se deberían considerar como modelos alternativos, sino complementarios. Es cierto que la TG no permite construir puntuaciones de escala con propiedades óptimas, ni resulta útil para resolver algunos de los problemas importantes de las evaluaciones psicológicas y educativas, como la equiparación de puntuaciones, la equidad, o las aplicaciones a los tests adaptativos computerizados. Es una extensión de la TCT, pero comparte con ésta el problema de basar sus propiedades e inferencias en la puntuación total.

Creemos que su principal papel se encuentra en la fase de diseño de los instrumentos de evaluación. En la práctica puede ser muy útil para evaluar cómo diferentes facetas afectan a la generalizabilidad de las puntuaciones. Esta información puede guiar las decisiones sobre cómo diseñar los instrumentos para minimizar efectos no deseados de tareas y calificadores (Pellegrino, *et al.*, 2001). Los modelos de la TG ofrecen dos ventajas. En primer lugar, permiten caracterizar los efectos de las condiciones bajo las que se realizó la evaluación. En segundo lugar, esta información es útil para mejorar los diseños de evaluaciones futuras.

Estas características de la TG la hacen especialmente relevante en el contexto de las nuevas evaluaciones, basadas en gran parte en respuestas construidas extendidas, y otras modalidades nuevas, en las que el número de tareas es limitado, con lo que puede verse reducida la generalizabilidad, y han de ser puntuadas usando jueces humanos. De hecho, en los últimos tiempos hemos asistido a una revitalización de la TG. En algunos de los estudios mencionados a propósito de los formatos del ítem se hacen menciones repetidas a estudios realizados bajo la TG.

5. Teoría de la Respuesta al Ítem (TRI) I: conceptos básicos y modelos para ítems dicotómicos

1. Introducción

Otra forma de establecer las relaciones entre las medidas observadas y el constructo es relacionando con éste las puntuaciones de cada uno de los ítems y por medio de los patrones de las respuestas obtener una estimación del valor del sujeto en el constructo. Esta aproximación se refleja en un conjunto de modelos etiquetados de forma general como *Teoría de la Respuesta al Ítem*, de los que se trata en este capítulo y en los dos siguientes. Una representación esquemática de este planteamiento puede verse en la figura 5.1.

Figura 5.1. Modelo de la TRI

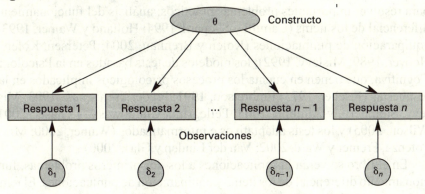

En la figura se observa que las respuestas a los ítems son función simultáneamente de dos cosas: la cantidad de aptitud o atributo que posee el sujeto (θ) que es la misma para todos los ítems y un bloque de aspectos representado en un círculo y que denotamos como δ_i específico de cada ítem. Bajo δ se representan una o más características de los ítems, que influyen en la respuesta. La característica más obvia sería en el caso de un test cognitivo, la *dificultad* del ítem. En la figura puede apreciarse que cada ítem es importante en sí mismo, ya que tiene características diferenciadoras de las de los otros ítems.

El origen de la TRI es antiguo, ya que, como se explica en el apartado siguiente, data de los años cuarenta del siglo pasado, en pleno apogeo de la TCT (Lawley, 1940, 1944). No obstante, dada la complejidad (e imposibilidad) de llevar a cabo los cálculos requeridos para las estimaciones, no comenzó a difundirse y utilizarse hasta la generalización de los ordenadores con amplias capacidades de cálculo. Hoy, la existencia de programas de ordenador específicos, tales como BILOG, MULTILOG, PARSCALE, o ConQuest, por citar los más conocidos, en versiones para PC, la ponen al alcance de la mayor parte de los usuarios implicados en tareas de evaluación y su uso se está generalizando. En la actualidad, las revistas especializadas están llenas de investigaciones sobre diversos aspectos de la TRI, pero también su uso es importante en la construcción de tests, especialmente en educación. Una breve e interesante historia de la TRI puede consultarse en Bock (1997).

La razón de su éxito y rápida expansión estriba en que permite analizar aspectos de los tests que no son posibles o son difíciles de justificar bajo la TCT, especialmente los que se señalaron en el capítulo 3.

Los desarrollos de la TRI han seguido dos aproximaciones bastante irreconciliables. Una de ellas es la seguida sobre todo en EE.UU., con una orientación más pragmática y derivada de los trabajos de Lord y Bock, influidos por Thurstone. La otra, derivada de los trabajos del danés G. Rasch, es más seguida en Europa (aunque con ramificaciones importantes en EE.UU.). Esta línea tiene una orientación más teórica, con insistencia en obtener propiedades métricas óptimas para las puntuaciones. En la actualidad, las dos líneas son de uso generalizado en la construcción de tests y la TRI se está aplicando para resolver importantes problemas prácticos: análisis del funcionamiento diferencial de los ítems (Camilli y Shepard, 1994; Holland y Wainer, 1993); equiparación de puntuaciones (Kolen y Brennan, 2004; Petersen, Kolen y Hoover, 1989; Mislevy, 1992); los modelos de tests basados en la Psicología Cognitiva, que tienen en cuenta los procesos psicológicos implicados en las respuestas (Fischer, 1973; Embretson, 1991; Frederiksen, *et al.*, 1993; Mislevy, Steinberg, y Almond, 2003; Pellegrino, Chudowsky, y Glaser, 2001; Wilson, 2005) y los tests adaptativos e informatizados (Wainer, 2000; Mills, Potenza, Fremer y Ward, 2002; Van der Linden y Glas, 2000).

En el libro se verán las aplicaciones a los dos primeros problemas, funcionamiento diferencial de los ítems y equiparación de puntuaciones. El tema de los bancos de ítems y los tests adaptativos informatizados es otra de las

Tabla 5.1. Las reglas de la medida en la TCT e TRI (adaptación de Embretson y Reise, 2000)

Reglas	Viejas reglas (TCT)	Nuevas reglas (TRI)
1	El error típico de medida se aplica a todas las puntuaciones de una población particular.	El error típico de medida difiere entre puntuaciones o patrones de respuesta, pero se generaliza a poblaciones.
2	Tests largos son más fiables que tests cortos.	Aunque se mantienen las relaciones entre fiabilidad y longitud del test, tests cortos pueden ser más fiables que tests largos.
3	Pueden establecerse comparaciones entre formas múltiples de tests cuando las formas son paralelas.	Pueden establecerse comparaciones en general entre formas diferentes de tests, sin el requisito del paralelismo.
4	Las propiedades de los estadísticos de los ítems dependen de las muestras concretas en las que se calculan.	Pueden obtenerse estimadores insesgados de los parámetros de los ítems.
5	Las puntuaciones de los tests adquieren significado comparándolas con las de un grupo normativo, que realizó una forma idéntica o paralela del test.	Las puntuaciones de los tests tienen significado si se comparan por su distancia a ítems.
6	Propiedades de escala de intervalo se obtienen generando distribuciones de puntuaciones normales.	Propiedades de escala de intervalo se obtienen aplicando modelos de medida justificables (Rasch).
7	Formatos mixtos de ítem llevan a desequilibrios de ponderación en las puntuaciones totales.	Formatos mixtos pueden proporcionar puntuaciones óptimas.
8	Problemas en las comparaciones para la medida del cambio.	Puntuaciones de cambio son fácilmente establecidas.
9	El análisis factorial (AF) de ítems binarios puede producir factores artefactuales.	El AF de datos de ítem lleva a AF de información total.
10	En el análisis de las propiedades psicométricas se enfatiza el test global como unidad de análisis.	Las propiedades psicométricas se basan en las propiedades de los ítems.

aplicaciones importantes, pero un tratamiento mínimo exigiría una extensión de la que no disponemos. Remitimos al lector a las referencias citadas y en castellano, al libro editado por Olea, Ponsoda y Prieto (1999).

Los modelos para procesos psicológicos son muy interesantes, pero se encuentran aún en un estadio incipiente de investigación, y son difíciles de plasmar en un manual. Las personas interesadas pueden acudir a las referencias.

En el resto del capítulo y en los dos siguientes se intenta dar una visión general de las principales características de los modelos, sus conceptos y aquellos modelos que más se usan actualmente en las aplicaciones. Las personas interesadas en profundizar en el tema pueden acudir a referencias monográficas o casi monográficas, donde se da una visión más completa (Boomsma, Van Duijn y Snijders, 2000; De Boeck y Wilson, 2004; Embretson y Reise, 2000; Embretson y Hersberger, 1999; Fischer y Molenaar, 1995; Hambleton y Swaminathan, 1985; Hambleton, Swaminathan y Rogers, 1991; Van der Linden y Hambleton, 1997; Lord, 1980; Lord y Novick, 1968; Masters y Keeves, 1999; Rasch, 1960, Thissen y Wainer, 2001; Wright y Stone, 1979).

2. Principales diferencias entre la Teoría Clásica de los Tests y la Teoría de la Respuesta al Ítem

Una clara distinción que permite establecer las principales diferencias entre ambos modelos se encuentra en la diferenciación establecida por Embretson

Tabla 5.2. Diferencias entre la TCT y TRI

Características	Teoría clásica de los tests	Teoría de la Respuesta al Ítem
Modelo	Lineal	No lineal
Nivel de análisis	Test	Ítem
Relaciones ítem/rasgo	No especificadas	Función característica ítem
Supuestos	Débiles y fáciles de cumplir	Fuertes y difíciles de cumplir
Invarianza de estadísticos	No, dependientes muestra	Sí, si el modelo se ajusta
Estadísticos de ítem	p_i, r_{bp}, r_b	a, b, c según modelos, funciones de información
Tamaño muestral para la calibración	200-500	Depende del modelo y procedimiento de estimación, en general $n > 500$
Estadísticos del test	r_{xx}, s_e	Función de información, error típico

y Reise (2000) entre lo que denominan las *«viejas»* y *«nuevas» reglas de la medida*, que reproducimos, con modificaciones, en la tabla 5.1.

Algunas extensiones desarrolladas en la TCT permiten obviar las reglas 1 y 3. En los últimos años se han propuesto errores específicos de puntuaciones en la TCT (Feldt y Qualls, 1996; Woodruff, 1990). Por lo que se refiere a la regla 3, en el capítulo 17 se verán algunos procedimientos de equiparación desarrollados en el marco de la TCT.

Desde el punto de vista práctico, para aquellos implicados en la construcción de tests, una distinción en términos más familiares es la que presentamos en la tabla 5.2.

3. Características generales de los modelos de la TRI

3.1. Aspectos comunes a los distintos modelos

Bajo el nombre genérico de la TRI se agrupan muchos modelos distintos. Aunque se diferencian en algunos aspectos, todos tienen en común una serie de rasgos básicos, especialmente el de ser modelos estructurales que establecen una relación matemática formalizada entre la respuesta a un ítem concreto y el nivel de rasgo o aptitud de un sujeto. El hecho de presentar un conjunto de aspectos comunes es lo que hace que aparezcan como un cuerpo teórico unificado. A continuación enumeramos los postulados básicos que caracterizan a los modelos de la TRI:

1. Parten de la *existencia de rasgos o aptitudes latentes* que permiten predecir o explicar la conducta de un examinado ante un ítem de un test. La TRI parte de la premisa de que el comportamiento de un sujeto ante un ítem puede explicarse en términos de una o varias características del sujeto denominadas rasgos o aptitudes latentes, que no pueden observarse directamente. Por ejemplo, la puntuación de un sujeto en un test de inteligencia (comportamiento observable) es resultado o función de una aptitud o rasgo (inteligencia) que posee el sujeto y que no podemos observar, pero que se manifiesta a través de ciertas conductas (respuestas a los ítems del test). Esta característica hizo que en sus orígenes los modelos fuesen conocidos como *Modelos de Rasgo Latente*; no obstante, la necesidad de diferenciar a los miembros de esta familia de otros procedimientos psicométricos en los que también se insiste en los rasgos o constructos latentes, tales como el análisis factorial, el escalamiento multidimensional o el análisis de estructura latente, condujo a la nueva denominación de Teoría de la Respuesta al Ítem.
2. La relación *entre el rendimiento o la conducta de un examinado en un ítem y el conjunto de rasgos* responsables de dicho rendimiento puede

describirse mediante una función monótona creciente, denominada *función de respuesta al ítem* (FRI) o *curva característica del ítem* (CCI). Mediante ella se representa una relación funcional entre la proporción de respuestas correctas a un ítem y el nivel del atributo. En general, y por razones de sus orígenes en los tests de aptitudes, el rasgo suele denominarse aptitud y se simboliza con la letra griega θ (theta), aunque conviene indicar que el rasgo puede ser cualquier atributo o constructo en el que se manifiesten diferencias individuales, tales como rendimientos académicos, variables de personalidad, actitudes, intereses, etc., no limitándose los modelos a la inteligencia y rendimiento académico. En adelante nos referiremos a estos indistintamente como rasgo, aptitud o atributo.

En la figura 5.2 se muestra una CCI típica que representa la respuesta a un ítem dicotómico. En ella se observan algunos rasgos comunes a todas las CCI. En primer lugar la función es no lineal, con forma de ojiva en S, lo que expresa que la probabilidad de respuesta correcta es una función monótona creciente de la habilidad. La respuesta observable al ítem es función de la habilidad latente θ, así como de ciertas características de los ítems. Estas propiedades de los ítems, denominados *parámetros*, son los que especifican la forma concreta de la función. En la figura también puede observarse cómo los sujetos con niveles más altos de aptitud tienen mayor probabilidad de responder al ítem correctamente que los que tienen niveles más bajos.

Figura 5.2. Curva característica de un ítem

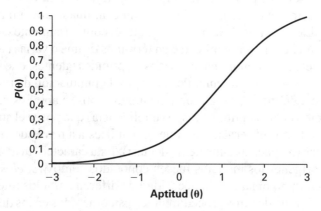

La forma de la CCI describe cómo los cambios en el nivel de la aptitud o rasgo se relacionan con cambios en la probabilidad de una respuesta específica. En los ítems dicotómicos, donde existe una respuesta que es la correcta, la CCI predice la probabilidad de éxito en el ítem a partir del nivel del rasgo que posee el sujeto. Para ítems politómicos, como las escalas graduadas, la CCI del ítem predice la probabilidad de las respuestas en cada categoría a partir del nivel del rasgo.

Pueden construirse muchos modelos diferentes de respuestas al ítem bajo los dos postulados que acabamos de exponer, difiriendo en la forma de la relación funcional de la función característica del ítem y/o en el número de parámetros especificados en el modelo. La especificación de los parámetros de los ítems es esencial en la determinación de la función.

3. La *especificación de la dimensionalidad*. Es preciso especificar el o los rasgos que mide un ítem o un test, lo que se conoce como especificación de la dimensionalidad del espacio de rasgos. En general, podemos considerar que los determinantes de la respuesta a una tarea son un conjunto de k rasgos, que abreviadamente podemos representar por medio de un vector:

$$\theta' = [\theta_1, \theta_2, ..., \theta_k]$$

Aunque en principio el vector θ' puede tener cualquier dimensionalidad, los modelos actuales de mayor uso consideran que el espacio del rasgo es unidimensional, es decir, que la conducta ante una tarea es función de un solo rasgo o dimensión. No existen limitaciones teóricas para considerar tests multidimensionales, y recientemente, se están desarrollando modelos en este sentido, aunque procedimientos de estimación bien desarrollados y sin limitaciones por el número de ítems solamente existen para los modelos unidimensionales.

4. Otro aspecto interesante de los modelos es que todo sujeto y todo ítem puede *situarse en un punto en el espacio del rasgo o atributo*. Cada individuo se caracteriza por tener una posición θ_s en el espacio (recta real en los modelos unidimensionales) que representa los valores del rasgo, tal como puede observarse en la figura 5.3 (p. 130). En ella tanto los ítems como los sujetos pueden representarse en el mismo continuo unidimensional. Será la diferencia entre la habilidad del sujeto y la dificultad del ítem ($\theta_s - b_i$) la que desempeñará el papel fundamental en la probabilidad de la respuesta correcta al ítem. De la misma forma que podemos situar individuos en el espacio del rasgo en función de la cantidad que posean de éste, podemos situar los ítems en función de la cantidad de rasgo que demanden para su correcta ejecución. Este parámetro del ítem se denomina *dificultad* del ítem por sus orígenes en los tests cognitivos y suele denotarse con la letra b. A veces, debido al anclaje de la TRI en los tempranos modelos psicofísicos (véase Bock, 1997), también se le denomina *umbral* (*threshold*). En la figura 5.3 puede observarse la posición de un hipotético ítem, b_i, en la recta que representa los distintos valores que puede tomar el rasgo.

Figura 5.3. Posición de un sujeto s y un ítem i en el continuo de la habilidad o rasgo

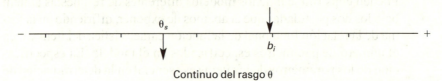

Continuo del rasgo θ

5. El papel preponderante que en la TCT asumía la puntuación verdadera del individuo lo asumirá ahora θ o *nivel de aptitud* que, como veremos más adelante, es independiente del test concreto usado en su estimación y que será una variable continua, cuya distribución no necesita, en general, especificación.
6. Las *unidades básicas de análisis serán los ítems del test*, ya que el test no es más que un conjunto de n ítems y el comportamiento o ejecución del individuo se determina a partir de las respuestas dadas a cada uno de los ítems, en las que interviene el nivel de aptitud y las propiedades de los mismos.

Los modelos matemáticos de la TRI se establecerán por lo tanto a nivel de ítem y no del test completo.

3.2. Principales ventajas de los modelos de la TRI

Cuando se cumplen un conjunto de supuestos que se describen en el apartado 4, los diferentes modelos de la TRI poseen una serie de ventajas sobre la TCT y que se derivan de los procedimientos de estimación que utilizan:

a) *Falsabilidad de los modelos*. Los modelos de la TRI, a diferencia de los de la TCT, son falsables. En cualquier aplicación de la TRI es esencial evaluar el ajuste del modelo a los datos. Cuando existe ajuste, se consiguen las dos propiedades de invarianza (b y c) que se relacionan a continuación.
b) *Invarianza de los parámetros de los ítems*. Los ítems pueden ser descritos por unas propiedades o parámetros que se pueden estimar. Suponiendo la existencia de una amplia población de examinados, los descriptores o parámetros de los ítems serán independientes de la muestra particular de sujetos utilizada para su estimación. Lo anterior significa a grandes rasgos que, independientemente de la distribución de la aptitud de la muestra, las estimaciones de los parámetros estarán linealmente relacionadas con los estimadores obtenidos con alguna otra muestra de la población.
c) *Invarianza de los parámetros de aptitud*. Asumiendo la existencia de un amplio universo o población de ítems para la medida del mismo

rasgo, el parámetro θ para un sujeto particular, o cantidad de rasgo que posee, es independiente del conjunto concreto de ítems utilizado en su estimación. Como antes, significa que habrá alguna relación lineal entre los parámetros estimados con muestras distintas de ítems. Esta propiedad permitirá establecer comparaciones inter o intrapersonas, aunque las estimaciones hayan sido obtenidas con conjuntos distintos de ítems.

d) *Medidas locales de precisión.* A diferencia de la TCT que caracteriza la precisión por medio de un único valor para todo el conjunto de puntuaciones, el coeficiente de fiabilidad, la TRI la caracterizará por medio de una función denominada función de información, que indicará cómo son de precisas las puntuaciones en los diferentes niveles de aptitud.

4. Los supuestos de la TRI

Todos los modelos matemáticos de la TRI especifican que la probabilidad de responder a un ítem correctamente depende de la aptitud o aptitudes de los sujetos examinados y de las características de los ítems. Como todos los modelos, incluyen un conjunto de supuestos acerca de los datos a los que se aplican. La viabilidad de estos supuestos no puede determinarse directamente, pero pueden aplicarse algunas pruebas que establecen el grado de acuerdo entre los supuestos del modelo y los datos, como veremos más adelante. Los principales supuestos son los de unidimensionalidad e independencia local. También se asume que los tests no son de velocidad (véase el capítulo 2 para este supuesto).

4.1. Unidimensionalidad (o dimensionalidad en general)

Como se ha visto en el apartado anterior, en la TRI se asume que hay un conjunto de k rasgos responsables de la actuación del sujeto en el test, que definen un espacio latente k-dimensional. En la práctica común se supone la unidimensionalidad, es decir, que una única aptitud o rasgo θ es suficiente para explicar los resultados de los sujetos y las relaciones entre los ítems. En la realidad es difícil que el supuesto se cumpla perfectamente debido a los múltiples factores que pueden afectar en un momento dado a las respuestas a un test (p. ej., atención, motivación de los sujetos, ansiedad de evaluación, etc.). No obstante, podemos hablar de una aptitud fundamental o *rasgo dominante* y normalmente es suficiente que las respuestas al test puedan explicarse por dicho rasgo. Los modelos en los que se establece el supuesto de que existe un rasgo dominante se denominan *unidimensionales*. Si se necesita asumir la existencia de más de un rasgo para explicar las respuestas al test, los modelos son *multidimensionales*. En la actualidad estos modelos se encuentran en creciente expansión en la literatura psicométrica, pero apenas se utilizan en las aplicaciones prácticas.

4.2. Independencia local

La independencia local significa que manteniendo constante la aptitud (θ) que explica el rendimiento en el test, las respuestas de los examinados a un par de ítems cualesquiera, son estadísticamente independientes. Dicho de otra forma, no existe relación entre las respuestas de los examinados a diferentes ítems, dentro del mismo nivel de aptitud. Este supuesto está completamente relacionado con el anterior, ya que cuando se cumple, el espacio latente se define únicamente por un rasgo o aptitud. Podemos establecer este supuesto más formalmente. Sea θ el conjunto completo de aptitudes que se supone influyen en el rendimiento del sujeto en el test. Sea U_i la respuesta de un sujeto al elemento i ($i = 1, 2, ..., n$). Sea $P(U_i | \theta)$ la probabilidad de la respuesta de dicho sujeto que tiene una aptitud θ; $P(U_i = 1 | \theta)$ denota la probabilidad de una respuesta correcta y $P(U_i = 0 | \theta)$, la probabilidad de una respuesta incorrecta. Formalmente, la propiedad de la independencia local, para un test formado por n ítems, se establece como:

$$P(U_1, U_2, ..., U_n | \theta) = P(U_1 | \theta) P(U_2 | \theta) ... P(U_n | \theta) = \prod_{i=1}^{n} P(U_i | \theta) \quad [5.1]$$

La expresión anterior significa que, para un sujeto dado (o todos los sujetos con el mismo nivel de aptitud), la probabilidad conjunta de dar un determinado patrón de respuesta a un conjunto de ítems es igual al producto de las probabilidades de respuesta del sujeto a los ítems individuales. Por ejemplo, si el patrón de respuesta a tres ítems para un examinado es (1, 1, 0), el supuesto de independencia local implica que:

$$P(U_1 = 1, U_2 = 1, U_3 = 0 | \theta) =$$
$$= P(U_1 = 1 | \theta) P(U_2 = 1 | \theta) P(U_3 = 0 | \theta) = P_1 P_2 Q_3$$

donde: $P_i = P(U_i = 1 | \theta)$ (probabilidad de acertar el ítem) y $Q_i = P(U_i = 0 | \theta)$ (probabilidad de no acertar el ítem).

Ilustraremos el supuesto con el ejemplo de un test formado por tres ítems de los que conocemos las probabilidades de respuestas correctas e incorrectas en un cierto nivel de aptitud, $\theta = 2$, es decir, $P_i(\theta = 2)$ y $Q_i(\theta = 2)$. Estas probabilidades conocidas son las siguientes:

$$P_1(\theta = 2) = 0{,}80 \quad Q_1(\theta = 2) = 0{,}20$$
$$P_2(\theta = 2) = 0{,}50 \quad Q_2(\theta = 2) = 0{,}50$$
$$P_3(\theta = 2) = 0{,}40 \quad Q_3(\theta = 2) = 0{,}60$$

El mencionado test da lugar a ocho patrones de respuesta posibles, cuyas probabilidades pueden calcularse mediante la expresión 5.1, dado el supuesto de independencia local. Estos patrones junto con sus correspondientes probabilidades se presentan en la tabla 5.3.

Tabla 5.3. Probabilidades de ocurrencia de los diferentes patrones de respuesta de un test con 3 ítems en el nivel de aptitud $\theta = 2$

Patrón	Probabilidad
000	$qqq = 0{,}2 \cdot 0{,}5 \cdot 0{,}6 = 0{,}06$
100	$pqq = 0{,}8 \cdot 0{,}5 \cdot 0{,}6 = 0{,}24$
010	$qpq = 0{,}2 \cdot 0{,}5 \cdot 0{,}6 = 0{,}06$
001	$qqp = 0{,}2 \cdot 0{,}5 \cdot 0{,}4 = 0{,}04$
110	$ppq = 0{,}8 \cdot 0{,}5 \cdot 0{,}6 = 0{,}24$
101	$pqp = 0{,}8 \cdot 0{,}5 \cdot 0{,}4 = 0{,}16$
011	$qpp = 0{,}2 \cdot 0{,}5 \cdot 0{,}4 = 0{,}04$
111	$ppp = 0{,}8 \cdot 0{,}5 \cdot 0{,}4 = 0{,}16$

Es posible que este supuesto parezca contraintuitivo a algunos lectores. Si existe una aptitud latente que es responsable de la producción de un determinado patrón de respuesta y en la que se diferencian los distintos sujetos, no es esperable que las respuestas de un examinado a diversos ítems sean independientes o no estén correlacionadas. ¿Cuál es entonces el sentido de la independencia local? En general, cuando dos variables correlacionan se debe a que tienen algunos aspectos comunes. Si eliminamos el efecto de estos aspectos, «parcializándolos» o «manteniéndolos constantes», las variables dejarán de estar correlacionadas. Éste es uno de los principios en los que se basa también el Análisis Factorial. De la misma forma, en la TRI, suponemos que la relación entre las respuestas de un examinado a los diferentes ítems de un test se debe a la aptitud que influye en la resolución de dichos ítems. Si eliminamos o mantenemos constante dicha aptitud, las respuestas del examinado a los ítems deberán ser estadísticamente independientes. Esto es lo mismo que decir que condicionamos la respuesta a un nivel de aptitud $(U \mid \theta)$.

Cuando se cumple el supuesto de unidimensionalidad, se obtiene la independencia local. En este sentido, los dos supuestos son equivalentes (Lord y Novick, 1968; Lord, 1980). También se puede lograr en espacios latentes multidimensionales, siempre que éstos estén especificados completamente, es decir, siempre que estén especificadas todas las aptitudes que entran en juego para contestar un ítem de un test. Si el espacio no está completamente especificado, la independencia local no se mantiene. Consideremos por ejemplo un test de matemáticas que supone un elevado nivel de destrezas lectoras. Los sujetos con pobres destrezas lectoras no responderán al ítem correctamente, independientemente de su nivel de matemáticas. Si todos los sujetos dispusiesen de las destrezas lectoras requeridas, solamente la habilidad matemática influiría en la ejecución del sujeto y se obtendría la independencia local.

Este supuesto tampoco se mantiene cuando un ítem proporciona pistas para responder a otro, ya que puede que algunos sujetos las detecten y otros no y, por tanto, la habilidad para detectar estas pistas es otra aptitud no considerada en el espacio latente.

Un problema frecuente en las evaluaciones del rendimiento educativo es que en los tests se presentan a veces conjuntos de ítems vinculados a un mismo texto o problema, y en ellos se generan dependencias en las respuestas. Algo similar ocurre en algunas aplicaciones de los tests informatizados. Esta problemática ha dado lugar al concepto de *testlet* (Wainer y Kiely, 1987; Thissen y Wainer, 2001) que permite tratar con estas dependencias. Normalmente se tratan como un ítem único puntuado en una escala ordenada con varios niveles, dependiendo del número de ítems individuales respondidos correctamente.

5. Los parámetros de la Curva Característica del Ítem (CCI) o Función de Respuesta al Ítem (FRI)

En los tests objetivos tradicionales de inteligencia, aptitudes y rendimiento educativo, ámbito en el que se desarrollaron inicialmente estos modelos, la variable respuesta al ítem es una variable dicotómica, con dos valores posibles, 1 para la respuesta correcta y 0 para las no correctas. En cada nivel de aptitud θ habrá una cierta probabilidad de responder correctamente al ítem, probabilidad que representaremos por $P_i(\theta)$, abreviatura de $P(U_i = 1 \mid \theta)$. En general, esta probabilidad será pequeña para los sujetos con baja aptitud y grande para los de alta aptitud, teniendo un valor intermedio para los sujetos de aptitud media.

Podemos dibujar en una gráfica la $P_i(\theta)$ como función de la aptitud. El resultado sería una curva en forma de S como la ya presentada en la figura 5.2, a la que se ha denominado Curva Característica del Ítem (CCI) y que describe la relación entre la probabilidad de respuesta correcta a un ítem y la escala de aptitud. Como puede observarse en esa figura, la probabilidad está próxima a 0 en los niveles más bajos de la aptitud y se aproxima a 1 en los más altos. Todo ítem puede describirse por su CCI y es esta curva la unidad conceptual básica de la TRI, ya que los restantes conceptos de la teoría se encuentran en ella.

Existen diversas funciones que cumplen la propiedad de la monotonía creciente de la curva que describe la probabilidad de respuesta correcta como función de la aptitud. Las diferencias entre ellas pueden deberse a la forma especificada y a los parámetros que la describen. Comenzaremos por la descripción de estos últimos, definiendo en principio dos que son comunes a la mayor parte de los modelos: *dificultad del ítem* y *discriminación del ítem*.

Bajo la TRI, la *dificultad del ítem* describe dónde está situado el ítem en la escala de aptitud, dicho de otra forma, qué cantidad de aptitud requiere el ítem para ser resuelto con éxito, y es por lo tanto un índice de la *posición* o *localización* del ítem en la escala de medida del rasgo o aptitud (θ). Técnicamente es el nivel de aptitud en el punto de inflexión de la curva. Si no existen aciertos al azar, la probabilidad de acierto en dicho punto es igual a 0,50. La razón de establecer b_i coincidiendo con la probabilidad de acierto $p = 0,50$ tiene una gran tradición desde la psicofísica, y resulta lógico desde el punto de vista de una teoría probabilística de la respuesta. Dado el carácter probabilístico de la respuesta de los sujetos a los ítems, cuando $\theta_s = b_i$, es decir, cuando la cantidad de atributo demandada por un ítem es igual a la cantidad de atributo de la que dispone el sujeto, éste no siempre dará respuestas correctas. Es sensato suponer que lo mismo que en la definición de una moneda insesgada, los sujetos con $\theta_s = b_i$ responderán correctamente con $p = 0,50$, También es lógico que los sujetos con $\theta_s < b_i$ lo harán con $p < 0,50$ y que los sujetos con $\theta_s > b_i$ lo harán con $p > 0,50$.

El parámetro de *dificultad* tiene una interpretación fácil, puesto que está en la misma escala del rasgo en la que medimos la habilidad, normalmente en la escala estandarizada de media 0 y desviación típica 1, interpretándose por tanto en esta métrica. En la práctica suelen transformarse linealmente a otras escalas más convenientes para la interpretación.

La *discriminación del ítem* nos indicará hasta qué punto éste permite diferenciar entre sujetos que tienen una aptitud inferior a la posición del ítem (dificultad) y los que la tienen superior. Refleja la *tasa de cambio* en la probabilidad de éxito según aumenta la aptitud. Esta tasa está relacionada con la pendiente de la curva o inclinación; cuanto más vertical sea la curva, mayor será el cambio en la probabilidad (ordenada) como resultado de los cambios en la aptitud (abscisa). Las curvas con mayor pendiente corresponden a ítems que discriminarán mejor; curvas más planas corresponden a ítems que discriminarán peor, ya que la probabilidad de respuesta correcta en los niveles bajos será casi igual que en los niveles altos de aptitud. Debido a la forma en S de la CCI, la pendiente cambia como función de la aptitud, alcanzando el valor máximo cuando el nivel de aptitud es igual a la dificultad del ítem (b_i). La definición técnica del parámetro de discriminación, aunque es sencilla, puede exceder algo del nivel pretendido para este capítulo, por lo que simplemente puede decirse que es *proporcional* a la pendiente de la CCI en $\theta_a = b_i$. La pendiente real en $\theta_a = b_i$ es de $a_i/4$. El rango teórico de valores de a_i es $-\infty < a_i < +\infty$, aunque en la práctica suele estar comprendida entre $-2,8$ y $2,8$.

El parámetro de *discriminación, a,* es un poco más difícil de interpretar que el de dificultad, especialmente cuando se trata de juzgar la calidad de los ítems que se van a retener para el test definitivo. No existen reglas claras, pero presentamos una guía para la interpretación de este parámetro en un modelo logístico (sin multiplicar por 1,7), en la tabla 5.4 tomada de Baker (1985).

Tabla 5.4. Guía para la interpretación de los valores de a

Etiqueta verbal	Rango de valores
Ninguna	0
Muy baja	0,01-0,34
Baja	0,35-0,64
Moderada	0,65-1,34
Alta	1,35-1,69
Muy alta	$> 1,70$
Perfecta	∞

Establecer una tabla equivalente para los valores de b plantearía problemas especiales, ya que los términos fácil y difícil son relativos y dependen del marco de referencia. Su significación solamente puede establecerse con respecto al punto medio de la escala de la habilidad, dependiendo de la zona del atributo en la que se pretenda que discrimine el ítem.

Estos dos aspectos de la curva describen las propiedades del ítem y sus características técnicas. Como en otros modelos de puntuaciones de los tests, estos descriptores no nos dicen nada de las propiedades del ítem para medir la aptitud subyacente, esto será una cuestión de la validez del mismo.

En la figura 5.4 examinamos la idea expresada de la dificultad del ítem por medio de tres curvas presentadas en el mismo gráfico.

La curva de la izquierda ($b = -1$) representa un ítem fácil, puesto que la probabilidad de responder correctamente es alta para los examinados de baja

Figura 5.4. Curvas características de ítems con la misma discriminación y diferentes niveles de dificultad

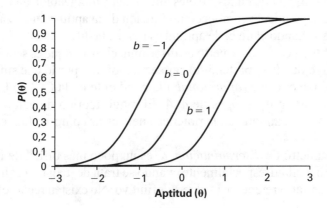

aptitud y se aproxima a 1 para los de alta aptitud. La curva del centro ($b = 0$) representa un ítem de dificultad media, puesto que la probabilidad de respuesta correcta es baja para los sujetos de baja aptitud, en torno a 0,50 para los de aptitud media y se aproxima a 1 en los de alta aptitud. La curva de la derecha ($b = 1$) representa un ítem difícil. La probabilidad de responder correctamente es baja a lo largo de casi toda la escala de aptitud y aumenta sólo en los niveles de aptitud más altos (por encima de +1).

El concepto de *discriminación* puede captarse fácilmente en la figura 5.5 en la que se representan tres CCI con el mismo nivel de dificultad, pero que difieren en la capacidad de discriminación.

Figura 5.5. Curvas características de ítems con la misma dificultad y diferente discriminación

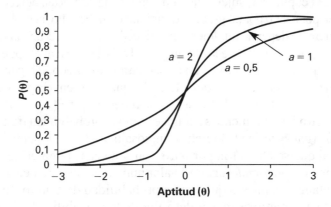

La curva con $a = 2$ tiene el nivel de discriminación más elevado, puesto que la curva tiene una pendiente muy rápida en el medio, donde la probabilidad de respuesta correcta crece muy deprisa con cambios pequeños en la aptitud. A una distancia corta del punto medio, a la izquierda, la probabilidad es mucho menor que 0,50, y a una distancia corta a la derecha del punto medio, la probabilidad es mucho mayor. La curva con $a = 1$ representa un ítem con un nivel de discriminación moderado. La pendiente de la curva es mucho menor que la de la anterior y la probabilidad de responder correctamente cambia mucho menos a medida que aumenta la aptitud. La curva con $a = 0,5$ representa un ítem con una discriminación más baja. La curva tiene una pendiente muy pequeña y la probabilidad de responder correctamente cambia muy lentamente a lo largo del rango completo de aptitud. Incluso en los niveles bajos de aptitud, la probabilidad de respuesta correcta es razonablemente grande y aumenta poco cuando alcanzamos niveles de aptitud más altos.

En una curva con discriminación perfecta la CCI sería una línea vertical en algún punto a lo largo de la escala de aptitud. A la izquierda de la línea vertical, la probabilidad de responder correctamente sería 0 y a la derecha 1. El ítem discriminaría perfectamente entre los sujetos que tienen una aptitud por encima y por debajo de dicho punto, pero no permitiría distinguir en otros niveles de aptitud. Tests formados por ítems con CCI como la anterior siguen un modelo desarrollado en la literatura sobre escalas psicológicas: el *modelo de escalograma* de Guttman (1950). Este modelo, aunque importante en algunas áreas de la psicología, no se trata en este libro, ya que no suele utilizarse en la construcción de tests, sino que está más vinculado a los denominados *métodos de escalamiento* (*scaling methods*). Las personas interesadas pueden consultar el mencionado texto de Guttman o un texto sobre los métodos de escalamiento como el de Dunn-Rankin, Knezek, Wallace y Zhang (2004).

Muchos de los ítems presentes en tests de inteligencia, aptitudes y rendimiento académico tienen un formato de elección múltiple, eligiendo el sujeto la respuesta de un conjunto dado de respuestas posibles. En estos casos, como se ha visto en el capítulo 3, sujetos que no conocen la respuesta correcta pueden acertar bien por azar o por un proceso de adivinación. Por ello, la probabilidad de acertar el ítem no depende totalmente del nivel del sujeto en el atributo, sino que tiene un componente debido a la adivinación. En la TRI se han propuesto modelos que incluyen este aspecto en un tercer parámetro, denotado generalmente como *c*, que es la *asíntota inferior* de la CCI y que representa la probabilidad de acierto en el nivel inferior del atributo (formalmente, $c_i = P[U_i = 1 \mid \theta \Rightarrow -\infty]$). Este parámetro habitualmente se conoce como la probabilidad de acierto por adivinación (*guessing*, en la literatura anglosajona). Normalmente su valor es diferente al que se obtendría por puro azar y a veces también se le conoce como parámetro de *pseudo-azar*. El valor numérico del parámetro *c* se interpreta directamente, puesto que es una probabilidad de acierto. En general, cuando este parámetro es mayor del valor de la probabilidad de acierto por azar (1/n.º alternativas) deben examinarse los distractores de los ítems.

En la figura 5.6 se presentan curvas características de ítems que incluyen los tres parámetros.

Figura 5.6. Ejemplos de CCI con tres parámetros, variando las probabilidades de acierto por adivinación

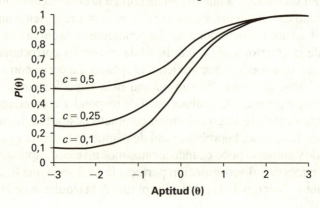

Cuando un modelo de CCI sólo incluye el parámetro de dificultad se denomina modelo de un parámetro (1P); cuando incluye tanto dificultad como discriminación, se denomina modelo de dos parámetros (2P); cuando también incluye el parámetro de adivinación, se denomina modelo de tres parámetros (3P). El parámetro fundamental que aparece en todos los modelos es la dificultad, medida en la misma escala del atributo.

Aunque es una práctica establecida presentar únicamente las CCI generadas por las respuestas correctas, un ítem tiene tantas CCI como opciones de respuesta. Así, un ítem dicotómico tiene realmente dos CCI, una para la respuesta correcta (las presentadas en las figuras anteriores) y otra para la respuesta incorrecta con probabilidad denotada como $q_i(\theta)$ y que también puede representarse como función de la aptitud. Esta curva es la imagen en espejo de la de $p_i(\theta)$; su parámetro de dificultad b_i tendrá el mismo valor y su parámetro de discriminación a_i el mismo valor numérico, pero con signo opuesto. En la figura 5.7 se presenta un ejemplo de CCI para una respuesta incorrecta.

Figura 5.7. CCI para la respuesta incorrecta de un ítem

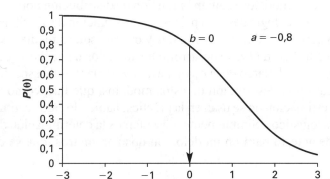

El lector habrá observado en los gráficos de las CCI que en todos se ha tomado en el eje de abscisas una escala de aptitud θ, con un rango de −3 a +3. Esta forma de representación es una simplificación, ya que el rango teórico va de −∞ a +∞, por lo que todas las CCI llegan a ser asintóticas a una probabilidad de 0 en un extremo (salvo que sean de 3P), y a 1 en el otro. No obstante, como se recordará de estadística, en una distribución normal estandarizada el 99,74% de los casos se encuentran entre −3 y +3. Es práctica habitual establecer la métrica de θ en una escala estandarizada o típica con media 0 y desviación típica 1. Es necesario fijarla para poder llevar a cabo la estimación de los parámetros (Lord, 1980), ya que se requiere establecer el origen y la unidad de medida. No obstante, la escala de medida de θ es arbitraria y no tiene unidades de medida intrínsecamente significativas, es decir, no tiene puntos de referencia naturales. Esta característica se conoce como la *indeterminación de la escala* de aptitud. La escala anterior podría sustituirse por otra con media y desviación típica fijadas.

6. La forma de los modelos de la CCI

Además de las propiedades de las CCI, posición y pendiente (el parámetro *c* es un añadido para caracterizar la asíntota inferior), se necesita determinar la *forma de la función*. El único requisito es que la función sea monótona creciente (o no decreciente), es decir, que la probabilidad de acertar aumente con incrementos en θ, por lo que deberá ser algún tipo de función acumulada o función de distribución. Aunque hay un gran número de posibles familias de funciones que cumplen con dicho requisito, en la TRI se han utilizado dos para las CCI: la función de distribución *normal* u *ojiva normal* y la función de distribución *logística* u *ojiva logística*. Se presentan estas funciones para modelos de 2P. El modelo de 1P es un caso particular y el de 3P es simplemente una modificación.

Los primeros modelos seguían la función de distribución normal de gran tradición en la psicología desde la psicofísica. La función de distribución normal se caracteriza por dos parámetros, μ y σ^2, que son su media y varianza, respectivamente. Lord (1952) desarrolló los modelos de la Teoría de la Respuesta al Ítem, en el marco de la ojiva normal. Por razones de espacio, no podemos entrar en la descripción de estos modelos, que hoy, como procedimientos de estimación no se usan en la práctica, habiendo sido sustituidos por los modelos logísticos. Simplemente presentamos la determinación de la probabilidad de acierto para un modelo con dos parámetros, que se definiría como:

$$P_i(\theta) = \Phi(z) = \int_{-\infty}^{a_i(\theta - b_i)} \frac{1}{\sqrt{2\pi}} e^{-\frac{1}{2}z^2} dz \qquad [5.2]$$

En realidad $z_{is} = a_i(\theta_s - b_i)$. El valor del parámetro z_{is} es como una puntuación estandarizada, de modo que la proporción acumulada de casos hasta z_{is} da la probabilidad de una respuesta correcta. Por ejemplo si $a_i = 1,0$, $b_i = 1,0$ y $\theta_s = 2,0$, puede calcularse z_{is} de la ecuación anterior y será 1,0. La proporción de casos en una distribución normal por debajo de $z_{is} = 1$ es 0,8413 y ésta sería la probabilidad de acertar en este nivel de aptitud.

Los restantes modelos (1P, 3P) podrían expresarse en términos de la ojiva normal. La justificación teórica para su uso se presenta en Lord y Novick (1968). Una adaptación en castellano de dicha justificación puede encontrarse en Martínez Arias (1995, capítulo 9). Los lectores interesados en una descripción más detallada de los modelos de ojiva normal pueden consultar Baker (1992) y Baker y Kim (2004).

Cuando la distribución de los rasgos es normal y el modelo de 2P se ajusta a los datos, Lord y Novick (1968) demuestran que los parámetros de los ítems del modelo de ojiva normal tienen relación con los índices de los ítems de la TCT. Esta relación sirvió en la primera época en la que no se disponía de facilidades de cálculo para obtener aproximaciones a los estimadores de los parámetros de los ítems. Hoy, algunos programas de estimación de TRI (BILOG, BILOG-MG, PARSCALE), usan estos valores como valores iniciales para comenzar la estimación. Así, el *índice de discriminación* de la TCT evaluado por medio de la correlación biserial del ítem con la puntuación total corregida se relaciona al parámetro a_i o discriminación del ítem como sigue:

$$a_i \cong \frac{r_{bis}}{\sqrt{1 - r_{bis}^2}} \qquad [5.3]$$

También el parámetro b_i o dificultad del ítem se relaciona al *índice de dificultad* del ítem o proporción de aciertos de la TCT, p_i. Para establecer la relación hay que convertir p_i a unidades de la distribución normal estandarizada, z_i, de modo que p_i es el área por encima de z_i (por ejemplo, si $p = 0{,}84$, z será $-1{,}00$). Puede aproximarse entonces el parámetro dificultad del ítem mediante la siguiente relación:

$$b_i \cong \frac{z_i}{r_{bis}} \qquad [5.4]$$

6.1. Modelos logísticos

En los años sesenta, se observó una analogía entre las CCI y las curvas de dosis de respuesta en el bioensayo. Estas curvas son similares en forma a las de la ojiva normal, y representan la probabilidad de alguna respuesta como función de la dosis de una droga o agente químico. En los estudios de eficacia de las drogas la respuesta dicotómica es normalmente la mejoría o su ausencia para sujetos con una enfermedad sometidos a diferentes dosis de la droga. Aumentar la dosis de la droga o el agente químico, normalmente aumenta la probabilidad de una respuesta positiva de forma sigmoidal y los datos se ajustan con ojivas normales como un método de estimación del parámetro b, que en este contexto es una estimación de la dosis en la que se espera un 50% de respuestas positivas. Los teóricos de la TRI encontraron un paralelismo entre la relación «respuesta correcta al ítem de un test-cantidad del atributo» y la relación entre «respuesta al fármaco o agente químico-dosis». En el ámbito del bioensayo se habían llevado a cabo gran cantidad de investigaciones sobre el ajuste de diversas funciones, que se podían generalizar a la TRI. Finney (1944) había establecido comparaciones entre el análisis *probit* (ajuste con la función de distribución normal) y *logit* (ajuste con la función logística) abogando por esta última, por sus mayores facilidades de cálculo. Birnbaum (1968) planteó el uso de la *ojiva logística* en la TRI, puesto que ésta, como puede observarse en su función general, no requiere el cálculo de la integral:

$$\Psi(x) = \frac{e^x}{1+e^x} = \frac{1}{1+e^{-x}} \qquad [5.5]$$

Por otra parte, Haley (1952) había demostrado la equivalencia entre ambas funciones a lo largo de todo el continuo. La logística con media de 0 y desviación típica de 1,7 proporciona valores de probabilidades acumuladas que difieren de las dadas por la normal en menos de 0,01. Formalmente:

$$\left| \Phi \frac{x}{1,7} - \Psi(x) \right| < 0,01 \quad \text{para todo } x \qquad [5.6]$$

Aunque el trabajo de Haley citado por Birmbaum no está disponible debido a la naturaleza oscura de su publicación, Camilli (1994) reconstruyó su desarrollo.

El valor de $D = 1,7$ que aparece en 5.11 es un factor de escalamiento o cambio de escala, que cuando se utiliza hace prácticamente equivalentes los resultados de la ojiva normal y los de la logística. Hoy, la estimación de los parámetros se realiza con la distribución logística, pero pueden convertirse las probabilidades a las que se obtendrían en la métrica normal utilizando el factor 1,7 para obtener probabilidades de la función de distribución normal, si el usuario está interesado en probabilidades de la métrica normal.

El modelo de 2P presentado en el apartado anterior puede formularse con la ojiva logística, así como los modelos de 1P y 3P. A continuación se presentan los tres modelos en su versión logística, con un ejemplo de cálculo para cada uno de ellos.

6.1.1. Modelo logístico de dos parámetros (2PL)

Para un modelo logístico de CCI de dos parámetros (dificultad y discriminación, tal como los hemos definido), la ecuación que proporciona la probabilidad de respuesta correcta a un ítem dicotómico es la siguiente:

$$P_i(\theta_a) = \frac{e^{a_i(\theta_a - b_i)}}{1+e^{a_i(\theta_a - b_i)}} = \frac{1}{1+e^{-a_i(\theta_a - b_i)}} \qquad [5.7]$$

donde: $[P_i(\theta_a)]$ es la probabilidad de responder correctamente a un ítem i, dado un nivel de aptitud θ_a; a_i es el parámetro de discriminación del ítem; b_i es el parámetro de dificultad del ítem.

A veces el exponente de *e* denominado *logit*, y denotado como $L_{ia} = a_i(\theta_a - b_i)$, es utilizado en la expresión 5.7. El *logit* es la unidad de desviación logística.

La interpretación del logit es la siguiente: sea $P(\theta)$ la probabilidad de responder correctamente al ítem en un nivel de habilidad y $[1 - P(\theta)]$ la de responder incorrectamente. Si definimos la razón de dichas probabilidades encontramos la *odd ratio* o *razón de probabilidad*, muy utilizada en estadística:

$$\frac{P(\theta)}{1 - P(\theta)} = e^{a(\theta - b)} \qquad [5.8]$$

El logaritmo neperiano de la expresión anterior es el *logit*, que permite linealizar la función:

$$L = \ln \frac{P(\theta)}{1 - P(\theta)} = a(\theta - b) \qquad [5.9]$$

Para un ítem *i* y un sujeto *a* la expresión a veces se transforma en otra equivalente, para expresar más claramente la idea de función lineal:

$$L = a_i(\theta_a - b_i) = \alpha_i + \beta_i \theta_a \qquad [5.10]$$

donde: $\alpha_i = -a_i b_i$ y $\beta_i = a_i$.

El logit permite linealizar la relación entre θ y la probabilidad de dar una respuesta correcta, convirtiéndose la ojiva logística en una recta que expresa la relación lineal entre L y θ.

Como se ha señalado antes, pueden aproximarse las probabilidades de la ojiva normal por medio de las de la logística y el factor de escalamiento $D = 1,7$. Es frecuente en estos casos representar las probabilidades de acierto en métrica normal mediante la siguiente ecuación:

$$P_i(\theta_a) = \frac{e^{Da_i(\theta_a - b_i)}}{1 + e^{Da_i(\theta_a - b_i)}} = \frac{1}{1 + e^{-Da_i(\theta_a - b_i)}} \qquad [5.11]$$

En la figura 5.8 se presentan dos CCI resultantes de la aplicación de los modelos normal y logístico de 2P a un conjunto de datos. La representación de la figura es típica de las relaciones entre los dos modelos. En la figura puede observarse que las dos curvas tienen el mismo punto de inflexión, es decir, muestran un parámetro de posición idéntico, el índice de dificultad b_i. No obstante, el mismo valor numérico da lugar a diferentes pendientes para los dos modelos. Esto se debe a diferencias en las varianzas de la función de distribución normal y la logística. En la distribución normal estandarizada sus parámetros son (0 y 1), mientras que en la logística correspondiente, los parámetros son $(0, \pi^2/3)$. Por tanto, se puede observar que la logística tiene más dispersión y que, por lo tanto, la pendiente de la ojiva logística es menor que la de la normal, como puede apreciarse en la figura. La razón de incluir D en el exponente multiplicando a L se debe, por lo tanto, a un ajuste para representar a la FDN, difícil de tratar, por la FDL, de tratamiento mucho más fácil.

Figura 5.8. Representación de los datos de respuesta a un ítem con los modelos normal y logístico 2P

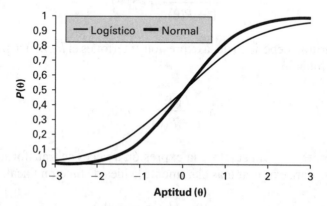

La aplicación práctica de los modelos de TRI a datos de tests precisa de *software* específico, no pudiéndose realizar los cálculos a mano o mediante calculadora como en la TCT. No obstante, suponiendo que ya se ha realizado la estimación de los parámetros de los ítems, ilustraremos las CCI de los distintos modelos tratados por medio de un ejemplo concreto.

Ejemplo

Sea un ítem i con parámetros $b_i = 1,0$ y $a_i = 0,5$. Calcularemos las probabilidades de acertar el ítem en un rango de niveles de aptitud entre -3 y $+3$, con incrementos de una unidad. Describimos el procedimiento para $\theta = -3$, calculándose de la misma forma en los restantes valores, sustituyendo por los nuevos valores de θ. Se aplica en primer lugar el modelo logístico, seguido de la aproximación al modelo normal utilizando $D = 1,7$.

El primer paso es obtener el exponente de e o *logit* que para $\theta = -3$ es $L = a_i(\theta_s - b_i) = 0,50(-3,0 - 1,0) = -2$. Una vez conocido este valor se obtiene e^L o e^{-L} según la expresión que queramos utilizar para obtener las probabilidades de acierto. En este caso optamos por la segunda de las dadas en 5.11, resultando un un valor de e^{-L} de 7,39 y una probabilidad de respuesta en este nivel de aptitud de 0,12 $\left(P_i = \dfrac{1}{1+7,39} = 0,12\right)$, como puede verse en la tabla 5.5.

Para obtener su equivalente en la aproximación normal, debemos multiplicar por 1,7 el anterior logit, convirtiéndose el exponente en $-3,4$. Calculamos $e^{+3,4} = 29,9641$ y finalmente la probabilidad de acierto que es 0,03 $\left(P_i = \dfrac{1}{1 + 29,9641} = 0,0322 \cong 0,03 \right)$.

Como puede verse, calcular la probabilidad de una respuesta correcta en un nivel de aptitud es muy fácil usando el modelo logístico, siempre que se conozcan los parámetros del ítem. En la tabla 5.5 se presentan los resultados para el rango de -3 a +3, con incrementos de una unidad.

Tabla 5.5. Probabilidades de respuesta correcta a un ítem con a = 0,50 y b = 1 para diversos niveles de aptitud en el modelo logístico de dos parámetros con transformación normal (D = 1,7)

θ	L	e^{-L}	DL	e^{-DL}	$1 + e^{-L}$	$1 + e^{-DL}$	$P_i(θ)L$	$P_i(θ)N$
−3	−2,00	7,39	−3,40	29,96	8,39	30,96	0,12	0,03
−2	−1,50	4,48	−2,55	12,81	5,48	13,81	0,18	0,07
−1	−1,00	2,72	−1,70	5,47	3,72	6,47	0,27	0,15
0	−0,50	1,65	−0,85	2,34	2,65	3,34	0,38	0,30
1	0,00	1,00	0,00	1,00	2,00	2,00	0,50	0,50
2	0,50	0,61	0,85	0,43	1,61	1,43	0,62	0,70
3	1,00	0,37	1,70	0,18	1,37	1,18	0,73	0,85

Figura 5.9. Representación la CCI del ejemplo con $b = 0$ y $a = 0,5$. Aproximación normal

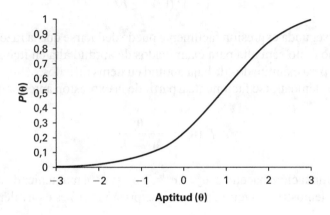

En la tabla puede observarse como para las dos versiones, logística y normal, $P(\theta_s = b_i) = 0{,}50$, $P(\theta_s < b_i) < 0{,}50$ y $P(\theta_s > b_i) > 0{,}50$.

En la figura 5.9 se presenta la CCI para el ítem del ejemplo en sus probabilidades dadas por la aproximación normal.

6.1.2. Modelo logístico de un parámetro (1PL)

Uno de los modelos logísticos más interesantes se debe al matemático danés G. Rasch (1960/1980, 1966) que aproximó el análisis de los datos de tests desde la teoría de la probabilidad. Especificó que una persona puede caracterizarse por un cierto grado de habilidad, θ_s, y un ítem por un grado de dificultad, b_i. También especificó que si otra persona tenía el doble de habilidad que la primera, $2\theta_s$, y un segundo ítem tiene el doble de dificultad que el primero, $2b_i$, esta segunda persona tendrá la misma probabilidad de resolver este segundo ítem que la primera de resolver el primer ítem. Esta característica requiere, según Rasch, que la probabilidad de acierto sea una función de la razón entre la habilidad de la persona y la dificultad del ítem θ/b. Aunque comenzó desde un marco teórico distinto al de los otros autores de estos modelos, el producto resultante también fue un modelo logístico, conocido como el modelo logístico de 1P o 1PL. Este modelo es muy popular en Europa (Andersen, 1980; Fischer y Molenaar, 1995; Boomsma, *et al.*, 2001) y en algunos sectores de los EE.UU., gracias a los desarrollos de Wright y colaboradores (Wright, 1977; Wright y Stone, 1979; Engelhard, 2000; Embretson y Reise, 2000).

Wright y Stone (1979) introducen el modelo como la razón de probabilidades de acierto/no acierto a un ítem (*odd ratio*), dado un nivel de aptitud, θ, que puede expresarse mediante las dos siguientes expresiones y donde θ_a^* y b_i^* toman valores en el intervalo $[0, +\infty)$.

$$\frac{P_i(\theta_a)}{1 - P_i(\theta_a)} = \frac{\theta_a^*}{b_i^*} \qquad [5.12]$$

De la segunda expresión fácilmente puede deducirse que la razón de éxito frente a no éxito será alta para examinados de aptitud alta en ítems fáciles y muy baja para examinados de baja aptitud en ítems difíciles.

Puede demostrarse fácilmente a partir de la expresión anterior que:

$$P_i(\theta_a) = \frac{\theta_a^*}{\theta_a^* + b_i^*} \qquad [5.13]$$

A continuación, hacemos: $\theta_a^* = e^{a_i \theta_a}$ y $b_i^* = e^{a_i b_i}$, manteniendo a constante, puede demostrarse fácilmente que la expresión 5.13 es equivalente a:

$$P_i(\theta_a) = \frac{e^{\bar{a}\theta_a}}{e^{\bar{a}\theta_a} + e^{\bar{a}b_i}} = \frac{e^{\bar{a}(\theta_a - b_i)}}{1 + e^{\bar{a}(\theta_a - b_i)}} = \frac{1}{1 + e^{-\bar{a}(\theta_a - b_i)}} \quad [5.14]$$

que sería la expresión del modelo de Rasch en forma similar a los anteriores modelos. Puesto que normalmente $a = 1$, en las páginas que siguen se omitirá de la expresión cuando se haga referencia al modelo 1PL.

Fuera del contexto de los teóricos del modelo de Rasch, es frecuente obtener la versión normal del modelo de 1P utilizando el factor de escalamiento $D = 1,7$, utilizado en el apartado anterior con el modelo de 2P.

El modelo logístico propuesto por Rasch tiene algunas propiedades interesantes, derivadas de la naturaleza de escala de «razón» del modelo. Proporciona un tipo de objetividad denominada la *objetividad específica*, no proporcionada por otros modelos. Puesto que la probabilidad de la respuesta correcta es una función de la razón de la habilidad a la dificultad, los parámetros del ítem se eliminan cuando se establecen razones de probabilidad de respuesta correcta para dos personas, dejando una comparación de sus habilidades *libre del ítem*. Así, el modelo permite establecer afirmaciones objetivas sobre la verosimilitud relativa de que dos personas respondan correctamente a un ítem o conjuntos de ítems sin referencia a los ítems mismos. Muchos autores consideran que es esta una propiedad muy importante del modelo (Andrich, 1988).

Otro aspecto interesante del modelo es que todos los sujetos con la misma puntuación total o sumada tienen la misma puntuación en la escala de TRI, aspecto conocido como *suficiencia de la puntuación sumada*, que es también una consecuencia del nivel de razón del modelo.

Ejemplo

Sea un ítem cuyo parámetro de dificultad es $b_i = 1$. Como antes, se obtienen los valores para el rango del atributo de -3 a $+3$ con incrementos de una unidad. Se exponen con detalle los cálculos para $\theta = -3$, obteniéndose de forma similar los restantes valores. Aunque el modelo de Rasch es logístico, también se obtienen las probabilidades con la aproximación normal.

- En primer lugar se calcula el *logit* o exponente $L = (-3,0 - 1,0) = -4,0$.
- Se calcula $e^{-(-4)} = 54,60$.
- Se obtiene el denominador de la fórmula $1 + e^{-(-4)} = 55,60$.
- Finalmente, se obtiene la probabilidad de acierto:

$$P(-3) = \frac{1}{55,60} = 0,02$$

Si se desea obtener la aproximación normal, se repiten los anteriores pasos multiplicando el logit por el factor $D = 1,7$. En este caso, $e^{-(-6,8)} = 897,85$ y la probabilidad de acierto es $P(-3) = \dfrac{1}{898,85} = 0,001$.

En la tabla 5.6 se presentan los cálculos realizados para los siete niveles de aptitud considerados.

Tabla 5.6. Probabilidades de acierto a un ítem con parámetro de dificultad $b_i = 1$ en diferentes niveles de habilidad θ según el modelo logístico de 1P (L) y la aproximación al modelo normal (N)

θ	L	e^{-L}	DL	e^{-DL}	$1 + e^{-L}$	$1 + e^{-DL}$	$P_i(\theta)L$	$P_i(\theta)N$
-3	$-4,00$	54,60	$-6,80$	897,85	55,60	898,85	0,018	0,001
-2	$-3,00$	20,08	$-5,10$	164,02	21,08	165,02	0,047	0,006
-1	$-2,00$	7,39	$-3,40$	29,96	8,39	30,96	0,119	0,032
0	$-1,00$	2,72	$-1,70$	5,47	3,72	6,47	0,269	0,154
1	0,00	1,00	0,00	1,00	2,00	2,00	0,500	0,500
2	1,00	0,37	1,70	0,18	1,37	1,18	0,730	0,847
3	2,00	0,14	3,40	0,03	1,14	1,03	0,877	0,968

Figura 5.10. Curva característica de ítem para los datos del ejemplo en la aproximación normal

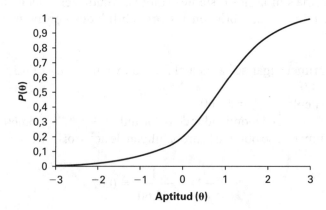

6.1.3. Modelo logístico de 3 parámetros (3PL)

Birnbaum (1968) modificó el modelo de dos parámetros para dar cabida a un tercer parámetro que representa la contribución de la adivinación a la respuesta correcta. El modelo resultante es el denominado modelo logístico de tres parámetros, aunque técnicamente no es exactamente logístico, sino que es más bien una transformación del modelo logístico de 2P. La ecuación de este modelo es:

$$P_i(\theta_s) = c_i + (1-c_i)\frac{e^{a_i(\theta_s-b_i)}}{1+e^{a_i(\theta_s-b_i)}} = c_i + (1-c_i)\frac{1}{1+e^{-a_i(\theta_s-b_i)}} \quad [5.15]$$

donde: b_i es el parámetro de dificultad, a_i es el parámetro de discriminación, c_i es el parámetro de la adivinación, conjetura o pseudo-azar y θ_s es el nivel de aptitud del sujeto.

Como en los modelos anteriores, también puede obtenerse la aproximación normal multiplicando el logit por $D = 1,7$. En este caso, la ecuación anterior se convierte en:

$$P_i(\theta_s) = c_i + (1-c_i)\frac{e^{Da_i(\theta_s-b_i)}}{1+e^{Da_i(\theta_s-b_i)}} = c_i + (1-c_i)\frac{1}{1+e^{-Da_i(\theta_s-b_i)}} \quad [5.16]$$

El parámetro c_i es la probabilidad de responder correctamente por adivinación o conjetura. Por definición, su valor no varía en función del nivel de aptitud, es decir, tanto los examinados de alta aptitud como los de baja, tienen la misma probabilidad de acertar por adivinación. Este parámetro tiene un rango teórico de 0 a 1, aunque en la práctica, valores mayores que 0,35 son difíciles de aceptar. Un efecto secundario de la introducción del parámetro c_i es que cambia la definición del nivel de dificultad. Bajo los modelos anteriores, b_i era el punto de la escala en el que la probabilidad de respuesta correcta era 0,50, pero ahora, el límite inferior de la CCI ya no es 0, sino c_i y el resultado es que el parámetro de dificultad debe desplazarse, siendo el punto de la escala de aptitud donde la probabilidad de acierto es:

$$P_i(\theta_s) = c_i + (1-c_i)(0,50) = \frac{(1+c_i)}{2} \quad [5.17]$$

Es decir, esta probabilidad será la mitad entre c_i y 1; c es una especie de punto de efecto «suelo».

El parámetro de discriminación puede seguir interpretándose como proporcional a la pendiente de la CCI en el punto $\theta = b_i$, pero bajo el modelo de 3 parámetros la pendiente de la curva en b_i será $0,425a_i(1-c_i)$ o $0,425Da_i(1-c_i)$. Estos cambios son importantes a la hora de interpretar los resultados de los análisis de ítems.

Ejemplo

Aplicaremos el modelo de 3P a un ítem cuyos parámetros estimados son: $b_i = 1,5$; $a_i = 1,3$; $c_i = 0,20$. Como en los ejemplos anteriores, se construyen las CCI tomando puntuaciones en el rango $(-3, +3)$ con incrementos de una unidad. Se presentan los cálculos completos para $\theta = -3,00$, para el modelo logístico y para la aproximación normal. Los restantes valores presentados en la tabla se han obtenido por el mismo procedimiento.

- En primer lugar se calcula el *logit* o exponente $L = 1,3(-3,0 - 1,5) = -5,85$.
- Se calcula $e^{-(-5,85)} = 347,23$.
- Se obtiene el denominador de la fórmula $1 + e^{-(-5,85)} = 348,23$.
- Hasta este punto, los cálculos requeridos son idénticos a los del modelo de 2P, pero ahora hemos de introducir el parámetro c en el cálculo de la probabilidad: $P_i(-3) = 0,20 + (1 - 0,20)\dfrac{1}{348,23} = 0,2023$.

En el caso de la aproximación normal el procedimiento es similar, utilizando el factor $D = 1,7$. El logit resultante es $-9,945$. A continuación se obtiene $e^{-(-9,945)} = 20.847,72$ y la probabilidad resultante es:

$$P(-3) = 0,20 + (1 - 0,20)\dfrac{1}{20.848,72} = 0,20$$

En la tabla 5.7 se presentan las probabilidades logísticas y en la aproximación normal para el rango de aptitud de -3 a $+3$, así como los cálculos previos necesarios para el cálculo de dichas probabilidades.

Tabla 5.7. Probabilidades de acierto de un ítem con parámetros $b_i = 1,5$; $a_i = 1,3$; $c_i = 0,20$ en diferentes niveles de habilidad θ según el modelo de 3P en versión logística (L) y normal (N)

θ	L	e^{-L}	DL	e^{-DL}	$1 + e^{-L}$	$1 + e^{-DL}$	$P_i(\theta)L$	$P_i(\theta)N$
-3	$-5,85$	347,23	$-9,945$	2.847,72	348,23	2.848,72	0,2023	0,2000
-2	$-4,55$	94,63	$-7,735$	2.287,01	95,63	2.288,01	0,2084	0,2003
-1	$-3,25$	25,79	$-5,525$	250,89	26,79	251,89	0,2299	0,2032
0	$-1,95$	7,03	$-3,315$	27,52	8,03	28,52	0,2996	0,2281
1	$-0,65$	1,92	$-1,105$	3,02	2,92	4,02	0,4740	0,3990
2	0,65	0,52	1,105	0,33	1,52	1,33	0,7263	0,8015
3	1,95	0,14	3,315	0,04	1,14	1,04	0,9018	0,9692

La correspondiente CCI para la aproximación logística se representa en la figura 5.11.

Figura 5.11. CCI para la aproximación logística para los datos del ejemplo

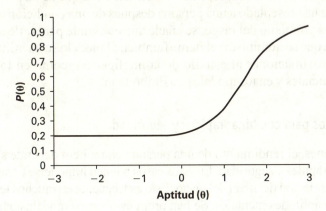

6.1.4. Otros modelos unidimensionales para ítems dicotómicos

Existen otros modelos publicados en la literatura sobre TRI. No entraremos en su descripción detallada, ya que no se usan apenas en las aplicaciones. No obstante, a continuación se mencionan los más relevantes, indicando las referencias en las que las personas interesadas pueden encontrar la información. Algunos de estos modelos pueden ser alternativas interesantes en algunas áreas de la psicología. La mayor parte se han desarrollado en el marco teórico del modelo de Rasch.

1) Modelos con restricciones en la estructura de los parámetros

Fischer (1973, 1995, 1997, 2001) propuso el denominado modelo de rasgo latente lineal logístico (LLTM, Linear Latent Trait Model) para incorporar aspectos de contenido de los ítems en la predicción de la respuesta correcta. Estos aspectos son factores estimulares del ítem, tales como diversos procesos implicados en la solución. Estos factores del estímulo o ítem pueden incorporarse como parámetros en el modelo, pudiéndose ver su impacto sobre la dificultad del ítem. La formulación del modelo es la siguiente:

$$P(x_{is} = 1 \mid \theta_s, \tau_k) = \frac{e^{(\theta_s - \sum_k \tau_k q_{ik})}}{1 + e^{(\theta_s - \sum_k \tau_k q_{ik})}} \qquad [5.18]$$

donde: q_{ik} es el valor del factor estimular k en el ítem i, τ_k es el peso del factor estimular k en el ítem i. La dificultad de un ítem puede caracterizarse por la influencia que tiene sobre ella cada factor estimular.

Un caso especial en el que se aplica el modelo LLTM es en la *medida del cambio* (Fischer, 1995, 2001). En este caso, la estructura de parámetros para un ítem también puede representar la ocasión en la que se ha presentado. Si un ítem se ha presentado a una persona después de una condición que cambia los niveles promedio del rasgo, se añade una constante para reflejar la condición en la que se administró el ítem. También el modelo se ha utilizado en algunas aproximaciones al estudio de la inteligencia, como en los modelos componenciales y en los modelos de Embretson.

2) Modelos para combinar rapidez y seguridad

En ocasiones, el rendimiento de una persona en un ítem depende simultáneamente de rapidez y seguridad. En estos casos pueden imponerse tiempos límites para la estimación del nivel del rasgo. Esto es frecuente en muchos tests de inteligencia y aptitudes mentales. Se han propuesto varios modelos para la incorporación de rapidez y seguridad en la estimación de los rasgos. La probabilidad de una respuesta correcta depende parcialmente del tiempo empleado en responder al ítem. Roskam (1997) incorporó el tiempo de respuesta y Vershelst, Verstralem y Jansen (1997) presentan varios modelos que incorporan el tiempo de respuesta en la probabilidad de responder correctamente a un ítem.

3) Ítems únicos con múltiples intentos

A veces la misma tarea se repite varias veces, por ejemplo, hasta que se alcanza la respuesta correcta. En este caso se considera como ítem cada ensayo o intento y el nivel del rasgo se determina a partir del número de éxitos. Modelos para ítems únicos con intentos múltiples son presentados por Masters (1992) y Spray (1997).

4) Modelos con formas especiales para las CCI

Existen casos en los que la probabilidad de una respuesta decrece con la distancia absoluta del nivel de rasgo de una persona, en medidas de actitud. Andrich (1997) desarrolló el *modelo de coseno hiperbólico* y Hoitjink (1997, 2001) *el modelo del paralelogramo.*

5) Modelos no paramétricos

Todos los modelos anteriores asumen que las CCI pueden caracterizarse por la forma especificada en el modelo. En ocasiones, no es fácil poder asumir una forma para la función que describe las probabilidades de acierto a un ítem. Se necesitan modelos que no precisen de una forma funcional concreta para explicar los cambios en las respuestas a los ítems provocados por los cambios en el nivel del rasgo. En los últimos años se han presentado interesantes modelos desde una perspectiva *no paramétrica*, es decir, de distribución libre. Mokken (1971, 1997) propuso versiones para ítems dicotómicos, que pueden considerarse alternativas probabilísticas al modelo de Guttman: el *modelo de homogeneidad monótona* y el *modelo de doble monotonía*. Ambos modelos permiten una ordenación de ítems y sujetos, pero no la estimación de los parámetros. Ambos modelos fueron extendidos por Molenaar (1997) a ítems politómicos. Estos modelos pueden resultar de gran interés en estudios basados en hipótesis teóricas en las que se establece una ordenación de los ítems, frecuentes en la psicología del desarrollo. Sijtsma y Molenaar (2002) presentan una clara exposición de dichos modelos y en su grupo se ha desarrollado un *software* fácil de utilizar para llevar a cabo su implementación, el programa MSP (Molenaar y Sijtsma, 1999). En esta misma línea se han desarrollado otros modelos como los de Junker (2001) y el grupo de Stout (Stout, Goodwin y Gao, 2001). Una exposición de estos desarrollos, así como de aplicaciones de los modelos, puede encontrarse en el libro editado por Boomsma, Van Duijn y Snijders (2000).

Otra aplicación interesante válida tanto para ítems dicotómicos como politómicos se encuentra en el modelo desarrollado por Ramsey (1997), que parece útil en la medición de atributos no cognitivos. El autor desarrolló también el programa TESTGRAF (Ramsey, 1996) para el ajuste de estos modelos y que puede obtenerse sin costo en http://www.psych.mcgill.ca/faculty/ramsay/TestGraf.html.

7. La elección de un modelo para ítems dicotómicos

En los tests de naturaleza cognitiva, en los que abundan los formatos de elección múltiple, el supuesto de ausencia de acierto por adivinación es difícil de lograr. También es difícil, en general, mantener el supuesto de igualdad del parámetro de discriminación. Es habitual utilizar el modelo de tres parámetros. No obstante, si no se tiene este formato de respuesta, es razonable asumir que no existe la adivinación y es adecuado el modelo de dos parámetros y en ocasiones, el de un parámetro.

Si consideramos que la variación en la discriminación de los ítems es mínima, puede utilizarse el modelo de un parámetro. Es decir, desde un punto de vista teórico la elección del modelo puede llevarse a cabo por consideraciones conceptualmente razonables.

Desde el punto de vista práctico, la estimación de los parámetros se simplifica considerablemente con el modelo de 1P. Matemáticamente, los modelos de 2 y 3 parámetros tienen el problema de ser *estadísticamente insuficien-*

tes, es decir, la puntuación total no es un estimador suficiente de la aptitud. Esto hace que a veces sea difícil obtener estimaciones. Con el modelo de un parámetro, sólo ha de estimarse *b* para cada ítem y θ_a para cada sujeto, que no son más que transformaciones lineales de los valores observados *p* (proporción de respuestas correctas) y *X* (puntuación total en el test), lo que facilita el logro de las estimaciones. En general, cuanto menor sea el número de parámetros a estimar es más fácil obtener estimadores de todos los parámetros.

Una tercera consideración es la del ajuste del modelo a los datos, que puede estudiarse por medio de procedimientos estadísticos de bondad de ajuste, y que serán tratados en el capítulo siguiente.

En general, podemos decir que ningún criterio único es suficiente para la elección. Van der Linden y Hambleton (1997) no establecen una recomendación general entre la elección de un modelo más restringido con muy buenas propiedades estadísticas y un modelo más flexible que se ajusta a una mayor cantidad de ítems. Deben considerarse otros aspectos adicionales como: 1) la naturaleza del desajuste, 2) la disponibilidad de ítems sustitutos, 3) la cantidad de tiempo disponible para reescribir los ítems, 4) la disponibilidad de una muestra suficientemente amplia para poder probar otros modelos y 5) el objetivo para el que se aplica el test.

Una consideración importante en la elección del modelo son los requisitos de tamaño de muestra de cada uno de ellos. En este sentido, el modelo de 1P puede funcionar con tamaños muestrales considerablemente reducidos en relación a los de los otros modelos. Si los ajustes obtenidos con este modelo son aceptables, también se tendrá en cuenta que un modelo más simple siempre es preferible.

6. Teoría de la Respuesta al Ítem (TRI) II: estimación de los parámetros, información y otros conceptos

1. Introducción a la estimación de los parámetros de los modelos

Un aspecto crucial al aplicar los modelos de la TRI a los datos obtenidos de un test es la estimación de los parámetros que caracterizan al modelo elegido. En todos los modelos, la probabilidad de una respuesta correcta depende de la aptitud del examinado θ y de los parámetros del ítem. Todos estos parámetros son desconocidos, en principio. Lo único conocido son las respuestas de una muestra de sujetos a los ítems del test y a partir de ellas debe realizarse la estimación, igual que con otros procedimientos estadísticos.

La estimación de los parámetros puede llevarse a cabo de diversas formas, y en la literatura de la TRI abundan los métodos. Aunque son muchos, consideraremos aquí únicamente los más conocidos y que están implementados en los programas de ordenador más utilizados en las aplicaciones. El problema consiste en determinar los valores de los parámetros que mejor se ajustan a los datos. En la TRI el método utilizado es el de *máxima verosimilitud* (MV[1]). En la práctica, los procedimientos de este método son complejos y es necesario el uso de programas de ordenador, ya que se basan en cálculos iterativos imposibles de realizar a mano o con calculadora. No obstante, para tener una visión general del procedimiento de estimación de máxima verosimilitud, se presenta a continuación el caso de la estimación de la aptitud, partiendo del supuesto de que ya se conocen los parámetros de los ítems y so-

---

[1] ML, del inglés Maximum Likelihood.

lamente para un conjunto limitado de valores. En la práctica, el procedimiento es mucho más complejo y tal como aquí se presenta es una simplificación.

1.1. Estimación de la aptitud θ de los sujetos

En la TRI, la relación planteada entre las respuestas dadas a los ítems y el nivel del atributo o rasgo del sujeto es diferente de la tratada en la TCT. Como señalan Embretson y Reise (2000), en la TRI el proceso de estimar el nivel del atributo es muy similar al proceso de la inferencia clínica, en la que un diagnóstico potencial es evaluado por su plausibilidad, dadas las conductas presentes en el sujeto. Las conductas (o las respuestas a los ítems del test) son síntomas de la variable latente cuyo nivel se intenta inferir. Dadas las propiedades de los ítems y el conocimiento de cómo estas propiedades influyen en la conducta (el modelo TRI) se intenta determinar el nivel del atributo que es más probable que explique las respuestas de la persona. Si sabemos que una persona ha contestado a ítems difíciles y acierta una gran parte de ellos, este patrón de respuesta sería poco probable si el nivel del atributo de la persona es bajo. Por lo tanto, estimar la cantidad o nivel de rasgo de una persona (θ) es un proceso de búsqueda que intenta encontrar el valor de θ que maximiza la verosimilitud o probabilidad del patrón de respuestas a los ítems que ha contestado el sujeto. En ocasiones puede incorporarse otra información a este proceso de búsqueda, como la distribución del atributo o rasgo en la población. Este proceso de búsqueda se realiza mediante procedimientos de *Máxima Verosimilitud*. Cada patrón de respuestas será más plausible o verosímil en algunos niveles del rasgo que en otros y se considera que el sujeto tendrá el nivel o cantidad de rasgo que maximiza la verosimilitud de su patrón de respuesta, teniendo en cuenta las propiedades de los ítems. El proceso es largo, ya que deberán calcularse las verosimilitudes del patrón de respuesta del sujeto para diferentes niveles del atributo. Por medio de este proceso de búsqueda, se determinará el nivel del atributo que proporciona la mayor verosimilitud.

1.1.1. La función de verosimilitud

La verosimilitud del patrón de respuestas de la persona debe expresarse por medio de un modelo que presente las propiedades de los ítems que ha respondido. Por medio de este modelo, puede calcularse la verosimilitud del patrón de respuesta para cualquier nivel del atributo (θ). Estas verosimilitudes pueden representarse gráficamente para los diferentes niveles del rasgo, de modo que se pueda determinar en qué punto es más alta la verosimilitud. La verosimilitud es el término dado a la probabilidad calculada con datos que han surgido en la realidad. Sea por ejemplo un test compuesto por *n* ítems y un sujeto

s aleatoriamente seleccionado de entre los que han respondido al test. Supongamos que la puntuación de las respuestas a los n ítems del test (u_i) se establece de forma dicotómica, es decir, con dos modalidades posibles. Para un sujeto s será: $u_{is} = 1$ si el sujeto acierta el ítem y $u_{is} = 0$ en otro caso.

El patrón de respuestas del sujeto al conjunto de los n ítems se puede representar en un vector $\mathbf{u} = (u_{1s}, u_{2s}, ..., u_{ns})$.

Aplicando el supuesto de independencia local, que permite establecer la probabilidad conjunta de las n respuestas como producto de las probabilidades de cada uno de los elementos y condicionado a un nivel del atributo θ, puede obtenerse la probabilidad de cualquier patrón conjunto de respuestas:

$$P(U_1, U_2, ..., U_n | \theta) = P(u_{1s}|\theta_s)P(u_{2s}|\theta_s) ... P(u_{ns}|\theta_s) = \prod_{i=1}^{n} P(u_{is}|\theta_s) \quad [6.1]$$

Puesto que las respuestas a cada uno de los ítems son variables binarias con valores 0 y 1, puede sustituirse $P(u_i|\theta)$ por su función de probabilidad en la expresión anterior:

$$P(u_{1s}, u_{2s}, ..., u_{ns}|\theta_s) = \prod_{i=1}^{n} P(u_{is}|\theta_s)^{u_{is}}[1 - P(u_{is}|\theta_s)]^{1-u_{is}} \quad [6.2]$$

$$P(u_s, u_{2s}, ..., u_{ns}|\theta_s) = \prod_{i=1}^{n} P_i(\theta_s)^{u_{is}} Q_i(\theta_s)^{1-u_{is}} \quad [6.3]$$

donde $P_i(\theta_s)$ representa la probabilidad de que el sujeto con nivel θ_s acierte el ítem i; $Q_i(\theta_s) = 1 - P_i(\theta_s)$ representa la probabilidad de que el sujeto con nivel θ_s no acierte el ítem i.

La expresión anterior representa la probabilidad conjunta de un patrón de respuesta. Si el patrón es obtenido empíricamente por un sujeto, la función de probabilidad conjunta se denomina *función de verosimilitud* y se denota como:

$$L(u_{1s}, u_{2s}, ..., u_{ns}|\theta) = \prod_{i=1}^{n} P_i(\theta_s)^{u_{is}} Q(\theta_s)^{1-u_{is}} \quad [6.4]$$

Puesto que $P_i(\theta_s)$ y $Q_i(\theta_s)$ son funciones de θ y de los parámetros del ítem, la función de verosimilitud también será función de estos parámetros.

Ejemplo

Sea un test formado por tres ítems que siguen un modelo logístico de 2P (2PL) y sea un sujeto cuyo patrón de respuestas es (0,1,1), es decir, que no acierta el ítem 1 y sí acierta los ítems 2 y 3. Los parámetros de los ítems son los siguientes:

Ítem	a	b
1	0,50	0,50
2	1,00	0,00
3	1,50	−0,50

Aunque θ es continua, vamos a considerarla para el ejemplo como una escala discreta con siete valores en el rango de −3 a +3 con incrementos de una unidad. En la tabla 6.1 se ilustra como se obtendría la estimación de máxima verosimilitud para este sujeto. Suponemos que los ítems están calibrados dando lugar a las estimaciones de parámetros anteriores. Las probabilidades de acierto a cada uno de los ítems se obtienen mediante la ecuación para el modelo logístico de 2P explicada en el capítulo 5. Estos valores se presentan en la tabla 6.1 para cada uno de los niveles de aptitud considerados. La columna 1 muestra las puntuaciones de aptitud del sujeto seleccionadas. La columna 2 muestra las probabilidades de acierto del ítem 1 en cada uno de los niveles de aptitud; la columna 3 las probabilidades de acierto del ítem 2; la columna 4, las probabilidades de acierto del ítem 3; la columna 5 las verosimilitudes de que un sujeto en cada uno de los niveles de aptitud obtenga el vector de respuestas considerado, calculadas como producto de las probabilidades, $L = [1 - P_1(\theta)]P_2(\theta)P_3(\theta)$, y finalmente, en la columna 6 se presenta el logaritmo de dichas verosimilitudes, al que nos referiremos más adelante.

Tabla 6.1. Estimación de Máxima Verosimilitud condicional para un sujeto hipotético con patrón de respuestas $u' = (0, 1, 1)$

θ	P_1	P_2	P_3	Verosimilitud	ln V
−3	0,148	0,047	0,023	0,001	−6,990
−2	0,223	0,119	0,095	0,009	−4,735
−1	0,321	0,269	0,321	0,059	−3,837
0	0,438	0,500	0,679	0,191	−1,657
1	0,562	0,731	0,905	0,290	−1,239
2	0,679	0,881	0,977	0,276	−1,286
3	0,777	0,953	0,995	0,211	−1,554

Puesto que $P_i(\theta_s)$ y $Q_i(\theta_s) = 1 - P_i(\theta_s)$ son funciones de respuesta al ítem que dependen de los parámetros de éstos y son conocidos, han podido calcularse los valores exactos de la función para diferentes valores de θ. El problema del cálculo de L es que es necesario calcular el producto de valores de probabilidades que puede llegar a ser extremadamente pequeño, con un número creciente de ítems, perdiendo precisión. Por este motivo es conveniente transformar la función de verosimilitud tomando su logaritmo neperiano, lo que transforma el producto en suma y simplifica los cálculos. El logaritmo de la función de verosimilitud será:

$$\ln L(u\,|\,\theta) = \sum_{i=1}^{n} [u_i \ln P_i(\theta) + (1 - u_i) \ln (1 - P_i(\theta))] \qquad [6.5]$$

En la última columna de la tabla se presentan los cálculos para los 7 niveles de aptitud. Puede observarse como el máximo de la función de verosimilitud se encuentra en $\theta = 1$, y que el máximo es el mismo para el logaritmo de la función de verosimilitud. Este resultado de igualdad de máximos de las dos funciones se produce siempre. A continuación se pueden representar gráficamente ambas funciones para los diversos valores de θ. Estas representaciones para L y $\ln L$ se presentan en las figuras 6.1 y 6.2, respectivamente. La altura

Figura 6.1. Verosimilitud del patrón de respuestas (0, 1, 1) en diferentes niveles de aptitud

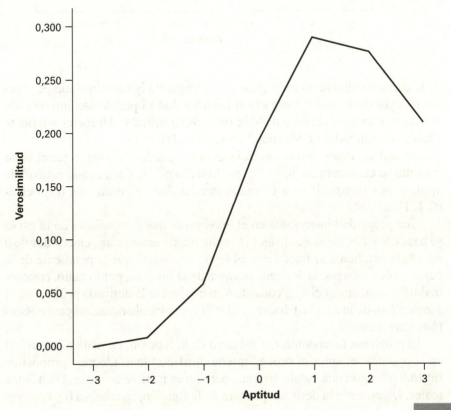

Figura 6.2. Logaritmo de la verosimilitud del patrón de respuestas (0, 1, 1) en diferentes niveles de aptitud

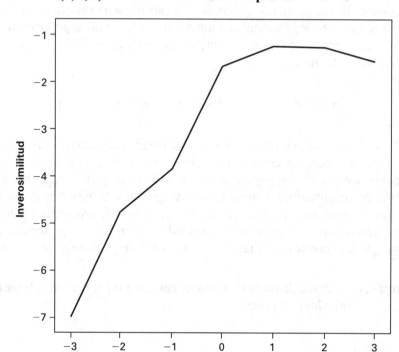

de la curva resultante en cada valor de θ representa la verosimilitud de obtener **u** suponiendo que θ fuese el verdadero valor. El punto más alto de cada una de las curvas es el punto de Máxima Verosimilitud y el θ correspondiente a éste es el estimador de Máxima Verosimilitud (θ = 1).

En ambas figuras, así como en la tabla 6.1 puede observarse que el valor máximo se encuentra en $\theta_s = 1$ y por lo tanto puede decirse que el nivel de aptitud más verosímil para el sujeto que ha dado el vector de respuestas (0, 1, 1) es $\theta_s = 1$.

Una propiedad interesante en el máximo es que la pendiente de la curva se hace cero. Por lo tanto, el valor máximo puede encontrarse en el valor de θ en que la pendiente se hace cero. El lector recordará que la pendiente de la curva se describe por la derivada primera de la función, por lo tanto, conceptualmente, encontrar el $\theta_{máx}$ consistirá en establecer la derivada primera de la función L (o de $\ln L$), $f'(L)$, hacer $f'(L) = 0$ y resolver la ecuación para encontrar el máximo.

El problema de encontrar el máximo de la función, en realidad es difícil en la práctica; el anterior procedimiento gráfico fue usado para propósitos ilustrativos y con una escala discreta, pero no es factible en general con datos reales. Determinar la derivada primera de la función, igualarla a 0 y resolver para θ, aunque conceptualmente simple también es extremadamente complejo. La escala θ es continua con un número infinito de valores posibles. Para obtener de forma precisa el estimador de Máxima Verosimilitud y tratar a θ como una escala continua, necesitamos utilizar algoritmos de optimización que sigan este principio básico, pero sin resolver realmente para $f'(L) = 0$. El algoritmo de optimización usado con más frecuencia en la estimación de los parámetros por Máxima Verosimilitud, es el procedimiento de *Newton-Raphson*, que es un algoritmo de optimización de propósito general, que iterativamente estima valores máximos o mínimos sin calcular el valor exacto, hasta que el verdadero valor se aproxima. En la práctica se trabaja con el logaritmo de la verosimilitud. El primer paso es especificar un valor inicial para θ que representa un posible nivel de aptitud del sujeto. A continuación se calculan las derivadas primera y segunda de la función $\ln L$ en este valor. Con estos dos valores se calcula la razón de la primera a la segunda derivada, obteniendo un valor ε. A continuación se obtiene un nuevo valor de θ, que es igual al anterior menos ε. Se repite de nuevo el procedimiento de forma iterativa, hasta que el valor de ε es menor que un valor muy pequeño establecido de antemano (por ejemplo son frecuentes valores menores que 0,0001). Un aspecto importante es que el valor absoluto de la segunda derivada es igual a la *información esperada del test*, un importante concepto de la TRI del que se trata más adelante. Una clara descripción del método con un ejemplo puede verse en Embretson y Reise (2000, pp. 164-166) y una explicación detallada en Baker y Kim (2004).

Los programas actuales utilizados en las aplicaciones de la TRI (BILOG, BILOG-MG, PARSCALE, MULTILOG, ConQuest y otros) intentan resolver algunos problemas planteados por la estimación de MV y permiten otras opciones para la estimación de los parámetros de aptitud del sujeto.

1.2. Las puntuaciones estimadas en la TRI

Los procedimientos de estimación de la aptitud llevan a puntuaciones estimadas en el atributo o rasgo latente. Dada la indeterminación de la escala de la aptitud, se requiere fijar su métrica. En general y como ya se ha señalado en el capítulo 5 se establece la de una distribución estandarizada con media de 0 y desviación típica de 1. Esto lleva a que las estimaciones de θ puedan interpretarse como puntuaciones típicas o estandarizadas. Esta métrica resulta a veces incómoda para la comunicación de los resultados por la presencia de valores negativos y múltiples decimales, y como en la TCT, las puntuaciones pueden transformarse mediante una transformación lineal, siempre que también se transformen los parámetros de los ítems de forma adecuada, para mantener la propiedad de la invarianza. Las transformaciones lineales que se deben realizar son las siguientes:

$$\theta^* = DT(\theta) + M$$
$$b^* = DT(b) + M$$
$$a^* = \frac{a}{DT}$$
$$c^* = c$$

donde M es la media de la escala deseada y DT la correspondiente desviación típica. Por ejemplo, si se desea transformar a la escala de Cocientes Intelectuales, de gran tradición en la psicología de la inteligencia y de las aptitudes (con media 100 y desviación típica 15), las transformaciones serían:

$$\theta^* = 15(\theta) + 100$$
$$b^* = 15(b) + 100$$
$$a^* = \frac{a}{15}$$
$$c^* = c$$

Más adelante en este capítulo se presentan estimaciones de la aptitud de los sujetos obtenidas utilizando un programa específico para su cálculo.

2. Calibración de los ítems o estimación de los parámetros del ítem

En el apartado anterior se han presentado los procedimientos para la estimación de la aptitud bajo el supuesto que ya se conocían los parámetros de los ítems. Este supuesto suele ser adecuado en las aplicaciones del test, ya que el proceso de calibración de los ítems suele tener lugar en la fase de estandarización o análisis del test. No obstante, en muchas ocasiones los mismos datos se utilizan para estimar los parámetros de los ítems y los niveles del rasgo de los sujetos. El proceso de estimar los parámetros de los ítems y probar el ajuste al modelo se denomina *calibración*. Este proceso requiere datos de una muestra de sujetos a los que se les administra el test bajo las mismas condiciones en las que el test será utilizado en la práctica. Suele llevarse a cabo en el primer uso del test, después del estudio piloto.

Los valores de los parámetros de los ítems se estiman también mediante procedimientos de Máxima Verosimilitud, que permiten obtener estimadores con propiedades óptimas: consistencia o convergencia al verdadero valor con tamaños muestrales crecientes, eficiencia o menor error típico relativo y normalidad de los errores de estimación. Otra propiedad interesante es la relación de la verosimilitud global con la distribución ji-cuadrado, que permite comparar modelos mediante la razón de sus verosimilitudes. Un problema encontrado en las aplicaciones es que tanto los valores de los parámetros de las personas como los de los ítems son desconocidos. Si se conociesen los valores de los parámetros de un conjunto de N sujetos que responden al ítem, la verosimilitud (o probabilidad empírica) podría obtenerse multiplicando los patrones de respuesta para las distintas personas:

$$P(\mathbf{X}) = \prod_{s=1}^{N} P(\mathbf{x}_s | \theta_s, \mathbf{g}_i) \qquad [6.6]$$

donde: $\mathbf{X}$ representa la matriz de respuestas de los N sujetos ($s = 1, 2, ..., N$) a cada uno de los n ítems ($i = 1, 2, ..., n$); $\mathbf{x}_s$ representa el patrón de respuesta del sujeto s al conjunto de los ítems; θ_s es el valor en el rasgo del sujeto; $\mathbf{g}_i$ es el vector de parámetros de cada ítem que deben ser estimados.

Los procedimientos de estimación se basan también en procedimientos de búsqueda de valores máximos de forma iterativa, hasta que los cambios alcanzan un valor mínimo.

Se han propuesto diferentes aproximaciones a la estimación con los valores de los niveles de rasgo desconocidos. Los más frecuentes: Máxima Verosimilitud Conjunta (MVC, JML de Joint Maximum Likelihood en inglés), Máxima Verosimilitud Marginal (MVM, MML o Marginal Maximum Likelihood, en inglés) y Máxima Marginal a Posteriori (MMAP, Marginal Maximum a Posteriori, en inglés). Cada uno de ellos maneja el problema del desconocimiento de θ de forma diferente. Cuando existe alguna información sobre los parámetros de los ítems, los métodos MVC y MVM permiten utilizar procedimientos bayesianos, similares a los descritos para la aptitud. Los algoritmos utilizados en la estimación de los parámetros de los ítems son complejos y su descripción sobrepasa el nivel de este texto. Los lectores interesados pueden consultar una descripción algo más amplia en Du Toit (2003) o Embretson y Reise (2000) y extensa en Baker y Kim (2004).

Para la estimación de los parámetros de los ítems se requiere el cumplimiento de los supuestos ya tratados de la independencia local y de la dimensionalidad adecuada (en la mayor parte de los modelos, la unidimensionalidad). Algunos procedimientos de estimación requieren ciertos supuestos adicionales, especialmente algunos métodos propuestos para el modelo de Rasch.

3. Calibración de ítems de un test y estimación de las puntuaciones de los sujetos: ejemplo de cálculo con un test real

A continuación se presentan las estimaciones de los parámetros de los ítems y de los niveles de rasgo de los sujetos obtenidas con una muestra de $n = 3.147$

sujetos en el test EOS8-Razonamiento, ya descrito y utilizado en capítulos anteriores. Todos los cálculos han sido realizado por el programa BILOG-MG (Zimowski, Muraki, Mislevy y Bock, 2003). Este programa es una extensión del BILOG, que tiene las mismas prestaciones, añadiendo además la estimación simultánea para grupos múltiples. El programa se desarrolla a lo largo de tres fases. En la primera fase se obtienen estadísticos de ítem de la TCT, que se utilizan como estimadores iniciales de los parámetros en la segunda fase. En la fase dos se obtienen los resultados de la calibración de los ítems, es decir, las estimaciones de los parámetros y el cálculo de los estadísticos de ajuste y en la tercera fase se procede a la estimación de las puntuaciones de los sujetos en aptitud. Permite las diferentes opciones de estimación de parámetros de los sujetos y de los ítems tratadas en apartados anteriores. El modelo ajustado es el modelo logístico de 3P (3PL) por tratarse de un test formado por ítems de elección múltiple.

En la tabla 6.2 se presentan los resultados de la primera fase, que son los estadísticos de la TCT, para una selección de ítems. Los resultados fueron calculados sobre una submuestra de $N = 1.000$ sujetos.

Tabla 6.2. **Extracto de los resultados del análisis de ítems de la primera fase del BILOG-MG**

Ítem	p	logit	Pearson (r_{bp})	Biserial
4	32,6	0,73	0,292	0,380
6	97,8	−3,79	0,289	0,796
19	26,8	1,00	0,316	0,425
21	19,2	1,44	0,190	0,274
25	57,4	−0,30	0,427	0,539

Todas las columnas de la tabla tienen un significado ya conocido. En la columna *p* aparece el índice de dificultad de la TCT en porcentaje. En LOGIT se presentan los exponentes de *e* para cada uno de los ítems, bajo el modelo de 3P, que es similar a los del modelo de 2P. En las dos últimas columnas se presentan los índices de discriminación de la TCT, como correlación de Pearson o biserial-puntual y como biserial. Puede observarse como los valores de la correlación biserial son superiores a los de la correlación biserial-puntual. Estos estadísticos de la TCT son utilizados como valores iniciales en la fase 2 de la calibración.

Los resultados de la fase 2 fueron obtenidos por Máxima Verosimilitud Marginal a Posteriori. A los resultados que se presentan en la tabla 6.3 se llegó con un valor -2 Log Verosimilitud $= 24.662,4021$ y con una diferencia en los valores de 0,00068.

En la tabla 6.3 se presenta los valores de los estimadores de los parámetros y otros estadísticos de la fase de calibración, que se tratarán más adelante. Se han seleccionado los mismos ítems anteriores.

Tabla 6.3. Estimadores de los parámetros de algunos ítems. Fase 2 de BILOG-MG

Ítem	Intercept	Slope-a	Threshold-b	Loading	Assymptote-c	Chi-squared	Degrees of freedom
4	−1,503 (0,303)	1,236 (0,235)	1,216 (0,132)	0,777 (0,148)	0,119 (0,035)	9,1 (0,8306)	9
6	5,844 (0,600)	2,200 (0,337)	−2,648 (0,226)	0,911 (0,139)	0,144 (0,073)	3,4 (0,1823)	2
19	−2,173 (0,382)	1,808 (0,339)	1,202 (0,096)	0,875 (0,164)	0,097 (0,024)	8,0 (0,5319)	9
21	−3,214 (0,649)	1,686 (0,435)	1,906 (0,188)	0,860 (0,222)	0,112 (0,020)	19,4 (0,0220)	9
25	−2,498 (0,139)	1,068 (0,175)	2,338 (0,104)	0,780 (0,100)	0,082 (0,042)	5,9 (0,6593)	8

Se han mantenido en la tabla las etiquetas en inglés, ya que es así como las proporciona el programa. Estableceremos en la explicación la correspondencia con las denominaciones utilizadas en la teoría. La primera columna de la tabla presenta las etiquetas de cada uno de los ítems. En la segunda columna se presenta el valor del *intercept o intercepto*, estimador que no forma parte de los tratados hasta ahora en los modelos, que puede ser de utilidad en ocasiones. Se define como $-a_i b_i$. En la segunda columna y bajo la etiqueta *slope* o *pendiente* se presentan los valores del parámetro de discriminación a para cada uno de los ítems. Bajo la columna etiquetada como *Threshold* aparecen para cada uno de los ítems los estimadores de sus parámetros de dificultad, b, en escala tipificada (media 0, desviación típica = 1), por lo que son de fácil interpretación. En la cuarta columna, *loading o saturación* se presentan estimaciones de la saturación del ítem en un hipotético rasgo único responsable del rendimiento en el test. El concepto de saturación se estudiará más adelante, pero por el momento puede interpretarse como la relación entre el ítem y el factor, con valores máximos de 1, como si se tratase de un coeficiente de correlación. El programa calcula este valor a partir del parámetro de discriminación, como $\dfrac{a_i}{\sqrt{1 + a_i^2}}$. Aquellos ítems con menor saturación, están peor representados por el hipotético factor latente. En la columna *Assymptote* o asíntota inferior se presentan los estimadores del parámetro *c* o probabilidad de acierto por adivinación. En la columna *Chi-squared* que traducimos como ji-cuadrado, se presentan los valores de los estadísticos de ajuste de cada ítem al modelo elegido y entre paréntesis su *p*-valor. Finalmente, en la última columna *degrees of freedom* se presentan los grados de libertad para la distribución ji-cuadrado correspondiente. Este estadístico se explicará más adelante. Los valores entre paréntesis que aparecen debajo de los estimadores de los parámetros (intercept, slope, threshold, loading y assymptote) son sus correspondientes errores típicos. Su magnitud expresa la precisión con la que se ha estimado el correspondiente parámetro, indicando mayores valores una menor precisión. Nos centraremos en los parámetros explicados en la teoría.

De los ítems seleccionados el que tiene menor pendiente o discriminación es el 25 y el que la tiene mayor el 6, seguido del 19. En el conjunto de ítems hay otros con menores y mayores discriminaciones que los seleccionados.

Por lo que se refiere a la dificultad, *b*, los ítems cubren un amplio espectro de niveles de θ, que va desde $-2,648$ para el ítem 6 (indicando que es un ítem muy fácil, puesto que está casi tres desviaciones típicas por debajo de la media), hasta el ítem 24 con un valor de 2,338 (lo que lo hace un ítem muy difícil, más de dos desviaciones típicas por encima de la media). Todos los ítems seleccionados, excepto el 6, son relativamente difíciles, aunque en el conjunto total la mayor parte de los ítems se encuentran con valores próximos a la media, en el intervalo $\pm 1\sigma$.

Si se observa la columna que proporciona los valores de *c* (asíntota inferior), puede verse que sus valores son bajos e inferiores al valor que se obtendría bajo respuesta al azar (1/6 = 0,167). Esto sucede en la mayor parte de los 25 ítems.

El programa también proporciona medias de los estimadores de los parámetros para el conjunto de los ítems que forman el test. Estos se presentan en la tabla 6.4.

Si observamos el valor medio de los umbrales (dificultad), podemos pensar que el test resulta de dificultad media-baja ($-0,314$) y que sus pendientes

Tabla 6.4. Valores medios para el conjunto de los 25 ítems de los estimadores

Parámetro	Media	Desv. típica
Asymptote	0,117	0,031
Slope	1,423	0,411
Log (Slope)	0,311	0,304
Threshold	−0,314	1,421

o discriminaciones son en general aceptables (1,423), así como el valor medio de los parámetros de adivinación (0,117).

A continuación se presentan en la figura 6.3 las CCI para dos ítems de la tabla anterior, las de los ítems 6 (el de mayor pendiente y menor dificultad) y 24 (mayor dificultad y menor pendiente de los seleccionados).

Figura 6.3. CCI para los ítems 6 y 24

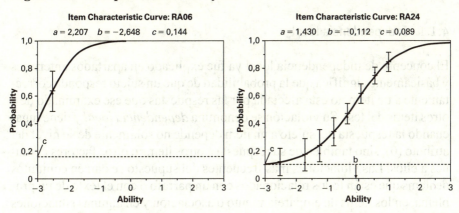

En la figura puede observarse que el ítem 6 es muy fácil, ya que a partir de un nivel de aptitud muy bajo la probabilidad de acierto es muy grande y que tiene una elevada pendiente. El ítem 24 tiene una pendiente más moderada, los incrementos en probabilidad de acertar se producen mucho más lentamente. El parámetro c se mantiene en niveles moderados en los dos ítems y en valores por debajo de los esperables con respuesta al azar.

4. Cumplimiento de los supuestos y ajuste de los datos al modelo de TRI elegido

En las páginas anteriores se han visto algunas de las ventajas de los modelos de la TRI. No obstante, todas estas ventajas y posibilidades de solución de problemas de medida solamente se obtienen cuando se cumplen los supuestos de aplicación del modelo y el ajuste entre los datos a los que se aplica y el modelo es satisfactorio.

4.1. Prueba de los supuestos de los modelos

El supuesto de ausencia de velocidad no suele plantearse en las pruebas de supuestos de los modelos de TRI, pero es interesante que los tests lo cumplan.

Para examinar esta característica del test, pueden usarse los estadísticos dados en el capítulo 2. Los supuestos para los que se han propuesto pruebas son los de unidimensionalidad e independencia local. El cumplimiento de uno de ellos garantiza el cumplimiento del otro, aunque se han propuesto procedimientos para ambos. No entramos en una descripción exhaustiva de dichos procedimientos, ya que supera el nivel del texto, y remitimos a las personas interesadas a la bibliografía.

4.1.1. Independencia local

El concepto de independencia local ya fue explicado en apartados anteriores y básicamente significa que la probabilidad de que un sujeto responda correctamente a un ítem no está afectada por las respuestas que ese examinado dé a otros ítems del test. Su violación se denomina *dependencia local* y tiene lugar cuando la respuesta del sujeto a un ítem depende no solamente de su nivel del atributo (θ), sino también de su respuesta a otros ítems u otros factores comunes a ellos. Las violaciones más frecuentes del supuesto se dan en conjuntos de ítems que están todos relacionados con un párrafo o con el texto de un problema, en los ítems de emparejamiento o asociación y en algunas situaciones de los Tests Adaptativos Informatizados (TAI). Aunque el problema de la dependencia local se da con mayor frecuencia en tests cognitivos, con varios ítems vinculados a un texto o problema, no es exclusivo de este ámbito, ya que también puede aparecer en tests de personalidad y actitudes, como sucede con ítems con formulaciones muy similares (Steinberg y Thissen, 1996).

Los métodos de comprobación de los supuestos deberían probar el mantenimiento de una hipótesis nula de la siguiente forma, para todos los pares de ítems g y h ($g, h = 1, 2, …, n; g \neq h$).

$$H_0: \rho_{gh} \mid \theta = 0, g \neq h$$

Éste es el procedimiento sugerido por Lord (1980) basado en las pruebas de igualdad de las correlaciones tetracóricas en diferentes niveles de la habilidad.

El problema de llevar a cabo este contraste estadístico para los n ítems del test es la gran cantidad de cálculos que implicaría, así como la necesidad de disponer de un gran número de sujetos con el mismo valor de θ. Estos cálculos deberían hacerse para muchos valores de θ y es casi imposible disponer de un buen número de sujetos en cada uno de estos niveles de aptitud, salvo con muestras muy grandes. Aun suponiendo que se dispusiese del suficiente número de sujetos, los cálculos deben realizarse para todos los pares de ítems, lo que requiere calcular $n(n - 1)/2$ correlaciones tetracóricas. Un test de 50 ítems requeriría 1.225 correlaciones en cada valor de θ; si se seleccionasen 10 valores, esto llevaría al cálculo de 12.250 correlaciones. Se producirían además problemas con la inflación del error de tipo I, debido al gran número de contrastes, difíciles de controlar.

Un procedimiento similar, pero más simple, consistiría en eliminar de las correlaciones entre ítems el efecto de θ por medio de la correlación parcial; esto puede hacerse usando la correlación biserial ítem-test y a continuación parcializando el efecto de θ.

Se han propuesto otros estadísticos como el Q_3 de Yen (1984) basado en las correlaciones entre residuos y el de Chen y Thissen (1997), también basado en tablas de contingencia. Remitimos a los lectores a la bibliografía.

En la práctica, raramente se pone a prueba el cumplimiento del supuesto de la independencia local, ya que si se cumple la unidimensionalidad se garantiza la independencia local (Lord, 1980). Los programas para la aplicación de la TRI no incluyen pruebas para este supuesto.

4.1.2. Unidimensionalidad

Aunque en la actualidad se han propuesto modelos de TRI multidimensionales (Bock, et al., 1988; Reckase, 1997; McDonald, 1997, 1999), los modelos comunes asumen que los ítems miden un único rasgo o aptitud, o al menos un único rasgo o aptitud dominante. Es decir, que las respuestas al conjunto de ítems del test son función de un único rasgo o atributo. En los modelos multidimensionales, no obstante, debe identificarse el número adecuado de atributos latentes, responsables de las respuestas. Por lo tanto, la determinación de la dimensionalidad es un aspecto clave para la aplicación de los modelos de la TRI. Existen buenas revisiones sobre las técnicas para evaluar la dimensionalidad de conjuntos de ítems (De Ayala y Hertzog, 1991; Hambleton y Rovinelli, 1986; Hattie, 1985). La mayor parte de los procedimientos pertenecen a alguna forma de Análisis Factorial, que se explica en los capítulos 12 y 13. En el capítulo 12 se retomará el problema del análisis de la dimensionalidad. Se han propuesto también algunos procedimientos específicos para la TRI desarrollados por Stout y colaboradores (Stout, 1987, 1990; Stout, Goodwin-Froelich y Gao, 2000), que aparecen implementados en el programa DIMTEST.

La situación más frecuente en la que el supuesto no se mantiene es en los tests de velocidad. En éstos, normalmente el sujeto no acierta un ítem porque no llega a contestarlo a causa de los límites de tiempo del test, interviniendo otro factor además de la habilidad que se pretende medir, que es la rapidez del sujeto y la posición del ítem dentro del test. Por eso la TRI no se debe aplicar con estos tests. Hay otros casos en los que es difícil que se mantenga el supuesto como en los tests muy largos (por la intervención de la fatiga y el aburrimiento).

4.2. El ajuste de los modelos a los datos

En este apartado se presentan algunos procedimientos para evaluar el grado de ajuste de los ítems al modelo asumido. Las diferentes técnicas siempre requieren la estimación previa de los parámetros de los ítems y de los sujetos y se usan para juzgar hasta qué punto el modelo ajustado representa bien los datos en los niveles de ítem, persona o modelo. Se han publicado numerosos estudios acerca del ajuste de los datos, pero no existe acuerdo en cuanto a los estadísticos de ajuste que se deben utilizar. La evaluación de la bondad del ajuste lleva a un problema no exclusivo de la TRI, sino general de todas las pruebas de modelos por métodos de Máxima Verosimilitud, que es el de la sensibilidad de los estadísticos de bondad de ajuste al tamaño muestral del estudio. Con tamaños muestrales grandes es fácil que incluso pequeños desajustes resulten estadísticamente significativos, llevando al rechazo de la hipótesis nula. Si por el contrario se utilizan pequeños tamaños muestrales, los estimadores de los parámetros son de escasa utilidad por su inconsistencia y el gran tamaño de los errores típicos.

La aproximación más general a la evaluación del ajuste se basa en la comparación entre las CCI teóricas, dadas por el modelo y alguna forma de CCI empíricas, basadas en las respuestas de los sujetos.

Los sujetos son clasificados por sus niveles en el atributo, estableciéndose un número de intervalos en θ (el número de intervalos depende del tamaño de la muestra y de la distribución de las puntuaciones). Para cada ítem, pueden calcularse las proporciones de aciertos empíricas o reales en cada uno de los intervalos de θ establecidos. Utilizando la mediana o la media del intervalo en θ y la proporción de aciertos, puede representarse gráficamente la CCI empírica. Estos valores se representan junto con la CCI del ítem teórica. Estas representaciones gráficas pueden revelar áreas en las que se encuentran discrepancias entre la CCI teórica y la empírica. Las discrepancias o residuos indican problemas en el ajuste del ítem al modelo teórico, que pueden deberse a diferentes causas: multidimensionalidad no tenida en cuenta, fallos en el número de parámetros del ítem estimados (p. ej. ajustar un modelo de 1P, cuando sería más adecuado uno de 2P), falta de monotonía en la relación del ítem con el rasgo, distractores inadecuados en los ítems de elección múltiple, etc.

En la figura 6.4 se presenta la CCI del ítem 22 del test EOS8-Ra, que veremos es un ítem que muestra un pobre ajuste al modelo seleccionado de 3P.

En la figura, la línea continua muestra la CCI teórica del modelo ajustado, con los parámetros presentados en la tabla 6.3. Puede observarse que hay 9 puntos situados en o fuera de la CCI. Estos 9 puntos representan las proporciones de aciertos en 9 intervalos seleccionados a lo largo del atributo θ. Estas proporciones son las empíricas en el intervalo considerado. Puede verse que algunos puntos se alejan bastante de la CCI, indicando un desajuste en esa zona.

Figura 6.4. CCI de un ítem con pobre ajuste al modelo 3PL

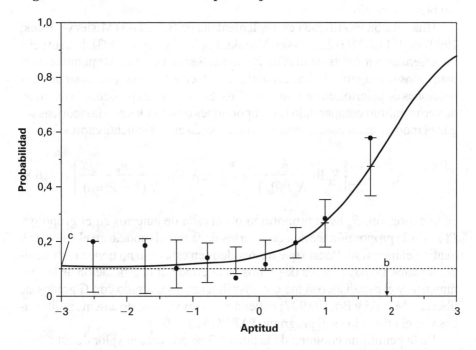

Además de la simple representación gráfica, se ha intentado formalizar el ajuste desarrollando estadísticos que ponen a prueba la significación estadística de los residuos. El cálculo de estos estadísticos requiere también estimar las puntuaciones de los sujetos y dividir el continuo en una serie de intervalos, como en el procedimiento gráfico. Se comparan a continuación las proporciones observadas de aciertos con las esperadas según el modelo, por medio de algún estadístico tipo ji-cuadrado.

Entre los estadísticos propuestos se encuentran los Q_1 de Yen (1993) que se obtiene como:

$$Q_1 = \sum_{g=1}^{G} \frac{N_g[P_{ig} - E(P_{ig})]^2}{[E(P_{ig})][1 - E(P_{ig})]} \qquad [6.7]$$

donde G es el número de intervalos o grupos en que se ha dividido la aptitud, P_{ig} es la proporción de aciertos en el ítem en el grupo g ($g = 1, 2, ..., G$) y $E(P_{ig})$ es la probabilidad de acertar el ítem en ese grupo (normalmente calculada en la media o la mediana de aptitud del intervalo). Este estadístico sigue una distribución ji-cuadrado con $G-k$ grados de libertad, donde k es el número de parámetros del modelo.

Como sucede con todos los contrastes basados en ji-cuadrado, éste también es muy sensible al tamaño de la muestra y en el caso de las muestras grandes, deben tomarse con cautela, porque puede rechazar ítems que se ajustan bien al modelo.

Una versión modificada es implementada en BILOG-3 (Mislevy y Bock, 1990) y BILOG-MG (Zimowski, Muraki, Mislevy y Bock, 2003). Esta prueba fue diseñada para tests de más de 20 ítems. Se basa en estimar puntuaciones para todos los sujetos, dividir el continuo de θ en intervalos y calcular las proporciones de aciertos en cada uno de ellos. Se obtiene un ji-cuadrado de razón de verosimilitud comparando las proporciones observadas con las teóricas según el modelo estimado. El procedimiento se da en la siguiente expresión:

$$\chi^2 = 2\sum_{g=1}^{G}\left[R_g \ln \frac{R_g}{N_g P(\theta_M)} + (N_g - R_g) \ln \frac{R_g}{N_g(1 - P(\theta_M))}\right] \quad [6.8]$$

en la expresión, R_g es la proporción observada de aciertos en el grupo g y $P(\theta_M)$ es la proporción teórica de aciertos dada por el modelo en el valor de θ medio del intervalo. Puesto que los residuos en este caso no tienen restricciones lineales, no hay pérdida de grados de libertad por la estimación de los parámetros y el estadístico sigue una distribución ji-cuadrado con G grados de libertad. Muraki y Bock (1997) extienden el procedimiento a ítems politómicos y es el utilizado en el programa PARSCALE 4.0.

En la penúltima columna de la tabla 6.3 se presenta el valor de este estadístico ji-cuadrado, calculado según 6.9 y en la última los grados de libertad. Puede observarse cómo éstos son variables, ya que deben ajustarse a la distribución de las respuestas, dependiendo el número de intervalos de la distribución de las respuestas. Debajo del valor de ji-cuadrado aparece entre paréntesis el p-valor, o probabilidad de alcanzar valores iguales o superiores al encontrado en la correspondiente distribución ji-cuadrado, en el caso de que el modelo se ajustase. Normalmente se toman como criterios los convencionales 0,05 o 0,01, para rechazar el ajuste del ítem. Si examinamos los valores de la tabla 6.3 y tomando como criterio $p < 0,05$, vemos que precisamente el ítem 21 muestra un mal ajuste ($\chi^2 = 19,4, gl = 9, p = 0,0220$).

Finalmente, otros investigadores, especialmente en el contexto del modelo de Rasch y sus derivaciones, utilizan los residuos estandarizados para la evaluación del ajuste. Puesto que se pueden calcular dentro de cada casilla de la matriz de ítems por personas, pueden sumarse y ser utilizados también como índices de ajuste de la persona.

Masters y Wright (1997) dan la respuesta esperada de la persona que responde a un ítem i:

$$E(X_{si}) = \sum_{k=0}^{K-1} kP_i(\theta_s) \quad [6.9]$$

donde K es el número de categorías de respuesta ($K = 2$ en ítems dicotómicos) y $P_i(\theta_s)$ es la probabilidad derivada del modelo.

La varianza de X_{si} es:

$$V(X_{si}) = \sum_{k=0}^{K-1} (k - [X_{si}])^2 P_i(\theta_s) \qquad [6.10]$$

y el residuo estandarizado de una respuesta observada X_{si} se obtiene como:

$$z_{si} = \frac{(X_{si} - E(X_{si}))}{\sqrt{V(X_{si})}} \qquad [6.11]$$

Este valor puede calcularse para todas las casillas de la matriz de respuestas personas · ítems. Puede calcularse a continuación un estadístico de ajuste Media Cuadrática para cada ítem o para cada persona:

$$\text{Ajuste ítem} = \sum_{s=1}^{N} \frac{z_{is}^2}{N}$$

$$\text{Ajuste persona} = \sum_{i=1}^{n} \frac{z_{is}^2}{n}$$

donde: N es el número de sujetos y n el de ítems.

En los últimos tiempos se han desarrollado diversos estadísticos denominados índices de ajuste de la persona. Son estadísticos que intentan evaluar el ajuste del modelo TRI para sujetos individuales. En la literatura han recibido diferentes nombres como *medida apropiada* (Levine y Rubin, 1979), *índices de prudencia* (Tatsuoka, 1996) e *índices de escalabilidad* (Reise y Waller, 1993). Todos ellos están basados en la consistencia del patrón de respuestas de las personas con algún modelo propuesto de respuestas a los ítems. Por el momento, la mayor parte han sido diseñados para modelos con ítems dicotómicos. Remitimos a los lectores a la bibliografía.

5. La escala de aptitud θ y la curva característica del test

La finalidad pretendida con el uso de un test es asignar una puntuación a los sujetos examinados, que refleje su grado en el atributo medido por el test. En la TCT ya hemos visto que suele ser la suma de las puntuaciones de los ítems. En la TRI la asignación de una puntuación en θ se realiza por medio de algunos de los procedimientos de estimación de MV de los parámetros de aptitud, similares al procedimiento descrito. Recordemos que la métrica en principio suele ser la estandarizada con medio 0 y desviación típica 1. Estas escalas pueden transformarse mediante una transformación lineal, como ya se ha dicho. Otro tipo de transformación muy utilizada en las aplicaciones es la transformación a la escala de *puntuaciones verdaderas* mediante la denominada

Curva Característica del Test. Esta transformación permite obtener una estimación de la puntuación verdadera similar a la de la TCT, pero obtenida con las propiedades de la TRI.

Recordemos del capítulo 3 que en la TCT la puntuación observada X se define normalmente como suma de los aciertos a los ítems, siendo definida la puntuación verdadera como la esperanza de las puntuaciones observadas.

Aplicando el mismo concepto basado en las respuestas a los ítems se obtiene la estimación de la puntuación verdadera:

$$V = \sum_{i=1}^{n} E(u_i) \qquad [6.12]$$

donde $E(u_i) = (1)P_i(\theta_s) + (0)Q_i(\theta_s) = P_i(\theta_s)$.

$$V_s = \sum_{i=1}^{n} P_i(\theta_s) \qquad [6.13]$$

Por lo tanto, la puntuación verdadera estimada para un sujeto con nivel de aptitud θ es la suma de las probabilidades de acertar los ítems en ese nivel de aptitud.

Ejemplo

Sea un test formado por 4 ítems que siguen un modelo logístico de 3P y sea un sujeto con $\theta = 1$. Los parámetros de los ítems se presentan en la tabla 6.5.

Tabla 6.5. Parámetros de los ítems del test del ejemplo

Ítem	a	b	c	$P_i(\theta = 1)$
1	1,00	−1,00	0,00	0,97
2	1,20	0,00	0,10	0,90
3	1,5	1,00	0,15	0,58
4	2,00	2,00	0,20	0,22

Utilizando la ecuación 6.14 se puede estimar la puntuación verdadera del sujeto como la suma de sus probabilidades de acierto en cada uno de los cuatro ítems:

$$V = 0{,}97 + 0{,}90 + 0{,}58 + 0{,}22 = 2{,}67$$

Aunque no hubiese ningún sujeto que tuviese exactamente esta puntuación, ésta representa el promedio teórico de todas las puntuaciones que tendrían en el test los examinados de nivel de aptitud 1 que contestasen este test de 4 ítems un amplio número de veces. En la práctica, los tests tendrán más de cuatro ítems, pero las puntuaciones verdaderas se obtendrán de la misma forma que en el ejemplo.

Los cálculos del apartado anterior para obtener la puntuación verdadera, fueron realizados para un único punto de la escala de aptitud ($\theta = 1$), pero podrían obtenerse igualmente puntuaciones verdaderas para todos los niveles de θ. La representación gráfica de la función que relaciona θ y la puntuación verdadera, V, representando a ésta en el eje de ordenadas y a θ en el de abscisas es una función con forma de S que se denomina *Curva Característica del Test*. En la tabla 6.6 se presentan los cálculos necesarios para un conjunto de puntos discretos de θ con el mismo test anterior de cuatro ítems.

Tabla 6.6. Puntuaciones verdaderas estimadas en diferentes valores de θ

θ	$P_1(\theta)$	$P_2(\theta)$	$P_3(\theta)$	$P_4(\theta)$	$V = \sum_{i=1}^{4} P_i(\theta)$
-3	0,03	0,10	0,15	0,20	0,48
-2	0,15	0,11	0,15	0,20	0,61
-1	0,50	0,20	0,16	0,20	1,06
0	0,85	0,55	0,21	0,20	1,81
1	0,97	0,90	0,58	0,22	2,67
2	0,99	0,99	0,94	0,60	3,52
3	1,00	1,00	1,00	0,96	3,96

En la figura 6.5 se representa gráficamente la CCT para los valores anteriores.

La CCT es por tanto la relación funcional entre la puntuación verdadera y la escala de aptitud. Dado un nivel de aptitud, la puntuación verdadera correspondiente puede encontrarse por medio de la CCT. Cuando usamos modelos de 1 y 2 parámetros para los n ítems de un test, el lado izquierdo de la curva se aproxima a 0 a medida que la aptitud tiende a $-\infty$ y el límite superior se aproxima al número de ítems, a medida que la aptitud tiene a $+\infty$. Si usamos el modelo de tres parámetros para los n ítems, la cota inferior de la CCT tiende a la suma de los parámetros c de los ítems del test en vez de a 0. Esto significa que bajo este modelo, sujetos con una aptitud extremadamente baja pueden tener puntuaciones verdaderas distintas de 0 simplemente por adivinación. La forma general de la CCT es una función monótona creciente de la habilidad θ. En todos los casos tiende asintóticamente a n (número de ítems). La forma concreta de la CCT dependerá de ciertos aspectos como: número de ítems, modelo de CCI usado y valores de los parámetros de los ítems. Puede inter-

Figura 6.5. CCT para el test de cuatro ítems

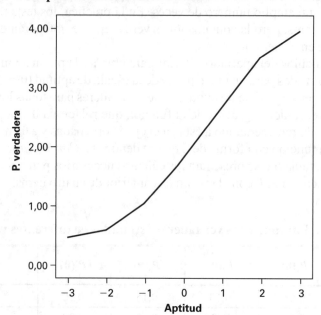

pretarse intuitivamente en los mismos términos que la CCI. El nivel de aptitud correspondiente al punto medio de la escala ($n/2$) localiza al test a lo largo de la escala de aptitud. La pendiente de la CCT indica de alguna forma el grado en que el valor de la puntuación verdadera depende del nivel de aptitud. Puesto que esta curva no tiene una forma explícita no se pueden utilizar parámetros para describirla.

En el contexto de los Tests Referidos al Criterio y de las interpretaciones basadas en estándares, suele obtenerse la *proporción de aciertos* o *puntuación del dominio*, que expresa el grado de habilidad o de conocimientos que los sujetos poseen de un dominio determinado. Para obtener estas estimaciones, se divide la puntuación verdadera estimada por el número de ítems del test. La estimación de la proporción de aciertos puede expresarse formalmente como:

$$\pi_s = \frac{1}{n} \sum_{i=1}^{n} P_i(\theta_s) \qquad [6.14]$$

Esta proporción de aciertos está acotada en el intervalo [0, 1] para los modelos 1P y 2P. Para el modelo 3P en la asíntota inferior, es decir: $\pi = \sum \dfrac{c_i}{n}$.

En la tabla 6.7 se presentan las relaciones entre θ y V para los mismos datos del ejemplo anterior.

6. Teoría de la Respuesta al Ítem (TRI) II

Tabla 6.7. Puntuaciones verdaderas estimadas en diferentes valores de θ

θ	$V = \sum_{i=1}^{4} P_i(\theta)$	$\pi = \dfrac{1}{n}\sum_{i=1}^{n} P_i(\theta)$	Porcentaje del dominio
−3	0,48	0,12	12%
−2	0,61	0,15	15%
−1	1,06	0,26	26%
0	1,81	0,45	45%
1	2,67	0,67	67%
2	3,52	0,88	88%
3	3,96	0,99	99%

6. La información de los ítems y del test

6.1. La información del ítem

El concepto de información psicométrica es un aspecto fundamental de los modelos de la TRI y es el concepto que sustituye a la fiabilidad de la TCT. De forma intuitiva podría decirse que un ítem es informativo en un nivel de aptitud si permite discriminar entre dos niveles próximos. La información, como otros conceptos de la TRI, no se representa en un valor único, sino en una función que va cambiando para diferentes niveles de aptitud y que se puede representar gráficamente en las denominadas *Curvas de Información del Ítem* (CII). La función de información depende de dos aspectos del comportamiento del ítem en cada nivel de aptitud:

- La desviación típica o dispersión del ítem, en el sentido de que cuanto más homogéneo sea el comportamiento de los sujetos en dicho nivel, será más informativo.
- La pendiente de la CCI en dicho nivel, ya que si la pendiente es alta, mínimos cambios en aptitud se reflejarán en grandes cambios en la probabilidad de acertar el ítem.

Teniendo en cuenta estos dos aspectos, se define la información de un ítem en un nivel de aptitud θ como

$$I_i(\theta) = \frac{[P_i'(\theta)]^2}{P_i(\theta)Q_i(\theta)} \qquad [6.15]$$

donde: $[P_i'(\theta)]$ es la derivada primera de la CCI en θ y $P_i(\theta)Q_i(\theta)$ es la varianza del ítem en θ, que es el producto de *P* y *Q*, puesto que el ítem es dicotómico.

Como puede observarse, la información es directamente proporcional a la pendiente (derivada primera) e inversamente proporcional a la dispersión del ítem.

La definición formal concreta de la función de información del ítem depende del modelo de CCI, ya que $P_i(\theta)$ y $Q_i(\theta)$ dependen en su formulación del modelo, así como la derivada de la función. Para obtener la ecuación que proporciona la información del ítem en un nivel de aptitud en cada modelo deben sustituirse en la expresión anterior los valores $P'_i(\theta)$, $P_i(\theta)$ y $Q_i(\theta)$ (donde $Q_i(\theta) = 1 - P_i(\theta)$) y se obtendrán expresiones de $I_i(\theta)$ concretas. Haciendo estas sustituciones y las simplificaciones oportunas en las expresiones, se llega a las $I_i(\theta)$ presentadas a continuación en la tabla 6.8

Tabla 6.8. Informaciones de los ítems en los modelos dicotómicos y punto de máxima información

Parámetros	Logístico	Aprox. normal	Máx. inf.
1	$I_i(\theta) = P_i(\theta)Q_i(\theta)$	$I_i(\theta) = D^2 P_i(\theta)Q_i(\theta)$	b_i
2	$I_i(\theta) = a_i^2 P_i(\theta)Q_i(\theta)$	$I_i(\theta) = D^2 a_i^2 P_i(\theta)Q_i(\theta)$	b_i
3	$I_i(\theta) = \dfrac{a_i^2 Q_i(\theta)[P_i(\theta) - c_i]^2}{(1-c_i)^2 P_i(\theta)}$	$I_i(\theta) = \dfrac{D^2 a_i^2 Q_i(\theta)[P_i(\theta) - c_i]^2}{(1-c_i)^2 P_i(\theta)}$	Según 6.16 y 6.17

La función de información de un ítem juega un importante papel en el desarrollo y evaluación de un test, ya que permite determinar la contribución de los ítems a la estimación de la aptitud en los distintos puntos del continuo de la aptitud. Un ítem escasamente informativo en un nivel de aptitud determinado contribuirá muy poco a la estimación de la aptitud en ese punto; lo contrario sucederá con los ítems muy informativos. Birnbaum (1968) demostró que en los modelos de 1P y 2P un ítem proporciona **información máxima** en aquel valor de θ coincidente con el parámetro de dificultad del ítem, es decir cuando coinciden habilidad del sujeto y dificultad del ítem: $\theta_s = b_i$. En el modelo de tres parámetros, debe tenerse en cuenta la desviación introducida por el parámetro c y el punto de información máxima se obtiene mediante la siguiente expresión en el modelo logístico:

$$I_{\text{máx}}(\theta) = b_i + \frac{1}{a_i}\ln 0{,}50\left[1 + \sqrt{1 + 8c_i}\right] \qquad [6.16]$$

y en la aproximación normal con:

$$I_{\text{máx}}(\theta) = b_i + \frac{1}{Da_i}\ln 0{,}50\left[1 + \sqrt{1 + 8c_i}\right] \qquad [6.17]$$

Se ilustran a continuación los cálculos de la función de información en los modelos de 1P y 2P con ayuda de los datos de un ejemplo ficticio.

Ejemplo: Cálculo de la función de información de un ítem

A continuación se presentan los valores de la información de un ítem con parámetros $b_i = 1$, $a_i = 1,5$ y $c_i = 0,20$, en un rango de valores de θ, para las aproximaciones normales de los modelos de 1P, 2P y 3P. En la práctica y con tests reales, estos cálculos se realizan mediante un programa de análisis de TRI.

En la tabla 6.9 se presentan los cálculos para el modelo de 1P.

Tabla 6.9. Función de información del ítem con $b_i = 1$ en el modelo de 1P, con aproximación normal

θ	$P_i(\theta)$	$Q_i(\theta)$	$I_i(\theta) = D^2 P_i(\theta) Q_i(\theta)$
−3	0,001	0,999	0,0029
−2	0,006	0,994	0,0173
−1	0,032	0,968	0,0896
0	0,154	0,846	0,3765
1	0,500	0,500	0,7225
2	0,846	0,154	0,3765
3	0,968	0,032	0,0896

Puede observarse como el máximo de la función se alcanza cuando la aptitud coincide con el parámetro de dificultad del ítem ($\theta = 1$). También se observa la simetría de la función de información a ambos lados del máximo.

Tabla 6.10. Valores de la función de información del ítem $b_i = 1$, $a_i = 1,5$ en el modelo de 2P, con aproximación normal

θ	$P_i(\theta)$	$Q_i(\theta)$	$I_i(\theta) = D^2 a_i^2 P_i(\theta) Q_i(\theta)$
−3	0,000	1,000	0,0000
−2	0,000	1,000	0,0000
−1	0,006	0,994	0,0388
0	0,072	0,928	0,4345
1	0,500	0,500	1,6256
2	0,928	0,072	0,4345
3	0,994	0,006	0,0388

Figura 6.6. Curva de información del ítem según modelo 1P ($b_i = 1$)

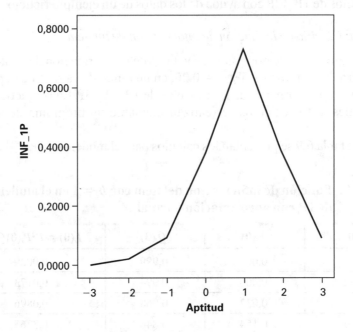

Figura 6.7. Curva de información del ítem según modelo 2P ($b_i = 1, a_i = 1{,}5$)

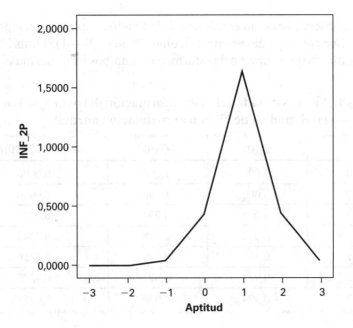

En la figura 6.6 se presenta la CII (Curva de Información del Ítem).

En la tabla 6.10 se presentan los valores de la función de información del ítem para el modelo de 2P

Igual que en el modelo anterior, puede observarse que el máximo se alcanza cuando coinciden la aptitud y la dificultad del ítem ($\theta = 1$).

En la figura 6.7 se presenta la Curva de Información del Ítem.

Dejamos como ejercicio para el lector el cálculo de los valores de la función de información para un hipotético modelo de 3P, con valores de *a* y *b* iguales a los del modelo de 2P y $c = 0{,}20$. La forma de la función de información será similar a la de los modelos anteriores, no obstante, el nivel general es inferior para los mismos valores de *a* y *b* debido a la presencia en su ecuación de los términos $(1 - c)$ y $P(\theta) - c$. Así, la función de información del modelo de 2 parámetros define el límite superior para el modelo de 3 parámetros.

7. La información del test $I(\theta)$

7.1. La función de información del test

Puesto que lo que se utiliza para estimar el nivel de atributo de los sujetos son tests formados por conjuntos de ítems, interesa conocer la cantidad de información proporcionada por el test en los diversos niveles de aptitud. La información de los ítems tiene la propiedad de la aditividad, es decir, que se pueden sumar las informaciones del ítem en cada nivel de aptitud para establecer la información total del test en dicho nivel. La información del test en un nivel θ se define por lo tanto como:

$$I(\theta) = \sum_{i=1}^{n} I_i(\theta) \qquad [6.18]$$

El test completo proporciona más información que cada uno de los ítems que lo componen. Al igual que un test en la TCT es más fiable con más ítems, en la TRI normalmente la información del test suele ser mayor en la medida que el test tenga más ítems que sean informativos en el nivel de habilidad del sujeto. Un test con más ítems con elevados niveles de información en un nivel de aptitud dado permitirá estimar con más precisión el nivel de θ. A continuación se ilustra el cálculo de la función de información de un test ficticio formado por cinco ítems.

Ejemplo de cálculo de la función de información del test

Sea un test formado por cinco ítems que siguen un modelo logístico de 2P, cuyos valores se presentan en la tabla 6.11.

Tabla 6.11. Parámetros de los cinco ítems del test

Ítem	b	a
1	−1,0	2,0
2	−0,5	1,5
3	0,0	1,5
4	0,5	1,5
6	1,0	2,0

En los cálculos que siguen (tabla 6.12) se considera el modelo logístico, no la aproximación normal, por lo que no se multiplica por $D = 1,7$. La información de cada ítem en los diferentes niveles de aptitud considerados se obtuvo mediante la ecuación $I_i(\theta) = a_i^2 P_i(\theta) Q_i(\theta)$.

Tabla 6.12. Funciones de información de los ítems y del test

θ	Información de los ítems					Información del test
	1	2	3	4	5	
−3	0,071	0,051	0,024	0,012	0,001	0,159
−2	0,420	0,194	0,102	0,051	0,010	0,777
−1	1,000	0,490	0,336	0,194	0,071	2,091
0	0,420	0,490	0,563	0,490	0,420	2,383
1	0,071	0,194	0,336	0,490	1,000	2,091
2	0,010	0,051	0,102	0,194	0,420	0,777
3	0,001	0,012	0,024	0,051	0,071	0,159

Cada una de las funciones de información anteriores es simétrica en torno al valor del parámetro de dificultad del ítem, punto en el que, como se puede observar, se alcanza la mayor información en cada uno de los ítems. La representación gráfica de las funciones de la tabla se presenta en la figura 6.8.

En la tabla 6.12 y en la figura 6.8 pueden observarse algunos aspectos interesantes de las funciones de información de los ítems. Por ejemplo, los ítems 1 y 5, que son los que tienen mayores valores en el parámetro de discriminación son los que toman un mayor valor de información, pero puede verse que cada uno de ellos informa más en diferentes zonas de la aptitud. El ítem 1, que es bastante fácil (−1), informa más en los niveles bajos de aptitud,

Figura 6.8. Funciones de información de los cinco ítems y del test total

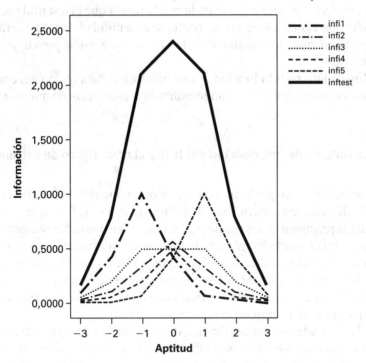

decreciendo considerablemente la información que proporciona a partir de $\theta = 1$. Lo contrario sucede con el ítem 5, de dificultad relativamente alta (+1). Los otros tres ítems coinciden en el valor del parámetro de discriminación, que es algo más bajo que en los dos ítems anteriores, y este hecho se refleja en sus informaciones máximas. Los tres se encuentran comprendidos en cuanto a su dificultad entre $\pm 0{,}5\sigma$ de la media (0) y su información es más alta en los valores centrales de la aptitud, decreciendo hacia los extremos. Puede observarse que el test total alcanza la máxima información en los valores centrales de la aptitud, pero que la información decrece en los valores extremos. Este test sería bueno para la población general, en la que una gran mayoría de los sujetos se encuentra en torno a estos valores, pero sería mucho menos informativo con sujetos de alta aptitud o de baja aptitud.

No se pueden establecer reglas en cuanto a los valores de la información de los ítems o del test, puesto que la información siempre es no negativa, pero no está acotada por arriba. Los valores siempre se examinarán de forma relativa, es decir, considerando la información que aportan diferentes ítems en los niveles de aptitud para los que se destina el test. Tampoco se pueden establecer reglas generales sobre la forma de la función, ya que la forma deseada dependerá del uso pretendido y de la población para la que se ha diseñado el test. No obstante, pueden establecerse algunas consideraciones generales que pueden resultar útiles al evaluar la función de información del test o de los ítems:

- Una función de información con un pico (valores considerablemente superiores) en algún punto de la escala revela que el test mide con diferente precisión a lo largo del continuo de habilidad. Este test será mejor para estimar las habilidades de sujetos que estén próximos a este máximo.
- En algunos tests la función es casi plana en alguna región del continuo, lo que indica que en ese rango estima con una precisión muy similar.

7.2. La función de información del test y el error típico de estimación

Antes se ha indicado que la función de información del test podría considerarse el equivalente al coeficiente de fiabilidad de la TCT, ya que ambos determinan la precisión de las medidas obtenidas con el test. No obstante, como se ha visto en el apartado anterior, la función de información no es un valor único como la fiabilidad de la TCT, sino una función cuyos valores cambian en los diferentes niveles de θ. Este hecho introduce una superioridad de la función de información frente a la fiabilidad de la TCT, ya que permite precisar en qué zonas del continuo es más preciso el test.

En la TCT además del coeficiente de fiabilidad se recomienda el cálculo del *error típico de medida* como otro indicador de la precisión, en este caso inverso, ya que a mayor error típico, menor precisión del instrumento. Este estadístico mantiene una relación inversa con la fiabilidad, ya que como se recordará, a mayor fiabilidad, menor error típico de medida. En la TRI, el error típico de medida de la TCT se sustituye por el *error típico de estimación*, que también mantiene una relación inversa en este caso con la información. Igual que la información del test no es un valor único, sino una función cuyos valores cambian con los valores de θ, lo mismo le sucede al error típico de estimación, mediante el que se puede establecer la *función error típico de estimación*. Este hecho introduce una clara superioridad de la función error típico de estimación frente al error típico de medida de la TCT, que adoptaba un valor único para todo el continuo, independientemente de las puntuaciones de los sujetos. Por eso se dice que la TRI libera a los tests del supuesto de *homocedasticidad* (igualdad de las varianzas error) de la TCT.

El error típico de estimación se define a partir de la información del test como:

$$ET(\theta) = \frac{1}{\sqrt{I(\theta)}} \qquad [6.19]$$

Un test podrá tener mayor error en ciertos niveles de θ que en otros y este dato es muy importante que sea considerado en relación al uso del test y a la población a la que va destinado.

Ejemplo

En la tabla 6.13 se presentan los errores típicos de estimación del test del ejemplo para un rango de puntuaciones θ. Estos errores han sido calculados con la ecuación 6.20.

Tabla 6.13. Errores típicos de estimación del test del ejemplo para un rango de puntuaciones θ

θ	$I(\theta)$	$ET(\theta) = \dfrac{1}{\sqrt{I(\theta)}}$
−3	0,159	2,508
−2	0,777	1,134
−1	2,091	0,692
0	2,383	0,648
1	2,091	0,692
2	0,777	1,134
3	0,159	2,508

En la figura 6.9 se presentan gráficamente los valores de $I(\theta)$ y $ET(\theta)$ y en ella puede apreciarse claramente la relación inversa entre ambas funciones. El punto de información máxima ($\theta = 0$) es aquel en el que se obtiene el mínimo error. Los valores extremos de θ (-3 y $+3$) son aquellos en los que se obtiene la mínima información con el test y el máximo error.

Puede observarse que el test mide con precisión en los valores centrales de θ, siendo muy poco preciso en los niveles de habilidad altos y bajos.

El error típico de estimación puede utilizarse para construir *intervalos de confianza* para las puntuaciones θ. Suponiendo que la distribución de las puntuaciones es normal, puede construirse un IC del % deseado de la forma habitual. Por ejemplo, para el sujeto que tiene la puntuación de $\theta = 1$ en la tabla, observamos que su error típico es de 0,692. Si deseamos construir un IC del 95%, el valor $z_{0,025}$ de la distribución normal es $|1,96|$. Con este valor y el error típico se obtiene el error máximo, que es de 1,356. Restando y sumando de 1 esta cantidad se obtienen los límites inferior ($-0,356$) y superior ($2,356$) del intervalo.

Figura 6.9. Funciones de información y error típico del test de cinco ítems del ejemplo

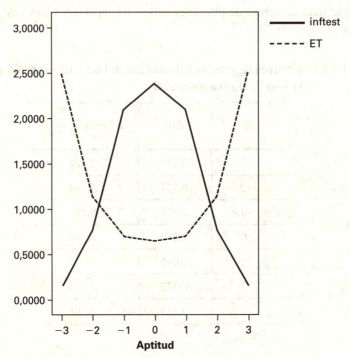

7.3. Estimación de la aptitud, información de ítems y test y errores típicos de estimación con el programa BILOG-MG

Veamos ahora los valores de las estimaciones de la aptitud, las funciones de información y los errores típicos para los datos reales del test EOS8-Razonamiento. El programa BILOG-MG proporciona en la fase 3 los valores de información de los ítems y estima las puntuaciones de aptitud de los sujetos, junto con sus correspondientes errores típicos. En la tabla 6.14 se presentan los estimadores de la información para los ítems seleccionados con sus errores típicos entre paréntesis y en la tabla 6.15 estimadores de las puntuaciones de algunos sujetos, junto con sus errores típicos de estimación.

La segunda columna presenta la información del ítem con el error típico entre paréntesis. En la segunda columna se encuentra el punto estimado en el que el ítem alcanza la máxima información, cuyo valor, si se compara con los mostrados en la tabla 6.3, puede comprobarse que se encuentra próximo al valor del parámetro b correspondiente, no exactamente en b porque estamos en un modelo de 3P, entre paréntesis aparece el error típico de estimación del punto. Finalmente, el programa proporciona una estimación de la fiabilidad del ítem, estimada como un promedio a lo largo de los diferentes niveles de aptitud, junto con el error típico entre paréntesis.

Tabla 6.14. Estimadores de información de ítems seleccionados de EOS8-RA

Ítem	Información (ET)	Máxima información (ET)	Fiabilidad del ítem (ET)
4	0,3035 (0,0949)	1,3626 (0,1397)	0,1424 (0,1240)
6	0,9241 (0,3010)	−2,5533 (0,2157)	0,0670 (0,0628)
19	0,6763 (0,2237)	1,2874 (0,1030)	0,2354 (0,1905)
21	0,5725 (0,2685)	2,0083 (0,2074)	0,1015 (0,0922)
24	0,4297 (0,0876)	−0,0115 (0,0984)	0,2991 (0,2302)

Tabla 6.15. Estimaciones de la aptitud y su error típico para algunos sujetos

Sujeto	Ítems contestados	Ítems acertados	p	θ estimada	ET (θ)
1	25	3	12,00	−2,3951	0,5693
2	25	22	88,00	1,6107	0,5223
3	25	15	60,00	−0,1049	0,4275
4	25	18	72,00	0,2972	0,4443

En la figura 6.10 se presentan gráficamente las funciones de información de los ítems 6 y 24.

Figura 6.10. Funciones de información de los ítems 6 y 24

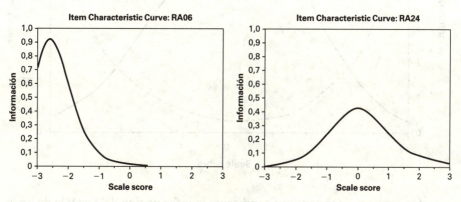

En la figura se observa con claridad lo que se veía en la tabla, que el ítem 6 aporta mucha información, pero como se trata de un ítem muy fácil, la información es buena solamente en los niveles muy bajos de aptitud, decayendo rápidamente. Este ítem solamente sería útil para sujetos con niveles de aptitud muy bajos. Por el contrario, el ítem 24, que tiene una dificultad de nivel medio, aunque la cantidad de información que aporta es menor, se mantiene en un amplio rango de la aptitud, decreciendo solamente en los valores extremos. En la tabla 6.14 puede verse que es el ítem de mayor fiabilidad promedio de los seleccionados.

En la primera columna se presenta el número del sujeto. En la segunda el número de ítems contestados. En la tercera el número de ítems correctamente contestados, y en la cuarta el porcentaje de aciertos. Las columnas quinta y sexta son las más importantes, ya que representan la aptitud estimada (en puntuaciones típicas) y el error típico de la estimación, respectivamente. Puede observarse como la precisión de la estimación es diferente para los distintos sujetos, como se refleja en el error típico. Parece que en las puntuaciones más extremas el error de la estimación es mayor, siendo menor para los sujetos próximos a la media o valor 0. Esto puede apreciarse también en la figura 6.11, que representa las funciones de información y error típico del test para todo el continuo de aptitud.

Figura 6.11. Funciones de información y error típico del test EOS8-RA

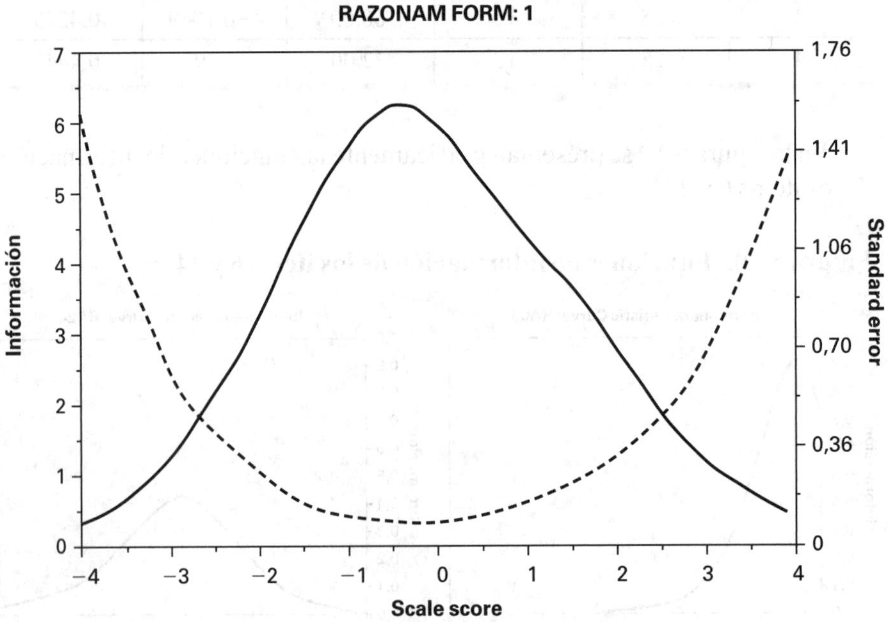

La curva en línea continua representa la información del test y la de línea discontinua la función error típico. Puede observarse como la máxima información se encuentra en el valor de la media del test, que es donde se produce el menor error típico. El test obtiene información aceptable en los valores medios, decreciendo a medida que se aproxima a los extremos y siendo mínima en las puntuaciones muy bajas o muy altas. Esto explica los mayores errores típicos de los sujetos 1 y 2 de la tabla 6.15.

7.4. La función de eficiencia relativa y su papel en la construcción de un test

A partir de la función de información de test se define otra interesante función que resulta muy útil en la selección y en la construcción de tests: *la función eficiencia relativa*. Esta función puede definirse para dos tests alternativos que miden el mismo constructo o para conjuntos distintos de ítems en la fase de construcción o preparación del test, sea un test general o un test adaptativo. En cualquier caso, se habla de tests distintos, por ejemplo el test X y el test Y.

Sean dos tests X e Y que miden el mismo atributo θ, con funciones de información $I_X(\theta)$ e $I_Y(\theta)$. Se define la función eficiencia relativa de X respecto a Y como:

$$ER(\theta; X, Y) = \frac{I_X(\theta)}{I_Y(\theta)} \qquad [6.20]$$

Ejemplo

En la tabla 6.16 se presentan las funciones de información de dos hipotéticos tests, X e Y, así como su eficiencia relativa en un rango de valores de θ.

Tabla 6.16. Funciones de información de dos hipotéticos tests, X e Y y su eficiencia relativa en un rango de valores de θ

θ	$I_X(\theta)$	$I_Y(\theta)$	ER
−3	0,159	0,100	1,5900
−2	0,777	0,200	3,8850
−1	2,091	0,825	2,5345
0	2,383	1,345	1,7717
1	2,091	2,225	0,9398
2	0,777	3,325	0,2337
3	0,159	2,225	0,0715

Para la interpretación de la eficiencia relativa de X con respecto a Y, se tomarán como indicativos los siguientes valores:

- Valor de *ER* igual a 1 indica que ambos tests producen la misma información en el nivel de aptitud considerado.
- Valores de *ER* superiores a 1 indican que el test *X* proporciona más información que el test *Y* en el nivel de aptitud considerado.
- Valores de *ER* tales que [$0 < ER < 1$] indican que el test *Y* proporciona más información en el nivel de aptitud considerado.

Un examen de la tabla indica cambios importantes en la función *ER*. Puede observarse como hasta el valor 0 es más eficiente el test *X* que el test *Y*, pero que el resultado se invierte en los valores superiores. Si se tratase de la elección de un test de inteligencia para la selección de sujetos con altas capacidades, se debería seleccionar el test *Y*, puesto que es más preciso o informativo que *X* en los niveles altos de la aptitud.

En la figura 6.12 se presenta la función eficiencia relativa para el ejemplo.

Figura 6.12. Función eficiencia relativa del test *X* respecto del test *Y*

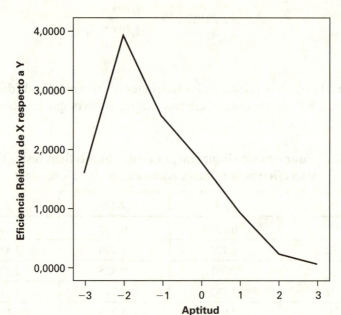

La eficiencia relativa también puede utilizarse para comparar tests formados por diferentes conjuntos de ítems y/o evaluar las consecuencias de los cambios introducidos en un test. Por ejemplo, Lord (1980) presenta ejemplos de esta aproximación para responder preguntas sobre cambios introducidos en el test SAT:

- Efectos de acortar el test eliminando partes aleatoriamente equivalentes.
- Añadir cinco ítems similares a los cinco ítems más fáciles.
- Eliminar cinco ítems con dificultad media.
- Reemplazar cinco ítems de dificultad media por cinco ítems fáciles.
- Reemplazar un conjunto de ítems que implicaban lectura por otro conjunto que no tenía este requisito.
- Eliminar la mitad de ítems más fáciles.
- Eliminar la mitad de ítems más difíciles.
- Reemplazar todos los ítems por ítems de dificultad media.

Mediante la función eficiencia relativa pudo responder a todas las cuestiones, lo cual revela el interés que puede tener en el diseño de tests. También juega un papel importante en la selección de ítems para los tests adaptativos. El único problema es que para poder utilizarla se necesita que todos los conjuntos de ítems que intervienen en las funciones de información estén calibrados, es decir, es necesario disponer de estimadores de los parámetros de los ítems.

7. Modelos Politómicos de la Teoría de la Respuesta al Ítem

1. Introducción

Los modelos de la TRI presentados en el capítulo 5 se aplican únicamente a ítems con formato de respuesta dicotómico. La TRI no está limitada a estos formatos, sino que también se han desarrollado modelos para otros tipos de ítems, que son frecuentes en psicología en los dominios de la medición de rasgos de personalidad y actitudes. En educación también son habituales estos formatos para ítems que admiten varios niveles de corrección en la respuesta. A veces, incluso con ítems dicotómicos, también se aplican los modelos politómicos cuando se forman las denominadas *parcelas de ítems*, compuestas por conjuntos de ítems o *testlets*, a los que se ha hecho alusión en el capítulo anterior (Thissen y Wainer, 2001). En general, los ítems que se puntúan en varias categorías son denominados *politómicos*. La mayor parte de los modelos propuestos son generalizaciones de los modelos para ítems dicotómicos. Igual que sucede en los modelos para ítems dicotómicos, en los modelos para ítems politómicos existe la división entre los partidarios del modelo de Rasch y los de los modelos de 2P, habiéndose desarrollado modelos en las dos líneas (al no existir la posibilidad de acierto por adivinación en los ítems a los que se aplican estos modelos, no tiene sentido el modelo de 3P).

Una revisión de la literatura psicométrica reciente permite constatar que en los últimos años se han presentado muchos modelos para TRI con ítems politómicos, y que están apareciendo nuevos modelos cada año. Por este motivo, resulta imposible llevar a cabo una presentación exhaustiva en el marco de este capítulo y remitimos a los lectores interesados a libros recientes en los que se recogen los nuevos modelos como los de Boomsma, Van Duijn y Snijders (2001), Van der Linden y Hambleton (1997) y al libro monográfico sobre modelos politómicos de Ostini y Nering (2005). Las extensiones del modelo de Rasch pueden consultarse en Fischer y Molenaar (1995) y con un planteamiento más centrado en los modelos lineales generalizados, en el reciente libro editado por De Boeck y Wilson (2004). Se han seleccionado para su descripción en este capítulo solamente los modelos más utilizados en las aplicaciones y que disponen de implementaciones seguras en programas de ordenador de fácil acceso. También se ha omitido el tratamiento de los denominados *modelos TRI no paramétricos*, a los ya se han hecho referencia en el capítulo 5, que gozan de cierta popularidad en la actualidad, especialmente en Europa. Un tratamiento completo de los mismos puede encontrarse en Sijtsma y Molenaar (2002).

Siguiendo la clasificación de Thissen y Steinberg (1986), los modelos politómicos suelen dividirse en dos grandes grupos, según una clasificación derivada del procedimiento de cálculo de las probabilidades de respuesta: indirectos (modelo de respuesta graduada, modelo de respuesta graduada modificado) y directos (modelo de crédito parcial, modelo generalizado de crédito parcial, modelo de respuesta nominal). En los primeros, la probabilidad condicionada de que un sujeto responda en una categoría de respuesta dada se calcula mediante un proceso en dos fases. En los directos, por el contrario, es suficiente una única ecuación para determinar dicha probabilidad. Estos últimos, por su procedimiento de cálculo, son denominados a veces «divide por el total» (Thissen y Steinberg, 1986).

Todos los supuestos, conceptos y procedimientos de estimación presentados en los dos capítulos anteriores son aplicables a los modelos politómicos, que se diferencian de los anteriores solamente en las ecuaciones que describen las probabilidades de respuesta a los ítems en las distintas categorías. Los modelos seleccionados y que se se explican a continuación son los siguientes:

- Modelo de Respuesta Graduada (Samejima, 1969, 1997).
- Modelo de *Rating Scale* de Muraki (1992), también conocido como de Respuesta Graduada Modificado.
- Modelo de Crédito Parcial (Masters, 1982; Masters y Wright, 1997).
- Modelo de Crédito Parcial Modificado (Muraki, 1993, 1997).

Los cuatro modelos son aplicables solamente a ítems en los que se puede establecer una ordenación de las respuestas, es decir, a ítems de respuesta graduada. El último puede aplicarse a ítems con categorías nominales.

Para ilustrar la aplicación de los modelos para tests de categorías ordenadas (p.ej., las escalas tipo Likert) se utilizan las puntuaciones de $n = 735$ en una versión acortada de la subescala de *Responsabilidad* del test NEO (Costa y McCrae, 1985) formada por 10 ítems.

En la tabla 7.1 se presentan, para cada ítem, las frecuencias de respuestas en cada una de las categorías, así como los estadísticos descriptivos media y desviación típica, los estimadores iniciales de la pendiente y de la posición (dificultad) del ítem, y valores del índice de discriminación de la TCT obtenidos mediante la correlación de Pearson (r_{pp}) y correlación poliserial (r_{ps}) que es una extensión de la correlación biserial al caso de múltiples categorías. Como puede observarse en la tabla, la correlación poliserial produce valores más elevados. Estos valores han sido obtenidos con el programa PARSCALE, que es el más utilizado en el análisis de ítems politómicos.

Tabla 7.1. Análisis de frecuencias de las respuestas a los ítems de la escala de Responsabilidad

	1	2	3	4	5	Media	DT	Pend. inicial	Posic. inicial	r_{pp}	r_{ps}
C1	11	94	264	309	56	3,416	0,861	0,961	1,171	0,649	0,693
C2	5	65	169	310	194	3,849	0,935	1,222	0,073	0,721	0,774
C3	15	73	191	331	124	3,649	0,942	0,853	0,037	0,608	0,649
C4	12	64	220	264	174	3,714	0,975	0,800	-0,615	0,588	0,625
C5	36	146	227	221	104	3,287	1,086	0,919	1,828	0,646	0,677
C6	50	146	176	201	161	3,377	1,217	0,870	1,520	0,623	0,656
C7	21	110	292	287	24	3,249	0,851	1,028	2,278	0,667	0,717
C8	20	50	174	296	194	3,809	0,991	0,903	-0,317	0,624	0,670
C9	6	74	292	348	14	3,395	0,727	1,427	1,964	0,740	0,819
C10	14	66	224	315	115	3,614	0,919	0,868	0,037	0,616	0,656

2. Modelo de Respuesta Graduada (MRG)

El Modelo de Respuesta Graduada fue propuesto por Samejima (1969, 1972, 1997) para ítems con tres o más categorías ordenadas de respuesta. Es la primera generalización de los modelos de ítems dicotómicos a ítems politómicos, concretamente del modelo logístico de 2P. Pertenece al grupo de modelos denominados «indirectos» o «de diferencias» (Thissen y Steinberg, 1986), que suponen calcular las probabilidades de respuesta condicionales a cada categoría como un proceso en dos pasos. El modelo es muy flexible, ya que puede aplicarse a tests formados por ítems con diferente número de categorías de respuesta dentro del mismo test. El modelo puede aplicarse en métrica normal o logística, aspecto que se puede controlar en los programas.

Como en el caso de los modelos para ítems dicotómicos, la métrica normal supone la multiplicación del exponente de *e* por el factor de escalamiento $D = 1,7$.

Antes de introducir la explicación del modelo, debemos establecer algunas precisiones sobre sus parámetros y notación. Como desarrollo que es del modelo logístico de 2P, cada ítem requiere un parámetro de *pendiente* o discriminación, que se denota como a_i igual que en el modelo de 2P, aunque su significado preciso no es exactamente igual. El hecho de que existan ahora varias categorías de respuesta j ($j = 1, 2, ..., k$), supone la introducción de nuevos parámetros para expresar la posición del ítem y de sus categorías en el continuo del rasgo latente θ. En primer lugar, se trata de los denominados *parámetros de umbrales entre categorías*, b_{ij}, que son valores en la misma escala del rasgo latente que representan los valores del rasgo necesarios para responder *en o por encima* de una categoría j con probabilidad de 0,50 o mayor. Puesto que en cada ítem hay k categorías de respuesta, será necesario estimar $k - 1$ de estos parámetros. En los ítems del ejemplo presentado hay cinco categorías de respuesta, denotadas por los números 1, 2, 3, 4 y 5 y habrá por lo tanto 4 umbrales, que separan las categorías 1-2, 2-3, 3-4 y 4-5. Además de éstos, existirá una probabilidad de responder a una categoría determinada dentro de cada ítem, y habrá unos parámetros de posición de la categoría, que denotamos como b_k.

El objetivo del modelo de respuesta graduada es obtener las denominadas *Curvas de Categorías de Respuesta* (CCR en adelante) que para cada ítem proporcionan las probabilidades de responder en una categoría determinada, condicionadas a un nivel del rasgo θ. No obstante, estas probabilidades no pueden obtenerse directamente, sino mediante un proceso de sustracción, de ahí su pertenencia al grupo de los modelos indirectos o en dos fases. Antes de obtener las probabilidades de respuesta a las categorías, es preciso determinar las denominadas *Curvas Características de Operación (CCO)* para cada uno de los umbrales que separan las categorías, cuatro en los datos del ejemplo. Cada una de estas curvas da las probabilidades de que el sujeto con un determinado nivel de rasgo θ responda en o por encima de dicha categoría. Estas curvas se basan en una serie de dicotomías sucesivas:

- Categoría 1 frente a las categorías 2, 3, 4 y 5.
- Categorías 1 y 2 frente a las categorías 3, 4 y 5.
- Categorías 1, 2 y 3 frente a las categorías 4 y 5.
- Categorías 1, 2, 3 y 4 frente a la categoría 5.

Como las respuestas se pueden considerar dicotómicas, ya que se ha establecido un proceso de dicotomización, para obtener las probabilidades de cada una de las CCO se aplica un modelo logístico de 2P. Como estas probabilidades que proporcionan las CCO no son todavía las probabilidades de respuesta a una categoría, se denotan como $P^+_{ij}(\theta)$ para diferenciarlas de las que proporcionan las CCR. Las probabilidades de las CCO se obtienen mediante la siguiente ecuación, que no es más que el modelo de 2P, que se aplicará a cada una de las $k - 1$ dicotomías:

$$P_{ij}^+(\theta) = \frac{e^{[a_i(\theta - b_{ij})]}}{1 + e^{[a_i(\theta - b_{ij})]}} \qquad [7.1]$$

donde b_{ij} representa el umbral de la categoría, tal como se ha explicado. Habrá $k - 1$ CCO y en todas ellas a_i representa el parámetro pendiente, que es común a todos los umbrales entre categorías dentro del mismo ítem.

Una vez que se han estimado las CCO de cada uno de los umbrales, puede procederse al cálculo de las probabilidades de respuesta a cada categoría de un ítem, que denotamos como $P_{ij}(\theta)$ y que se obtienen por sustracción de las probabilidades anteriores. Sea j una categoría cualquiera y $j + 1$ la categoría siguiente en la ordenación. En estas condiciones, la probabilidad de respuesta a la categoría j, condicionada a un nivel del rasgo θ, viene dada por:

$$P_{ij}(\theta) = P_{ij}^+(\theta) - P_{i,j+1}^+(\theta) \qquad [7.2]$$

Por definición, la probabilidad de responder en o por encima de la categoría más baja es 1 y la probabilidad de responder por encima de la categoría más alta es 0. Teniendo en cuenta estas condiciones, las probabilidades de responder a cada una de las cinco categorías para los ítems tipo Likert del ejemplo serán:

$$P_{i1}(\theta) = 1 - P_{i2}^+(\theta)$$
$$P_{i2}(\theta) = P_{i2}^+(\theta) - P_{i3}^+(\theta)$$
$$P_{i3}(\theta) = P_{i3}^+(\theta) - P_{i4}^+(\theta)$$
$$P_{i4}(\theta) = P_{i4}^+(\theta) - P_{i5}^+(\theta)$$
$$P_{i5}(\theta) = P_{i5}^+(\theta) - 0$$

Una vez estimados los $P_{ij}(\theta)$, a partir de ellos se obtienen los b_{ij}. En la tabla 7.2 se presentan los parámetros de los ítems estimados para los $n = 10$ ítems de la escala. Los estimadores fueron obtenidos con el programa MULTILOG.

En la tabla puede observarse como el umbral que discrimina entre las categorías inferiores está, en general, deficientemente estimado, como se refleja en sus errores típicos. Esto se debe a que hay muy pocos sujetos en la categoría 1, como se puede observar en la tabla 7.1. Los parámetros umbral entre categorías se distribuyen a lo largo de los niveles del rasgo. Obsérvese que dentro de cada ítem los parámetros umbral están ordenados. Esto debe ocurrir en el Modelo de Respuesta Graduada (MRG), pero no necesariamente en otros modelos que se verán a continuación.

Tabla 7.2. Estimadores de los parámetros umbral entre categorías y pendiente para los ítems de la escala de Responsabilidad del NEO. Entre paréntesis se presentan los errores típicos

Ítem	a_i	b_{i1}	b_{i2}	b_{i3}	b_{i4}
1	1,55 (0,12)	−3,37 (0,33)	−1,59 (0,13)	0,01 (0,08)	2,18 (0,17)
2	2,05 (0,15)	−3,38 (0,34)	−1,71 (0,12)	−0,62 (0,07)	0,84 (0,07)
3	1,26 (0,11)	−3,62 (0,38)	−1,97 (0,18)	−0,49 (0,10)	1,63 (0,16)
4	1,18 (0,11)	−4,00 (0,45)	−2,23 (0,21)	−0,42 (0,10)	1,26 (0,14)
5	1,35 (0,11)	−2,74 (0,25)	−1,07 (0,11)	0,26 (0,09)	1,77 (0,16)
6	1,14 (0,11)	−2,74 (0,28)	−1,11 (0,14)	0,02 (0,10)	1,39 (0,15)
7	1,61 (0,13)	−2,87 (0,25)	−1,33 (0,11)	0,30 (0,08)	2,79 (0,24)
8	1,30 (0,12)	−3,31 (0,32)	−2,16 (0,19)	−0,68 (0,10)	1,06 (0,12)
9	2,65 (1,36)	−2,96 (0,26)	−1,45 (0,09)	0,04 (0,05)	2,53 (0,18)
10	1,36 (0,12)	−3,53 (0,37)	−2,00 (0,18)	−0,32 (0,09)	1,66 (0,15)

En las figuras 7.1 y 7.2 se muestran las probabilidades de respuesta a cada una de las categorías de dos de los ítems (6 y 9, respectivamente) obtenidas con el programa MULTILOG (Thissen, 2003).

Figura 7.1. Curvas Características de Respuesta a las 5 categorías del ítem 6

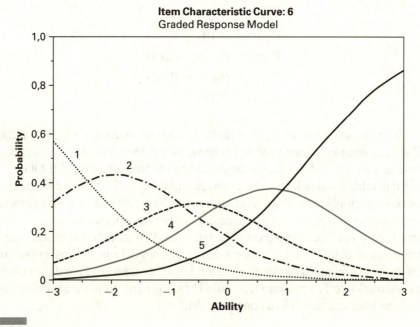

Figura 7.2. Curvas Características de Respuesta a las 5 categorías del ítem 9

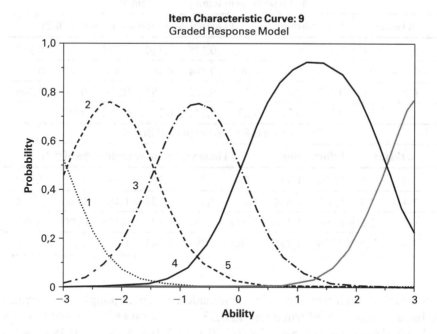

Estas curvas representan la probabilidad de responder en cada una de las categorías condicionadas a los niveles del rasgo. En cualquier valor fijado de θ la suma de las probabilidades de respuesta es igual a 1.

Los parámetros del ítem dictan la forma y posición de las CCR y CCO. En general, a mayor valor del parámetro pendiente (a_i), más bruscas o empinadas son las CCO y más estrechas y apuntadas son las CCR, indicando que las categorías de respuesta diferencian muy bien entre los niveles del rasgo. Puede observarse esta característica en las CCR presentadas para los ítems 6 y 9. En la figura 7.1, el parámetro pendiente es mucho menor que en la figura 7.2. Por tanto, las CCR del ítem 9 son más estrechas y apuntadas que en el ítem 6. En las curvas centrales, el punto de máximo se encuentra en el medio de dos parámetros umbral adyacentes.

El parámetro pendiente no debe ser interpretado directamente como discriminación del ítem. Es preferible juzgar la discriminación por medio de las funciones de información del ítem.

El programa MULTILOG proporciona la función de información de cada ítem en los diversos niveles del rasgo. En la tabla 7.3 se presenta esta función para los ítems 6 y 9, tal como las produce el programa.

En la tabla se presenta la información para múltiples valores de θ, que comienzan en $-3,00$ y finalizan en 3,0, tal como indican las dos primeras columnas, que representan el intervalo de valores para los que se proporciona la

Tabla 7.3. Funciones de información de los ítems 6 y 9

	Función de Información para el ítem 6							
u theta:	Information:	(Theta values increase in steps of 0.2)						
−3,0 - −1,6	0,337	0,354	0,366	0,375	0,380	0,385	0,388	0,392
−1,4 - 0,0	0,395	0,399	0,401	0,404	0,405	0,406	0,405	0,404
0,2 - 1,6	0,402	0,400	0,396	0,392	0,385	0,376	0,363	0,346
1,8 - 3,0	0,324	0,299	0,271	0,241	0,211	0,182	0,155	
	Función de Información para el ítem 9							
u theta:	Information:	(Theta values increase in steps of 0.2)						
−3,0 - −1,6	1,776	1,747	1,568	1,378	1,303	1,388	1,585	1,769
−1,4 - 0,0	1,812	1,684	1,479	1,334	1,338	1,488	1,687	1,792
0,2 - 1,6	1,700	1,430	1,090	0,787	0,577	0,475	0,481	0,597
1,8 - 3,0	0,820	1,131	1,465	1,707	1,744	1,554	1,225	

información con incrementos de 0,2 unidades. Así, por ejemplo, en la primera línea el valor de información de 0,337 correspondería a −3,0; 0,354 a −2,8; 0,366 a −2,6; 0,375 a −2,4; 0,380 a −2,2; 0,385 a −2,0; 0,388 a −1,8 y 0,392 a −1,6. De igual forma deben leerse los resultados de las otras líneas. Puede observarse que el ítem 6 proporciona en general baja información en los distintos niveles, aunque bastante similar. Esto se debe a que su parámetro pendiente es bajo. La máxima información se encuentra en el valor de $\theta = -0,4$ (0,406), siendo muy similar la información proporcionada en los valores adyacentes.

El ítem 9 proporciona mayor información que el ítem 6 en todos los niveles del rasgo, como puede verse en la tabla, y además existen mayores diferencias entre los niveles de información proporcionados, siendo considerablemente inferiores entre los valores 1,0 y 1,4. Estas características se deben al valor elevado del parámetro pendiente. La máxima información se encuentra en −1,2 (1,812).

En la figura 7.3 a y b se presentan las funciones de información para los dos ítems seleccionados. Estas figuras forman parte del *output* del programa MULTILOG.

Como en los modelos de ítems dicotómicos, la función de información es aditiva a lo largo de los niveles del rasgo, lo que permite obtener la función de información para el test total y la función error típico de estimación. En la figura 7.4 se presentan estas funciones obtenidas con MULTILOG.

Como se puede observar, la información es relativamente constante para las puntuaciones bajas y medias, comenzando a decrecer a partir de +1 aproximadamente. Lo contrario sucede con el error típico de estimación.

Figura 7.3. Funciones de información de los ítems 6 (a) y 9 (b)

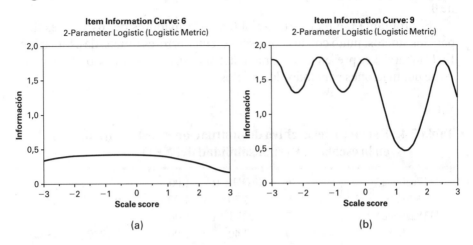

Figura 7.4. Funciones de información (línea continua) y error típico de estimación (línea discontinua) de la escala de Responsabilidad del NEO

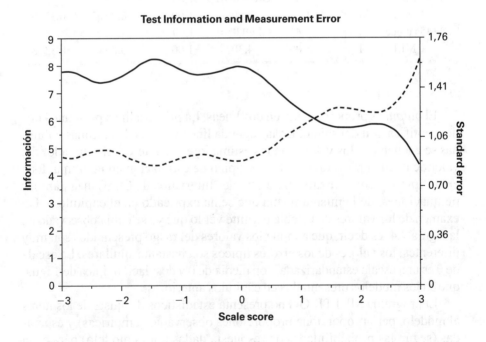

El programa también proporciona un estimador del coeficiente de fiabilidad del test total, denominado *fiabilidad marginal* que alcanza el valor de 0,863. Es el estimador más próximo dentro del contexto de la TRI a la fiabilidad de la TCT. Es una fiabilidad promedio a lo largo de los diferentes valores de θ.

El programa también permite obtener estimadores de los valores de θ para los sujetos, junto con los correspondientes errores típicos de estimación. En la tabla 7.4 se presenta un extracto del *output*, que es grabado en un archivo de puntuaciones para todos los sujetos.

Tabla 7.4. Extracto del archivo de puntuaciones de los sujetos en la escala de Responsabilidad del NEO

1117aabbcc			36	GROUP 01	1,00	
1 MLE	1	1,00	3,20	1,00	−0,3971	0,2981
1118aabbcc			37	GROUP 01	1,00	
1 MLE	1	1,00	2,40	1,00	−2,1229	0,3061
1126aabbcc			38	GROUP 01	1,00	
1 MLE	1	1,00	4,40	1,00	1,5631	0,3159
1131aabbcc			39	GROUP 01	1,00	
1 MLE	1	1,00	2,90	1,00	−1,0629	0,2800
1138aabbcc			40	GROUP 01	1,00	
1 MLE	1	1,00	3,90	1,00	0,7915	0,3320
1145aabbcc			41	GROUP 01	1,00	
1 MLE	1	1,00	4,30	1,00	0,8947	0,3398

El *output* es proporcionado en dos líneas. La primera línea presenta datos de identificación del sujeto. En la segunda línea y en las dos últimas columnas se encuentran los valores de los estimadores de interés: el estimador del valor de θ, en la penúltima y el error típico de estimación en la última. Este error típico puede utilizarse para obtener Intervalos de Confianza para las puntuaciones, de la misma forma que se ha explicado en el capítulo 6. Un examen de los valores de la tabla permite ver lo que ya se había observado en la figura 7.4, es decir, que aunque los valores del rasgo presentados son muy diferentes, los valores de los errores típicos son bastante similares. La escala de θ es una escala estandarizada, con media de 0 y desviación típica de 1 igual que en los modelos presentados en capítulos anteriores.

El programa MULTILOG no presenta estadísticos de ajuste de los ítems al modelo, pero proporciona proporciones observadas (empíricas) y esperadas (según las probabilidades de respuesta dadas por el modelo) para cada una de las categorías. Con estas proporciones esperadas y observadas pueden calcularse estadísticos χ^2 con programas generales de estadística y examinar la significación de las discrepancias. En la tabla 7.5 se presenta un extracto del *output* para los ítems 6 y 9.

Tabla 7.5. Proporciones de respuestas observadas y esperadas en las 5 categorías de los ítems 6 y 9

Frecuencias observadas y esperadas en las categorías del ítem 6

OBSERVED AND EXPECTED COUNTS/PROPORTIONS IN					
CATEGORY(K):	1	2	3	4	5
OBS. FREQ.	50	146	176	201	161
OBS. PROP.	0.0681	0.1989	0.2398	0.2738	0.2193
EXP. PROP.	0.0688	0.1968	0.2389	0.2774	0.2181

Frecuencias observadas y esperadas en las categorías del ítem 9

OBSERVED AND EXPECTED COUNTS/PROPORTIONS IN					
CATEGORY(K):	1	2	3	4	5
OBS. FREQ.	6	74	292	348	14
OBS. PROP.	0.0082	0.1008	0.3978	0.4741	0.0191
EXP. PROP.	0.0079	0.1056	0.4005	0.4672	0.0188

Una observación de los valores de la tabla hace pensar que el ajuste es bueno. No obstante, para extraer conclusiones debería realizarse un contraste estadístico.

3. Modelo de *Rating Scale* (Muraki, 1990)

Muraki (1990) desarrolló una modificación del MRG que facilita su utilización y simplifica los cálculos requeridos. Es aplicable a tests donde todos los ítems tienen el *mismo número de categorías* de respuesta. El autor lo denominó modelo de *Rating Scale*, ya que los ítems a los que mejor se aplica es a las escalas tipo Likert de los cuestionarios de personalidad y actitudes. Algunos autores (Embretson y Reise, 2000) prefieren denominarlo «Modelo de Respuesta Graduada modificado» ya que en el contexto de los modelos de Rasch, Andrich (1978) desarrolló un modelo con esta misma denominación para escalas tipo Likert.

Este modelo es muy similar en todos los aspectos al MRG expuesto en el apartado anterior, siendo de hecho un caso particular. Como en el MRG se considera un parámetro pendiente (a_i), que puede diferir entre ítems, aunque es común para todas las categorías dentro del mismo ítem. Su cálculo también requiere de un proceso indirecto en dos fases, en el que se obtienen en primer lugar las CCO (dadas por las $P_{ij}^+(\theta)$) de las que se obtienen por sustracción las CCR (dadas por las probabilidades $P_{ij}(\theta)$). La diferencia entre ambos modelos se encuentra en que en el modelo de *Rating Scale* los parámetros de umbrales entre categorías (b_{ij}) se descomponen en dos términos: el parámetro de posición (b_i) para cada ítem, que es común para todo el ítem, y el umbral de categoría (c_j). Estos umbrales de categoría son comunes para el conjunto de ítems que componen la escala. Es decir: $b_{ij} = b_i - c_j$.

La CCO se obtiene mediante la siguiente expresión:

$$P_{ij}^+(\theta) = \frac{e^{\{a_i[\theta - (b_i - c_j)]\}}}{1 + e^{\{a_i[\theta - (b_i - c_j)]\}}} \quad [7.3]$$

La probabilidad de responder en una categoría particular se obtiene como en el modelo MRG por sustracción de las correspondientes CCO:

$$P_{ij}(\theta) = P_{ij}^+ - P_{i,j+1}^+ \quad [7.4]$$

con las mismas restricciones para las categorías extremas:

$$P_{i(j=1)}^+(\theta) = 1$$
$$P_{i(j=k+1)}^+(\theta) = 0$$

El parámetro de la pendiente a_i tiene el mismo significado que en el MRG, indicando lo rápido que cambian las puntuaciones esperadas del ítem en función del nivel del rasgo. Los parámetros de posición (b_i) indican la «dificultad» o valor en la escala del atributo de un ítem particular, puesto que está medido en la misma métrica que el rasgo o atributo. Los parámetros de los umbrales se mueven a lo largo del rasgo dentro de cada uno de los ítems.

Para ilustrar el modelo se aplica a los mismos datos de la escala de Responsabilidad del NEO. La aplicación de este modelo como alternativa al de respuesta graduada es posible, dado que todos los ítems tienen el mismo número de categorías. Los cálculos fueron realizados con el programa PARSCALE (Muraki y Bock, 2003).

En la tabla 7.6 se presentan los estimadores de los parámetros de los ítems para el modelo y entre paréntesis los correspondientes errores típicos.

En la tabla puede observarse que los umbrales de categoría son comunes para todos los ítems de la escala, que están ordenados y que su suma es 0. Si se comparan los resultados con los de la aplicación del MRG, puede observarse que los parámetros de pendiente tienden a variar menos aquí.

El programa PARSCALE 4.0 presenta estadísticos de ajuste de los ítems al modelo, basados en una aproximación χ^2 similar a la utilizada en los modelos para ítems dicotómicos explicada en el capítulo 6. Como allí, se divide el conjunto de valores de θ en una serie de intervalos, reflejados en los grados de libertad, y se comparan las probabilidades de respuesta dadas por el modelo con las proporciones observadas en cada intervalo. En la última columna de la tabla se encuentran los p-valores de la correspondiente distribución χ^2. Si adoptamos como nivel de significación común para rechazar el modelo el

Tabla 7.6. Estimadores de los parámetros de los ítems de la escala de Responsabilidad

Ítem	a_i	b_i	χ^2	gl	p-valor
1	0,982 (0,037)	−0,691 (0,044)	56,645	49	0,142
2	0,852 (0,034)	−1,536 (0,050)	96,967	41	0,000
3	0,759 (0,029)	−1,155 (0,054)	68,678	47	0,021
4	0,677 (0,026)	−1,305 (0,060)	70,527	48	0,019
5	0,656 (0,024)	−0,489 (0,061)	83,664	60	0,023
6	0,502 (0,019)	−0,753 (0,079)	89,286	64	0,020
7	1,037 (0,039)	−0,392 (0,041)	43,975	52	0,778
8	0,673 (0,026)	−1,501 (0,061)	38,223	42	0,638
9	1,682 (0,076)	−0,617 (0,030)	46,110	43	0,345
10	0,816 (0,031)	−1,062 (0,051)	53,377	47	0,242
Umbrales de categoría	\multicolumn{5}{c}{$c_1 = -2,677$ (0,027), $c_2 = -0,720$ (0,019), $c_3 = 0,839$ (0,026), $c_4 = 2,559$ (0,060)}

$p < 0,01$, encontramos que el ítem 2 tiene un mal ajuste. Si optamos por $p < 0,05$, los ítems mal ajustados serían los ítems 2, 3, 4, 5 y 6.

Dada la aditividad de χ^2, puede obtenerse una estimación global del ajuste del modelo para el conjunto de los 10 ítems que configuran la escala. Sumando los valores de χ^2 de los ítems se obtiene el valor χ^2 global que es en este caso de 650,46 (493 gl) lo que corresponde a una probabilidad $p < 0,001$. Esto indicaría un ajuste poco adecuado del test total al modelo elegido.

El programa también facilita valores medios de los estimadores para el conjunto de los ítems, que se presentan en la tabla 7.7.

Tabla 7.7. Estadísticos resumen de los estimadores de los parámetros

Parámetro	Media	Desviación típica	N
Pendiente	0,864	0,329	10
Log (pendiente)	−0,200	0,330	10
Umbral (posición)	−0,951	0,417	10

En la figura 7.5 (a y b) se presentan las CCR de los ítems 6 y 9, también seleccionados con el MRG.

Figura 7.5. Curvas Características de Respuesta a las 5 categorías de los ítems 6 (a) y 9 (b)

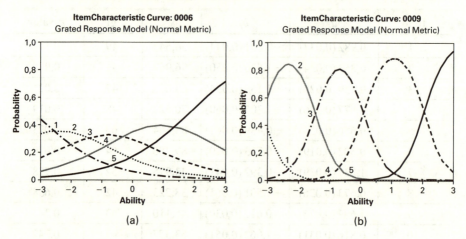

A pesar de diferencias en los valores concretos, puede observarse a grandes rasgos bastante semejanza entre las CCR proporcionadas por el modelo de *Rating Scale* y el modelo de Respuesta Graduada.

El programa PARSCALE no proporciona los valores estimados de las funciones de información del ítem, pero sí su representación gráfica. Para los ítems seleccionados se presentan en la figura 7.6 a y b.

Figura 7.6. Funciones de información de los ítems 6 (a) y 9 (b)

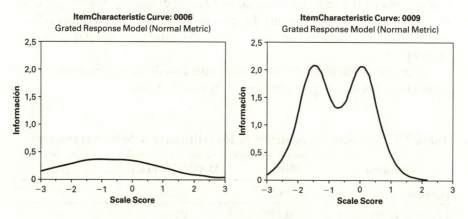

Si se comparan las funciones de información de estos ítems con las obtenidas para el MRG, puede observarse que, a grandes rasgos, las conclusiones son similares. El ítem 6 que tiene menor pendiente, proporciona una información baja y bastante similar para la mayor parte del continuo del rasgo. Por el contrario, el ítem 9, que es el de mayor pendiente, proporciona una información mucho mayor, siendo especialmente elevada entre los valores −2 a −1 y de nuevo entre 0 y +1. La información desciende considerablemente en las puntuaciones extremas.

Sumando las funciones de información de los ítems puede obtenerse la función de información del test. También se obtienen los valores de los errores típicos y la correspondiente función de la forma habitual. En la figura 7.7 se representan ambas funciones.

Figura 7.7. Funciones de información (línea continua) y error típico de estimación (línea discontinua) de la escala de Responsabilidad del NEO

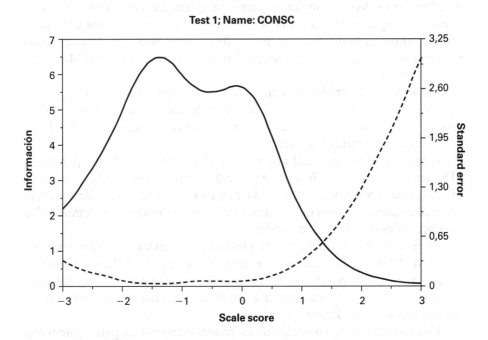

Las conclusiones son bastante parecidas a las del MRG. Como se puede observar, la información es relativamente constante para las puntuaciones bajas y medias, comenzando a decrecer a partir de +1 aproximadamente y en los valores muy bajos del rasgo. Lo contrario sucede con el error típico de estimación.

Además de las estimaciones de los parámetros de los ítems, también se pueden obtener estimaciones de los parámetros de las personas.

4. Modelo de Crédito Parcial (MCP)

El Modelo de Crédito Parcial fue desarrollado inicialmente por Andrich (1978), en una versión limitada que suponía la misma escala de puntuaciones para todos los ítems. El modelo hoy conocido como Modelo de Crédito Parcial es el propuesto por Masters (Masters, 1982; Masters y Wright, 1997). Está en la línea del modelo de Rasch, y no permite variación en las pendientes de los ítems. Una versión más general, que se denomina *Modelo de Crédito Parcial Generalizado*, fue propuesta por Muraki (1992, 1993) y permite la variación de las pendientes de los ítems. Ambos modelos son utilizados con frecuencia en la evaluación de tests de rendimiento educativo, en los que se utilizan ítems formados por varias partes y en los que se da «crédito parcial» o puntuaciones distintas según las partes completadas en el problema o ítem, aunque no lleguen a la solución completa. Aunque es en los ítems de tests de rendimiento donde se aplican con más frecuencia, también son adecuados para analizar ítems cuyas respuestas forman escalas ordenadas (Masters y Wright, 1997).

Los modelos de crédito parcial son en cierta forma similares a los de respuesta graduada, ya que se asume que a medida que los sujetos son más altos en el rasgo latente, es más probable que respondan a todas las partes de un ítem o en las categorías más elevadas.

Este modelo pertenece al grupo de los denominados «divide por total» (Thissen y Steinberg, 1986) y es un modelo de estimación directa, lo que significa que la probabilidad de responder en una categoría particular se representa directamente como una exponencial, que se divide por la suma de las exponenciales de las otras categorías.

El modelo en la formulación de Masters es una extensión del modelo logístico de 1P de Rasch y como todos estos modelos permite la separación de los parámetros de la persona y de los ítems. También la puntuación total es un estadístico suficiente para estimar el nivel de rasgo del sujeto, como en los restantes modelos de Rasch.

Utilizando la misma notación de los modelos anteriores, para un ítem con k categorías de respuesta, también puede hablarse de parámetros de *dificultad* o *paso* que describen las categorías ordenadas y que tendrían la forma de las CCO del Modelo de Respuesta Graduada. No obstante, se obtienen directamente las probabilidades de respuesta a cada una de las categorías mediante una ecuación directa. Para la categoría j, la probabilidad de respuesta dado un nivel del rasgo θ se obtiene mediante:

$$P_{ij}(\theta) = \frac{e^{\left[\sum_{j=1}^{k}(\theta - \delta_{ij})\right]}}{\sum_{r=1}^{m_i}\left[e^{\sum_{j=1}^{k}(\theta - \delta_{ij})}\right]} \qquad [7.5]$$

Los términos δ_{ij} se denominan, a veces, la *dificultad paso* asociada con la puntuación de la categoría *j*. Lo representamos con una notación diferente al clásico parámetro *b* de posición, ya que no se refiere a la dificultad del ítem, sino a la dificultad de alcanzar un paso particular en la solución. A mayor valor del parámetro, más difícil es ese paso particular con relación a los otros pasos dentro de un ítem. Estas dificultades «paso» representan el punto en que cambia la probabilidad de selección de un paso, es decir, cuando se salta de un paso, al siguiente. Pueden interpretarse como las dificultades relativas de los diferentes pasos o mejor, qué cantidad del atributo se necesita para pasar de una categoría a la siguiente. El subíndice *j* se refiere a la categoría y *m* representa el número de pasos. Los parámetros de paso también pueden interpretarse directamente como el punto sobre la escala del rasgo latente en el que *interseccionan* dos curvas consecutivas de categorías de respuesta, indicando en la escala del rasgo latente cuándo se hace más probable una categoría que la categoría previa. No pueden interpretarse, como en los modelos anteriores, como el punto en el continuo del rasgo en que el sujeto tiene una probabilidad de 0,50 de responder por encima de una categoría.

Si se tiene un ítem que admite 4 categorías de respuesta, puntuadas como 0, 1, 2 y 3. Un sujeto debe completar tres pasos para obtener la máxima puntuación representada en la categoría 3.

A continuación se ilustra el modelo de Crédito Parcial mediante su aplicación a los ítems de la escala de Responsabilidad del NEO, ya tratada con otros modelos. Su uso está más extendido con tests de tipo cognitivo, que implican la solución de problemas en varios pasos, pero también puede aplicarse a escalas graduadas en general. Dados los resultados encontrados con los dos modelos anteriores, en los que había variaciones en las pendientes, no es esperable que se obtenga un buen ajuste con este modelo. Los resultados se obtuvieron con el programa PARSCALE, que incluye entre sus opciones el modelo de Crédito Parcial. Por defecto, el Modelo de Crédito Parcial estimado por este programa es el de Crédito Parcial Generalizado, pero imponiendo algunas condiciones, como la fijación de la misma pendiente para todos los ítems y la consideración de que cada ítem representa un bloque, se obtiene el equivalente al modelo de Masters. En la tabla 7.8 se presentan los resultados de la estimación del modelo.

En la tabla solamente aparecen los parámetros de intersección de cada una de las categorías junto con sus errores típicos entre paréntesis, además de los resultados del análisis del ajuste de los ítems. Los parámetros de intersección representan posiciones en la escala del rasgo latente donde interseccionan las categorías. Puede observarse que para todos los ítems aparecen ordenados. Ésta no es una condición necesaria del MCP. En general, pueden no estar ordenados y cuando esto ocurre se dice que se ha producido una inversión. Cuando no se producen, como en este caso, hay al menos un nivel de rasgo para cada opción de respuesta en el que ésta es la más probable (Andrich, 1988). Puede observarse también que en general los últimos pasos en

Tabla 7.8. Estimadores de los parámetros de los ítems de la escala de Responsabilidad con el Modelo de Crédito Parcial y estadísticos de ajuste

Ítem	δ_1	δ_2	δ_3	δ_4	χ^2	gl	p-valor
1	−3,149 (0,156)	−0,538 (0,092)	0,981 (0,128)	2,707 (0,333)	65,834	50	0,066
2	−2,317 (0,100)	−0,519 (0,105)	0,291 (0,156)	2,546 (0,482)	87,025	40	0,000
3	−2,463 (0,115)	−0,236 (0,098)	0,761 (0,146)	1,937 (0,298)	71,146	46	0,010
4	−2,005 (0,115)	−0,759 (0,099)	0,884 (0,150)	1,879 (0,330)	49,427	42	0,201
5	−1,913 (0,129)	−0,555 (0,102)	0,479 (0,113)	1,990 (0,197)	49,704	51	0,525
6	−1,329 (0,115)	−0,397 (0,110)	0,166 (0,119)	1,560 (0,174)	58,767	49	0,160
7	−3,585 (0,224)	−0,335 (0,091)	1,320 (0,120)	2,600 (0,250)	67,147	49	0,043
8	−1,887 (0,101)	−0,280 (0,103)	0,998 (0,169)	1,169 (0,279)	48,883	40	0,158
9	−4,579 (0,284)	−0,336 (0,088)	1,562 (0,139)	3,354 (0,441)	93,637	46	0,000
10	−2,503 (0,119)	−0,456 (0,095)	1,034 (0,148)	1,925 (0,309)	34,982	44	0,833

−2 Log Verosimilitud = 17.566,618.

todos los ítems están pobremente estimados, como indican sus errores típicos, considerablemente mayores. Si se observan los estadísticos de ajuste, y considerando el nivel de significación $p < 0,01$ no se ajustan los ítems 2, 3 y 9. Si se toma $p < 0,05$, tampoco lo hace el ítem 7. Los ítems 2 y 3 también mostraban un pobre ajuste en el modelo de *Rating Scale*, no así los 9 y 7. Precisamente estos ítems son los que en modelos anteriores mostraban parámetros pendiente con valores más altos y diferentes de los de los demás ítems, especialmente el 9.

En la figura 7.8 (a y b) se presentan las CCR de los ítems 6 y 9.

La principal diferencia con los gráficos anteriores para estos mismos ítems se encuentra en el ítem 9, que era el que tenía un mayor valor en el parámetro pendiente, que en este modelo se suprime.

El programa PARSCALE también obtiene las representaciones gráficas de las funciones de información de los ítems y del test total. En la figura 7.9

Figura 7.8. Curvas de categorías de respuesta de los ítems 6 (a) y 9 (b) con el modelo de Crédito Parcial

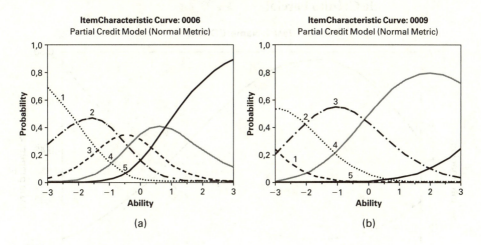

Figura 7.9. Funciones de información de los ítems 6 (a) y 9 (b) con el modelo de Crédito Parcial

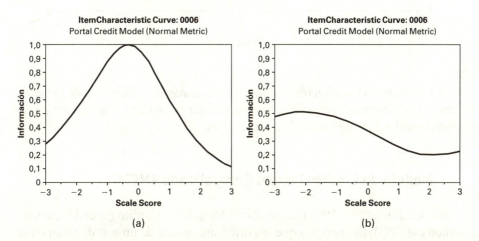

(a y b) se presentan las funciones de información de los ítems 6 y 9, respectivamente.

Al comparar estas funciones con las de los modelos anteriores, puede observarse un comportamiento muy diferente en el MCP. Puede verse aquí también el cambio experimentado en el ítem 9, que ahora proporciona menos información que el ítem 6.

La función de información del test y la función error típico se presentan en la figura 7.10.

Estas funciones muestran un gran parecido con las del modelo de *Rating Scale* en cuanto a las zonas de más información y mínimo error.

Figura 7.10. Función de información del test (línea continua) y función error típico de estimación (discontinua) en el Modelo de Crédito Parcial

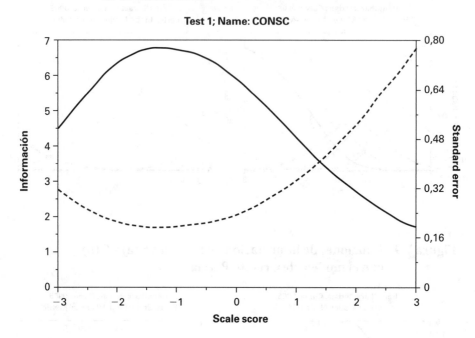

El programa también proporciona estimadores de la habilidad de los sujetos, cuya presentación se omite para no alargar el capítulo, que tienen un formato similar a las de los modelos anteriores.

5. Modelo de Crédito Parcial Generalizado (MCPG)

Muraki (1992, 1993, 1997) desarrolló el Modelo de Crédito Parcial Generalizado (MCPG) que permite que los diferentes ítems de un test difieran en la pendiente. La función que proporciona las CCR se obtiene directamente, como en el MCP y viene dada por la siguiente ecuación:

$$P_{ix}(\theta) = \frac{e^{\left[\sum_{j=1}^{x} a_i(\theta - \delta_{ij})\right]}}{\sum_{r=1}^{k}\left[e^{\sum_{j=1}^{x} a_i(\theta - \delta_{ij})}\right]} \quad [7.6]$$

Los parámetros de intersección de categorías (δ_{ij}) se interpretan como en el MCP, es decir, como el punto de intersección de dos categorías adyacentes de la escala. Son los puntos de la escala del rasgo donde una categoría de respuesta llega a ser relativamente más probable que la que la precede, dado que el examinado ha completado los pasos previos. El parámetro a_i no se interpreta como en los modelos de ítem dicotómicos, ya que en los politómicos la discriminación del ítem depende de una combinación de la pendiente y de la extensión de los umbrales de categoría o de las intersecciones de categorías. En este modelo indica el grado en que las respuestas categóricas varían entre ítems a medida que θ cambia.

Se ilustra el modelo con los mismos datos que en los modelos anteriores. Los parámetros fueron estimados con el programa PARSCALE. En el programa también es necesario definir cada ítem como un bloque, pero eliminando en este caso la necesidad de que las pendientes sean iguales. En la tabla 7.9 se presentan los estimadores de las pendientes y de las dificultades de paso de los ítems, junto con los datos de bondad de ajuste.

Tabla 7.9. **Estimadores de los parámetros de los ítems de la escala de Responsabilidad con el Modelo de Crédito Parcial Generalizado y estadísticos de ajuste**

Ítem	a_i	δ_1	δ_2	δ_3	δ_4	χ^2	gl	p-valor
1	0,676 (0,037)	−2,923 (0,135)	−0,529 (0,079)	0,919 (0,111)	2,533 (0,286)	69,269	47	0,019
2	0,897 (0,054)	−1,991 (0,069)	−0,470 (0,070)	0,354 (0,104)	2,107 (0,317)	50,283	39	0,106
3	0,479 (0,029)	−2,708 (0,135)	−0,223 (0,116)	0,828 (0,173)	2,104 (0,354)	51,467	51	0,455
4	0,426 (0,028)	−2,286 (0,141)	−0,910 (0,131)	1,052 (0,201)	2,144 (0,441)	38,409	47	0,810
5	0,468 (0,030)	−2,087 (0,156)	−0,612 (0,123)	0,497 (0,138)	2,202 (0,239)	65,291	57	0,211
6	0,347 (0,026)	−1,519 (0,184)	−0,470 (0,178)	0,042 (0,193)	1,947 (0,282)	75,436	57	0,052
7	0,714 (0,039)	−3,214 (0,184)	−0,358 (0,076)	1,179 (0,0989)	2,392 (0,205)	59,054	56	0,364
8	0,489 (0,032)	−2,020 (0,117)	−0,283 (0,119)	1,104 (0,197)	1,199 (0,325)	51,466	45	0,235
9	1,423 (0,078)	−3,052 (0,130)	−0,392 (0,043)	1,051 (0,064)	2,393 (0,196)	34,885	44	0,836
10	0,536 (0,031)	−2,604 (0,126)	−0,473 (0,101)	1,082 (0,159)	1,995 (0,331)	83,039	47	0,001

El estadístico χ^2 con 490 grados de libertad alcanzó un valor de 578,501 ($p = 0,04$).

En general los resultados de los estimadores de los parámetros de los pasos de ítem son bastante similares a los encontrados con el MCP. También en este caso los pasos están ordenados, lo que es lógico dadas las características de los ítems. Las inversiones son más frecuentes en ítems de tests de rendimiento.

Si se toma el valor $p < 0,01$, únicamente aparece claramente desajustado al modelo el ítem 10 y próximo a este valor el ítem 1. Los restantes ítems ofrecen un buen ajuste. El ítem 2, que mostraba mal ajuste con todos los modelos anteriores, se ajusta bien a este modelo. Los cambios más importantes con respecto al ajuste se encuentran en el ítem 9 y en menor medida en el ítem 7. El ítem 9 es precisamente el que muestra un valor del parámetro pendiente más diferente de los de los restantes ítems y es por lo tanto el que experimenta más cambios en el ajuste con respecto al MCP. El ítem 7 también muestra una mayor pendiente, pero la diferencia es menos acusada que con el ítem 9.

En general, como en los casos anteriores, los estimadores del último paso muestran errores típicos bastante elevados, lo que indica una peor estimación.

En la figura 7.11 (a y b) se presentan las CCR de los ítems 6 y 9, los mismos de los modelos anteriores.

Figura 7.11. CCR de los ítems 6 (a) y 9 (b) con el Modelo de Crédito Parcial Generalizado

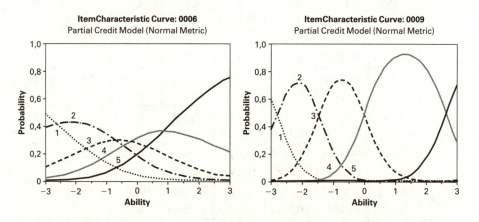

Puede observarse que el ítem 9 muestra unas CCR mucho más apuntadas que en el modelo anterior, lo que se debe a la incorporación del parámetro pendiente en el modelo y ser éste el ítem con mayor pendiente. Esta particularidad también se observa en las funciones de información de estos ítems que, como puede verse en la figura 7.12 (a y b), muestran un patrón muy diferente del de las funciones de información de estos mismos ítems en el MCP.

Figura 7.12. Funciones de información de los ítems 6 (a) y 9 (b) en el MCPG

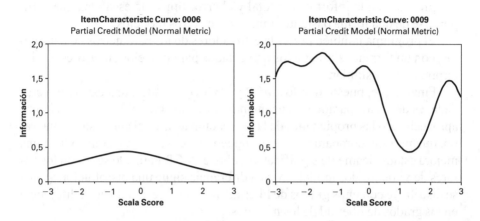

Puede observarse que el ítem 6, que es el que tiene menor pendiente, muestra ahora una información muy limitada y bastante homogénea en los diferentes niveles del rasgo, como sucedía con los modelos MRG y MRS, ambos con parámetro pendiente. Por el contrario, el ítem 9 muestra mayor información que el 6, como sucedía en dichos modelos y a diferencia del MCP. Experimenta un descenso en torno al valor +1,5, pero se recupera de nuevo.

Figura 7.13. Funciones de información (línea continua) y error típico (línea discontinua) en el MCPG

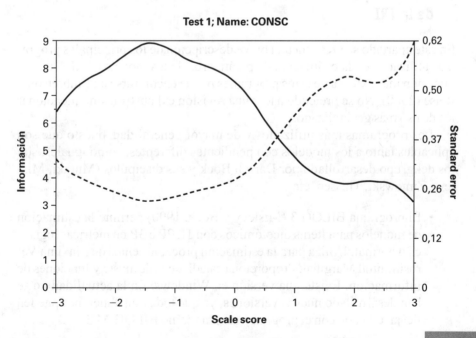

Las funciones de información para el test total y error típico se representan en la figura 7.13.

En cuanto a la información total y el error típico, la escala parece comportarse de una forma bastante similar a la de otros modelos.

El programa también presenta estimadores de los parámetros de los sujetos, con un formato similar a los presentados para modelos anteriores. La interpretación es similar.

Finalmente, puesto que los MCP y MCPG muestran una estructura anidada, es decir, los parámetros de un modelo están contenidos en los del otro, aprovechando las propiedades de la estimación MV, y del contraste ji-cuadrado, que permite comparar modelos, podemos ver si el MCPG introduce una mejora estadísticamente significativa sobre el MCP. Para ello se restan los valores de χ^2 de los dos modelos y esta diferencia sigue una distribución χ^2 que se distribuye con unos grados de libertad que son el resultado de la diferencia en los grados de libertad de los modelos.

Para los datos del ejemplo, el valor χ^2 del MCP es 626,551 y el del MCPG es 566,618, siendo la diferencia $\chi_d^2 = 626{,}551 - 578{,}601 = 48{,}541$. La diferencia en los grados de libertad es de 33 grados de libertad. La distribución de la diferencia se distribuye como χ_{33}^2 y el valor requerido para rechazar la hipótesis nula de la igualdad es aproximadamente de 43,773 con $p < 0{,}05$; puesto que el valor alcanzado es mayor, puede concluirse que el MCPG mejora el ajuste.

6. *Software* para la estimación de los modelos de la TRI

En este apartado se presenta una breve descripción de los principales programas utilizados en la estimación de parámetros de los modelos TRI. Una explicación más extensa de estos programas puede encontrarse en Embretson y Reise (2000). No se pretende hacer una revisión exhaustiva, sino mencionar los de uso más generalizado.

Los programas más utilizados y de mayor generalidad, puesto que son aplicables tanto a los modelos con pendientes diferentes, como iguales, son los del grupo desarrollado por Darrell Bock y sus discípulos (Muraki, Mislevy, Zimowski, Thissen, etc).

- El programa BILOG 3 (Mislevy y Bock, 1990) permite la estimación de modelos para ítems dicotómicos con 1P, 2P o 3P, en métricas logística o normal. Utiliza para la estimación procedimientos de Máxima Verosimilitud Marginal. Proporciona estadísticos de ajuste y funciones de información. Existe una versión en Windows. En la actualidad no se han desarrollado nuevas versiones, ya que todas sus funciones pueden llevarse a cabo con el programa más moderno BILOG-MG.

- El programa BILOG-MG (Zimowski, Muraki, Mislevy y Bock, 1996) es una versión en MS-DOS que a las características de BILOG añade la posibilidad de poder tratar simultáneamente con grupos múltiples de examinados, facilitando los análisis de DIF (funcionamiento diferencial de los ítems) y los trabajos de equiparación de formas. Actualmente existe una versión en Windows publicada en 2003 por Scientific Software International. Las estimaciones se realizan por máxima verosimilitud marginal.
- MULTILOG 6 (Thissen, 2003) es el programa más general que permite el análisis tanto de ítems dicotómicos como politómicos: modelos de 1P, 2P y 3P, modelo de respuesta graduada, modelo de crédito parcial y el modelo nominal de Bock. Todos los modelos están en la métrica logística, sin el factor de escalamiento 1,7. Las estimaciones se realizan por Máxima Verosimilitud Marginal. Al igual que los anteriores, como se ha visto en los ejemplos, además de estimaciones de los parámetros de los ítems, también proporciona estimaciones de los parámetros de los sujetos. Permite analizar tests compuestos por ítems con formatos distintos. En la actualidad existe una versión para Windows (MULTILOG 7.0) que hace mucho más fácil el uso del programa.
- PARSCALE 3.2 (Muraki y Bock, 1993) es una extensión de los programas BILOG y BILOG-MG para tratar con los ítems politómicos. Permite tratar con formatos de ítems distintos dentro del mismo test, incluidos los ítems dicotómicos. Al igual que el BILOG-MG permite tratar con grupos múltiples, facilitando los procedimientos de análisis de DIF, los de equiparación y los trabajos con datos agregados. En la actualidad existe una versión de Windows (PARSCALE 4.1), que es la que ha sido utilizada en los ejemplos de este capítulo. Permite la estimación de parámetros para los modelos de Respuesta Graduada, *Rating Scale*, Crédito Parcial y Crédito Parcial Generalizado, además de los parámetros de ítems dicotómicos.
- Otro programa que no es propiamente de TRI, pero se encuentra dentro de este marco, es el programa TESTFACT (Bock, Gibbons, Schilling, Muraki, Wilson y Wood, 2003), que permite un tratamiento completo desde la TCT de los ítems dicotómicos. Como su nombre parece indicar, lleva a cabo análisis factoriales de este tipo de ítems basados en la matriz de correlaciones tetracóricas. Incluye además los modelos de Análisis Factorial de «información total», desarrollados en el marco de la TRI (Bock, Gibbons y Muraki, 1988).

Fuera del mencionado grupo, suele utilizarse también con frecuencia el programa:

- XCALIBRE (Assessment Systems Corporation, 1996) permite estimar modelos de 2P y 3P para ítems dicotómicos. Está en entorno Windows y es parte de un programa más amplio para llevar a cabo administración de tests y bancos de ítems. También utiliza procedimientos de estimación de Máxima Verosimilitud Marginal.

Desgraciadamente el *software* gratuito para la estimación de los modelos TRI es muy escaso. Hay algunas aplicaciones para llevar a cabo tareas particulares, pero no para la estimación de parámetros. Existe un programa completo que permite tratar básicamente todos los modelos y aplicaciones de la TRI, desarrollado por Hanson (2003), el programa ICL, que puede obtenerse gratuitamente de http://ssm.sourceforge.net.

En el contexto de los modelos de Rasch se ha desarrollado también un abundante *software*, aunque de generalidad más limitada. Seguramente los dos programas más completos, que permiten tratar con múltiples modelos son los desarrollados por el grupo ACER en Australia: QUEST (Adams y Khoo, 1996) y ConQUEST (Wu, Adams y Wilson, 1999). Este último es el de mayor generalidad, permitiendo tratar todo tipo de modelos de Rasch dicotómicos, politómicos, unidimensionales y multidimensionales, así como tratar problemas de calificadores múltiples, DIF y equiparación de formas. Está distribuido por Assessment Systems Corporation, distribuidora en la que se pueden encontrar otros muchos programas para el análisis de modelos de Rasch.

Aunque no han sido descritos en este libro, para los modelos de TRI no paramétricos también se ha desarrollado *software*, siendo el de uso más general el programa MSPWIN5 (Molenaar y Sijtsma, 1999). El programa TESTGRAF98 (Ramsay, 1998) con fuertes capacidades gráficas puede obtenerse gratuitamente en http://www.psych.mcgill.ca/faculty/ramsay/testgraf.html. El *software* para los modelos multidimensionales forma parte de ciertos tipos de Análisis Factorial y se menciona en el capítulo 12.

8. Validez de los test

1. Introducción

En este capítulo se presenta una introducción general al concepto más importante y seguramente peor comprendido de la psicometría, la validez. De todos los conceptos utilizados en relación con los tests y las medidas, la validez es el más básico y, al mismo tiempo, difícil de lograr. Así, diversos autores se refieren a este concepto como la cuestión más importante de un test (Anastasi y Urbina, 1998; Angoff, 1988; Cronbach, 1988). También se destaca su importancia en las decisiones tomadas con los tests, puesto que sin validez, cualquiera de las inferencias realizadas a partir de las puntuaciones derivadas del instrumento carecerían de sentido (Hogan y Agnello, 2004; Hubley y Zumbo, 1996). La importancia de la validez se refleja incluso fuera del ámbito de la psicometría y de la evaluación. Las normas para la publicación de trabajos en psicología (APA, 2001) ponen énfasis en esta cuestión, al describir la sección del método y Wilkinson y la APA *Task Force on Statistical Inference* (1999) son aún más explícitos, insistiendo repetidamente en la necesidad de informar sobre la fiabilidad de las medidas y sus evidencias de validez.

Pero *¿qué es la validez de un instrumento de medida?* La respuesta no es fácil, ya que es un concepto bastante escurridizo y que ha atravesado una larga historia. Según los *Standards for Educational and Psychological Tests* (AERA, APA y NCME, 1999) en su sección 1.ª dedicada a la validez: «la validez se refiere al grado en que la evidencia y la teoría soportan la interpretación de las puntuaciones de los tests, para el propósito con el que éstos son usados. [...] Es la consideración *más importante* y fundamental al desarrollar y evaluar un test [...]. El proceso de validación implica acumular pruebas o evidencias que proporcionen bases científicas a las interpretaciones de los tests. Son las interpretaciones de los tests ante usos concretos las que deben ser evaluadas y no el test mismo. Cuando un test puede tener usos o finalidades múltiples, son estas diferentes interpretaciones las que deben ser validadas, no el test en sí mismo» (p. 9).

En este párrafo, en el que se da la definición de validez y se describe la esencia del proceso de validación de un test, aparecen representados los muchos cambios que han tenido lugar en las concepciones de la validez, desde que comenzó a tratarse como un aspecto importante de los tests en los años 30. Las concepciones modernas de la validez (Messick, 1989, 1990, 1995, 1996) también insisten en que la validez es un concepto *unitario*, que la validación es un «*proceso*», no una acción puntual y que la validez no es de un test, sino de las *interpretaciones y decisiones* que se toman con las puntuaciones de los tests. El problema es que la concepción de la validez, mostrada por muchos psicólogos y otros científicos sociales, sigue anclada en planteamientos tradicionales y anticuados de la misma, que reflejan la discrepancia entre la teoría psicométrica y la práctica (Messick, 1988). Un examen de artículos publicados en los que se refieren aspectos de validez lleva a Hubley y Zumbo (1996) a concluir que la mayor parte de los autores consideran que a) la validez es una propiedad del instrumento de medida y b) que existen distintos tipos de validez. Estas conclusiones están en desacuerdo con las nuevas concepciones de la validez y son el resultado de una larga historia del concepto.

Está claro que el concepto de validez debe ser bien comprendido por los psicólogos y que deben desterrarse del mismo concepciones erróneas. En este sentido, se presentan a los lectores las conclusiones de Popham (2000) sobre qué es y no es la validez:

- La validez no se refiere al test como tal, sino al uso de las puntuaciones que de él se derivan.
- La validez es una cuestión de grado, y no se plantea sobre la base de todo o nada, por lo que debe evitarse hablar de los resultados como válidos o inválidos.
- La validez es siempre específica a algún uso particular o interpretación de las puntuaciones.
- La validez es un concepto unitario basado en diferentes tipos de evidencia.
- La validez implica un juicio evaluativo global en términos del soporte o apoyo que garantiza sus interpretaciones.

El tema de la validez se complica aún más porque, como señala McDonald (1999), en el concepto se incluyen tres tipos de consideraciones, que a veces resulta difícil integrar:

a) Cuestiones de métodos o procedimientos utilizados en el proceso de validación: correlación, regresión, análisis factorial, etc.
b) Cuestiones sustantivas sobre las relaciones entre el constructo que evalúa el test y otros constructos.
c) Cuestiones de la filosofía de la ciencia social, que no se pueden evitar cuando se trata de argumentos de validación, y que son históricamente cambiantes.

A estas tres consideraciones se podrían añadir cuestiones políticas y sociales, que han introducido cambios en el uso de las puntuaciones de los tests.

La concepción de validez que se presenta aquí es la defendida en los Standards for Educational and Psychological Tests, muy influida por las concepciones de Messick y Cronbach y en parte por la problemática de la evaluación educativa. En psicología, aunque existe acuerdo con esta concepción, algunos autores consideran que se deberían hacer nuevas reflexiones sobre la conceptualización. En este sentido recomendamos la lectura del reciente artículo de Borsboom, Mellenbergh y Van Haerden (2004).

2. La evolución del concepto de validez

Comprender por qué existe en la actualidad entre los científicos una concepción inadecuada de la validez, requiere una breve revisión de las concepciones de la validez que se han propuesto a lo largo de su corta historia. Es el concepto psicométrico que más cambios ha experimentado, aunque lo único que no ha cambiado es su consideración como «el aspecto central de la psicometría» (Angoff, 1988).

Las primeras definiciones de validez de un test se dieron al comienzo de los años 30, en pleno desarrollo del conductismo y bajo la influencia del positivismo lógico en la psicología, momento en el que las referencias a aspectos no observables eran consideradas subjetivas y no científicas. Dentro de este marco surgió una concepción de la validez como la capacidad de un test para *predecir conductas criterio observables*. Esta insistencia en la predicción llevó emparejado el uso de procedimientos estadísticos para la validación, como las técnicas correlacionales y diferencias entre grupos en función de sus conductas (empleados con o sin éxito, grupos de diagnóstico psiquiátrico, sujetos con altos y bajos resultados académicos, etc.). Esta aproximación totalmente empírica se mantuvo hasta comienzos de los años cincuenta. Tal vez la definición más representativa sea la de Guilford (1937), que la define como la correlación entre las puntuaciones del test y alguna medida objetiva de lo que el test intenta medir.

Durante este período la escena estuvo dominada por la que posteriormente se denominaría *validez predictiva*, aunque por dificultades con su determinación en muchas ocasiones, se introdujo la denominada *validez concurren-*

te, considerada entonces como una forma distinta de validez, aunque empíricamente utilizaba los mismos procedimientos correlacionales. Difería de la predictiva en los *momentos de la recogida de datos,* ya que en ésta las medidas de test y de criterio se recogen al mismo tiempo, mientras que en la predictiva, las medidas del criterio se recogen en momentos posteriores a la aplicación del test.

La concepción de la validez únicamente como correlación con conductas criterio observables fue cuestionada en algunos contextos por considerarla demasiado restrictiva, ya que no servía para tests en los que, hasta cierto punto, sus elementos representan el propio criterio: rendimientos académicos, competencias, trastornos de conducta, etc. Esto llevó a una primera ampliación del concepto de validez, apareciendo la *validez de contenido*, definida como «el grado en que el contenido del test representa una muestra satisfactoria del dominio que pretende evaluar». La importancia de la validez de contenido fue muy bien aceptada en los tests educativos, pero menos en el ámbito de la psicología donde aún hoy suele ser un aspecto bastante descuidado, como se verá al final del capítulo. La validez de contenido era juzgada por expertos en términos de la representatividad y cobertura del dominio y no por medio de técnicas estadísticas.

En la primera parte de los años cincuenta se llevaron a cabo dos esfuerzos separados entre los profesionales de la medida, para elaborar recomendaciones técnicas sobre la construcción y uso de los tests. Por un lado, los psicólogos elaboraron las *Technical Recommendations for Psychological Tests and Diagnostic Techniques* (American Psychological Association, 1954) y los profesionales de la educación las *Technical Recommendations for Achievement Tests* (American Educational Research Association & National Council on Measurement in Education, 1955). Aunque separadas, existía un gran solapamiento entre ellas en lo que se refiere a las recomendaciones sobre validez. Ambas incluían las categorías de *validez de contenido*, *validez predictiva* y *validez concurrente*, y añadieron una cuarta categoría de la que no se había tratado hasta entonces, la *validez de constructo*, por considerar que las otras tres eran insuficientes para indicar el grado en que un test mide lo que pretende medir. Este cuarto tipo de validez pretendía ir más allá de la estricta filosofía positivista de las conductas observables. Fue definida en las recomendaciones de la APA como «el grado en que el individuo posee algún rasgo hipotético o cualidad (constructo) que presumiblemente se refleja en la conducta del test».

Estas primeras normas entendían el constructo como un atributo hipotético, no observable, y ya recomendaban algunos procedimientos para llevar a cabo esta validación: diferencias entre grupos bien definidos, análisis factorial, análisis de ítems, estudios experimentales y estudios de los procesos empleados en la resolución de tests.

El año 1955 marca un importante hito en lo que se refiere a la validez, puesto que apareció el artículo clásico de Cronbach y Meehl («Construct validity in psychological tests», 1955). Este artículo tuvo un gran impacto sobre la concepción de la validez y los procedimientos de validación. Lo más novedoso y notable del artículo es que establece que el constructo teórico, claramente enmarcado en una teoría, será el que determinará los datos requeridos para la validación y la interpretación de los resultados. También se insiste por primera vez en la validación como un *proceso,* ya que señalan que los datos de este estudio se utilizarán para revisar o rechazar las teorías. Otra idea relevante es que la validez no puede expresarse en un único coeficiente, sino que requiere de múltiples tipos de evidencias. El impacto derivado de este artículo que fue publicado en el *Psychological Bulletin*, pronto llevó a percibir la validez de constructo como un aspecto fundamental, en el que podían integrarse los otros tipos de validez. Aunque muy aceptada entre los psicólogos, especialmente los de las diferencias individuales, en los profesionales de la medida educativa planteó algunas reticencias, ya que consideraban la validez de contenido como la fundamental (Ebel, 1961). También los psicólogos del trabajo plantearon algunas objeciones, por considerarla de menor utilidad que la validez predictiva.

El concepto de validez de constructo, así como su operacionalización en la práctica, dio otro paso importante en el año 1959, con el artículo de Campbell y Fiske («Convergent and discriminant validity», 1959). En este artículo se ofrecen distinciones importantes y procedimientos empíricos para la validación de constructo. Básicamente, destacan que cualquier medida de un constructo deberá mostrar correlaciones elevadas con otras medidas del mismo constructo y débiles con medidas de diferentes constructos. La estrategia empírica propuesta fue el examen de las denominadas matrices *Multirrasgo-Multimétodo* (Multi Trait Multi Method, MTMM). Estas matrices están formadas por coeficientes de correlación entre medidas obtenidas por dos o más métodos para medir dos o más constructos diferentes. La evidencia de validez de la medida se encontrará cuando se muestren correlaciones altas entre medidas del mismo constructo obtenidas por diferentes métodos (*validez convergente*), que deberán ser más altas que las correlaciones entre diferentes constructos medidos con el mismo método (*validez discriminante*). Al final del capítulo se mostrará un ejemplo de este procedimiento de validación.

Las siguientes normas sobre los tests o Estándares, fueron publicados conjuntamente por los profesionales de la medida en psicología y en educación. Los publicados en 1966 y 1974 combinaron las anteriores validez concurrente y predictiva, ambas correlacionales, en una única forma de validez, *validez relativa al criterio,* considerando dentro de la predictiva algunas concepciones de *utilidad* de los tests. Se instaura la denominada *concepción tripartita de la validez*, que todavía hoy está en la mente de muchos profesionales, caracterizada por los tres tipos de validez: de contenido, relativa al criterio y de constructo. A pesar de la concepción tripartita, se llegó a un importante avance, al considerar que la validez no es del test, sino que se basará en «la adecuación de las inferencias extraídas de las puntuaciones de los tests u otros instrumentos de evaluación» (p. 25, 1974). Guion (1980), que fue el líder de esta edición de los estándares, no estaba de acuerdo con la concepción tripartita de la validez a la que denominó la «doctrina trinitaria» y pronto expuso una visión unificada de la validez, en la línea de la concepción actual, señalando que «la validez es un juicio evaluativo basado en una variedad de consideraciones, incluyendo la estructura de las operaciones de medida, el patrón de correlaciones con otras variables, y los resultados de investigaciones que la confirman o refutan» (1980, p. 385).

La triple concepción de validez tuvo algunas consecuencias no deseables, ya que muchos autores y usuarios de tests la interpretaron como que los tests podían validarse por medio de cualquiera de los procedimientos. Otra característica negativa de los años cuarenta a los setenta fue la proliferación de definiciones de validez, ajenas a las concepciones de los Estándares: validez factorial y validez práctica (Guilford, 1946); validez aparente (Mossier, 1947); validez intrínseca (Gulliksen, 1950). Anastasi (1954), por su parte, propuso los conceptos de validez aparente, de contenido, factorial y empírica.

Los esfuerzos unificadores del concepto de validez se deben a muchos autores (Cronbach, 1982, 1984, 1988; Embretson, 1983; Guion, 1977, 1980; Loevinger, 1957; Messick 1975, 1981, 1988, 1989, 1994, 1995, 1996; Tenopyr, 1977), que consideran que hay una única validez, la *validez de constructo*. En palabras de Messick (1980): «la validez de constructo es el concepto unificador de la validez, que integra consideraciones de contenido y de criterio en un marco general, para probar hipótesis racionales acerca de relaciones teóricamente relevantes» (p. 1015). Messick (1989) vuelve a establecer el carácter de proceso de la validación, al afirmar que es un proceso continuo, nunca acabado (1995, p. 741). Estas consideraciones culminan en la definición de Messick (1990) hoy ampliamente aceptada: «La validez es un juicio evaluativo global del grado en que la evidencia empírica y las bases teóricas soportan la adecuación y apropiación de las interpretaciones y acciones basadas sobre las puntuaciones de los tests u otras formas de evaluación» (p. 1). También amplía la noción de constructo, insistiendo en que la validación de las inferencias se aplica a cualquier observación, independientemente de que se haga referencia o no a un constructo teórico.

La edición de 1985 de los Estándares continuó este movimiento hacia la consideración integradora de la validez, que fue tratada como «un concepto unitario» (p. 9), referida a «la adecuación, significatividad y utilidad de las inferencias específicas hechas a partir de las puntuaciones de los tests» (p. 9). Se mantuvieron las consideraciones de contenido, criterio y constructo, pero fueron consideradas como *tipos de evidencia* que soportan argumentos de validez, no como tipos de validez. De este modo se refieren a evidencias relacionadas con el contenido, evidencias relacionadas con el criterio y con el constructo y no como validez de contenido, de criterio y de constructo. En esta misma línea se presentan los Estándares de 1999.

Messick tuvo otras aportaciones interesantes a la validez que también se reflejan en la consideración actual. Partiendo del concepto unificador del constructo, consideró dos facetas interconectadas: la justificación del test (evidencial o consecuencial) y la función o resultado del test (interpretación o uso), plasmándolas en una matriz como la de la tabla 8.1.

Tabla 8.1. Matriz de Validez de Messick

		Justificación	
		Bases evidenciales	Bases consecuenciales
Función o resultado	Interpretación	Validez de constructo	Validez de constructo Implicaciones de valor
	Uso	Validez de constructo Relevancia y utilidad	Validez de constructo Relevancia y utilidad Implicaciones de valor Consecuencias sociales

Por justificación del test entendía las bases utilizadas para justificar o apoyar el test. Las bases evidenciales son las que aportan evidencias en apoyo del significado de las puntuaciones y las bases consecuenciales se refieren a las consecuencias que contribuyen a la valoración de las inferencias realizadas con las puntuaciones del test. Por función o resultado del test se refiere a un aspecto particular de la situación del test. La interpretación se refiere a buscar sentido a las inferencias y el uso a la aplicación de las puntuaciones a una inferencia. Hubley y Zumbo (1996) ilustran la matriz de Messick con un ejemplo, que puede ayudar a entender las distinciones. Es el caso de la validación de una escala de depresión para ancianos llevado a cabo con una muestra de esta población.

Para tener bases evidenciales para la interpretación del test (validación de constructo), es preciso recoger evidencias que apoyen la veracidad de que la escala realmente mide la depresión entre los ancianos. Para ello deberá recoger datos empíricos como su dimensionalidad, correlaciones con otros constructos relacionados teóricamente (convergente) y no relacionados (discriminante), y diferencias de grupos definidos por la edad.

Cuando se examinan las bases consecuenciales para la interpretación, se necesita información, además de la validez de constructo, de las implicaciones de valor que tiene el constructo, por ejemplo, cuál es la implicación de los síntomas que recoge el término depresión, cuáles son las implicaciones de las teorías del envejecimiento para el reconocimiento de la depresión en los ancianos, y si ésta se considera como algo normal, negativo o un estado realista.

Las bases evidenciales para el uso del test necesitarán, además, evidencias relacionadas con la relevancia de las puntuaciones para el diagnóstico (sensibilidad, especificidad, valor predictivo) y de la utilidad de estas puntuaciones, para propósitos de detección temprana, diagnóstico, etc.

Finalmente, posibles preguntas referidas a las consecuencias de uso podrían ser del tipo de la influencia en la sociedad de la detección de un gran número de ancianos depresivos y una consideración de si en ella se mezclan otros aspectos relacionados con la salud y el impacto que puede tener en la política sanitaria de atención a los ancianos.

Aunque Messick es el autor que más ha insistido en las consecuencias sociales del uso de los tests, también Cronbach (1988) señala que «... el proceso de validación debe establecer las relaciones entre conceptos, evidencias, consecuencias sociales y personales y valores... y los validadores tienen la obligación de revisar si un procedimiento de test tiene o no las consecuencias apropiadas para individuos e instituciones, y especialmente evitar las consecuencias adversas» (p. 6).

Bajo estas consideraciones caen otros aspectos que son importantes en el proceso de validación del test, y que tienen que ver con la equidad (*fairness*), que será tratada en el capítulo 14 y que podrían interpretarse como la eliminación de aquellos aspectos que introducen en el test *varianza irrelevante para el constructo*.

Todas estas aportaciones llevaron a incluir un nuevo aspecto en la validez en los últimos Estándares, las *evidencias derivadas de las consecuencias*. Aunque algunos profesionales de la medición no estuvieron de acuerdo en la necesidad de incluir las consecuencias como parte de la validez (Green, 1990; Moss, 1994; Wiley, 1991), sí existió un amplio consenso en la importancia de investigar sobre las consecuencias de las interpretaciones y usos de los resultados de la evaluación (Linn y Baker, 1996, Shepard, 1997). En general podemos decir que existe un amplio consenso en examinar las consecuencias, independientemente de si éstas forman parte o no del concepto de validez.

3. Una visión general del proceso de validación de tests

Una evaluación única puede tener una variedad de usos (p. ej., en el campo de la evaluación educativa: proporcionar información de diagnóstico a estudiantes y profesores, información global para los padres, requisitos para la promoción a un curso superior, rendimiento de cuentas en las evaluaciones de centros escolares, etc.) y muchas interpretaciones diferentes (si el estudiante es eficiente en matemáticas, si la escuela necesita mejorar, si el sujeto necesita un tratamiento). Puesto que la validez es una propiedad de los usos e interpretaciones de los tests y no una propiedad del test en sí mismo, un test puede ser válido para algunos usos y ser completamente inválido para otros, por lo que nunca podremos concluir que un test es válido. Ésta es una de las primeras máximas que debe recordar todo usuario de tests.

El proceso de validación debe comenzar con una propuesta explícita de las interpretaciones que se darán a las puntuaciones del test. Estas interpretaciones se refieren al constructo o conceptos que el test intenta medir. Durante el desarrollo del test la interpretación propuesta es elaborada, describiendo su amplitud y grado y delineando los aspectos del constructo que deben estar representados para esa finalidad pretendida. Esta descripción detallada se denomina *matriz de especificaciones* porque en ella se especifican todos los componentes del constructo. También debería especificarse en qué se diferencia de otros constructos y sus relaciones con otras variables, es decir, una *red nomológica*.

Este marco conceptual es parcialmente establecido por el uso que se hará de las puntuaciones del test. Por ejemplo, un test de rendimiento en matemáticas puede usarse para colocar a un estudiante en un programa apropiado de instrucción, para certificar un determinado nivel, o para una decisión de admisión o selección. Cada uno de estos usos implica una interpretación algo diferente del test de rendimiento en matemáticas. De la misma forma, un test de autoestima puede usarse para consejo, para hacer un informe, para una selección o para una investigación científica sobre la autoestima. Cada una de estas interpretaciones tiene su implicación en la forma de desarrollar y validar el test.

Según lo anterior, la validación puede verse como el proceso de desarrollar un argumento científicamente válido que permita apoyar la interpretación de las puntuaciones. A medida que avanza el proceso de validación pueden ser necesarias revisiones en el test, en el marco conceptual que lo conforma e incluso en el constructo latente al test.

La identificación de proposiciones necesarias para la interpretación de un test puede facilitarse considerando hipótesis rivales que pueden ser alternativas a la interpretación propuesta. Hipótesis rivales plausibles pueden generarse, con frecuencia, considerando si un test mide menos o más que el constructo propuesto. Esto a menudo es referido como la *infra representación* del constructo, o de *varianza irrelevante* para el constructo, que son aspectos habitualmente considerados bajo las evidencias de validez de contenido. La *infra representación del constructo* se refiere al grado en que el test no capta aspectos importantes del constructo. Implica un significado demasiado restringido de las puntuaciones del test a causa de que no muestrea adecuadamente algunos tipos de contenidos, algunos procesos psicológicos, o no elicita algunas formas de respuesta que son requeridas para el constructo. Por ejemplo, un test de ansiedad puede medir solamente reacciones fisiológicas y no componentes cognitivos, emocionales o situacionales. La *varianza irrelevante al constructo* se refiere al grado en que las puntuaciones de los tests se ven afectadas por procesos que son extraños al constructo, es decir, las puntuaciones pueden estar influidas por componentes que no son parte del constructo. Dependiendo de una definición detallada del constructo, el conocimiento de vocabulario o la rapidez lectora pueden ser también componentes irrelevantes.

Casi todos los tests dejan fuera elementos que algunos usuarios potenciales creerían que se habrían de incluir y otros que los consideran inapropiados. La validación implica prestar una atención cuidadosa a posibles distorsiones en el significado que surgen de la inadecuada representación del constructo, y también a aspectos de medida tales como el formato del test, las condiciones de administración, o el nivel del lenguaje que puede limitar o cualificar la interpretación de los tests. Cualquier revisión del test llevará a una posterior validación. Cuando se han identificado las proposiciones, la validación procede buscando evidencias empíricas, examinando la literatura relevante, y/o llevando a cabo análisis lógicos para evaluar cada una de estas proposiciones. Puesto que un argumento de validez depende de más de una proposición, la evidencia fuerte en apoyo de una no disminuye la necesidad de evidencia en apoyo de otras.

Aunque se habla de validez como un concepto unificado, ello no implica que la validez no pueda ser diferenciada conceptualmente de forma útil en diversos aspectos. En particular, hay *seis aspectos* distinguibles dentro de la validez de constructo: contenido, sustantiva, estructural, generalizabilidad, externa y consecuencial. Estos seis aspectos funcionan conjuntamente como criterios o estándares generales de la validez en toda la medida psicológica y educativa, y son formas interdependientes y complementarias (Messick, 1996).

- El aspecto de contenido contempla la correspondencia entre la muestra de tareas del instrumento y el dominio que pretende medir.
- El aspecto sustantivo se refiere a las bases teóricas de las consistencias observadas en las respuestas a los tests, incluyendo modelos de procesos de la ejecución de las tareas (Embretson, 1983; Mislevy, 2002; Mislevy, Steinberg y Almon, 2003; Mislevy, Wilson, Ercikan y Chudowsky, 2003; Pellegrino, Chudowsky y Glaser, 2001), junto con evidencias empíricas de que los procesos teóricamente considerados se dan en realidad en las tareas de evaluación.
- El aspecto estructural evalúa la fidelidad a la estructura del constructo (Loevinger, 1957) y tiene que ver con su dimensionalidad..
- El aspecto de la generalizabilidad examina el grado en que las propiedades de las puntuaciones y la interpretación se generalizan a grupos de poblaciones, situaciones y tareas (Cook y Campbell, 1979), incluyendo la generalización de las relaciones test-criterio (Hunter, Schmidt y Jackson, 1982). Este aspecto tiene que ver con la replicabilidad de la estructura y relaciones encontradas. No tiene un tratamiento específico, sino que se aplicaría a las restantes evidencias.
- El aspecto externo incluye evidencia convergente y discriminante de las comparaciones multimétodo-multirrasgo así como evidencia de la relevancia del criterio y utilidad aplicada (Cronbach y Gleser, 1965).

- Los aspectos consecuenciales evalúan el valor de la interpretación de las puntuaciones como una base para la acción, así como las consecuencias potenciales y actuales del uso de los tests, especialmente con vistas a invalidez relacionadas con sesgos, falta de equidad y justicia distributiva (Messick, 1989).

4. Argumentos de validez y sus fuentes de evidencia

Antes de utilizar un test, debe existir una argumentación lógica que especifique los usos válidos de la interpretación de sus puntuaciones. Esta argumentación debe ir acompañada de evidencias de validez, que son las pruebas recogidas para apoyar la argumentación. Pueden encontrarse evidencias en trabajos de investigación, análisis estadísticos o argumentos lógicos. De igual forma que un abogado presenta un caso en los tribunales basado en argumentos y pruebas de apoyo, la validación es el proceso de recoger y organizar esa evidencia que soporta el argumento de que una interpretación específica o uso de los tests es válida.

Las siguientes secciones delinean varias fuentes de evidencia que pueden usarse al evaluar una interpretación válida de las puntuaciones de los test. Estas fuentes de evidencia pueden iluminar diferentes aspectos de la validez, pero no representan tipos distintos de validez.

A continuación se presentan algunos procedimientos para la obtención de evidencias, que por estar menos apoyados en tratamientos estadísticos, no son objeto de consideración en los capítulos posteriores: evidencias relacionadas con el contenido, evidencias de validez convergente y discriminante y evidencias de las consecuencias.

5. Evidencias de validez basadas en el contenido del test

5.1. Concepto

Los *Standards for Educational and Psychological Tests* (AERA, *et al.*, 1999) señalan que se obtendrán evidencias de validez de la relación entre el contenido del test y el constructo que intenta medir (p. 11). Por contenido entiende los temas, frases y formato de los ítems, tareas o cuestiones, así como las guías sobre su administración y puntuación. Esta definición aumenta ampliamente las definiciones dadas en normas anteriores sobre lo que entonces se denominaba la validez de contenido del test: grado en que el contenido del test representa una muestra adecuada del contenido del dominio de interés (APA, 1954); grado en el que las conductas mostradas en el test constituyen una muestra representativa de las conductas del dominio (AERA, *et al.*, 1974); grado en que los procesos empleados por los sujetos en llegar a la respuesta son típicos de las respuestas subyacentes a las respuestas del dominio (AERA, *et al.*, 1985).

Algunos autores como Suen (1990) inciden en la adecuada representación de las diferentes facetas del dominio de conductas de interés.

Los autores de tests suelen partir de una especificación de los contenidos del dominio, describiéndolo en detalle, con una clasificación de sus áreas y de los tipos de ítems. Entre las evidencias de validez se incluyen los análisis lógicos o empíricos de la adecuación con la que el contenido del test representa el dominio del contenido y de la relevancia de este dominio para la interpretación de las puntuaciones de los tests. Con frecuencia estas evidencias se expresan a través de *juicios de los expertos* sobre las relaciones entre las partes del test y el constructo. Algunos tests están basados en observaciones sistemáticas de conducta, por ejemplo un listado de las tareas de un puesto de trabajo. El juicio de expertos puede usarse para evaluar la importancia relativa, la importancia crítica y la frecuencia de determinadas tareas. La adecuación del dominio también debe examinarse a la luz de las inferencias específicas que se harán a partir de las puntuaciones. Esto hace que cuando se considera la aplicación de un test para un propósito distinto de aquel para el que fue desarrollado, es imprescindible examinar el contenido original para el nuevo uso.

La evidencia basada en el contenido también puede usarse, en parte, para tratar las cuestiones acerca de las diferencias en el significado o interpretación de los tests para grupos diferentes de examinados. De interés especial es el grado en que la *infra representación* o la *varianza irrelevante al constructo* puede dar ventajas o desventajas a uno o más subgrupos de examinados, por lo que algunas cuestiones como el funcionamiento diferencial de los ítems y del test, podrían considerarse desde la perspectiva de las evidencias de validez de contenido.

Un aspecto clave de los aspectos de contenido es la especificación de los *límites del dominio del constructo a evaluar* y determinar los *atributos* que se deben poner de relieve en la tarea de evaluación. En la evaluación educativa son necesarios los estándares de contenido (lo que el estudiante debe conocer) y los estándares de rendimiento o nivel de competencia que el estudiante debe alcanzar en todos los estadios. Es importante considerar también las prioridades que se darán a los diversos aspectos del dominio.

Las principales amenazas a estas evidencias de validez son, como ya se ha señalado, la infrarrepresentación del constructo y la varianza irrelevante para el constructo. La primera se tratará por medio de un cuidadoso análisis de todos los aspectos del dominio. Embretson (1983) insiste en especificar todos los mecanismos y procesos que subyacen a la ejecución de una tarea, descomponiéndola en sus procesos componentes, estrategias y conocimientos. Cuando se produce la segunda amenaza, la inclusión en los contenidos del test de varianza irrelevante para el constructo, lo que se produce es que las respuestas a los ítems del test están influidas por aspectos ajenos al constructo a evaluar. En el ámbito de los tests de aptitudes y rendimiento, a veces se habla de dos tipos de varianza irrelevante, conocidas como «dificultad irrelevante para el constructo» y «facilidad irrelevante». En la primera, aspectos de la tarea que son extraños al constructo focal hacen la tarea irrelevantemente difícil para algunos grupos de individuos y son puntuaciones inválidas para individuos adversamente afectados. La facilidad irrelevante ocurre cuando pistas extrañas incluidas en los formatos de los ítems o tareas permiten que algunos individuos respondan bien en formas irrelevantes para el constructo evaluado. Otro ejemplo ocurre cuando el material del test es muy familiar para algunos de los que responden y no para otros.

5.2. Procedimientos para el análisis de las evidencias de validez de contenido

Los procedimientos para mostrar estas evidencias de validez pueden clasificarse en dos grandes grupos, basados en el juicio de expertos o estadísticos.

En los procesos basados en juicios, suelen seguirse las siguientes fases:

1. Definición del dominio de contenido o universo de observaciones admisibles.
2. Identificación de expertos en dicho dominio.
3. Obtener juicios de los expertos sobre el grado en que el dominio está bien definido, y el contenido del instrumento lo representa bien y es relevante (Sireci, 1998). Para ello suele establecerse algún procedimiento de juicio estructurado que permita emparejar los ítems con las diferentes facetas del dominio.
4. Cálculo de algún índice cuantitativo para resumir los datos procedentes de la fase anterior (Osterlind, 1989, Sireci, 1998).

En una primera fase se establecen las *especificaciones del test*, con arreglo a las cuales se construirán los ítems. Estas especificaciones deben mostrar:

- Áreas de contenido que se deben cubrir.
- Objetivos instruccionales (en los tests educativos).
- Procesos que se evaluarán.
- Importancia relativa de los diferentes tópicos y procesos.

Una forma conveniente de establecer estas especificaciones es por medio de una matriz o tabla de doble entrada con los procesos en las columnas y los contenidos o temas en las filas. No todas las casillas de la matriz deben tener elementos, ya que algunos contenidos pueden ser irrelevantes para ciertos procesos. Normalmente hay que tomar las siguientes decisiones:

1. Se ponderarán o no los objetivos, categorías, etc. Los jueces suelen asignar pesos a los distintos objetivos.
2. Estructura de la tarea de emparejamiento de ítems-objetivos. Existen varios procedimientos para realizar esta tarea. El procedimiento más común consiste en proporcionar a los jueces una lista de objetivos y presentarles cada ítem en una ficha separada; el juez comparará cada ítem con la lista y registrará el resultado en una hoja de respuestas, indicando al lado de cada ítem el número del objetivo. Normalmente el emparejamiento se registra como una dicotomía, aunque algunos autores (Hambleton, 1980, 1984) propone una escala de 5 puntos. Se calcula la media o mediana o porcentaje de acuerdo en cada ítem y este resumen global indicará el grado de emparejamiento ítem-objetivo.
3. Aspectos de los ítems que serán examinados: a los jueces se les presentarán descripciones claras de las características de los ítems y del dominio: materia, proceso cognitivo, nivel de complejidad de la respuesta requerida, modo de respuesta, formato de presentación, etc.
4. Resumen de los resultados en alguna medida cuantitativa. Aunque las decisiones son con frecuencia cualitativas, se han propuesto algunos índices cuantitativos para resumir las decisiones, entre las que se encuentran las siguientes:

   a) % de ítems que se emparejan a los objetivos.
   b) % de ítems que se emparejan a los objetivos con una elevada calificación media.
   c) Correlación entre el peso dado al objetivo y el número de ítems que miden el objetivo.
   d) Índices de congruencia ítem-objetivo como los de Rovinelli y Hambleton (1977) o de Aiken (1980).
   e) % de objetivos no evaluados por ninguno de los ítems del test.

Puesto que los diferentes índices se basan en diferentes lógicas no suelen llevar a las mismas conclusiones acerca del grado de ajuste entre el conjunto de ítems y el dominio de contenido.

También se han propuesto algunos *procedimientos estadísticos* para la evaluación de las evidencias de validez de contenido, aunque han sido poco utilizados en la práctica. La mayor parte se basan en el uso de alguna técnica de análisis multivariante de reducción de la dimensionalidad o de clasificación o en aplicaciones de la Teoría de la Generalizabilidad. Dentro del primer grupo, Tucker (1961) realizó un análisis factorial de los juicios de los expertos, encontrando dos dimensiones interpretables, la primera la adecuación muestral de los ítems y la segunda las diferencias de opinión entre los jueces. Sireci y Geisinger (1992, 1995) utilizaron métodos de escalamiento multidimensional y de análisis de conglomerados con los juicios de similaridad de los expertos, encontrando que ambos métodos permiten diferenciar entre contenidos del test. Deville (1996) utilizó estos métodos con juicios de similaridad y de relevancia de los ítems. En un trabajo reciente, Ding y Hersberger (2002) proponen la aproximación de los modelos de ecuaciones estructurales.

La aproximación de la Teoría de la Generalizabilidad fue seguida por varios autores (Jarjoura y Brennan, 1982; Shavelson, Gao y Baxter, 1995) para evaluar la representación del dominio, evaluar las especificaciones de los tests y la estabilidad de los pesos atribuidos a los contenidos.

No podemos entrar en la descripción de estas aplicaciones y remitimos a los lectores a la bibliografía. No obstante, como señala Sireci (1998), los resultados parecen prometedores para la evaluación de las evidencias de contenidos, recomendando utilizar una combinación de procedimientos de juicio y estadísticos.

Finalmente, es preciso referirse a algunas definiciones de validez que se han dado en la psicología y que se han confundido a veces con la entonces denominada validez de contenido. Estas definiciones no forman parte de la concepción actual de la validez considerada en los Estándares.

- *Validez aparente* (Mossier, 1947), que se refiere a que el test parezca medir lo que pretende, lo que puede motivar a los sujetos a su realización. Con determinadas poblaciones (niños, adolescentes, ancianos...) se insiste en que los tests muestren este tipo de validez.
- *Validez curricular* o grado en que los ítems del test son relevantes para los objetivos del currículo.
- *Validez instruccional,* que expresa si los profesores han proporcionado instrucción en los contenidos y destrezas evaluados por el test. Este tipo de validez podría considerarse hoy como una forma de equidad, representada en el concepto de *oportunidad para aprender.*

6. Evidencias basadas en el análisis de los procesos de respuesta

Existe una tendencia en la actualidad a incluir formatos de respuesta compleja en los tests de inteligencia y aptitudes, en los que los sujetos deben proporcionar respuestas construidas, que a veces requieren un largo proceso de elaboración. Esta tendencia se basa en gran medida en la idea de que las evaluaciones o tests deben proporcionar bases para hacer inferencias sobre los *procesos empleados* por los sujetos en la resolución de los problemas. Esta tendencia es consecuencia de las investigaciones de la ciencia cognitiva que han llevado a nuevas definiciones de lo que se entiende por aprendizaje y rendimiento académico (Nichols, 1999; Snow y Lohman, 1989), incorporando múltiples procesos cognitivos que deberían ser evaluados. Los críticos de los tests tradicionales acusan a la teoría de los tests de haber estado dominada por el desarrollo de procedimientos estadísticos, a expensas del desarrollo de las teorías de los constructos que quieren evaluar. Los trabajos de Tatsuoka (1993), Bejar (1993), Mislevy (2002), Mislevy, Steinberg y Almon (2003), Mislevy, Wilson, Ercikan y Chudowsky (2003), Pellegrino, Chudowsky y Glaser (2001) y Wilson (2005), ponen de relieve que este tipo de análisis es posible y que existen procedimientos adecuados para tratar con estos procesos complejos.

Una de las consecuencias de este nuevo enfoque es que en el proceso de la validación de constructo deben identificarse los procesos del dominio, no solamente los contenidos, y que deben estar bien representados en el test. Estas nuevas evidencias requeridas pueden venir de diferentes fuentes utilizadas en la psicometría cognitiva moderna, tales como *think-aloud* (explicar en voz alta lo que se está haciendo cuando se realizan las tareas), análisis de los movimientos oculares, estudio de los tiempos de respuesta, modelización matemática del proceso o simulación.

Un ejemplo de esta nueva metodología en la construcción de tests es el Laboratorio Cognitivo de la organización American Research Institutes, fundado bajo los auspicios del NAEP (Nacional Assessment of Educational Progress, del Gobierno de EE.UU.). En el ámbito de la Metodología de Encuestas, desde hace unos años se encuentra una tendencia similar (Sudman, Bradburn y Schwartz, 1996).

7. Evidencias basadas en la estructura interna (análisis psicométrico interno del test)

El análisis de la estructura interna de un test permite poner de relieve el grado en que las relaciones entre los ítems se corresponden con el constructo pretendido. El marco conceptual puede implicar una única dimensión de conducta o puede plantear varios componentes, que son distintos entre sí.

Una teoría que plantea unidimensionalidad del constructo demandará este comportamiento en los ítems del test, que se examinará a partir de las relaciones entre los ítems. Algunos estudios de la estructura interna del test se diseñan para mostrar si ítems particulares pueden funcionar diferencialmente para subgrupos identificables de examinados. Funcionamiento diferencial del ítem ocurre cuando grupos diferentes de examinados con habilidad global general o estatus similar en un criterio apropiado difieren en promedio sistemáticamente en sus respuestas a un ítem particular. El funcionamiento diferencial no es siempre un fallo o debilidad, sino que puede ser un índice de multidimensionalidad del test. A este aspecto se dedicará el capítulo 14.

Este tipo de evidencias suelen ser frecuentes en el proceso de elaboración de tests y se basan en complejas técnicas estadísticas, fundamentalmente el Análisis Factorial, tema al que se dedican los capítulos 12 y 13, por su importancia en el proceso de validación.

8. Evidencias basadas en las relaciones con otras variables

El aspecto externo de la validez de constructo se refiere al grado en que las relaciones de las puntuaciones de los tests con otras conductas reflejan las relaciones esperadas en la teoría del constructo, en la que deben estar especificadas estas relaciones. En general, los constructos están integrados dentro de teorías que establecen claramente qué es y qué no es el constructo, y para lo cual es necesario:

- Identificar todas las conductas que definen el constructo.
- Identificar otros constructos que pueden estar relacionados, pero que se diferencian del constructo de interés.
- Identificar otros constructos que no deben estar relacionados con el constructo.

Después de haber explicado lo que es el constructo se crea la denominada *red nomológica* que es una representación visual de las relaciones teorizadas entre el constructo y los constructos relacionados. Esta red servirá como una fuente de hipótesis sobre las relaciones del constructo con otros constructos.

En la figura 8.1 se presenta una hipotética red nomológica para el constructo de autoeficacia, en la que se presentan sus relaciones hipotetizadas con otros constructos, que son diferentes, pero relacionados. Se presentan las relaciones positivas con + y las negativas con −.

En la red puede observarse que algunas de las variables hacen referencia a otros constructos psicológicos, mientras que otras lo hacen a constructos de

Figura 8.1. Red nomológica para el constructo de autoeficacia

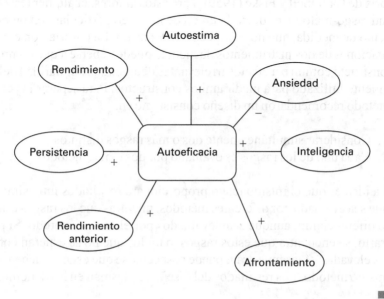

rendimiento. En el apartado siguiente se presenta el procedimiento habitual para las evidencias convergente y discriminante. Normalmente estas denominaciones se refieren a otros constructos de la teoría psicológica, siendo objeto de otros tratamientos los denominados «criterios» o variables normalmente de interés social, para cuyo diagnóstico o predicción se usa el test.

8.1. Las evidencias convergente y discriminante

Las evidencias de validez convergente y discriminante pueden establecerse a partir de las dos proposiciones siguientes:

a) *Evidencia de validez convergente:* si un test es una buena medida del constructo, mostrará correlaciones elevadas con otras medidas del mismo constructo.

b) *Evidencia de validez discriminante:* si el test es una buena medida del constructo, mostrará correlaciones inferiores con otros constructos a las que muestra con las medidas del propio constructo. Además, estas correlaciones serán bajas o nulas con medidas con las que se hipotetiza que no está correlacionado.

Aunque tradicionalmente las evidencias se basan en correlaciones, también pueden proceder de estudios experimentales o de diferencias de grupo. Por ejemplo, mostrar que el consumo de Prozac reduce las puntuaciones en la escala de Depresión de Beck, es una evidencia de que la escala mide depresión.

En la evaluación de este tipo de evidencias juega un papel preponderante la teoría de Campbell y Fiske (1959). Para estos autores, cualquier test es una unidad rasgo-método, es decir, la unión de un rasgo particular con un procedimiento de medida, que no es específico del rasgo. La covariación entre las puntuaciones de dos instrumentos de medida puede deberse a que comparten un constructo común o a efectos irrelevantes debidos a la similaridad del procedimiento utilizado para medir ambos constructos. Para separar los efectos del método recomendaron un diseño consistente en:

1. Considerar simultáneamente dos o más rasgos distintos.
2. Cada uno de los rasgos es evaluado por dos o más métodos.

La idea es que el mismo rasgo proporcionará resultados muy similares, aunque sea evaluado por diferentes métodos, mientras que los rasgos diferentes se diferenciarán, aunque sean evaluados por el mismo método. Si por el contrario, se encuentra que estos rasgos, para los que no se esperan correlaciones elevadas, sí las muestran, puede sospecharse que éstas se deben al uso del mismo método. Los resultados del diseño se plasman en las denominadas *matrices multirrasgo-multimétodo* (a las que nos referiremos por sus siglas en ingles como MTMM), que son uno de los procedimientos más importantes en la validación de tests. La idea de estas matrices es que:

- Muestran las correlaciones de puntuaciones de varios rasgos medidos por diferentes métodos.
- Para ello se requiere evaluar a una muestra de sujetos en varios rasgos, utilizando para cada uno diferentes métodos.
- Se propone el examen de varios bloques de correlaciones de la matriz, que deberán mostrar distintos patrones.
- A partir de estos patrones se pueden evaluar las evidencias de validez convergente y discriminante.

Se presenta en la figura 8.2 un ejemplo de una hipotética matriz MTMM. En ella se hace referencia a los «cinco grandes» de la Teoría de la Personalidad evaluados por dos métodos, Auto-Informe (Método 1) y evaluación por parte de los Pares (Método 2).

Figura 8.2. Representación esquemática de una matriz multirrasgo-multimétodo

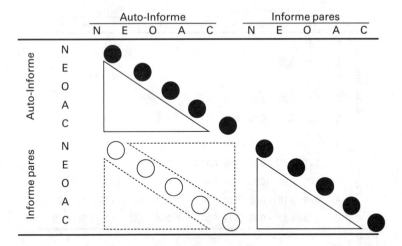

Los círculos negros representan las correlaciones de cada variable medida consigo misma y se considera que representan los coeficientes de *fiabilidad de los tests*. En la matriz, esta diagonal se denomina la *diagonal de la fiabilidad*. Los círculos blancos representan las correlaciones de cada constructo (N, E, O, A y C) evaluado por un método, con el mismo constructo evaluado por el segundo método. Constituyen lo que se denomina la *diagonal de la validez convergente*.

Los triángulos en línea continua recogen las correlaciones hetero-rasgo y mono-método y los triángulos en línea discontinua las correlaciones hetero-rasgo y hetero-método.

En la matriz hay dos bloques claramente diferenciados:

- El bloque mono-método, en el que todas las medidas se han obtenido por el mismo método. En este bloque hay dos componentes:
    - La diagonal de la fiabilidad.
    - El triángulo hetero-rasgo/mono-método.
- El bloque hetero-método, en el que las medidas de han obtenido por métodos distintos. En el bloque se pueden diferenciar dos partes:
    - La diagonal de la validez convergente.
    - Los triángulos hetero-rasgo/hetero-método.

En la figura 8.3 se presentan unos datos ficticios, aunque plausibles, para el ejemplo, con los que se examinarán los 4 principios de Campbell-Fiske.

Figura 8.3. Ejemplo de matriz multimétodo multirrasgo. Correlaciones entre las 10 variables

		Auto-Informe					Pares				
		N	E	O	A	C	N	E	O	A	C
Auto-Informe	N	0,81									
	E	0,35	0,76								
	O	0,10	0,04	0,77							
	A	0,18	0,27	−0,02	0,83						
	C	0,29	0,27	−0,10	0,24	0,79					
Pares	N	(0,64)	0,24	0,02	−0,01	0,11	0,80				
	E	0,21	(0,62)	0,01	0,09	0,11	0,45	0,87			
	O	0,01	0,00	(0,50)	0,01	0,00	0,23	0,18	0,87		
	A	0,03	0,16	−0,00	(0,58)	0,14	0,31	0,47	−0,18	0,76	
	C	0,10	0,13	−0,03	0,12	(0,60)	0,45	0,42	−0,21	0,33	0,79

Campbell y Fiske mostraron que para que las medidas sean válidas, deberá mostrarse un determinado patrón en las correlaciones de la matriz MTMM. Su método fue recomendado como un procedimiento heurístico, no analítico, basándose en la inspección visual de la matriz. Aunque no trataron explícitamente de la fiabilidad, es importante que las fiabilidades muestren valores aceptables antes de continuar con el examen de la matriz.

¿Qué propiedades o aspectos de la matriz MTMM se deben evaluar? Según los criterios de Campbell-Fiske:

1. Las correlaciones de la diagonal de la validez serán suficientemente altas y, por supuesto, estadísticamente significativas. No existen criterios sobre tamaños de estas correlaciones.
2. Las correlaciones de la diagonal de la validez serán significativamente superiores a las restantes correlaciones del triángulo hetero-método/hetero-rasgo. Para abordar estrictamente el problema, habría que realizar contrastes de hipótesis sobre las correlaciones implicadas. Una inspección visual de la tabla parece indicar que se cumple esta condición. Este criterio, junto con el anterior, mostraría las evidencias de la validez convergente.
3. Los elementos de la diagonal de la validez serán mayores que los correspondientes elementos en el triángulo mono-método. Este criterio mostraría evidencias de validez discriminante, es decir, de las diferencias entre rasgos, y de la no contaminación de los mismos por el método de evaluación.
4. Los patrones de correlaciones serán los mismos en todos los triángulos, es decir, las correlaciones altas lo serán en todos los triángulos, lo mismo que las bajas. Este criterio apoyaría la estabilidad de las relaciones entre los constructos, independientemente de los métodos usados en su evaluación.

En los datos del ejemplo de la figura 8.3 puede observarse que en los triángulos hetero-método/ hetero-rasgo, las correlaciones son inferiores a las encontradas para el mismo rasgo evaluado por los dos métodos, lo que evidencia la *validez convergente*. Estas correlaciones también son más altas que las mostradas en los triángulos mono-método, cuando se consideran distintos rasgos, lo que evidencia la *validez discriminante*. Finalmente, cuando se examinan las correlaciones entre diferentes rasgos en los bloques mono-método, se encuentran los mismos patrones en cuanto a los signos y en los órdenes de magnitud, aunque se encuentran algunas discrepancias en los tamaños, mostrándose en general más altas en las evaluaciones por parte de los pares.

En la actualidad las matrices MTMM son tratadas en el marco de los modelos de Análisis Factorial Confirmatorio, en el que fueron introducidas en los trabajos pioneros de Jöreskog (1971) y Kenny (1979). Este tratamiento es hoy un extenso campo de investigación en el que se han propuesto diferentes modelos para su tratamiento (aditivos, multiplicativos y de unicidad correlacionada) sobre los que existe polémica. Su presentación excede en mucho del nivel del texto, ya que habría que adentrarse en el tratamiento de los distintos modelos y de sus implicaciones. Para una introducción se recomienda el reciente artículo de Corten, Saris y Coenders (2002). Un ejemplo, con un tratamiento sencillo y algo simplificado del problema puede verse en Byrne (1998).

8.2. Las evidencias referidas a criterios

La temprana concepción de la validez, entendida como correlaciones con criterios, sigue teniendo hoy mucha importancia concebida como evidencias de validez relacionadas con criterios externos. Estos criterios (que a veces pueden ser otros tests) son conductas que suelen ser relevantes y de interés en situaciones aplicadas. Los tests suelen utilizarse en estos casos como formas de aproximación indirecta a dichos criterios, que son los que tienen un interés real: el éxito en el trabajo, el rendimiento académico, tener o no un determinado trastorno, éxito en una terapia, etc. Las relaciones con estas conductas también estarán previstas en la red nomológica del constructo en que se basa el test, como puede observarse en la figura 8.1. En estos casos, las evidencias de validez, antes de tomar decisiones sobre las puntuaciones de los tests, deberán mostrar claramente que efectivamente se dan las relaciones previstas. Estas evidencias se obtienen por medio de algún diseño de *validación del test con relación al criterio o criterios de interés*.

8.2.1. Algunas precisiones sobre los criterios

En un estudio de este tipo se siguen normalmente las siguientes fases: 1) identificar un criterio relevante y un método para medirlo; 2) identificar una muestra de sujetos representativa de la población en la que será usado el test; 3) administrar el test y obtener una puntuación para cada sujeto; 4) obtener medidas del criterio y puntuaciones en ellas para cada sujeto y 5) calcular algún índice que exprese las relaciones entre test y criterio.

Aunque todas las evidencias caen bajo el epígrafe de relativas a un criterio, deben hacerse algunas consideraciones sobre los criterios y sus medidas.

1) La temporalidad del criterio

En función del momento en que se obtengan las medidas del criterio suele hablarse de diferentes tipos de evidencias de validez y es frecuente distinguir entre:

- Evidencias de *validez predictiva*, cuando se toman inicialmente las medidas en el test y, transcurrido un período de tiempo, las medidas del criterio.
- Evidencias de *validez concurrente* cuando las medidas del test y las del criterio se toman durante el mismo período de tiempo.

Cuándo es más adecuado utilizar una u otra forma de recogida de datos depende en teoría del propósito del test: selección, clasificación, diagnóstico, etc. La validación concurrente no es siempre un sustituto de la predictiva, sino que puede tener sentido en sí misma. La recogida de datos para la predictiva es más costosa, ya que requiere de un tiempo de espera, durante el cual se pueden perder sujetos de la muestra.

A veces, dentro de este criterio temporal, se habla también de las evidencias de validez *retrospectivas*, cuando las medidas del test se toman después de que ha ocurrido el criterio.

Desde el punto de vista de los procedimientos de cálculo, que son el principal objetivo de este texto, la distinción no tiene importancia, ya que son los mismos independientemente del diseño de recogida de datos. Dada la importancia que este tipo de evidencias tiene en las aplicaciones en los diversos ámbitos de la psicología (Trabajo, Educación, Clínica) se les dedican tres capítulos del libro (9, 10 y 11). No obstante, hay una serie de cuestiones conceptuales, independientes de los procedimientos de cálculo, que se revisan en este apartado.

2) El problema del criterio

Anteriormente habíamos hablado de la necesidad de disponer de medidas del criterio. No obstante, estas medidas representan un problema importante en los estudios de validación, ya que suelen tener una gran complejidad, no existiendo un criterio perfecto, una «regla de oro», y pudiendo adolecer de múltiples sesgos. A continuación se enumeran los problemas encontrados con frecuencia en la evaluación de los criterios:

a) *Sesgos*. Incluyen problemas como la contaminación por otros factores, varianza irrelevante para el constructo, combinación o ponderación inadecuada de sus componentes, etc. Por ejemplo, en los tests de selección de personal un criterio utilizado con frecuencia son las evaluaciones de los jefes o supervisores. Estas evaluaciones suelen adolecer de numerosos fallos, como el efecto «halo», tendencia a calificaciones medias, generalización de un subcriterio a otros, etc. Messick (1989) considera que estos problemas pueden clasificarse bajo la etiqueta general de «atribución inadecuada de pesos o ponderaciones», que llevan a la contaminación de los criterios.
b) *Criterios múltiples frente a criterios únicos*. No existe acuerdo en la consideración de la dimensionalidad del criterio. Hay defensores de la idea de una medida global, general, mientras que otros defienden que los criterios son múltiples y que deben evaluarse con medidas multidimensionales (Cronbach y Snow, 1977). Una solución intermedia es la contemplada por los partidarios de la denominada *validez sintética* (Mossholfer y Harvey, 1984) en la que el criterio se analiza en múltiples dimensiones, cuyas relaciones con el test se evalúan separada-

mente, combinándose después los resultados en una predicción global, asignando pesos diferentes, según las dimensiones.

c) *Criterios estáticos* vs. *criterios cambiantes.* Los estudios clásicos de Fleishman (Fleishman y Fruchter, 1960; Fleishman y Hempel, 1954) pusieron de relieve que las correlaciones entre tests y criterios cambian con el tiempo. Esta cualidad dinámica concuerda con los trabajos de la psicología cognitiva sobre *expertos* y *novatos*. Tanto las correlaciones de los tests con el criterio, como la estructura factorial del test, puede cambiar cuando los sujetos llevan un tiempo desempeñando un puesto de trabajo. Esta característica no es exclusiva de tests de dominios cognitivos, sino que también se ha encontrado en otros campos.

d) *Ausencia de validación de constructo de los criterios.* Aunque algunos autores como Frederiksen (1986) y Guion (1976) abogan por esta validación, así como por la detección de variables moduladoras en la relación, se ha realizado muy poca investigación en este sentido.

Otros problemas de los criterios que han sido objeto de corrección por medio de tratamientos estadísticos específicos, tales como los referidos a la fiabilidad, la restricción del rango o generalización, se tratarán en el capítulo 10.

8.2.2. La validez incremental

Los *Standards for Educational and Psychological Tests* no contemplan este concepto de validez, que se plantea en el contexto de las relaciones con criterios. No obstante, en el ámbito de la psicología aplicada es un aspecto demandado en la validación de tests (Hunsley y Meyer, 2003). La definición es simple: ¿Qué añade la medida a otras fuentes de datos para la predicción de un criterio? Se requiere que un test demuestre su valor en relación con otras fuentes de información relevantes. A lo largo de los años diversos autores hicieron referencia a este concepto (Meehl, 1959; Sechrest, 1963; Wiggins, 1973), considerándola como una forma aplicada de validación, que debe proporcionar evidencias de mejora en los procesos de toma de decisiones y en la predicción del criterio. El concepto también se aplica a la validación de un nuevo test para la evaluación de un constructo del que ya existen otros tests disponibles, considerándolo aquí como la aportación del nuevo test frente a la información proporcionada por los otros. Se han seguido diversas aproximaciones metodológicas para su evaluación, utilizando generalmente procedimientos estadísticos que se expondrán en los capítulos 10 y 11 y se han desarrollado bastantes estudios especialmente en los ámbitos de selección y diagnóstico clínico. Un análisis de este tema va más allá de los objetivos del libro, pero recomendamos a los lectores la lectura del n.º 4 del año 2003 de la revista *Psychological Assessment*, en el que se publican varios artículos relacionados con este interesante aspecto de la validación.

9. Evidencias basadas en las consecuencias del test

Una cuestión que está recibiendo interés en años recientes es la incorporación de las consecuencias buscadas y no buscadas del uso de los tests en el concepto de la validez. El papel de las consecuencias de la validez continúa siendo objeto de debate en la psicometría. Los tests se administran normalmente con la esperanza de que se derive de ellos algún beneficio y, por lo tanto, un propósito de la validación debería ser si se han cumplido o no estos objetivos específicos. Así, en el caso de los tests de selección las consecuencias positivas deberían ser la reducción de los costes de formación, aumento de la productividad, etc. En los tests educativos, deberían mejorarse la motivación y el rendimiento de los estudiantes, las prácticas de instrucción y aprendizaje, etc. En los tests clínicos, la selección de tratamientos más eficaces y adecuados, mejora de la prevención, etc. De la misma forma, deberían evitarse las consecuencias negativas que pudiera tener el uso de los tests.

Aunque todos los teóricos están de acuerdo en investigar las consecuencias de las decisiones de los tests, hay diferencias sustanciales en cuanto a cómo incorporarlas en los estudios de la validez.

- Autores como Messick (1996) y Moss (1998) parecen vincularlas a los aspectos relativos a la representación y variabilidad irrelevante al constructo, ya tratadas a propósito de las evidencias de contenido.
- Cronbach (1988) las vincula a las consecuencias negativas tanto individuales como sociales que pueden derivarse del uso de los tests. Esta cuestión a veces aparece vinculada a las cuestiones de las consecuencias diferenciales del uso de los tests para determinados grupos, tema vinculado a los sesgos de los tests y de los ítems y en términos generales con la equidad del test. Estos aspectos se tratarán en capítulos posteriores.

Es en el contexto de la evaluación educativa donde la validez de las consecuencias ha sido considerada más necesaria y donde también ha resultado más polémica, como muestra el número monográfico de 1998 de la revista *Educational Measurement: Issues & Practices*. En él se insiste por parte de algunos autores en que deberían anticiparse las consecuencias potenciales del uso de tests antes de su aplicación (Moss, 1998). Las demandas más fuertes de la validez de las consecuencias se plantean en el ámbito de los tests denominados de «altas consecuencias», que se usan en educación y son los utilizados para graduaciones, cambios de curso y nivel y evaluación de centros educativos con el propósito de rendición de cuentas, acreditaciones profesionales, etc. Es en este ámbito donde se han tratado las consecuencias positivas (Cizek, 2001a; Kane, 2001) y negativas (Brennan, 2001b; Eisner, 2001; Jones, 2001). En psicología este aspecto de la validez no ha sido objeto de atención por el momento.

10. El tratamiento de las evidencias de validez en las investigaciones psicológicas

Al comienzo del tema se ha señalado la importancia que conceden al tema de las evidencias de validez las normas para las publicaciones en psicología. Concluimos el tema con los datos de un reciente artículo de Hogan y Agnello (2004). Los autores revisaron 36 revistas de los ámbitos de psicología y educación y psicología, en las que la mayor parte de los artículos publicados utilizan tests. En primer lugar, constataron la mención o no a algún tipo de validez en sus instrumentos de medida, y si lo hacían, qué tipo de evidencia de validez. En este caso utilizaron el sistema de clasificación dado en la tabla 8.2.

El primer dato sorprendente es que solamente el 55% de los artículos informaban de algún tipo de evidencia de validez, mientras que en un estudio similar sobre fiabilidad (Hogan y Agnello, 2000) esta información se proporcionaba en el 94% de los casos. Teniendo en cuenta el acuerdo unánime de que la validez es el aspecto más importante, este resultado es difícil de entender.

Tabla 8.2. **Frecuencia de tipos de evidencias de validez en los artículos (Hogan y Agnello, 2004)**

Tipo de evidencia de validez	n	%
Correlaciones con variables no especificadas	264	67
Correlaciones con otros tests	50	13
Correlaciones entre subtests	28	7
Correlaciones con variables especificadas	21	5
Contrastes de grupo	15	4
Análisis factorial	8	2

Un aspecto destacable de la tabla es la ausencia completa de referencias a las evidencias basadas en el contenido de los tests, a pesar de ser uno de los «tipos de validez» más antiguos propuestos en la literatura.

9. Evidencias de validez referidas a un criterio, I: una variable predictora

1. El coeficiente de validez como correlación entre un test y un criterio

1.1. Introducción

La forma más común de definir el coeficiente de validez de las puntuaciones de un test para un determinado criterio es la correlación lineal entre las puntuaciones del test y las de dicho criterio. Esta concepción de la validez se basa en el modelo de la regresión y correlación lineal. Se supone que lectores disponen de conocimientos sobre este tema adquiridos en los cursos de estadística. Para un tratamiento más amplio del tema pueden consultarse algunos textos breves en castellano dirigidos a las ciencias sociales, como los de Etxevarría (2000), Martínez Arias, Rivas y Rius (1991). No obstante, recomendamos especialmente el excelente texto de Cohen, West, Cohen y Aiken (2003).

La aplicación del modelo de la Regresión Lineal (RL) a la validación de las puntuaciones del test es inmediata. Mediante el análisis de RL se desarrolla un modelo lineal para predecir los valores de una variable respuesta o criterio (el criterio seleccionado, Y) a partir de los valores conocidos en una variable predictora (el test, X). Para desarrollar el modelo se precisa disponer de mediciones de las dos variables en una muestra de N sujetos extraídos de forma aleatoria e independiente de la población de interés. Por lo tanto, el punto de partida para el análisis serán N pares de observaciones (X_i, Y_i; $i = 1, 2, ..., N$). En la base de la construcción del modelo está el supuesto, implícito o explícito, de que el test es capaz de predecir adecuadamente el criterio. Para llegar al coeficiente de validez y a las ecuaciones de predicción, es preciso seguir varias fases: cálculo de los estimadores, pruebas de significación estadística, comprobaciones sobre los supuestos del modelo, etc., que se describirán brevemente a continuación.

Los conceptos de este capítulo y los del siguiente se ilustran con datos de una muestra de $N = 1.518$ sujetos de 4.º curso de la ESO, evaluados en varios tests (posibles variables predictoras) y en un criterio que es un test de rendimiento en matemáticas, común para todos los sujetos, test que fue construido dentro del marco de la TRI. Todos los análisis de datos fueron realizados con el programa SPSS 12.0 con el procedimiento Regresión-Lineal. El test objeto de validación en este capítulo es la escala de Metacognición del CEAM (Ayala, *et al.*, 2004), que se utiliza en capítulos posteriores y del que se ha hablado en el capítulo 1. Esta subescala consta de 10 ítems y sus puntuaciones mostraron un coeficiente alpha de 0,845. El test de matemáticas está formado por $n = 32$ ítems y su coeficiente alpha es de 0,85. Las puntuaciones de matemáticas fueron convertidas a una escala con puntuaciones de 0 a 100.

1.2. Las ecuaciones de regresión lineal y el criterio de mínimos cuadrados ordinarios

El objetivo de la regresión es obtener la *mejor función lineal* que permita predecir las puntuaciones del criterio a partir de puntuaciones conocidas en el test. La función será de la forma:

$$Y' = \beta_0 + \beta_1 X \qquad [9.1]$$

donde β_0 representa la *ordenada en el origen*, también denominada *término constante*, que es el valor esperado de Y cuando X toma el valor 0 y β_1 la *pendiente de la recta*, que representa el cambio que experimenta el valor de Y cuando X cambia una unidad.

Evidentemente, la relación entre X e Y no es una relación funcional exacta, por eso se habla de regresión y no de función, como se recordará de estadística (si lo fuera, todos los puntos del diagrama de dispersión que representa conjuntamente a los sujetos en X e Y se encontrarían sobre una recta). Esto implica que para cada sujeto se cometerá algún tipo de error al asignarle la puntuación pronosticada Y', obtenida mediante la ecuación de regresión:

$$\text{Error}_i = Y_i - Y'_i \qquad [9.2]$$

Cuanto más próximo esté el punto a la recta, menor será el error cometido.

Aunque existen muchos criterios posibles para la determinación óptima de los valores de β_0 y β_1, el modelo de la regresión lineal sigue el criterio denominado de *mínimos cuadrados ordinarios* (MCO), que lleva a unos estimadores de los parámetros (β_0 y β_1) que minimizan la suma de los errores al cuadrado para el conjunto de los N sujetos. Así pues, se calcula el mínimo de la siguiente expresión:

$$\text{SCE} = \sum_{i=1}^{N}(Y_i - Y_i')^2 = \sum_{i=1}^{N}[Y_i - (\beta_0 + \beta_1 X_i)]^2 \qquad [9.3]$$

El proceso de minimización conduce a dos ecuaciones, denominadas *ecuaciones normales*, de las que se pueden despejar los valores de los dos parámetros, que satisfacen la condición de minimización de la SCE. De estas ecuaciones normales se derivan fórmulas para la obtención de β_0 y β_1. Puesto que se trabaja con datos muestrales, lo que obtenemos en realidad son estimadores de dichos parámetros, que se denotan como b_0 y b_1, respectivamente. En primer lugar se presentan las ecuaciones para la obtención de b_1, de las que existen diversas fórmulas alternativas y equivalentes:

$$b_1 = \frac{\sum_{i=1}^{N}(X_i - \overline{X})(Y_i - \overline{Y})}{\sum_{i=1}^{N}(X_i - \overline{X})^2} = \frac{\text{Cov}(X, Y)}{s_x^2} = r_{xy}\frac{s_y}{s_x} \qquad [9.4]$$

donde: $\overline{X}, \overline{Y}$ son las medias de X e Y, respectivamente, s_x, s_y son las desviaciones típicas de X e Y, respectivamente, Cov (X, Y) es la covarianza muestral entre X e Y, r_{xy} es el coeficiente de correlación lineal muestral entre X e Y.

El estimador para b_0 es:

$$b_0 = \overline{Y} - b_1\overline{X}_i \qquad [9.5]$$

Sustituyendo los valores de b_0 y b_1, se obtiene la forma más usual de presentación de la ecuación de regresión de Y sobre X en psicometría:

$$Y_i' = \overline{Y} - r_{xy}\frac{s_y}{s_x}\overline{X} + r_{xy}\frac{s_y}{s_x}X_i \qquad [9.6]$$

donde: $\overline{Y} - r_{xy}\dfrac{s_y}{s_x}\overline{X}$ representa b_0 u ordenada en el origen y $r_{xy}\dfrac{s_y}{s_x}$ representa b_1 o pendiente de la recta.

La ecuación anterior se obtiene para las puntuaciones directas o en escala original. En psicología es frecuente transformar estas puntuaciones a otras escalas, como la escala de puntuaciones *diferenciales* o centradas en la media ($x_i = (X_i - \overline{X}); y_i = (Y_i - \overline{Y})$), ambas con media = 0 y la misma desviación típica que las originales o en la escala de puntuaciones típicas o estandarizadas, con media 0 y desviación típica 1: $\left(z_{x_i} = \dfrac{X_i - \overline{X}}{s_x}; z_{y_i} = \dfrac{Y_i - \overline{Y}}{s_y}\right)$. En estos casos, las correspondientes ecuaciones de regresión una vez realizadas las transformaciones derivadas de las nuevas escalas, son:

Puntuaciones diferenciales o centradas en la media:

$$y'_i = r_{xy} \dfrac{s_y}{s_x} x_i \qquad [9.7]$$

Puntuaciones típicas o estandarizadas:

$$z'_{yi} = r_{xy} z_z \qquad [9.8]$$

Obsérvese que estas dos últimas ecuaciones carecen del término constante u ordenada en el origen, puesto que ambas pasan por el origen del sistema de coordenadas. También se puede observar que la pendiente de la ecuación en puntuaciones diferenciales es igual a la correspondiente pendiente en puntuaciones directas, lo que implica que ambas rectas son paralelas. Por otra parte, la pendiente en puntuaciones típicas es diferente, por lo que la recta de regresión no es paralela a las dos rectas anteriores.

1.3. Conceptos utilizados en la Teoría de la Validez

1.3.1. El coeficiente de validez de las puntuaciones del test X para el criterio Y

El coeficiente de validez del test X para el criterio Y se define simplemente como el *coeficiente de correlación* lineal o de Pearson entre las puntuaciones del test y las del criterio, es decir, r_{xy}. Conviene recordar que no es una propiedad general del test, sino que será específico de cada criterio con el que se relacionen las puntuaciones del test. Del modelo de la RL se derivan otros conceptos muy importantes en la Teoría de la Validez, que se revisan a continuación.

1) Error cuadrático medio y error típico de estimación

En el modelo de predicción utilizado, un valor importante, que se utilizará en las aplicaciones, es el error cuadrático medio, que es la varianza de los errores de predicción ($E_i = (Y_i - Y'_i)$). Su raíz cuadrada o desviación típica de los errores recibe el nombre de *error típico de estimación* y juega un importante papel en las aplicaciones. La varianza de los errores suele denotarse como $s^2_{y.x}$

y el correspondiente error típico de estimación como $s_{y.x}$. Pueden obtenerse mediante las siguientes expresiones:

$$s_{y.x}^2 = s_y^2(1 - r_{xy}^2) \qquad [9.9]$$

$$s_{y.x} = s_y\sqrt{1 - r_{xy}^2} \qquad [9.10]$$

El error típico de estimación está en la misma escala que la variable criterio Y.

2) Coeficiente de determinación

Como se recordará de los cursos de estadística, cuando se eleva el coeficiente de correlación al cuadrado se obtiene el *coeficiente de determinación*, que expresa la proporción de variación del criterio (Y) asociada a la variación del test (X) o que puede explicarse mediante X. Es una medida de la adecuación o ajuste del modelo y en el caso de la validez, del grado en que el test permite predecir las puntuaciones del criterio. Aunque la recta obtenida por mínimos cuadrados es la que proporciona el mejor ajuste de entre todas las rectas posibles, el ajuste puede ser pobre, lo que supondría residuos o desviaciones muy grandes. Para llegar al coeficiente de determinación, se establece una descomposición de la variación de los datos en el criterio (Y) en los siguientes términos: variación total, variación debida a la regresión y variación no explicada (residual o error, que es la SCE). Suponemos que los lectores ya conocen esta partición de los cursos de estadística, por lo que no se entra aquí en su justificación. Basta decir que:

$$SCT = SCR + SCRes$$

Los grados de libertad totales son $(N-1)$, los de la SCR son iguales al número de predictores (1 en la regresión lineal simple) y $(N-p-1)$ los de la SCRes ($N-2$ en el caso que nos ocupa de 1 predictor).

Mediante la partición anterior, puede establecerse qué proporción de la variación de las puntuaciones en el criterio (SCT) se debe a la variable predictora X (SCR) y qué proporción a los errores de predicción o residuos no asociados con la variable predictora (SCRes). Puede demostrarse que el coeficiente de determinación representa la proporción de la variación de Y explicada por la variable predictora. Este coeficiente puede expresarse de las dos formas equivalentes siguientes:

$$r_{xy}^2 = \frac{SCR}{SCT} = 1 - \frac{SCRes}{SCT} \qquad [9.11]$$

El término SCRes/SCT refleja la proporción que representa la variación de los errores o variación no explicada por la variable predictora sobre la variación total en el criterio.

3) Índice de eficiencia en el pronóstico (E)

Aunque no suele utilizarse en estadística, la psicometría ha propuesto este índice, también basado en el modelo de la regresión. Su objetivo es representar el decrecimiento proporcional en la desviación típica del criterio cuando se compara el error típico de estimación de Y sobre X con la desviación típica del criterio, que sería la desviación típica de los errores si a todos los sujetos les pronosticásemos la media de Y, por no disponer de otra información. El índice se define como:

$$E = \frac{s_y - s_{y.x}}{s_y} = \frac{s_y - s_y\sqrt{1 - r_{xy}^2}}{s_y} = 1 - \sqrt{1 - r_{xy}^2} \qquad [9.12]$$

Frecuentemente se multiplica por 100, denominándose entonces «porcentaje de seguridad en el pronóstico».

4) Coeficiente de alienación (K)

Es otro índice típico de la psicometría, que no es más que el complementario del anterior, es decir, $K = 1 - E$. Puede obtenerse como:

$$K = \sqrt{1 - r_{xy}^2} = \frac{s_{y.x}}{s_y} \qquad [9.13]$$

Con frecuencia sus valores se multiplican por 100, denominándose entonces «porcentaje de incertidumbre en el pronóstico».

Ejemplo

A continuación se presentan los principales resultados obtenidos en el proceso de validación de la escala de Metacognición para el criterio de matemáticas. Estos resultados se presentan en la tabla 9.1.

Los valores de la tabla derivados de la teoría de la regresión (coeficiente de correlación, ordenada en el origen, pendientes de la recta y coeficiente de determinación) fueron obtenidos directamente con el programa SPSS. Los coeficientes de valor predictivo y de alienación se obtuvieron mediante las ecuaciones dadas, sustituyendo en ellas los valores conocidos, como podrán comprobar los lectores.

Tabla 9.1. Estadísticos descriptivos de X e Y, correlación y otros coeficientes. $N = 1.518$

Variables	Medias	Desviaciones típicas
X, Metacognición	33,20	6,72
Y, Matemáticas	48,45	9,243

$r_{xy} = 0,448$

Ordenada en el origen o constante, $b_0 = 27,998$

Pendiente de la recta, $b_1 = 0,616$

Pendiente de la recta estandarizada, $B_1 = 0,448$

Error típico de estimación, $s_{y,x} = 8,856$

Coeficiente de determinación, $r_{xy}^2 = 0,200$

Índice de eficiencia en el pronóstico, $E = 0,1056$, % de seguridad en el pronóstico = 10,56%

Coeficiente de alienación, $K = 0,8944$, % de incertidumbre en el pronóstico = 89,44%

Según los resultados de la tabla puede decirse que las puntuaciones de la escala de Metacognición muestran un *coeficiente de validez* para el criterio de matemáticas de $r_{xy} = 0,448$ y que permite predecir la variación de los resultados en dicho criterio en una proporción de 0,2 (un 20,0% de la variación de los resultados en el criterio), como indica el *coeficiente de determinación*, $r_{xy}^2 = 0,2$, quedando sin explicar una proporción de 0,8 (un 80,0%, que es la parte de la variación ligada a los errores de predicción, o la parte que no puede explicarse por X, que se debe a otras variables).

A partir de los datos anteriores, pueden construirse las ecuaciones de regresión lineal simple en diferentes métricas, que son las siguientes:

$$Y_i' = 27,998 + 0,616 X_i, \quad y_i' = 0,616 x_i, \quad z_{y_i}' = 0,448 z_{x_i}$$

1.4. Inferencias en el modelo de regresión

En el apartado anterior se presentaron los procedimientos para obtener la recta de regresión de Y sobre X a partir de los datos de una muestra. En este caso se obtendría la «recta de regresión muestral». Dicha recta sería el estimador de la «recta de regresión poblacional», que se representa mediante:

$$Y_i' = \mu_Y - \beta_1 \mu_X + \beta_1 X_i = \mu_Y + \beta_1 (X_i - \mu_X) \qquad [9.14]$$

La distribución de los valores de Y para un mismo valor de X puede diferir de muestra a muestra, por lo que se obtendrían rectas de regresión diferentes.

Dado que los valores encontrados son estimadores de parámetros, será preciso realizar inferencias a la población.

El establecimiento de inferencias en el modelo de la RL está condicionado al cumplimiento de una serie de *supuestos* sobre los datos con los que se ajusta el modelo y que se deben verificar.

1.4.1. Supuestos

1) Especificación correcta del modelo

La hipótesis básica del modelo es la de la linealidad de la relación. Para cada valor fijado de X le corresponde un valor de Y que es $\mu_{Y|X_j}$. Esta función deberá tener un incremento (o decremento) constante (dado por la pendiente) para los diferentes valores de X. Si la relación es positiva y tenemos dos valores de X, X_h y X_k, tales que $X_h < X_k$, entonces, $\mu_{Y|X_h} < \mu_{Y|X_k}$.

Además de la linealidad, dentro de la especificación correcta del modelo hay otros dos aspectos importantes cuando se incluyen múltiples variables

Figura 9.1. Diagrama de dispersión de X (metacognición) e Y (matemáticas)

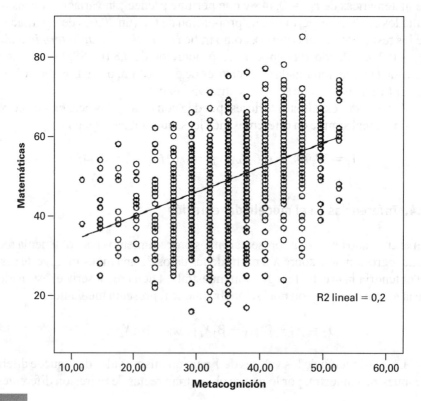

predictoras: a) no se han excluido variables predictoras relevantes y b) no se han incluido variables irrelevantes.

Una aproximación simple a la verificación de la linealidad es la representación gráfica del *diagrama de dispersión* como el que se presenta en la figura 9.1 para las dos variables del ejemplo.

En el diagrama puede observarse una tendencia lineal, produciéndose incrementos en la variable Y a medida que aumenta X. El conjunto de puntos puede ajustarse por medio de una recta. No obstante, puede observarse que la mayor parte de los puntos están fuera de la recta en mayor o menor grado. Estas desviaciones son los errores de predicción.

2) Variables medidas sin error

Se supone que las diferentes variables incluidas en el modelo tienen fiabilidad perfecta. Su no cumplimiento puede llevar a estimaciones inseguras y sesgadas.

3) Supuestos sobre el término error

Hay varios supuestos referidos al componente residuo o error, e (también se podrían establecer sobre la variable criterio, Y), que son los siguientes:

- *Esperanza matemática nula:* $E(e_i) = 0$, es decir, que para el conjunto de sujetos, la media o esperanza de los errores es 0. Esto se produce porque como la recta se ajusta al conjunto de los puntos, con algunos sujetos los errores son positivos (se les predice puntuaciones mayores que las que realmente tienen), mientras que con otros serán negativos (puntuaciones pronosticadas inferiores a las reales).
- *Homocedasticidad o igualdad de las varianzas error en los diferentes valores de X.* Es decir, la varianza de los errores es igual en todos los valores de X, e igual a una cantidad común que para la población denotaríamos como $\sigma^2_{y.x}$ y en la muestra es $s^2_{y.x}$. Hay procedimientos alternativos para el no cumplimiento del supuesto.
- *Independencia de los errores o de las observaciones.* Este supuesto o ausencia de *autocorrelación* entre observaciones sucesivas es fácil de cumplir con muestreo aleatorio e independiente y en situaciones estáticas, es decir, con datos recogidos en un único momento en el tiempo.

Los tres supuestos anteriores sobre el término error se denominan *Condiciones de Gauss-Markov* y son necesarios para ajustar rectas de regresión a los datos. Para poder establecer inferencias sobre la ecuación general o sobre los parámetros, es necesario además establecer algunos supuestos sobre la forma de la distribución de los errores, que básicamente se reducen al siguiente:

• Normalidad de la distribución de los errores (o de la variable criterio).

Cuando se cumplen los tres primeros supuestos los estimadores de Mínimos Cuadrados Ordinarios (MCO) de los parámetros de la regresión tienen unas propiedades óptimas: 1) son insesgados, es decir, sus valores esperados son iguales a los parámetros de la recta de regresión poblacional, 2) son de varianza mínima y 3) son consistentes. Si además se cumple el supuesto de la normalidad, estos estimadores lo son también de Máxima Verosimilitud (Peña, 1986; Seber, 1977). En estas condiciones, la distribución muestral de los estimadores de b_0 y b_1 es la ya conocida *distribución t de Student* con $N - 2$ grados de libertad, es decir, con los grados de libertad de la SCRes. El conocimiento de su distribución muestral permite hacer inferencias sobre los parámetros.

1.4.2. Inferencias sobre el modelo global o ecuación de regresión

Una vez estimados los parámetros del modelo, y antes de su utilización posterior con fines predictivos, debemos asegurar su significación estadística. La significación se plantea en dos etapas, la primera para la ecuación globalmente considerada y una segunda fase para cada uno de los parámetros del modelo.

En primer lugar, consideramos la significación del modelo global, que se basa en la anterior partición de la SCT en sus dos componentes de SCR y SCRes y en los correspondientes grados de libertad. El estadístico de contraste se basa en el contraste de dos Medias Cuadráticas o Varianzas, la debida a la regresión con la de los errores o residual. Para obtener las correspondientes medias cuadráticas se procede como en ANOVA, es decir, se divide la SC por sus grados de libertad. Tendremos así dos medias cuadráticas:

$$\text{MCR} = \frac{\text{SCR}}{p - 1}$$

$$\text{MCRes} = \frac{\text{SCRes}}{N - 2}$$

El estadístico de contraste es F definido como:

$$F = \frac{\text{MCR}}{\text{MCRes}} \qquad [9.15]$$

Este estadístico sigue una distribución F de Fisher-Snedecor con P y $N - P - 1$ grados de libertad, es decir, con el número de predictores como grados de libertad en el numerador (en este caso $p = 1$) y $N - p - 1$ en el denominador (en este caso, $N - 2$, por existir únicamente un predictor).

Los resultados para el modelo global se resumen en una tabla ANOVA, en la que se recogen las sumas de cuadrados, grados de libertad, medias cuadráticas y el estadístico F. Para los datos del ejemplo, se presenta en la tabla 9.2.

Tabla 9.2. Tabla ANOVA para el modelo de regresión de Y (matemáticas) sobre X (metacognición)

Fuente de variación	Suma de cuadrados	gl	Media cuadrática	F	Sig.
Regresión	29.778,465	1	29.778,465	379,698	0,000
Residual	118.894,887	1.516	78,427		
Total	148.673,352	1.517			

En la tabla puede observarse que el valor del estadístico de contraste F es 379,698, lo que en una distribución con 1 y 1.516 grados de libertad produce un p-valor $< 0,001$ (el SPSS redondea el resultado a 3 decimales, de ahí el p-valor $= 0,000$; no obstante, el valor nunca puede ser exactamente 0, por lo que decimos que es al menos menor que 0,001). Puede decirse que el modelo resulta estadísticamente significativo con p-valor o α menor que 0,001.

1.4.3. Inferencias sobre los coeficientes de la regresión

Puesto que se conocen los errores típicos de los estimadores de los parámetros de la recta de regresión y su distribución muestral, cada uno de estos coeficientes puede someterse a una prueba de hipótesis. Para cada coeficiente se pone a prueba el siguiente par de hipótesis nula y alternativa:

$$H_0 : \beta_j = 0$$
$$H_1 : \beta_j \neq 0$$

El contraste se lleva a cabo mediante un estadístico t que, como todo contraste, implica escribir en el numerador la diferencia entre el valor del estimador y lo que establece la hipótesis nula y en el denominador, la desviación típica del estimador correspondiente. Como en este caso la hipótesis nula establece valores de 0 para los coeficientes, puede escribirse en el numerador simplemente el valor del estimador, adoptando los contrastes la forma siguiente:

$$T(\beta_0) = \frac{b_0}{s_{b_0}} \qquad [9.16]$$

$$T(\beta_1) = \frac{b_1}{s_{b_1}} \qquad [9.17]$$

En los dos casos el contraste T sigue una distribución t *de Student* con los grados de libertad de la SCRes (es decir, $N - 2$ para la regresión lineal simple en la que no existe más que un predictor) y los criterios de decisión se establecen de la forma habitual, fijando un nivel de significación a máximo (normalmente y por convención $\alpha = 0,05$). También pueden establecerse intervalos de confianza (con un nivel de confianza fijado) para los parámetros.

En la tabla 9.3 se presentan los valores de los coeficientes y los correspondientes contrastes, obtenidos con el programa SPSS 12.0.

Tabla 9.3. Coeficientes de la recta de regresión y significación estadística

	Coeficientes no estandarizados		Coeficientes estandarizados	t	Sig.	Intervalo de confianza del 95%	
	B	Error típico	(B) Beta			Límite inferior	Límite superior
Constante (b_0)	27,998	1,176		23,800	0,000	25,691	30,306
Razonamiento (b_1)	0,616	0,032	0,448	19,486	0,000	0,554	0,678

En la segunda columna de la tabla se encuentran los coeficientes b de la ecuación de regresión, que ya se presentaron en la tabla 9.1. En la tercera columna aparecen sus errores típicos ($s_{b_0} = 1,097$ y $s_{b_1} = 0,022$). En la cuarta columna se presenta la pendiente de la recta en puntuaciones típicas, que puede observarse que difiere de la no estandarizada. En este caso no existe término constante puesto que esta recta pasa por el origen. Puede comprobarse que este valor coincide con el coeficiente de correlación entre X e Y (esto solamente sucede en el caso de la regresión lineal simple). En la cuarta columna se encuentran los resultados de los contrastes t, que en este caso consisten en dividir cada coeficiente no estandarizado por su correspondiente error típico, como el lector podrá comprobar. En la quinta columna se presenta el p-valor o significación (redondeado a tres cifras, de ahí el 0,000), que se compara con el nivel de significación establecido, pudiendo afirmar en este caso que ambos coeficientes son estadísticamente significativos, al menos con $p < 0{,}001$. Finalmente, se presentan los límites de los intervalos de confianza del 95% para ambos parámetros, que se han construido de la forma habitual que el lector ya conoce de estadística (restando y sumando del valor del estimador el error máximo, que se obtiene multiplicando el valor $|t_{0{,}975;\,1.516}|$ por el error típico).

1.4.4. Estimación de intervalos de confianza de las predicciones

A veces resulta de interés establecer intervalos de confianza para las predicciones obtenidas o valores pronosticados, lo que resulta muy sencillo cuando se utiliza un programa de ordenador.

Se deben distinguir dos tipos de intervalos para las predicciones, Y':

a) El de los valores obtenidos mediante la media o recta de regresión, es decir, para $\mu_{y|x=x_j}$ o valor que asigna la recta a todos los sujetos que tienen una determinada puntuación en X, $X = X_j$, también llamado *intervalo para la respuesta media*. En estos casos el error típico que se toma en la construcción del intervalo es el estimador del error típico de estimación, $s_{y.x}$.

b) Intervalos de confianza para las observaciones individuales, Y_i o para la puntuación en el criterio de un sujeto concreto, cuyo error típico es distinto del anterior, siendo en general considerablemente mayor, ya que en él habrán de recogerse dos fuentes de error:

- Los derivados de que Y_{ij} puede diferir de la media muestral o puntuación pronosticada para $X = X_j$, ya que en general, el valor del criterio no se encontrará sobre la recta de regresión.
- El estimador de $\mu_{y|x=x_j}$ suele diferir del verdadero valor poblacional, es decir, el error que contempla el error típico anterior.

En este último caso el error típico que se aplica en el establecimiento de los intervalos de confianza es el *error típico para una predicción individual* cuyo estimador s_{ij} viene dado por la siguiente expresión:

$$s_{ij} = s_{y.x}\sqrt{1 + \frac{1}{N} + \frac{(X_i - \overline{X})^2}{(N-1)s_x^2}} \qquad [9.18]$$

donde: $s_{y.x}$ es el error típico de estimación, N es el número de sujetos de la muestra, X_i es el valor que tiene el sujeto en la variable X, $\overline{X}$ es la media muestral en la variable X y s_x^2 es la varianza muestral de las puntuaciones de X.

En la tabla 9.4 se presentan los resultados de las predicciones para un conjunto de sujetos de la muestra, junto con sus correspondientes intervalos de confianza. Estos valores no aparecen explícitos en el *output* del programa SPSS con el que se han realizado los cálculos, sino que el programa los introduce como nuevas variables en la base de datos, si se le introduce esta opción.

Tabla 9.4. Valores de X, Y, pronosticados e intervalos de confianza para la media y para la predicción individual de cinco sujetos

Y	Y'	e_i	z'_y	e_{z_i}	$LI - \mu_{y|x}$	$LS - \mu_{y|x}$	$LI - PI$	$LS - PI$
59	51,89	7,11	0,31	0,80	51,42	52,35	34,51	69,263
42	48,30	−6,30	−0,49	−0,71	47,80	48,80	30,92	65,68
25	48,30	−23,30	−0,49	−2,63	47,80	48,80	30,92	65,68
58	51,89	6,11	0,31	0,69	51,42	52,35	34,51	69,26
27	46,51	−19,51	−0,90	−2,20	45,91	47,11	29,11	63,89

En la primera columna de la tabla se presentan las puntuaciones realmente obtenidas en el criterio Y. La segunda columna, Y', presenta las puntuaciones directas pronosticadas por medio de la recta de regresión del modelo. En la tercera columna, e_i representa el residuo o error de predicción para cada sujeto, que como puede observarse, pueden ser positivos o negativos. La cuarta columna, z'_y, presenta las puntuaciones típicas pronosticadas utilizando la correspondiente ecuación y la quinta, e_{z_i}, los errores o residuos en puntuaciones típicas. Las columnas 6 y 7, $LI - \mu_{y|x}$ y $LS - \mu_{y|x}$ representan los límites inferior y superior, respectivamente, para el pronóstico medio obtenidos con $s_{y.x}$ y finalmente, las columnas 8 y 9, $LI - PI$ y $LS - PI$, los límites inferior y superior, respectivamente, para las predicciones individuales obtenidos con el error típico para las mismas. Si se comparan los rangos de ambos intervalos, puede observarse que los del pronóstico individual son considerablemente mayores que los del pronóstico medio, ya que tienen mayores errores, tal como se había señalado en la teoría.

2. Factores que afectan al coeficiente de validez como correlación entre puntuaciones del test y del criterio

El coeficiente de validez definido como correlación entre las puntuaciones del test y del criterio es muy sensible a ciertos aspectos de las variables que pueden alterar considerablemente sus valores. La teoría clásica de los tests ha estudiado algunos de estos efectos y proporcionado procedimientos para su corrección, de modo que se pueda estimar cuál sería el valor del coeficiente de validez en su ausencia o cuando cambiasen sus valores. Schmidt y Hunter (1990) refieren 11 aspectos o «artefactos» que pueden alterar los tamaños de las correlaciones y que son frecuentes en los estudios de validación.

1. Error muestral o diferencia entre el coeficiente de correlación muestral y el de la población.
2. Error de medida o ausencia de fiabilidad perfecta en la variable predictora.
3. Error de medida en la variable criterio.
4. Utilizar criterios muy simplificados, reducidos solamente a dos valores, como éxito-no éxito, o similares.
5. Dicotomización de la variable predictora también en dos valores, por ejemplo altos y bajos en el test.
6. Variación del rango en la variable criterio, es decir, cambios en la variabilidad (normalmente varianza) de la variable criterio en otras muestras o condiciones.
7. Variación del rango en la variable predictora, es decir, cambios en la variabilidad (normalmente varianza) de la variable predictora en otras muestras o condiciones.
8. Definición incorrecta del constructo en la variable predictora.
9. Definición incorrecta del constructo y contaminación del criterio o variable dependiente.
10. Errores de codificación, cálculo, etc.
11. Factores extraños, ligados a las características de las muestras como experiencia, permanencia en el puesto de trabajo, etc., que son frecuentes en el caso de los tests utilizados en selección de personal.

Una descripción detallada de los efectos puede encontrarse en Schmidt y Hunter (1990) y un resumen de los mismos en Martínez Arias (1995). De estos efectos, la psicometría ha tratado fundamentalmente los referidos en los puntos 2 y 3, relacionados con la falta de fiabilidad, y 6 y 7, relacionados con la variabilidad de las muestras, proporcionando procedimientos para su corrección en el marco de la TCT. En los apartados siguientes se presenta una descripción de estos problemas y los procedimientos para su corrección. Los procedimientos se presentan sin justificación formal, por limitaciones de espacio y del nivel teórico del texto. Los lectores interesados en las justificaciones pueden encontrarlas en Gulliksen (1950) y Martínez Arias (1995).

2.1. Relaciones entre fiabilidad y validez de las puntuaciones de X y de Y

2.1.1. Correlación máxima empírica entre X e Y

En general, la presencia de errores de medida o fiabilidades imperfectas en las puntuaciones reduce o atenúa los valores del coeficiente de correlación entre dos variables, como se ha explicado en el capítulo 3. De hecho, una importante relación mostrada en la TCT es la siguiente:

$$r_{xy} \leq \sqrt{\rho_{xx'}} \sqrt{\rho_{yy'}} \qquad [9.19]$$

donde $\rho_{xx'}$ y $\rho_{yy'}$ son los coeficientes de fiabilidad de X y de Y, respectivamente.

Según esta relación, la máxima correlación que se podría obtener entre el test de razonamiento y el de matemáticas del ejemplo, teniendo en cuenta que sus coeficientes de fiabilidad son 0,845 y 0,85, será:

$$r_{xy} \leq \sqrt{0,845} \sqrt{0,85} = 0,8475$$

2.1.2. Máxima correlación si el criterio tuviese una fiabilidad perfecta ($\rho_{yy'} = 1$)

Aunque este supuesto nunca se cumple en la práctica, es otra máxima de la TCT que el valor máximo del coeficiente de validez es menor o igual que el índice de fiabilidad, es decir, sustituyendo 1 por el índice de fiabilidad de Y en la expresión anterior, puede verse que:

$$r_{xy} \leq \sqrt{\rho_{xx'}} \qquad [9.20]$$

El máximo valor empírico que se podría encontrar para el coeficiente de validez, aun bajo el supuesto de que el criterio tuviese fiabilidad perfecta, sería menor o igual que el índice de fiabilidad del test. Para el caso del ejemplo, la máxima correlación que se podría encontrar al correlacionar sus puntuaciones con otra variable sería por lo tanto de 0,9192, según la desigualdad anterior.

2.1.3. Cambios que se producen en el coeficiente de validez cuando se producen cambios en la fiabilidad de X y/o de Y

Este problema de los efectos de la fiabilidad sobre la validez definida como correlación del test con un criterio ya fue contemplado en los comienzos de TCT y fue el propio Spearman el que desarrolló el método conocido como *corrección de la atenuación debida a los errores de medida*. Aunque ya fue tratado en el capítulo 3, recordemos que consiste en estimar la correlación entre dos variables X e Y bajo el supuesto de que sus coeficientes de fiabilidad fuesen perfectos ($\rho_{xx'} = \rho_{yy'} = 1$), es decir, que estuviesen medidas sin error. Este supuesto llevó a la ecuación conocida como «correlación desatenuada»:

$$r_{v_x v_y} = \frac{r_{xy}}{\sqrt{\rho_{xx'} \rho_{yy'}}} \qquad [9.21]$$

La aplicación de esta corrección a los datos del ejemplo proporciona el siguiente coeficiente de validez corregido:

9. Evidencias de validez referidas a un criterio, I: una variable predictora

$$r_{v_x v_y} = \frac{0{,}448}{\sqrt{0{,}845 \cdot 0{,}85}} = 0{,}5286$$

Como se puede observar, ha aumentado considerablemente el valor del coeficiente de correlación o de validez al considerar que los tests que miden X e Y tienen fiabilidad perfecta.

Esta corrección es el caso extremo (ausencia completa de errores de medida) de un procedimiento más general que permite estimar cómo afectan los cambios en la fiabilidad (de X, Y o de ambas) al coeficiente de validez, sin estar interesados en la eliminación completa de los errores. Para obtener dicho procedimiento utilizaremos la siguiente notación:

$r_{x_1 y_1}$ coeficiente de validez obtenido con los datos empíricos.
$\rho_{x_1 x_1}$ coeficiente de fiabilidad original o inicial del test X.
$\rho_{x_2 x_2}$ coeficiente de fiabilidad modificado del test X.
$\rho_{y_1 y_1}$ coeficiente de fiabilidad original o inicial del criterio Y.
$\rho_{y_2 y_2}$ coeficiente de fiabilidad modificado del criterio Y.
$r_{x_2 y_2}$ coeficiente de validez con las fiabilidades modificadas de X y de Y.

Pueden obtenerse también situaciones intermedias en las que se consideran cambios en la fiabilidad de una de las variables, por ejemplo del test X y en este caso, la correlación se denotaría como $r_{x_2 y_1}$.

La ecuación general a partir de la que se pueden estimar los diferentes cambios, para el coeficiente de validez, cuando se modifican las fiabilidades iniciales es la siguiente (puede encontrarse la justificación en Martínez Arias, 1995):

$$r_{x_2 y_2} = \frac{r_{x_1 y_1}}{\sqrt{\dfrac{\rho_{x_1 x_1} \rho_{y_1 y_1}}{\rho_{x_2 x_2} \rho_{y_2 y_2}}}} \qquad [9.22]$$

donde los diferentes términos tienen el significado ya expresado en la notación general. Por ejemplo, supongamos que el test de razonamiento aumentase su fiabilidad hasta 0,90 y el test de matemáticas también llegase a este valor. En estas condiciones, los valores para el ejemplo son los siguientes:

$r_{x_1 y_1} = 0{,}448$; $\rho_{x_1 x_1} = 0{,}845$; $\rho_{y_1 y_1} = 0{,}85$; $\rho_{x_2 x_2} = 0{,}90$; $\rho_{y_2 y_2} = 0{,}90$

y la tarea consiste en estimar cuánto valdrá en estas condiciones el coeficiente de validez $r_{x_2 y_2}$. Para ello basta sustituir valores en la ecuación:

$$r_{x_2y_2} = \frac{0{,}448}{\sqrt{\dfrac{0{,}845 \cdot 0{,}85}{0{,}90 \cdot 0{,}90}}} = 0{,}4757$$

Como puede observarse, al mejorar las fiabilidades de las puntuaciones del test y del criterio también mejora el coeficiente de validez.

A partir de la expresión anterior pueden obtenerse los diversos casos particulares que se pueden encontrar en la práctica:

- Cambios en el coeficiente de fiabilidad de X dejando inalterado Y.

$$r_{x_2y_1} = \frac{r_{x_1y_1}}{\sqrt{\dfrac{\rho_{x_1x_1}\rho_{y_1y_1}}{\rho_{x_2x_2}\rho_{y_1y_1}}}} = \frac{r_{x_1y_1}}{\sqrt{\dfrac{\rho_{x_1x_1}}{\rho_{x_2x_2}}}} \qquad [9.23]$$

Supongamos en el ejemplo que mejora hasta 0,90 el coeficiente de fiabilidad del test de Razonamiento, permaneciendo igual la fiabilidad del criterio.

$$r_{x_2y_1} = \frac{0{,}448}{\sqrt{\dfrac{0{,}845}{0{,}90}}} = 0{,}4623 \qquad [9.24]$$

Puede observarse que ahora el incremento ha sido algo menor que en el caso anterior.

- Cambios en el coeficiente de fiabilidad de Y dejando inalterado X.

$$r_{x_2y_1} = \frac{r_{x_1y_1}}{\sqrt{\dfrac{\rho_{x_1x_1}\rho_{y_1y_1}}{\rho_{x_1x_1}\rho_{y_2y_2}}}} = \frac{r_{x_1y_1}}{\sqrt{\dfrac{\rho_{y_1y_1}}{\rho_{y_2y_2}}}} \qquad [9.25]$$

En el ejemplo se supone que la fiabilidad del criterio se incrementa de 0,85 a 0,90, sin cambios en la fiabilidad del test. Aplicando la ecuación anterior se obtiene la estimación del coeficiente de validez bajo dichas condiciones:

$$r_{x_2y_1} = \frac{0{,}448}{\sqrt{\dfrac{0{,}85}{0{,}90}}} = 0{,}461$$

2.2. Cambios en el coeficiente de validez cuando se producen cambios en la longitud de los tests

Este procedimiento está muy relacionado con el anterior, ya que en la TCT la forma de mejorar los coeficientes de fiabilidad es por medio de aumentos en la longitud, como se ha visto anteriormente al tratar de las ecuaciones de Spearman-Brown. Los procedimientos para llevar a cabo estos cambios en realidad son innecesarios, ya que bastaría con estimar los nuevos coeficientes de fiabilidad por medio de las ecuaciones de Spearman-Brown y sustituir sus valores en alguna de las ecuaciones anteriores, según el caso. No obstante, la TCT proporciona ecuaciones en las que se estiman directamente los cambios en validez derivados de cambios en longitud, obtenidos de la sustitución en las ecuaciones anteriores de los coeficientes de fiabilidad nuevos por las correspondientes ecuaciones de Spearman-Brown (la justificación puede encontrarse en Martínez Arias, 1995). A continuación se presentan estos procedimientos directos, que introducen algunas variaciones en la notación.

Si denotamos por k el número de veces que se multiplica la longitud del test (por ejemplo, en el caso de que se duplicase $k = 2$) y por l el número por el que se multiplica la longitud del criterio, la ecuación general que permite relacionar los cambios se convertiría en la siguiente:

$$r_{x_k y_l} = \frac{r_{xy}}{\sqrt{\dfrac{\rho_{xx'}\rho_{yy'}}{\rho_{x_k}\rho_{y_l}}}} \qquad [9.26]$$

donde: $r_{x_k y_l}$ coeficiente de validez cuando la longitud del test X se multiplica por k y la longitud del criterio Y por l; r_{xy} coeficiente de validez original, calculado empíricamente con los datos; $\rho_{xx'}$ coeficiente de fiabilidad original (sin modificar la longitud) de X; $\rho_{yy'}$ coeficiente de fiabilidad original (sin modificar la longitud) de Y; ρ_{x_k} coeficiente de fiabilidad cuando la longitud de X se multiplica por k; ρ_{y_l} coeficiente de fiabilidad cuando la longitud de Y se multiplica por l.

Sustituyendo estos dos últimos coeficientes por las correspondientes ecuaciones de Spearman-Brown para el caso general, y simplificando posteriormente, se llega a la siguiente expresión general que permite estimar cambios en el coeficiente de validez cuando se introducen cambios en la longitud del test y del criterio.

$$r_{x_k y_l} = \frac{kl\, r_{xy}}{\sqrt{k + k(k-1)\rho_{xx'}}\sqrt{l + l(l-1)\rho_{yy'}}} \qquad [9.27]$$

En el ejemplo, el test de metacognición tiene una longitud de $n = 10$ elementos y el criterio, el test de matemáticas, una longitud de $n = 30$. Supongamos que duplicamos la longitud de ambos añadiendo elementos paralelos en los dos casos. En este caso, $k = l = 2$. Aplicando la ecuación anterior, puede estimarse cuánto valdría el coeficiente de validez:

$$r_{x_2 y_2} = \frac{2 \cdot 2 \cdot 0{,}488}{\sqrt{2 + 2(2-1)0{,}845} \sqrt{2 + 2(2-1)0{,}85}} = 0{,}6726$$

Si se hubiesen estimado las fiabilidades resultantes de los aumentos en longitud mediante la ecuación de Spearman-Brown y se hubiesen sustituido en la ecuación general que relaciona los cambios en fiabilidad con la validez, se habría llegado al mismo resultado. Dejamos la comprobación al lector.

A partir de la ecuación general también se han derivado ecuaciones para los casos particulares, es decir, modificaciones en longitud solamente de una de las variables, el test o el criterio.

- Modificaciones únicamente en la longitud del test:

$$r_{x_k y} = \frac{k r_{xy}}{\sqrt{k + k(k-1)\rho_{xx'}}} \qquad [9.28]$$

En el ejemplo anterior, si se duplica la longitud del test ($k = 2$) manteniendo igual el criterio, aplicando la ecuación anterior puede obtenerse el valor estimado para el coeficiente de validez:

$$r_{x_2 y} = \frac{2 \cdot 0{,}448}{\sqrt{2 + 2(2-1)0{,}845}} = 0{,}4664$$

- Modificaciones únicamente en la longitud del criterio:

$$r_{x y_l} = \frac{l r_{xy}}{\sqrt{l + l(l-1)\rho_{yy'}}} \qquad [9.29]$$

Para el test y el criterio del ejemplo, supóngase que se duplica solamente la longitud del criterio, permaneciendo igual el test ($l = 2$). Aplicando la ecuación anterior el nuevo valor del coeficiente de validez será:

$$r_{x y_2} = \frac{2 \cdot 0{,}448}{\sqrt{2 + 2(2-1)0{,}85}} = 0{,}4658$$

Las ecuaciones anteriores son muy útiles en el proceso de construcción de un test, ya que no requieren disponer de puntuaciones reales bajo las nuevas condiciones del X, de Y o de ambas. Son simplemente estimaciones que permiten al constructor del test estimar los cambios hipotéticos que se producirían y las longitudes requeridas. Estos datos le permitirán determinar si vale la pena o no realizar los cambios para llegar a los valores deseados en validez.

También existen ecuaciones que permiten determinar las longitudes requeridas para alcanzar determinados valores en el coeficiente de validez. Puesto que se pueden obtener mediante los procedimientos tratados en el capítulo 3, consideramos que no vale la pena cargar al lector con nuevas fórmulas. No obstante, los lectores interesados pueden encontrarlas en Gulliksen (1950) y Martínez Arias (1995).

2.3. Cambios en el coeficiente de validez con cambios en la variabilidad del grupo: el problema de la restricción del rango

En el capítulo 3 se vio cómo los cambios en la variabilidad de las variables cuando se obtienen los datos de distintas poblaciones o muestras afectaban a los valores del coeficiente de fiabilidad. El coeficiente de validez, definido como correlación dc un tcst con un criterio, también es un coeficiente de correlación y, por tanto, se verá afectado por la variabilidad de los grupos en los que se calcula. En muchas situaciones de validación de tests no se dispone de datos sobre el rango completo de puntuaciones en el test o criterio, porque se ha producido algún tipo de *selección* previa de los sujetos. Esta situación es muy frecuente en los tests utilizados en selección y en ese contexto el problema de la reducción de la variabilidad se conoce como el *problema de la restricción del rango*.

La TCT también propuso procedimientos para la solución de este problema (Gulliksen, 1950). A continuación se presentan los propuestos para las situaciones más comunes:

1. Caso de dos variables, test X y criterio Y, donde se realiza una selección explícita sobre una de ellas.
2. Caso de tres variables, el test X y el criterio Y y una tercera variable Z sobre la que se realiza la selección explícita de los sujetos.

2.3.1. Caso de dos variables, X e Y

La restricción del rango se produce porque se lleva a cabo una selección explícita de sujetos sobre una de las variables implicadas, con mayor frecuencia el test X. Este caso es frecuente en situaciones de selección en los que se seleccionan solamente aquellos sujetos que superan una determinada puntuación o punto de corte en el test. En los diseños de validez predictiva, únicamente se dispondrá de datos en el criterio Y para estos sujetos seleccionados y el coeficiente de correlación calculado con estos sujetos únicamente describe la validez para este grupo, sin embargo, en el futuro se aplicará a muestras de aspirantes con un rango más extenso de variabilidad. Por este motivo, el coeficiente de validez calculado no refleja el valor del coeficiente de validez en la situación de selección en la que la variabilidad de las puntuaciones de los aspirantes es mayor. Al aplicar el punto de corte en X se reduce el rango o variabilidad de las puntuaciones (se han eliminado aquellos sujetos con puntuaciones más bajas), pero debido a la correlación existente entre X e Y, también se reduce la variabilidad en Y, puesto que también se excluirán aquellos sujetos que tendrían puntuaciones bajas en Y, si la relación entre X e Y es elevada. En estos casos, la variable con la que se realiza directamente la selección se denomina *variable directa o explícitamente selectiva* y aquella que se ve reducida también en su variabilidad, no directamente, sino a través de su correlación con la primera, se denomina *variable incidental o indirectamente selectiva*. Con la reducción del rango o variabilidad, se reduce también en general el coeficiente de correlación o validez. Aunque el caso más frecuente es en los diseños de validez predictiva, también puede suceder con diseños de validez concurrente.

A partir de una serie de supuestos, la TCT desarrolló un conjunto de ecuaciones para estimar el coeficiente de validez en muestras de variabilidad diferente de aquellas en las que se había calculado originalmente. Para su aplicación es necesario además conocer la varianza en los dos grupos de una de las dos variables, sea la explícitamente selectiva o la incidentalmente selectiva.

1) Notación

En lo que sigue, se designarán con letras *minúsculas* latinas los estadísticos del grupo para el que se dispone de todos los datos (puntuaciones en X e Y) y en el que se calcula el coeficiente de validez (normalmente, aunque no necesariamente, el grupo de rango reducido). Los estadísticos del grupo en el que se desconoce el valor del coeficiente de validez y para el que se quiere estimar, se designarán con letras *mayúsculas* latinas (tabla 9.5).

2) Supuestos

Los supuestos de los que se derivan las ecuaciones que se presentan a continuación son los siguientes:

1. Las pendientes de la recta de regresión son iguales en los dos grupos:

$$r_{xy}\frac{s_y}{s_x} = R_{xy}\frac{S_y}{S_x} \qquad [9.30]$$

9. Evidencias de validez referidas a un criterio, I: una variable predictora

Tabla 9.5. Notación utilizada para los cambios en la variabilidad del grupo

Grupo con puntuaciones en las dos variables (conocido el coeficiente de validez)	Grupo con puntuaciones en una de las variables (desconocido el coeficiente de validez)
Varianzas: s_x^2, s_y^2	Varianzas: S_x^2, S_y^2
Error típico de estimación: $s_{y.x}$	Error típico de estimación: $S_{y.x}$
C. de validez conocido: r_{xy}	C. de validez desconocido: R_{xy}
Pendiente de la recta de Y sobre X: $$r_{xy}\frac{s_y}{s_x}$$	Pendiente de la recta de Y sobre X: $$R_{xy}\frac{S_y}{S_x}$$

2. Por el principio de homocedasticidad, los errores típicos de estimación son iguales en los dos grupos, ya que las varianzas de los errores son iguales en todos los valores de X:

$$s_y\sqrt{1 - r_{xy}^2} = S_y\sqrt{1 - R_{xy}^2} \qquad [9.31]$$

Partiendo de los anteriores supuestos y conociendo la varianza de una de las variables en los dos grupos, se puede estimar el coeficiente de validez desconocido. Según cual sea la variable de la que se conocen las dos varianzas, la TCT desarrolló dos ecuaciones diferentes para la estimación: varianza conocida en la variable explícitamente selectiva o varianza conocida en la variable incidentalmente selectiva.

3) Caso 1: Conocidas las varianzas en los dos grupos de la variable explícitamente selectiva

Suponiendo que sea el test X con el que se realiza la selección, se debe conocer además del coeficiente de validez para Y y los estadísticos calculados en el grupo conocido, las varianzas de X en el grupo en el que se desconoce la validez (S_x^2). El coeficiente de validez puede estimarse en estas condiciones mediante la siguiente ecuación:

$$R_{xy} = \frac{S_x r_{xy}}{\sqrt{S_x^2 r_{xy}^2 + (1 - r_{xy}^2)s_x^2}} \qquad [9.32]$$

La demostración de cómo llegar a la anterior ecuación a partir de los supuestos puede encontrarse en Martínez Arias (1995, pp. 394-395).

Los supuestos también permiten obtener una estimación de la varianza desconocida de la variable Y en el grupo en el que no se dispone de puntuaciones:

$$S_y^2 = s_y^2\left(1 - r_{xy}^2 + r_{xy}^2 \frac{S_x^2}{s_x^2}\right) \qquad [9.33]$$

Apliquemos las anteriores ecuaciones a un ejemplo.

Ejemplo

Una empresa aplica un test selectivo X de capacidad de toma de decisiones a una muestra de aspirantes a un puesto de consultor. El conjunto de sujetos que realizaron el test alcanzaron en éste una varianza igual a 36. La empresa estableció un punto de corte según el cual solamente fueron admitidos un 10% de los aspirantes. En este último grupo de sujetos, la varianza del test fue igual a 9. Transcurrido un período de tiempo, los sujetos seleccionados fueron evaluados en un criterio de productividad (Y) en el cual la varianza fue igual a 16. En este grupo, el coeficiente de validez, calculado como la correlación entre el test y el criterio fue de 0,30. ¿Cuál sería el coeficiente de validez del test en el grupo total de aspirantes?, ¿y la varianza en el criterio?

En el ejemplo, la variable directamente selectiva fue el test, con varianzas $S_x^2 = 36$ en el grupo de aspirantes y $s_x^2 = 9$ en el grupo seleccionado. La varianza de las puntuaciones en el criterio en este último grupo fue $s_y^2 = 16$. El coeficiente de validez en este mismo grupo fue $r_{xy} = 0,30$.

Para estimar el coeficiente de validez en el grupo de aspirantes se utiliza la ecuación 9.32, sustituyendo los datos conocidos:

$$R_{xy} = \frac{6 \cdot 0,30}{\sqrt{36 \cdot 0,09 + (1 - 0,09) \cdot 9}} = 0,5324$$

Para obtener la varianza del criterio en el grupo completo de aspirantes, se sustituyen los datos conocidos en la ecuación 9.33:

$$S_y^2 = 16\left(1 - 0,09 + 0,09\frac{36}{9}\right) = 20,32$$

4) Caso 2: conocidas las varianzas en los dos grupos de la variable incidentalmente selectiva

Suponiendo que sea el criterio Y la variable indirectamente selectiva, es preciso conocer sus varianzas en los dos grupos, es decir, S_y^2 y s_y^2. En este caso, la ecuación para la estimación del coeficiente de validez desconocido es:

$$R_{xy} = \sqrt{1 - (1 - r_{xy}^2)\frac{s_y^2}{S_y^2}} \qquad [9.34]$$

Si se desconoce la desviación típica de la variable directamente selectiva en el grupo amplio, puede estimarse mediante la ecuación siguiente:

$$S_x^2 = \frac{s_x^2(S_y^2 - s_y^2 + r_{xy}^2 s_y^2)}{r_{xy}^2 s_y^2} \qquad [9.35]$$

Ejemplo

Sea un test para la evaluación de la conducta antisocial, cuyo coeficiente de validez para el criterio de número de delitos cometidos fue igual a 0,30, calculado con sujetos que residen en instituciones penitenciarias. En este grupo las desviaciones típicas del test y del criterio fueron $s_x = 4,6$ y $s_y = 3,8$. En un grupo más general, la desviación de las puntuaciones en el criterio fue $S_y = 7,2$. Se desea averiguar cuál sería la validez del test para este criterio en este último grupo y cuál la desviación típica de los sujetos en el test de conducta antisocial.

Para estimar el coeficiente de validez utilizamos la ecuación 9.34:

$$R_{xy} = \sqrt{1 - (1 - 0,09)\frac{14,44}{51,84}} = 0,8640$$

Para estimar la desviación típica del test X en este grupo, se utiliza la ecuación 9.35:

$$S_x^2 = \frac{21,16(51,84 - 14,44 + 0,09 \cdot 14,44)}{0,09 \cdot 14,44} = 630,1043$$

Siendo la correspondiente desviación típica $S_x = 25,10$.

2.3.2. Caso de tres variables, X (test), Y (criterio) y Z (tercera variable)

En ocasiones, la selección que provoca la restricción del rango de variabilidad en las variables con las que se calcula el coeficiente de validez se lleva a cabo mediante una tercera variable que correlaciona con las variables X e Y implicadas en el estudio de validación, llevando a que la correlación entre X e Y se calcule en un grupo de variabilidad reducida. Sería el caso de una empresa en la que se está llevando a cabo un estudio de validación de un test X con un criterio Y. La empresa pretende utilizar este test, una vez validado, en selecciones futuras. La muestra con la que se realiza el estudio de validación está formada por empleados de la empresa que desempeñan actualmente el puesto de trabajo para cuya selección se está desarrollando el test. Estos empleados fueron previamente seleccionados con un test Z. Este test Z correlaciona tanto con el nuevo test X, como con el criterio Y.

La TCT también aporta soluciones para estimar el valor del coeficiente de validez en este caso. La introducción de la tercera variable Z, relacionada con X y con Y, lleva a la necesidad de utilizar una nueva notación y de ampliar el conjunto de supuestos.

1) Notación

La notación utilizada en esta situación es la misma del apartado anterior, debiendo introducir ahora los nuevos estadísticos en los que interviene Z:

r_{zx} y r_{zy} correlaciones de Z con X e Y, respectivamente, en el grupo de variabilidad restringida o de datos conocidos.

s_z y S_z desviación típica de Z en el grupo conocido y en el de datos desconocidos.

$r_{xy.z}$ y $R_{xy.z}$ correlaciones parciales de X con Y, eliminado el efecto de Z en los dos grupos.

El resto de los componentes de las ecuaciones tienen la misma notación que en el apartado anterior.

Como se puede observar, aparece un nuevo concepto, la *correlación parcial*, que como se recordará de estadística, es un procedimiento que permite eliminar de una correlación entre dos variables el efecto de una (o varias variables) correlacionada con las anteriores, y que puede alterar la correlación entre las dos variables implicadas. Para la justificación de la correlación parcial remitimos a los lectores a textos de estadística aplicada a la psicología. El procedimiento consiste básicamente en obtener las ecuaciones de regresión lineal de X sobre Z y de Y sobre Z, obteniendo mediante ellas unas puntuaciones pronosticadas las predicciones X' e Y', tal como se ha visto en apartados anteriores de este capítulo. Como también se ha visto, habrá unas diferencias entre las puntuaciones que realmente obtienen los sujetos (X e Y) y las que se pronostican mediante las correspondientes ecuaciones. Estas diferencias son los residuos o errores de predicción, $(X - X')$ y $(Y - Y')$. Estas puntuaciones residuales son independientes de Z, ya que representan aquella parte de las puntuaciones no explicada por Z. La *correlación parcial* entre X e Y controlando Z no es más que la correlación entre estos residuos. En el apartado de los supuestos se presentan las fórmulas para esta correlación parcial, que suele denotarse como $r_{xy.z}$.

2) Supuestos

Los métodos que permiten estimar el coeficiente de validez en grupos con diferente variabilidad parten del siguiente conjunto de supuestos:

1. Igualdad de las pendientes de las rectas de regresión de X e Y sobre Z en los dos grupos:

$$r_{zy}\frac{s_y}{s_z} = R_{zy}\frac{S_y}{S_z}$$
$$r_{zx}\frac{s_x}{s_z} = R_{zx}\frac{S_x}{S_z}$$
[9.36]

2. Igualdad de los errores típicos de estimación de X y de Y sobre Z en los dos grupos:

$$s_y\sqrt{1 - r_{zy}^2} = S_y\sqrt{1 - R_{zy}^2}$$
$$s_x\sqrt{1 - r_{zx}^2} = S_x\sqrt{1 - R_{zx}^2}$$
[9.37]

3. Igualdad de los coeficientes de correlación parcial de X con Y, controlando Z en los dos grupos:

$$\frac{r_{xy} - r_{zy}r_{zx}}{\sqrt{(1 - r_{zy}^2)(1 - r_{zx}^2)}} = \frac{R_{xy} - R_{zy}R_{zx}}{\sqrt{(1 - R_{zy}^2)(1 - R_{zx}^2)}}$$
[9.38]

Las situaciones son similares a las del caso anterior. Para uno de los grupos (el representado con letras minúsculas) se dispone de información completa, es decir, las tres correlaciones y las tres varianzas y en otro de los grupos no se dispone de esta información. Para poder estimar el coeficiente de validez es necesario además disponer de las varianzas en los dos grupos de una de las variables, sea la directamente selectiva (Z) o alguna de las indirectamente selectivas (X o Y). Según se conozcan las dos varianzas en Z o en X o Y, las ecuaciones son distintas.

3) Caso 1: conocidas las varianzas en los dos grupos de la variable directamente selectiva (Z)

Se comienza como un caso similar a uno de los ya tratados consistente en estimar la correlación entre una variable directamente selectiva y otra indirectamente selectiva R_{zx}, R_{zy}, conocidas las varianzas en los dos grupos en la directamente selectiva. Las estimaciones son las siguientes:

$$R_{zx} = \frac{S_z r_{zx}}{\sqrt{S_z^2 r_{zx}^2 + (1 - r_{zx}^2)s_z^2}}$$
[9.39]

$$R_{zy} = \frac{S_z r_{zy}}{\sqrt{S_z^2 r_{zy}^2 + (1 - r_{zy}^2)s_z^2}}$$
[9.40]

Las correspondientes varianzas S_x^2 y S_y^2 pueden obtenerse por medio de las siguientes expresiones:

$$S_x^2 = s_x^2\left(1 - r_{zx}^2 + r_{zx}^2 \frac{S_z^2}{s_z^2}\right)$$

$$S_y^2 = s_y^2\left(1 - r_{zy}^2 + r_{zy}^2 \frac{S_z^2}{s_z^2}\right)$$

[9.41]

Finalmente, sustituyendo los términos anteriores en el supuesto de igualdad de las correlaciones parciales y simplificando, se llega a la correlación buscada R_{xy}:

$$R_{xy} = \frac{r_{xy} - r_{zy}r_{zx} + r_{zy}r_{zx}\frac{S_z^2}{s_z^2}}{\sqrt{1 - r_{zx}^2 + r_{zx}^2\frac{S_z^2}{s_z^2}}\sqrt{1 - r_{zy}^2 + r_{zy}^2\frac{S_z^2}{s_z^2}}}$$

[9.42]

Ejemplo

Una empresa ha utilizado tradicionalmente para la selección de aspirantes a puestos administrativos un test de selección Z que mide aptitudes administrativas. El criterio Y es una medida de productividad en el puesto de trabajo después de un período de 6 meses de permanencia en el puesto. En la actualidad intenta sustituir el test Z por un nuevo test X también de aptitudes administrativas, que será utilizado en selecciones futuras. El proceso de validación del test se lleva a cabo con sujetos que actualmente están desempeñando sus funciones en puestos de trabajo similares y que habían sido seleccionados con el test Z. Dada la restricción del rango de este grupo, los responsables de la construcción del test quieren conocer cuál sería el coeficiente de validez en una muestra de aspirantes, es decir, en las condiciones reales en las que se realiza la selección y si se puede sustituir el test viejo por el nuevo.

Los datos de los que dispone para llevar a cabo esta estimación son los siguientes:

- Desviación típica del test Z en muestras de aspirantes, $S_z = 9$.
- Desviación típica del test Z en el grupo restringido de empleados, $s_z = 3$.
- Desviación típica del grupo restringido de empleados en el criterio, $s_y = 5$.
- Desviación típica del grupo restringido de empleados en el test X, $s_x = 2$.
- Correlaciones en el grupo restringido entre las tres variables:

$$r_{zy} = 0{,}60$$
$$r_{zx} = 0{,}45$$
$$r_{xy} = 0{,}75$$

A partir de estos datos, se pueden responder a las siguientes preguntas:

- Correlación entre los dos tests en el grupo completo, R_{zx}.
- Correlación entre el antiguo test Z y el criterio Y en el grupo completo, R_{zy}.
- Correlación entre el nuevo test X y el criterio Y en el grupo completo, R_{xy}, que es el coeficiente de validez deseado.
- Valores de las desviaciones típicas del criterio y del nuevo test en el grupo completo: S_y y S_x.

Para la primera pregunta, se debe estimar la correlación en un grupo no restringido entre una variable directamente selectiva (Z) y otra incidentalmente selectiva (X), conociendo las varianzas en los dos grupos de la directamente selectiva, que es la misma situación que el caso 1 del apartado anterior y se utilizará la misma ecuación.

$$R_{zx} = \frac{9 \cdot 0{,}45}{\sqrt{81 \cdot 0{,}2025 + (1 - 0{,}2025) \cdot 9}} = 0{,}8340$$

La segunda pregunta plantea el mismo caso, la correlación entre una variable directamente selectiva (Z) y otra incidentalmente selectiva (Y), conocidas las varianzas en los dos grupos de la primera. Se aplica, por tanto, la misma ecuación:

$$R_{zy} = \frac{9 \cdot 0{,}60}{\sqrt{81 \cdot 0{,}36 + (1 - 0{,}36) \cdot 9}} = 0{,}9138$$

La tercera pregunta es específica de este apartado, ya que requiere el cálculo de la correlación entre dos variables incidentalmente selectivas (X e Y), conocidas las varianzas en la directamente selectiva (Z). Aunque no es necesario, puesto que ya queda recogida en la fórmula general para calcular R_{xy}, se calcula la correlación parcial entre ellas, controlando Z para el grupo restringido:

$$r_{xy.z} = \frac{0{,}75 - 0{,}45 \cdot 0{,}60}{\sqrt{(1 - 0{,}2025)(1 - 0{,}36)}} = 0{,}6719$$

Se han realizado con calculadora los cálculos de la correlación parcial por tratarse de un ejemplo ficticio del que no disponemos de bases de datos con las puntuaciones de los sujetos. En la práctica, los diferentes programas estadísticos (por ejemplo el SPSS) disponen de procedimientos para el cálculo de correlaciones parciales, que además permiten eliminar el efecto de más de una variable, si se desea.

Aplicando la ecuación 9.42, se obtiene la respuesta a la tercera pregunta:

$$R_{xy} = \frac{0{,}75 - (0{,}60 \cdot 0{,}45) + (0{,}60 \cdot 0{,}45)\dfrac{81}{9}}{\sqrt{1 - 0{,}2025 + 0{,}2025\left(\dfrac{81}{9}\right)}\sqrt{1 - 0{,}36 + 0{,}36\left(\dfrac{81}{9}\right)}} = 0{,}9127$$

Para ver si el nuevo test X es igualmente válido para la predicción del criterio Y que el viejo test Z, debería realizarse un contraste de hipótesis para la igualdad de dos coeficientes de correlación, cuya formulación puede encontrarse en los textos de estadística inferencial.

Finalmente, si el constructor del test está interesado, puede obtener estimaciones de las desviaciones típicas desconocidas en el grupo amplio (de las variables X e Y):

$$S_x = 2\sqrt{1 - 0{,}2025 + 0{,}2025\left(\frac{81}{9}\right)} = 3{,}2373$$

$$S_y = 5\sqrt{1 - 0{,}36 + 0{,}36\left(\frac{81}{9}\right)} = 9{,}8488$$

4) Caso 2: conocidas las varianzas en los dos grupos de una de las variables incidentalmente selectivas

Veremos este caso suponiendo conocidas las varianzas en Y. Expresiones equivalentes podrían obtenerse para el caso de X sin más que sustituir Y por X. Los valores conocidos son en este caso s_y^2 y S_y^2. Las dos varianzas a estimar son ahora S_z^2 y S_x^2, que se pueden obtener como sigue:

$$S_z^2 = \frac{s_z^2(S_y^2 - s_y^2 + r_{zy}^2 s_y^2)}{r_{zy}^2 s_y^2}$$

$$S_x^2 = \frac{s_x^2(r_{zy}^2 s_y^2 + r_{zx}^2(S_y^2 - s_y^2))}{r_{zy}^2 s_y^2}$$

[9.43]

Finalmente, realizando las sustituciones oportunas y simplificando se llega a las correlaciones buscadas R_{xy} y R_{zx}, que se presentan a continuación. Para obtener R_{zy} se utiliza la ecuación 9.39.

$$R_{xy} = \frac{r_{zx}(S_y^2 - s_y^2) + r_{zy}r_{xy}s_y^2}{S_y\sqrt{r_{zx}^2(S_y^2 - s_y^2) + s_y^2 r_{zy}^2}} \qquad [9.44]$$

$$R_{zx} = r_{zx}\sqrt{\frac{S_y^2 - s_y^2 + s_y^2 r_{zy}^2}{S_y^2 r_{zx}^2 + s_y^2 r_{zy}^2}} \qquad [9.45]$$

Ejemplo

Una empresa aplica tradicionalmente, un test Z para seleccionar nuevos empleados. En el grupo seleccionado mediante el test Z se aplica un nuevo test X, obteniéndose también de estos sujetos puntuaciones en un criterio de productividad Y. En este grupo de sujetos seleccionados se obtuvieron los siguientes resultados estadísticos:

$$s_z = 3$$
$$s_x = 7$$
$$s_y = 5$$

Las correlaciones entre las tres variables, calculadas con este grupo seleccionado fueron:

$$r_{zy} = 0{,}35$$
$$r_{xy} = 0{,}55$$
$$r_{xz} = 0{,}80$$

En otra empresa del mismo grupo que tiene características idénticas a la primera y en la que el criterio de productividad se establece de la misma forma, no se aplica ningún proceso de selección a los aspirantes, por lo que sus empleados pueden considerarse representativos de un grupo amplio o de la población general de aspirantes a este puesto de trabajo. En este grupo se conoce que la desviación típica de las puntuaciones en el criterio es 6 ($S_y = 6$), que como es esperable es más alta que en el grupo seleccionado. Las preguntas que se plantea el equipo que construye el test son las mismas del ejemplo anterior, pero ahora debe responderlas conociendo la varianza en el grupo amplio de una de las variables incidentalmente selectivas, el criterio Y, por lo que tiene que utilizar las ecuaciones vistas en el caso 2.

En primer lugar, se calcula la correlación en el grupo amplio entre una variable directamente selectiva (Z) y una incidentalmente selectiva (Y), conocidas las varianzas de esta última en los dos grupos utilizando la ecuación equivalente a la 9.34:

$$R_{yz} = \sqrt{1 - (1 - 0{,}1225)\frac{25}{36}} = 0{,}6250$$

En segundo lugar, debe conocer la correlación entre los dos tests Z y X. Para ello se dispone de la ecuación 9.45:

$$R_{zx} = r_{zx}\sqrt{\frac{S_y^2 - s_y^2 + s_y^2 r_{zy}^2}{S_y^2 r_{zx}^2 + s_y^2 r_{zy}^2}}$$

Aplicando la ecuación a los datos del ejemplo:

$$R_{xz} = 0{,}80 \frac{\sqrt{36 - 25 + 25 \cdot 0{,}1225}}{\sqrt{36 \cdot 0{,}64 - 25 \cdot 0{,}64 + 25 \cdot 0{,}1225}} = 0{,}9439$$

La tercera pregunta se responde calculando R_{xy} con la ecuación 9.44:

$$R_{xy} = \frac{0{,}80 \cdot (36 - 25) + 0{,}35 \cdot 0{,}55 \cdot 25}{6\sqrt{0{,}64 \cdot (36 - 25) + 25 \cdot 0{,}1225}} = 0{,}7138$$

Si el constructor del test desea conocer si hay diferencias estadísticamente significativas entre los coeficientes de validez del los tests Z e Y deberá realizar un contraste sobre la igualdad de ambos coeficientes de correlación, como ya se ha dicho en el caso anterior.

Todos los cálculos de los ejemplos se han realizado a mano con ayuda de calculadora. Estos procedimientos no aparecen en los programas de estadística de uso general, ni en los programas de psicometría centrados en el análisis de tests. No obstante, existe un programa específico de distribución gratuita desarrollado por Paul Barrett, ATTEN2, que se puede obtener en http://www.pbarrett.net. Este programa permite realizar con comodidad todas las correcciones de los coeficientes de validez explicadas en este tema.

3. La generalización de la validez

En la actualidad, una de las cuestiones relevantes relacionada con la validez correlacional relativa a un criterio es la denominada *generalización de la vali-*

dez especialmente en el contexto de los tests de selección de personal (Hough y Oswald, 2000; Landy, 1992; Landy y Shansker, 1994).

La presencia de los numerosos artefactos ya señalados que afectan al coeficiente de validez hizo que durante mucho tiempo se acusase a los tests utilizados en selección de personal de mostrar coeficientes de validez muy bajos, poniendo en entredicho su utilidad. En respuesta a estas críticas apareció el concepto de generalización de la validez, que se basa en la aplicación de procedimientos de *metaanálisis* o síntesis cuantitativas de estudios, que permiten analizar diversos estudios de validación del mismo test, corrigiendo o ponderando previamente los artefactos de cada uno de ellos. Estos procedimientos de metaanálisis llevan a una valoración más optimista de los coeficientes de validez de los tests de selección. Pioneros en esta metodología fueron Hunter, Schmidt y Jackson (1982) y Hunter y Schmidt (1990), que adaptaron las técnicas de metaanálisis a los estudios correlacionales encontrados en la validación.

Esta concepción de validez es tan importante que ya hacen referencia a ella los *Standards for Educational and Psychological Tests* de 1985, definiéndola como: «aplicar la evidencia de validez obtenida en una o más situaciones a otras situaciones similares sobre la base de estimación simultánea, metaanálisis o de argumentos de validación sintética» (p. 95). La referencia continúa en la edición de 1999.

Los procedimientos en que se basa suponen la corrección de algunos sesgos (los tratados en este capítulo y algunos otros). Aunque son muy importantes en contextos aplicados, no se puede entrar en su descripción en este texto, ya que van más allá del nivel de generalidad pretendido. Un resumen de los procedimientos, junto con un ejemplo de aplicación, puede encontrarse en Martínez Arias (1995, pp. 405-421) y una descripción detallada puede encontrarse en el clásico libro de Hunter y Schmidt (1990).

10. Evidencias de validez referidas a un criterio, II: validez y utilidad

1. Decisiones derivadas del uso de los tests

Algunos autores consideran insuficiente el coeficiente de validez entendido como correlación del test con un criterio (Ghiselli, *et al.*, 1981) ya que a veces el tamaño de la correlación entre un predictor y un criterio dice muy poco sobre la utilidad del predictor (De Gruitjer y Van der Kamp, 2003). Hay además muchos casos en los que lo importante es la seguridad de las decisiones que se toman con el test o de las clasificaciones a las que conduce. Estas decisiones son frecuentemente dicotómicas del tipo de pasa/falla, seleccionado/no seleccionado, enfermo/sano. En estas situaciones es también frecuente dicotomizar las puntuaciones del test clasificando a los sujetos en función de algún punto de corte. Por tanto, dentro de este esquema de validación, se deberá disponer normalmente de dos puntos de corte:

- *Punto de corte en el test*: Puntuación en el test que establece que los sujetos que obtienen una puntuación superior son seleccionados, o considerados como enfermos, mientras que los que obtienen puntuaciones inferiores no son seleccionados o son considerados como sanos, según el propósito del test.
- *Punto de corte en el criterio:* Puntuación en el criterio por encima de la cual el resultado se considera un éxito y por debajo de ella un fracaso. En el caso de las decisiones de diagnóstico clínico, por encima de este punto el sujeto se considera enfermo o con el trastorno y por debajo, sano.

Esta dicotomización del test y del criterio lleva a la clasificación de todos los resultados posibles en términos del test y del criterio en una tabla de contingencia de 2 × 2 tal como la que se presenta en la tabla 10.1. En la tabla, en aras de la simplicidad, se representa con «sí» el hecho de estar por encima del punto de corte y con «no», el de estar por debajo.

Cuando se consideran las decisiones en relación con la situación de los sujetos en el criterio, las decisiones pueden ser correctas o incorrectas. Esta situación de las decisiones mediante test para predecir un criterio dicotómico, pueden reflejarse en la matriz de decisiones presentada en la tabla 10.1.

Tabla 10.1. Decisiones con las puntuaciones de los tests

		Decisiones con el test		
		Sí	No	
Situación del sujeto en el criterio	Sí	(A) Verdaderos positivos (VP)	(C) Falsos negativos (FN)	$A + C$
	No	(B) Falsos positivos (FP)	(D) Verdaderos negativos (VN)	$B + D$
		$A + B$	$C + D$	$A + B + C + D$

La meta de la decisión sería que las decisiones tomadas con el test reflejasen con total seguridad el estado de los sujetos en el criterio. En la práctica, los instrumentos de diagnóstico no son totalmente precisos y llevan a decisiones imperfectas. Un buen test será aquel que permita tomar un gran número de decisiones correctas y el menor número posible de decisiones incorrectas. Como se puede observar en la tabla de contingencia, dos de las decisiones tomadas con el test, representadas en las casillas A y D, llevan a resultados correctos, caracterizados como verdaderos positivos y verdaderos negativos, respectivamente. En el primer caso, el sujeto calificado con «sí» en el criterio, también lo es en el test. En el segundo caso, los calificados con «no» en el test también lo son en el criterio. Las casillas C y B, por el contrario, representan decisiones incorrectas. En C, sujetos calificados con «Sí» en el criterio no son detectados como tales en el test; en B, sujetos detectados como «Sí» en el test, no son tales en el criterio.

Los resultados de la tabla se presentan frecuentemente en gráficos como el que se muestra en la figura 10.1.

Si se observa la figura, es evidente que la correlación entre el test y el criterio influye en la calidad de las decisiones. Si la correlación fuese 0, el conjunto de los puntos adoptaría la forma de un círculo, dejando a los sujetos distribuidos por igual entre los cuatro cuadrantes. A medida que aumente el coeficiente de correlación, el elipsoide que encierra los puntos del diagrama,

Figura 10.1. Las decisiones tomadas con los tests

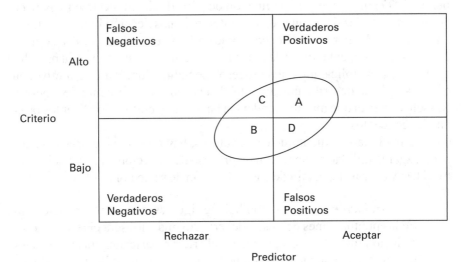

se haría más estrecho y alargado, reduciendo los sujetos que caen en los cuadrantes *B* y *C* de las decisiones incorrectas.

Los datos recogidos en tablas de contingencia como la anterior son la base de los procedimientos descritos en este apartado. Aunque la matriz es la misma, ha habido dos tradiciones en la psicología, la de la selección de personal y la del diagnóstico clínico, cada una con sus propias denominaciones y procedimientos. Por este motivo se describen separadamente las dos aproximaciones. En el ámbito de la selección, la validación como utilidad en las decisiones es de uso limitado, no así en el diagnóstico clínico, donde esta aproximación es obligada en la validación de tests.

2. Utilidad de las decisiones en selección

Los primeros autores que consideraron esta aproximación a la validez fueron Taylor y Russell (1939) en un artículo considerado hoy un clásico en la psicología del trabajo y de las organizaciones. Escribieron el artículo como respuesta a Hull (una de las máximas figuras en la psicología del primer cuarto del siglo pasado). Hull criticaba el uso de tests en selección de personal basándose en las bajas correlaciones que mostraban con los distintos criterios. Taylor y Russell (1939) le respondieron mostrando que los tests podían ser muy útiles incluso con bajas correlaciones, pudiendo ser poco útiles con altas correlaciones. Estos tempranos intentos de Taylor y Russell fueron continuados por Brodgen (1946) y sobre todo por Cronbach y Gleser (1965) en un excelente libro que aplica la moderna teoría de la decisión a las decisiones derivadas del uso de los tests (*Psychological tests and personnel decisions*), que incorpora también los costos de las decisiones. Van der Linden y Mellenbergh (1977) introdujeron una función de pérdida lineal. Petersen y Novick (1976) trataron las decisiones en el contexto de la selección libre de cultura. Una revisión del tema puede encontrarse en Van der Linden (1997). A pesar de la importancia del tema, esta aproximación tuvo escaso eco en la psicología y es rara su aplicación a los procesos de validación. Por este motivo, en este apartado se describe únicamente el sencillo procedimiento de Taylor y Russell, que es el que más trascendencia ha tenido y permite explicar los principales conceptos.

Según el planteamiento de estos autores, hay que considerar 3 aspectos para juzgar la utilidad de un test en un proceso de selección: la correlación entre el test y el criterio, la tasa de base y la razón de selección.

- *La correlación.* Con otras condiciones iguales, a mayor correlación entre las puntuaciones del test y del criterio, más útil será el test. Si la correlación fuese 1, el test predeciría el criterio perfectamente y seleccionar sujetos con altas puntuaciones en el test, siempre llevaría a sujetos con éxito en el trabajo. A medida que aumenta la correlación, la elipse se hace más fina y habría menor proporción de casos en los cuadrantes que caracterizan a las decisiones incorrectas, como ya se ha señalado.
- *La tasa de base o razón de idoneidad.* Los sujetos pueden clasificarse en el criterio como «éxito» (sí) o «no éxito» (no). La tasa de base es la razón de los sujetos con éxito, o «sí» en el criterio, partido por el total de sujetos. Formalmente y con la notación de la tabla:

$$\text{Tasa de base} = \frac{A + C}{A + B + C + D}$$

y podría definirse como p o la proporción de sujetos que desempeñarían con éxito el criterio en la población. De algún modo podría considerarse como la *tasa de éxitos* que se obtendría si se llevase a cabo la selección sin el test. En realidad, responde a la pregunta «si seleccionásemos a todos los aspirantes ¿qué proporción de personas tendrían éxito en el puesto de trabajo?».
- *La razón de selección.* Es la proporción de aspirantes admitidos, calculada dividiendo el número de sujetos seleccionados por el test entre el número total de aspirantes. Formalmente y con la notación de la tabla 10.1:

$$\text{Razón de selección} = \frac{A + D}{A + B + C + D}$$

Si hay 100 aspirantes y se seleccionan 50, la razón de selección es 0,50. Si solamente se seleccionasen 10 personas, la razón de selección sería

0,10. En general y en igualdad de otras condiciones, a menor razón de selección, más útiles serán los resultados del test, ya que se elevará el punto de corte del test, seleccionando sujetos solamente de entre los mejores y el número de los que pueden fallar en el criterio se reducirá. El precio a pagar es que se rechazan personas que podrían tener éxito si fuesen seleccionadas (los falsos negativos), aunque esto no suele ser un problema en el contexto de la selección. Si movemos punto de corte y tasa de base, estos cambios afectan de forma diferente a los dos tipos de errores. Cambiar el punto de corte hacia la derecha reduce la proporción de falsos positivos a expensas de aumentar los falsos negativos.

Los tres factores interaccionan en los resultados de la decisión. Si la correlación es 0, utilizar los resultados del test llevaría a una tasa de éxito igual a la tasa de base, lo que sería lo mismo que no utilizar el test, es decir, utilizar el test no mejora la selección. A medida que la correlación se hace mayor, la tasa de éxitos aumenta, como se verá en los ejemplos posteriores. Cuando la razón de selección es pequeña, cambios en el tamaño del coeficiente de correlación pueden llevar a grandes diferencias en la tasa de éxitos. Sin embargo, cuando la razón de selección es grande, los cambios en el tamaño de la correlación producen escasas diferencias en la tasa de éxitos.

A veces en este contexto se utiliza también el concepto de *razón de eficacia*, que es la proporción de sujetos seleccionados que tendrán un buen rendimiento en el criterio:

$$\frac{A}{A + D}$$

Taylor y Russell (1939) construyeron unas tablas que tienen en cuenta estos tres factores, para diferentes razones de selección, tasas de base y coeficientes de validez o correlación. Estas tablas permiten tratar solamente con los falsos positivos y los verdaderos positivos, que son los que interesan en los procesos de selección de personal. A partir de estos tres factores pueden calcularse valores de la utilidad de la selección realizada con el test. Los valores de la tabla pueden interpretarse como probabilidad de éxito en el criterio.

Ejemplo

Supongamos que un test tiene un coeficiente de validez para un criterio igual a 0,40. Veamos cómo la probabilidad de éxito o tasa de éxito varía en función de la tasa de base. Si establecemos una razón de selección de 0,30, la probabilidad de éxito de un candidato seleccionado con el test será de 0,85

Tabla 10.2. Extracto de las tablas de Taylor y Russell con dos tasas de base diferentes, del 70% (a la izquierda) y del 10% (a la derecha)

	Tasa de base del 70%						Tasa de base del 10%				
r_{xy}	Razón de selección					r_{xy}	Razón de selección				
	0,10	0,30	0,50	0,70	0,90		0,10	0,30	0,50	0,70	0,90
0,00	0,70	0,70	0,70	0,70	0,70	**0,00**	0,10	0,10	0,10	0,10	0,10
0,20	0,81	0,78	0,76	0,73	0,71	**0,20**	0,17	0,14	0,13	0,12	0,11
0,40	0,91	0,85	0,81	0,77	0,73	**0,40**	0,27	0,19	0,16	0,13	0,11
0,60	0,97	0,92	0,87	0,82	0,75	**0,60**	0,39	0,25	0,18	0,14	0,11
0,80	1,00	0,98	0,94	0,87	0,77	**0,80**	0,56	0,30	0,20	0,14	0,11
1,00	1,00	1,00	1,00	0,86	0,67	**1,00**	1,00	0,33	0,20	0,14	0,11

cuando la tasa de base es del 70% y solamente de 0,19 cuando la tasa de base es de 0,10. Si se aumenta la razón de selección a 0,50, puede verse como disminuyen las probabilidades de éxito en ambos casos, pasando de 0,85 a 0,81 en el primer caso y de 0,19 a 0,16 en el segundo. Finalmente, si el coeficiente de validez es más alto, aumentan las probabilidades de éxito en todos los casos. Sea un coeficiente de validez de 0,80 con tasa de base de 0,70 y razón de selección de 0,30. Puede verse en la tabla que la probabilidad de éxito se eleva a 0,98. Bajo las mismas condiciones pero con una tasa de base de 0,10, la probabilidad de éxito será de 0,30.

En general, la tasa de éxito aumenta en función de:

- Aumentos en el coeficiente de validez del test para el criterio.
- Aumento de la tasa de base.
- Disminución de la razón de selección.

3. Las decisiones con los tests de diagnóstico clínico

3.1. Algunos índices utilizados en la validación de tests

El punto de partida para los diferentes índices que se utilizan con los tests clínicos es la misma tabla de contingencia presentada en la tabla 10.1. En estos casos, el «sí» en el criterio supone que el sujeto tiene el trastorno o posee la enfermedad diagnosticada por el test y el «no», que está sano o no tiene el trastorno. Las etiquetas «sí» y «no» aplicadas a la decisión tomada con el test significan que el sujeto es diagnosticado como enfermo, o como poseedor del trastorno, en el caso del «sí» o como sano, sin el trastorno, en el caso del

10. Evidencias de validez referidas a un criterio, II: validez y utilidad

«no». Se ilustrarán los diferentes índices de este apartado con un conjunto de datos reales del cuestionario CDI (*Children Depresion Inventory*) (Kovacs, 1992). La muestra está compuesta por $N = 341$ niños escolarizados en centros de la ciudad de Madrid, con edades comprendidas entre 8 y 12 años, con una media igual a 9,45 años y desviación típica igual 1,05. El criterio es en este caso la entrevista clínica realizada por un experto en psicopatología infanto-juvenil. El criterio en realidad debería ser el *estado verdadero* del paciente, pero en psicología o psiquiatría este dato suele ser desconocido y suele considerarse como criterio el resultado de algún diagnóstico obtenido con un instrumento de probada validez y aceptación entre los expertos, cuyos datos son normalmente más costosos de obtener que con el test. En medicina suele hablarse del Standard gold, que es algún procedimiento de diagnóstico costoso cuya aplicación lleva a clasificaciones seguras casi con certeza absoluta. Desgraciadamente este tipo de criterio es raro en psicología.

El cuestionario CDI es muy utilizado en todo el mundo como instrumento de detección rápida (*screening*) del trastorno depresivo en niños y es un instrumento común en los estudios de epidemiología de la depresión infantil. La decisión de diagnosticar al sujeto como depresivo o no se tomó utilizando el punto de corte descrito en el manual del test, puntuación de 19 o superior. En el criterio (entrevista clínica) se detectaron 23 sujetos del total de 341 (el 6,74%; esta tasa es más alta de la que se encuentra habitualmente en los estudios epidemiológicos).

Tabla 10.3. Decisiones con las puntuaciones del test CDI

		Decisiones con el test		
		Sí	No	
Situación del sujeto en el criterio	Sí	(*A*) Verdaderos positivos (VP): 17 (0,0498)	(*C*) Falsos negativos (FN): 6 (0,0176)	23 (0,0674)
	No	(*B*) Falsos positivos (FP): 8 (0,0235)	(*D*) Verdaderos negativos (VN): 310 (0,9091)	318 (0,9326)
		25 (0,0733)	316 (0,9267)	341 (1,0000)

La tasa de base muestral es en este caso de 0,0674 (6,74%), en la población significaría que el 6,74% de los niños escolarizados en Madrid con edades comprendidas entre 8 y 12 años tienen un trastorno depresivo (no se ha estimado el intervalo de confianza de la población). La probabilidad de seleccionar un niño al azar y que tuviese el trastorno sería de 0,0674. En la tabla se presentan, entre paréntesis, las proporciones conjuntas que si se consideran

Tabla 10.4. Diferentes índices de validez de un test de diagnóstico, calculables a partir de la comparación con un criterio estándar

Índice	Nombre alternativo	Cuestión a la que responde	Cálculo
Sensibilidad	Tasa de verdaderos positivos	Grado en que el test es bueno para detectar a las personas que tienen el trastorno	$\dfrac{A}{(A+C)}$
Especificidad	Tasa de verdaderos negativos	Grado en que el test es bueno para excluir correctamente a los que no tienen el trastorno	$\dfrac{D}{(B+D)}$
Valor predictivo positivo	Probabilidad post-test de un test positivo	Si una persona da positivo en el test, ¿cuál es la probabilidad de que tenga el trastorno?	$\dfrac{A}{(A+B)}$
Valor predictivo negativo	Probabilidad post-test de un test negativo	Si una persona da negativo en el test, ¿cuál es la probabilidad de que la persona no tenga el trastorno?	$\dfrac{D}{(C+D)}$
Eficacia del test	Probabilidad de obtener resultados correctos	¿Cuál es la proporción de sujetos que realizan el test con los que se obtienen resultados correctos?	$\dfrac{(A+D)}{(A+B+C+D)}$
Razón de verosimilitud de un test positivo		Hasta qué punto es más probable que el resultado del test sea positivo en una persona con el trastorno que en una persona sin el trastorno	$\dfrac{\text{Sensibilidad}}{(1-\text{especificidad})}$
Razón de verosimilitud de un test negativo		Hasta qué punto es más probable que una persona sin el trastorno dé positivo en el test que que lo haga una persona con el trastorno	$\dfrac{1-\text{sensibilidad}}{\text{Especificidad}}$

10. Evidencias de validez referidas a un criterio, II: validez y utilidad

como probabilidades podrían definirse de izquierda a derecha y de arriba abajo como:

- Probabilidad de $VP = P(VP) = 0{,}0499$
- Probabilidad de $FN = P(FN) = 0{,}0176$
- Probabilidad de $FP = P(FP) = 0{,}0235$
- Probabilidad de $VN = P(VN) = 0{,}9091$

Por otra parte, las probabilidades de ser diagnosticado positivo por el test y de tener un diagnóstico negativo son 0,0733 y 0,9267, respectivamente.

A partir de los valores de la tabla 10.1 pueden calcularse los diferentes índices que se utilizan en relación con los tests de diagnóstico. El número de índices derivados de la tabla es muy elevado. Un resumen de los principales junto con su definición se presenta en la tabla 10.4. Cada uno de ellos hace referencia a algún aspecto concreto.

Ejemplo

En la tabla 10.5 se presentan los índices definidos en la tabla 10.4 para los datos obtenidos con el test CDI del ejemplo. Todos están calculados a partir de las frecuencias de la tabla 10.3.

Los diferentes índices que ponen de relieve distintas formas de eficacia en el diagnóstico de un test clínico, o de la utilidad en las decisiones, parten

Tabla 10.5. Índices de diagnóstico del test CDI

Índice	Valor
Sensibilidad	$\dfrac{A}{(A+C)} = \dfrac{17}{17+6} = 0{,}7391$
Especificidad	$\dfrac{D}{(B+D)} = \dfrac{310}{8+310} = 0{,}9748$
Valor predictivo positivo	$\dfrac{A}{(A+B)} = \dfrac{17}{17+8} = 0{,}6800$
Valor predictivo negativo	$\dfrac{D}{(C+D)} = \dfrac{310}{6+310} = 0{,}9810$
Eficacia del test	$\dfrac{(A+D)}{(A+B+C+D)} = \dfrac{327}{341} = 0{,}9589$
Razón de verosimilitud de un test positivo	$\dfrac{\text{Sensibilidad}}{(1-\text{Especificidad})} = \dfrac{0{,}7391}{1-0{,}9748} = 29{,}3294$
Razón de verosimilitud de un test negativo	$\dfrac{1-\text{Sensibilidad}}{\text{Especificidad}} = \dfrac{1-0{,}7391}{0{,}9748} = 0{,}2676$

de una decisión dicotómica llevada a cabo con el test. Ésta es una de las principales dificultades que plantean: la necesidad de determinar un punto de corte para dicotomizar los resultados del test en dos categorías de diagnóstico. Este punto de corte normalmente es arbitrario y sus cambios llevan a desplazamientos de las curvas, que influyen en la sensibilidad, especificidad y en los restantes índices. Los dos índices más usados, la sensibilidad y la especificidad son de hecho antagónicos. En general, si se rebaja el punto de corte, se mejora la sensibilidad, pero ello trae consigo una reducción de la especificidad, ya que con puntuaciones más bajas es más probable que no se detecten como «sanos» sujetos que sí lo están. Una solución para determinar puntos de corte menos arbitrarios y óptimos en algún sentido es seleccionar diferentes niveles de decisión o puntos de corte que permitan la clasificación dicotómica de los niveles del test según sean superiores o inferiores al nivel elegido. La diferencia esencial con el caso más simple de un único punto de corte arbitrario es que ahora no se cuenta con un único par de valores de sensibilidad y especificidad sino con un conjunto de pares correspondientes cada uno a un punto de corte o nivel de decisión.

Este procedimiento está en la base del análisis de las curvas ROC (Receiver Operating Characteristic Curves).

3.2. El análisis mediante las curvas ROC

Una curva ROC es una representación gráfica de la tasa de éxito (o probabilidad de detectar correctamente una señal cuando dicha señal está efectivamente presente) frente a la tasa de falsas alarmas (probabilidad de detectar una señal cuando no está presente) para tareas de detección con dos resultados posibles (sí/no; presente/ausente). En las tareas se varía el umbral o criterio para detectar la señal a lo largo de la escala de valores con los que se hace la detección o el diagnóstico. Su origen se encuentra en la psicofísica (Green y Swets, 1966). Sus aplicaciones médicas comenzaron en el diagnóstico mediante imágenes (Swets y Pickett, 1982) y posteriormente se aplicaron a otros procedimientos de diagnóstico médico caracterizados porque proporcionan valores múltiples o indicadores cuantitativos. En general, esta metodología es aplicable en todas las situaciones en las que hay dos estados posibles y existe una prueba o test que proporciona un indicador cuantitativo.

En el diagnóstico médico, en el que con frecuencia se dan estas situaciones, las curvas ROC fueron muy bien acogidas (especialmente a partir del desarrollo del denominado enfoque *no paramétrico*), convirtiéndose en el centro de un conjunto de procedimientos de evaluación de sistemas diagnósticos y en la optimización de pruebas rápidas de detección (*screening*). La razón de su éxito se encuentra en su capacidad para resumir en una medida única la precisión del diagnóstico. Esta medida es el *área bajo la curva ROC* o *Area Under Curve* (AUC), a la que nos referiremos por estas siglas en inglés. La base de la metodología se encuentra en el análisis de la eficacia diagnóstica del test con respecto a la situación real (criterio), según se van estableciendo diferentes puntos de corte o umbrales en la escala del test. Uno de los supuestos es que el estado verdadero o criterio se pueda determinar independientemente del test.

El punto de partida para la aplicación de las curvas ROC es la tabla 10.1, a la que se ha hecho referencia a lo largo de este apartado. Dicha tabla es específica de un determinado punto de corte en el test, por lo que habría que hacer tantas tablas como puntos de corte posibles se quisieran tener en cuenta.

Se considera que puntuaciones mayores en el test o instrumento de detección representan una mayor seguridad en que el sujeto pertenece a la categoría que se pretende detectar (normalmente codificada como 1), mientras que puntuaciones más bajas, la de que el sujeto pertenece a la otra categoría (0). En los programas de estadística que realizan estos cálculos debe elegirse qué dirección es la positiva. Para poder especificar el comportamiento del instrumento de diagnóstico se deben especificar dos cantidades, que serán la *sensibilidad* y la *especificidad* definidas en el apartado anterior. Estos valores deberán calcularse para cada punto de corte de la escala. Como ya se ha señalado, estas medidas están muy relacionadas y dependen del umbral establecido en el test. Si la regla de decisión impuesta establece un umbral muy alto para la decisión, la especificidad será muy alta, pero la sensibilidad será baja. Si por el contrario el umbral es muy bajo, se tendrá una alta sensibilidad y baja especificidad. En la figura 10.2 se presentan los valores de la sensibilidad y la especificidad en función de diferentes puntos de corte del test CDI.

En la figura puede observarse que la sensibilidad es una función decreciente, mientras que la especificidad es creciente y hay un punto en el que se cruzan.

La curva ROC no es más que la representación gráfica de la sensibilidad, o fracción de verdaderos positivos, frente a 1-especificidad que representaría la fracción de falsos positivos para cada uno de los posibles puntos de corte del test. Mediante esta representación, la curva proporciona una representación global de la exactitud en el diagnóstico. La curva es necesariamente creciente, propiedad que refleja el compromiso entre la sensibilidad y la especificidad, ya que como se ha señalado, si se modifica el punto de corte para ganar en sensibilidad, esto lleva a una disminución en la especificidad. Si el test no permitiese discriminar entre grupos, la curva estaría representada en la *diagonal* que une los vértices del gráfico. La exactitud o eficacia del test para el diagnóstico aumentará a medida que la curva se desplaza desde la diagonal hasta el vértice superior izquierdo del cuadrado, punto por el que pasaría la curva si la discriminación fuese perfecta, es decir, con sensibilidad y especificidad ambas de 1.

Existen dos grupos de métodos para construir la curva ROC y estimar su área: los paramétricos y los no paramétricos.

Figura 10.2. Relación entre sensibilidad y especificidad para diferentes valores del test CDI

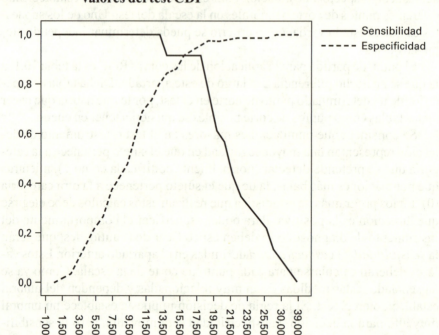

Los métodos paramétricos requieren asumir ciertas formas de distribución de la variable en la que se basa la decisión (el test) en las poblaciones entre las que se pretende discriminar (Swets y Pickett, 1982). El modelo utilizado con más frecuencia es el *binormal* que supone la normalidad de la variable en las dos poblaciones, aunque existen otros modelos posibles. Si los supuestos distribucionales son incorrectos, los resultados pueden llevar a una considerable falta de ajuste.

Los métodos no paramétricos se caracterizan por no hacer supuestos sobre la distribución de los valores de la prueba. El método más simple consiste en representar todos los pares empíricos y construir las funciones de distribución empíricas a partir de los datos. En general, en psicología y psiquiatría son los más utilizados, ya que es poco realista pensar que las distribuciones de la variable son iguales en el grupo de sujetos con trastorno y sin trastorno y es el procedimiento con el que se han trabajado los datos del ejemplo. También son los más utilizados en el diagnóstico médico en general. Se han propuesto también métodos denominados semiparamétricos, que, mediante transformaciones, hacen iguales las dos distribuciones, pero no especifican su forma (Zou, May y Shapiro, 1997).

En el análisis de un test de diagnóstico, el papel principal es el del *área bajo la curva* (AUC en sus siglas en inglés), ya que como se ha señalado antes, un desplazamiento hacia el vértice superior izquierdo supone mayor exactitud en el diagnóstico. Por tanto el área bajo la curva es la medida utilizada como un índice de exactitud global del test. La máxima exactitud correspondería a un área de 1 y la mínima a uno de 0,50 (la diagonal). En los procedimientos paramétricos se utilizan procedimientos complejos de estimación de Máxima Verosimilitud en la determinación del área, su error típico y otros parámetros de la curva. Cuando se utilizan métodos empíricos no paramétricos el área puede calcularse mediante la regla trapezoidal en cuya descripción no entramos y que puede consultarse en Hanley y McNeil (1982), que permite obtener contrastes estadísticos de la curva frente a la discriminación nula representada en la diagonal, contrastes de la capacidad predictiva de curvas diferentes (Hintze y Wentzel, 2003), calcular errores típicos y construir intervalos de confianza. Hanley y McNeil (1982) pusieron las bases para estos procedimientos inferenciales, encontrando la coincidencia entre el valor del área calculado por la regla trapezoidal y el estadístico suma de rangos de Wilcoxon.

El valor obtenido para el área bajo la curva tiene una interpretación directa. Por ejemplo, un área de 0,84 significa que un individuo seleccionado aleatoriamente del grupo positivo tiene una puntuación en el test mayor que la de un individuo elegido aleatoriamente del grupo negativo en el 84% de las veces (Zweig y Campbell, 1993).

Ejemplo

Utilizando el programa SPSS 12.0 con el procedimiento COR se obtuvo la curva ROC para el test CDI a partir de los datos de los 341 sujetos. Se obtuvieron los valores de la sensibilidad y 1-especificidad para 31 valores posibles de la puntuación total en el CDI. En la figura 10.3 se presenta la representación gráfica de la curva, para los 31 pares de valores.

Puede observarse que, aparentemente, la prueba proporciona una gran seguridad en el diagnóstico, ya que la curva se aproxima mucho al vértice superior izquierdo. Esta visión extraída del gráfico se confirma en el valor del área calculado que es igual a 0,968. Los resultados obtenidos con el programa se presentan en la tabla 10.6.

El valor resultante del área bajo la curva nos está indicando que un individuo seleccionado aleatoriamente del grupo positivo (depresivos) tendrá una puntuación en el test mayor que la de un individuo elegido aleatoriamente del grupo negativo (no depresivos) el 96,8% de las veces. Para una mayor seguridad en esta afirmación, pueden tomarse los límites del intervalo de confianza y decir que el sujeto elegido al azar del grupo positivo tendrá puntuaciones más altas en el test que un sujeto del grupo negativo entre el 94,5% y el 99,1% de las veces. El programa también nos indica la significación estadística, que supone contrastar la curva con la no discriminación representada en la diagonal. Puede verse en la tabla que la discriminación es estadísticamente significativa con $p < 0,001$.

Figura 10.3. Curva ROC para las puntuaciones totales del CDI

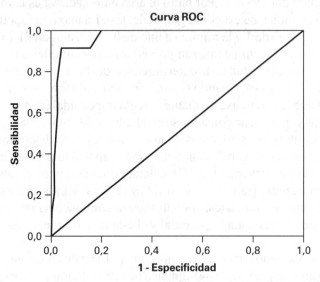

Los segmentos diagonales están producidos por empates

Tabla 10.6. Resultados del cálculo del área bajo la curva obtenidos con el procedimiento empírico no paramétrico

Área	Error típico	Significación asintótica	Intervalo de confianza asintótico del 95%	
			Límite inferior	Límite superior
0,968	0,012	0,000	0,945	0,991

Si se quiere obtener una cierta aproximación al punto de corte óptimo para este test, pueden verse en la tabla 10.7 las coordenadas para los diferentes valores y seleccionar el valor en el que es mayor la sensibilidad y menor 1-especificidad.

Una elección posible para el punto de corte sería el valor 17, ya que en este punto se obtiene un valor muy alto para la sensibilidad (0,913) y es, de los diferentes valores en los que se obtiene esta sensibilidad, aquel en el que 1-especificidad es menor (0,041). Se ha hablado de una cierta aproximación al punto de corte óptimo ya que su determinación no es tan simple, puesto que requiere aplicar procedimientos más complejos que necesitan establecer los costes de los errores.

Cuando se dispone de varios tests o procedimientos alternativos para el mismo criterio, las curvas ROC permiten establecer comparaciones entre

Tabla 10.7. Coordenadas de la curva ROC

Valores	Sensibilidad	1-Especificidad
−1,00	1,000	1,000
0,50	1,000	0,984
1,50	1,000	0,965
2,50	1,000	0,915
3,50	1,000	0,855
4,50	1,000	0,789
5,50	1,000	0,733
6,50	1,000	0,632
7,50	1,000	0,575
8,50	1,000	0,519
9,50	1,000	0,415
10,50	1,000	0,311
11,50	1,000	0,264
12,50	1,000	0,201
13,50	0,913	0,157
14,50	0,913	0,135
15,50	0,913	0,085
16,50	0,913	0,060
17,50	0,913	0,041
18,50	0,739	0,025
19,50	0,609	0,025
20,50	0,565	0,022
21,50	0,435	0,016
22,50	0,348	0,013
23,50	0,304	0,013
24,50	0,261	0,013
25,50	0,217	0,013
26,50	0,130	0,003
30,00	0,087	0,000
35,50	0,043	0,000
39,00	0,000	0,000

ellos en cuanto a su seguridad para el diagnóstico. Hanley y McNeil (1982) presentan procedimientos para las comparaciones, utilizando un contraste Z que sigue una distribución normal estandarizada. Por razones de extensión y de nivel del libro, no se describen aquí estos procedimientos.

Resumiendo, puede decirse que el método de las curvas ROC es un procedimiento muy útil en el proceso de validación de tests por las siguientes razones:

1. La curva ROC resume en un único gráfico sensibilidad y especificidad para todos los puntos de corte en una prueba.
2. Se demuestra que el área bajo la curva ROC es una medida de la eficacia predictiva del modelo, independientemente del punto de corte que se establezca con la misma (Swets, 1986).
3. Puede determinarse si una prueba detecta más que lo esperable por puro azar, simplemente comprobando si la curva se aleja de la diagonal. En términos del área, ésta debiera ser mayor que 0,5 para tener alguna capacidad predictiva.
4. Mediante la curva ROC empírica puede compararse visualmente el rendimiento de varias pruebas sobre los mismos casos o sobre casos diferentes. Cuanto más alejada se encuentre la curva de la diagonal principal mayor será la capacidad predictiva de la prueba. También existen procedimientos estadísticos que permiten la comparación de pruebas.

11. Evidencias de validez referidas a un criterio, III: múltiples predictores. Correlación y Regresión Lineal Múltiple

1. Decisiones derivadas del uso de los tests

El modelo de la regresión lineal simple resulta insuficiente en la práctica, ya que raramente se utiliza una única variable predictora para tomar decisiones. En las situaciones de selección suelen usarse varios conjuntos de datos de los aspirantes: currículo, experiencia, puntuaciones en tests de aptitudes y de personalidad, simulaciones de tareas reales, etc. Muchas de estas medidas, además de estar correlacionadas con el criterio, suelen estar relacionadas entre sí, lo que puede plantear problemas en la predicción y en la interpretación de los resultados (redundancia en las informaciones proporcionadas, multicolinealidad, etc.) y se necesita para su síntesis de algún procedimiento estadístico que permita corregir estos aspectos. La Regresión Lineal Múltiple (RLM) es un procedimiento adecuado en estas situaciones.

El procedimiento puede considerarse una generalización del modelo de la regresión lineal simple al caso de múltiples variables predictoras ($X_1, X_2, ..., X_p$). Los conceptos son los mismos considerados en el capítulo 10, aumentando la complejidad de los cálculos, que requieren de un tratamiento matricial. Afortunadamente, los programas de ordenador pueden ayudarnos en esta tarea, siendo lo fundamental saber interpretar los resultados.

La meta de las situaciones en las que se utilizan predictores múltiples es obtener una *ecuación de predicción* que proporcione una combinación lineal ponderada óptima en algún sentido del conjunto de variables predictoras para obtener la mejor predicción posible del criterio Y. También es importante eliminar aquellas variables que no aportan información nueva sobre lo ya explicado por las restantes, siendo otro de los objetivos incluir solamente aquellas variables que aportan información significativa.

Todos los conceptos tratados en el capítulo 9 como la correlación, el coeficiente de determinación o el error típico de estimación, son equivalentes en la RLM, pero ahora se referirán al conjunto de variables predictoras seleccionadas y, por tanto, a la validez a dicho conjunto.

A continuación se presentan los principales conceptos y ecuaciones del modelo por medio de un ejemplo y con cálculos realizados mediante el programa SPSS 12.0. Los lectores interesados en un tratamiento más profundo del tema, pueden acudir a Martínez Arias (1995).

2. Modelo de la Regresión Lineal Múltiple (RLM)

El modelo que se presenta en la ecuación 11.1 es estructuralmente equivalente al presentado en el capítulo 10.

$$Y_i = \beta_0 + \beta_1 X_{i1} + \beta_2 X_{i2} + \ldots + \beta_{ip} X_{ip} + \varepsilon_i \qquad [11.1]$$

La ecuación establece que el valor para el sujeto i-ésimo en el criterio es función de:

- $p + 1$ constantes o pesos de la combinación lineal (los pesos beta, que incluyen los coeficientes de las variables predictoras, β_j, más el término constante, β_0).
- Los valores que el sujeto i-ésimo obtiene en las variables predictoras $(X_{i1}, X_{i2}, \ldots, X_{ip})$.
- Un término error aleatorio, ε_i, puesto que no se establece una correspondencia funcional perfecta, es decir, no toda la variación de Y se puede explicar por el conjunto de predictoras.

Es frecuente presentar la ecuación anterior en su expresión matricial:

$$\mathbf{Y} = \mathbf{X}\boldsymbol{\beta} + \boldsymbol{\varepsilon} \qquad [11.2]$$

donde: $\mathbf{Y}$ es un vector $(N \cdot 1)$ que incluye las puntuaciones de los sujetos en el criterio.

$\mathbf{X}$ es la matriz de puntuaciones de los N sujetos en las p variables predictoras, con una primera columna de unos. La dimensionalidad de la matriz es $N \cdot (p + 1)$.

$\boldsymbol{\beta}$ es un vector con $(p + 1)$ elementos que incluye los parámetros del modelo o coeficientes de la regresión.

$\boldsymbol{\varepsilon}$ es un vector $N \cdot 1$ de errores aleatorios.

En la práctica, sustituimos la ecuación poblacional anterior por su estimador muestral:

$$Y = Xb + e \qquad [11.3]$$

Donde los términos tienen un significado similar al ya presentado, pero referidos a la muestra.

2.1. Supuestos

Una descripción detallada de los supuestos puede encontrarse en Martínez Arias, Rivas y Rius (1991) o Peña (1986). Aquí nos limitamos a enumerar los supuestos básicos que, como en el caso de la regresión simple, se refieren al término aleatorio del modelo, e_i (también se podrían establecer sobre Y_i), con ligeras modificaciones debidas a la inclusión de p predictores. El conjunto de supuestos puede representarse de forma compacta en la siguiente expresión:

$$\varepsilon \sim N_N(0, \sigma^2 I_N)$$

Haciendo explícita la expresión anterior, diremos que:

1. El vector de errores sigue una distribución normal N-variante con un vector de medias $\varepsilon = 0$.
2. La distribución tiene una matriz de varianzas-covarianzas, $\Sigma = \sigma^2 I_N$, en la que I_N es una matriz identidad de orden N. Esta matriz supone que los elementos externos a la diagonal principal (covarianzas entre los errores) son todos 0, es decir, son estadísticamente independientes y que los elementos de la diagonal principal (varianzas de los errores) son todos iguales entre sí e iguales a un valor común σ^2 (supuesto de homocedasticidad).

El supuesto de normalidad no es necesario para construir el modelo, pero sí para hacer inferencias a la población.

2.2. Estimación de los parámetros del modelo

Como en el caso de la regresión lineal simple, puede haber infinitas ecuaciones para expresar Y como función lineal de las p variables predictoras. Cualquier cambio en los valores de los coeficientes da lugar a una nueva función. El criterio para la obtención óptima del conjunto de predictores es también el de Mínimos Cuadrados Ordinarios (MCO), consistente en minimizar la suma de los errores al cuadrado. El objetivo consiste en obtener una solución que pondere desigualmente las variables predictoras, de modo que la suma de los errores o residuos elevados al cuadrado sea la mínima posible. Los lectores interesados en los procedimientos de estimación pueden consultar la bibliografía.

2.3. Coeficientes de la regresión

Los coeficientes de la regresión, b_j, recogidos en el vector **b** representan los cambios que tienen lugar en la variable criterio Y por cambios unitarios en la variable correspondiente X_j suponiendo que se mantuviesen fijos los restantes predictores, por lo que a veces reciben el nombre de *coeficientes de regresión parciales*. Están expresados en la misma métrica que las correspondientes variables predictoras. Sus magnitudes están influidas por la escala de medida, lo que hace difícil a veces su interpretación, especialmente cuando las escalas de medida de las variables son muy diferentes. La ecuación de regresión en puntuaciones directas, con término constante, se expresaría mediante estos coeficientes como:

$$Y'_i = b_0 + b_1 X_{i1} + \ldots + b_p X_{ip} \qquad [11.4]$$

Los coeficientes estandarizados son independientes de la escala de medida, ya que se obtienen a partir de puntuaciones en escala típica (media = 0 y desviación típica = 1). La ecuación de regresión múltiple con estos coeficientes puede expresarse como:

$$z'_{y_i} = B_1 z_{x_1} + B_2 z_{x_2} + \ldots + B_p z_{x_p} \qquad [11.5]$$

Cada uno de estos coeficientes representa cambios en unidades de desviación típica en Y que se producen con cambios en unidad de desviación típica en X, manteniendo constantes las restantes variables.

Puede establecerse la relación entre los coeficientes B y los b, permitiendo el paso de unos a otros. Si disponemos de los coeficientes estandarizados, pueden obtenerse los coeficientes mediante la siguiente expresión:

$$b_j = B_j \frac{s_y}{s_{x_j}} \qquad [11.6]$$

El término constante b_0 puede obtenerse a partir de los restantes coeficientes como sigue:

$$b_0 = \overline{Y} - \sum_{j=1}^{p} b_j \overline{X}_j \qquad [11.7]$$

Los coeficientes estandarizados, puesto que están en las mismas unidades, se usan a veces como indicadores de la importancia relativa de cada uno de los predictores para el pronóstico, siendo aquellos de mayor peso en valor absoluto los más importantes, aunque esta interpretación no está exenta de problemas.

2.4. Descomposición de la variación total observada en Y

La partición de la variación observada en Y se hace exactamente de la misma forma planteada en el capítulo 9:

$$SCT = SCR + SCRes$$

Donde la SCR se considera la variación explicada por el modelo de la regresión o combinación lineal de las p variables predictoras y la SCRes se considera variación no explicada o variación residual, representando la suma de las diferencias al cuadrado entre las puntuaciones del criterio y las puntuaciones pronosticadas por el modelo. En ella se encierran dos tipos de error: el error por falta de ajuste, que indica imperfecciones en el modelo elegido, y el error puro o variación aleatoria no controlable (véase Martínez Arias, *et al.*, 1991).

3. Coeficientes de determinación múltiple y de correlación múltiple

La partición de la variación total también permite, como en el caso de la regresión simple, determinar la utilidad del modelo como predictor del criterio mediante un índice adimensional, el coeficiente de determinación múltiple, con la misma interpretación y significado que vimos en el capítulo 9. Normalizando la SCT, es decir, dividiendo ambos términos de la expresión por SCT, podemos expresar los términos como proporciones de la variación total:

$$\frac{SCT}{SCT} = \frac{SCR}{SCT} + \frac{SCRes}{SCT}$$

$$1 = \frac{SCR}{SCT} + \frac{SCRes}{SCT}$$

Como antes, SCR/SCT representa el *coeficiente de determinación múltiple* que puede interpretarse como la proporción de la variación de Y (SCT) explicada por el modelo o variación debida al conjunto de predictores. Nos da una medida de la utilidad del modelo o del conjunto de predictores para predecir el criterio.

El segundo término SCRes/SCT expresa la proporción no explicada por el modelo o proporción de residuos.

Por lo tanto, el coeficiente de determinación múltiple, que denotamos como $R^2_{yy'}$, puede obtenerse como:

$$R^2_{yy'} = \frac{SCR}{SCT} = 1 - \frac{SCRes}{SCT} \qquad [11.8]$$

Este coeficiente se encuentra acotado en el intervalo [0, 1] y su interpretación es similar al coeficiente de determinación de la regresión simple, es decir, como proporción de la variación de Y explicada por el conjunto de variables predictoras.

La forma habitual de cálculo es la dada en la ecuación 11.8. No obstante, si disponemos de los pesos estandarizados, otra forma de cálculo es la siguiente:

$$R^2_{yy'} = B_1 r_{y1} + B_2 r_{y2} + \ldots B_p r_{yp} \qquad [11.9]$$

El coeficiente de correlación múltiple no es más que la raíz cuadrada del coeficiente de determinación y puede interpretarse como el coeficiente de validez para el criterio del conjunto de predictores. Su valor siempre debe ser igual o mayor que el de la mayor de las correlaciones simples con el criterio.

El coeficiente de determinación múltiple presenta el problema de ser muy sensible frente al número de predictores incluidos en el modelo. Su valor nunca decrece con la inclusión de nuevos predictores, sino que en general se incrementa y su valor podría siempre maximizarse por la inclusión de más predictores, aunque fuesen irrelevantes. Esto es debido a que el denominador de SCR/SCT no varía, incrementándose el numerador. La solución a este problema es la introducción del R^2 *corregido*, que tiene en cuenta para el cálculo el número de predictores:

$$R^2_{cor} = 1 - \frac{\dfrac{SCRes}{N-p-1}}{\dfrac{SCT}{N-1}} \qquad [11.10]$$

Como puede observarse en la ecuación, se tiene en cuenta el número de predictores, penalizando su inclusión. Su valor solamente coincide con el de $R^2_{yy'}$ no corregido en el caso de la regresión lineal simple, siendo en general menores los valores del corregido, que puede incluso decrecer con la inclusión de nuevos predictores.

En Martínez Arias (1995) puede verse un ejemplo de cálculo utilizando procedimientos matriciales. En este capítulo nos limitamos a presentar un ejemplo del modelo de regresión lineal múltiple utilizando los resultados obtenidos con el programa SPSS. 12.

4. Ejemplo de un modelo de regresión lineal múltiple

En el capítulo 9 se presentó un ejemplo en el que se predecía el rendimiento en matemáticas a partir de las puntuaciones en la escala de Metacognición. Se amplía ahora añadiendo otros tests para la predicción: motivación, razonamiento, aptitud verbal, además de la escala de Metacognición.

En la tabla 11.1 se presentan los estadísticos descriptivos de todas las variables predictoras y del criterio.

Tabla 11.1. Estadísticos descriptivos de las variables del ejemplo. $N = 1.518$

	Media	D. típica	Asimetría	Curtosis
Motivación	68,25	14,608	−0,641	0,826
Metacognición	36,50	7,190	−0,212	−0,08
Verbal	48,23	7,853	−0,183	−0,363
Razonamiento	48,45	9,243	−0,250	−0,107
Matemáticas	50,49	9,900	−0,245	0,356

Todas las variables están medidas mediante tests, variando sus escalas de medida, como puede observarse en las medias y desviaciones típicas correspondientes.

En la tabla 11.2 se presenta la matriz de correlaciones entre las variables predictoras y de éstas con el criterio.

Tabla 11.2. Coeficientes de correlación de Pearson entre predictores y criterio

	Motivación	Metacognición	Verbal	Razonamiento	Matemáticas
Motivación	—				
Metacognición	0,198(**)	—			
Verbal	0,202(**)	0,449(**)	—		
Razonamiento	0,255(**)	0,497(**)	0,593(**)	—	
Matemáticas	0,190(**)	0,448(**)	0,591(**)	0,589(**)	—

** Correlación significativa $p < 0,01$, bilateral.

Todas las correlaciones entre las variables predictoras, y de éstas con el criterio, son estadísticamente significativas.

El primer paso consistirá en la estimación de los coeficientes de la regresión, así como de los correspondientes coeficientes tipificados.

En la tabla 11.3 se presentan estos valores, y otros que se utilizarán posteriormente en las inferencias.

Tabla 11.3. Coeficientes de la regresión

	Coeficientes no estandarizados (b)		Coeficientes estandarizados	t	Sig.
	b	Error típico	B		
Constante	5,963	1,416		4,211	0,000
Motivación	0,009	0,013	0,013	0,680	0,497
Verbal	0,429	0,031	0,340	14,014	0,000
Razonamiento	0,340	0,027	0,317	12,566	0,000
Matacognición	0,185	0,031	0,135	5,963	0,000

En la primera columna bajo b se presentan los coeficientes o pesos de las variables en la ecuación. Estos pesos estimados darían lugar a la siguiente ecuación en puntuaciones directas:

$$Y' = 5{,}963 + 0{,}009 \,(\text{Motivación}) + 0{,}429 \,(\text{Verbal}) + \\ + 0{,}340 \,(\text{Razon.}) + 0{,}187 \,(\text{Metacog.})$$

o si denotamos las variables como: X_1: Motivación; X_2: Verbal; X_3: Razonamiento y X_4: Metacognición, podría reescribirse como:

$$Y'_i = 5{,}963 + 0{,}009 X_{i_1} + 0{,}429 X_{i_2} + 0{,}340 X_{i_3} + 0{,}187 X_{i_4}$$

Si denotamos como x_j e y_j las puntuaciones centradas en la media o diferenciales, la correspondiente ecuación será:

$$y'_i = 0{,}009 x_{i_1} + 0{,}429 x_{i_2} + 0{,}340 x_{i_3} + 0{,}187 x_{i_4}$$

Finalmente, podemos construir la ecuación en puntuaciones estandarizadas o típicas utilizando la columna de los coeficientes estandarizados (B):

$$z'_{y_i} = 0{,}013 z_{i_1} + 0{,}340 z_{i_2} + 0{,}317 z_{i_3} + 0{,}135 z_{i_4}$$

El valor del coeficiente de determinación múltiple o proporción de la variación de Y explicada por el conjunto de los predictores es en este caso: $R^2_{yy'} = 0{,}451$ o si se toma el corregido, por la inclusión de múltiples predictores, $R^2_{yy'} = 0{,}449$, lo que indica que el 44,9% de la variación de Y puede explicarse por la regresión, quedando un 55,1% no explicada o residual. El valor de la correlación múltiple es $R_{yy'} = 0{,}671$ y el correspondiente Error Típico de Estimación de 7,35.

Cuando se trata de predictores múltiples no es habitual calcular los coeficientes de valor predictivo y de incertidumbre, pero también podría hacerse.

5. Inferencias acerca del modelo ajustado

Una vez estimados los parámetros de la regresión y verificado el cumplimiento de los supuestos, se procede como en el caso de la regresión lineal simple a contrastar hipótesis sobre el modelo, bien sobre el modelo en su conjunto o sobre los parámetros particulares.

5.1. Significación global del modelo

Como en el caso de la RLS, se procede primero examinando la significación estadística del modelo global, de la misma forma que en el capítulo 10, mediante la partición de la variación total y los grados de libertad, partición que se presenta en una tabla ANOVA. El estadístico de contraste F es, como antes, la razón de la MCR/MCRes. La hipótesis nula que se pone a prueba es una hipótesis global, que se refiere al conjunto de predictores y que podría expresarse como:

$$H_0 : \beta_1 = \beta_2 = \ldots = \beta_p = 0$$

Es decir, que ninguno de los coeficientes ligados a los predictores es estadísticamente significativo. La hipótesis alternativa indica la presencia de al menos un predictor distinto de 0:

$$H_1 : \exists \beta_j \neq 0$$

En la tabla 11.4 se presenta los resultados del ANOVA y el contraste F.

Como puede observarse, la partición de la variación total o suma de cuadrados total se realiza en los mismos términos que en la RLS. La diferencia es que en este caso los grados de libertad de la SCR son 4, por ser éste el número de predictores. Las MC se obtienen como es habitual, dividiendo la SC correspondiente por sus grados de libertad y el contraste F es la razón MCR/MCRes. El estadístico de contraste F se distribuye en este caso con 4 y

Tabla 11.4. ANOVA del modelo del ejemplo

Fuente de variación	Suma de cuadrados	gl	Media cuadrática	F	Sig.
Regresión	67.004,31	4	16.751,08	310,33	0,000
Residual	81.669,04	1.513	53,98		
Total	148.673,35	1.517			

1.513 grados de libertad. En la columna «Sig.» se presenta la probabilidad (simplificada a tres decimales, por redondeo) de obtener resultados iguales o mayores que el obtenido bajo el supuesto de la H_0, pudiendo decirse que se rechaza la hipótesis nula al menos con $p < 0,001$, lo que implica que el modelo globalmente considerado es adecuado y permite predecir el criterio con más seguridad que si atribuyésemos la media de Y como pronóstico común a todos los sujetos.

5.2. Significación estadística de los coeficientes de la regresión

En el caso de haber rechazado la hipótesis nula global, debe procederse a continuación al contraste de cada uno de los coeficientes, ya que puede haber variables predictoras que no hagan aportaciones estadísticamente significativas al modelo. En este ejemplo que estamos examinando, contrastaremos cada uno de los coeficientes.

El procedimiento utilizado para los contrastes es el mismo que se ha visto en el capítulo 9. Para cada uno de los coeficientes, las hipótesis nula y alternativa son las siguientes:

$$H_0 : \beta_j = 0$$
$$H_1 : \beta_j \neq 0$$

El estadístico de contraste es el estadístico T ya explicado, $T = b_j/s_{b_j}$ que sigue una distribución t *de Student* con los mismos grados de libertad que la MCRes, en este caso con 1.513 grados de libertad. Este contraste deberá aplicarse ahora a la constante y a cada uno de los coeficientes de las variables. Los estimadores de los errores típicos para los contrastes se encuentran en la columna «Error típico», y el estadístico de contraste T, bajo la columna t. El cálculo de los estimadores de los errores típicos de los coeficientes es ahora algo más complejo que en el caso de la RLS, y pueden obtenerse mediante la siguiente ecuación:

$$s_{b_j} = \frac{s_y}{s_j} \sqrt{\frac{1 - R^2_{yy'}}{(1 - R^2_{j.\,\text{otras}})(N - p - 1)}} \qquad [11.11]$$

donde: s_y es la desviación típica del criterio; s_j es la desviación típica de la variable j; $R^2_{yy'}$ es la correlación múltiple al cuadrado o correlación al cuadrado del criterio con la combinación lineal de predictores; $R^2_{j.\text{otras}}$ es la correlación múltiple al cuadrado de la variable j con los restantes predictores; N es el número de casos y p es el número de predictores incluidos en el modelo.

Como ya vimos en el capítulo 9, los valores que aparecen bajo la columna t (tabla 11.3) son el resultado de dividir cada predictor por el correspondiente error típico. En la columna «Sig.» se encuentra la probabilidad de encontrar valores iguales o mayores que el T según la distribución t de Student con 1.513 grados de libertad, bajo la H_0. Como ya se ha señalado, la probabilidad no es 0, sino que procede del redondeo a tres decimales. Si se examina la columna Sig., puede observarse que tres de las variables son estadísticamente significativas –verbal, razonamiento y metacognición–, ya que para ellas $p < 0{,}001$. No es estadísticamente significativo el peso de la variable motivación, ya que, si se observa, su p-valor o significación es 0,497, que es mucho mayor que los niveles de significación convencionales como 0,05.

Deberían repetirse los análisis eliminando el predictor motivación, aunque existen otros procedimientos en la práctica que se verán más adelante en este capítulo. No obstante, el apartado siguiente se trabaja con las ecuaciones ya anteriores.

5.3. Una interpretación simple de los valores de los coeficientes

Los investigadores que utilizan el modelo de la RLM están interesados en determinar de algún modo la importancia que tienen los diversos predictores sobre la variable criterio. Una comparación de los coeficientes b no sirve para esta finalidad, ya que, como se ha señalado, estos coeficientes están en la misma métrica de las variables originales, lo que afecta a sus tamaños. En la práctica, para paliar este problema, suele recomendarse la comparación de los valores de los coeficientes tipificados o estandarizados, que sí están en la misma métrica, puesto que se han obtenido convirtiendo todas las variables a puntuaciones típicas (con media 0 y desviación típica 1). La comparación de estos coeficientes permite hacerse una idea de la importancia *relativa, en cuanto orden,* de cada una de las variables predictoras. Para estas comparaciones deberán considerarse los coeficientes en valor absoluto, ya que es igualmente importante un peso de $-0{,}340$ que de $+0{,}340$, siendo el signo relevante únicamente para interpretar la dirección de la influencia de la variable. Aplicando este procedimiento a los datos del ejemplo, a partir de los valores presentados en la tabla 11.3, se llegaría al siguiente orden, de mayor a menor importancia:

1. Verbal
2. Razonamiento

3. Metacognición
4. Motivación

Aunque ésta es la práctica más común, se han propuesto otras más adecuadas en la literatura, en cuya descripción no se puede entrar aquí, como las correlaciones parciales al cuadrado, combinaciones de coeficientes de la regresión y correlaciones, etc. En la actualidad, una técnica recomendada es el *análisis de dominancia* (Azen y Budescu, 2003; Budescu, 1993).

6. Valores pronosticados, residuos e intervalos de confianza

Las ecuaciones de regresión construidas sirven para predecir valores de Y para sujetos de los que se conoce su puntuación en el conjunto de predictores. En las ecuaciones construidas se sustituyen los valores $X_{i1}, X_{i2}, ..., X_{ip}$ por los valores que un sujeto concreto tiene en estas variables, obteniéndose un valor Y'_i para cada sujeto al que se aplique la ecuación. Estos valores son los valores pronosticados. Si se desea aplicar la ecuación con los coeficientes tipificados, se obtendrán los valores pronosticados tipificados, que no incluye el término constante. Como en el caso de la RLS, también pueden obtenerse los residuos o errores, en puntuaciones directas o tipificadas, para cada sujeto.

En la tabla 11.5 se presentan los valores pronosticados para un conjunto de casos de la base de datos analizada. Han sido calculados con el SPSS que los guarda como nuevas variables en la base de datos, como se ha explicado en el capítulo anterior.

Tabla 11.5. **Valores pronosticados y residuos de cinco sujetos**

	Matemáticas	Valor pronosticado	Residuo	Puntuación típica pronosticada	Residuo en puntuaciones típicas	Error típico del pronóstico
1	59	52,21424	6,78576	0,25942	0,92361	0,31970
2	42	40,39524	1,60476	−1,51895	0,21842	0,48380
3	25	47,72971	−22,72971	−0,41535	−3,09375	0,39728
4	58	56,63860	1,36140	0,92514	0,18530	0,31426
5	27	44,04819	−17,04819	−0,96930	−2,32043	0,48840

Como en la RLS también se pueden obtener los intervalos de confianza para los valores medios (comunes para todos los sujetos que tengan los mismos valores en los predictores) y para los pronósticos individuales. También, como en la RLS, los errores típicos que se utilizan en ambos casos son diferentes, siendo mayor el de la predicción individual, por los motivos considerados en el capítulo 10. No se presentan aquí las fórmulas para el cálculo de dichos errores típicos. Las personas interesadas pueden consultarlas en Martínez Arias (1995, p. 448). En la tabla 11.6 se presentan dichos intervalos para los mismos sujetos de la tabla 11.5. Los intervalos corresponden al nivel de confianza del 95% y los errores máximos se calculan como se ha explicado en el capítulo 10, utilizando en este caso los valores críticos de la distribución t de *Student* con los grados de libertad de la MCRes, $t_{0,025;\ 1.513}$. Cambia únicamente el procedimiento para obtener los errores típicos, que es ahora más complejo.

Tabla 11.6. Intervalos de confianza del 95% para los valores pronosticados

Sujetos	Y	IC para valores medios		IC para valores individuales	
		Límite inferior	Límite superior	Límite inferior	Límite superior
1	59	51,58713	52,84135	37,78924	66,63924
2	42	39,44625	41,34422	25,95267	54,83781
3	25	46,95044	48,50899	33,29730	62,16213
4	58	56,02216	57,25504	42,21406	71,06313
5	27	43,09018	45,00621	29,60503	58,49136

7. Selección de predictores

El procedimiento de selección de predictores presentado anteriormente es el que sigue más fielmente la teoría del modelo de RLM, en el que se incluyen todos los candidatos potenciales, contrastando mediante T cada uno de los coeficientes para decidir su inclusión o no en el modelo. Este procedimiento se obtiene con el método «Introducir» en el programa SPSS. Con este procedimiento, la decisión sería quedarse con los predictores verbal, razonamiento y metacognición y eliminar del modelo la motivación. A pesar de haber presentado este procedimiento por razones didácticas, no es el más utilizado en la práctica. Los programas estadísticos utilizan procedimientos basados en el uso de algoritmos que siguen determinadas reglas para la selección de predictores.

Aunque hay diversos procedimientos: selección del mejor conjunto, C_p de Mallows, regresión jerárquica, procedimientos paso a paso, etc., se tratarán únicamente estos últimos, por ser los más utilizados en la práctica. Para información sobre otros procedimientos, puede consultarse Martínez Arias, *et al.* (1991).

Normalmente, cuando se emprende un estudio de validación de una batería de tests para predecir un criterio, se desconoce cuáles son las variables realmente influyentes, incluyendo con frecuencia múltiples variables potenciales, sugeridas por sus correlaciones individuales con el criterio y/o por la literatura o experiencia en el tema. Ante esta situación, caben dos posturas opuestas:

a) Incluir en la batería el mayor número, puesto que R siempre aumenta con el número de predictores.
b) Seleccionar un número menor de predictores, dado que el coste que se derivaría de la opción (a) es alto, y además, es posible que se produzca *multicolinealidad* (que, básicamente, denota la presencia de importantes correlaciones y redundancias entre los predictores) aumentando la varianza y la inestabilidad de los coeficientes.

7.1. La multicolinealidad en los predictores

La calidad de los estimadores de los coeficientes de la regresión puede verse severamente afectada si las variables predictoras están muy relacionadas. Esta situación es conocida en términos técnicos como el *problema de la multicolinealidad*. Sen y Srivastava (1990) proporcionan un tratamiento en profundidad del problema. La importancia del mismo puede verse en la ecuación 11.11, en la que se presenta el procedimiento del cálculo de los errores típicos de los estimadores. En ella puede verse que aparece la correlación múltiple al cuadrado del predictor *j* con los restantes predictores ($R^2_{j.\,otras}$) y que, como se puede observar, a medida que sea mayor, también lo será la varianza del estimador b_j. Este aumento reducirá la potencia estadística o probabilidad de que el coeficiente sea estadísticamente significativo. Este efecto se denomina *inflación de la varianza*. Un indicador del grado de multicolinealidad entre el predictor *j*-ésimo y las restantes variables es el denominado *factor de inflación de la varianza* (VIF, *Variance Inflation Factor*) que se define como:

$$\text{VIF} = \frac{1}{(1 - R^2_{j.\,otras})} \quad [11.12]$$

Su recíproco, denominado *tolerancia*, suele utilizarse como criterio de inclusión del predictor en los modelos de regresión:

$$\text{TOL} = 1 - R^2_{j.\,otras} \quad [11.13]$$

Un valor de VIF o TOL próximo a 1 indicaría la ausencia de relación entre el predictor *j*-ésimo y los demás.

Otro procedimiento útil para la detección del grado de multicolinealidad de un conjunto de predictores es algún índice del grado de singularidad de la matriz de correlaciones entre predictores, de los que el más común es el *índice de condicionamiento de la matriz* definido como:

$$\text{ICM} = \frac{\sqrt{\text{Mayor autovalor de } R}}{\text{Menor autovalor de } R} \qquad [11.14]$$

Hay procedimientos especiales para tratar con el problema de la multicolinealidad como la *Ridge Regresión* y la regresión en componentes principales, cuyo tratamiento excede del nivel de este texto.

En la práctica, para evitar los anteriores problemas, lo que se intenta es llegar a un compromiso entre las dos posturas citadas, que consiste en partir de un número grande de predictores (si la situación lo indica) y seleccionar de ellos un subconjunto. Aunque hay varios procedimientos, trataremos solamente los denominados procedimientos paso a paso (*Stepwise*).

7.2. Significación estadística de un predictor añadido

La significación estadística de las variables predictoras también puede ponerse a prueba incluyendo predictores de forma secuencial en la ecuación y evaluando si la inclusión de un nuevo predictor resulta o no estadísticamente significativa. Estos procedimientos están en la base de los algoritmos de los programas de ordenador para la selección de predictores. Todos ellos se basan en la prueba de la *hipótesis lineal general* que se puede escribir como sigue:

$$F = \frac{\dfrac{(R^2_{y.\,12\ldots k_1} - R^2_{y.\,12\ldots k_2})}{(k_1 - k_2)}}{\dfrac{R^2_{y.\,12\ldots k_1}}{(N - k_1 - 1)}} \qquad [11.15]$$

donde: $R^2_{y.\,12\ldots k_1}$ y $R^2_{y.\,12\ldots k_2}$ representan los coeficientes de determinación múltiple con k_1 y k_2 predictores, respectivamente, siendo k_1 el modelo con más predictores, es decir, $k_1 > k_2$.

El estadístico F se distribuye con $(k_1 - k_2)$ y $(N - k_1 - 1)$ grados de libertad.

La misma expresión puede usarse para la eliminación sucesiva de predictores, para ver si la eliminación de un predictor determinado produce cambios estadísticamente significativos en el modelo. En este caso, k_1 será el conjunto original y k_2 el conjunto del que se ha eliminado el predictor.

Supongamos que en nuestro ejemplo se ha construido el modelo con los predictores razonamiento y verbal. En este caso, el modelo tiene 2 predictores y el coeficiente de determinación es 0,661. Queremos ver si la inclusión del predictor «metacognición» aporta significación añadida sobre los dos predictores anteriores, con un nivel de significación $\alpha \leq 0{,}05$. La inclusión de este último predictor proporciona un coeficiente de determinación múltiple de 0,671. En este caso $k_1 = 3$ y $k_2 = 2$. Aplicando el contraste, se obtendría el siguiente resultado:

$$F = \frac{\dfrac{(0{,}671 - 0{,}661)}{(3-2)}}{\dfrac{0{,}671}{(1.518 - 3 - 1)}} = \frac{0{,}01}{0{,}000443} = 22{,}57$$

Para que el resultado sea estadísticamente significativo, el valor de $F_{1;\,1.514}$ con $p < 0{,}05$ debe ser al menos de 3,84. Puesto que el valor del contraste excede de dicho valor, se concluye que el nuevo predictor es estadísticamente significativo.

7.3. Contribución de los predictores al pronóstico

Hasta el momento, los coeficientes de regresión estandarizados han sido el único indicador de la importancia relativa de cada predictor X_j en la explicación del criterio. No pueden interpretarse como contribuciones absolutas ya que, dadas las correlaciones entre las variables predictoras, se producen solapamientos en cuanto a la información que cada una de ellas aporta para predecir el criterio.

En la regresión lineal simple el coeficiente de determinación representa la proporción de variación del criterio explicada por el test. En el modelo RLM, los coeficientes de determinación unitarios de cada variable con el criterio no sirven en general como indicadores de la proporción de variación explicada por cada uno, solamente servirían en el caso de que todos los predictores fuesen *estadísticamente independientes*. En este último caso podría establecerse la siguiente relación:

$$R^2_{yy'} = r^2_{y1} + r^2_{y2} + \ldots + r^2_{yp} \qquad [11.16]$$

Sin embargo, debido a las intercorrelaciones entre los predictores y a las redundancias que introducen, en general, $R^2_{yy'} \leq \sum_{j=1}^{p} r^2_{yj}$.

Por este motivo deben utilizarse otros indicadores de la contribución absoluta de los predictores. Los coeficientes de correlación parcial y semiparcial pueden ayudar en esta finalidad.

Los lectores ya tienen conocimiento del significado de la correlación parcial $r^2_{yj \cdot i}$ de cursos anteriores de estadística. En el capítulo 10 se habló de este concepto a propósito de los problemas de restricción del rango y se recordará su significado: la correlación entre dos variables parcializando o eliminando de ambas el efecto de una tercera variable (o más). Para lograrlo se correlacionaban los residuos de la regresión de las dos primeras sobre la tercera.

El coeficiente de correlación semiparcial tiene una fundamentación parecida, pero en vez de eliminar el efecto de la variable (o variables) a controlar, por ejemplo Z en la correlación entre X e Y, solamente se eliminan sus efectos de una de ellas. Para el caso más simple de la correlación entre dos variables X e Y parcializando el efecto de Z solamente de X, se hablaría de la correlación semiparcial de Y con X controlando Z. En este caso, se obtendría la ecuación de regresión de X sobre Z, se obtendrían los residuos de la predicción o aquella parte de X no explicada por Z y éstos se correlacionarían con Y. Para diferenciarla de la correlación parcial, la correlación semiparcial se denotaría en este caso como $r^2_{y(x|z)}$, mientras que la parcial es $r^2_{yx \cdot z}$.

Para examinar la contribución de predictores añadidos a la ecuación, suele utilizarse esta correlación semiparcial elevada al cuadrado, eliminando de las variables candidatas a entrar en la ecuación el efecto de las que ya están dentro. En estos casos se calcularía el *incremento en R^2*. Por ejemplo, el incremento en R^2 al añadir un predictor X_2 cuando ya está dentro X_1, sería $\Delta R^2 = r^2_{y(2|1)}$. En general, las sucesivas contribuciones de predictores secuencialmente introducidos pueden expresarse como:

$$R^2_{y \cdot 12 \ldots p} = r^2_{y1} + r^2_{y(2|1)} + r^2_{y(3|12)} + \ldots + r^2_{y(p|12 \ldots (p-1))} \qquad [11.17]$$

En la expresión anterior, los subíndices hacen referencia no a variables concretas, sino al orden de entrada en la ecuación. Es decir, 1 se refiere a la primera, 2 a la segunda ,..., y p a la p-ésima.

Los sucesivos coeficientes de correlación semiparcial elevados al cuadrado también podrían obtenerse a partir de diferencias en coeficientes de determinación sucesivos, con lo que la expresión adoptaría la siguiente forma:

$$R^2_{y \cdot 12 \ldots p} = r^2_{y1} + (R^2_{y \cdot 12} - r^2_{y1}) + (R^2_{y \cdot 123} - R^2_{y \cdot 12}) + \ldots$$
$$\ldots + (R^2_{y \cdot 12 \ldots p} - R^2_{y \cdot 12 \ldots (p-1)}) \qquad [11.18]$$

Aunque estos coeficientes sí pueden interpretarse como contribuciones absolutas al coeficiente de determinación, no son fijas, *dependen de orden de entrada de las variables en el modelo.*

Para la interpretación se utiliza la correlación semiparcial al cuadrado, pero en los algoritmos de selección de nuevos predictores para un modelo se utiliza la correlación parcial (eliminando efectos de los predictores ya incluidos tanto de las variables predictoras como del criterio). El coeficiente de determinación semiparcial se interpreta como el incremento absoluto, mientras que el coeficiente de determinación parcial se interpreta como la proporción de reducción de la variación residual.

Otras formas de interpretación de los predictores pueden consultarse en las referencias recomendadas anteriormente.

7.4. Algo más sobre los procedimientos paso a paso

Todos los conceptos explicados en los subapartados anteriores de este apartado se utilizan en estos procedimientos: tolerancia, hipótesis sobre la inclusión o exclusión de nuevas variables, coeficientes de correlación parcial y semiparcial, etc. En estos procedimientos la solución final suele ser un único modelo para el conjunto de predictores. La idea que está en la base es la de la introducción o eliminación secuencial de variables predictoras hasta conseguir una ecuación óptima según ciertos criterios. Los procedimientos habituales en los programas de estadística suelen ser los siguientes: hacia delante (*forward*), que va incluyendo predictores de uno en uno; hacia atrás (*backward*) que parte de todo los predictores y los va eliminando progresivamente y de pasos sucesivos o paso a paso (*stepwise*), que exponemos a continuación.

Aunque en realidad todos son de pasos sucesivos, suele reservarse el nombre a este último, que suele ser el más utilizado. Los criterios utilizados en este procedimiento son la tolerancia, la correlación parcial y las pruebas de hipótesis de predictores añadidos. La principal diferencia con el procedimiento «hacia delante» que también incluye un nuevo predictor en cada paso, manteniéndolo permanentemente en la ecuación, es que en el procedimiento *stepwise*, predictores ya incluidos son revisados en cada paso, examinándolos en relación con las nuevas variables introducidas. De esta forma, un predictor incluido en un paso puede ser excluido en un paso posterior. Una descripción del algoritmo puede encontrarse en Martínez Arias (1995, pp. 451-454).

A continuación se presentan los resultados obtenidos con este procedimiento para los datos del ejemplo. Los cálculos fueron realizados también con el procedimiento SPSS 12.0 y para su ejecución debe seleccionarse el método «Pasos Sucesivos». En la tabla 11.7 se presentan algunos resultados.

Explicamos brevemente las principales características del procedimiento. En la columna «Modelo» puede observarse que se han seguido 3 pasos. En el paso 1, modelo1, se ha incluido una variable (verbal), que es la que muestra mayor correlación con el criterio. En el paso 2, modelo 2, se ha incluido una segunda variable (razonamiento), por lo que el modelo en este caso consta de las variables predictoras verbal y razonamiento. Para incluir la variable razonamiento, previamente se obtuvieron las correlaciones parciales de todas las

11. Evidencias de validez referidas a un criterio, III

Tabla 11.7. Resumen del procedimiento de pasos sucesivos

Modelo	R	R^2	$R^2_{cor.}$	ET estim.	Estadísticos del Cambio				
					Cambio en R^2	F del cambio	Gl. num.	Gl. den.	Sig. F cambio
1	0,591	0,350	0,349	7.987	0,350	814.617	1	1516	0,000
2	0,661	0,437	0,437	7.431	0,088	236.381	1	1515	0,000
3	0,671	0,451	0,449	7.346	0,013	36.348	1	1514	0,000

variables con el criterio, eliminando el efecto de verbal. De éstas, la más alta era la mostrada con razonamiento, y de ahí su inclusión en el modelo. Finalmente, en el paso 3, modelo 3, se incluye la variable metacognición, después de examinar las correlaciones parciales con el criterio eliminando los efectos de verbal y razonamiento, ya introducidas en el modelo. Puesto que quedaban dos posibles variables candidatas, metacognición y motivación, está claro que la mayor correlación parcial la mostraba la metacognición, y por ello fue incluida. Por lo tanto, el modelo final incluirá tres predictores: verbal, razonamiento y metacognición. Para cada modelo sucesivo se calcula la R, R^2, R^2 corregida y el error típico de estimación resultante. Puede observarse que se presentan también, para cada modelo, los «Estadísticos del Cambio» por medio de un estadístico F que se obtiene por el procedimiento, ya explicado, de «contribución de un predictor añadido». La R^2 del cambio representa el incremento sobre el coeficiente de determinación de la inclusión del predictor. Así por ejemplo, cuando el único predictor era verbal, el coeficiente de determinación era 0,350, implicando que verbal explica un 35% de la variación de los resultados en matemáticas. La inclusión de razonamiento aumenta el coeficiente de determinación en un 8,8% llegando a explicar el 43,7% de la variación en matemáticas. Finalmente, la inclusión de metacognición aumenta el coeficiente de determinación en un 1,3%. Estas contribuciones son independientes, pero no se puede decir que, en general, verbal explique el 35%, razonamiento el 8,8% y metacognición el 1,3%, ya que están condicionadas por el orden de entrada de las variables, pudiendo cambiar si se modifica éste.

En la tabla 11.8 se presentan otros datos de interés en la construcción del modelo.

En dicha tabla, pueden verse cuáles serían en este caso los valores de los coeficientes, no estandarizados y estandarizados, en los tres modelos, así como su significación estadística. El modelo final (3) incluye tres variables, todas ellas con pesos estadísticamente significativos, como se puede observar bajo la columna Sig. El resto de la tabla muestra información que se ha utilizado en el proceso de selección de las variables. Bajo la columna de las correlaciones, se encuentran a su vez tres columnas Pearson, que representan las correlaciones de Pearson que cada una de las variables muestra con la va-

Tabla 11.8. Pasos en la obtención de coeficientes de regresión en el procedimiento paso a paso

Modelo	Coeficientes no estandarizados		Coeficientes estandar.	t	Sig.	Correlaciones			Estadísticos de colinealidad	
	B	E. típico	Beta			Pearson	Parcial	Semiparc.	Tolerance	VIF
1 (Constant)	14,543	1,276		11,396	0,000					
verbal	0,745	0,026	0,591	28,542	0,000	0,591	0,591	0,591	1,000	1,000
2 (Constant)	8,707	1,246		6,985	0,000					
verbal	0,470	0,030	0,373	15,600	0,000	0,591	0,372	0,301	0,649	1,541
razonamiento	0,394	0,026	0,368	15,375	0,000	0,589	0,367	0,296	0,649	1,541
3 (Constant)	6,356	1,292		4,918	0,000					
verbal	0,430	0,031	0,341	14,066	0,000	0,591	0,340	0,268	0,617	1,620
razonamiento	0,342	0,027	0,319	12,789	0,000	0,589	0,312	0,244	0,582	1,719
Metacog	0,187	0,031	0,136	6,029	0,000	0,448	0,153	0,115	0,716	1,396

riable dependiente o criterio, como se puede comprobar en la tabla 11.2. Bajo la columna Parcial se presentan las correlaciones parciales con el criterio, eliminando de las variables predictoras y del criterio los efectos de las variables ya incluidas. *Semi-Parc* representa las correlaciones semiparciales, en las que únicamente se eliminan los efectos de las variables incluidas en las variables predictoras y no en el criterio. Finalmente, en la última columna se presentan estadísticos de colinealidad ya explicados, tolerancia y el factor de inflación de la varianza (VIF)

Las ecuaciones de regresión para predecir los resultados en matemáticas se obtendrían ahora tomando los correspondientes coeficientes de la tabla del modelo 3.

- *Puntuaciones directas:*

$$Y'_i = 6{,}356 + 0{,}430X_1 \text{ (verbal)} + 0{,}342X_2 \text{ (razonam.)} + 0{,}187X_3 \text{ (metacog.)}$$

- *Puntuaciones diferenciales:*

$$y'_i = 0{,}430x_1 \text{ (verbal)} + 0{,}342x_2 \text{ (razonam.)} + 0{,}187x_3 \text{ (metacog.)}$$

- *Puntuaciones típicas:*

$$z'_{yi} = 0{,}341z_{x_1} \text{ (verbal)} + 0{,}319z_{x_2} \text{ (razonamiento)} + 0{,}136z_{x_3} \text{ (metacog.)}$$

Los resultados son los mismos a los que se habría llegado volviendo a realizar los cálculos con el método «Introducir», eliminando la variable motivación, que, como se recordará, tenía un peso que no resultó estadísticamente significativo.

Si se examinan los pesos estandarizados para examinar la importancia relativa de las variables, puede verse que el orden de importancia relativa, de mayor a menor, es el siguiente: verbal, razonamiento y metacognición.

12. Evidencias de validez relativas a la estructura interna del test, I: Análisis Factorial Exploratorio (AFE)

1. Introducción

1.1. Introducción

En el capítulo 9 se explicó que la técnica utilizada normalmente para obtener evidencias de validez en cuanto a la estructura interna del test, es el Análisis Factorial (AF). Los conceptos del AF fueron desarrollados por Spearman (1904b) intentando probar su teoría de la inteligencia o del *factor general*. Fue en este ámbito de las teorías de la inteligencia donde tuvo sus primeros desarrollos. Los cálculos requeridos son complejos y su gran expansión se produjo con la generalización del uso de ordenadores y el desarrollo de programas fáciles de utilizar por los investigadores, siguiendo en alza en el momento actual. Algunas revisiones de artículos publicados en revistas de psicología señalan que entre el 18 y el 27% de los artículos publicados utilizan el AF (Fabrigar, Wegener, MacCallum y Strahan, 1999; Russell, 2002). En una gran parte de estos artículos, el AF se utiliza en apoyo de las evidencias de validez de los instrumentos con los que miden los constructos de la investigación.

Siguiendo a Thompson (2004) los propósitos para los que se usa el AF en la investigación psicológica pueden agruparse en tres.

En primer lugar, uno de los principales propósitos es para informar sobre las evidencias de validez de un instrumento de medida. Una de las principales cuestiones de la validez es si «las puntuaciones que proporciona el instrumento parecen medir o no las dimensiones o constructos pretendidos». Recordemos de la figura 1.1 del capítulo 1, que es preciso establecer las relaciones entre las puntuaciones y el constructo. En el análisis de tests, establecer la dimensionalidad o el número de factores responsables de las respuestas es muy importante, ya que es imposible desarrollar buenas medidas de un constructo sin un conocimiento de su dimensionalidad. Por ejemplo, en capítulos anteriores se ha insistido en el concepto de *unidimensionalidad*, requerido de forma explícita en la TRI y de implícita en la TCT. Algunos autores como Guilford (1946) llegaron a identificar la validez con la composición factorial de los tests. También Nunnally (1978) señala que el AF está en el corazón de la medida de los constructos psicológicos. El AF permite poner a prueba la dimensionalidad pretendida por el constructor del test.

En segundo lugar, el AF también se utiliza en el desarrollo de teorías sobre constructos, ayudando a especificar cuáles son las principales dimensiones de los constructos, a partir de múltiples medidas. Muchas de las teorías de la inteligencia y de la personalidad se desarrollaron con ayuda del AF.

Finalmente, y sin pretensiones teóricas, el AF o una técnica parecida, el análisis de componentes principales, puede servir de ayuda para reducir grandes cantidades de variables en una investigación a un número más manejable, para llevar a cabo otros análisis posteriores.

Cuando se utiliza con finalidad teórica, hay unas variables observadas, que son las puntuaciones en ítems o tests y unas variables latentes, los factores, que suelen ser constructos teóricos, que se supone son los responsables del comportamiento de los sujetos en las variables observadas. En palabras de Borsboom, *et al.* (2004) y a propósito de la validez, se supone que las variables observadas (escalas, respuestas a los ítems), que son indicadores de los factores, son hasta cierto punto «causadas» por éstos. En este sentido, los factores serían similares a las variables independientes de la regresión múltiple, pero el problema es que a diferencia de estas últimas, los factores son latentes y es preciso determinar antes su número y características, problema que se aborda con las técnicas del AFE, que se presentan en este capítulo.

A pesar de su importancia reconocida, no se presta mucha atención en los textos de psicometría al tratamiento sistemático de la (uni)dimensionalidad de ítems y tests, excepto por algunos autores (McDonald 1985, 1999; McLeod, Swygert y Thissen, 2001). Ni siquiera en el contexto de la TRI, donde es preciso acudir a artículos especializados (De Ayala y Hertzog, 1991; Hambleton y Rovinelli, 1986; Hattie, 1985) para conocer este tema. Aunque en la TRI se han propuesto algunas técnicas específicas para la justificación de la unidimensionalidad, como las de Stout (Stout, 1987; Stout, Goodwin-Froelich y Gao, 2000), la ausencia de técnicas para su justificación sigue siendo la norma en los textos sobre TRI. Intentamos salvar este problema, pero advertimos a los lectores de que un tratamiento adecuado del tema exigiría al menos un texto monográfico de una considerable extensión. De ahí que los contenidos aquí presentados sean introductorios e incompletos y remitimos a los interesados a textos específicos, como los de Gorsuch (1983) y Thompson (2004) para el AFE y a las referencias dadas en el capítulo 13 para el Análisis Factorial Confirmatorio (AFC).

1.2. Aproximaciones actuales al AF

El AF sigue en la actualidad dos aproximaciones, denominadas Análisis Factorial Exploratorio (AFE) y Análisis Factorial Confirmatorio (AFC). A pesar del uso extendido de la última, sigue coexistiendo con las tempranas aproximaciones del AFE, como ponen de relieve las revisiones actuales que se realizan dentro de este ámbito. De hecho, son aproximaciones que pueden ser complementarias. Sus principales diferencias pueden apreciarse en las figuras 12.1 y 12.2.

Figura 12.1. Las relaciones en el Análisis Factorial Exploratorio

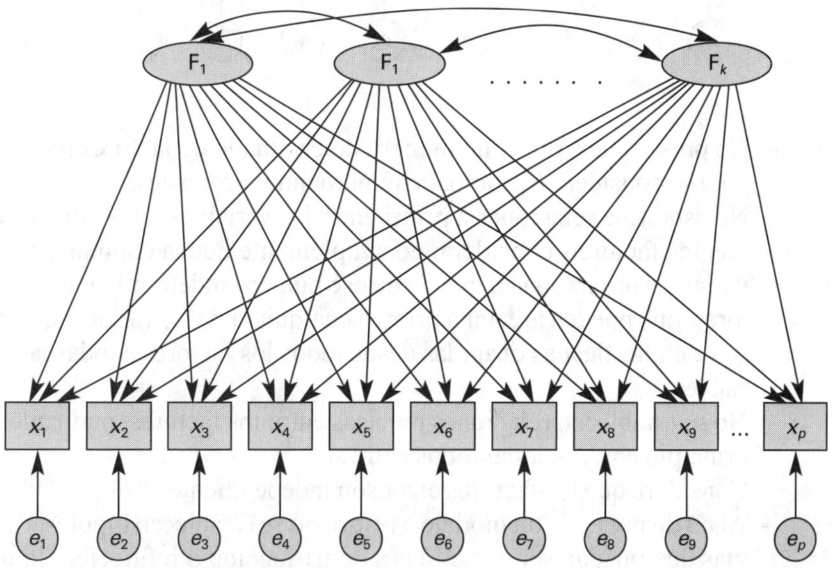

Aunque existen muchas semejanzas entre las dos aproximaciones, ya que su finalidad es la misma y ambas pertenecen al *Modelo Lineal General*, existen importantes diferencias que se pueden resumir explorando las dos figuras.

- El AFE:
  - Tiene como propósito fundamental la búsqueda de una estructura de dimensiones o constructos latentes, a partir de las correlaciones entre las variables observadas.

Figura 12.2. Las relaciones en el Análisis Factorial Confirmatorio

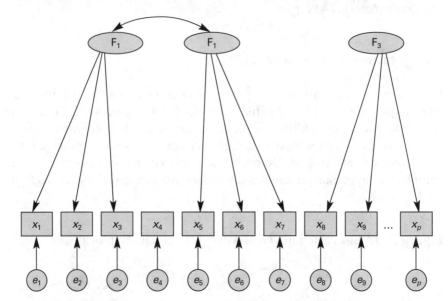

- No presupone a priori un número determinado de factores (en la figura se considera F_k como un número indeterminado).
- No establece relaciones a priori entre las variables y los correspondientes factores, considerando simplemente que la conducta en las variables observadas depende de ese número indeterminado de factores, que pueden afectar a priori a cualquiera de las variables, como se ve en las flechas dirigidas desde todos los factores a todas las variables.
- No se establecen relaciones precisas entre los factores, pudiendo en principio correlacionar todos entre sí.
- Considera que los factores error son independientes.
- Al no disponer de un modelo a priori, no se establecen hipótesis previas que puedan ser sometidas a confirmación o refutación, lo que lleva a múltiples decisiones subjetivas.
- La ausencia de modelos dificulta el tratamiento de los factores para grupos múltiples, tales como invarianza, replicabilidad de los factores, etc., ya que no permite establecer hipótesis.

- El AFC:

    - Aunque tiene también su papel fundamental en las teorías sobre variables latentes, normalmente no se utiliza en una exploración o búsqueda de éstas, sino más bien en las pruebas de teorías e hipótesis establecidas a priori bajo la forma de un modelo.

- En el modelo se presupone un número concreto de factores (por ejemplo, 3 en la figura 12.2), especificándose además sobre qué variables observadas concretas afectan estos factores, como se puede observar en las flechas dirigidas solamente a variables concretas.
- Se establecen hipótesis precisas sobre las relaciones entre factores. Por ejemplo, en la figura se establece que los factores 1 y 2 están correlacionados entre sí y que ambos son independientes del factor 3.
- Permite establecer correlaciones entre los términos error o específicos.
- La presencia de un modelo, junto con la disponibilidad de determinadas técnicas estadísticas, permite someterlo a contrastes de hipótesis, evitando múltiples decisiones subjetivas.
- La utilización de modelos permite tratar numerosas cuestiones multigrupo, que son difíciles de plantear en el contexto exploratorio.
- Finalmente, su inclusión en estructuras más complejas, dentro de los modelos de ecuaciones estructurales, permite establecer relaciones entre constructos, permitiendo abordar cuestiones más complejas de validez, como las redes nomológicas o relaciones entre constructos.

Como se ha indicado al principio, coexisten en la actualidad ambas aproximaciones, ya que, como señalan Nunnally y Bernstein (1994), ambas son útiles en el desarrollo de teorías y en la explicación de los constructos psicológicos. No obstante, Gorsuch (1983) indica que cuando es posible es preferible el AFC, por encima de la replicación de los AFE, ya que es teóricamente más potente. En la práctica es frecuente que los investigadores comiencen con técnicas exploratorias en las primeras fases del desarrollo de tests o exploración de constructos, sometiendo después los modelos derivados de esta fase a técnicas confirmatorias.

En el resto del capítulo se presentan los principales conceptos del AFE, tratándose en el capítulo siguiente el AFC.

1.3. Ejemplo para las ilustraciones de las técnicas

Ilustraremos las explicaciones con un ejemplo concreto derivado del ámbito de los tests de aptitudes. La razón de la elección de este ejemplo y no de los ítems de un test es didáctica. La aplicación de las técnicas lleva a resultados más claros cuando se aplica a medidas propiamente cuantitativas derivadas de puntuaciones de tests y esto facilita las explicaciones. Su aplicación al análisis de ítems de tests es similar, siguiéndose las mismas fases y decisiones. No obstante, al final del capítulo se presentan algunas peculiaridades de la aplicación de las técnicas al análisis de ítems, que se deberán leer con atención. Los datos proceden de las puntuaciones de $N = 300$ sujetos en nueve tests de aptitudes, denotados como V1, V2, V3, V4, V5, V6, V7, V8 y V9, que representan los siguientes tests:

- V1: Figuras desplegadas
- V2: Cubos
- V3: Rombos
- V4: Antónimos
- V5: Sinónimos
- V6: Comprensión de frases
- V7: Verificación de sumas
- V8: Tachado de un estímulo
- V9: Localización de diferencias de figuras

Los cálculos necesarios para el AFE han sido realizados con el programa SPSS 12.0 y los del AFC, con el programa LISREL 8.7, siendo los datos preprocesados en este caso con el programa PRELIS.

En la tabla 12.1 se presenta la matriz de correlaciones entre las 9 variables, que es el *input* habitual en los AFE.

Tabla 12.1. Matriz de intercorrelaciones entre las 9 variables

	V1	V2	V3	V4	V5	V6	V7	V8	V9
V1	—								
V2	0,297**	—							
V3	0,441**	0,340**	—						
V4	0,373**	0,153**	0,159**	—					
V5	0,293**	0,139*	0,077	0,733**	—				
V6	0,357**	0,193**	0,198**	0,704**	0,720**	—			
V7	0,067	−0,076	0,072	0,174**	0,102	0,121*	—		
V8	0,224**	0,092	0,186**	0,107	0,139*	0,150**	0,487**	—	
V9	0,390	0,206**	0,329**	0,208**	0,227**	0,214**	0,341**	0,449**	—

2. Conceptos básicos del Análisis Factorial Exploratorio

Se explican en este apartado los principales aspectos de la técnica, que los lectores deben conocer para tomar decisiones informadas cuando la utilicen: fases del AF y el modelo y sus supuestos.

2.1. Fases del Análisis Factorial Exploratorio

Tradicionalmente suele hablarse de cuatro fases en el AFE:

1. *Preparación inicial de los datos.* En esta fase el investigador debe seleccionar las variables que pretende analizar y recoger datos en muestras de tamaño adecuado. Deberán tenerse en cuenta todos aquellos aspectos tratados en temas anteriores y que pueden afectar a las correlaciones, tales como la fiabilidad de sus medidas y la variabilidad de las muestras (Gorsuch, 1988). Es muy importante que la elección de variables o los ítems en el caso de los tests esté guiada por la teoría. Una vez recogidos los datos deben someterse a todos los procesos de preanálisis que se han visto en estadística bajo la etiqueta de *exploración de los datos*: depuración de errores, imputación de datos ausentes si fuese necesaria, comprobación de la linealidad de las relaciones, etc. Esta fase se concluye con la *matriz de correlaciones* o la *matriz de covarianzas* entre las variables. El investigador deberá decidir cuál de las matrices utilizará. En el caso del AFE es habitual utilizar la matriz de correlaciones, que denotamos como **R**, y es una matriz cuadrada de orden p (número de variables), como la presentada en la tabla 12.1. Un examen preliminar de esta matriz permitirá decidir si vale la pena o no realizar el AFE. Si las correlaciones son muy bajas, no tiene sentido pensar en la existencia de factores comunes. Hay algunos estadísticos que facilitan esta decisión como los de Kaiser-Meyer-Olkin y la prueba de significación estadística de esfericidad de la matriz propuesta por Bartlett. Ambos se verán más adelante con los datos del ejemplo.
2. La segunda fase del Análisis Factorial se conoce como la *extracción de los factores*. En ella se determina el número de factores que permiten explicar las correlaciones entre las variables. A veces se la denomina también *solución directa*. En esta fase el analista deberá tomar dos decisiones importantes:

    a) Número de factores a extraer.
    b) Método de extracción de factores.

3. Generalmente, aunque no en todos los casos, los resultados obtenidos en la fase anterior deben transformarse para poder encontrar un significado teórico o sustantivo en los resultados. Esta fase se denomina la *rotación de los factores* o solución factorial *indirecta*. Esta fase es exclusiva del AFE y no tiene equivalente en el AFC. Durante ella, el analista también deberá tomar decisiones, siendo la primera si rotar o no rotar y en caso afirmativo, elegir el procedimiento, puesto que hay varios. En la práctica, rotar es lo habitual, excepto en aquellos casos en los que el interés está fundamentalmente en establecer si el conjunto de variables es unidimensional.
4. La cuarta fase es la correspondiente a la *interpretación de los factores*. En ella se analizarán los resultados a la luz de la teoría sobre los constructos implicados en el análisis y es costumbre ponerles nombres a

los factores. Deben participar en ella expertos en el ámbito teórico en el que se aplica el AFE.

Con las cuatro primeras fases terminaría normalmente un estudio factorial, no obstante, no suele ser suficiente un único estudio para la validación de los factores encontrados, por eso es conveniente llevar a cabo lo que se conoce como *validación cruzada* o replicación de los factores en nuevas muestras, para establecer su generalización. Este aspecto, importante en la investigación en general, es especialmente importante en el AF, puesto que las correlaciones de las que parte son muy sensibles a las muestras en las que se calculan.

5. A veces, a la cuarta fase le sigue una quinta fase denominada *obtención de las puntuaciones en los factores*. El investigador deberá decidir cómo construir las puntuaciones en los factores hallados. También puede seleccionar entre diferentes opciones.

2.2. Modelo del AFE y la ecuación fundamental

Si se observa la figura 12.1 puede verse que sobre las variables observadas (puntuaciones en los tests o ítems) ejercen su influencia unas variables latentes, que son los factores. Estos factores pueden ser *comunes* (denotados como F), que son los que explican las correlaciones y *únicos* o específicos de cada variable, denotados como e. Tiene sentido pensar que los diferentes factores muestren efectos de distinta importancia sobre cada una de las variables. Estos efectos diferentes, igual que sucedía en la regresión, se plasman en unos coeficientes o pesos, a, que se incluirían al lado de cada una de las flechas dirigidas y que de algún modo deben reflejar los distintos grados de influencia de los factores sobre las variables. Los factores únicos o específicos de cada variable también tendrán un peso cuantificable. En el modelo, que es lineal como el de la regresión, se dan los siguientes elementos:

- Un conjunto de p variables (9 en el ejemplo) observadas o medidas, que son las que aparecen representadas como cuadrados en el diagrama. Siguiendo una denominación similar a la de la regresión, también podrían denominarse variables dependientes.
- Un conjunto de $k + p$ variables no observadas o latentes ($k + 9$ en el ejemplo). Estas variables o factores pueden considerarse como las variables independientes en la regresión. De ellas, k pueden incidir sobre más de una de las variables observadas y se denominan *factores comunes* (representadas en elipses), mientras que las p restantes inciden exclusivamente cada una de ellas sobre una de las variables observadas y se denominan *factores únicos o específicos*, o también *error* (representadas en círculos). El objetivo del AF será determinar cuáles son los factores comunes.

- Los pesos o coeficientes a_{ij} que expresan la contribución relativa de cada variable latente j sobre cada variable observada i. En la terminología del AF estos pesos suelen denominarse *saturaciones* de las variables observadas en los factores, aunque autores como Thompson (2004) prefieren no utilizar el término saturación, denominándolos simplemente coeficientes.
- Las p variables denotadas como e_i, que se corresponden con los factores únicos o específicos, también tienen contribución sobre las variables observadas, expresándose en este caso como un conjunto de pesos u_i.

Para cada una de las variables observadas que, aunque las denotamos como X_i, en el AFE suelen ser puntuaciones típicas, se desarrollan ecuaciones similares a las de la regresión. Para una variable observada X_j que se considera en escala estandarizada, la ecuación general es la siguiente:

$$X_j = a_{j1}F_1 + a_{j2}F_2 + \ldots + a_{jk}F_k + u_j D_j \qquad [12.1]$$

El sistema anterior puede escribirse de forma compacta utilizando notación matricial, donde por convención suele omitirse D[1]:

$$\mathbf{x} = \mathbf{Af} + \mathbf{u} \qquad [12.2]$$

donde: $\mathbf{x}$ es un vector $(p \cdot 1)$ de puntuaciones en las variables observadas; $\mathbf{f}$ es un vector $(k \cdot 1)$ de variables latentes o factores comunes; $\mathbf{A}$ es la matriz $(p \cdot k)$ de pesos o saturaciones de las variables y $\mathbf{u}$ es un vector $(p \cdot 1)$ de pesos de los factores específicos.

2.3. Algunos conceptos básicos del modelo de AF

El AF establece una serie de supuestos sobre las variables del modelo y sus relaciones, que no se presentan aquí (véase Martínez Arias, 1995), que pemiten establecer algunos conceptos básicos del AF, como los siguientes:

1. *Varianza de las variables observadas.* El supuesto de independencia entre los factores y el hecho de que las puntuaciones estén estandarizadas, permite expresar la varianza de cualquiera de las variables observadas como:

$$\text{Var}(X_i) = a_{i1}^2 + a_{i2}^2 + \ldots + a_{ik}^2 + u_i^2 = 1 \qquad [12.3]$$

2. *Comunalidad de una variable.* A partir de la expresión anterior puede definirse la comunalidad de la variable como aquella parte de la va-

---

[1] En los textos de AFE suelen agruparse los términos «especificidad» y «error» bajo un único término denotado por D.

rianza que es explicable por los factores comunes. Suele denotarse como h_i^2 y de acuerdo con la definición de obtiene como:

$$h_i^2 = a_{i1}^2 + a_{i2}^2 + \ldots + a_{ik}^2 = \sum_{j=1}^{k} a_{ij}^2 \qquad [12.4]$$

Las comunalidades estarán en el rango 0-1, es decir, $0 \leq h_i^2 \leq 1$. En la práctica, aparecen a veces valores superiores, conocidos como *casos Heywood,* derivados de errores en los datos o en el modelo que obligarán a replantear los análisis.

3. *Unicidad o especificidad de la variable.* La parte de la varianza de la variable no explicada por los factores comunes, es decir, la que no es comunalidad se denomina unicidad y puede obtenerse como:

$$u_i^2 = 1 - h_i^2 \qquad [12.5]$$

En realidad, la unicidad de la variable puede dividirse en dos partes: la parte de la varianza atribuible al factor específico y la varianza atribuible a los errores de medida o varianza error. Si denotamos la primera como *s* y la segunda como *e*, podríamos escribir la unicidad como:

$$u_i^2 = s_i^2 + e_i^2 \qquad [12.6]$$

4. *Correlación entre variables observadas.* La correlación entre las variables puede expresarse siempre por medio de los factores comunes, según la siguiente ecuación:

$$r_{im} = \sum_{j=1}^{k} a_{ij} a_{mj} \qquad [12.7]$$

5. *Reproducción de la matriz de correlaciones* **R**. La propiedad anterior, junto con los supuestos del modelo, permiten reproducir la matriz de correlaciones **R**, tal como se expresa en la siguiente ecuación:

$$\mathbf{R} = \mathbf{AA'} + \mathbf{U} \qquad [12.8]$$

donde: **A** es la matriz de orden $p \cdot k$ de pesos de las variables; **A'** es la transpuesta de **A** de orden $k \cdot p$; **U** es una matriz diagonal de orden p cuyos elementos son las unicidades de las variables.

En los procedimientos de AF propiamente dichos, el investigador está interesado en los *factores comunes* y no en reproducir la varianza total de cada variable (1 por ser estandarizadas) y lo que se intenta en realidad es reproducir la llamada matriz de correlaciones *reducida*, que denotamos como **R***

para diferenciarla de la anterior y de cuya diagonal se ha eliminado la parte de la varianza debida a la unicidad o especificidad:

$$\mathbf{R}^* = \mathbf{A}\mathbf{A}' \qquad [12.9]$$

Los elementos diagonales de esta matriz son las comunalidades h_i^2 o varianza explicada por los factores comunes.

3. Extracción de los factores

La matriz de correlaciones (completa o reducida) es sometida a un procedimiento matemático cuya explicación excede del nivel de este texto. Técnicamente consiste en resolver la *ecuación característica* de la matriz, cuya solución pasa por obtener los *autovalores* o raíces características de la misma y sus *autovectores* asociados, que una vez normalizados, son los valores que aparecen en la matriz **A** de pesos de los factores en las variables. El proceso para llegar a la solución se basa normalmente en la *diagonalización de la matriz*. No se presenta aquí el proceso matemático, que puede consultarse en Martínez Arias (1995) o en textos de nivel medio de Análisis Multivariante. No obstante, puesto que los autovalores juegan un importante papel en el AFE, y deben tomarse decisiones sobre ellos, se exponen algunas de sus propiedades:

1. El número de autovalores asociados a la matriz **R** siempre es igual al número de variables de la matriz analizada.
2. Cada factor extraído lleva asociado un autovalor, cuyo valor refleja, en cierta medida, la cantidad de variación del conjunto de variables que explica dicho factor, lo que puede interpretarse como la cantidad de información que aporta. Los sucesivos autovalores siempre son *decrecientes*, lo que hace que el primer factor siempre explique más varianza que el segundo, éste que el tercero, y así sucesivamente.
3. La suma de los autovalores es igual al número de variables medidas, ya que en puntuaciones tipificadas la varianza de cada variable vale 1.
4. Un autovalor dividido por el número de variables medidas indica la proporción de información o de varianza en la matriz que reproduce su factor asociado.
5. La suma de los autovalores de los factores extraídos dividido por el número de variables medidas indica la proporción de información de la matriz que el conjunto de factores reproduce.
6. Una de las condiciones en AF es que todos los autovalores deben ser no negativos. Si todos son positivos, se dice que la matriz es definida positiva; si alguno es 0, semidefinida positiva.

La fase de extracción de factores o factorización termina con la matriz **A** de pesos o saturaciones y con la determinación de las comunalidades o proporción de la varianza de cada variable explicada por los factores comunes.

Con la obtención de esta matriz **A**, a partir de la cual se puede reproducir la matriz de correlaciones, concluye lo que se ha llamado la fase de extracción de factores.

Ejemplo

La matriz de correlaciones presentada en la tabla 12.1 es el *input* para la extracción de los factores. Con ella concluye la fase que se ha denominado de preparación de los datos. Puede observarse que la mayor parte de las correlaciones son estadísticamente significativas (** $p < 0,01$), aunque existen importantes variaciones en el tamaño. Por ejemplo, hay bloques que muestran mayores correlaciones entre ellas que con las restantes, así es destacable el bloque formado por V4, V5 y V6, que son todos tests de aptitudes verbales.

Los cálculos que se presentan a continuación han sido realizados con el programa SPSS 12.0, con el procedimiento *Análisis Factorial*, que se encuentra dentro del bloque de *reducción de datos*. Este programa proporciona estadísticos sobre la idoneidad de la matriz para ser sometida a AF. El índice KMO, o de Kaiser-Meyer-Olkin, toma valores entre 0 y 1, siendo mejor para la factorización cuanto más próximo esté a 1. El test de esfericidad de Bartlett hace una aproximación global a la significación de la matriz de correlaciones. En el ejemplo, el primero de los índices proporciona un valor KMO = 0,752; el test de Bartlett proporciona un valor que se distribuye aproximadamente como χ^2 con 36 grados de libertad (gl = $p(p-1)/2$) de 904,91,

Tabla 12.2. Resultados de la fase inicial de la extracción de los autovalores de la matriz

Factor	Autovalores iniciales		
	Total	% de varianza	% acumulado
1	3,216	35,737	35,737
2	1,639	18,208	53,945
3	1,365	15,168	69,114
4	0,699	7,766	76,879
5	0,584	6,493	83,372
6	0,500	5,552	88,924
7	0,473	5,257	94,181
8	0,286	3,178	97,359
9	0,238	2,641	100,000

lo que corresponde a un *p*-valor menor que 0,001. Puesto que la matriz parece adecuada, puede procederse a la extracción de factores.

En la tabla 12.2 se presentan los primeros resultados del proceso de factorización, consistentes en la determinación de los *autovalores* de la matriz. Puede observarse que el número de autovalores es igual al número de variables (9), todos son positivos y decrecientes. La segunda columna expresa qué cantidad de la varianza total explicaría cada autovalor y la última, cuánta van explicando de forma acumulada los autovalores. Puede observarse que la suma de todos representa el 100% de la variación total. El primer autovalor explicaría el 35,74% de la variación total de la matriz de correlaciones.

Otro resultado interesante de la primera fase es la matriz **A** de coeficientes o pesos factoriales, que se presenta en la tabla 12.3.

Tabla 12.3. Matriz de pesos factoriales

	Factor		
	1	2	3
V1	0,576	0,169	0,342
V2	0,308	0,097	0,388
V3	0,400	0,310	0,444
V4	0,769	-0,355	-0,106
V5	0,750	-0,404	-0,164
V6	0,763	-0,327	-0,049
V7	0,307	0,430	-0,484
V8	0,394	0,542	-0,272
V9	0,505	0,453	0,007

A la matriz anterior se puede llegar por medio de procedimientos diversos, denominados *métodos de factorización* o *de extracción de factores*, que son diferentes procedimientos matemáticos que permiten reproducir la matriz **R*** (o la **R**). La matriz de la tabla 12.3 se ha obtenido mediante uno de estos métodos: *factorización de ejes principales*, que refleja bien los principios y filosofía del AF e intenta extraer únicamente los factores comunes. A continuación se presenta una sucinta descripción de los métodos de factorización que se incluyen en la mayor parte de los programas estadísticos, para que los lectores puedan tomar decisiones informadas cuando deban elegir un método. Aunque la opción por defecto de la mayor parte de los programas es el Análisis de Componentes Principales (ACP), éste no es propiamente un método de Análisis Factorial.

3.1. Métodos de extracción de los factores

3.1.1. Factorización por ejes principales

Su objetivo es explicar el máximo de la varianza común o comunalidad de las variables y parte de la matriz de correlaciones reducida. Sobre esta matriz se procede a la determinación de los sucesivos autovalores con los autovectores normalizados asociados, que contiene los valores de a_{ij}. Necesita una estimación inicial de los valores de las comunalidades antes de comenzar el proceso.

3.1.2. Componentes principales (ACP) como método de factorización

El ACP desarrollado por Karl Pearson (1901) no es propiamente un método de AF ni reproduce el modelo de AFE; no obstante es una práctica extendida su uso como método de extracción de factores. Una descripción del ACP puede encontrarse en Batista y Martínez Arias (1989) y más resumida en Martínez Arias (1995). También puede consultarse cualquier texto de Análisis Multivariante, como Peña (2002). Aquí únicamente nos interesa destacar sus principales diferencias con el AF propiamente dicho, que hacen que las soluciones no siempre coincidan. Su principal diferencia con los métodos de AF propiamente dichos es que no establece la distinción entre factores comunes y únicos y parte de la matriz completa, con unos en la diagonal principal, es decir, con toda la varianza de las variables, por lo que su objetivo es explicar la varianza total. No necesita por lo tanto obtener estimaciones iniciales de la comunalidad.

3.1.3. Análisis factorial de imagen

Es una variante del método de ejes principales que utiliza un procedimiento especial para determinar la comunalidad de las variables. Se considera que la imagen es la parte de la variable que es común y que además puede pronosticarse como combinación lineal de las restantes variables del conjunto. Para estimar la imagen se parte de la regresión lineal múltiple de cada variable sobre las restantes. La antiimagen es la parte no pronosticada o residual. Una vez determinadas las imágenes de cada variable se forma la matriz de correlaciones entre las puntuaciones imagen y a partir de ellas se lleva a cabo la factorización.

3.1.4. Análisis factorial alpha

Este procedimiento fue propuesto por Kaiser y Caffrey (1965) y pretende que los factores extraídos maximicen la fiabilidad como consistencia interna de los factores comunes. Produce como primer factor el que tiene mayor fiabilidad.

3.1.5. Residuos mínimos

El método de los ejes principales y sus variaciones alpha e imagen deben determinar a priori estimaciones de la comunalidad o diagonal principal de la matriz **R***. El método de residuos mínimos (Comrey, 1962; Harman y Jones, 1966) ignora en parte estos valores y se centra en maximizar la aproximación a los elementos externos a la diagonal, es decir, las correlaciones entre las variables. Para la minimización de los residuos se utiliza un criterio de mínimos cuadrados, como en la regresión. El procedimiento es iterativo y las comunalidades se calculan después de que se ha estabilizado la solución. Es conocido también con el nombre de «mínimos cuadrados no ponderados».

3.1.6. Máxima Verosimilitud

Este procedimiento no debe confundirse con los del AFC, que utilizan procedimientos de estimación de MV. A diferencia de los métodos anteriores, este método asume de forma explícita que se están analizando datos muestrales y los procedimientos de MV son los que mejor reproducen los valores poblacionales. Existen soluciones diferentes, pero todas ellas se caracterizan porque: a) el estimador de MV converge asintóticamente al valor del parámetro y b) los estimadores son consistentes y de varianza mínima. Permite obtener la significación estadística de los factores. Una descripción del método puede encontrarse en Lawley y Maxwell (1971).

Todos los procedimientos descritos excepto ACP y Residuos Mínimos requieren la estimación previa de las comunalidades. La elección del método influye en las comunalidades finales o proporción de varianza de cada variable explicada por los factores comunes. En la tabla 12.4 se presenta un resumen de estas comunalidades según los distintos métodos, aplicados a los datos del ejemplo.

Como se puede observar en la tabla, la elección del método de extracción de factores tiene ciertas repercusiones en la comunalidad de las variables. Las principales diferencias las marcan el método de ACP y el método de imagen. El método de ACP que, por partir, parte de una estimación inicial más alta (1) es el que proporciona valores mayores, y el método de imagen, ya que al considerar como comunalidad la parte de variación predecible por las otras variables, es el que proporciona valores más bajos. Las comunalidades obtenidas mediante los otros métodos son muy parecidas.

El método más utilizado en la práctica para la extracción de factores es el de Componentes Principales, probablemente porque es la opción que aparece por defecto en la mayor parte de los programas estadísticos (Russell, 2002). Existe una tendencia en la actualidad a considerar más adecuada la utilización de un método de factores principales cuando la finalidad del AFE no es

Tabla 12.4. Comunalidades finales estimadas por distintos métodos de factorización

Factores principales	Componentes principales	Imagen	Alpha	MC no ponderados	Máxima verosimilitud
0,477	0,587	0,323	0,458	0,477	0,487
0,255	0,545	0,153	0,255	0,256	0,251
0,453	0,631	0,243	0,465	0,453	0,457
0,728	0,814	0,591	0,735	0,728	0,721
0,753	0,825	0,593	0,751	0,752	0,757
0,691	0,793	0,574	0,689	0,692	0,695
0,514	0,722	0,246	0,539	0,519	0,498
0,523	0,692	0,294	0,510	0,520	0,531
0,461	0,611	0,315	0,462	0,461	0,457

simplemente reducir la dimensionalidad, sino *detectar constructos o factores latentes* (Fabrigar, *et al.*, 1999; Praecher y McCallum, 2003; Russell, 2002). La polémica sobre si factores o componentes, una de las más constantes en la historia del AF, aparece muy bien recogida en un número monográfico de 1990 de la revista *Multivariate Behavioral Research*. Los detractores del uso de los métodos de factores basan sus críticas en el problema de la *indeterminación inicial de la comunalidad*, que implica la necesidad de su estimación inicial.

Se han propuesto diversas soluciones para este problema, aunque no puede decirse que se haya llegado a una solución óptima y sobre la que exista acuerdo, siendo éste uno de los puntos más debatidos. Los procedimientos propuestos pueden resumirse en alguno de los siguientes:

1. Correlación múltiple al cuadrado de la variable con el conjunto de las restantes. Este procedimiento de estimación fue propuesto por Guttman que demostró que era el límite inferior de la comunalidad. Es decir: $R^2_{i.\ otras} \leq h^2_i$. Es la solución que adoptan por defecto para el AF la mayor parte de los programas de ordenador (excepto cuando los métodos son ACP o imagen). Éstas son las estimaciones iniciales que aparecen en la tabla 12.4 con el método de ejes principales.
2. La más alta de las correlaciones que muestra cada variable con las restantes
3. Media de las correlaciones de la variable con las restantes.
4. Utilizar 1 como estimador inicial, como en el ACP.

3.2. Número de factores a extraer

Otra de las decisiones importantes que debe tomar el usuario de los métodos de AFE se refiere a cuántos factores se extraerán. Cuando se utiliza el AFE no se establecen hipótesis previas explícitas sobre el número de factores. La respuesta no es fácil y este problema es uno de los más graves y debatidos de las soluciones exploratorias. No existe ninguna solución completamente satisfactoria ni unánimemente aceptada. A continuación presentamos algunas de las soluciones propuestas.

3.2.1. Aproximaciones estadísticas al número de factores

La pregunta a la que pretenden responder es «después de la extracción de k factores, ¿es estadísticamente significativa la matriz de correlaciones residual?». Si la respuesta es afirmativa es que aún queda una parte significativa de la varianza común sin explicar y deberían extraerse más factores. Para aplicar estas pruebas deben establecerse ciertos supuestos distribucionales, como que el conjunto de las p variables sigue una distribución normal p-variante, con vector de medias μ y matriz de varianzas-covarianzas Σ. Hay varias aproximaciones, pero que son poco utilizadas en la práctica debido a su sensibilidad al tamaño de la muestra que, cuando es grande, incluso factores triviales pueden resultar estadísticamente significativos. Veremos a continuación las más comunes.

3.2.2. Aproximaciones basadas en los autovalores

- *Regla del autovalor mayor que 1*. Kaiser propuso una regla consistente en retener tantos factores como autovalores mayores que 1 (Kaiser, 1970). Esta regla había sido justificada por Guttman (1954). Esta es la regla usada con mayor frecuencia, ya que es el valor por defecto de la mayor parte de los programas. Si observamos la tabla 12.2 en la que se presentan los autovalores para los datos del ejemplo, esta regla nos llevaría a la retención de 3 factores. Sin entrar en justificaciones formales, la regla implica que un factor para que sea útil debería explicar al menos tanta varianza como una variable individual (que en típicas tienen varianza de 1). El problema es que en las muestras, los primeros autovalores muestran sesgo positivo. Cuando hay muchas variables un autovalor de 1 explica muy poca varianza, por ejemplo solamente el 2% si hay 50 variables. Esta regla tiende a sugerir la retención de demasiados factores, especialmente cuando se analizan ítems de tests como variables. El criterio suele funcionar con un número reducido de variables (de escala, no ítems) y comunalidades altas ($>|0{,}70|$) (Stevens, 2002). Suele desaconsejarse en el análisis de ítems (Fabrigar, *et al.*, 1999; Praeger y McCallum, 2003; Reise, *et al.*, 2000).

- *Cálculo del porcentaje de varianza explicada.* Puede calcularse de dos formas según el procedimiento de extracción de factores empleado:

    - *Porcentaje de la varianza total.* Se suman los autovalores de los k factores y se divide por el número de variables, puesto que al estar tipificadas su varianza total vale p. Los tres factores seleccionados para los datos del ejemplo explicarían el 69% de la varianza total. Este procedimiento es adecuado con el ACP con la matriz **R**.
    - *Porcentaje de varianza común.* Se suman los autovalores asociados a los k factores extraídos y se utiliza como divisor la suma de las estimaciones de la comunalidad, normalmente la suma de las correlaciones múltiples al cuadrado.

    La práctica común en ambos casos es parar la extracción de factores cuando la introducción de un nuevo factor añade muy poco a la varianza explicada. Como señalan Nunnally y Bernstein (1994), el problema es que «no hay un número mágico», y su valor depende mucho de la correlación promedio de la matriz de correlaciones inicial. El dato puede ser relevante en la comparación entre estudios.

- Representación gráfica de los autovalores: el *scree test* o *gráfico de sedimentación.* Un procedimiento simple y muy seguido en la práctica es la representación gráfica de los autovalores de la matriz, ya que cuando el valor de éstos decae considerablemente indica que el aumento en varianza explicada debido a la inclusión de un nuevo factor será mínimo. El procedimiento fue introducido por Cattell (1966) y es tratado en detalle en Cattell (1978). La lógica del procedimiento es que el conjunto de variables representa un número limitado de factores comunes sustantivos y un número de factores comunes triviales, además de los específicos y error. Los factores importantes deben explicar la mayor parte de la varianza y tener autovalores grandes. Existe un cierto paralelismo entre este test y el de Bartlett, que da una prueba de significación de la igualdad de los p-k últimos autovalores. En un plano se representan en el eje de ordenadas los autovalores y en el eje de abscisas los sucesivos factores. Habrá un punto en el que la pendiente de la curva se aproxime a 0, es decir, los autovalores comienzan a ser casi iguales. En este punto se establece el número de factores.

En la figura 12.3 se presenta el *scree test* para los datos del ejemplo.

Puede observarse que la solución de tres factores parece la más adecuada para los datos del ejemplo.

Figura 12.3. *Scree test* o gráfico de sedimentación

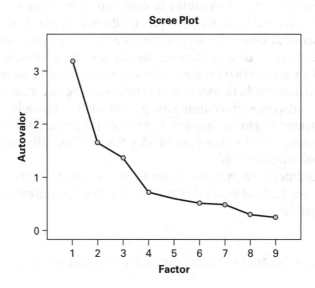

Se asume que cuando la pendiente tiende a hacerse horizontal, los factores son poco interesantes, representando componentes únicos y error. Aunque el procedimiento suele ser muy útil, las principales críticas le vienen de la subjetividad en la decisión, por lo que se recomienda a veces complementarlo con otras técnicas. Entre ellas, la más utilizada es el denominado *análisis paralelo*. Es una técnica descrita por primera vez por Horn (1965), consistente en representar un gráfico *scree* con los autovalores que resultarían si el con-

Figura 12.4. Ejemplo de análisis paralelo

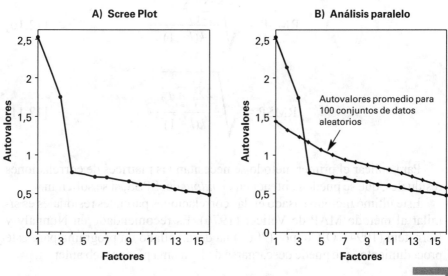

junto de datos no pudiese representarse por factores comunes, es decir, si las correlaciones entre las variables se debiesen completamente a error de muestreo. Normalmente se obtienen generando una matriz aleatoria para el mismo número de casos y el mismo número de variables y se obtienen los autovalores de la matriz de correlaciones resultantes. Posteriormente se representan en el mismo gráfico los dos conjuntos de autovalores. Se recomienda determinar el número de factores como el punto en que se cortan los dos gráficos. Existen diversos procedimientos para el análisis paralelo, aunque no está implementado en los programas de Análisis Factorial. Pueden obtenerse macros creadas por O'Connor para SPSS y SAS en http://flash.lakeheadu.ca/~boconno2/nfactors.html.

El procedimiento se encuentra descrito en O'Connor (2000).

En la figura 12.4, adaptada de Reise, *et al.* (2000) se presenta un ejemplo de análisis paralelo.

3.2.3. Métodos basados en los residuos de las correlaciones

Se sugiere confirmar de algún modo si el número de factores es suficiente para explicar las correlaciones entre las variables, es decir, determinar el ajuste del modelo factorial a los datos. Dos medidas utilizadas con frecuencia, que tienen su origen en el AFC, son: la raíz cuadrática media residual (RMSR) y la raíz cuadrática media de las correlaciones parciales (RMSP). Ambos estadísticos se calculan a partir de la matriz de correlaciones residual, que es la diferencia entre la matriz de correlaciones muestral y la matriz de correlaciones estimada usando las saturaciones factoriales. Estos estadísticos pueden calcularse mediante las fórmulas siguientes:

$$\text{RMSR} = \sqrt{\frac{2\sum_{i=1}^{k}\sum_{j=1} res_{ij}^2}{k(k-1)}} \qquad [12.10]$$

$$\text{RMSP} = \sqrt{\frac{2\sum_{i=1}^{k}\sum_{j=1} r_{pij}^2}{k(k-1)}} \qquad [12.11]$$

Para aplicar el primer método se necesitan las matrices de correlaciones residuales, que se pueden obtener en el *output* del SPSS, si se solicitan.

Este último método basado en las correlaciones parciales residuales es similar al método MAP de Velicer (1976). Es recomendado en Nunnaly y Bernstein (1994). O'Connor (2000) ha desarrollado un programa para este procedimiento, que puede descargarse de la misma página web anterior.

12. Evidencias de validez relativas a la estructura interna del test, I

En la tabla 12.5 se presentan los resultados de la extracción de 3 factores para los datos del ejemplo. Fueron obtenidos con el método de *factores o ejes principales*. En la última columna figura la comunalidad o varianza común explicada para cada una de las variables. Las tres primeras columnas representarían lo que se ha denominado la matriz **A** de pesos de las variables en los factores.

Tabla 12.5. Matriz factorial para el conjunto de las 9 variables y comunalidades

	1	2	3	Comunalidad
V1	0,576	0,169	0,342	0,477
V2	0,308	0,097	0,388	0,255
V3	0,400	0,310	0,444	0,453
V4	0,769	−0,355	−0,106	0,728
V5	0,750	−0,404	−0,164	0,753
V6	0,763	−0,327	−0,049	0,691
V7	0,307	0,430	−0,484	0,514
V8	0,394	0,542	−0,272	0,523
V9	0,505	0,453	0,007	0,461

Con otros métodos se habrían obtenido soluciones algo diferentes, pero en general, bastante similares. No obstante, el problema que presenta esta matriz es común a todos los procedimientos de factorización. Si el lector intenta buscar una interpretación sustantiva para los factores, se dará cuenta inmediatamente de cuál es el problema. Los factores suelen interpretarse a partir de las variables que muestran en ellos pesos elevados. Con la matriz resultante esto es prácticamente imposible, ya que todas las variables tienen pesos en todos los factores. Este hecho es una consecuencia de los métodos de factorización, que hacen que el primer factor explique la máxima varianza, el segundo, la máxima de los residuos, y así sucesivamente. Este problema ya se lo encontraron los primeros factorialistas, y era grave puesto que intentaban probar teorías sustantivas por medio del AF. Es necesario transformar de algún modo la matriz en otra que permita una interpretación mejor. Este proceso de transformación de la matriz es conocido como la *rotación de los factores* o *soluciones indirectas*.

4. Soluciones factoriales indirectas: la rotación

La transformación es posible ya que hay infinitas matrices como **A** que satisfacen las condiciones del modelo factorial, y que se pueden obtener mediante transformaciones lineales. Esto es lo que hace la *rotación de los factores*, denominación que tiene su origen en los procedimientos geométricos y gráficos que utilizaban los primeros factorialistas. Se busca una nueva matriz de pesos o saturaciones, la *matriz del patrón factorial* o **P**, transformando **A** por medio de **T** que se denomina la matriz de transformación:

$$\mathbf{P} = \mathbf{AT} \qquad [12.12]$$

Pero, ¿cómo conseguir el objetivo de que **P** sea óptima en algún sentido? Existen diversos criterios, pero el más utilizado en el AFE es el criterio denominado de *estructura simple* propuesto por Thurstone (1935, 1947). El objetivo es que **P** proporcione la mejor interpretación sustantiva de los factores y para ello se proponen los siguientes criterios que definen la estructura simple (Gorsuch, 1983):

1. Cada fila de la matriz **P** tendrá al menos un 0, es decir, para cada variable habrá al menos un factor que no contribuya a su varianza.
2. Para cada factor habrá un conjunto de variables cuyas saturaciones serán 0.
3. Para cada par de columnas de la matriz habrá variables cuyas saturaciones serán 0 en una de ellas, pero no en la otra.
4. Para cada par de columnas de la matriz (factores) habrá solamente un número reducido de variables con saturaciones próximas a 0 en ambas.

Obviamente, cuando se habla de saturaciones de 0, nos referimos a valores muy bajos y no necesariamente 0.

Por ejemplo, para los datos de las 9 variables y 3 factores del ejemplo que presentamos, una estructura simple ideal sería la propuesta en la tabla 12.6.

Tabla 12.6. Estructura simple ideal para 9 variables y 3 factores

Variable	Factor I	Factor II	Factor III
1	XX	0	0
2	XX	0	0
3	XX	0	0
4	0	XX	0
5	0	XX	0
6	0	XX	0
7	0	0	XX
8	0	0	XX
9	0	0	XX

(Las XX representan cantidades moderadamente altas entre -1 y $+1$, y los 0 representan cantidades insignificantes, próximas a 0.)

Normalmente es el criterio de la estructura simple el que guía la búsqueda de la matriz de transformación **T** en el AFE.

En general puede hablarse de dos tipos de transformaciones: las *ortogonales*, que mantienen la independencia o ausencia de correlación de los factores originales y las *oblicuas*, en las que se admite que los nuevos factores resultantes estén correlacionados.

En la tabla 12.7 se presenta la nueva matriz **P** de saturaciones procedente de una transformación ortogonal. En la tabla 12.8 se presenta la correspondiente matriz **T** o matriz de transformación por la que se ha llegado a dicha solución.

Tabla 12.7. Matriz factorial rotada con rotación ortogonal

	Factor		
	1	2	3
V1	0,279	0,613	0,153
V2	0,102	0,494	-0,030
V3	0,038	0,660	0,129
V4	0,832	0,161	0,100
V5	0,859	0,089	0,090
V6	0,799	0,214	0,086
V7	0,093	-0,081	0,706
V8	0,050	0,170	0,701
V9	0,129	0,414	0,522

Tabla 12.8. Matriz de transformación para la rotación

Factor	1	2	3
1	0,783	0,486	0,388
2	-0,584	0,361	0,727
3	-0,214	0,796	-0,566

Puede observarse en la tabla 12.7 que la nueva matriz rotada permite ya una interpretación de los factores. En ella se observa que el primer factor muestra una influencia más clara sobre las variables *V*4, *V*5 y *V*6; el segundo factor lo hace sobre *V*1, *V*2, *V*3 y *V*9, mientras que el tercero y último influye sobre todo en *V*7, *V*8 y *V*9. No se ha llegado completamente a la estructura simple, ya que ésta es un ideal difícil de alcanzar en la práctica, pero la solución se aproxima bastante.

Las soluciones *oblicuas* son las que proporcionan factores *no ortogonales*, es decir, correlacionados entre sí. La presencia de factores correlacionados hace que tengamos que definir una nueva matriz **Φ** que representa las correlaciones entre los factores. En esta aproximación es preciso diferenciar dos soluciones después de la rotación, conocidas como *patrón factorial* (**P**) y *estructura factorial* (**S**), denominadas en el SPSS como *matriz de configuración* y *matriz de estructura*, respectivamente. Los elementos de **S** reflejan las correlaciones de cada variable con el factor oblicuo y en ellos están recogidos tanto los efectos directos del factor sobre la variable (como en la matriz patrón **P**) como los efectos indirectos de los otros factores a través de su correlación. Los elementos de la matriz patrón (p_{ij}) son los más fáciles de interpretar y son los que se aproximan a la estructura simple. Reflejan los pesos o efectos directos del factor sobre la variable. Cuando se presentan resultados de un análisis factorial con rotación oblicua, es preciso indicar claramente cuál es la matriz presentada y si es posible, presentar las dos. La relación entre ambas matrices se representa en la siguiente ecuación:

$$S = P\Phi \qquad [12.13]$$

Puede observarse que si los factores son ortogonales ($\Phi = I_k$), siendo esta última la matriz identidad de orden k, coinciden las dos matrices.

Si utilizamos un procedimiento de rotación oblicua con los datos del ejemplo, obtendríamos las matrices **P**, **S** y **Φ** presentadas en las tablas 12.9 (patrón y estructura) y 12.10 (correlaciones entre factores).

Tabla 12.9. Matrices patrón y estructura resultantes de una rotación oblicua

	Matriz patrón o de configuración			Matriz estructura		
	1	2	3	1	2	3
V1	0,187	0,071	0,583	0,394	0,247	0,661
V2	0,034	−0,089	0,507	0,181	0,036	0,498
V3	−0,073	0,065	0,677	0,163	0,206	0,668
V4	0,846	0,010	0,015	0,853	0,196	0,296
V5	0,886	0,004	−0,065	0,866	0,180	0,228
V6	0,804	−0,007	0,079	0,828	0,185	0,342
V7	0,052	0,728	−0,176	0,151	0,698	0,010
V8	−0,032	0,702	0,098	0,152	0,718	0,250
V9	0,029	0,485	0,360	0,252	0,575	0,483

En la tabla 12.10 se presenta la matriz que denotamos como Φ de correlaciones entre los factores.

Tabla 12.10. Matriz de transformación para la rotación

Factor	1	2	3
1	1,000	0,216	0,329
2	0,216	1,000	0,232
3	0,329	0,232	1,000

Como puede observarse, en este caso se consigue una mejor aproximación a la estructura simple ideal con la rotación oblicua, tal como se aprecia en la matriz patrón o de configuración.

4.1. Algunas matizaciones de las soluciones oblicuas

- Después del proceso de rotación, sea ésta ortogonal u oblicua, la comunalidad de la variable se mantiene, pero en el caso de las rotaciones oblicuas, ya no es la suma de las saturaciones al cuadrado de la matriz de configuración, sino que deben contemplarse las correlaciones entre los factores.
- La varianza explicada por cada factor sigue siendo el promedio de las saturaciones sobre las variables, pero la varianza total explicada ya no es la suma de las varianzas explicadas por cada factor, ya que hay solapamientos debidos a las correlaciones. Por este motivo, cuando se lleva a cabo una rotación oblicua, no suele hablarse la varianza explicada por cada factor.

4.2. Los algoritmos de rotación de los programas de ordenador

La lógica de la rotación y los criterios generales son los que se han explicado. No obstante, en la actualidad los programas de ordenador utilizan algoritmos que usan diferentes criterios de maximización o minimización para llegar a la estructura simple y que pueden llevar a soluciones algo diferentes. No podemos entrar en la descripción de los diferentes criterios, que puede encontrarse en Gorsuch (1983) y se presenta solamente una descripción de los criterios más comunes.

- Criterios de rotación ortogonal:

    - *Quartimax:* Tiende a simplificar las filas de la matriz **P** o composición factorial de las variables. Se recomienda cuando el número de factores es elevado. Es útil cuando se desea destacar un factor general con el que correlacionan todas las variables.
    - *Varimax*: Intenta maximizar la varianza de los factores o las columnas de la matriz. Las rotaciones presentadas en la tabla 12.7 fueron obtenidas según este criterio. Fue diseñado para eliminar factores generales. Capta muy bien la estructura simple dentro de un marco ortogonal y es la más utilizada de las rotaciones (Russell, 2002).

- Criterios de rotación oblicua:

    Lograr una estructura oblicua aceptable es más difícil que lograr una ortogonal. Algunas producen factores (véase Gorsuch, 1983, pp. 203-204) demasiado correlacionados y otras casi ortogonales.

    - *Promax* obtiene una solución ponderada de los dos enfoques ortogonal y oblicuo, permitiendo que el usuario elija un parámetro de oblicuidad. El objetivo de Promax es similar al de Varimax intentando maximizar la varianza del factor. Comienza con una estructura ortogonal y luego determina una oblicua que se ajuste mejor a la estructura simple. Esto se logra elevando a una potencia los elementos de la matriz del patrón ortogonal. El usuario establece esta potencia que por lo común es 4. Este escalamiento hace mayores las diferencias absolutas de lo que eran en la ortogonal. Después se rota de modo que los factores reales rotados estén lo más cerca posible de los ideales en el sentido de mínimos cuadrados. Puede controlarse el grado de correlación entre los factores cambiando la potencia. A mayor exponente, mayor correlación entre los factores.
    - *Oblimin*: bajo este nombre se agrupan diversos criterios que suponen la determinación de unos ejes de referencia antes de obtener las matrices patrón y estructura definitivas. Las soluciones presentadas en la tabla 12.10 fueron determinadas por este criterio. Oblimin hace uso de un valor delta para controlar el grado de correlación. Valores delta iguales a 0 proporcionan factores con las más altas correlaciones, valores grandes y negativos proporcionan factores muy poco correlacionados.

- Existen además una variedad de soluciones denominadas *Procruster* (la Promax forma parte de ese grupo) que buscan el ajuste a matrices hipotetizadas de antemano (Gorsuch, 1983).

No podemos recomendar un método de rotación frente a otro desde el punto de vista estadístico, sino que la elección del procedimiento deberá hacerse desde criterios sustantivos. Hoy tienden a recomendarse las soluciones oblicuas (Cliff, 1987; Fabrigar, *et al.*, 1999; Pedhazur y Schmelkin, 2001; Reise, *et al.*, 2000) ya que en la mayor parte de los dominios psicológicos son más plausibles que las ortogonales, reflejando factores que están correlacionados. No obstante, su elección dependerá de las teorías en las que se basan los constructos. Desde el punto de vista estadístico no se puede decir que unas rotaciones sean mejores que otras. Como señalan los autores del *SAS User's Guide* «... las decisiones sobre la rotación deben tomarse sobre bases no estadísticas...» (vol. 1, p. 776, 1990). En cualquier caso, puede comenzarse por las rotaciones oblicuas y si las correlaciones entre los factores son bajas, proceder a obtener una solución ortogonal, de más fácil interpretación.

5. Interpretación de los factores

La interpretación sustantiva de los factores se hace sobre los pesos o saturaciones que muestran en ellos las variables. Inevitablemente surge la pregunta de *¿qué saturaciones se utilizarán en la interpretación?* Una saturación puede considerarse como la correlación entre la variable y el factor. La primera respuesta es que deberán ser al menos estadísticamente significativas. En los textos de estadística, la fórmula para el error típico de un coeficiente de correlación es $1/\sqrt{N-1}$ y podría utilizarse, en principio, para estudiar la significación de las saturaciones. No obstante, se produce mucha capitalización del azar, especialmente si el número de variables es amplio, infraestimando la cantidad de error. A partir de datos procedentes de estudios de simulación, Stevens (2002) sugiere interpretar solamente las saturaciones superiores a 0,40, señalando además que la variable debe mostrar al menos un 15% de varianza común con el factor, lo que supondría saturaciones al menos de 0,40. No obstante, la regla no es unánimemente aceptada. Thompson (2004) propone obtener la significación estadística utilizando procedimientos *bootstrap* o de remuestreo y presenta macros de SPSS para poder llevarlos a cabo.

Si se examina la tabla 12.7, donde se presenta la solución ortogonal de los datos del ejemplo, se podría interpretar el factor 1 como un factor verbal. El factor 2 podría interpretarse como Viso-espacial y el factor 3 como Rapidez Perceptiva. La variable «localización de diferencias de figuras» tiene saturación en los factores 2 y 3, lo que nos hace pensar que, aunque de rapidez perceptiva fundamentalmente, también tiene un componente espacial, ya que supone la diferenciación previa de ciertos patrones.

Con los datos del ejemplo, se ve que la solución oblicua llevaría a la misma interpretación de los tres factores.

5.1. Tamaños muestrales requeridos para realizar Análisis Factorial y la replicabilidad de los factores

El tamaño muestral afecta a la precisión de todos los estimadores estadísticos incluyendo los del AFE. Durante muchos años se han propuesto reglas prácticas en términos de la razón del número de sujetos sobre el número de variables incluidas en el análisis. Normalmente estas ratios propuestas están en el rango de 10 a 30, sugiriendo Gorsuch (1983) que el mínimo absoluto es de 5 sujetos por variable y nunca menos de 100 casos por análisis. Estudios más recientes ponen en cuestión estas reglas, señalando que el problema no es solo de tamaño de la muestra. Guadagnoli y Velicer (1988) sugieren que el tema más crítico es el de las saturaciones y no el tamaño de la muestra e indican que los factores tienden a ser replicables si: 1) los factores aparecen definidos por al menos 4 variables medidas con coeficientes de estructura mayores que $|0,60|$ independientemente del tamaño muestral; 2) factores definidos por 10 o más variables con coeficientes de estructura al menos de $|0,40|$ si el tamaño muestral es mayor de 150.

MacCallum, Widaman, Zhang y Hong (1999) señalan que tamaños de muestra tan bajos como 60 pueden reproducir los factores si las comunalidades son de al menos 0,60 y de 100 a 200 si los son de 0,50.

No obstante, el mejor criterio es el de la replicabilidad o prueba repetida de los factores. La replicabilidad puede llevarse a cabo por medio de procedimientos de *validación cruzada* utilizando otras muestras, o dividiendo la muestra original si es grande en dos submuestras, una de las cuales se utilizará para este tipo de validación. Algunos autores proponen procedimientos de remuestreo como el *bootstrap* (Thompson, 2004) o el *jackknife* (Huberty, 1994).

6. Factores de orden superior

Las soluciones oblicuas producen factores correlacionados cuyas correlaciones se recogen en la matriz Φ. Con frecuencia, especialmente cuando se trabaja en el desarrollo de escalas y en el nivel de ítems, los factores de una teoría no aparecen directamente a partir de la matriz de correlaciones entre los ítems. No obstante, a veces estos factores pueden obtenerse realizando un Análisis Factorial sobre la matriz de correlaciones entre los factores directos o de primer orden. Este tipo de factorización se denomina *Análisis Factorial de segundo orden*. Para su obtención, se repite el proceso aquí descrito, con la diferencia de que ahora las variables son los factores de primer orden procedentes de un Análisis Factorial previo y el análisis parte de la matriz de correlaciones entre factores.

Si en una rotación oblicua se ve que existen importantes correlaciones entre los factores de segundo orden, puede procederse al Análisis Factorial de la matriz de correlaciones y los factores resultantes serían factores de tercer orden y así sucesivamente.

La interpretación de estos factores se basa en las saturaciones que muestran los factores de orden inferior en los de orden superior. No obstante, en la interpretación, conviene no perder de vista las variables originales y calcular los pesos de dichas variables en los factores de orden superior. Gorsuch (1983) propone la siguiente ecuación para el cálculo:

$$p_{ih} = p_{if}p_{fh} \qquad [12.14]$$

donde: p_{ih} es la saturación de la variable i en el factor h de segundo orden; p_{if} es la saturación de la variable i en el factor f de primer orden; p_{fh} es la saturación del factor f de primer orden en el h de segundo orden.

Más información sobre los factores de segundo orden puede encontrarse en Thompson (2004, capítulo 6).

7. Puntuaciones factoriales

Cuando el análisis se lleva a cabo sobre puntuaciones derivadas de tests o escalas completas, como en el ejemplo desarrollado, no suelen obtenerse puntuaciones en los factores, ya que no son relevantes, excepto si se pretende reducir la dimensionalidad para llevar a cabo otros análisis posteriores. Un caso diferente se plantea cuando las variables analizadas son ítems de tests y el objetivo suele ser establecer la dimensionalidad del conjunto, obteniéndose con frecuencia varios factores que reflejan constructos diferentes. Por ejemplo, el conjunto de ítems del test NEO refleja cinco factores o atributos distintos: Extraversión, Neuroticismo, Apertura al Exterior, Amabilidad y Responsabilidad. Algo similar ocurre con otros tests analizados mediante Análisis Factorial. En estos casos deben obtenerse puntuaciones en los factores, que son las relevantes. La práctica habitual reflejada en los manuales de los tests es obtener un tipo de puntuaciones denominadas *sumativas,* que son la suma de las puntuaciones en los ítems que componen cada factor obtenido en el AF. Este procedimiento da el mismo peso a todos los ítems en la composición de la puntuación total. No obstante, los métodos de AF también permiten obtener las denominadas *puntuaciones factoriales,* que ponderan debidamente las variables en la formación de los factores latentes, reflejando la importancia de cada una de ellas en el correspondiente factor. Los diversos procedimientos consisten en formar las puntuaciones en los factores como una combinación lineal de las variables (normalmente ítems) originales, del tipo de la siguiente ecuación:

$$F_{ik} = w_{1k}X_{i1} + \ldots + w_{pk}X_{ip} \qquad [12.15]$$

donde:

F_{ik}: puntuación en el factor k de individuo i.
w_{kp}: peso de la variable p en el factor k.

- El problema para obtener estas puntuaciones factoriales es el de obtener los pesos w o coeficientes para las variables. Se han propuesto varios métodos para su determinación, de los que los más comunes implementados en los programas de ordenador, son los de la Regresión, Bartlett y Anderson-Rubin. Una descripción de los algoritmos que utilizan excede el nivel del texto y puede encontrarse en Gorsuch (1983). Los dos últimos métodos intentan minimizar la influencia de los factores únicos y en el caso del de Anderson-Rubin las puntuaciones resultantes son independientes.

En la tabla 12.11 se presentan los pesos para construir puntuaciones factoriales en los tres factores obtenidos tras la rotación ortogonal. Aunque no es la situación habitual, ya que no son ítems de tests, puede servir de ilustración. Se presentan los coeficientes proporcionados por los métodos de Regresión, Bartlett y Anderson-Rubin. Cuando se obtienen las puntuaciones por cualquiera de los tres métodos, éstas deben guardarse como nuevas variables en la base de datos.

Tabla 12.11. Coeficientes para obtener puntuaciones factoriales

	Regresión			Bartlett			Anderson-Rubin		
	1	2	3	1	2	3	1	2	3
V1	−0,012	0,336	−0,007	−0,050	0,530	−0,064	−0,029	0,425	−0,032
V2	−0,025	0,219	−0,061	−0,047	0,348	−0,120	−0,034	0,276	−0,087
V3	−0,069	0,388	−0,017	−0,126	0,607	−0,077	−0,097	0,485	−0,041
V4	0,357	−0,017	−0,017	0,411	−0,062	−0,033	0,381	−0,037	−0,024
V5	0,423	−0,125	−0,010	0,504	−0,232	−0,014	0,461	−0,171	−0,014
V6	0,283	0,057	−0,039	0,329	0,056	−0,070	0,307	0,054	−0,051
V7	−0,004	−0,177	0,437	−0,002	−0,324	0,651	−0,004	−0,236	0,532
V8	−0,048	0,017	0,407	−0,072	−0,036	0,585	−0,060	−0,007	0,488
V9	−0,046	0,183	0,225	−0,077	0,245	0,300	−0,059	0,208	0,261

En general, los resultados proporcionados por los distintos métodos son muy similares. Para los datos del ejemplo se calcularon las correlaciones entre las diferentes puntuaciones, oscilando sus valores entre 0,992 y 0,999.

La necesidad de construir reglas de puntuación en los manuales de los tests se debe a que los usuarios no pueden realizar análisis factoriales de las puntuaciones para puntuar. Una forma de obtener puntuaciones factoriales sería obtener los coeficientes sobre muestras de validación adecuadas, como los de la tabla 12.11 e incluirlos en el manual del test. De esta forma, el usuario aplicando la ecuación 12.15, es decir, aplicando los pesos a las puntuaciones de los ítems, podría obtener las auténticas puntuaciones factoriales. No obstante, en general, las correlaciones entre las puntuaciones sumativas simples y las factoriales son muy elevadas.

8. Consideraciones en el Análisis Factorial de ítems de tests

El ejemplo presentado para ilustrar la técnica del AF se basó en puntuaciones de tests y no en ítems. Todo lo explicado hasta aquí es válido también para su aplicación cuando las variables observadas son ítems de tests y el objetivo es explorar las dimensiones latentes al conjunto de ítems. De hecho, es el AF en sus versiones exploratoria y confirmatoria la técnica más aplicada para analizar la dimensionalidad de los tests. El examen de las saturaciones de los ítems en los factores permite interpretar las dimensiones o constructos latentes y si un ítem tiene una saturación suficientemente alta para su inclusión en el factor. Ítems con saturaciones bajas (recuérdense las reglas explicadas en la interpretación de los factores) o que pertenecen a varios factores, sin definirse claramente en uno, suelen ser eliminados del test. La razón de haber utilizado un ejemplo con puntuaciones de escala es que los análisis factoriales de ítems presentan algunas veces problemas especiales y dificultan una ilustración clara de la técnica.

8.1. Problemas en la aplicación del AF a ítems de tests

En origen, el AF fue desarrollado para puntuaciones cuantitativas y continuas, con distribuciones esencialmente normales y estas características raramente se dan en las puntuaciones de los ítems. En este mismo espíritu, la mayor parte de los programas que hacen el AF utilizan por defecto la matriz de correlaciones de Pearson y son las correlaciones que calculan a partir de los datos.

Siguiendo a autores como Bernstein y Teng (1989), Carmines y Zeller (1979), Gorsuch (1997) y Nunnally y Bernstein (1994), se recogen a continuación las principales dificultades que plantea el AF de ítems de escala. Estos problemas pueden encontrarse tanto en el AF exploratorio como en el confirmatorio, por lo que no se repetirán en el capítulo 13:

1. Los ítems individuales tienen bajas fiabilidades (recuérdese la relación entre fiabilidad y longitud), lo que provoca que las correlaciones de los ítems sean más bajas y más difícil encontrar factores claros y estables.

2. Los ítems individuales están más afectados por las varianzas error.
3. La correlación entre dos ítems está afectada no solamente por sus semejanzas en contenido, sino también por la similaridad de sus distribuciones estadísticas. Ítems con distribuciones similares tienden a correlacionar más entre sí que con ítems con distribuciones diferentes. Este hecho puede dar lugar a factores que son meramente artefactuales, que únicamente tienen en común la forma de sus distribuciones. A veces, escalas que son unidimensionales pueden parecer multidimensionales por la presencia de estos factores (Carmines y Zeller, 1979, ponen un ejemplo con la escala de Autoestima de Rosenberg, en el que aparecen dos factores, uno que aglutina los ítems formulados de forma positiva y el otro los negativos). Intentar buscar interpretación a estos factores puede llevar a conclusiones erróneas.
4. Las puntuaciones de los ítems suelen ser escalas ordenadas y no valores continuos. Las más frecuentes son las escalas de 5 o 7 puntos. En general, estas variables tienen menos varianza y muestran correlaciones más bajas que las puntuaciones de los tests. El número de opciones de respuesta también tiene un fuerte impacto, recomendándose el uso de escalas amplias.
5. Al partir de correlaciones bajas, las varianzas explicadas por los factores suelen ser mucho menores que cuando se trata de puntuaciones de tests
6. La aplicación ciega de criterios como el autovalor mayor que 1 suele llevar a múltiples factores y de difícil interpretación. Técnicas como el análisis paralelo son especialmente recomendables en estas situaciones.

Ante estos problemas surge la inevitable pregunta de ¿qué hacer en estos casos? La respuesta no está clara pero se han dado algunas sugerencias en la literatura psicométrica, de las que se recogen las más interesantes.

a) Analizar cuidadosamente los estadísticos descriptivos de los ítems que componen los factores (Bernstein, *et al.*, 1988). Si se encuentran grandes diferencias en las medias y desviaciones típicas de los ítems entre factores, puede sospecharse la presencia de «artefactos» provocados por la semejanza de las respuestas. Por ejemplo, si en un factor se concentran los ítems con medias bajas y en otro los que tienen medias altas, hay razones para creer que los factores se han formado más por razones estadísticas que sustantivas.
b) Realizar el AF sobre matrices de correlaciones tetracóricas o policóricas. El AF de matrices de correlaciones tetracóricas (ítems dicotómicos) o policóricas son básicamente análisis factoriales de relaciones entre variables cuyas variables latentes se supone que son continuas y normalmente distribuidas (Panter, Swygert, Dahlstrom y Tanaka,

1997). Estas correlaciones no suelen encontrarse en los programas generales de estadística, pero sí en el *software* especializado para AFC. En las siguientes páginas web pueden encontrarse macros para su cálculo con SPSS y SAS: SPSS-Macro TetCorr, http://www.kfn.de/softwareenzmann.html y POLYCHOR en SAS, en http://ftp.sas.com/techsup/download/stat/polychor.html.

c) Formar «parcelas de ítems» o facetas, que son como miniescalas formadas por pequeños conjuntos de ítems. Suele ser uno de los procedimientos más recomendados. Este procedimiento fue propuesto por Cattell (1957) para reducir muchos de los problemas mencionados. Varios autores destacan las grandes ventajas del procedimiento (Bandalos y Finney, 2001; Comrey y Lee, 1992; Nasser y Wisenbaker, 2003). En general, los estudios realizados destacan que su uso mejora los siguientes aspectos: normalidad de las distribuciones, fiabilidad de las puntuaciones, mayor estabilidad en los estimadores de los parámetros y mejores ajustes de los modelos en el contexto del AFC. A pesar de las recomendaciones en este sentido, su uso está aún poco extendido, bien sea por desconocimiento o por el problema de establecer las parcelas a priori. Las parcelas deben estar formadas por ítems sustantivamente relacionados, que muestren entre ellos altas correlaciones y una adecuada consistencia interna.

d) Gorsuch (1997) recomienda realizar Análisis Factorial de segundo orden sobre los resultados de un análisis de primer orden. Este procedimiento es útil para reducir el número de factores y facilitar su interpretación, pero no reduce los problemas distribucionales de las puntuaciones.

8.2. El caso particular de los ítems dicotómicos

Los ítems dicotómicos son los que más atención han recibido en la literatura sobre AF y en los que se detectaron primero los problemas, probablemente porque son los comunes en los tests de inteligencia y aptitudes, que eran los que se trabajaba en las aplicaciones tempranas del AF. Ya Carroll (1945) detectó los que desde entonces se llamaron *factores de dificultad*, que son factores formados por ítems que solamente tienen en común sus índices de dificultad (ser muy fáciles o muy difíciles), es decir, que se agrupan simplemente por sus propiedades estadísticas. Estos factores de dificultad hacen aparecer como multidimensionales escalas que son unidimensionales (Nunnally y Bernstein, 1994). Este problema surge fundamentalmente cuando se aplican procedimientos convencionales de AF basados en las correlaciones de Pearson (coeficientes phi cuando las variables son dicotómicas). El problema ha sido objeto de numerosos estudios y de propuestas especialmente con el auge de la TRI, que tiene como uno de sus supuestos fundamentales el de la *unidi-*

mensionalidad. El lector interesado en profundizar en el estudio de la dimensionalidad de tests formados por ítems dicotómicos puede consultar excelentes estudios de revisión como los de Ayala y Hertzog (1991), Hambleton y Rovinelli (1985), Hattie (1985) o McDonald (1985, 1999). Aquí nos limitamos a describir brevemente las soluciones propuestas como más adecuadas y a presentar un ejemplo de cálculo con dos de estos métodos.

Las soluciones más utilizadas son algunas de las siguientes:

a) Llevar a cabo un Análisis Factorial convencional sobre la matriz de *correlaciones tetracóricas* (Lord, 1980). El problema es que a veces las matrices no son definidas positivas, propiedad requerida en la mayor parte de las técnicas del AF. Además, cuando las correlaciones se aproximan a $|1|$, estas correlaciones son difíciles de estimar. No obstante, es uno de los procedimientos más utilizados. Las macros para SPSS y SAS señaladas en el apartado anterior resultan útiles para esta finalidad. El programa MICROFACT realiza AF sobre matrices de correlaciones tetracóricas. La nueva versión, WINMFACT (Waller, 2002) también permite el análisis de ítems politómicos, utilizando matrices de correlaciones policóricas.

b) Utilizar los métodos de *Análisis Factorial no lineal* de McDonald (Fraser y McDonald, 1988; McDonald, 1999), que están enmarcados en la TRI multidimensional. Este método está implementado en el programa NOHARM y se puede obtener gratuitamente en la web de la editorial Erlbaum: http://www.erlbaum.com. Según los resultados de las revisiones de Hattie (1985) y Hambleton y Rovinelli (1986), este procedimiento es especialmente recomendable.

c) En el marco de la TRI, Stout (1987) propuso un contraste estadístico para evaluar la unidimensionalidad esencial de un conjunto de ítems, que está implementado en el programa DIMTEST, que no es propiamente un programa de AF.

d) Utilizar los procedimientos conocidos como *Análisis Factorial de Información Total* desarrollados por Bock y colaboradores en el marco de la TRI y que está implementado en el programa TESTFACT (Bock, Gibbons, Schilling, Muraki, Wilson y Word, 2003).

A continuación se presenta un ejemplo del Análisis Factorial sobre correlaciones tetracóricas y del Análisis Factorial de información total. Aprovechamos el ejemplo para reconsiderar un tema aplazado, el del supuesto de la unidimensionalidad. El ejemplo se desarrolla con las respuestas del test EOS8-Razonamiento, que ya se ha utilizado para ilustrar diversos procedimientos en otros capítulos, concretamente el modelo de TRI. Los cálculos se han realizado con el programa TESTFACT. El programa permite dos aproximaciones: AF convencional sobre la matriz de correlaciones tetracóricas con método de residuos mínimos y el Análisis Factorial de Información Total. Supera el problema señalado de las matrices de correlaciones tetracóricas no definidas positivas, realizando una transformación de las matrices de correlaciones originales.

El Análisis Factorial de Información Total no parte de las matrices de correlaciones, sino de los patrones de respuestas a los ítems, como en los modelos TRI. Utiliza procedimientos de estimación de Máxima Verosimilitud Marginal y estima las saturaciones factoriales y un factor de dificultad a partir de parámetros de los ítems. El procedimiento utilizado para obtener las saturaciones es a partir de los parámetros pendiente, a, similares al tratado en la TRI:

$$\text{saturación} = \alpha_{ik} = \frac{a_{ik}}{d_i} \quad [12.16]$$

$$d_i = \sqrt{1 + a_{i1}^2 + a_{i2}^2 + \ldots + a_{im}^2} \quad [12.17]$$

Ejemplo

En el caso del interés por la unidimensionalidad, que es el que nos ocupa, nos limitamos en principio a la extracción de factores, examinando la posibilidad de si un factor único permite explicar adecuadamente el conjunto de ítems. Las pruebas más habituales de la unidimensionalidad se basan en razones de autovalores, y por este motivo se solicitaron los primeros cinco autovalores de la matriz de correlaciones. Los autovalores de la matriz de correlaciones tetracóricas corregida fueron los siguientes: 8,01, 0,98, 0,80, 0,53 y 0,31. El indicador numérico que se utiliza con más frecuencia es la razón del primer autovalor al segundo (λ_1/λ_2), que debe ser igual o superior a cinco. Calculada la razón con los datos, se encontró un valor de 8,18, considerablemente mayor que el mínimo de 5 requerido. Parece que el test satisface en principio el supuesto de la unidimensionalidad. En otro caso, se deberían extraer más factores. En la tabla 12.12 se presentan las saturaciones de los ítems

Tabla 12.12. Saturaciones de los 25 ítems en el factor

Ítem	Tetra	IT	Ítem	Tetra	IT	Ítem	Tetra	IT	Ítem	Tetra	IT
1	0,608	0,493	8	0,613	0,551	15	0,758	0,695	22	0,687	0,676
2	0,455	0,390	9	0,436	0,348	16	0,813	0,740	23	0,502	0,511
3	0,333	0,331	10	0,599	0,592	17	0,553	0,573	24	0,609	0,617
4	0,393	0,406	11	0,555	0,523	18	0,394	0,401	25	0,248	0,263
5	0,429	0,430	12	0,476	0,495	19	0,486	0,564			
6	0,556	0,727	13	0,641	0,624	20	0,660	0,669			
7	0,624	0,582	14	0,626	0,634	21	0,274	0,284			

en el factor único con las dos soluciones (Tetra: matriz de correlaciones tetracóricas y IT: análisis de información total).

No podemos entrar en las implicaciones del AF de información total y nos limitamos a un examen de las saturaciones de la tabla. Puede observarse que si seguimos el criterio de 0,40, la mayor parte de los ítems lo satisfacen en las dos soluciones. Los ítems 3, 21 y 25 no lo satisfacen y están próximos a este valor los ítems 4 y 18. Deberían explorarse cuidadosamente estos ítems para ver las razones. La extracción de más factores probablemente ayudaría a mejorar su comunalidad, pero afectaría a la unidimensionalidad. El AF de Información Total contempla una solución (véase Du Toit, 2003) que es el BIFACTOR, que permite tratar con estos problemas.

El examen de la tabla también nos permite ver que, en general, las saturaciones son muy similares en las dos soluciones, excepto en los ítems 1 y 6. Estos dos ítems tienen en común que son muy fáciles, lo que puede afectar a las correlaciones.

13. Evidencias de validez relativas a la estructura interna del test, II: Análisis Factorial Confirmatorio

1. Análisis Factorial Confirmatorio (AFC)

En la introducción al capítulo anterior se trataron las dos aproximaciones al AF, exploratoria y confirmatoria y en las figuras 12.1 y 12.2 se observaron las principales diferencias entre ambas. Recordemos que la diferencia fundamental es que en el AFC el investigador tiene *hipótesis* sobre la estructura de las variables latentes, sus relaciones entre sí y sus relaciones con las variables observadas. Estas hipótesis se plasman en un *modelo*. La formulación de estas hipótesis recogidas en el modelo puede estar basada en la teoría previa, en la investigación empírica (p. ej., en resultados de AFE previos) o en una combinación de ambas. Por ejemplo, en los datos tratados en apartados anteriores, el investigador puede tener como hipótesis que el conjunto de los datos puede explicarse mediante 3 factores, indicadores de los constructos latentes de aptitud verbal, rapidez perceptiva y aptitud viso-espacial. Además de hipotetizar los tres factores, el investigador debe postular, a priori, qué variables componen cada factor o saturan en cada factor, así como la existencia o no de relaciones entre los factores. La hipótesis del investigador podría quedar reflejada en el diagrama de la figura 13.1. En este caso la definición del modelo está basada en los conocimientos de la teoría de las aptitudes y en los resultados previos obtenidos con el AFE. Como se puede observar se hipotetizan tres factores, junto con las variables que los definen. Estos tres factores, por pertenecer al dominio de las aptitudes, se consideran correlacionados. La ausencia de nexos entre los términos específicos o error, implica que estos son independientes.

Figura 13.1. Modelo hipotetizado para el ejemplo de las 9 variables de aptitud

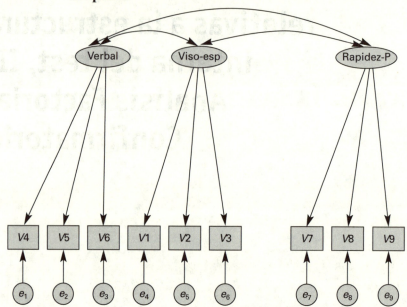

El tema del AFC es complejo y con un cuerpo creciente de referencias que tratan de contemplar muchos de los problemas. Aquí se presentan únicamente las principales cuestiones ilustradas con ayuda de un ejemplo. Recomendamos la lectura de textos más especializados como Batista y Coenders (2000), Bollen (1989a), Byrne (1998), Kaplan (2000), Kline (2004), Loehlin (2004) y Marcoulides y Schumacker (2001).

Muchos de los conceptos son comunes al AFE, puesto que ambos forman parte del Modelo Lineal General. La diferencia básica es la especificación del modelo requerida en el AFC antes de realizar los análisis y en los procedimientos de estimación utilizados. Hay análisis que pueden hacerse en el marco del AFC y que no están permitidos en el AFE, como la posibilidad de que las varianzas error estén correlacionadas. Algunos de los procedimientos tratados en el AFE, como la rotación de los factores, no tienen sentido en el AFC, puesto que es irrelevante, ya que los modelos especifican una estructura simple, restringiendo algunos parámetros a ser 0 y liberando otros para ser estimados. El AFC forma parte de un importante grupo de modelos, denominados *modelos de ecuaciones estructurales* o de *estructuras de covarianza*. Dentro de estos modelos, el AFC especifica el llamado *modelo de medida*, que explica cómo variables observadas o medidas reflejan variables latentes. Estas variables latentes pueden explorarse en cuanto a sus relaciones formando los modelos de ecuaciones estructurales. Los modelos completos de medida y ecuaciones estructurales resultan a su vez muy útiles en la exploración de redes nomológicas en la validación de constructo.

2. Especificación del modelo

En el AFE, todos los parámetros implícitos en el modelo deben ser estimados. Si hay 9 variables medidas, como en el ejemplo, y 3 factores rotados con rotación oblicua, habrá 27 coeficientes en la matriz patrón, otros 27 en la matriz estructura, nueve coeficientes o valores para la comunalidad y 3 coeficientes de correlación entre los factores. En el AFC el investigador puede *fijar* los valores de algunos parámetros en valores permisibles, o hacer que algunos parámetros sean iguales entre sí, *liberando* al mismo tiempo otros parámetros que deben ser estimados. Por ejemplo, en el modelo representado en la figura 13.1, se ha especificado que las posibles saturaciones de las variables V1, V2, V3, V7, V8 y V9 sobre el factor 1 son todas 0, dejando únicamente las variables V4, V5 y V6 como parámetros libres para este factor que deben ser estimados. Un proceso similar se sigue con los otros factores. También se ha especificado que pueden existir correlaciones entre los factores, lo que lleva a que sus valores deban ser estimados. En el AFE el investigador también podría tener expectativas similares sobre algunos de los parámetros, pero no puede incorporarlas en el modelo. Por el contrario, en el AFC deben incorporarse estas expectativas en uno o más modelos específicos, conteniendo cada uno parámetros fijos y parámetros libres, que son los que se estiman.

Como en el AFE, cada variable observada se considera una función lineal de uno o más factores, comunes y únicos. La especificación del modelo requiere establecer lo siguiente:

1. Número de factores comunes latentes.
2. Relación entre las variables observadas y los factores comunes.
3. Covariación entre los factores comunes.
4. Relación entre los factores únicos y las variables observadas.
5. Varianzas y covarianzas entre los factores únicos.

Un modelo puede especificarse de dos formas, mediante diagramas como el de la figura 13.1 o mediante un conjunto de ecuaciones lineales similares a las de la regresión y a las del AFE. En la representación gráfica en forma de diagramas, normalmente denominados *diagramas path,* suelen seguirse algunas convenciones:

- Las variables medidas se representan por cuadrados o rectángulos.
- Las variables latentes se representan por círculos u óvalos.
- Las relaciones de dependencia se expresan mediante flechas dirigidas, que en el caso del AFC parten de los factores o variables latentes hacia las variables observadas que se espera dependan de ellos.
- Las correlaciones y covarianzas suelen representarse por medio de enlaces curvos bidireccionales, como se ha hecho en la figura 13.1 para expresar las relaciones entre los factores.

- La ausencia de enlaces entre variables observadas o latentes implica que su posible relación ha sido fijada a 0.

El *software* moderno como AMOS, EQS o LISREL admite especificaciones gráficas.

El AFC también permite, si es necesario, establecer relaciones entre los parámetros de unicidad, mientras que esto no sería posible en el AFE. En este caso, se ha permitido que correlacionen entre sí los 3 factores, pero esto no es un requisito, también podrían fijarse a 0 algunas correlaciones y estimar otras, según lo que esté implícito en la teoría. En el AFE esto no sería posible, si se admite una solución oblicua, ésta contempla correlaciones entre todos los factores.

Otra diferencia importante es que se pueden imponer restricciones de igualdad entre algunos parámetros. Si pensásemos que las variables V5 y V6 miden igualmente bien el factor verbal, podríamos decir que los parámetros que representan sus saturaciones son iguales, con lo que habría que estimar un parámetro menos. Esto no se puede hacer en el AFE.

También es posible examinar *modelos rivales* por ejemplo liberando en un segundo modelo algún parámetro que estaba fijado en un primer modelo. Mediante contrastes de hipótesis se puede ver si un modelo se ajusta mejor que otro a los datos. Más adelante, se añadirá una saturación no contemplada en el modelo de la figura 13.1 que vincula el test 9 con el factor 2, con lo que se tendría un parámetro más en el modelo.

La representación en ecuaciones, siguiendo la notación más clásica establecida en LISREL, puede definirse en la siguiente ecuación matricial:

$$\mathbf{x} = \Lambda_x \xi + \delta \qquad [13.1]$$

donde: $\mathbf{x}$ es un vector $p \cdot 1$ de puntuaciones en las variables observadas; Λ_x es una matriz $p \cdot k$ de saturaciones de las p variables en los k factores comunes; ξ es un vector $k \cdot 1$ de variables latentes o factores comunes; δ es un vector $p \cdot 1$ de factores únicos que, como en el modelo de AFE, recoge los componentes específico y error.

Para cada una de las variables del modelo la ecuación anterior se plasma en el siguiente conjunto de ecuaciones, formulado según el diagrama de la figura 13.1.

$$\begin{aligned} x_4 &= \lambda_{41}\xi_1 + \delta_4 \\ x_5 &= \lambda_{51}\xi_1 + \delta_5 \\ x_6 &= \lambda_{61}\xi_1 + \delta_6 \\ x_1 &= \lambda_{12}\xi_2 + \delta_1 \\ x_2 &= \lambda_{22}\xi_2 + \delta_2 \\ x_3 &= \lambda_{32}\xi_2 + \delta_3 \\ x_7 &= \lambda_{73}\xi_3 + \delta_7 \\ x_8 &= \lambda_{83}\xi_3 + \delta_8 \\ x_9 &= \lambda_{93}\xi_3 + \delta_9 \end{aligned} \qquad [13.2]$$

Por convención asumimos que **x** y ξ están en puntuaciones diferenciales o de desviación de sus respectivas medias.

Puede observarse que hemos planteado Λ_x como una matriz de saturaciones factoriales ya directamente con estructura simple, puesto que cada variable satura únicamente en un factor.

2.1. La matriz de varianzas-covarianzas del modelo

Como en el AFE, el objetivo es explicar la covarianza (o correlación) entre las variables observadas. En el caso del AFC es preferible partir de las matrices de *covarianzas*, aunque como se recordará de los cursos de estadística, las correlaciones no son más que covarianzas entre puntuaciones estandarizadas. El núcleo del modelo se encontrará en la matriz de varianzas-covarianzas (que para simplificar denominaremos de covarianzas). La matriz teórica (suprimiendo el divisor N) implicada por el modelo puede obtenerse como $E(\mathbf{xx'})$, sustituyendo en ella las ecuaciones para **x** y tendríamos:

$$\Sigma = \Lambda_x \Phi \Lambda_x' + \Theta_\delta \qquad [13.3]$$

donde: Σ es la matriz de varianzas-covarianzas del modelo teórico, simétrica, con las varianzas de las variables en la diagonal principal y las covarianzas como elementos externos a dicha diagonal.

Λ_x es la matriz de saturaciones de las variables en los factores.

Φ es la matriz de covarianzas entre los factores comunes.

Θ_δ es la matriz de covarianzas entre los factores únicos o residuos, que será diagonal cuando no se permitan covariaciones entre éstos.

La ecuación 13.3 se denomina la *ecuación de covarianza* del modelo, y es una matriz cuadrada de orden p. La matriz Λ_x es de orden $p \cdot k$, la matriz Φ es cuadrada de orden k y la matriz Θ_δ es una matriz cuadrada de orden p, como se ha señalado, definida a veces como diagonal.

Los valores de los parámetros del modelo son desconocidos en la práctica y deberán estimarse. Antes de ello, debe determinarse si el modelo está o no identificado, que es el requisito previo para la estimación.

3. Otras consideraciones previas a la estimación del modelo

3.1. Preprocesamiento de los datos

Como los lectores ya conocen de estadística, la presencia de observaciones extremas e influyentes puede tener una gran influencia sobre los resultados, aunque su número sea pequeño y el tamaño de la muestra elevado. También en el AFC pueden tener una gran influencia. Se recomienda su detección antes de proceder al análisis. La detección se llevará a cabo por medio de algún procedimiento *multivariante* y no variable a variable, que puede llevar a conclusiones incorrectas. Thompson (2004) recomienda usar la *Distancia de Mahalanobis*, que tiene en cuenta las covarianzas entre variables y puede obtenerse con la mayor parte del *software* que se aplica en el AFC. Si los datos se preprocesan con otro programa, también pueden detectarse los casos influyentes. Thompson presenta una rutina simple para el SPSS basada en la regresión (2004, p. 125). Qué hacer con estos sujetos depende de la naturaleza y finalidad del estudio. Normalmente se recomienda repetir los análisis con y sin estos casos.

Los modelos de AFC suelen requerir muestras grandes y la presencia de casos perdidos en algunas variables puede reducir considerablemente la muestra. Esto sucede con más frecuencia cuando se analizan los datos en el nivel de ítems de tests, ya que muchas personas dejan algún ítem sin contestar y es conveniente realizar las imputaciones en los casos en los que tiene sentido. Estas imputaciones pueden realizarse con *software* de estadística general. La mayor parte de los programas específicos de AFC tienen procedimientos de imputación.

Finalmente, los procedimientos de estimación en el AFC asumen el supuesto de *normalidad multivariante* de los datos, ya que su ausencia puede afectar a las covarianzas y correlaciones. La falta de normalidad puede afectar fundamentalmente a los errores típicos de los estimadores de los parámetros. No es suficiente la normalidad univariante de cada una de las variables, es ésta una condición necesaria, pero no suficiente para la multivariante. Se recomienda probar el supuesto antes de proceder a la estimación. El programa LISREL permite realizar estas pruebas con el programa PRELIS. Los modernos programas contemplan soluciones a este problema utilizando estadísticos asintóticos de distribución libre, pero para su uso se necesitan muestras grandes (por encima de 1.000 sujetos). El problema suele ser más grave en el caso de análisis de ítems, dada la frecuente ausencia de normalidad en sus distribuciones. En estas ocasiones, algunos autores recomiendan hacer puntuaciones sobre *parcelas* o conjuntos de ítems, aunque esta estrategia también plantea limitaciones (Nasser y Wisenbaker, 2003).

3.2. Elección de la matriz para el análisis

En el capítulo anterior sobre el AFE ya se trataron diversas elecciones sobre la matriz de coeficientes de asociación entre las variables que se analizará. La elección más frecuente se plantea entre matrices de covarianza o de correlación. La elección por defecto en los programas de AFE es la matriz de correlaciones de Pearson. El *software* de AFC contempla muchas elecciones posibles para los coeficientes de correlación, dependiendo de la métrica de las variables, incluyendo índices de correlaciones como la poliserial y la policórica, extensiones a categorías múltiples de la biserial y la tetracórica. La elección por defecto y recomendada en AFC es la *matriz de covarianzas*, que tiene las varianzas de las variables en la diagonal principal y las covarianzas entre variables como elementos externos a dicha diagonal. Por razones estadísticas en cuya discusión no podemos entrar, se recomienda realizar los análisis sobre las matrices de *covarianzas*, ya que las matrices de correlaciones pueden llevar en ocasiones a resultados incorrectos.

4. Identificación del modelo

Antes de entrar en el problema de la identificación de los modelos es conveniente explicar el significado de los *grados de libertad*, que no son en este caso una función del tamaño de la muestra como en otros análisis estadísticos. Aquí representan la diferencia entre el número de varianzas y covarianzas que se pueden conocer a partir de los datos, y que es función del número de variables medidas en el análisis, y el número de parámetros a estimar. Para que la estimación sea posible, debe haber un número no negativo de grados de libertad (gl). El número total de varianzas y covarianzas que se pueden obtener de las variables medidas son:

$$\frac{p(p+1)}{2} \qquad [13.4]$$

En el caso de las 9 variables del ejemplo hay un total de 45 varianzas y covarianzas, lo que proporciona 45 grados de libertad. En el AFC cada parámetro que se estima puede decirse que cuesta un grado de libertad. El modelo de la figura 13.1 «costaría» 21 grados de libertad y dejaría libres 24. Un modelo que agotase todos los grados de libertad se ajustaría siempre perfectamente a los datos, y suele conocerse en la literatura con el nombre de *modelo saturado* y es irrelevante en la investigación.

Según el valor de gl los modelos pueden clasificarse, en cuanto a su identificación, como los sistemas de ecuaciones en matemáticas por su determinación:

1. *Nunca identificados*, si los gl < 0. Son modelos en los que los parámetros pueden tomar infinitos valores y por ello están indeterminados. Cuando se da esta circunstancia, no es posible la estimación.
2. *Posiblemente identificados* (gl = 0): son modelos en los que podría existir una única solución para los parámetros a estimar. Este tipo de modelos no tienen interés, ya que siempre producen un ajuste perfecto a los datos y no simplifican la realidad. Suelen denominarse modelos *saturados*.

3. *Modelos sobreidentificados* (gl $>$ 0): son modelos que tienen menos parámetros a estimar que grados de libertad, que varianzas y covarianzas en la matriz. No existe ninguna solución para los parámetros que iguale las matrices de covarianza del modelo y observada. Pero en estos modelos puede existir una *solución única* que minimice las discrepancias entre ambas matrices. Son estos modelos los que pueden contrastarse a partir de los datos.

Por lo tanto, el problema de la identificación consiste en determinar si existe una *solución única* para el conjunto de parámetros a estimar a partir de los datos muestrales calculados.

Existe una *condición necesaria*, aunque no suficiente para la identificación y es que el número de parámetros t sea menor o igual que los grados de libertad. Como la condición de igualdad lleva al modelo saturado, suele decirse que sea menor que el número de grados de libertad. Un modelo que requiriese estimar parámetros de saturaciones de las 9 variables en los 3 factores (27), correlaciones entre los 3 factores (3), unicidades para las 9 variables (9), y covarianzas entre los 9 factores únicos (36), estaría claramente no identificado. Por lo tanto, la primera condición es probar que para cada parámetro *libre* que se desea estimar haya una expresión algebraica que lo exprese en función de las varianzas y covarianzas muestrales. Los parámetros para los que existe una expresión se denominan identificados y para los que existe más de una, sobreidentificados.

La condición anterior se dice que es necesaria, pero *no suficiente*. Las condiciones de suficiencia son complejas de establecer y dependen de los modelos. No podemos entrar aquí en su determinación. En Batista y Coenders (2000) y en Kaplan (2000) se establecen algunas condiciones de suficiencia para ciertos modelos. Información más extensa sobre el tema puede encontrarse en Bollen (1989a), Jöreskog y Sörbom (1979), McDonald y Krane (1977) y Wiley (1973).

Afortunadamente, el *software* moderno (LISREL, EQS, AMOS)[1] siempre estima el grado de identificación del modelo antes de proceder a la estimación de los parámetros. Cuando el investigador se encuentre con que el modelo que plantea no está identificado, deberá imponer restricciones a los parámetros, fijándolos a un valor plausible o estableciendo restricciones de igualdad con otros parámetros.

La identificación del modelo en el AFC también requiere que la escala de medida (varianza o desviación típica) de la variable latente sea especificada o restringida. Esto se debe a que estas variables están en una métrica indeterminada, habiendo un número infinito de plausibles escalas para estas variables, introduciendo cada una un conjunto de estimadores también plausibles para los restantes parámetros del modelo. La métrica es irrelevante, pero debe ha-

---

[1] Son marcas comerciales.

cerse explícita. Hay dos formas comunes de hacerlo en el AFC. La primera es haciendo que en cada factor se fije un valor para uno de sus coeficientes (el correspondiente a una de las variables), la elección corriente es el 1. Esto implica que se quiere escalar las puntuaciones en la variable latente en esta escala, como algún múltiplo de la variable medida seleccionada. La elección de una u otra variable es indiferente; algunos autores recomiendan elegir la variable que mejor refleja el factor y con mejores propiedades de fiabilidad. Otra estrategia común es fijar la varianza de los factores en un número plausible en la matriz de varianzas-covarianzas de los factores (**F**). Es conveniente establecerlas todas en el mismo número. Una elección recomendable es el 1, lo que lleva a los factores a escala estandarizada y convierte las covarianzas en correlaciones. La selección de la escala de las variables latentes no afecta a los estadísticos de bondad de ajuste del modelo.

El modelo del ejemplo no presenta problemas de identificación, como se constató al implementarlo con el programa LISREL 8.7.

5. Estimación de los parámetros del modelo

Una vez establecida la identificación, puede procederse a la estimación de los parámetros. El objetivo de esta fase es encontrar estimadores de los parámetros que reproduzcan **S**, de una forma óptima en algún sentido, donde **S** es la matriz de varianzas-covarianzas muestral, calculada a partir de los datos.

Se han propuesto diferentes métodos de estimación que se exponen a continuación, de una forma descriptiva, es decir, sin su justificación formal.

En la práctica se comienza con una muestra de datos o de puntuaciones observadas con los que se calcula la matriz de covarianzas muestral, **S**, de elementos s_{ij} (o de correlaciones, de elementos r_{ij}). En esta matriz, los elementos diagonales son las varianzas muestrales, s_j^2 y los externos a la diagonal principal las covarianzas s_{ij}. La matriz de covarianzas poblacional es la que proporciona el modelo, Σ, y está determinada por los parámetros estructurales. En la práctica, será un estimador de Σ con valores obtenidos a partir de las estimaciones de los parámetros, es decir, de matrices que denotaríamos como $\hat{\Lambda}_x, \hat{\Phi}, \hat{\Theta}_\delta$.

Los estimadores de los parámetros de las anteriores matrices deben satisfacer las restricciones impuestas al modelo. El problema de la estimación consiste en encontrar los valores de $\hat{\Lambda}_x$, $\hat{\Phi}$ y $\hat{\Theta}_\delta$ que generen una matriz de covarianzas estimada, $\hat{\Sigma}$, tan próxima como sea posible a la matriz de covarianzas muestral observada **S**.

Es preciso definir alguna función que mida la proximidad o acuerdo entre $\hat{\Sigma}$ y **S**. Esta función se denomina *función de ajuste* o *función de discrepancia* y se denota como $F(\mathbf{S}, \hat{\Sigma})$. Esta función lleva a un escalar que mide la discrepancia o distancia entre la matriz de covarianza muestral y la matriz de covarianza ajustada. Esta función se caracteriza por las siguientes propiedades:

- Sus valores siempre son no negativos.
- Alcanza el valor 0 solamente cuando las dos matrices son iguales.
- Es una función continua en $\mathbf{S}$ y $\hat{\mathbf{\Sigma}}$.

En el AFC, como en los modelos de estructuras de covarianza de los que forma parte, se utilizan diversas funciones de ajuste, según el procedimiento de estimación de parámetros usado, que es alguno de los siguientes: Mínimos Cuadrados no Ponderados (ULS), Mínimos Cuadrados Generalizados (GLS) y Máxima Verosimilitud (ML)[2]. Describimos a continuación las funciones de ajuste para cada uno de los métodos.

5.1. Mínimos Cuadrados no Ponderados (ULS)

Este método se corresponde con el de residuos mínimos del AFE y sus estimadores son aquellos valores que minimizan la función:

$$F_{ULS}(\mathbf{S}, \hat{\mathbf{\Sigma}}) = \left(\frac{1}{2}\right) tr[(\mathbf{S} - \mathbf{\Sigma})^2] \qquad [13.5]$$

donde tr hace referencia a la traza de la matriz o suma de los elementos diagonales.

La estimación supone minimizar la suma de cuadrados de las diferencias entre los elementos de las dos matrices. Este procedimiento de estimación no requiere supuestos sobre la distribución de las variables observadas, lo que supone una ventaja y a la vez una limitación, ya que no se dispone de contrastes estadísticos. Sus valores son dependientes de la escala de medida de las variables, lo que lleva a diferentes mínimos para la función de ajuste. Si se utiliza este método conviene estandarizar las variables, es decir, trabajar sobre matrices de correlaciones.

5.2. Mínimos Cuadrados Generalizados (GLS)

El procedimiento anterior da el mismo peso a todos los términos de las matrices, lo que es inadecuado cuando las varianzas no son iguales. Este método atribuye pesos diferentes a las varianzas y covarianzas. La forma general de la función de ajuste es la siguiente:

$$F_{GLS}(\mathbf{S}, \hat{\mathbf{\Sigma}}) = \left(\frac{1}{2}\right) tr[(\mathbf{I} - \hat{\mathbf{\Sigma}}\mathbf{S}^{-1})^2] \qquad [13.6]$$

---

[2] Las siglas que aparecen entre paréntesis proceden de su denominación en inglés.

Todos los símbolos tienen el mismo significado anterior e **I** representa la matriz identidad, siendo $\mathbf{S}^{-1}$ la matriz inversa de la matriz de covarianzas muestral.

5.3. Máxima Verosimilitud (ML)

Es el método de estimación más utilizado, siendo la función de ajuste la siguiente:

$$F_{ML}(\mathbf{S}, \hat{\mathbf{\Sigma}}) = \ln|\hat{\mathbf{\Sigma}}| + tr[(\mathbf{S}\hat{\mathbf{\Sigma}}^{-1}) - \ln|\mathbf{S}| - p \qquad [13.7]$$

Estos estimadores tienen interesantes propiedades asintóticas y por eso son los más utilizados en AFC. Son asintóticamente insesgados, consistentes y eficientes. Su distribución se aproxima a la de la distribución normal a medida que la muestra aumenta, pudiendo establecerse contrastes que siguen distribución normal.

Las funciones de ajuste requieren procedimientos iterativos que únicamente pueden llevarse a cabo con programas de ordenador. Como ya se ha visto a propósito de la estimación en la TRI en el tema 7, cuando entre dos pasos sucesivos los valores de los estimadores difieren en menos de una cierta cantidad muy pequeña, el proceso se para. Cuando los valores no se aproximan después de iteraciones sucesivas, se dice que no se ha logrado la convergencia. El que se logre la convergencia depende de varios factores, en primer lugar, del valor de la diferencia mínima establecida entre dos pasos sucesivos, valor que puede cambiarse en la mayor parte de los programas. En segundo lugar, también depende del máximo de iteraciones permitidas. También se ve afectada por los valores iniciales de los parámetros con los que se comienza el proceso iterativo.

Los aspectos señalados que afectan a la convergencia son técnicos y fáciles de modificar, pero hay otras causas de la no convergencia que suelen tener que ver con modelos pobremente especificados y fluctuaciones muestrales de las varianzas y covarianzas. En estos casos conviene revisar el modelo especificado.

5.4. Estimación de parámetros en el modelo del ejemplo

A continuación se presentan los resultados de las estimaciones de los parámetros del modelo presentado en la figura 13.1. Los cálculos fueron realizados con el programa LISREL 7.0, con el procedimiento de estimación de Máxima Verosimilitud. El modelo tiene 21 parámetros libres que deben ser estimados. Para establecer sus valores iniciales el programa los calcula mediante el método TSLS (Mínimos Cuadrados en Dos estadios). Los resulta-

Tabla 13.1. Estimación de parámetros del modelo del ejemplo

Variable	Matriz Lambda-X			Unicidad Theta-Delta
	Viso-espacial	Verbal	Rap-Per	
V1	0,672 (0,091) 7,388	—	—	0,548 (0,097) 5,645
V2	0,513 (0,092) 5,551	—	—	0,737 (0,101) 7,300
V3	0,684 (0,070) 2,348	—	—	0,532 (0,097) 5,461
V4	—	0,867 (0,070) 12,348	—	0,248 (0,051) 4,819
V5	—	0,830 (0,072) 11,608	—	0,311 (0,054) 5,787
V6	—	0,826 (0,072) 11,525	—	0,318 (0,054) 5,882
V7	—	—	0,660 (0,085) 9,464	0,564 (0,087) 6,458
V8	—	—	0,801 (0,085) 9,464	0,359 (0,090) 4,006
V9	—	—	0,677 (0,085) 7,949	0,542 (0,087) 6,235
Matriz Phi	1	2	3	
1	1,000			
2	0,543 (0,086) 6,326	1,000		
3	0,509 (0,096) 5,280	0,318 (0,093) 3,420	1,000	

dos de la estimación se presentan en la tabla 13.1, que es un resumen de varias tablas de de la salida del ISREL.

En cada una de las casillas de la tabla, que se corresponden con estimadores de parámetros, aparecen tres valores. El primer valor es el estimador del parámetro, el segundo valor que aparece entre paréntesis es el error típico del estimador y el tercer valor es un contraste estadístico tipo T que divide el estimador por su error típico. Como regla estándar puede considerarse que cuando el resultado de este contraste es $\geq |2|$ puede considerarse que el estimador es estadísticamente significativo (distinto de cero) al menos con $p < 0,05$. Puede observarse que todas las saturaciones previstas en el modelo (matriz lambda) son estadísticamente significativas.

En las tres últimas filas de la tabla aparecen los valores dados en la matriz phi, que corresponden a los estimadores de las correlaciones entre los 3 factores. La lectura es similar a la de los valores de lambda. Puede observarse que todas las correlaciones son estadísticamente significativas.

Finalmente, en la última columna se presentan los valores de la llamada matriz theta-delta, que representa los valores de las varianzas únicas. Como en este caso la matriz es diagonal, ya que no se especificaron correlaciones entre los errores o factores únicos, es suficiente con una columna para presentarlos. La lectura de los tres valores de cada casilla es similar a la de las restantes. En este caso, todas las varianzas de los errores son estadísticamente significativas.

El programa LISREL también proporciona las llamadas *Correlaciones Múltiples al Cuadrado para las Variables X*. Estos valores son las estimaciones de la *comunalidad* de cada variable, que se podrían obtener restando de 1 la unicidad de la última columna de la tabla 13.1. Estos valores se presentan en la tabla 13.2.

Tabla 13.2. Comunalidades de las variables observadas

V1	V2	V3	V4	V5	V6	V7	V8	V9
0,452	0,263	0,468	0,752	0,689	0,682	0,436	0,641	0,458

6. Evaluación del ajuste de los modelos

Un rasgo típico y distintivo de modelo de AFC es la capacidad para cuantificar el grado de ajuste del modelo a los datos. Hay muchos estadísticos de ajuste no siempre bien comprendidos. La «bondad» de ajuste del modelo se evalúa examinando la semejanza entre la matriz del modelo y la matriz de covarianza muestral. Esta cuestión, conocida como la bondad de ajuste entre el modelo teórico propuesto y los datos empíricos, es objeto de numerosos trabajos (Bentler, 1990; Bentler y Bonnett, 1980; Bollen, 1990; Jöreskog y Sörbom, 1993; McDonald y Marsh, 1990; Tanaka, 1993). A pesar de la enorme cantidad de publicaciones, no existe un consenso sobre cuál es el mejor índice de ajuste, ni siquiera de lo que constituye un buen ajuste (Bollen y Long, 1993).

Una clasificación de las formas de abordar el ajuste es la de Bollen (1989b) que las divide en *globales* e *individuales*, refiriéndose las primeras a los índices propuestos para evaluar los modelos completos y las segundas, a los contrastes de los parámetros del modelo.

6.1. Medidas globales de bondad de ajuste

Todas las medidas de ajuste global son función de la proximidad entre $\mathbf{S}$ y $\hat{\mathbf{\Sigma}}$, aunque puede valorarse diversas formas. Evalúan el modelo completo y pueden indicar desajustes no observables mediante los contrastes sobre los parámetros individuales. Solamente pueden aplicarse con modelos *sobreidentificados*. Sus valores pueden diferir de los contrastes individuales de los parámetros de los modelos, es decir, el ajuste global puede ser bueno y algunos de los estimadores de los parámetros no ser estadísticamente significativos.

6.1.1. Prueba de χ^2

El procedimiento utilizado desde los comienzos del uso de los modelos consiste en el cálculo de un estadístico χ^2 se distribuye asintóticamente como χ^2 con los grados de libertad que quedan libres después de estimar los parámetros del modelo. La hipótesis nula que se pone a prueba es la igualdad entre la matriz estimada por el modelo y la matriz de covarianza muestral:

$$H_0: \mathbf{S} = \mathbf{\Sigma}$$
$$H_0: \mathbf{S} - \hat{\mathbf{\Sigma}} = \mathbf{0}$$

El estadístico se calcula:

$$\chi^2_{ML} = (N-1)F_{ML}$$
$$\chi^2_{GLS} = (N-1)F_{GLS}$$

[13.8]

El cálculo multiplica la *función de discrepancia*, sea la de Máxima Verosimilitud (ML) o la de Mínimos Cuadrados Generalizados (GLS), según el procedimiento que se haya utilizado en la estimación por (N-1), donde N es el tamaño de la muestra. Los grados de libertad son los que quedan libres después de estimar los parámetros y pueden calcularse como:

$$gl = \frac{p(p+1)}{2} - t \qquad [13.9]$$

donde *p* es el número de variables y *t* el número de parámetros del modelo.

El problema de esta prueba de ajuste es su enorme sensibilidad al tamaño de la muestra, que aunque no entra en los grados de libertad, tiene mucho peso en el cálculo del estadístico como se puede ver en 13.8. Como señalan Bentler y Bonnett (1980): «en tamaños de muestras muy grandes, prácticamente todos los modelos serían inaceptables… El procedimiento no puede justificarse en general, ya que su valor podría reducirse, simplemente reduciendo el tamaño de la muestra» (p. 591).

Cuando se utilizan los procedimientos de MV y no se cumple el supuesto de la normalidad multivariante, el estadístico χ^2 además está sesgado. En estos casos puede utilizarse la corrección desarrollada por Satorra y Bentler (1994) que es proporcionada por los programas LISREL y EQS.

6.1.2. Índices de ajuste comparativo

Bentler y Bonett (1980) propusieron contrastar los modelos de una forma comparativa con respecto a un hipotético modelo de *línea de base,* que es el modelo más simple que se le puede aplicar a los datos y que en el Análisis Factorial sería el que especifica que no hay factores comunes ni correlaciones entre los factores. Es decir, un modelo en el que los únicos parámetros serían las unicidades. En esta línea se han desarrollado numerosos índices que muestran ligeras variaciones y que caen bajo la categoría de *medidas de ajuste comparativo*. Todos estos índices son descriptivos, interpretándose de acuerdo a unas reglas prácticas sugeridas por los autores. Entre los más comunes se encuentran los que se describen a continuación. Se presenta la definición formal de los dos primeros, pero por razones de espacio se omite la presentación de los siguientes, que parten de una lógica similar con modificaciones. Sus procedimientos de cálculo pueden encontrarse en el Manual del LISREL 8 (Jöreskog y Sörbom, 1993).

Bentler y Bonett (1980) propusieron el índice de ajuste normalizado NFI, calculado como:

$$NFI = \frac{F_b - F_m}{F_b} = \frac{\chi_b^2 - \chi_m^2}{\chi_b^2} \qquad [13.10]$$

donde F_b es la función de ajuste para el modelo de línea base o de independencia y F_m la correspondiente al modelo ajustado.

Un problema del índice es la ausencia de control sobre los grados de libertad de los dos modelos, especialmente teniendo en cuenta que el valor de

F_m puede reducirse añadiendo más parámetros al modelo. Una modificación es el índice no normalizado, NNFI:

$$\text{NNFI} = \frac{\dfrac{\chi_b^2}{gl_b} - \dfrac{\chi_m^2}{gl_m}}{\left[\left(\dfrac{\chi_b^2}{gl_b} - 1\right)\right]} \qquad [13.11]$$

Bollen (1986) propuso el índice RFI y Bollen (1989b) el IFI o índice ajuste incremental y Bentler (1990) propuso el CFI, que con modificaciones son similares a los anteriores. Todos estos índices se supone que se encuentran en el intervalo [0, 1], siendo mejor el ajuste cuanto más próximos se encuentren a 1, aunque podrían ocurrir en ocasiones valores superiores. Suelen tomarse como indicadores de buen ajuste valores de 0,95 o superiores y de ajuste aceptable, superiores a 0,90.

Finalmente, dada la sensibilidad de los índices propuestos al número de parámetros estimados o los grados de libertad disponibles para evaluar el ajuste, otros autores insisten en una tercera estrategia basada en la parsimonia (Mulaik, 1990), consistente en penalizar el ajuste cuando los modelos incluyen muchos parámetros. Dentro de este grupo se encontrarían los índices PNFI (Parsimony Normed Fit Index) y PGFI (Parsimony Goodness-of-Fit Index).

6.1.3. Medidas basadas en los errores de aproximación

El estadístico χ^2 evalúa una hipótesis nula exacta que dice que el modelo se ajusta perfectamente a la población. Si el modelo está sobreidentificado, es poco probable que se ajuste perfectamente aunque se evaluase a la población entera (Kaplan, 2000) y, por tanto, parece más adecuado evaluar si el modelo se ajusta «aproximadamente» bien en la población. Una justificación de estas medidas puede encontrarse en Browne y Cudeck (1993) que definieron el RMSEA o Root Mean Square Error of Approximation, o ε, que se puede calcular y establecerle un intervalo de confianza. Según los autores, un indicador de buen ajuste es cuando este valor es menor o igual a 0,05 y valores comprendidos entre 0,05 y 0,08 lo son de un ajuste aceptable.

6.1.4. Medidas basadas en los residuos del modelo

Los residuos son las diferencias entre los valores de los elementos de la matriz de covarianza muestral y la ajustada por el modelo. Puede formarse, por tanto, la matriz de residuos para examinar las discrepancias concretas. Si el ajuste fuese perfecto, la matriz de covarianzas residual sería una matriz de ceros. Cualquier valor distinto de 0 en los elementos de la matriz supondría un error en la especificación del modelo. Un residuo positivo implica que el modelo ajustado infraestima la covarianza muestral y uno negativo, que la covarianza estimada es demasiado alta. Los residuos individuales y la media o la mediana de sus magnitudes absolutas ayudan a evaluar el ajuste global del modelo. Jöreskog y Sörbom (1993) propusieron el siguiente estadístico resumen para los residuos:

$$\text{RMR} = \left[2 \sum \sum \frac{(s_{ij} - \hat{\sigma}_{ij})^2}{p(p+1)} \right]^{1/2} \qquad [13.12]$$

Este estadístico tiene el problema de los valores de escala de las variables, por lo que proponen el uso de los residuos normalizados, que previenen este problema. Los residuos estandarizados normalizados se calculan como sigue:

$$R_n = \frac{s_{ij} - \hat{\sigma}_{ij}}{\sqrt{\hat{\sigma}_i^2 \hat{\sigma}_j^2 + \hat{\sigma}_{ij}^2}} \qquad [13.13]$$

Los mayores valores de los residuos estandarizados indican que sus elementos son los de ajuste más pobre del modelo.

6.1.5. Medidas que evalúan la adecuación en una validación cruzada

Otra consideración importante de los modelos es si éstos serían capaces de comportarse de forma parecida en muestras futuras del mismo tamaño, de la misma población y extraídas por el mismo procedimiento de muestreo. Si la muestra de la que se dispone es suficientemente amplia, se recomienda dividirla en dos submuestras y probar la invarianza del modelo. No obstante, el investigador raramente está en posición de poder hacer esto y puede estimar qué sucedería en estas muestras futuras equivalentes. Algunos de ellos, como el AIC (Akaike, 1987) y CAIC (Bozdogan, 1987), son útiles para comparar diversos modelos, estén o no anidados (todos los parámetros de uno de ellos forman parte del otro), aunque no tienen valores referentes absolutos y son difíciles de interpretar en sí mismos. El ECVI, propuesto por Browne y Cudeck (1999), se basa en supuestos similares a los anteriores. La definición de estos índices es compleja y remitimos a los lectores interesados a las referencias originales. Una descripción más sencilla puede encontrarse en Kaplan (2000). En general, a menor valor de los índices, mejor ajuste del modelo.

6.1.6. Otras medidas de ajuste global del modelo

Jöreskog y Sörbom (1989) propusieron los índices GFI y AGFI para modelos estimados con MV:

$$\text{GFI} = 1 - \frac{tr[(\mathbf{\Sigma}^{-1}\mathbf{S} - \mathbf{I})^2]}{[(\mathbf{\Sigma}^{-1}\mathbf{S})^2]} \qquad [13.14]$$

$$\text{AGFI} = 1 - \left[\frac{p(p+1)}{2 \cdot gl_m}\right](1 - \text{GFI}) \qquad [13.15]$$

GFI expresa la proporción de variación y covariación de **S** explicada por **Σ** y AGFI introduce una corrección al anterior que tiene en cuenta el número de grados de libertad con relación al número de variables. AGFI penaliza la inclusión de muchos parámetros en el modelo, por lo que se le considera a la vez índice de ajuste y de parsimonia. Ambos índices alcanzan el *máximo de 1* cuando las dos matrices son iguales.

También propusieron unos índices análogos para los estimadores ULS y GLS, que son los siguientes:

$$\text{GFI}_{\text{ULS}} = 1 - \frac{tr[(\mathbf{S} - \mathbf{\Sigma})^2]}{[(\mathbf{S})^2]} \qquad [13.16]$$

$$\text{AGFI} = 1 - \left[\frac{p(p+1)}{2 \cdot gl_m}\right](1 - \text{GFI}_{\text{ULS}}) \qquad [13.17]$$

$$\text{GFI} = 1 - \frac{tr[(\mathbf{I} - \mathbf{\Sigma}^{-1}\mathbf{S})^2]}{p} \qquad [13.18]$$

$$\text{AGFI} = 1 - \left[\frac{p(p+1)}{2 \cdot gl_m}\right](1 - \text{GFI}_{\text{GLS}}) \qquad [13.19]$$

Hoelter (1983) propuso el CN o N crítico definido como:

$$\text{CN} = \frac{\chi^2_{\text{crítico}}}{F} + 1 \qquad [13.20]$$

donde $\chi^2_{\text{crítico}}$ es el valor crítico de la distribución χ^2 con grados de libertad iguales a los del modelo y $p < 0{,}05$. F es el valor de la función de ajuste. CN proporciona el tamaño de la muestra que llevaría al rechazo de la hipótesis nula con el nivel de significación fijado.

Otra medida propuesta sobre todo en los textos más antiguos es un χ^2 corregido por los grados de libertad, χ^2/gl. Su justificación parece que viene de que $E(\chi^2) = gl$, por lo que estimaría cuantas veces mayor es χ^2 que el valor medio esperado. No existe consenso en cuanto a lo que representa un buen ajuste para este índice, con recomendaciones que van desde 3 o menos, hasta valores tan altos como 5. Aunque algunos autores lo recomiendan (Byrne, 1989), en general su uso está desaconsejado.

Se ha propuesto también el χ^2 estandarizado, que se calcula:

$$\chi^2_{\text{est}} = \frac{\chi^2 - gl}{\sqrt{2gl}} \qquad [13.21]$$

6.2. Estadísticos de ajuste global para los datos del ejemplo

A continuación se presentan los resultados proporcionados por el programa LISREL para el ajuste del modelo (tabla 13.3). Puede observarse que obtiene la mayor parte de los índices descritos.

Si comparamos los estadísticos de ajuste con los valores recomendados como referencia, puede observarse que en la mayor parte de los índices, el ajuste se muestra aceptable. El estadístico χ^2 llevaría, no obstante, al rechazo de la hipótesis nula. Los índices de ajuste incremental, especialmente CFI e IFI, muestran un buen ajuste, y son aceptables los de los restantes índices. El RMSEA se encuentra en el límite de lo que se considera un ajuste aceptable y el RMR, muestra valores similares. El principal desajuste se encuentra en el estadístico χ^2, aunque como se ha señalado, esto es bastante frecuente.

6.3. Ajuste de los componentes del modelo

Aunque las medidas de bondad de ajuste globales son fundamentales, se recomienda además examinar el ajuste de los parámetros individuales, ya que aunque el ajuste global sea bueno, puede que algunas especificaciones de parámetros no sean adecuadas.

Proponemos examinar dos aspectos: la significación estadística de los parámetros del modelo y la R^2 (comunalidad) para las variables observadas.

Los investigadores tienen ciertas expectativas sobre el signo y la magnitud de las incógnitas de las matrices de parámetros. Un primer paso es ver si los resultados tienen sentido examinando fundamentalmente los coeficientes estandarizados (si las variables están en escalas distintas).

Los diferentes programas proporcionan además los errores típicos de los parámetros, que permiten establecer contrastes dividiendo el estimador por

Tabla 13.3. Resultados de los diferentes índices proporcionados por el programa LISREL para el ajuste del modelo

χ^2
Degrees of Freedom = 24
Normal Theory Weighted Least Squares Chi-Square = 49,966
(P = 0,00143)
Estimated Non-centrality Parameter (NCP) = 25,966
90 Percent Confidence Interval for NCP = (9,461; 50,223)

Errores de aproximación

Minimum Fit Function Value = 0,365
Population Discrepancy Function Value (F0) = 0,180
90 Percent Confidence Interval for F0 = (0,0657; 0,349)
Root Mean Square Error of Approximation (RMSEA) = 0,0867
90 Percent Confidence Interval for RMSEA = (0,0523; 0,121)
P-Value for Test of Close Fit (RMSEA < 0,05) = 0,0409

Índices de cross-validación

Expected Cross-Validation Index (ECVI) = 0,639
90 Percent Confidence Interval for ECVI = (0,524; 0,807)
ECVI for Saturated Model = 0,625
ECVI for Independence Model = 4,691
Chi-Square for Independence Model with 36 Degrees of Freedom = 657,458
Independence AIC = 675,458
Model AIC = 91,966
Saturated AIC = 90,000
Independence CAIC = 711,249
Model CAIC = 175,477
Saturated CAIC = 268,953

Índices de ajuste incremental

Normed Fit Index (NFI) = 0,920
Non-Normed Fit Index (NNFI) = 0,931
Parsimony Normed Fit Index (PNFI) = 0,613
Comparative Fit Index (CFI) = 0,954
Incremental Fit Index (IFI) = 0,955
Relative Fit Index (RFI) = 0,880

N crítico

Critical N (CN) = 118,606

Basados en los residuos

Root Mean Square Residual (RMR) = 0,0755
Standardized RMR = 0,0755

Basados en las discrepancias de las matrices

Goodness of Fit Index (GFI) = 0,928
Adjusted Goodness of Fit Index (AGFI) = 0,866
Parsimony Goodness of Fit Index (PGFI) = 0.495

su correspondiente estadístico. Se asume que la distribución aproximada es la *t de Student* y como las muestras son grandes, un valor crítico de referencia que se suele tomar es $|2|$ (indicativo de $p < 0{,}05$). En el caso de los datos del ejemplo, ya se ha visto que todos los valores ajustados son estadísticamente significativos.

En cuanto a la correlación múltiple al cuadrado o comunalidad, puede observarse (tabla 13.2) que las variables mejor explicadas son las correspondientes a las tres variables del factor verbal: V4, V5 y V6, con comunalidades medio-altas (el valor máximo es 1). Globalmente, las explicadas peor son las variables del factor viso-espacial, especialmente la V2, en la que la varianza común es solamente de 0,263.

7. Reespecificación de los modelos

A menudo un modelo inicial no se ajusta bien a los datos. El error puede ocurrir por inclusiones o exclusiones incorrectas de parámetros. Una respuesta frecuente por parte de los investigadores es la reespecificación del modelo inicial, convirtiéndose el AFC es una especie de AFE hasta cierto punto, requiriéndose en este caso replicar el modelo final con una nueva muestra.

En los datos del ejemplo el modelo mostraba un ajuste aceptable en la mayor parte de los índices, aunque no bueno si se consideran algunos de ellos. Este hecho, junto con el estadístico χ^2 con $p < 0{,}01$, nos lleva a pensar que tal vez algunas modificaciones del modelo inicial podrían mejorar su ajuste. Los programas para Modelos de Ecuaciones Estructurales proporcionan información sobre qué parámetros sería más conveniente modificar y los cambios que se producirían en el ajuste. Estos cambios sugieren la liberación de algunos parámetros. En el caso del programa LISREL, esta información la proporcionan los denominados *índices de modificación* que se calculan para todos los parámetros fijados y restringidos del modelo. Indican cuánto se reduciría el valor de χ^2 si se liberase el parámetro y se reestimase el modelo. Asociado con cada uno hay también un valor del cambio esperado, que representa el cambio esperado en el parámetro. Estos índices son útiles para reespecificar modelos con pobres ajustes. Suele seguirse una estrategia secuencial, liberando en primer lugar el parámetro con mayor índice de modificación, si es que tiene sentido desde el punto de vista teórico. Si no lo tiene, se examina el siguiente con mayor valor. Debe liberarse un parámetro cada vez.

Ejemplo

Aunque el modelo presentaba un ajuste bastante bueno, se examinarán los índices de modificación para ver si la liberación de algún parámetro permite mejorar el ajuste; de esta forma se ilustra el proceso de modificación. En la práctica, la reespecificación de los modelos solamente tiene sentido si la modificación es teóricamente justificable (Thompson, 2002). Suele comenzarse examinando los índices de modificación para la matriz lambda, de saturaciones factoriales, y se continúa con las restantes matrices.

Los índices de modificación para el modelo se presentan en la tabla 13.4.

Tabla 13.4. Índices de modificación sugeridos para el modelo

	Path de a	Reducción en χ^2	Estimador
Matriz Lambda	V7-Rapidez-Perceptiva	10,5	−0,37
	V8-Verbal	10,1	−0,28
	V9-Viso-espacial	24,7	0,57
	V9-Verbal	10,0	0,26
Matriz Theta-Delta	V8-V7	25,1	0,62
	V9-V1	9,1	0,18
	V9-V8	8,3	−0,38

Si se examinan las modificaciones sugeridas en la matriz lambda, el mayor índice de modificación sugiere liberar la saturación de la variable V9 (Figuras Diferentes-FIGDIF) en el factor viso-espacial. Desde el punto de vista teórico, puede tener sentido, ya que la detección de estas figuras podría tener un cierto componente espacial. Por este motivo, se procede a reespecificar el modelo con este parámetro liberado.

Los cambios sugeridos en la matriz theta-delta se refieren a liberar correlaciones entre los factores específicos o error, que en el AFC están permitidos. En el ejemplo, no se sugieren cambios para la matriz phi de correlaciones entre factores, porque todas las posibles correlaciones ya fueron estimadas.

Los resultados para el nuevo modelo se presentan en la tabla 13.5 bajo otro formato, que también produce LISREL, para ilustrarlo.

En este formato se presenta para cada variable observada su ecuación en función de las variables latentes. Los coeficientes que acompañan a la variable latente o factor, son las correspondientes saturaciones en el factor. El valor que figura entre paréntesis es el error típico del estimador y el valor que figura debajo de éste es el estadístico de contraste T. El término Errorvar que aparece en cada variable observada es la varianza del factor específico o error (los elementos diagonales de la matriz theta-delta), junto con su error típico (entre paréntesis) y el estadístico de contraste. Finalmente, para cada variable aparece una R^2, que no es más que su comunalidad.

Si se observan los valores, puede comprobarse que las saturaciones son muy similares a las de la tabla 13.1 del modelo anterior, siendo igualmente significativas. El nuevo parámetro introducido está en la última ecuación es la saturación de V9 en el factor viso-espacial. Puede observarse que da un va-

Tabla 13.5. Estimaciones de los parámetros en el modelo reestimado

FIGDESP (V1)= 0,708*Viso-espacial, Errorvar.= 0,498, $R^2 = 0,502$
        (0,0868)   (0,0901)
        8,163   5,533

CUBOS (V2) = 0,483*Viso-espacial, Errorvar.= 0,767, $R^2 = 0,233$
        (0,0907)   (0,101)
        5,322   7,621

ROMBOS (V3) = 0,649*Viso-espacial, Errorvar.= 0,578, $R^2 = 0,422$
        (0,0874)   (0,0911)
        7,428   6,349

ANTÓNIMO (V4) =0,868*Verbal, Errorvar.= 0,247, $R^2 = 0,753$
        (0,0702)   (0,0513)
        12,372   4,806

SINÓNIMO (V5) = 0,830*Verbal, Errorvar.= 0,311, $R^2 = 0,689$
        (0,0715)   (0,0537)
        11,607   5,803

COMFRASE (V6) = 0,825*Verbal, Errorvar.= 0,319, $R^2 = 0,681$
        (0,0717)   (0,0540)
        11,515   5,908

SUMAS (V7) = 0,675*Rapidez, Errorvar.= 0,545, $R^2 = 0,455$
        (0,0889)   (0,0936)
        7,588   5,822

TACHADO (V8) = 0,867*Rapidez, Errorvar.= 0,248, $R^2 = 0,752$
        (0,0924)   (0,116)
        9,385   2,139

FIGDIF (V9) = 0,459*Viso-espacial + 0,412*Rapidez, Errorvar.=0,471, $R^2 = 0,529$
        (0,0890)   (0,0887)   (0,0730)
        5,162   4,645   6,455

lor de 0,459, que resulta estadísticamente significativo. La varianza error o unicidad se ha reducido de 0,542 (tabla 13.1) a 0,471 y en consecuencia, ha aumentado la comunalidad que pasa de 0,458 (tabla 13.2) a 0,529. Parece que el modelo ha mejorado.

Veamos ahora qué les sucede a los estadísticos de ajuste del modelo, para determinar si han mejorado con la introducción del nuevo parámetro. Se presentan en la tabla 13.6 únicamente aquellos que son más utilizados en la práctica.

Puede observarse en primer lugar que el estadístico χ^2, que ha perdido un grado de libertad por estimar un nuevo parámetro, lleva ahora a mantener la hipótesis nula de que el modelo es compatible con los datos muestrales ($p = 0,191$). El RMSEA baja ahora a un valor de 0,0414, que es indicador de

Tabla 13.6. Estadísticos de ajuste del modelo reespecificado

Degrees of Freedom = 23
Normal Theory Weighted Least Squares Chi-Square = 28,674
(P = 0,191)

Root Mean Square Error of Approximation (RMSEA) = 0,0414
90 Percent Confidence Interval for RMSEA = (0,0; 0,0842)
P-Value for Test of Close Fit (RMSEA < 0,05) = 0,583

Normed Fit Index (NFI) = 0,956
Non-Normed Fit Index (NNFI) = 0,985
Parsimony Normed Fit Index (PNFI) = 0,611
Comparative Fit Index (CFI) = 0,991
Incremental Fit Index (IFI) = 0,991
Relative Fit Index (RFI) = 0,931

Root Mean Square Residual (RMR) = 0,0452
Standardized RMR = 0,0452
Goodness of Fit Index (GFI) = 0,958
Adjusted Goodness of Fit Index (AGFI) = 0,917
Parsimony Goodness of Fit Index (PGFI) = 0,489

un buen ajuste. Los índices de ajuste incremental son ahora todos superiores a 0,95 (excepto los de parsimonia). Por otra parte, los índices basados en los residuos también han experimentado mejora, así el RMR baja ahora hasta

Figura 13.2. Modelo reestimado

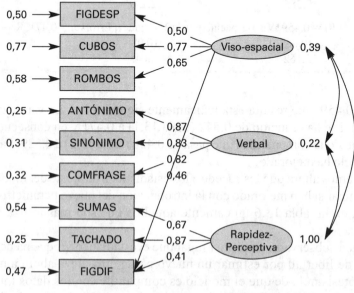

Chi-Square = 28.67, *df* = 23, *p*-value = 0,19138, RMSEA = 0,041

0,0452, también por debajo de 0,05. El índice GFI también experimenta una mejoría.

Parece que ha sido buena la liberación del parámetro para el ajuste del modelo, no obstante, la respuesta de si ha valido la pena o no pasa por hacer una prueba de comparación de modelos, que se verá en el apartado siguiente.

En la figura 13.2 se presenta gráficamente el nuevo modelo tal y como lo presenta el programa LISREL.

8. Comparación de modelos anidados

Los investigadores ajustan a veces modelos alternativos a los mismos datos, que pueden ir desde modelos muy diferentes (es raro y no recomendable desde el punto de vista teórico) a otros con pequeños cambios en alguno de los parámetros. Aunque pueden compararse modelos diferentes utilizando los índices de información AIC y BIC, aquí nos limitamos a la forma habitual de comparación de modelos alternativos, que son las comparaciones para *modelos anidados*, para los que existen contrastes estadísticos con justificación teórica. En este caso, se dice que un modelo está anidado dentro de otro más amplio cuando todos sus parámetros forman parte de este último, pero tiene algún parámetro menos. El primero (anidado) se denomina *modelo restringido* y el segundo (anidante) el *modelo amplio*. Se han propuesto diversos procedimientos para la comparación de estos modelos: razón de verosimilitud de las diferencias χ^2, multiplicadores de Lagrange y test de Wald. Se explica únicamente el primer procedimiento, que es el habitual, pudiendo consultarse los otros procedimientos en Bollen (1989).

Se denota con el subíndice *r* al modelo restringido y *nr* el modelo no restringido. En estas condiciones, el estadístico LR (Likelihood Ratio o razón de verosimilitud) de las diferencias se define como:

$$\text{LR} = (N-1)F_r - (N-1)F_{nr} = \chi_r^2 - \chi_{nr}^2 \qquad [13.22]$$

Este estadístico LR se distribuye según χ_{gl}^2 donde los grados de libertad *gl* se obtienen como:

$$\text{gl} = \text{gl}_r - \text{gl}_{nr} \qquad [13.23]$$

Los dos modelos que se han ajustado a los datos del ejemplo cumplen la condición de anidamiento. Aplicando el contraste a los dos modelos ajustados en el ejemplo tenemos:

$$LR = 49{,}966 - 28{,}764 = 21{,}202$$
$$\text{gl} = 24 - 23 = 1$$

El valor de la distribución χ^2 con 1 gl requerido para rechazar la hipótesis de igualdad de los dos modelos con $p < 0,001$ es 10,827, por lo que se puede concluir que el segundo modelo se ajusta a los datos significativamente mejor que el primero.

La aplicación de los modelos a ítems de tests se llevaría a cabo de la misma forma explicada en este capítulo, con las advertencias señaladas en el capítulo 12.

14. Equidad del test y funcionamiento diferencial de los ítems

1. Introducción

1.1. Concepto de equidad o ausencia de sesgo

La problemática de la falta de equidad de las puntuaciones del test aparece a menudo en la literatura psicométrica bajo la etiqueta de «sesgo» y se ha convertido en un importante tema desde finales de los años sesenta. Pertenece al conjunto de problemas psicométricos que Brennan (2001) clasifica como sociales y políticos, más que puramente técnicos.

El término «equidad» tiene significados diferentes y no se dispone de un único significado técnico. Así, los *Standards for Educational and Psychological Tests* (AERA, *et al.*, 1999), que le dedican un capítulo a esta cuestión, consideran que el término «está sujeto a diferentes definiciones e interpretaciones en diferentes circunstancias sociales y políticas» (p. 80). Comienzan indicando que el objetivo explícito de la evaluación mediante tests es tratar a las personas imparcialmente, independientemente de sus características personales tales como etnia, género o discapacidad, que no son relevantes para el uso del producto o servicio. Es decir, la imparcialidad requiere que las características personales de los sujetos que cumplimentan el test sean irrelevantes para la medida del constructo, y que no tengan efectos apreciables en los resultados del test o en su interpretación.

Se recogen en los estándares los cuatro usos más habituales del término, aunque advierten de la existencia de otras posibles interpretaciones en la literatura sobre el tema. Los dos primeros se refieren a la ausencia de sesgo en las medidas y al tratamiento equitativo de todos los examinados en el proceso de selección, la tercera, a la igualdad de resultados para subgrupos y la cuarta, que es específica de los tests educativos, a la igualdad de oportunidades para el aprendizaje del dominio medido. Nos centraremos en este capítulo en la primera concepción: imparcialidad como ausencia de sesgo, esto es, nos centraremos en los aspectos más puramente técnicos sobre la evaluación de la imparcialidad de los tests dejando a un lado cuestiones políticas o sociales relativas a la equidad de los mismos.

Se dice que surge sesgo cuando deficiencias en el test o en la forma en que es usado generan diferentes significados para las puntuaciones obtenidas por miembros de diferentes grupos.

La interpretación más habitual del sesgo de un test se establece en la línea de la validez de constructo, ya que el sesgo viene determinado fundamentalmente por la introducción de componentes irrelevantes para el constructo, que llevan a puntuaciones más bajas para personas pertenecientes a ciertos subgrupos. En una aproximación amplia, el problema del sesgo puede plantearse en los siguientes términos: «Las diferencias entre grupos encontradas en los resultados de tests de aptitudes y rendimiento, ¿reflejan diferencias reales entre los grupos o están causadas por fuentes sistemáticas de variación ajenas al constructo que mide el test?». Estos componentes irrelevantes para el constructo pueden surgir de un muestreo inadecuado de los contenidos, de la falta de claridad en las instrucciones, o de criterios de puntuación que destacan soluciones que son más típicas para un grupo que para otros.

En esta misma línea, esto es, sesgo como un problema de validez, se encuentra la definición más aceptada de sesgo, recogida por Camilli y Shepard: «sesgo de un test es una fuente de invalidez o de error sistemático que se refleja en cómo un test mide a los miembros de un grupo particular» (1994, p. 7). Es sistemático en el sentido de que crea una distorsión en los resultados de un test para los miembros de un grupo particular. En esta misma línea, Cole y Moss consideran que «sesgo es la validez diferencial de una interpretación de la puntuación de un test para cualquier subgrupo definible y relevante de sujetos examinados con el test» (1989, p. 205).

Puede observarse como el concepto de *grupo* es central en las definiciones de sesgo, y por tal motivo, éste ha sido estudiado fundamentalmente en las investigaciones acerca de diferencias relacionadas con la etnia o el género, aunque también puede estudiarse en relación con otras diferencias sociodemográficas, tales como la clase social, edad, región, nación, hábitat o cualquier otra característica relevante de los sujetos. Siempre que se identifiquen grupos de sujetos para los que el significado de las puntuaciones del test se sospeche que pueda ser diferente, es correcto aplicar la metodología de desarrollada en este capítulo.

Aunque los métodos pueden aplicarse, en principio, a cualquier número de grupos definidos por una variable sociodemográfica, generalmente la clasificación es dicotómica, considerándose dos grupos denominados *grupo focal* y *grupo de referencia*. El grupo focal es aquel que se considera perjudicado por el test (normalmente el minoritario) y el de referencia es el grupo de comparación (normalmente mayoritario). En este capítulo designaremos abreviadamente a estos dos grupos cuando sea necesario como GF y GR, respectivamente.

El concepto de sesgo de un test debe distinguirse de otros conceptos con los que frecuentemente se le confunde. Uno de ellos es el denominado *impacto adverso*. Éste tiene lugar cuando hay diferencias de grupo en los resultados de un test de modo que conducen a tasas de selección y admisión no proporcionales a los tamaños de los grupos de aspirantes. El impacto adverso o las diferencias entre los grupos no son en sí mismos evidencias de sesgo del test. El propósito de las investigaciones sobre el sesgo es precisamente separar las diferencias reales de las artefactuales (generadas por el propio instrumento de medida). Camilli y Shepard (1994) explican esta diferencia con un ejemplo muy claro, el de las diferencias frecuentemente encontradas, y favorables a los varones, en tests de matemáticas. Este resultado puede explicarse en la población estadounidense por el hecho de que las mujeres suelen seguir menos cursos de matemáticas que los varones, pudiendo pensar que refleja diferencias en conocimientos adquiridos y no auténticos sesgos de los tests. Únicamente podría hablarse de sesgo en este caso si los niveles de formación de las mujeres en esta materia fuesen similares a los de los varones.

1.2. Preocupación histórica por el estudio del sesgo

La investigación sobre el sesgo de los ítems puede remontarse a Binet que ya en 1910, cuando encontró que los niños de estatus socioeconómicos más bajos rendían peor en algunos ítems de su test, pensó que estos ítems podrían medir los efectos del entrenamiento cultural en vez de verdadera capacidad mental. También William Stern, el introductor del término Cociente Intelectual, estudiando las diferencias relacionadas con la clase social en Alemania, encontró que los tests podían favorecer las diferencias de una clase social sobre otra (Stern, 1914). El comienzo de la investigación moderna sobre el sesgo, sin embargo, es bastante tardío, pudiendo iniciarse en el trabajo de Eells, Davis, Havighurst, Herrick y Tyler (1951) realizado en la Universidad de Chicago, en el que encontraron que las variaciones de los ítems en cuanto a contenido, formato, etc., reducían o exageraban las diferencias entre los grupos. Un factor desencadenante de las investigaciones sobre el sesgo fue el dictamen de algunas sentencias judiciales importantes por discriminación en la selección de personal, tales como la de Griggs frente a Duke Power Co. (1971). Todo esto creó un clima favorable para las investigaciones en torno al sesgo, guiadas por el objetivo de obtener *tests libres de cultura*, que no discriminasen negativamente a los miembros de ciertos grupos al tomar decisiones importantes para los individuos.

Pero no será hasta finales de los años sesenta cuando el tema específico de la equidad para diferentes subgrupos empiece a ocupar un papel importante en la teoría de los tests (Scheuneman y Bleistein, 1997). Algunos de los métodos desarrollados forman ya parte del análisis habitual de los ítems de los tests, ya que desde finales de los ochenta, los responsables de los programas de evaluación son conscientes de la importancia del tema, entrando a ser considerado este aspecto como una parte de la validez de los tests. La importancia adquirida está ligada a la aparición de los diversos movimientos por los derechos civiles en EE.UU. y a los movimientos feministas, de donde surgen reivindicaciones por la igualdad de derechos para algunos grupos considerados injustamente tratados en situaciones de selección para puestos de trabajo y de admisión en instituciones educativas, contextos en los que las decisiones se basan con mucha frecuencia en tests psicométricos. Las diferentes tasas de admisión de grupos diferenciados por etnia, género, estatus socioeconómico, etc., llevaron a pensar en la posibilidad de presencia de sesgos en los tests utilizados. Otro hecho importante fue la gran controversia provocada por el artículo de Jensen (1969) «How much can we boost IQ and scholastic achievement?», así como su consideración del componente genético de la inteligencia para justificar las diferencias raciales. La Association of Black Psychologists pidió en 1969 una moratoria en la aplicación de los tests de Cociente Intelectual a la población afroamericana. Durante las primeras épocas del uso de los tests se creía que las diferencias de grupo eran un reflejo de la realidad (Cole y Zieky, 2001) y las masas de datos recopiladas en aplicaciones masivas, como las del ejército, reforzaban los estereotipos con respecto a las diferencias de grupo. Los críticos del uso de los tests, legisladores y profesionales de la medida, comenzaron a estudiar este importante problema del que puede encontrarse una interesante exposición desde distintos puntos de vista (psicométricos, sociales y legales) en el libro de Arvey y Faley (1988) *Fairness in selecting employees*.

En los últimos años, como señalan Cole y Zieky (2001), parece que la cantidad de investigación se ha reducido. En opinión de estos autores, la única cosa clara es que no hay respuestas simples al problema. No hay ningún estadístico que pueda indicar de forma no ambigua si un ítem está sesgado o no. Existe acuerdo en que las diferencias de puntuaciones por sí solas no prueban sesgo, aunque a veces ésta es la interpretación que le da el público.

2. Detección del sesgo

Las evidencias de la presencia de sesgo pueden buscarse en el contenido de los tests, en su estructura interna, en el tipo de respuestas de diferentes subgrupos y en las relaciones que en estos grupos el test muestra con otras medidas.

Por lo que respecta a los sesgos relacionados con el contenido del test, a veces pueden detectarse simplemente por criterios de juicio (análisis de sensibilidad de las cuestiones, etc.) que suelen llevarse a cabo durante el proceso de revisión del test. Como guía de buenas prácticas, para evitar construir tests con sesgo, los equipos de desarrollo de los tests deben prestar cuidadosa atención a las normas al respecto, como las recomendaciones de los *Standards for Educational and Psychological Tests* (AERA, *et al.*, 1999). Es interesante también la lectura de las guías del ETS (2003), *Fairness Review Guideliness* (http://ftp.ets.org/pub/corp/overview.pdf. En el estudio de las restantes fuentes de evidencia se siguen procedimientos estadísticos.

Dos han sido las aproximaciones estadísticas para la detección del sesgo: una de ellas utiliza un criterio externo al test y la otra un criterio interno, normalmente las puntuaciones obtenidas en el test total. La primera aproximación se centra en lo que se conoce como sesgo externo, mientras que la segunda lo hace sobre el llamado sesgo interno.

Osterlind define el sesgo externo como «el grado en que las puntuaciones del test muestran correlaciones con variables irrelevantes para su interpretación y ajenas a éste» (1979, p. 5). Normalmente, al hablar del sesgo externo suele hacerse referencia al test total, a las consecuencias sociales de su uso, así como a la falta de imparcialidad en el test. Durante los años setenta se desarrollaron diversos modelos desde la perspectiva de los tests utilizados en selección.

Para este mismo autor, el sesgo interno se refiere a las propiedades psicométricas de los ítems de los tests. Es un término técnico, sin connotaciones sociales o políticas y no denota más que la existencia de un error sistemático en el proceso de medida. Las técnicas que lo detectan pueden considerarse como un tipo particular de análisis de ítems que intentan responder a la cuestión de si los ítems de los tests estandarizados tienen el mismo comportamiento estadístico para diferentes subgrupos de sujetos extraídos de la misma población.

Históricamente, surgió antes la aproximación basada en el paradigma de la validez predictiva. No obstante, en la actualidad es la aproximación interna la más frecuente y el origen de la mayor parte de las investigaciones recientes. En ella nos centraremos en este capítulo. Para una descripción más amplia del tema pueden consultarse Camilli y Shepard (1994), Cole y Zieky (2001), Holland y Thayer (1988), Holland y Wainer (1993), y Penfield y Lam (2000).

Los métodos empleados son conocidos como *Análisis del Funcionamiento Diferencial de los ítems*, al que en adelante denotaremos por sus siglas en inglés, más fáciles de verbalizar: DIF. El término hace referencia a que se compara el funcionamiento de los ítems en grupos distintos.

Los ítems del test se examinan por diferentes procedimientos de detección de DIF para ver si se comportan de la misma forma para todas las personas de una población, independientemente de su pertenencia a subgrupos particulares (p. ej., definidos por género, etnia, etc.). Como hemos señalado, el sesgo de los ítems puede enmarcarse en el contexto de la validez de constructo de los ítems, es decir, el grado en que un ítem o conjunto de ítems miden un rasgo o constructo. Dentro de este contexto, la probabilidad de que un examinado responda a un ítem correctamente se denomina probabilidad de éxito y el DIF puede estudiarse comparando las probabilidades de éxito para diferentes subgrupos de la misma población, es decir, sometidos al mismo proceso de evaluación. Desde este punto de vista, «un ítem se considera insesgado si la probabilidad de éxito para el ítem es la misma para sujetos igualmente capaces, independientemente del subgrupo a que pertenezcan». Un ítem sesgado es aquel en el que, por el contrario, las probabilidades de éxito son diferentes, a pesar de la igualdad en capacidades.

Aunque existen métodos para examinar el DIF o funcionamiento diferencial del test (Camilli y Penfield, 1997; Shealy y Stout, 1993), normalmente los análisis se realizan en el nivel de los ítems, asumiendo que en la medida en que los ítems estén libres de DIF también lo estará el test.

En los últimos veinte años han proliferado los métodos estadísticos para la detección del DIF (aproximación que suele denominarse *DIF estadístico*), pero se han hecho escasos progresos en la identificación de los problemas sustantivos que caracterizan a los ítems que lo muestran (*DIF sustantivo*). Si es detectado DIF, existe la posibilidad de que el ítem esté sesgado, pero no implica que lo esté necesariamente. Como hemos señalado previamente, las diferencias de puntuaciones por sí solas no prueban sesgo, sólo hablaríamos de sesgo cuando estas diferencias fueran introducidas por una mala construcción del test. Así pues, el estudio del *DIF* estadístico debe completarse con el análisis del DIF *sustantivo*, para cuyo análisis suelen someterse los ítems al escrutinio de expertos (especialistas en currículo o desarrolladores de tests) para buscar las fuentes de sesgo. Esta aproximación no ha sido muy exitosa hasta el momento, debido a las inconsistencias en los juicios y a la falta de fiabilidad de los jueces (Gieri, *et al.*, 2001; Roussos y Stout, 1996) y así es reconocido en los *Standards for Educational and Psychological Tests* (AERA, *et al.*, 1999): «aunque los procedimientos DIF mantienen alguna promesa para mejorar la calidad de los tests, ha habido poco progreso en la identificación de las causas que aparecen en los temas sustantivos que caracterizan a los ítems que exhiben DIF» (p.78).

Una aproximación algo diferente es la conocida como Funcionamiento Diferencial de Alternativas (*Differential Alternavive Functioning,* DAF) en los ítems de elección múltiple, propuesta por Holland y Wainer (1993) y consistente en examinar las respuestas a las alternativas incorrectas para ver diferencias en los patrones de elección mostrados por distintos subgrupos.

Todos los procedimientos tienen en común el utilizar los resultados globales del test (variable de emparejamiento) como criterio para detectar el DIF, y también el que los conjuntos de ítems que componen el test se consideran homogéneos y unidimensionales, es decir, que una única variable latente puede explicar la respuesta al ítem.

A continuación se presenta una exposición detallada de las principales técnicas utilizadas en la actualidad para la detección del DIF. Omitimos la exposición de los procedimientos basados en el Análisis de la Varianza, muy utilizados en los comienzos durante los años setenta, pero desaconsejado en la actualidad, por confundir diversos efectos. Una descripción de sus bases lógicas, procedimientos e interpretación puede encontrarse en Schmeisser (1982).

En la actualidad suele seguirse la clasificación de los diferentes procedimientos presentada por Potenza y Dorans (1995) que los agrupa según dos dimensiones:

1. En función de cómo se obtiene la variable de emparejamiento: 1) variables observadas y 2) estimaciones de la variable latente (Millsap y Everson, 1993). Otros autores, como Pemfield y Lam (2000), los denominan procedimientos empíricos y procedimientos basados en modelos.
2. En función de la utilización o no de supuestos sobre las relaciones funcionales entre las puntuaciones del ítem y la variable de emparejamiento. Esto lleva a la distinción entre procedimientos paramétricos (establecen supuestos) y no paramétricos (no establecen supuestos). Un problema de los primeros es que el DIF detectado puede ser un artefacto debido a una incorrecta especificación del modelo (Potenza y Dorans, 1995). También puede haber problemas en los modelos con parámetros múltiples debido a las covariaciones entre los parámetros (Lord, 1980; Ramsay, 1991). Los procedimientos no paramétricos tampoco están exentos de problemas, puesto que con muestras pequeñas pueden dar lugar a resultados inestables, debido a los efectos de los errores de muestreo.

Presentamos en primer lugar los procedimientos desarrollados para ítems dicotómicos, seguido de algunas extensiones desarrolladas para ítems politómicos.

3. Procedimientos empíricos para la detección del DIF en ítems dicotómicos

3.1. Procedimientos no paramétricos

Los primeros procedimientos desarrollados para la detección del DIF se basaban en las dificultades diferenciales de los ítems para distintos grupos. Se consideraban ítems potencialmente sesgados aquellos para los que la diferencia entre los índices de dificultad para cada grupo era relativamente mayor respecto al resto de ítems del mismo test (Eells, et al., 1951; Angoff, 1972; Angoff y Ford, 1973). Estos procedimientos, sin embargo, han sido objeto de abundantes críticas siendo apenas utilizados en la actualidad. La crítica fundamental es que tiende a confundir discriminación del ítem con dificultad del mismo (Lord, 1977). El lector interesado puede encontrar una descripción en castellano con ejemplos de dichos procedimientos en Martínez Arias (1995). En este capítulo nos centraremos, por tanto, en aquellos procedimientos más utilizados en la actualidad.

3.1.1. Procedimientos basados en tablas de contingencia

Planteamiento general

El nombre genérico de este apartado hace referencia a la forma de la tabulación de los datos y no a un método específico de análisis, ya que son varios los procedimientos estadísticos agrupados bajo esta etiqueta general. Los métodos basados en tablas de contingencia tratados en este apartado tienen en común que se basan en las puntuaciones observadas y son no paramétricos.

También existen algunas de las aproximaciones más avanzadas basadas en tablas de contingencia que son paramétricas, puesto que usan estrategias de comparación de modelos (aunque no de TRI) pero serán tratadas en otro apartado distinto.

Construcción de las matrices $2 \cdot 2 \cdot K$

El primer paso para la aplicación de estos procedimientos consiste en codificar los datos y trasladar los de cada ítem del test a una tabla de contingencia. Para cada sujeto debe disponerse de la siguiente información: a) un código de pertenencia al grupo; b) su respuesta al ítem, codificada como acierto (1) o error (0) y c) la puntuación total del test. La puntuación total se calcula como el número de respuestas correctas, siendo el rango de 0 a n. Ésta se subdivide normalmente en K intervalos.

A partir de esta información, los datos de cada ítem se organizan en forma tabular, en una tabla de contingencia de tres vías:

a) Grupo (referencia/focal).
b) Respuesta (acierto/error).
c) K intervalos en los que se divide la puntuación total.

Los examinados con la misma puntuación total se agrupan juntos y, para cada uno de los grupos definidos por la aptitud, se tabulan los datos en tablas $2 \cdot 2$, siendo una de las entradas de la tabla la pertenencia al grupo (focal/referencia) y la otra la respuesta al ítem (acierto/error). La tabla 14.1 es un ejemplo de esta tabulación.

14. Equidad del test y funcionamiento diferencial de los ítems

Tabla 14.1. Tabulación de datos para el análisis DIF mediante tablas de contingencia. Intervalo j ($j = 1, 2, \ldots K$)

Grupo	Respuesta al ítem i en el intervalo j de habilidad ($j = 1, 2, \ldots, K$)		
	1	0	Total
Referencia (R)	a_j	b_j	n_{R_j}
Focal (F)	c_j	d_j	n_{F_j}
Total	n_{1j}	n_{0j}	

Deberá haber K tablas como la anterior, una para cada uno de los intervalos en los que se divide el rango completo de puntuaciones. Las letras a, b, c y d hacen referencia a las frecuencias dentro de cada una de las casillas y el subíndice j indica que se refieren al intervalo j-ésimo de la habilidad.

Puesto que todos los examinados de cada tabla se encuentran dentro del mismo intervalo, los dos grupos pueden considerarse comparables y la pregunta a la que se intenta responder es si tienen los sujetos del grupo focal y del grupo de referencia la misma probabilidad de acertar al ítem. Una serie de cálculos simples permiten responder a la cuestión, para lo que hay que calcular las proporciones para cada casilla de la tabla, tal como se expresa en la tabla 14.2.

Tabla 14.2. Proporciones de aciertos y errores de los grupos focal y de referencia en el intervalo j

Grupo	Respuesta al ítem i en el intervalo j de habilidad ($j = 1, 2, \ldots, K$)		
	1	0	Total
Referencia (R)	p_{R_j}	q_{R_j}	1
Focal (F)	p_{F_j}	q_{F_j}	1

Partiendo de tablas de contingencia como las anteriores, se han propuesto diferentes procedimientos estadísticos para calcular el DIF. Presentamos a continuación los más utilizados.

Medidas de diferencias de proporciones estandarizadas

El método, denominado *método de estandarización,* fue propuesto por Dorans y Kulick (1983, 1986) y se basa en una aproximación empírica ya que utiliza como variable de emparejamiento la puntuación total en el test. Una buena descripción del método para ítems dicotómicos puede encontrarse en Dorans y Holland (1993).

Partiendo de las K tablas de contingencia expuestas en el apartado anterior, se calcula la diferencia entre las proporciones en j, que se denota como Δp_j, y por convención es:

$$\Delta p_j = p_{F_j} - p_{R_j} \qquad [14.1]$$

Utilizando esta notación, proponen el estadístico:

$$\text{DPE} - \text{DIF} = \frac{\sum_{j=1}^{K} w_j \Delta p_j}{\sum_{j=1}^{K} w_j} \qquad [14.2]$$

donde w_j es el peso común asignado a p_{R_j} y a p_{F_j} en el nivel j-ésimo y a su diferencia. Los valores de los w_j dependen de los propósitos de la evaluación (Dorans y Holland, 1993), aunque estos mismos autores proponen como opciones posibles las siguientes:

a) $w_j = n_{Tj}$ número de sujetos en j del grupo total $(F + R)$.
b) $w_j = n_{Rj}$ número de sujetos en j del grupo R.
c) $w_j = n_{Fj}$ número de sujetos en j del grupo F.
d) $w_j =$ frecuencia relativa en j de algún grupo de referencia.

En la práctica sugieren usar la opción c, esto es, la frecuencia en j de los sujetos del grupo focal, puesto que atribuye mayor peso a la diferencia Δp_j en los niveles j más frecuentes para el grupo focal objeto del estudio. El uso de esta frecuencia permite interpretar el índice DPE-DIF como la diferencia entre el rendimiento observado en el ítem del grupo focal y el pronosticado mediante los miembros del grupo de referencia emparejados en aptitud. Esta ponderación lleva a la siguiente ecuación para DPE-DIF:

$$\text{DPE} - \text{DIF} = \frac{\sum_{j=1}^{K} n_{F_j} \Delta p_j}{\sum_{j=1}^{K} n_{F_j}} \qquad [14.3]$$

Este índice puede tomar valores en el intervalo $[-1, +1]$. Valores positivos indican que los ítems favorecen al grupo focal, mientras que los negativos indican una desventaja de este grupo. Dorans y Holland (1993) proponen una serie de valores de referencia para la interpretación:

a) Entre $-0,05$ y $0,05$ denotan ausencia de DIF.
b) Entre $-0,10$ y $-0,05$ y entre $0,05$ y $0,10$, se aconseja una inspección de los ítems.

c) Fuera del rango [−0,10, 0,10] serán examinados con cuidado y revisados por los expertos.

Camilli y Shepard (1994) proponen un índice equivalente al anterior pero que sólo asume valores positivos, ya que se elevan al cuadrado los valores de Δp_j antes de multiplicar por la frecuencia.

Aunque los autores proponen los valores de referencia citados, también se puede obtener su significación estadística, puesto que se ha determinado su error típico y una aproximación normal para el contraste con muestras grandes.

El error típico se obtiene mediante la siguiente ecuación:

$$\text{ET (DPE} - \text{DIF)} = \sqrt{\frac{p_F(1-p_F)}{n_F} + \text{Var}(p_F^*)} \qquad [14.4]$$

donde

$$\text{Var}(p_F^*) = \sum_{j=1}^{K} \frac{n_{F_j}^2 p_{R_j}(1-p_{R_j})}{n_{R_j} n_F^2} \qquad [14.5]$$

El estadístico de contraste, que sigue una distribución aproximadamente normal, se calcula dividiendo el estadístico por su error típico.

Dorans y Holland (1993) aplican también este método a la detección del DAF (funcionamiento diferencial de los distractores o alternativas). El procedimiento es el mismo aplicado a la respuesta correcta, pero repetido con cada uno de los distractores u opciones de un ítem de elección múltiple. Es interesante cuando se sospecha que alguno de los distractores puede provocar su elección por ciertas características de los grupos. El lector interesado puede encontrar un ejemplo en castellano en Martínez Arias, 1995.

Razón de los logaritmos de las plausibilidades (*odds*) de Mantel-Haenszel

Esta medida de asociación fue desarrollada por Mantel y Haenszel (1959) y aplicada al estudio del DIF por Holland y Thayer (1988). Se forma combinando las razones de plausibilidades de los K niveles en los que se divide el rango de la habilidad, calculando un promedio ponderado:

$$\alpha_{MH} = \frac{\sum_{j=1}^{K} \frac{a_j d_j}{t_j}}{\sum_{j=1}^{K} \frac{b_j c_j}{t_j}} \qquad [14.6]$$

donde los términos a, b, c y d tienen el significado dado en la tabla 14.1 y t_j es la frecuencia total del nivel j-ésimo.

α_{MH} puede utilizarse como una medida de DIF en la que el valor 1 significaría idéntico comportamiento del ítem para los dos grupos y los valores mayores de uno, tal como está formulada la expresión, mayores posibilidades de éxito en el ítem para el grupo de referencia.

Aunque se puede utilizar directamente como medida de DIF, frecuentemente se convierte en su logaritmo neperiano, obteniéndose el índice β_{MH}:

$$\beta_{MH} = \ln \alpha_{MH} \qquad [14.7]$$

Para descartar ítems con DIF, algunas compañías que desarrollan tests han adoptado un sistema desarrollado por ETS para categorizar la severidad del DIF. Este sistema se basa en la significación estadística y en la magnitud del DIF-MHD (Zieky, 1993):

$$MHD = -2{,}35 \ln (\alpha_{MH}) \qquad [14.8]$$

Mantel y Haenszel (1959) también propusieron un estadístico de contraste para α_{MH}, que permite contrastar la hipótesis nula de que su valor es igual a la unidad. El contraste, adaptado a la notación seguida en este tema, es el siguiente:

$$\chi^2_{MH} = \frac{\left[\left|\sum_{j=1}^{K} a_j - \sum_{j=1}^{K} E(a_j)\right| - 0{,}50\right]^2}{\sum_{j=1}^{K} \text{Var}(a_j)} \qquad [14.9]$$

donde Var (a_j) se obtiene de la siguiente expresión:

$$\text{Var}(a_j) = \frac{n_{R_j} n_{F_j} n_{1j} n_{0j}}{T_j^2 (T_j - 1)} \qquad [14.10]$$

y

$$E(a_j) = \frac{n_{R_j} n_{1j}}{T_j} \qquad [14.11]$$

El estadístico χ^2_{MH} se distribuye aproximadamente como χ^2 con un grado de libertad. El estadístico está basado en una aproximación normal (de ahí la corrección de continuidad de 0,50) al contraste insesgado, uniformemente más potente, bajo ciertos supuestos específicos: a) a_j es uniforme y b) las variables a_j siguen una distribución hipergeométrica. Según Holland y Thayer

(1988) el χ^2_{MH} es el contraste que posee mayor potencia estadística para detectar DIF.

Otro procedimiento de contraste sencillo es el que se realiza a partir de β_{MH}, cuyo estadístico de contraste que sigue una distribución aproximadamente normal es:

$$z = \frac{\beta_{MH}}{\sqrt{\text{Var}(\beta_{MH})}} \qquad [14.12]$$

y donde la Var (β_{MH}) puede obtenerse mediante la siguiente expresión propuesta por Phillips y Holland (1987):

$$\text{Var}(\beta_{MH}) = \frac{\sum_{j=1}^{K} t_j^{-2}(a_j d_j + \alpha_{MH} b_j c_j)[a_j + d_j + \alpha_{MH}(b_j + c_j)]}{2\left(\sum_{j=1}^{K} \frac{a_j d_j}{t_j}\right)^2} \qquad [14.13]$$

Presentamos en la página siguiente en la tabla 14.3 un ejemplo con los datos del test de razonamiento ya utilizados en temas anteriores. Se examina, para todos los ítems del test, su posible funcionamiento diferencial por sexo considerando el grupo de los varones como grupo de referencia y el de las mujeres como grupo focal. Los cálculos han sido realizados con el programa Tiaplus (CITO, 2003).

Valores absolutos de z superiores a 1,96 indicarían diferencias estadísticamente significativas (n.c. = 0,95) entre ambos grupos. En el caso del ejemplo podemos apreciar como los ítems 7 y 10 presentan un funcionamiento diferencial. Ambos ítems resultan más difíciles para el subgrupo de las mujeres (valores α_{MH} mayores que 1).

3.2. Procedimientos paramétricos: regresión logística

Un procedimiento que guarda cierto parecido con los análisis anteriores, aunque paramétrico, es la regresión logística. Fue propuesta para el análisis del DIF por Swaminathan y Rogers (1990) y es equivalente a la aproximación denominada log-lineal por Mellenbergh (1982). La regresión logística, a efectos de interpretación, es muy similar a la regresión lineal mínimo cuadrática y puede representarse como una ecuación que usa el grupo, la aptitud y la interacción grupo · aptitud para predecir la respuesta a un ítem dicotómico (0 o 1).

Utiliza al examinado como unidad de análisis y puede expresarse por medio de la siguiente ecuación:

Tabla 14.3. Resultados del análisis del DIF según sexo del test EOS8-Razonamiento mediante el estadístico Mantel-Haenszel

Ítem	Mantel-Haenszel	z
Ra1	1,0914	0,1734
Ra2	0,9591	−0,1847
Ra3	1,0138	0,0780
Ra4	0,8584	−0,8008
Ra5	0,9052	−0,5409
Ra6	0,8242	−0,3197
Ra7	2,7326	4,2821 *
Ra8	1,6502	1,9050
Ra9	0,8056	−1,0005
Ra10	1,5219	2,1250 *
Ra11	0,9730	−0,1329
Ra12	1,2060	1,0220
Ra13	1,1848	0,8298
Ra14	1,2842	1,2584
Ra15	0,8694	−0,4862
Ra16	0,6603	−1,3034
Ra17	0,8249	−1,0243
Ra18	0,7392	−1,6647
Ra19	0,9891	−0,0530
Ra20	0,9134	−0,4317
Ra21	0,9092	−0,4406
Ra22	0,7280	−1,3973
Ra23	0,7668	−1,4359
Ra24	0,8249	−0,9864
Ra25	0,9263	−0,3321

$$P(u_i = 1) = \frac{\exp \Psi_i}{1 + \exp \Psi_i} \qquad [14.14]$$

donde:

$$\Psi_i = \delta + \tau_1 G_i + \tau_2 X_i + \tau_3(G_i X_i) \qquad [14.15]$$

y donde δ es la constante del modelo, τ_1, τ_2, τ_3 son los coeficientes de las variables predictoras: G_i, una variable dicotómica que representa la pertenencia al grupo; X_i, la puntuación del sujeto y G_iX_i, la interacción del grupo con la puntuación.

El primer parámetro representa la plausibilidad de que las respuestas sean diferentes para los dos grupos. El segundo coeficiente permite examinar las diferencias ligadas a la habilidad de los sujetos, siendo normal que resulte estadísticamente significativo, ya que es de esperar que sujetos con aptitudes más elevadas respondan mejor al ítem. Como estimador de la aptitud suele usarse la puntuación total en el test, pero también pueden incluirse otros estimadores. La interacción aparece reflejada en el coeficiente τ_3 y cuando éste es estadísticamente significativo indica la presencia de DIF no uniforme, es decir, que las diferencias entre los grupos varían según el nivel de aptitud.

Los parámetros de los modelos de la regresión logística se estiman por procedimientos de *Máxima Verosimilitud* y la estrategia propuesta para estimar el DIF es comparar diferentes modelos, siendo los contrastes razones de verosimilitud. Para el análisis del DIF suelen plantearse tres modelos, comenzando con el más sencillo (modelo I) y examinando la mejora sucesiva producida por la introducción de modelos más complejos. En este caso, los modelos sucesivos son los siguientes:

a) Modelo I. No existe DIF: $\Psi_i = \delta + \tau_2 X_i$.
b) Modelo II. DIF uniforme: $\Psi_i = \delta + \tau_1 G_i + \tau_2 X_i$.
c) Modelo III. DIF no uniforme: $\Psi_i = \delta + \tau_1 G_i + \tau_2 X_i + \tau_3 (G_i X_i)$.

La aproximación de la regresión logística parte de los supuestos fuertes de que la aptitud está bien representada por X y que la probabilidad de una respuesta correcta está linealmente relacionada con la aptitud en la escala logit Ψ.

Normalmente los resultados son muy similares a los obtenidos con el procedimiento de Mantel-Haenszel, pero requiere mucho más tiempo de cálculo, por lo que raramente se usa en la práctica. Tiene la ventaja de no requerir la estimación de los parámetros de los ítems ni de la aptitud como en los modelos de TRI y que no requiere *software* especializado, puesto que los procedimientos para la regresión logística están implementados en todos los paquetes estadísticos.

Siguiendo con los datos del ejemplo anterior presentamos la aplicación de la regresión logística al análisis del funcionamiento diferencial de 2 de los ítems (ra1 y ra10) del test de razonamiento. Los análisis han sido realizados con el programa EZDIF (Waller, 2004; http://freeirt.free.fr/database).

Podemos apreciar como en el caso del ítem 1 no encontramos funcionamiento diferencial mientras que el caso del 10 se encuentra un funcionamiento diferencial no uniforme.

Tabla 14.4. Análisis, mediante regresión logística, del DIF por sexos del ítem ra1 del test EOS8-Razonamiento

Ítem: ra1	Estimación	Error típico	Z	p
Constante	−0,045353	0,335804	−0,135058	0,892593
Aptitud	0,311890	0,025087	12,432162	0,000000
Grupo	0,758323	0,485302	1,562579	0,118468
Aptitud · Grupo	−0,067054	0,050175	−1,336409	0,181720

Tabla 14.5. Análisis, mediante regresión logística, del DIF por sexos del ítem ra10 del test EOS8-Razonamiento

Ítem: ra10	Estimación	Error típico	Z	p
Constante	−3.873405	0,185759	−20,85176	0,000000
Aptitud	0,311179	0,012623	24,651464	0,000000
Grupo	−0,250946	0,364298	−0,688850	0,491077
Aptitud · Grupo	0,053300	0,025246	2.111211	0,035002

4. Procedimientos basados en estimaciones de la variable latente para la detección del DIF en ítems dicotómicos: métodos basados en Teoría de la Respuesta al Ítem

4.1. Definición y tipos de DIF en la TRI

La TRI proporciona interesantes procedimientos para evaluar el DIF, que se basan en la comparación de las CCI de los grupos focal y de referencia. Diferencias entre las CCI de los dos grupos indican que los grupos GF y GR en el mismo nivel de aptitud no tienen la misma probabilidad de éxito en el ítem. Se dice, por tanto, que existe DIF cuando la probabilidad condicional $P(\theta)$ de una respuesta correcta difiere para los dos grupos, es decir: $P_{iF}(\theta) \neq P_{iR}(\theta)$. Estas probabilidades se determinan en los distintos niveles de aptitud para los dos grupos y representadas gráficamente dan lugar a dos CCI como las de la figura 14.1.

Cada una de estas curvas está completamente caracterizada por sus parámetros: a, b y c en el modelo de 3P; a y b en el modelo de 2P y b en el modelo de 1P. Si se define el DIF como CCI diferentes, que expresarían distintas probabilidades de respuesta, las diferencias pueden describirse como diferencias en los parámetros a, b o c, o en una combinación de ellos. Si consideramos esta definición operativa de DIF y observamos la figura 14.1, vemos que la

Figura 14.1. DIF uniforme

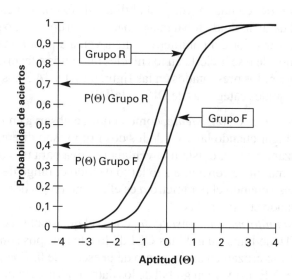

CCI del grupo R está situada más a la izquierda que la del grupo F, lo que indica que el ítem es algo más fácil para el grupo R. A esta misma conclusión podríamos llegar observando que el parámetro *a* es similar para los dos grupos, pero que los parámetros *b* son 1 para el grupo F y 0 para el grupo R, como puede verse en los puntos de inflexión de las curvas; el ítem es aproximadamente una unidad más fácil para el grupo R que para el grupo F en la escala de θ. En la figura 14.2 se muestran dos CCI que difieren en los tres parámetros. La figura representa un ejemplo de DIF más complicado que el de la figura 14.1.

Figura 14.2. DIF no uniforme

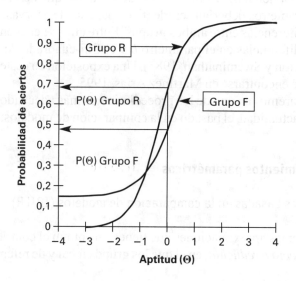

En la figura puede observarse que en los niveles de baja aptitud, los sujetos del grupo F tienen una mayor probabilidad de éxito, aun cuando el ítem tiene un nivel de dificultad global mayor para este grupo, como puede observarse en el mayor valor del parámetro θ. Esta ventaja para *F* manifestada en los niveles bajos de θ se invierte en los niveles más altos a favor de *R*.

Los dos ejemplos presentados en las figuras 14.1 y 14.2 nos permiten establecer dos grandes categorías de DIF en la TRI:

1. *DIF uniforme* o *consistente*, como el que se observa en la figura14.1. Tiene lugar cuando las CCI de los dos grupos son diferentes, pero no se cruzan, esto es, existe una ventaja relativa para uno de los grupos que se mantiene constante a lo largo de todo el rango de aptitud. Este es el caso cuando el parámetro *a* es el mismo en las dos curvas, es decir, cuando son paralelas.
2. *DIF no uniforme o inconsistente*, como el que se observa en la figura 14.2. Tiene lugar cuando las CCI de los dos grupos son diferentes y además se cruzan en algún punto de la escala de θ. Cuando se da este tipo de DIF, un examen global de los datos podría ocultar su presencia, puesto que la naturaleza diferente del DIF en distintas zonas de θ puede cancelar total o parcialmente su detección.

Los primeros procedimientos de detección de DIF fueron intentos de cuantificar la diferencia global entre las dos CCI. Básicamente se reducen a dos grupos: los índices simples de área de Rudner (1977), Linn, Levine, Hastings y Wartrop (1981) y los que calculan las diferencias en probabilidad de Shepard, Camilli y Williams (1984), Raju (1988, 1990). Sin embargo, aunque resultan procedimientos muy intuitivos, tienen numerosos inconvenientes, lo que han llevado a un escaso uso en la actualidad.

Otros procedimientos, también de escaso uso actualmente, son los basados en la comparación de los parámetros de los ítems que describen las curvas. Estos parámetros deberían ser idénticos para las dos curvas, supuesta la ausencia de diferencias entre ambos grupos. Entre ellos se encuentran el contraste de las diferencias en el parámetro *b* y el Chi-cuadrado de Lord (Lord 1980, Hambleton y Swaminathan, 1985). Una exposición en castellano de los mismos puede encontrarse en Martínez Arias, 1995.

Nos centraremos en uno de los procedimientos más adecuados y con mayor uso en la actualidad, el basado en la comparación de modelos.

4.2. Procedimientos paramétricos

4.2.1. Medidas basadas en la comparación de modelos (IRTLR)

Existen diferentes aproximaciones que tienen en común el contraste entre un *modelo compacto o reducido*, en el que los grupos focal y de referencia tienen los mismos valores de los estimadores de los parámetros, con un *modelo aumentado o ampliado*, en el que los valores pueden diferir entre los grupos. El modelo aumentado incluye todos los parámetros del compacto y alguno más; es decir, el modelo compacto se encuentra anidado dentro del modelo aumentado. La idea básica es que un modelo más simple y común a los grupos focal y de referencia para un ítem (el modelo compacto, modelo C) es siempre preferible a un modelo más complejo en el que cada grupo tenga su propia CCI (modelo aumentado, modelo A). Únicamente si un modelo más complejo representa un ajuste a los datos significativamente mejor será aceptado este último.

La aproximación más general es la aproximación basada en el test de *Razón de Verosimilitud* (Thissen, Steinberg y Wainer, 1993), para modelos anidados estimados mediante los procedimientos de Máxima Verosimilitud Marginal. Esta aproximación es similar a la que se realiza en otros procedimientos estadísticos basados en la estimación de Máxima Verosimilitud, como en los modelos de ecuaciones estructurales. Una segunda aproximación, el IRTLR log-lineal (Kelderman, 1990) también se basa en los procedimientos de estimación de Máxima Verosimilitud, pero es aplicable únicamente a los modelos de Rasch. Una tercera aproximación es la denominada IRTLR de información limitada que fue desarrollada por Muthen y Lehman (1985) y utiliza modelos de ojiva normal, con estimadores de mínimos cuadrados generalizados de los parámetros.

Las tres aproximaciones fueron evaluadas en Thissen, *et al.* (1993), resultando la de aplicación más general la desarrollada por Thissen, *et al.* (1993), que permite acomodar una gran variedad de modelos, tanto dicotómicos como politómicos. Tiene además la ventaja de su facilidad de cálculo utilizando el programa BILOG-MG en el caso de los ítems dicotómicos y PARSCALE, para los politómicos. También podría utilizarse el programa MULTILOG. Por este motivo, nos referimos a esta aproximación.

Para aplicar estos métodos es preciso disponer de una hipótesis nula, que plantea que los datos se ajustan al modelo C, y una hipótesis alternativa, que plantea que los datos se ajustan el modelo A.

El contraste tiene como objetivo probar si el modelo aumentado mejora significativamente el ajuste de los datos y se establece como una *razón de las verosimilitudes* de los dos modelos, denotada como LR:

$$LR = \frac{L(\text{Modelo C})}{L(\text{Modelo A})} \qquad [14.16]$$

El contraste se calcula mediante el estadístico:

$$\chi_m^2 = -2 \ln LR = [-2 \ln L(\text{Modelo C})] - [-2 \ln L(\text{Modelo A})] \qquad [14.17]$$

donde los grados de libertad m se obtienen como $m = \text{gl}(C) - \text{gl}(A)$.

Psicometría

El modelo compacto se define con la restricción de que los parámetros de un ítem son iguales para los dos grupos. El modelo aumentado relaja algunas de las restricciones, por ejemplo permite que el parámetro *b* difiera para los grupos. Las estimaciones de los parámetros se obtienen para cada ítem estudiado. Así, para un test de *n* ítems hay un modelo compacto y *n* modelos au-

Tabla 14.6. Análisis del DIF por sexos, para los ítems del test EOS8-Razonamiento. Contraste de hipótesis sobre los betas estimados para los dos grupos (hombres y mujeres)

Ítem	$b_2 - b_1$	e.t.	$\dfrac{b_2 - b_1}{e.t.}$
RA01	0,548	0,598	0,92
RA02	−0,525	0,537	−0,98
RA03	0,252	0,265	0,95
RA04	−0,154	0,198	−0,78
RA05	−0,047	0,148	−0,32
RA06	−0,132	0,591	−0,22
RA07	0,808	0,18	4,49 *
RA08	0,167	0,294	0,57
RA09	−0,366	0,36	−1,02
RA10	0,276	0,157	1,76
RA11	−0,04	0,216	−0,19
RA12	0,132	0,13	1,02
RA13	0,127	0,128	0,99
RA14	0,124	0,113	1,10
RA15	−0,124	0,166	−0,75
RA16	−0,08	0,158	−0,51
RA17	−0,071	0,12	−0,59
RA18	−0,228	0,238	−0,96
RA19	−0,029	0,106	−0,27
RA20	−0,04	0,137	−0,29
RA21	−0,023	0,193	−0,12
RA22	−0,192	0,153	−1,25
RA23	−0,079	0,163	−0,48
RA24	−0,263	0,129	−2,04 *
RA25	−0,044	0,615	−0,07

mentados requiriéndose, por tanto, $n + 1$ estudios de calibración. El *output* de los programas de estimación de la TRI proporciona los valores de $-2 \ln L$. En Martínez Arias (1995) se presentan ejemplos de los procedimientos de comparación de modelos con los datos de un ítem de un test.

Otro procedimiento, que puede aplicarse directamente con el programa BILOG-MG (Zimowski, *et al.*, 1996) consiste en el contraste de hipótesis sobre los betas estimados para los dos grupos. BILOG-MG maneja el DIF de forma similar a la equiparación de grupos no equivalentes. Se asume que los niveles de habilidad del grupo son diferentes y las diferencias relativas en las dificultades de los ítems entre grupos se examinan bajo la restricción de que las dificultades medias de los ítems para los grupos son iguales. Esta misma aproximación puede usarse con PARSCALE para ítems politómicos.

Presentamos en la tabla 14.6 los resultados proporcionados por el programa BILOG-MG aplicado a los datos del test de razonamiento. El programa proporciona los valores de la diferencia entre los parámetros «*b*» estimados para ambos grupos así como los errores típicos de dicha diferencia. Dividiendo la diferencia entre el error típico y asumiendo una distribución normal, podemos tener pruebas de significación de la diferencia entre dichos parámetros.

Podemos apreciar cómo el ítem 7 y el 24 presentan funcionamiento diferencial.

4.3. Procedimientos no paramétricos basados en la variable latente

Shealy y Stout (1991, 1993) propusieron un procedimiento que está basado en la TRI y es a la vez no paramétrico, aunque no parte de las tablas de contingencia. Es uno de los procedimientos usados en la actualidad para el análisis del DIF en el NAEP (Allen, *et al.*, 2000) junto con los procedimientos de Mantel-Haenszel. El análisis puede implementarse con el programa SIBTEST (William Stout Institute). Las bases teóricas que sustentan el programa requerirían una extensión que supera los objetivos de este texto. También dispone de un procedimiento para ítems politómicos: POLY-SIBTEST. Información sobre el procedimiento puede encontrarse en Shealy y Stout (1993) y Chang, Mazzeo y Roussos (1996).

5. Modelos basados en tablas de contingencia frente a modelos basados en la TRI

En los apartados anteriores se presentaron diversos métodos para la detección del DIF denominados no paramétricos, basados en tablas de contingencia. Su utilidad no está basada en las propiedades no paramétricas, ya que todos tienen supuestos que cuando no se cumplen pueden llevar a falsos positivos o falsos negativos. Su elección se basa en consideraciones de tiempo, experiencia, etc.

Si comparamos estos métodos con los de la TRI podemos concluir que: los modelos fuertes de TRI (1P) cuando describen de forma segura los datos proporcionan procedimientos más sensibles de detección del DIF. No obstante, la principal ventaja se encuentra en los modelos más débiles (3P), ya que son los más realistas en la mayor parte de los tests, aunque su principal inconveniente es que éstos requieren grandes tamaños muestrales para la estimación eficiente de los parámetros del ítem y de la aptitud. Puesto que los métodos de tablas de contingencia pueden aplicarse con tamaños muestrales reducidos, pueden parecer más fuertes que los TRI, no obstante presentan los tres inconvenientes siguientes:

1. La estimación de la aptitud se realiza con la puntuación total no ponderada.
2. No se estima la adivinación, suponiendo que es igual en los dos grupos.
3. No se supone variación en el poder discriminante de los ítems, suponiendo además que es similar en los dos grupos.

Buenos resúmenes del DIF dicotómico se encuentran en Clauser y Mazor (1998).

6. Procedimientos de detección de DIF para ítems politómicos

6.1. Dificultades especiales de análisis del DIF en ítems politómicos

La inclusión cada vez más frecuente de ítems de este tipo en las evaluaciones a gran escala ha llevado a la necesidad de ampliar los procedimientos de DIF. El interés del análisis de DIF y potencial sesgo en estos ítems se ve aumentado por la falta de evidencia empírica de lo que dicen algunos de sus defensores, acerca de que es una aproximación más equitativa que los tests de elección múltiple (Supovitz y Brennan, 1997). De hecho, algunas formas de Performance Assessment pueden introducir factores irrelevantes al constructo que los EM no (Lam, 1995). Por ejemplo pueden proporcionar ventajas a estudiantes que tienen acceso a materiales de alta calidad, buenas oportunidades de estudio en casa y padres motivados y educados (Herman, *et al.*, 1992). Parece que también pueden introducir aspectos ligados a la etnicidad y género (Sax, 1997).

Solamente en época reciente se han estudiado las técnicas de DIF de ítems politómicos. Existen buenos resúmenes como Potenza y Dorans (1995) y Penfield y Lam (2000) y los estadísticos aparecen dispersos en artículos, no encontrándose aún en los libros de texto de psicometría.

Los ítems politómicos plantean algunos problemas especiales para el análisis del DIF, que no aparecen en los ítems dicotómicos entre los que se encuentran:

a) La baja fiabilidad de las puntuaciones (Sax, 1997) debido a fuentes diversas tales como el reducido número de elementos; la baja generalizabilidad; la variabilidad de los *ratings* o valoraciones entre calificadores cuando no se produce un entrenamiento adecuado y la existencia de contenidos poco similares y con escasa consistencia interna (Welch y Miller, 1995). Cuando la fiabilidad del test total es baja y uno de los grupos tiene una media mucho más alta que otro existe una mayor probabilidad de error de tipo I o de establecer falsamente la presencia de DIF (Zwick, 1990), puesto que se usa la puntuación total o la de escala como procedimiento de equiparación de los grupos.
b) Dificultades en la definición de la variable de emparejamiento. En los procedimientos tradicionales se usa la puntuación total del test o alguna función de la puntuación. Este procedimiento es viable cuando las puntuaciones totales tienen alta fiabilidad, normalmente derivada de un elevado número de ítems y la naturaleza unidimensional del conjunto de ítems. Estas condiciones no siempre se dan en los PA (Performance Assessment) y a menudo no se puede usar la puntuación total como medida de emparejamiento. Una solución es emparejarlos a un criterio externo que presumiblemente mida el mismo atributo (Miller y Welch, 1993, Zwick, *et al.*, 1997). La solución, no obstante, tiene problemas: a) a veces la correlación con el PA es baja y b) si se junta con los EM o se basa exclusivamente en éstos, nos encontramos con el problema anterior (Welch y Miller, 1995).
c) Dificultad de definir una medida de rendimiento del ítem que se acomode a la medida politómica. El problema es que hay varias CCI para cada ítem y grupo, lo que implica diferencias entre grupo en cada categoría condicionadas a la habilidad. La presencia de diferencias entre grupos en las curvas implica DIF, pero su evaluación es compleja.

La mayor parte de los procedimientos son extensiones de los procedimientos anteriores para ítems dicotómicos. Dorans y Schmidt (1991) extendieron los procedimientos de estandarización a los politómicos. Welch y Hoover (1993) compararon el test de Mantel de asociación condicional con estadísticos t ponderados y no ponderados (HW1 y HW3), emparejando los grupos con valores latentes, derivados de los procedimientos de Dorans y Holland. Welch y Miller (1995) investigaron el HW3 y el GMG (Mantel-Haenszel generalizado) así como la función discriminante logística con una variedad de criterios de puntuaciones observadas como emparejamiento. Chang, Mazzeo y Roussos (1996) desarrollaron la ya mencionada versión politómica del SIBTEST. En el apartado siguiente, nos centraremos en los procedimientos basados en la comparación de modelos, que tienen la misma lógica que en el caso de los ítems dicotómicos.

6.2. Procedimientos paramétricos basados en variables latentes

Su aplicación es similar a la planteada en el caso de los ítems dicotómicos. Supone la comparación de dos modelos jerárquicamente anidados, el compacto o restringido y el aumentado o no restringido. Este último contiene todos los parámetros del anterior más parámetros adicionales. La meta del procedimiento es probar si parámetros adicionales en el modelo aumentado son significativamente distintos de cero.

Se ha encontrado que los procedimientos basados en la comparación de modelos LR son comparables a otros métodos TRI en su capacidad de detección del DIF (Kim y Cohen, 1995) y pueden incluso ser preferidos entre los procedimientos TRI puesto que no requieren matrices seguras de varianzas-covarianzas (Thissen, et al., 1988), ni necesitan la equiparación de los parámetros de los ítems de los dos grupos (Kim y Cohen, 1995). Cohen, et al. (1996) encontraron que el error de tipo I se mantiene en el error nominal con 2P, pero que puede llevar a falsos positivos con el modelo 3P. Pero estos problemas de falsos positivos son comunes con otros procedimientos de detección de DIF (Camilli y Shepard, 1994). Ankenman, Witt y Dunbar (1999) compararon LR y MH en cuanto error de tipo I y potencia en un estudio con datos simulados del modelo respuesta graduada. Encontraron escasa potencia de LR en grupos pequeños (éste es un problema común a los métodos TRI), inflación de errores tipo I en Mantel como en el caso de ítems dicotómicos (Roussos y Stout, 1996). Cuando los grupos difieren en habilidad media y los tests varían en poder discriminante, estos problemas son más frecuentes.

Tienen la ventaja de que pueden obtenerse directamente con los programas de uso extendido en las evaluaciones a gran escala, que contemplan la posibilidad de análisis multigrupo, como PARSCALE. En el caso de los modelos de 2P politómicos, este procedimiento desarrollado por Muraki (1993), asume la igualdad de los parámetros pendiente o discriminación (a).

Con el programa ConQuest (Wu, et al., 1998) también puede modelizarse el DIF incluyendo la pertenencia al grupo como una faceta del modelo, así como sus interacciones posibles.

7. Algunas consideraciones finales

Existe una tendencia en los textos de psicometría a tratar exclusivamente los aspectos matemático-estadísticos, olvidando las consideraciones sustantivas, tendencia que está muy acusada en el tratamiento del sesgo de los ítems. Para evitar este problema en una cuestión de tanta trascendencia social como es el tema del sesgo, concluimos el análisis del DIF con una serie de recomendaciones tomadas de Camilli y Shepard (1994), que sugerimos al lector tenga en cuenta cuando estudie este aspecto tan importante de los ítems de un test.

1. Los procedimientos de análisis del DIF no permiten responder a todas las cuestiones referidas a que el test o el procedimiento de evaluación estén «libres de cultura» y no son sustitutos de este tipo de investigación, que requeriría de otros procedimientos, como el análisis de sensibilidad por parte de los jueces (Dorans, 1989). Berk (1982) proporciona una lista de materiales que deben evitarse en este sentido y Hambleton (1984), a propósito de los tests referidos al criterio, propone un procedimiento estandarizado de recogida de datos con los jueces, para eliminar este tipo de ítems. Son interesantes también las Guías del ETS (ETS, 2003).
2. Los análisis del DIF son útiles para estudiar la estructura interna de un test.
3. Los estadísticos tradicionalmente denominados de sesgo son ahora considerados como índices de DIF, es decir de funcionamiento diferencial de los ítems entre grupos, y el investigador no debe limitarse a sus valores para concluir que existe sesgo. Es importante examinar la importancia del DIF detectado en relación con el constructo que mide el test.
4. Los índices de DIF se basan en un criterio interno, por lo que adolecen de circularidad, no pudiendo ir más allá del propio test para evaluar el impacto en otras formas de medida del mismo constructo.
5. Los primeros índices de DIF basados en los índices de dificultad y correlaciones y en el análisis de varianza no sirven, ya que son sensibles a numerosos artefactos. Los índices más válidos son los basados en la TRI o en las tablas de contingencia, ya que emparejan a los sujetos en la aptitud.
6. Parece haber un acuerdo generalizado sobre la potencia y flexibilidad de los métodos de la TRI, siempre que los tamaños muestrales sean adecuados para proporcionar estimadores estables de los parámetros del ítem. No obstante, es interesante completarlos con otros métodos que permitan detectar en qué zonas de la distribución de puntuaciones se produce el DIF.
7. Los procedimientos basados en las tablas de contingencia funcionan a menudo igual de bien que los de la TRI y tienen menos exigencias de tamaño muestral y de cálculo, no requiriendo de *software* especializado.
8. Los índices de DIF, como otros estadísticos, presentan fluctuaciones muestrales y falta de fiabilidad. Si repitiésemos los análisis con muestras aleatoriamente paralelas de los grupos R y F no habría seguramente una correspondencia perfecta entre los ítems identificados

como sesgados en los dos análisis. En los métodos de TRI las diferencias en las CCI pueden deberse a veces a errores en la estimación de los parámetros *a* y *c*; en los métodos basados en tablas de contingencia, la selección de unos intervalos de *X* en vez de otros puede llevar a cambios en los estadísticos DIF.

Finalmente recomendamos al lector la lectura del trabajo de O'Neill y McPeek (1993) que revisa las investigaciones realizadas sobre las características de los ítems y tests relacionadas con el DIF, resumiendo los principales resultados encontrados para diversos grupos focales (etnias, sexos, etc.) y diferentes materiales de tests.

15. Interpretación de las puntuaciones: escalas, normas y equivalencia de puntuaciones

1. Introducción

Una vez administrado a los sujetos el conjunto de ítems que compone el test, y haber utilizado un procedimiento para obtener un estimador de la aptitud de los sujetos, bien sea mediante una puntuación sumativa o de porcentaje de aciertos, como en la TCT, o con puntuaciones de escala, como en la TRI, es habitual que estas puntuaciones se conviertan a algún tipo de métrica que facilite la interpretación a los destinatarios de las puntuaciones de los tests. Las escalas a las que aquí nos referimos suelen denominarse escalas derivadas. Estas nuevas transformaciones pueden hacerse con una finalidad normativa, tal como se hace en los tests referidos a normas (TRN) o referida a unos objetivos definidos, como en los tests referidos a criterio (TRC) o con relación a los denominados *estándares de rendimiento*. Básicamente, como ya se comentó en el capítulo 1, son 3 los tipos de interpretaciones que se derivan de las puntuaciones de los tests (Haladyna, 2002):

1. *Interpretación referida a las normas*. Las puntuaciones directas o escaladas a menudo son interpretadas con respecto a distribuciones de uno o más grupos de comparación. Los percentiles, promedios y otros estadísticos derivados en los grupos de referencia, se denominan *normas*. Es la comparación con estas normas la que da sentido a las puntuaciones, ayudando a la descripción o clasificación de los examinados.

2. *Interpretación referida a un criterio.* Este tipo de interpretación es de carácter absoluto, no requiriendo de la existencia de normas derivadas de un grupo normativo. Aunque colectivamente se denominan referidas a criterio, pueden tomar diversas formas: pueden indicar la proporción de respuestas correctas en un dominio, o la probabilidad de que un examinado responda correctamente a cierto tipo de ítems; en aplicaciones con finalidad de diagnóstico, pueden indicar la presencia de debilidades concretas en el examinado o, a veces, como por ejemplo en las *tablas de expectativas*, pueden indicar la probabilidad de que un sujeto alcance un nivel adecuado de rendimiento en un momento futuro.
3. *Interpretación basada en estándares.* Aunque en general forman parte de las interpretaciones referidas a un criterio, la determinación de estándares se ha convertido en un problema específico por derecho propio en la psicometría actual, que requiere de un tratamiento especializado. Como vimos en el capítulo 1 la diferencia reside en que en los TRE las puntuaciones de las personas se ligan a estándares de contenido. Este tipo de interpretación es considerado muy valioso en el mundo de la evaluación educativa, ya que da a los profesores un conjunto organizado de objetivos de aprendizaje. Establecen un tipo de interpretación muy bien aceptado y comprendido por los responsables políticos y el público en general.

En la práctica, un mismo test puede ser objeto de diferentes tipos de interpretaciones, no marcándose la distinción en el nivel del test, sino en el uso de las puntuaciones derivadas del mismo. De hecho, es interesante en el informe de las puntuaciones introducir ambos tipos de interpretaciones.

En este capítulo trataremos la interpretación de las puntuaciones basadas en normas, dedicando el capítulo siguiente a las referidas a un criterio y las basadas en estándares.

2. Interpretaciones normativas

2.1. Introducción

Las puntuaciones de los tests suelen ser difíciles de interpretar, especialmente por la gran variedad de escalas en las que se expresan. Según Angoff «los tipos de escalas son casi tan numerosas como los tests mismos» (1971, p. 508). A menudo esta multiplicidad de puntuaciones es necesaria debido a los diversos usos para los que puede servir un test (Petersen, Kolen y Hoover, 1989). No obstante, el receptor de los resultados del mismo precisa de una información detallada sobre el significado de estas puntuaciones, para evitar errores en la interpretación de las mismas y así obtener de ellas la información adecuada.

En la TCT el significado de las puntuaciones se obtiene al comparar la posición del sujeto con los resultados estadísticos obtenidos en un grupo de la misma población, denominado grupo normativo. Las comparaciones entre dos puntuaciones diferentes siempre muestran propiedades ordinales, es decir, independientemente del grupo normativo, se mantienen las relaciones ordinales entre las mismas.

En la TRI, personas e ítems se sitúan en una escala común, la escala del rasgo latente o habilidad θ. Por esto, la diferencia (o razón, dependiendo de las unidades de escala del modelo) entre el nivel del rasgo de una persona y la dificultad del ítem tiene un significado directo sobre la probabilidad de la respuesta correcta.

En general, consideraremos que como resultado de la medida al individuo se le asigna un número, que representa una descripción cuantitativa de la frecuencia, cantidad o grado en que la persona manifiesta alguna propiedad. A estas escalas resultantes de los valores obtenidos directamente en un test se les denomina a menudo *escalas primarias* (Petersen, *et al.*, 1989) y son éstas las que suelen someterse a transformaciones.

A continuación trataremos diversas técnicas que permiten extraer significado de las puntuaciones de los tests. La mayor parte han surgido en el contexto de la TCT, pero también pueden aplicarse a puntuaciones obtenidas en la TRI. Recuérdese que en el proceso de estimación de las puntuaciones en estos modelos, para evitar la indeterminación de la métrica, suele asumirse una escala estandarizada, con media 0 y desviación típica 1. Estas puntuaciones frecuentemente son escaladas a otra métrica.

2.2. Transformaciones lineales y no lineales

En ocasiones se obtienen escalas transformando las puntuaciones directas del test en otras que tienen ciertas propiedades deseables y que facilitan la interpretación. Estas propiedades se definen a menudo por el equipo que desarrolla el instrumento. Las transformaciones pueden ser lineales o no lineales.

2.2.1. Transformaciones lineales

Escalas estandarizadas

La transformación lineal directa es el más simple de todos los métodos de escalamiento de puntuaciones. El test se administra a un grupo de sujetos representativo de la población para la que está destinado. Una vez aplicado el test a este grupo, se calculan su media y su desviación típica y se calculan las puntuaciones típicas o estandarizadas, con media 0 y desviación típica 1, que tienen un significado universal. La conversión a puntuaciones típicas supone un cambio de origen de la escala (la media) y de unidad de medida, ya que las puntuaciones representan distancias de la media en unidades de desviación típica; por ejemplo, una puntuación típica de 1 expresa que el sujeto se diferencia de la media (origen) en una desviación típica (unidad de medida).

Las puntuaciones estandarizadas, normalmente denotadas como z, se obtienen mediante la siguiente ecuación:

$$z = \frac{X - \overline{X}}{\sigma_x} \qquad [15.1]$$

La transformación a puntuaciones estandarizadas representa la transformación lineal más común de las puntuaciones. Puesto que únicamente supone un cambio en los dos primeros momentos de la distribución (media y desviación típica), no altera la forma de la distribución original de las puntuaciones; si la distribución original era normal, permanece así después de la transformación; si por el contrario era sesgada positiva o negativamente, platicúrtica o multimodal, estas características también se mantienen después de la transformación.

Escalas estandarizadas derivadas

Una vez realizada la transformación a la métrica estandarizada, las puntuaciones pueden transformarse de nuevo linealmente a una nueva escala con media (origen) y desviación típica (unidad) fijadas por el constructor del test. Esta transformación es posible debido a la equivalencia de las puntuaciones típicas, que permite establecer la *ecuación fundamental del escalamiento lineal*:

$$\frac{T - \overline{T}}{\sigma_T} = \frac{X - \overline{X}}{\sigma_X} \qquad [15.2]$$

donde: $\overline{X}$ y $\overline{T}$ representan, respectivamente, la media de la escala original y de la escala transformada.

σ_x y σ_t representan, respectivamente, las desviaciones típicas de la escala original y de la transformada.

La ecuación anterior puede convertirse en una expresión más sencilla para realizar las transformaciones lineales de las puntuaciones.

$$T = a + bX \qquad [15.3]$$

donde a y b son las constantes ordenada en el origen y pendiente de la transformación lineal dadas por:

$$b = \frac{\sigma_T}{\sigma_X}$$

$$a = \overline{T} - \overline{X}$$

Si la escala original ya ha sido transformada a la escala estandarizada, z, puede utilizarse la siguiente ecuación lineal para la transformación:

$$T = \overline{T} + z\sigma_T \qquad [15.4]$$

Tabla 15.1. Distribución de frecuencias de las puntuaciones del test EOS8-Razonamiento en un grupo normativo. $N = 3{,}147$

P. directa	f	$Z = \left(\dfrac{X - \overline{X}}{\sigma_x}\right)$	IQ $(Z \cdot 15 + 100)$	Puntuación T
0	17	−3,26	51,09	17
1	3	−3,04	54,35	20
2	7	−2,83	57,61	22
3	13	−2,61	60,87	24
4	26	−2,39	64,13	26
5	43	−2,17	67,39	28
6	55	−1,96	70,65	30
7	57	−1,74	73,91	33
8	64	−1,52	77,17	35
9	94	−1,30	80,43	37
10	93	−1,09	83,70	39
11	131	−0,87	86,96	41
12	164	−0,65	90,22	44
13	208	−0,43	93,48	46
14	242	−0,22	96,74	48
15	239	0,00	100,00	50
16	261	0,22	103,26	52
17	325	0,43	106,52	54
18	280	0,65	109,78	57
19	273	0,87	113,04	59
20	218	1,09	116,30	61
21	149	1,30	119,57	63
22	93	1,52	122,83	65
23	63	1,74	126,09	67
24	21	1,96	129,35	70
25	8	2,17	132,61	72

Media = 15,00; mediana = 16,00; desviación típica = 4,6.

Como ya hemos señalado, estas puntuaciones siguen conservando las mismas propiedades de la escala original.

El constructor del test puede fijar la media y la desviación típica en los valores que le interesen. Hay una serie de escalas derivadas de amplio uso con valores fijados para la media y desviación típica, como las puntuaciones T (50, 10), CI de desviación (100, 15 o 16), College Board (500, 100), Cooperative Achievement Test (150, 10), NAEP[1] (250, 50), PISA[2] (500, 100), etc.

Estas transformaciones pueden realizarse muy fácilmente con *software* estadístico estándar, ya que los programas suelen contener una utilidad para la estandarización de las puntuaciones, que fácilmente pueden cambiarse después de escala, utilizando una fórmula lineal para la transformación. Por ejemplo, en el SPSS, las puntuaciones estandarizadas se pueden obtener mediante el procedimiento *Descriptivos*.

En la tabla 15.1 se presentan los resultados de las transformaciones para los resultados del test EOS8-Razonamiento, presentado en el capítulo 4.

2.2.2. Transformaciones no lineales

Para las puntuaciones de los tests también pueden establecerse transformaciones no lineales, conservando las propiedades de monotonía creciente. Estas transformaciones alteran la forma de las distribuciones originales. A continuación presentamos las transformaciones más habituales.

Rangos percentiles

Es esta la escala con la que están más familiarizados los usuarios de los tests, ya que la mayor parte de los tests publicados ofrecen esta escala como guía o norma de interpretación. También en las evaluaciones a gran escala, tanto nacionales como internacionales (TIMSS, PISA), una forma de presentar los datos es en % de sujetos por provincias, estados o países que exceden determinados rangos percentiles.

Un rango percentil se corresponde con una puntuación directa particular y se interpreta como el porcentaje de examinados del grupo normativo que puntúan por debajo de dicha puntuación.

Formalmente, un percentil se obtiene mediante la siguiente expresión, utilizando intervalos de amplitud 1:

$$P_k = \frac{f_{ak} + 0{,}50 f_k}{n} \cdot 100 \qquad [15.5]$$

---

[1] NAEP: National Assessment of Educational Progress.

[2] PISA: Programme for International Student Assessment.

donde: f_{ak} es la frecuencia acumulada hasta la puntuación en la que se encuentra el % k.

f_k es la frecuencia absoluta en la puntuación en la que se encuentra el % k y n es el número de sujetos del grupo normativo.

Afortunadamente no es preciso acudir a la ecuación anterior para su cálculo, ya que todos los programas generales de *software* estadístico permiten esta opción de obtención de rangos percentiles. Por ejemplo, con el programa SPSS, pueden obtenerse todos los rangos percentiles deseados utilizando el procedimiento Frecuencias-Estadísticos-Percentiles y definiendo los percentiles deseados en la ventana de opciones o mediante la opción «puntos de corte para 100 grupos iguales».

Estos cálculos también pueden realizarse mediante el programa *Stanscore*, escrito por Paul Barret y que se puede adquirir de forma gratuita en http://www.pbarrett.net.

Los resultados, aplicados a los datos del test de razonamiento se presentan en la tabla 15.2.

Para una adecuada interpretación de los rangos percentiles, debemos hacer las siguientes consideraciones:

1. Las escalas de rangos percentiles no constituyen una escala de intervalos, lo que implica que en diferentes regiones de la escala de puntuaciones directas, una diferencia de 1 punto puede corresponder a diferencias de magnitudes diferentes en la escala de rangos percentiles.
2. Las puntuaciones en rangos percentiles son menos estables para puntuaciones en la zona media de la distribución que en los extremos.
3. Las ganancias o pérdidas en puntuaciones individuales, así como las comparaciones entre sujetos de diferentes puntos de la distribución, no pueden analizarse en rangos percentiles.
4. No se permite la utilización de estadísticos que requieran de operaciones aritméticas (medias, comparaciones de medias, etc.) sobre las puntuaciones en rangos percentiles.

Puntuaciones estandarizadas normalizadas

Angoff (1984) señala que las distribuciones de puntuaciones directas y sus transformaciones lineales dependen de ciertas características de los ítems particulares del test, como sus dificultades e intercorrelaciones, y que por tal motivo suele ser conveniente transformar la escala a algún otro sistema de puntuaciones o de unidades independiente de las características del test particular y, en cierto sentido, igualmente espaciadas. Lord (1955) destaca también la conveniencia de la normalización, aunque no todas las distribuciones de los tests sean normales. Estas puntuaciones *z normalizadas* representan una transformación no lineal y, en consecuencia, no respetan la distribución original de

Tabla 15.2. Rangos percentiles del test EOS8-Razonamiento. Estimaciones realizadas a partir de un grupo normativo. $N = 3.147$

Puntuación directa	Frecuencia	Frecuencia acumulada antes del intervalo	Frecuencia acumulada en el punto modo	Proporción	Percentil (proporción · 100)
0	17	0	8,5	0,0027	0
1	3	17	18,5	0,0059	1
2	7	20	23,5	0,0075	1
3	13	27	33,5	0,0106	1
4	26	40	53	0,0168	2
5	43	66	87,5	0,0278	3
6	55	109	136,5	0,0434	4
7	57	164	192,5	0,0612	6
8	64	221	253	0,0804	8
9	94	285	332	0,1055	11
10	93	379	425,5	0,1352	14
11	131	472	537,5	0,1708	17
12	164	603	685	0,2177	22
13	208	767	871	0,2768	28
14	242	975	1.096	0,3483	35
15	239	1.217	1.336,5	0,4247	42
16	261	1.456	1.586,5	0,5041	50
17	325	1.717	1.879,5	0,5972	60
18	280	2.042	2.182	0,6934	69
19	273	2.322	2.458,5	0,7812	78
20	218	2.595	2.704	0,8592	86
21	149	2.813	2.887,5	0,9175	92
22	93	2.962	3.008,5	0,9560	96
23	63	3.055	3.086,5	0,9808	98
24	21	3.118	3.128,5	0,9941	99
25	8	3.139	3.143	0,9987	99
Total frecuencia	3.147	3.147			

las puntuaciones. Diferirán de las z lineales en menor o mayor medida según la desviación de la normalidad de la distribución particular. Para convertir las puntuaciones directas a típicas normalizadas se siguen los siguientes pasos:

1. Determinar los rangos percentiles correspondientes a cada una de las puntuaciones directas por el procedimiento descrito en el apartado anterior.
2. Aunque hace años diríamos: buscar en la tabla de la distribución normal estandarizada las puntuaciones z correspondientes a cada uno de los porcentajes, hoy utilizaremos las utilidades de transformación del *software* estadístico. Por ejemplo, con el programa SPSS, se puede realizar la normalización utilizando el procedimiento Transformar-Calcular y utilizando la transformación IDF. NORMAL (p, 0, 1), siendo p la proporción correspondiente a cada percentil. Se trata de encontrar las puntuaciones z de la distribución normal estandarizada que se corresponden con las áreas definidas por los rangos percentiles. Por ejemplo, la puntuación z normalizada que deja por debajo un área de 0,75 (rango percentil de 75) es 1,67.
3. Suavizado de las puntuaciones. Si las muestras no son grandes, las puntuaciones típicas así determinadas suelen presentar bastante fluctuación muestral y en los estudios normativos a gran escala debe emplearse un procedimiento algo más complejo para determinar las equivalencias de percentiles y puntuaciones z normalizadas. Los procedimientos se basan en las técnicas de ajuste de curvas, concretamente en el suavizado. Existen diversos procedimientos para el suavizado con grandes variaciones entre ellos. Angoff (1984) recomienda hacer el gráfico en papel de probabilidad normal, que rectifica las distribuciones en forma de campana y dibuja los puntos en una recta. Pueden realizarse estos ajustes por medio de los procedimientos gráficos de los paquetes de *software* estadístico y mediante procedimientos analíticos de «ajuste de curvas». El lector interesado en los procedimientos analíticos puede consultar Lord y Novick (1968) que ajustan una función a la distribución de frecuencias y construyen la distribución de frecuencias acumuladas a partir de dicha función.

La decisión de normalizar las puntuaciones no debe tomarse en todos los casos; es desaconsejable cuando la distribución de las puntuaciones está muy alejada de la normalidad y refleja características del grupo examinado (Angoff, 1984).

Con muestras pequeñas, a veces las distribuciones, aparentemente, se alejan bastante de la normalidad. La cuestión es si son las puntuaciones directas o las normalizadas las que mejor se ajustan a la población. Algunos teóricos mantienen que la normalización es aconsejable sólo si el atributo medido por el test se distribuye normalmente en la población (Magnusson, 1967; Gulliksen, 1950).

En las evaluaciones a gran escala de rendimientos educativos, es usual que las distribuciones de puntuaciones sigan distribuciones próximas a la distribución normal o gaussiana.

Puntuaciones normalizadas derivadas

Las puntuaciones típicas normalizadas también pueden transformarse linealmente, como se ha hecho con las estandarizadas directas, fijando previamente la media y la desviación típica de la escala deseada, como se ha mostrado anteriormente.

Entre las escalas normalizadas derivadas más comunes se encuentran la escala de equivalentes de la curva normal, la escala de estaninos o eneatipos, la «Standard Ten», *sten* o decatipos y la escala Δ del Educational Testing Service.

La escala de *equivalentes de la curva normal* tiene una media de 50 y una desviación típica de 21,06, por lo que la transformación de la puntuación z normalizada (z_n) requeriría la aplicación de la siguiente fórmula:

$$\text{ECN} = 50 + 21,06\,(z_n) \qquad [15.6]$$

La escala de *estaninos* o *eneatipos* (Flanagan, 1951) consta de nueve dígitos enteros, de 1 a 9, y fue utilizada por primera vez en el Programa de Psicología de las Fuerzas Aéreas en Estados Unidos durante la Segunda Guerra Mundial. Esta escala tiene porcentajes preasignados basados en la distribución normal, divididos en intervalos con amplitud correspondiente a 1/2 desviación típica, excepto los dos extremos que son abiertos. La media de la escala es 5 y la desviación típica aproximadamente 2. En el caso de esta escala, de escaso uso en la actualidad, era más frecuente utilizar tablas de correspondencias entre porcentajes de la distribución normal y estaninos, en vez de la fórmula de la transformación. En la tabla 15.3 se presentan las equivalencias entre % bajo la curva normal, percentiles y estaninos.

Tabla 15.3. **Porcentajes de la distribución normal con los estaninos y percentiles correspondientes**

% Dist. normal	4%	7%	12%	17%	20%	17%	12%	7%	4%
Estaninos	1	2	3	4	5	6	7	8	9
Percentiles	4	5-11	12-22	23-39	40-59	60-76	77-88	89-95	> 95

El uso extendido de la escala durante los años cincuenta parece que fue debido a que al no tener más que un dígito, podía ajustarse a una única columna de una ficha para lectura de ordenador, aspecto muy importante en aquellos momentos en los que los sistemas informáticos estaban en sus comienzos y eran muy poco flexibles en cuanto al número de datos. Sigue siendo útil cuando no son necesarias puntuaciones muy precisas, ya que elimina pequeñas diferencias.

La escala *sten* traducida en España como decatipos, es una transformación similar, con media de 5,5 y desviación típica de 2. Con frecuencia las escalas que aparecen en los manuales de los tests españoles como decatipos se han calculado sobre las puntuaciones típicas lineales y no sobre las normalizadas.

Tabla 15.4. Puntuaciones *z* normalizadas, estaninos, decatipos y ECN para el test EOS8-Razonamiento en un grupo normativo. *N* = 3.147

Puntuación directa	Proporción	z normalizada	Estanino	Decatipo	ECN
0	0,0027	−2,78	1	1	−8,55
1	0,0059	−2,52	1	1	−3,07
2	0,0075	−2,44	1	1	−1,39
3	0,0106	−2,30	1	1	1,56
4	0,0168	−2,12	1	1	5,35
5	0,0278	−1,91	1	2	9,78
6	0,0434	−1,71	2	2	13,99
7	0,0612	−1,54	2	2	17,57
8	0,0804	−1,40	2	3	20,52
9	0,1055	−1,25	3	3	23,68
10	0,1352	−1,10	3	3	26,83
11	0,1708	−0,95	3	4	29,99
12	0,2177	−0,78	3	4	33,57
13	0,2768	−0,59	4	4	37,57
14	0,3483	−0,39	4	5	41,79
15	0,4247	−0,19	5	5	46,00
16	0,5041	0,01	5	6	50,21
17	0,5972	0,24	5	6	55,05
18	0,6934	0,50	6	7	60,53
19	0,7812	0,77	7	7	66,22
20	0,8592	1,07	7	8	72,53
21	0,9175	1,39	8	8	79,27
22	0,9560	1,71	8	9	86,01
23	0,9808	2,07	9	10	93,59
24	0,9941	2,52	9	10	103,07
25	0,9987	3,02	9	10	113,60

La escala Δ del ETS tiene como media 13 y desviación típica 4. Para su cálculo, por tanto, se aplica la siguiente transformación lineal:

$$\Delta = 13 + 4z_n \qquad [15.7]$$

Las constantes 13 y 4 fueron elegidas arbitrariamente para obtener una escala que elimine los valores negativos y proporcione un rango de enteros bastante amplio para permitir eliminar los decimales. Es la misma escala en la que se expresa la dificultad de los ítems, explicada en el apartado de análisis de ítems.

En la tabla 15.4 se presentan los resultados de las transformaciones anteriores para los resultados del test anterior. Los cálculos han sido realizados con el programa Stanscore.

2.3. Otros tipos de normas

En la literatura psicométrica a veces se establecen otros tipos de escalas, entre las más populares de las cuales se encontraban los llamados equivalentes de edad y grado, que intentan proporcionar un sentido a las puntuaciones de los tests en términos de los rendimientos típicos de sujetos de la misma edad o grado.

Estas escalas tienen muchas limitaciones (Angoff, 1984; Crocker y Algina, 1986) y su uso en la actualidad es muy escaso, motivo por el cual no son tratadas aquí. Existen alternativas mucho más potentes dentro de algunos desarrollos de los modelos TRI para modelizar el desarrollo de los sujetos. En esta línea es muy interesante el trabajo de Wilson (2005).

Propias de la psicología evolutiva son las llamadas escalas ordinales. Se utilizan en la evaluación de aquellas funciones, tales como la locomoción, la comunicación verbal, la formación de conceptos, la resolución de problemas, etc., en las que el desarrollo sigue un orden constante en el sentido de que cada estadio requiere el dominio del estadio anterior. Este tipo de escalas sigue un modelo tipo Guttman o Simplex (Guttman, 1944). Los modelos de la denominada TRI no paramétrica (Mokken, 1971, 1997; Sijtsma y Molenaar, 2002) son una alternativa interesante a las escalas de Guttman, puesto que son modelos probabilísticos.

2.4. Grupos normativos

2.4.1. El grupo normativo y los tipos de normas

A pesar de su enorme importancia en la interpretación del test, las normas son una descripción de la posición del sujeto o del objeto de medida (clases, escuelas, etc.) respecto del grupo y no de estándares de conducta o de rendimiento satisfactorios. Para poder cumplir con la finalidad de proporcionar una adecuada descripción estadística del sujeto, el grupo de sujetos denominado grupo normativo, con cuyas puntuaciones se calculan los diversos estadísticos utilizados en las comparaciones, debe ser representativo de la población a la que va destinado el test y de los usos que se pretenden con las puntuaciones. Debe tener un tamaño adecuado para proporcionar estimadores seguros y dentro de los límites aceptables del error de muestreo. Por otra parte, el grupo normativo debe ser homogéneo en el sentido de que todos los individuos sean miembros de la población objetivo. Cuando un test es susceptible de aplicación a diversas subpoblaciones, si existen diferencias significativas entre ellas en la variable medida por el test, deben confeccionarse normas separadas, de modo que cada sujeto examinado pueda ser comparado con su grupo de referencia.

Como datos normativos se presentarán todos los estadísticos descriptivos (media, desviación típica, asimetría, etc.) y en cuanto al tipo de escalas, Angoff (1984) señala que la presentación más usual es en términos de rangos percentiles. La transformación a otro tipo de escalas puede realizarse fácilmente mediante los percentiles o con los estadísticos descriptivos del grupo.

En cuanto al ámbito de representación del grupo normativo, puede haber diferencias según el tipo de test y su finalidad. A continuación presentamos los tipos de normas habituales (Angoff, 1984; Petersen, *et al.*, 1989). Una descripción más detallada de los tipos de normas, así como de sus ventajas e inconvenientes puede encontrarse en Angoff (1984).

a) Normas nacionales

El tipo más frecuente de normas son las nacionales, por niveles de edad, cursos, profesiones, etc., a los que se aplique el test. Estas normas están basadas en muestras representativas a nivel nacional. En la selección del grupo normativo debe tenerse en cuenta que tiene que representar a la población en todas aquellas características relevantes que pueden influir en los resultados del test: edad, sexo, raza, estatus socioeconómico, comunidad autónoma, hábitat, etc. Pueden obtenerse normas nacionales para cada uno de los estratos relevantes. En test aplicables a sujetos de cursos y edades diferentes es imprescindible calcular los datos estadísticos y los rangos percentiles para cada uno de los niveles.

Cuando se elaboran normas para tests de rendimientos educativos para evaluaciones de gran escala, es imprescindible que en el grupo normativo estén claramente especificados los criterios de *exclusión* de sujetos que se han seguido, dado que criterios diferentes de exclusión pueden hacer no comparables las puntuaciones. Es uno de los problemas, por ejemplo, con algunos tests comerciales que usan los diferentes estados americanos, que hacen a veces las comparaciones difíciles por seguir políticas diferentes en estos criterios.

En los tests de rendimientos educativos, destinados a medir resultados de cursos, es imprescindible contemplar en las normas las fechas de la realización del test. Muchos tests comerciales incluyen este tipo de normas o procedimientos para la equiparación de datos recogidos en diferentes fechas.

b) Normas locales

Las normas basadas en subpoblaciones, definidas sobre unidades educativas o geográficas limitadas, se denominan normas locales. Suelen ser de gran utilidad en la toma de decisiones educativas en el ámbito al que se refieren las normas. Tienen la ventaja de que están referidas a la población con la que el usuario del test tiene experiencia directa. Normas locales pueden ser, por ejemplo, las normas de un test de rendimiento académico para la C. A. de Cataluña o C. A. andaluza o las específicas para admisiones a centros universitarios. Imaginemos un programa de tests para la selectividad. Con los datos de todos los estudiantes de las universidades madrileñas se construyen unas normas generales en términos de percentiles. Un estudiante según estas normas generales está en el percentil 80; no obstante, este mismo estudiante quiere ingresar en un centro muy selectivo, con cuyas normas se sitúa en el percentil 10. Teniendo en cuenta esta información, es muy poco probable que el centro decida admitir al estudiante. Este ejemplo muestra como el uso de diferentes normas puede cambiar considerablemente la posición relativa de los sujetos y las decisiones basadas en la puntuación del test.

c) Normas de usuario y normas de conveniencia

Las normas basadas en las puntuaciones de los sujetos a los que se les administra el test durante un período de tiempo determinado, pero sin consideraciones de muestreo, se denominan normas de usuario. Éste es el tipo de normas en el que se basan muchos tests utilizados en selección profesional, ya que están basadas en sujetos que acuden a convocatorias de selección durante un tiempo determinado. Tienen el problema de que los sujetos no son representativos de una población definida. Por otra parte, cambios en la composición de los grupos pueden confundirse con diferencias de rendimiento en el test. En muchas ocasiones, las normas se basan en grupos de sujetos que son accesibles al constructo del test, por ejemplo los niños de colegios de una determinada ciudad a los que el autor tiene acceso. Estas normas tienen escasa utilidad, ya que seguramente no representan a ninguna población. Aunque el autor del test intente introducir cuotas de edad, sexo, hábitat, etc., lo más probable es que estén muy sesgadas.

2.4.2. Los estudios de normalización del test

Conseguir unas buenas normas de un test depende en gran medida de la realización del estudio de normalización. Siguiendo a Crocker y Algina (1986), son 9 los pasos básicos a seguir en la realización del estudio:

1. Identificar la población objetivo (p. ej., todos los niños matriculados en cuarto y quinto de educación primaria, para un test de lectura; todos los sujetos que desempeñan un puesto de trabajo particular, etc.).
2. Especificar los estadísticos que se deberán calcular a partir de los datos muestrales (medias, proporciones, desviaciones típicas, etc.).
3. Determinar la cantidad de error muestral tolerable para los estadísticos especificados en el apartado anterior; es decir, la discrepancia máxima entre el valor del estadístico y el parámetro (normalmente se toma como base el error para la media).
4. Realizar el diseño muestral, siguiendo alguna de las técnicas de muestreo probabilístico (véase Martínez Arias, 1995b).
5. Fijar el tamaño muestral requerido para mantener el error dentro de los límites fijados en (3). El tamaño va a depender además de la estrategia muestral utilizada.
6. Extraer la muestra y recoger los datos, documentando los casos de no respuesta y las posibles causas. Suele ser conveniente seleccionar «unidades de muestreo» suplentes para estos casos, determinadas por el mismo procedimiento.
7. Calcular los valores de los estadísticos en la muestra y sus errores típicos. En todos estos cálculos deberán incluirse los *pesos de muestreo* necesarios en función del diseño muestral y las correcciones introducidas por la no respuesta, ajustes por sobremuestreo y postestratificación, etc. Debe recordarse además que los errores típicos de los estadísticos utilizados, los que proporcionan los principales paquetes de *software* estadístico, son adecuados para el muestreo aleatorio simple, proporcionando estimaciones inadecuadas de los errores con los procedimientos complejos. En estos casos, deberá utilizarse *software* específico como WesVar (Westat, 2000).
8. Identificar los tipos de puntuaciones normativas necesarias y preparar las tablas de conversión.
9. Preparar la documentación escrita sobre el proceso de tipificación del test y la guía para la interpretación de las puntuaciones normativas.

No podemos entrar aquí en el tema del muestreo, por no ser éste un aspecto específico de la psicometría. El lector interesado puede consultar algunos buenos manuales que describen bien las técnicas como Kish (1965), Cochran (1977) y en castellano Azorín y Sánchez Crespo (1986). Para el diseño de muestras con poblaciones escolares, recomendamos especialmente los capítulos sobre muestreo de los Technical Reports de los estudios de la IEA (Martín, *et al.*, 1999).

Por último, conviene advertir que las normas no tienen una validez ilimitada. Con el paso del tiempo su información puede ser irrelevante e incluso distorsionadora. El grupo normativo con el que se construyeron las escalas inicialmente puede no ser adecuado para la interpretación de las puntuaciones del test 5 o 10 años más tarde, especialmente si se usa el test repetidamente en las mismas jurisdicciones. A veces, con los tests educativos, también es necesario cambiar ciertos contenidos del test, que se van introduciendo paulatinamente, pero que en unos cuantos años pueden llevar a un test bastante diferente del original. Una forma de minimizar el problema es reescalar el test periódicamente, de modo que las normas estén siempre referidas a un grupo normativo reciente.

3. Equivalencia de puntuaciones y técnicas para lograr la comparabilidad

3.1. Introducción

A menudo se desea comparar los resultados obtenidos en un test con los de otro, ya que por diversas razones se ha tenido que utilizar formas de tests distintas, y deben obtenerse a partir de ellas puntuaciones comparables en algún sentido. Como las formas son diferentes, estas comparaciones no pueden realizarse directamente. El caso más frecuente y al que se dirigen los procedimientos presentados en este capítulo es aquel en que las formas evalúan el mismo atributo o constructo. Estas formas suelen denominarse *formas alternativas*. Su presencia es frecuente en los dominios de atributos cognitivos, como resultados académicos y aptitudes en los contextos de educación y selección de personal. Su uso suele estar ligado a la necesidad de disponer de formas con conjuntos de ítems diferentes para evitar el conocimiento del test (cuando se aplican en momentos diferentes) o porque el dominio de contenidos es muy amplio y no se pueden aplicar todos los ítems en una única forma de test, como sucede en las evaluaciones educativas a gran escala. Las situaciones que surgen en los *tests adaptativos informatizados*, en las que distintos sujetos responden a diferentes conjuntos de ítems, también puede considerarse a veces un caso particular de esta situación. En los tests que evalúan dominios no cognitivos, como personalidad y actitudes, es raro encontrar estos problemas.

Para poder dar respuestas a la problemática anterior, la psicometría ha desarrollado un conjunto de técnicas conocidas genéricamente como *técnicas de equiparación* o *técnicas para la comparabilidad*, que son un conjunto de procedimientos estadísticos que permiten ajustar puntuaciones obtenidas bajo diferentes formas de tests que miden el mismo constructo, y hacerlas comparables en algún sentido.

Los problemas a los que dan respuestas estas técnicas son muy antiguos, pero con la excepción de Angoff (1971), los teóricos de la psicometría no comenzaron a prestarle atención hasta los años ochenta del siglo pasado (Brennan y Kolen, 1987; Kolen y Brennan, 2004). Su importancia empieza a ser reconocida en la normativa sobre tests de los *Standards for Educational and Psychological Tests* en la edición de 1985, y aparece con un tratamiento extenso en la de 1999. El problema se trata en el apartado de «Comparabilidad y equiparación». Parece que durante muchos años el tema fue preocupación exclusiva de los responsables en EE.UU. del desarrollo de instrumentos de evaluación para la admisión en las universidades, aplicados al final de la educación secundaria (SAT, ACT, etc.) y de los responsables de los tests de selección para el ejército. En los últimos tiempos, en los que la evaluación educativa se está generalizando, el problema se ha hecho más común. También se plantean cuestiones similares en los tests adaptativos y en los tests utilizados bajo las versiones de papel y lápiz e informatizada, ya que es preciso garantizar su equivalencia. En el año 1987 la revista *Applied Psychological Measurement* dedicó un número monográfico a esta cuestión y desde entonces el crecimiento de artículos publicados ha sido espectacular. La misma revista dedicó otro número especial en 2004 (n.º 4) editado por por Pommerich y Dorans (2004). También se ha publicado un libro monográfico con dos ediciones (Kolen y Brennan, 1995, 2004), aparte de numerosos informes técnicos. A diferencia de lo que ocurre en otras áreas de la psicometría, no puede decirse que exista una teoría sistemática sobre la comparabilidad de las puntuaciones. Como señalan Dorans y Holland (2000) lo que existe es una colección de técnicas desarrolladas por individuos creativos, para resolver problemas que surgen en contextos aplicados de medida.

3.2. Condiciones para la equiparación

La palabra comparabilidad o la frase «procedimientos para la comparabilidad» son términos genéricos que cubren una gran variedad de denominaciones y situaciones. En todos los casos se intenta hacer comparables los resultados de dos (o más) formas o instrumentos de evaluación. De todas las situaciones, la más fuerte y deseable es la *equiparación*, que consiste en establecer una correspondencia entre las puntuaciones de las formas de modo que los resultados de cualquiera de ellas puedan expresarse en términos de los de la otra. En la práctica, el problema consiste en encontrar una función de transformación que permita expresar las puntuaciones de un test en el sistema de unidades de otro test. La situación en todos los casos es la siguiente:

- Existen al menos dos formas, X e Y. Una de las formas se considera la nueva forma (X) y la otra, la forma de referencia (Y).

- El problema consiste en que los resultados difieren en X e Y, y es necesario expresar los de la nueva forma en términos de los de la forma de referencia.
- Para ello, es necesario encontrar alguna función que relacione los resultados de las dos formas, de modo que las puntuaciones de la nueva forma (X) puedan establecerse en la escala de la forma de referencia Y, $X_{i(Y)}$.

Como se trata de procedimientos empíricos, no se imponen condiciones sobre las distribuciones de las puntuaciones que se desea equiparar, ni sobre los métodos que se deben utilizar. Las únicas condiciones hacen referencia a los requisitos para que se pueda establecer una equivalencia efectiva entre las dos formas. Lord (1980) definió las siguientes condiciones para la equivalencia de las puntuaciones de dos tests X e Y, en el sentido fuerte:

1. Los dos tests deben ser medidas del mismo constructo (aptitud, rasgo latente, destreza, etc.).
2. Los dos tests deben tener la misma fiabilidad. Tests que miden el mismo constructo, pero que difieren en fiabilidad no serán equivalentes.
3. Indiferencia: para cada grupo de examinados de idéntica aptitud, la distribución de frecuencias condicional sobre el test Y después de la transformación es la misma que la distribución de frecuencias condicional sobre el test X.
4. Invarianza poblacional: la transformación será la misma independientemente del grupo en el que se obtenga, es decir, que los resultados serán similares si la transformación se lleva a cabo en otro grupo.
5. Simetría: la transformación es invertible, es decir, los resultados serán los mismos obteniendo X en la escala de las puntuaciones de Y que Y en puntuaciones en la escala de X.

Las condiciones anteriores son necesarias porque debe ser indiferente qué forma particular del test realice el examinado.

En la práctica, casi nunca suele cumplirse el conjunto completo de condiciones y no existe un acuerdo unánime entre distintos autores sobre cuáles son las condiciones que realmente se deben exigir. Existe acuerdo en la *simetría* e *invarianza poblacional*, y en que debe ser la misma característica. La condición de la igualdad en los coeficientes de fiabilidad suele ser condición para la auténtica equiparación y el principal desacuerdo se da en la indiferencia como es definida por Lord. Es muy difícil que se produzca en cada nivel de aptitud la misma distribución de frecuencias condicional. Suele sustituirse el supuesto por otro más débil expresado como que la media condicional en cada nivel de aptitud del test Y sea la misma que la media condicional del test X. Con esta condición débil es posible equiparar dos formas que difieren en dificultad y/o fiabilidad. Dorans y Holland (2000) señalan que los requisitos pueden ser criticados por vagos, poco prácticos y probablemente demasiado exigentes.

3.3. Diferentes formas de lograr la comparabilidad

Como ya se ha señalado, y reconocen abiertamente los *Standards for Educational and Psychological Tests* (AERA, *et al.*, 1999), el grado de comparabilidad de las puntuaciones depende en gran medida de la equivalencia de las formas. Por este motivo es común hablar de diferentes tipos de comparabilidad. Las clasificaciones más citadas como referencias son las de Mislevy (1992) y Linn (1993). Mislevy caracterizó tres tipos: *equiparación, calibración* y *proyección*. De ellas, la equiparación es la forma más fuerte y la que se ajustaría a los requisitos para lograr la equivalencia de las formas establecidas por Lord (1980). La proyección es la más débil de las tres categorías. Linn (1993) introdujo algunos añadidos a la clasificación de Mislevy, como la moderación estadística. Dorans (2000, 2004) utiliza el término *concordancia* de forma similar a la calibración de Mislevy. En todos los casos suele usarse el término *enlace (link)* para referirse a cualquier función usada para conectar las puntuaciones de un test a las de otro test. Se presentan a continuación las definiciones de los diversos tipos de comparabilidad. Es preciso tener presente que no son los ajustes estadísticos realizados los que garantizan la equivalencia, sino el proceso de construcción de las formas (Feuer, *et al.*, 1999; Mislevy, 1992).

3.3.1. Equiparación

De todas las formas de enlace es la que tiene el propósito más claro y la que permite que las puntuaciones de los dos tests sean usadas de forma intercambiable (Kolen y Brennan, 2004). Solamente es posible realizarla cuando las formas de tests son equivalentes, porque se han construido bajo el mismo marco teórico y con las mismas especificaciones. En estas condiciones, la equiparación suele suponer llevar a cabo ciertos ajustes estadísticos para equilibrar las diferencias en dificultad entre las formas. Las formas son cuidadosamente construidas intentando que sean similares en: número de ítems, formato de los ítems, habilidades o destrezas a evaluar, demandas cognitivas para la realización de las tareas, ítems en proporciones similares según su dificultad y se aplicarán bajo las mismas condiciones de administración. Bajo las condiciones anteriores, una vez realizados los ajustes estadísticos, las puntuaciones totales serán intercambiables. Además, cualquier uso justificado de una de las formas (por medio de las evidencias de validez) lo será también para la otra.

Diferencias en la construcción o en la administración de los tests pueden hacer que no se consiga la equiparación. Kolen (2001) presenta un caso en el que el proceso de equiparación fracasó. Se refiere a los intentos del ejército estadounidense que pretendía equiparar una forma antigua con otra nueva de su sistema de selección (ASVAB). Para ello aplicaron las dos formas a un grupo de sujetos. Existían diferencias de contenido y de calidad de impresión entre las formas, dando pistas a los sujetos, que descubrieron que la forma antigua era la usada realmente para la selección, lo que produjo diferencias en motivación. Las consecuencias de este fallo en el proceso llevaron a que 350.000 sujetos no cualificados fueron admitidos entre 1976 y 1980.

3.3.2. Calibración

Es una forma de ajuste que permite vincular formas de tests más diversas que las tratadas en la equiparación, y normalmente requiere usar ajustes estadísticos más complejos. La idea básica es que las formas miden el mismo atributo, y que en ambas formas es preciso poner en juego las mismas destrezas. Los tipos de ítems son similares en cuanto a dificultades y formatos, pero no tiene que haber una equivalencia tan estricta. Puede haber diferencias en longitud y en dificultad.

Tanto Mislevy (1992) como Linn (1993) consideran la calibración como equiparación de diferentes medidas del mismo constructo. Mislevy (1992) precisa que los dos tests deben medir el mismo constructo y con tareas que requieran demandas cognitivas similares, pero incluye bajo esta categoría el caso de diferentes niveles de rendimiento o desarrollo, que incluirían contenidos claramente distintos, aunque establecidos bajo el mismo marco de especificaciones; este caso se conoce en la literatura como *equiparación vertical*. En esta categoría también se incluyen las pruebas que miden lo mismo, pero en diferentes niveles educativos. La calibración también se consigue cuando las pruebas tienen diferentes grados de fiabilidad, como sucede cuando se equiparan una forma amplia con otra reducida del mismo test. Normalmente estas pruebas son congenéricas, pero las más cortas tienen mayor error de medida (Kolen y Brennan, 2004).

3.3.3. Moderación estadística

A menudo se utilizan puntuaciones en tests diferentes para tomar las mismas decisiones. Se supone que los tests miden el mismo constructo, pero han sido construidos bajo marcos y especificaciones diferentes. Por cuestiones de equidad es preciso establecer de algún modo la comparabilidad de las puntuaciones de los diferentes tests. En estas circunstancias se establece una tabla que relaciona las puntuaciones de un test a las del otro test. Las puntuaciones resultantes son comparables en algún sentido. Uno de los procedimientos utilizados para la comparación es la *moderación estadística*. Houston y Sawyer (1991) desarrollaron tablas que relacionan las puntuaciones del ACT y el SAT. Estas tablas eran usadas por universidades que en sus sistemas de admisión requerían haber cumplimentado indistintamente uno de los dos tests. Utilizaron métodos equipercentil para desarrollar puntuaciones comparables. Sus informes claramente ponen de relieve que diferentes puntuaciones comparables se encuentran para distintos grupos de examinados, lo que ilustra que la moderación no es equiparación, ya que viola la propiedad de la invarianza de grupo. Después de la equiparación se espera que algunos de los examinados funcionen mejor en uno de los tests que en el otro, lo que indica que no es indiferente el test que realice el sujeto, violando la propiedad de la equidad.

3.3.4. Predicción (proyección)

Consiste en extrapolar los resultados de una forma a otra. Es el menos restrictivo de los procedimientos y las puntuaciones no son equiparables. Puede utilizarse para todo tipo de tests, sin requisitos, pero los resultados no llevan a equivalencias de puntuaciones. Los procedimientos estadísticos son distintos de los utilizados en los otros tipos, puesto que se basan en el modelo de la regresión para obtener las predicciones (véanse los capítulos 9 y 11). Para poder establecer las predicciones se necesita que un grupo de sujetos haya respondido a los dos tests. Las relaciones establecidas mediante la predicción no son simétricas, por lo que las puntuaciones no son intercambiables. Estas relaciones además pueden cambiar para diferentes grupos sociodemográficos. Las dificultades de la predicción y la complejidad de las ecuaciones dependen del grado de semejanza entre las formas.

Los procedimientos que se tratarán en este tema son sólo para los dos primeros tipos. El resultado, equiparación o calibración, no dependerá del método utilizado, sino de otras condiciones de la construcción de las formas y del diseño del estudio.

3.4. Diseños para la recogida de datos

Para llevar a cabo la equiparación es preciso vincular la información de las dos formas, lo que implica recoger datos en muestras de sujetos. Se han propuesto diversas formas de recogida, conocidas como *diseños de equiparación* (Kolen y Brennan, 2004; Petersen, Kolen y Hoover, 1989). Se presenta la clasificación de Kolen y Brennan (2004) que se basa en los cuatro diseños más utilizados en la práctica: grupo único, grupo único con contrabalanceado, grupos aleatorios y grupos no equivalentes con ítems comunes.

3.4.1. Diseño de grupo único

En los estudios de equiparación propiamente dichos sería el diseño ideal. A un único grupo de sujetos se le administran las dos formas X e Y, una detrás de otra y preferiblemente en el mismo día, de modo que otras experiencias de los sujetos no afecten a los resultados de los tests. El diseño requeriría asumir una serie de supuestos que implican que los resultados de la segunda forma no se ven afectados por haber realizado la primera, es decir, que efectos de orden tales como familiaridad, aprendizaje y fatiga no están presentes. Estos supuestos son difíciles de cumplir en la práctica, por lo que no es frecuente su utilización, siendo preferible el del contrabalanceado.

3.4.2. Diseño de grupo único con contrabalanceado

El contrabalanceado del orden de administración de las pruebas es una forma de minimizar los efectos de orden del grupo único. Se construyen cuadernillos para la aplicación que contienen las dos formas de test X e Y. La mitad de los cuadernillos tienen la forma X seguida de la Y y la otra mitad la forma Y primero. El 50% de los sujetos del grupo reciben los cuadernillos del primer tipo y el 50% restante los del segundo tipo. La aleatorización se realiza durante la administración. Aunque permite controlar los efectos del orden, tiene algunos problemas: se duplica el tiempo del test y a veces es difícil conseguir que los sujetos cumplimenten las dos formas.

3.4.3. Diseño de grupos aleatorios equivalentes

En la mayor parte de las situaciones es difícil que el mismo grupo de sujetos cumplimente las dos formas y es preciso acudir a diseños de dos o más grupos (dependiendo de las formas a equiparar). Cada grupo cumplimenta una de las formas. Es necesario garantizar que los grupos sean equivalentes en las características que mide el test. El proceso de aleatorización, aunque no garantiza la igualdad estricta de los grupos, hace que puedan considerarse equivalentes, especialmente cuando los grupos son grandes, lo que es frecuente en educación, el ejército, etc. En la práctica suele seguirse un procedimiento denominado *espiralización* (*spiraling*), que es una palabra que hace referencia a cómo se empaquetan y reparten los cuadernillos de los tests para su administración. Si hay dos formas, el orden es: nueva forma, forma antigua, nueva forma, forma antigua, etc. Si hubiese más formas, el procedimiento sería igual. Los cuadernillos se reparten en este orden entre los alumnos de una clase. Es muy importante que los cuadernillos se repartan en el mismo orden en que están empaquetados. No requiere que los cuadernillos tengan cuestiones comunes. Su principal problema es que requiere un número elevado de sujetos, que se incrementa con el número de formas. El diseño también requiere que todas las formas estén disponibles y sean aplicadas al mismo tiempo.

3.4.4. Diseño de grupos no equivalentes con ítems comunes o de anclaje

En este diseño las formas X e Y (o las múltiples formas) tienen un conjunto de ítems en común (ítems de anclaje). Es frecuente cuando las formas X e Y se administran, por ejemplo, en años distintos. El diseño admite dos variaciones, según que el conjunto de ítems comunes contribuyan o no a la puntuación de los sujetos. En el primer caso el conjunto de ítems comunes se denomina *interno* y en el segundo caso *externo*. Para reflejar adecuadamente las diferencias entre los grupos, el conjunto de ítems comunes debe ser proporcionalmente representativo de las formas totales del test tanto en contenido, como en especificaciones estadísticas, es decir, será como una versión reducida de las formas X e Y. Además, este conjunto de ítems deberá tener un comportamiento similar en ambas formas. Para asegurar esta similitud, los ítems comunes deben ser exactamente los mismos y ocupar el mismo orden o posición en las dos formas. Los grupos no necesitan ser equivalentes y las diferencias en los resultados pueden deberse a diferencias entre los grupos, entre las formas o a ambas; un aspecto central es separar las diferencias entre grupos de las diferencias entre formas. Es el más popular de los diseños y puede usarse en la llamada *equiparación vertical* (aunque no es estrictamente equiparación). Kolen y Brennan (2004) señalan, no obstante, que ninguno de los métodos propuestos proporciona ajustes totalmente adecuados cuando los grupos son muy diferentes. Un ejemplo muy comentado de los fallos del diseño es el conocido como «anomalía del NAEP» (Zwick, 1991). Cuando se compararon los resultados de las evaluaciones de 1984 y 1986, se encontró un descenso en las puntuaciones de lectura en 1986. Estos cambios en tan solo dos años se consideraron muy poco probables y cuando se analizaron las condiciones de administración, se encontró que eran función de aspectos contextuales: diferencias en la localización de los ítems y en el tiempo disponible para su cumplimentación. Cuanto más similar sea el test de anclaje, mejor será el resultado de la equiparación. Un supuesto del diseño es que el significado de la puntuación de anclaje no cambia de forma a forma. Hay una serie de cuestiones a tener en cuenta para la selección de los ítems de anclaje:

a) Incluir un número elevado de ítems de la forma de referencia. A veces se habla de 20, pero esto depende de la calidad y el número total de ítems.
b) Los ítems deben ser similares en formato y contenido a los de las formas.

c) Incluir cuestiones representativas de todos los rangos de dificultad.
d) Las cuestiones incluidas deben ser idénticas en las dos formas, no se permite ninguna variación.
e) Cuando hay varios ítems ligados a un estímulo común (por ejemplo, un texto, el enunciado de un problema, etc.), debe incluirse el bloque completo.
f) Los ítems no deben mostrar efectos de funcionamiento diferencial.

Hay otras normas que no son tan esenciales, pero sí recomendables:

g) No incluir cuestiones del final del test, a menos que el tiempo de test sea muy amplio.
h) Los ítems deben estar en posiciones similares en las dos formas, no necesariamente en la misma, pero sí parecidas, ya que los sujetos pueden responder de forma diferente según la posición del ítem.
i) En igualdad de otras circunstancias, seleccionar ítems que correlacionen alto con la puntuación total.

El diseño de grupos no equivalentes es el único posible en los casos de equiparación vertical y el más frecuente cuando se equiparan formas aplicadas en años diferentes, puesto que por el procedimiento de recogida, no existe constancia de que los grupos sean verdaderamente equivalentes.

4. Algunos métodos de equiparación basados en la TCT

La selección de procedimientos que se presenta aquí es parcial. Se presentan únicamente algunos de ellos con propósitos sobre todo ilustrativos. Los procesos de equiparación son complejos y en la práctica deben llevarse a cabo mediante algún procedimiento de ordenador. Únicamente se presentan los principios básicos de los métodos, para que los lectores tengan una idea de en qué consisten. Una explicación casi exhaustiva de los diferentes métodos y de sus problemáticas puede encontrarse en Kolen y Brennan (2004). Se describen por separado los que están basados en la TCT y en la TRI. En la actualidad se recomiendan los últimos, siempre que se disponga de muestras grandes y que los ítems de los tests se ajusten a los modelos.

Se presentan en primer lugar los diseños aplicables al caso de grupos únicos o grupos aleatorios, seguidos de los de grupos no equivalentes con ítems o formas de anclaje. Los ejemplos para ilustrar los métodos son tomados de las bases de datos de los programas propuestos por Kolen y Brennan (2004; www.uiowa.edu). No se pueden ilustrar con los tests que se han usado hasta ahora por requerirse formas distintas.

4.1. Equiparación en puntuaciones observadas en la TCT con grupos aleatorios

4.1.1. Transformaciones lineales: equiparación en la media y equiparación lineal

Equiparación en la media

Se considera que la forma X difiere de la Y en una cantidad debida a diferencias en dificultad. Esta cantidad se considera constante a lo largo de la escala de puntuaciones, es decir, que si X es más fácil en 3 puntos, estos 3 puntos son los mismos para los sujetos de alta habilidad que para los de baja. Sea X la nueva forma e Y la antigua. Aunque para la exposición del método suelen utilizarse los parámetros poblacionales, por razones de sencillez en la notación, utilizamos los estimadores muestrales que son los que se utilizan en la práctica. El supuesto básico es que las diferencias o puntuaciones diferenciales de los sujetos en las dos formas son iguales:

$$X_s - \overline{X} = Y_s - \overline{Y} \qquad [15.8]$$

Para obtener la puntuación de X equivalente en la escala de Y, a la que denotamos como $X_{s(Y)}$, basta resolver para Y en la ecuación anterior:

$$X_{s(Y)} = Y_s = X_s - \overline{X} + \overline{Y} \qquad [15.9]$$

Ejemplo

Sean dos formas de test, X e Y, aplicadas a dos grupos aleatorios de sujetos. La forma Y es considerada la forma de referencia. Las formas se consideran formas equivalentes de un test de matemáticas. En la tabla 15.5 se presentan los estadísticos descriptivos de ambas formas.

Tabla 15.5. Estadísticos descriptivos de las formas Y e X del test de matemáticas

Forma de test	Media	Desv. típica	Asimetría	Curtosis
Y	18,98	8,94	0,35	2,15
X	19,85	8,21	0,37	2,30

Como puede observarse, existe una pequeña diferencia entre las medias de 0,87 puntos, indicando que el test X puede ser algo más fácil que el Y. Se transforman las puntuaciones de X a la escala de Y utilizando la transformación en la media usando la ecuación 15.9, que en este caso consistiría en restar 0,87 de las puntuaciones de X.

$$X_{s(Y)} = X_s - 19,85 + 18,98 = X_s - 0,87$$

Equiparación lineal

En este procedimiento no se requiere asumir diferencias constantes a lo largo de toda la escala, ya que se tiene en cuenta la variabilidad. Podría darse el caso de mayores diferencias entre los sujetos con puntuaciones bajas que entre los que tienen puntuaciones altas. El procedimiento consiste en establecer la equiparación en *puntuaciones típicas* o estandarizadas, teniendo por tanto en cuenta que pueden diferir tanto las medias como la escala o desviación típica. La conversión se obtiene, por tanto, a partir de la igualdad de puntuaciones típicas:

$$\frac{X_s - \overline{X}}{s_x} = \frac{Y_s - \overline{Y}}{s_y} \qquad [15.10]$$

Resolviendo para Y en la ecuación, puede obtenerse la puntuación de X en la escala de Y, $X_{s(Y)}$:

$$X_{s(Y)} = Y_i = \frac{s_y}{s_x} X_i + \left[\overline{Y} - \frac{s_y}{s_x} \overline{X} \right] \qquad [15.11]$$

que como puede observarse es una transformación lineal con constante u ordenada en el origen $\overline{Y} - (s_y/s_x \overline{X})$ y pendiente s_y/s_x.

Ejemplo

Para el mismo ejemplo anterior y utilizando los datos de la tabla, se calculan las constantes de la transformación:

$$\text{Pendiente} = 8{,}94/8{,}21 = 1{,}09$$
$$\text{Intercepto} = 18{,}98 - 1{,}09 \cdot 19{,}85 = -2{,}66$$

Por lo que la transformación para todas las puntuaciones será:

$$X_{s(Y)} = 1{,}09 X_s - 2{,}66$$

Un problema de la equiparación lineal es que puede proporcionar puntuaciones fuera de rango, es decir, superiores a la puntuación máxima de la escala de la nueva forma que se está transformando. Los resultados dependen mucho de los niveles de los grupos en los que se realiza la transformación.

4.1.2. Equiparación equipercentil

La equiparación equipercentil suele producir mejores resultados que las anteriores. Consiste simplemente en establecer la equiparación en los rangos percentiles de las dos formas. Una puntuación en la nueva forma y una puntuación en la forma de referencia son equivalentes en un grupo de sujetos si tienen el mismo rango percentil dentro del grupo.

Para conseguir equiparar las puntuaciones en la nueva forma a las puntuaciones en la forma de referencia en un grupo de sujetos, se transforma cada puntuación de la nueva forma en la puntuación de la forma de referencia que ocupe el mismo rango percentil.

Este tipo de transformación hará que las puntuaciones ajustadas en la nueva forma tengan una distribución muy próxima a las de la forma de referencia en la población objetivo (decimos muy próxima porque las puntuaciones son discretas). Si las distribuciones son muy próximas, lo mismo sucederá con la media y la desviación típica y otros estadísticos de la distribución.

Como antes, se utiliza la notación con estadísticos muestrales. Se denota como X_s las puntuaciones en la forma X, Y_s las puntuaciones en la forma Y, $X_{s(Y)}$ las puntuaciones de X equiparadas a las de la forma Y. $F(X)$ es la distribución de frecuencias acumulada de la forma X, $G(Y)$ la distribución de frecuencias acumuladas de la forma Y y $G(X_{s(Y)})$ la distribución de frecuencias acumulada de las puntuaciones de X convertidas a la escala de Y.

El procedimiento consiste en los siguientes pasos:

1. Calcular los rangos percentiles de la forma Y.
2. Calcular los rangos percentiles de la forma X.
3. Para cada puntuación de X, buscar la puntuación de Y con el mismo rango percentil.
4. Atribuir a X la puntuación de Y que tiene su mismo rango percentil.

En principio, la equiparación equipercentil asume distribuciones continuas de puntuaciones, aunque las puntuaciones de los tests suelen representarse de forma discreta. En la práctica, las equivalencias no serán puntuaciones discretas o enteras en la escala de Y, sino que aparecerán con decimales. Existe una tradición en psicología y educación de considerar que una puntuación discreta representa puntuaciones en un rango que está media unidad por debajo y media unidad por encima de la puntuación discreta (p. ej., 25 representaría el rango de puntuaciones entre 24,5 y 25,5) y que los sujetos se distribuyen de modo uniforme en dicho rango. El rango percentil de una puntuación entera es el rango percentil en el punto medio del intervalo que contiene dicha puntuación. En la práctica, suelen redondearse las puntuaciones al entero más próximo.

La transformación equipercentil puede realizarse por medio de procedimientos gráficos o de procedimientos analíticos. Cuando no existían procedimientos de cálculo fáciles y rápidos para llevar a cabo las transformaciones, se utilizaban los procedimientos gráficos, que son muy sencillos y producen resultados aproximados. En la actualidad no se utilizan, no obstante, las personas interesadas pueden consultar un ejemplo dado en Kolen y Brennan

(2004, pp. 40-42). El procedimiento es poco seguro y se complica cuando hay muchas puntuaciones o formas diferentes.

Ejemplo

En la tabla 15.6 se presenta un ejemplo ficticio de dos formas X e Y de 20 ítems cada una. Se han calculado los correspondientes rangos percentiles en las dos escalas (columnas 2 y 3 de la tabla). Bajo la columna de equivalencias se presentan algunos rangos percentiles seleccionados y las correspondientes puntuaciones directas en la escala X y en la escala Y.

Tabla 15.6. Ejemplo ficticio de equiparación equipercentil de dos test X e Y

Puntuación	Percentil en X	Percentil en Y	Equivalencias		
			Percentil	Puntuación X	Puntuación Y
0	1	1	1	0	0
1	3	3	3	1	1
2	5	5	5	2	2
3	8	6	6	3	2
4	14	10	10	4	3
5	22	15	15	5	4
6	26	20	20	6	5
7	32	25	25	7	6
8	40	29	29	8	6
9	48	35	35	9	7
10	57	43	43	10	8
11	66	53	53	11	9
12	72	61	61	12	10
13	76	66	66	13	11
14	82	75	75	14	13
15	88	82	82	15	14
16	91	87	87	16	15
17	95	92	92	17	16
18	97	95	95	18	17
19	98	98	98	19	19
20	99	99	99	20	20

— Para obtener los equivalentes equipercentil se examinan las dos últimas columnas de la tabla. Por ejemplo, un sujeto que en X tuviese una puntuación de 16, tendría un equivalente en Y de 15. Un sujeto con una puntuación en X de 13, tendría un equivalente en Y de 11. Lo mismo se haría con las restantes puntuaciones.

Entre las principales propiedades de las puntuaciones equiparadas equipercentil se encuentran las siguientes: 1) las puntuaciones siempre se encuentran en el rango de la escala; 2) idealmente, las puntuaciones equiparadas de la forma X tendrán la misma distribución que las puntuaciones de Y. Esto es cierto si las distribuciones fuesen continuas, lo que hace que en la práctica puedan diferir; 3) los diferentes momentos (media, varianza, asimetría y curtosis) de las distribuciones idealmente también serán iguales, pero en la práctica surgen algunas diferencias debidas a que las variables no son continuas.

En la práctica, las equiparaciones deberán hacerse con ayuda de algún programa de ordenador, ya que para evitar las irregularidades en las distribuciones de las variables X e Y, provocadas porque las puntuaciones son discretas y por los tamaños de las muestras, se recomienda llevar a cabo un *suavizado* (*smoothing*) de las distribuciones, que puede realizarse antes o después de la conversión equipercentil (*pre-smoothing*). Los algoritmos con los que se realiza el suavizado son complejos y no podemos entrar en su descripción. Una descripción de los diferentes procedimientos puede encontrarse en Kolen y Brennan (2004, capítulos 2 y 3). Estos autores proponen realizarlo en el caso de este diseño con el programa RAGE-RGEQUATE, que se puede obtener de los autores gratuitamente en http://www.uiowa.edu.

Tabla 15.7. **Extracto de los resultados del programa RAGE-RGEQUATE para algunas puntuaciones seleccionadas**

Puntuación en X	Puntuaciones equivalentes en la escala de Y bajo diferentes transformaciones		
	Media	Lineal	Equipercentil
5	4,1274 (4)	2,8112 (3)	3,6205 (4)
10	9,1274 (9)	8,2543 (8)	8,1607 (8)
15	14,1274 (14)	13,6974 (14)	13,3929 (13)
20	19,1274 (19)	19,1405 (19)	19,1647 (19)
25	24,1274 (24)	24,5835 (25)	25,0292 (25)
30	29,1274 (29)	30,0266 (30)	30,1305 (30)
35	34,1274 (34)	35,4697 (35)	35,1016 (35)
39	38,1274 (38)	39,8242 40)	39,0807 (39)
40	39,1274 (39)	40,9128 (41)	39,9006 (40)

Ejemplo

En la tabla 15.7 se presenta un extracto de los resultados de las transformaciones de media, lineal y equipercentil, después del suavizado, para algunas puntuaciones correspondientes a los datos de un test de 40 ítems.

Puede observarse que las puntuaciones de la tabla están en escala continua, mientras que las puntuaciones de los tests son discretas. Para realizar la transformación se sigue la regla, ya dada, de que una puntuación discreta representa el rango comprendido entre su valor $\pm 0,5$. Entre paréntesis se presentan las puntuaciones discretizadas. Puede observarse que la transformación lineal produce una puntuación fuera del rango posible (41).

4.2. Métodos de equiparación para el diseño de grupos no equivalentes

Existen diversos procedimientos para tratar los datos de este diseño, que incluye las puntuaciones de un test de *anclaje*, interno o externo, a partir del que se establece la equiparación. Recordemos que en este diseño dos grupos de poblaciones diferentes reciben cada uno de ellos una de las formas, con un conjunto de ítems comunes a ambas formas. Como antes, denotamos como Y la vieja forma, X la nueva y V la forma definida por el conjunto de ítems comunes, que se recordará puede ser interno (forma parte de las puntuaciones de las dos formas) o externo (no se incluyen en las puntuaciones). Los procedimientos propuestos desde la TCT son del mismo tipo que los del apartado anterior: equiparación a través de la media, equiparación por medio de una transformación lineal (buscando la constante y la pendiente de la transformación) y equiparación equipercentil. Todo es igual que en los métodos anteriores, pero con una peculiaridad que los hace más complejos y es que ningún grupo de sujetos ha realizado las dos formas; los dos grupos solamente han respondido en común a la forma de anclaje V. Todos los procedimientos necesitan obtener distribuciones de frecuencias en X e Y simultáneas para poder realizar las equiparaciones sea en la media, lineal o equipercentil. A esto se llega definiendo una hipotética *población sintética* a partir de la forma de anclaje común V.

Los principales métodos de la media y lineales son los de Tucker (atribuidos por Gulliksen, 1950 a este autor), los de Levine (1955) y las modificaciones de Braun y Holland (1982). Las dificultades vienen de la estimación de la población sintética. El procedimiento más común es el conocido como *método de estimación de la frecuencia (*Angoff,1971; Braun y Holland, 1982). Este procedimiento permite estimar las distribuciones acumuladas de X e Y para una hipotética población sintética. Posteriormente se procede a la aplicación del método de equiparación. Cuando se trata de la equipercentil se recomienda el suavizado, como con el procedimiento del apartado anterior.

Describir cómo se obtienen las distribuciones sintéticas alargaría mucho el capítulo, puesto que no es simple. Kolen y Brennan (2004) proponen para este diseño utilizar el programa CIPE (Common Item Program for Equating, Kolen, 2004), que se puede obtener gratuitamente en http://www.uiowa.edu. Veremos solamente un extracto de la aplicación de dicho programa a un conjunto de datos procedentes de la aplicación de dos formas, X e Y, de un test formado por 36 ítems y 12 ítems comunes. La forma X se aplicó a una población denotada como 1, la Y a la población 2, y por simplicidad se dio a la población 1 el peso de 1 y 0 a la 2.

La tabla 15.8 resume todas las transformaciones: a) en la media: media de Tucker (TM), media de Levine (LM), media de Brown y Holland (BM); b) lineales: lineal de Tucker (TL), lineal de Levine (LL) y lineal de Braun y Holland (BL). También se presentan las equivalencias equipercentil: no suavizadas (UN) y con tres niveles de suavizado diferentes (S de 0,10, 0,50 y 1,00). Los valores del cuerpo de la tabla representan las puntuaciones que se obtendrían en Y según las puntuaciones de X dadas en la primera columna, con los diferentes métodos de equiparación.

Tabla 15.8. Equivalencias de puntuaciones obtenidas por varios métodos

X	TM	LM	BM	TL	LL	BL	UN	S(0,10)	S(0,50)	S(1,0)
5	5,99	5,43	6,01	5,68	5,31	5,89	5,53	5,47	5,93	5,77
10	10,99	10,43	11,01	10,83	10,46	10,95	10,82	10,84	10,90	10,91
15	15,99	15,43	16,01	15,97	15,42	16,00	16,37	16,32	16,14	16,01
25	25,99	25,43	26,01	26,26	25,53	26,12	25,85	25,90	26,01	26,04
30	30,99	30,43	31,01	31,41	30,59	31,17	31,01	30,95	30,86	31,01
36	36,99	36,43	37,01	37,58	36,65	37,24	36,05	36,08	36,11	36,14

Para obtener las equivalencias se procede como en los ejemplos del apartado anterior, es decir, buscando para cada X de la primera columna, el valor de Y que le correspondería según la equiparación deseada. Puesto que las equiparaciones en la escala Y están expresadas en términos de valores continuos y no discretos, se seguirán las mismas reglas que antes para discretizar los valores. Veamos con un ejemplo las equivalencias. Sea un sujeto que tiene en X una puntuación igual a 25. En la fila de $X = 25$ se encuentran sus equivalencias en Y para todas las equiparaciones. Con las reglas de discretización dadas, al sujeto le corresponderían las siguientes puntuaciones en la escala de Y: 26 con TM, 25 con LM, 26 con BM, 26 con TL, 26 con LL, 26 con BL, 26 con la equipercentil no suavizada y 26 con los diversos niveles del suavizado. Puede observarse como los resultados son muy similares con todas las transformaciones.

5. Procedimientos de equiparación basados en la TRI

Los procedimientos de la TRI son los más usados en la actualidad cuando se mantienen los supuestos de los modelos y los tamaños muestrales son suficientemente grandes. Son especialmente adecuados con grupos no equivalentes cuando hay ítems o tests de anclaje. Cuando se equiparan formas con grupos equivalentes y que son construidas bajo los mismos marcos y especificaciones, pueden calibrarse conjuntamente en programas de TRI como BILOG-MG, ICL, MULTILOG o PARSCALE.

Cuando se lleva a cabo la equiparación con grupos no equivalentes, los parámetros de las diferentes formas del test deben estar en la misma escala. El problema es que suelen estar generalmente en escalas diferentes, ya que los parámetros de la forma X suelen estimarse con los sujetos de la población 1 y los de la forma Y con los sujetos de la población 2. Debido a la indeterminación de la escala de θ, como ya se ha explicado en los temas de la TRI, la calibración en cada población se suele establecer en escala estandarizada (media = 0, D. típica = 1), siendo escaladas de esta forma las habilidades de cada grupo, aunque difieran en habilidad, así como los parámetros de los ítems. Es decir, las medias y desviaciones típicas se refieren al grupo en que se ha calibrado la forma. Es preciso convertir todas las estimaciones a la misma escala por medio de transformaciones lineales, como se explicó en el capítulo correspondiente de TRI. Estos parámetros de los ítems ya transformados se utilizan para establecer la equivalencia de puntuaciones de las dos formas. Como los sujetos han cumplimentado formas distintas del test, la transformación de escalas deberá hacerse a partir del conjunto de ítems equivalentes. Una alternativa es realizar una *calibración concurrente* estimando conjuntamente los parámetros de las formas X e Y, indicando los ítems que pertenecen a la forma que no ha cumplimentado el sujeto como «no alcanzados». En este caso, las estimaciones resultantes están en la misma escala directamente.

5.1. Calibraciones separadas de X e Y

Los métodos propuestos para el caso de calibraciones separadas son de varios tipos: *Regresión, media y sigma, método robusto de la media y la sigma* y *métodos de la curva característica*. El primero de ellos basado en la regresión consiste simplemente en encontrar una ecuación para predecir los parámetros b de los ítems comunes en la escala de X sobre los parámetros b de dichos ítems en la escala de Y. El procedimiento no cumple la propiedad de la simetría, por lo que se desaconseja. Los procedimientos de la media/sigma (Marco, 1977), de la media/sigma robusto (Linn, *et al.*, 1981) o el de la media/media (Loyd y Hoover, 1980) prácticamente no se utilizan en la actualidad. Son los procedimientos basados en la CCI los que producen mejores resultados.

Se han propuesto varios, pero los más mencionados son los de Haebara (1980) y Stocking y Lord (1983). Ambos tienen en cuenta todos los parámetros de los ítems, pues se basan en las probabilidades de respuesta. El que más difusión ha tenido es el de Stocking y Lord, del que se exponen a continuación sus principales características.

Método de Stocking y Lord

Se basan en las diferencias al cuadrado entre Curvas Características de los dos tests (véase el capítulo 6) en diferentes niveles de aptitud. Para un nivel dado, la diferencia que analizan es la siguiente, considerando diferentes constantes de equiparación:

$$S - L_{\text{Dif}}(\theta_i) = $$
$$= \left[\sum_{j:V} p_{ij}(\theta_{Ji}; a_{Jj}, b_{Jj}, c_{Jj}) - \sum_{j:V} p_{ij}\left(\theta_{Ji}; \frac{a_{Ij}}{A}, Ab_{Ij} + B, c_{Ij}\right) \right]^2 \quad [15.12]$$

En el criterio de minimización se suman los resultados para los diferentes niveles de aptitud, buscando la combinación de A y B (las constantes de la transformación) que minimizan:

$$S - L\text{crit} = \sum_i S - L\text{Dif}(\theta_i) \quad [15.13]$$

El procedimiento es iterativo y requiere el uso de algún programa. Kolen y Brennan (2004) proponen el programa PIE (Hanson y Zeng, 2004) que se puede obtener gratuitamente en http://www.uiowa.edu. Los resultados iniciales están basados en una aproximación a las puntuaciones verdaderas (recuérdese que la CC del test estima puntuaciones verdaderas), pero como los tests están puntuados en puntuaciones observadas, el programa establece la equivalencia final para estas puntuaciones.

En la tabla 15.9 se presentan los mismos datos del ejemplo anterior (las dos formas X e Y del test de 36 ítems, con 12 ítems de anclaje) tratados con el programa PIE. Se presentan las equivalencias en puntuaciones verdaderas y observadas.

5.2. Calibración concurrente con el programa BILOG-MG (PARSCALE, ICL)

La utilización de estos programas que permiten tratar simultáneamente múltiples grupos no equivalentes, facilita mucho los procedimientos de equiparación, ya que pueden obtenerse directamente estimaciones de las puntuaciones de las dos formas (o más) en la misma escala. Los ítems exclusivos de una

Tabla 15.9. Equivalencias en puntuaciones verdaderas y observadas para algunas puntuaciones seleccionadas

X	θ	V de θ_x	V de θ_y	Equivalente V discreta	Equivalente X en Y	Equivalente discreta
5	−4,35	5,33	5,33	5,00	4,50	5,00
10	−1,61	9,62	9,62	10,00	9,75	10,00
15	−0,37	15,40	15,40	15,00	15,37	15,00
25	1,10	26,39	26,39	26,00	26,37	26,00
30	1,95	31,38	31,38	31,00	31,38	31,00
36	—	36,00	36,00	36,00	36,39	36,00

forma son definidos como «no presentados» en las otras formas, siendo el total de ítems igual al número total de ítems diferentes de todas las formas. Es el procedimiento más utilizado en la actualidad, ya que realiza la calibración conjunta de los ítems. Una descripción de la aplicación práctica del procedimiento y de su justificación puede encontrarse en Du Toit (2003).

6. Observaciones finales

Los diseños y procedimientos descritos en los apartados anteriores pueden utilizarse también en otras situaciones como en el caso de los tests informatizados, cuando se quieren equiparar con las versiones correspondientes de papel y lápiz, o entre diversas formas informatizadas. En el caso de los tests adaptativos a veces existe necesidad de equiparación, aunque todos los ítems estén calibrados en la misma escala. Estas cuestiones pueden consultarse en Wainer (2000).

También surgen cuestiones específicas cuando formas de papel y lápiz se usan conjuntamente con los tests computerizados. Recibir un test computerizado puede ser una experiencia diferente para los examinados que realizarlo en papel y lápiz. Algunas de estas diferencias son: a) facilidad de leer los textos, b) facilidad de revisar respuestas a cuestiones previas, c) rapidez en el test y efectos del tiempo en la realización, d) claridad de las figuras y diagramas, e) responder sobre teclado en vez de en la hoja de respuestas.

La equiparación de tests con ítems politómicos, especialmente los de respuesta construida o con mezcla de dicotómicos y politómicos, no está aún bien resuelta (Kolen y Brennan, 2004).

16. Interpretación de las puntuaciones basada en criterios: Test Referidos a Criterios (TRC) y estándares de rendimiento

1. Introducción

Uno de los principales avances de la Teoría de los Tests en los últimos 30 años fue el desarrollo y creciente interés por los TRC, que representan una forma alternativa de interpretación de las puntuaciones de los tests con referencia a dominios de contenidos o repertorios de conductas bien definidos, sin necesidad de comparar con las normas de un grupo, como en los TRN que hemos visto en el capítulo anterior. Su uso está actualmente muy extendido en diversos campos: en la evaluación conductual, en las Fuerzas Armadas, en la industria (para evaluar las competencias requeridas en los puestos de trabajo), en la evaluación de programas (para medir los cambios tras la aplicación de tratamientos y el cumplimiento de objetivos), y, en el campo de la evaluación educativa, en las decisiones «pasa/falla», decisiones de certificación y promoción, clasificación de los sujetos y en las evaluaciones a gran escala.

La medición mediante tests fue uno de los temas más ampliamente debatidos durante los años sesenta y setenta. Los cambios introducidos en la educación, así como la profusión de programas e intervenciones educativas, trajeron la necesidad de una nueva aproximación a la evaluación de los resultados. Los tests tradicionales interpretados según normas de grupo no resultaban adecuados para la evaluación de los rendimientos educativos, ni para diagnosticar las necesidades de intervención. La expresión «test referidos a un criterio» (TRC) apareció por primera vez en un artículo de Glaser de

1963, en la revista *American Psychologist*, que recoge su alocución presidencial ese año. En él definió los TRC como «aquellos tests en los que los resultados dependen del estatus absoluto de calidad del estudiante, frente a los TRN que dependen del estatus del grupo» (p. 519).

La diferenciación de Glaser entre TRC y TRN tuvo una importante repercusión entre los profesionales de la medición, aunque realmente el concepto no era nuevo. En 1913 ya Thorndike estableció una distinción similar, olvidada durante todos estos años. Otros profesionales como Flanagan (1951), Nedelsky (1954) y Ebel (1962) advirtieron sobre la necesidad de este tipo de interpretación.

En los años sesenta empiezan a contrastarse empíricamente los resultados de la enseñanza programada y de otros programas de intervención, considerándose necesario para la evaluación de los resultados la existencia de un diagnóstico previo en términos de lo que *los sujetos conocen y son capaces de hacer*. La interpretación de los TRN no proporciona este tipo de información. En medio de esta problemática apareció el artículo de Glaser, resultando normal el impacto que produjo. A pesar de ello, este interés no se tradujo de forma inmediata en cambios en la evaluación, sino que los TRC tuvieron un largo período de gestación y su implantación como una forma alternativa de evaluación no se produjo hasta años después.

Con raras excepciones, como las que representan los trabajos de Osburn (1968) y Popham y Husek (1969), puede decirse que no fue hasta los años setenta cuando comenzó a trabajarse de forma sistemática con este tipo de tests. El interés explícito por esta forma de medición deriva del artículo de Popham y Husek (1969), «Implications of Criterion Referenced Measurement». En este trabajo se ponen de relieve sus principales aplicaciones, así como los problemas más importantes que presentaban. A partir de los años setenta comenzó a generalizarse su uso en la evaluación educativa, hasta tal punto que Hambleton y Rogers (1991) señalan que en el momento de la elaboración de su artículo habían aparecido más de 900 referencias a estos tests. Hoy su presencia dentro de la Teoría de los Tests es completa al estar fuertemente ligados al tema de los estándares de rendimiento, uno de los temas básicos de la psicometría aplicada en la actualidad.

2. Definición y principales características de los TRC

Aunque existe amplio consenso entre los diferentes autores en que los TRC permiten interpretar las puntuaciones de los tests individuales y de grupo con relación a un conjunto bien definido de objetivos, destrezas y competencias, no es fácil dar una definición de TRC, ya que no existe acuerdo completo ni en los términos utilizados, ni en la denominación de este tipo de test. Así, denominaciones frecuentes para TRC son las de tests referidos al dominio, tests de competencia, tests de destrezas básicas [1], dependiendo del campo y de la finalidad pretendida con su aplicación (Hambleton y Rogers, 1991). Aunque sí existe un acuerdo en cuanto al significado del término *criterio*, que se refiere al dominio de contenidos, procesos o conductas a evaluar, la proliferación de definiciones aún es mayor que la de denominaciones, ya que como señala Livingston (1977) cada autor que propone alguna solución a un problema de TRC crea su propia y precisa definición. La definición más aceptada es la de Popham (1978): «un test referido a un criterio es aquel que se utiliza para evaluar el estatus absoluto del sujeto con respecto a algún dominio de conductas bien definido» (p. 93).

Hambleton y Rogers (1991) establecen una serie de precisiones sobre la definición anterior que permiten caracterizar mejor este tipo de tests. En primer lugar, señalan que además de dominio de conductas, puede hablarse de objetivos, destrezas y competencias. En segundo lugar, el dominio debe estar bien definido, siendo variables sus contenidos y amplitud, que dependen de la finalidad del test. En tercer lugar, cuando un TRC cubre más de un objetivo, los ítems aplicables a cada uno de los objetivos suelen organizarse en subtests, siendo evaluado el sujeto en cada uno de los objetivos. Finalmente, aunque su uso suele estar ligado a estándares de rendimiento y puntos de corte, su definición no incluye explícitamente este requisito, ya que pueden establecerse simplemente interpretaciones descriptivas. Otras precisiones interesantes son las siguientes:

1. El número de ítems para cada objetivo puede ser variable.
2. El formato de los ítems es variable, desde los clásicos de EM hasta los ítems más actuales de RC para la evaluación del rendimiento.
3. Una forma habitual de tomar decisiones es comparar los resultados del examinado con estándares o criterios de rendimiento establecidos de antemano.

3. Principales diferencias entre TRC y Test Referidos a Normas (TRN)

Aparentemente hay pocas diferencias entre TRC y TRN, ya que los ítems que los componen suelen ser similares, requiriendo el mismo tipo de operaciones cognitivas por parte de los sujetos. Las diferencias fundamentales se encuentran en su construcción y especialmente en la interpretación. En la tabla 16.1 se resumen las principales diferencias.

Aunque, tal como se ha expuesto, hay diferencias sustanciales entre TRC y TRN, también poseen rasgos comunes. Así, suelen utilizar formatos simila-

---

[1] Los llamados *proficiency test* y *mastery test* en la literatura anglosajona.

Tabla 16.1. Diferencias entre TRN y TRC

Tests Referidos a las Normas	Tests Referidos a un Criterio
\multicolumn{2}{c}{1. Finalidad de la evaluación}	
Poner de relieve diferencias interindividuales en la conducta o rasgo que mide el test.	Estimar el rendimiento o conducta del sujeto en relación a los objetivos que mide el test.
\multicolumn{2}{c}{2. Construcción del test y especificación de los contenidos}	
Los elementos suelen derivarse de alguna teoría de rasgos o constructos. En los psicológicos, no siempre está clara la delimitación del dominio de contenidos.	Se comienza con una especificación clara del dominio de contenidos o conductas y del uso pretendido del test.
\multicolumn{2}{c}{3. Selección de los ítems}	
Para poner de relieve las diferencias individuales debe maximizarse la varianza del test, seleccionando ítems de dificultad media y elevado poder discriminante.	Los ítems se seleccionan en función de los objetivos y el uso pretendido del test.
\multicolumn{2}{c}{4. Significado de las puntuaciones}	
La puntuación se considera un indicador de la puntuación verdadera o rasgo latente.	La puntuación representa el estimador muestral de la conducta o rendimiento del sujeto en el dominio de contenidos.
\multicolumn{2}{c}{5. Interpretación de las puntuaciones}	
La puntuación tiene significado únicamente con relación a los resultados de un grupo normativo.	La puntuación tiene significado en términos absolutos.

res de ítems, de instrucciones de tests, y ambos suelen ser estandarizados. De hecho, un mismo test puede ser susceptible de los dos tipos de interpretación, referida a las normas y referida a un criterio.

4. Construcción de un TRC

Hambleton y Rogers (1991) establecen 11 fases en la construcción de un TRC, que requerirán más o menos atención según la finalidad del test. Muchas de estas fases se aplican también en la metodología para el establecimiento de estándares de rendimiento.

1. Planteamiento inicial.

   a) Especificación del propósito del test.
   b) Especificación de los objetivos a medir.
   c) Especificación de los grupos a los que se aplicará el test: aspectos sociodemográficos, lingüísticos, etc.
   d) Elección del formato de los ítems.
   e) Delimitación del tiempo y recursos económicos que se pueden dedicar a la construcción y corrección del test.
   f) Identificación y selección de jueces expertos en el contenido de la evaluación.
   g) Especificación de la longitud del test y el tiempo aproximado de cumplimentación.

2. Revisión de los objetivos.

   a) Revisión de la adecuación de los objetivos.
   b) Selección del conjunto definitivo de objetivos que medirá el test.
   c) Preparación de especificaciones para los ítems de cada objetivo y revisión de los mismos en cuanto a su claridad y seguridad.

3. Redacción de los ítems.

   a) Construcción de un número de ítems considerablemente mayor que el definitivo para el estudio piloto.
   b) Introducción de los ítems en un banco de ítems.
   c) Edición de los ítems.

4. Validación de contenido.

   a) Identificación de expertos en el contenido a evaluar y especialistas en medición del ámbito a evaluar. Examen del grado de emparejamiento entre ítems y objetivos, representatividad del dominio, etc.
   b) Revisión de la adecuación técnica de los ítems.
   c) Redacción de ítems adicionales si es necesario.

5. Aplicación del test piloto.

   a) Preparación de un test piloto.
   b) Administración del test a muestras adecuadas.
   c) Realización del análisis de ítems, con un apartado especial dedicado al DIF.

6. Revisión del test.

   a) Utilización de los resultados anteriores para la revisión de los ítems.

7. Preparación de la forma definitiva.

a) Determinación de la longitud del test, número de formas necesarias, porcentaje de ítems de diferentes formatos y número de ítems por objetivo.
b) Selección de los ítems del conjunto analizado en el test piloto.
c) Preparación de las instrucciones: cuadernillos, hojas de respuestas, claves y normas de corrección, etc.
d) Especificación de posibles modificaciones a las instrucciones, acomodaciones necesarias para poblaciones especiales, etc.

8. Establecimiento de estándares.

    a) Establecimiento de estándares de rendimiento, si es necesario.
    b) Establecimiento de puntos de corte.
    c) Especificación de modificaciones a los estándares si es preciso hacer acomodaciones a poblaciones especiales.

9. Aplicación de la forma piloto del test definitivo.

    a) Diseño de la aplicación del test para recoger datos de fiabilidad y validez.
    b) Aplicación del test a muestras representativas de sujetos.
    c) Evaluación del procedimiento de administración, análisis de ítems, fiabilidad y validez.
    d) Hacer las revisiones finales a partir de los datos anteriores.

10. Preparación del manual.

    a) Manual para la administración del test.
    b) Manual técnico.

11. Recogida de datos adicional de cara a la investigación sobre su fiabilidad y validez

Guías útiles para la formulación de objetivos, redacción de ítems y emparejamiento de ítems y objetivos pueden encontrarse en Hambleton (1990) y Popham (1984).

5. Análisis de los ítems en los TRC

El aspecto más crítico, tras la formulación de los objetivos, es construir ítems que se acomoden a las especificaciones y a los objetivos. No entramos en las reglas para la escritura de ítems, ya que son similares a las expuestas en el capítulo 1 para otro tipo de tests.

Desde el punto de vista psicométrico, deben cuidarse tanto el análisis de contenido como el análisis estadístico de los ítems.

5.1. Análisis de contenido de los ítems

Un aspecto fundamental es la evaluación del grado en que la muestra de ítems del test es representativa del dominio de contenidos. Se han propuesto numerosos procedimientos basados fundamentalmente en el juicio de los expertos (Berk, 1984), que pueden clasificarse en dos tipos: a) congruencia ítem-objetivo y b) sesgos de contenido, ya expuestos en el capítulo 12.

En el análisis de la validez de contenido, y siguiendo un procedimiento del primer tipo (congruencia ítem-objetivo), Crocker y Algina (1986) recomiendan seguir los siguientes pasos:

1. Definir el dominio de interés.
2. Seleccionar un panel de expertos en el contenido a evaluar.
3. Proporcionar un procedimiento estructurado para emparejar los ítems con el dominio.
4. Recoger y resumir los datos.

Con respecto a la especificación del dominio (paso 1), Hambleton (1990) sugiere que ésta podría dividirse en 4 partes: a) descripción: una proposición corta y concisa del contenido/conductas cubiertas por el objetivo, b) directrices de los ítems del test y tareas y algún modelo para medir el objetivo, c) límites de contenido y estructura de contenidos dentro del conjunto de ítems y d) límites de la respuesta y formatos de los ítems.

Desde el punto de vista psicométrico requieren algunos comentarios adicionales los puntos 3 y 4.

Con respecto al punto 3, el investigador deberá tener en cuenta varias cuestiones. En primer lugar, decidir si todos los objetivos tendrán el mismo peso o recibirán ponderaciones distintas. El diseñador del estudio proporcionará en este caso una definición clara de la importancia de los objetivos. Y en segundo lugar, definir cómo se realizarán los emparejamientos ítems-objetivos. Kleelin y Kosecoff (1975) recomiendan seguir las siguientes instrucciones:

a) Presentar cada ítem en una tarjeta separada.
b) Comparar cada ítem con la lista de objetivos.
c) Registrar el resultado del emparejamiento en una hoja estandarizada. Hambleton (1980) propone un procedimiento en el que los expertos valoran el grado de emparejamiento en una escala de 5 puntos.

En cuanto al punto 4 (recogida y resumen de los datos), la decisión suele ser cualitativa pero resulta útil la adopción de un formato cuantitativo para resumir las valoraciones de los jueces. Como para otro tipo de tests, es imprescindible la revisión de jueces de las cuestiones referidas a la sensibilidad de los contenidos para grupos diferentes de sujetos.

5.2. Análisis estadístico de los ítems

Aunque se han tratado en otros capítulos los problemas del análisis de los ítems, los TRC tienen algunos matices especiales, por lo que les dedicamos un apartado específico. Según Berk (1984) las fases para el análisis de los ítems en TRC son las siguientes: 1) selección de grupos criterio, 2) cálculo de los estadísticos del ítem y 3) análisis del FDI y sesgos de los ítems.

5.2.1. Selección de grupos criterio

La primera decisión es definir la población de los sujetos a los que se aplicará el test. La mayor parte de los estadísticos se basan en medidas repetidas pretest-postest tomadas en un grupo único o en grupos contrastados. La elección del diseño depende del propósito del test. Puesto que la mayor parte de las veces se aplican para diferenciar entre pasa/falla, éxito/no-éxito, los grupos serán muestras de sujetos que dominan y no dominan los contenidos (en el caso de que el objetivo sea diferenciar entre varios grupos, serán sujetos de los diferentes niveles). Estos grupos de sujetos se denominan *grupos criterio*. Su selección se basa en algún tipo de rendimiento o de conducta actual o futura. Suele seguirse uno de los tres diseños siguientes:

1. Medidas preinstrucción/postinstrucción.
2. Grupos instruidos/no instruidos.
3. Grupos de caso/control.

Las dos primeras aproximaciones utilizan muestras enteras a partir de las que se forman los grupos de sujetos. La última supone la formación inicial de dos grupos a priori (Livingston y Zieky, 1982).

El diseño 1, medidas preinstrucción/postinstrucción, ha sido el más utilizado y supone el examen repetido de los sujetos antes de recibir el programa y después de recibirlo. Normalmente se les aplica el mismo conjunto de ítems en las dos ocasiones, aunque también puede usarse una forma equivalente en la segunda aplicación. Tiene como ventaja que permite, junto a la validación de los ítems del test, el examen de las ganancias tras el programa. Su principal desventaja radica en la medición repetida de los sujetos ya que, si el período es corto, puede que se produzcan efectos de aprendizaje y memoria, y en que no pueden obtenerse los datos hasta que no se ha finalizado el programa o curso.

El diseño 2, grupos instruidos/no instruidos, se basa en los llamados *grupos de instrucción* y supone examinar al mismo tiempo a dos grupos de sujetos, uno que ha recibido la instrucción (instruido) y otro que no la ha recibido (no instruido). Se requiere que los sujetos sean identificados por medio de algún criterio externo al test, por ejemplo mediante el juicio de profesores informados. Los sujetos de los dos grupos serán lo más similares posible en otras características. Es preciso equilibrar la composición en función del sexo y otras variables sociodemográficas relevantes. Entre sus ventajas se encuentra la de disponer de los datos de forma concurrente, lo que permitirá la selección de ítems en el test definitivo, y entre sus desventajas, la dificultad de determinación del criterio para la asignación a los grupos y la dificultad de conseguir grupos equivalentes.

La aproximación de grupos de caso/control es una modificación del diseño 2, planteada para eliminar algunas de las desventajas del anterior. En el ámbito educativo, la formación de los grupos se basa en el juicio del profesor. En la clínica los sujetos son diagnosticados por otros procedimientos externos al test.

Recogemos en la tabla 16.2 el diseño de recogida de datos para los diferentes diseños.

Tabla 16.2. Diseños de recogida de datos para el análisis de ítems en los tests referidos a un criterio

Sujeto (diseño 1) Sujetos emparejados (diseños 2 y 3)	Pretest (diseño 1) Grupo no instruido (diseño 2) Control (diseño 3) Ítem					Postest (diseño 1) Grupo instruido (diseño 2) Caso (diseño 3) Ítem				
	1	2	3	4	5	1	2	3	4	5
1	0	0	1	1	0	1	1	1	1	1
2	1	0	1	0	1	1	1	1	1	1
3	1	0	1	1	0	1	1	1	1	1
4	1	0	1	1	0	1	1	1	0	1
5	0	0	1	1	1	0	1	1	0	0
6	0	0	1	0	0	1	1	1	0	1
7	1	0	1	1	1	0	1	1	0	0
8	0	0	1	0	1	0	1	1	0	0
9	0	0	1	0	0	1	1	1	0	1
10	0	0	1	0	1	1	1	1	1	1

5.2.2. Cálculo de los estadísticos de los ítems

En general, suelen utilizarse los mismos estadísticos generales derivados de la TCT, ya tratados en el capítulo 4, aunque a veces requieren de algunas modificaciones.

1. Índice de dificultad (p_i). Es la proporción o el porcentaje de personas que contestan correctamente al ítem, tal como fue explicado anteriormente. En este caso es importante obtener estimaciones de la dificultad para los grupos criterio.
2. Índices de discriminación. Aquí existen algunas diferencias con respecto a los TRN. Estos índices suelen medir los cambios en el rendimiento (pre-post) o las diferencias entre grupos criterio. Son consistentes con el objetivo de los TRC de que los ítems maximizarán la discriminación entre los grupos y minimizarán la discriminación entre individuos dentro de un grupo (Glaser, 1963). Su uso extendido en evaluación de programas educativos ha hecho que a veces se les denomine *índices de sensibilidad a la instrucción*. Tras una revisión exhaustiva de los diferentes índices propuestos en la literatura, Berk (1984) propone los siguientes:

    a) DIS_{PPD} o *diferencia pre-postest*, definido como:

    $$DIS_{PPD} = p_{i2} - p_{i1} \qquad [16.1]$$

    donde p_{i2} es la proporción de sujetos que aciertan el ítem en el postest.
    p_{i1} es la proporción de sujetos que aciertan el ítem en el pretest.
    Este índice esta acotado en el intervalo $[-1, +1]$ y su principal desventaja es que no es sensible a los cambios individuales, solamente a los grupales.

    b) DIS_{I-NI} o *diferencia grupo instruido-no instruido*:

    $$DIS_{I-NI} = p_{iI} - p_{iNI} \qquad [16.2]$$

    donde p_{iI} es la proporción de sujetos que aciertan el ítem en el grupo instruido.
    p_{iNI} es la proporción de sujetos que aciertan el ítem en el grupo no instruido.

    Sus desventajas son las mismas que en el índice anterior, además de la posible problemática en la formación de los grupos.

    c) DIS_{GI} o *ganancia individual*. Proporción de sujetos que responden al ítem incorrectamente en el pretest y correctamente en el postest. Su principal ventaja es que mide directamente las ganancias de la instrucción. Se encuentra acotado en el intervalo $[-1, +1]$.

    d) DIS_{GN} o *ganancia neta*. Proporción de sujetos que responden al ítem incorrectamente en el pretest y correctamente en el postest (ganancia individual), menos la proporción de sujetos que respon-

16. Interpretación de las puntuaciones basada en criterios

den incorrectamente en el pretest y postest. Se encuentra acotado en el intervalo $[-1, +1]$, proporcionando valores menores que el anterior, dada la corrección aplicada.

Presentamos a continuación los estadísticos aplicados al ejemplo anterior (tabla 16.3).

Tabla 16.3. Índices de dificultad y discriminación para los datos del ejemplo de la tabla 16.2

Índice	Pretest (diseño 1) Grupo no instruido (diseño 2) Control (diseño 3)					Postest (diseño 1) Grupo instruido (diseño 2) Caso (diseño 3)				
	Ítem					Ítem				
	1	2	3	4	5	1	2	3	4	5
p_i	0,4	0	1	0,5	0,5	0,7	1	1	0,4	0,7
DIS_{PPD} (diseño 1)/ DIS_{I-NI} (diseño 2)	0,3	1	0	−0,1	0,2					
DIS_{GI} (diseño 1)	0,4	1	0	0,1	0,5					
DIS_{GN} (diseño 1)	0,2	1	0	−0,4	0,5					

Berk revisa otros trece índices, pero los considera de utilidad limitada por la complejidad de los cálculos implicados en su obtención. Los índices de *sensibilidad* y *especificidad*, muy utilizados en psicología clínica y psiquiatría, también pueden utilizarse a nivel de ítem como índices de discriminación.

3. Índices de homogeneidad. Intentan poner de relieve que los ítems congruentes con un objetivo se comportan de forma similar, sea en una aplicación del test o en aplicaciones repetidas del mismo.

   a) Ji-cuadrado. El índice de dificultad de cada ítem que mide un objetivo se compara con la dificultad mediana del conjunto de ítems que miden ese objetivo, utilizando un contraste tipo ji-cuadrado. Se utiliza con una sola aplicación del test. En el caso de medidas repetidas se usan los datos del pretest. Los ítems que se comportan de forma diferente al prototipo se revisarán. También pueden calcularse estos estadísticos para pares de ítems. Para su cálculo se parte de una tabla de contingencia $2 \cdot 2$.
   El estadístico propuesto, utilizando la notación usual de estas tablas, es el siguiente:

$$\chi^2 = \frac{N(ad - bc)^2}{(a + b)(c + d)(b + d)(a + c)} \qquad [16.3]$$

donde N es el número de sujetos de la muestra y a, b, c y d, son las correspondientes casillas de la tabla. El valor obtenido se compara con la distribución ji-cuadrado con un grado de libertad.
Supongamos, por ejemplo, que disponemos de las respuestas de 100 sujetos a los ítems que componen un test. La mediana del índice de dificultad del ítem es 0,5 y el ítem 3 de dicho test es acertado por 40 sujetos y fallado por 60. Supongamos que la distribución de frecuencias responde a la tabla 16.4

Tabla 16.4. Tabla de contingencia para el cálculo de χ^2

		Prototipo	
		Por encima de la mediana	Por debajo de la mediana
Ítem 3	Acierto	30 (a)	10 (b)
	Fallo	20 (c)	40 (d)

$$\chi^2 = \frac{100(30 \times 40 - 20 \times 10)^2}{(30 + 10)(20 + 40)(10 + 40)(30 + 20)} = 16{,}7$$

El valor de la distribución ji-cuadrado con un grado de libertad para un nivel de significación de 0,05 es 3,84 por lo que podemos concluir que existe una asociación significativa entre las respuestas al ítem 3 y el prototipo.

b) Otro índice basado en ji-cuadrado es el propuesto por Harris y Pearlman (1977) que se utiliza para determinar si las dificultades de pares de ítems son iguales:

$$\chi_1^2 = \frac{(|b - c| - 1)^2}{b + c}$$

Supongamos que lo presentado en la tabla siguiente corresponde a las respuestas de los sujetos a dos ítems del mismo test.

Tabla 16.5. Distribución conjunta de frecuencias de las respuestas de una muestra de sujetos a dos ítems del mismo test

		Ítem 1	
		Acierto	Fallo
Ítem 2	Acierto	30 (a)	20 (b)
	Fallo	20 (c)	30 (d)

$$\chi_1^2 = \frac{(|20 - 20| - 1)^2}{20 + 20} = 0,025$$

El estadístico proporciona un valor no significativo al compararlo con el valor crítico 3,84.

c) Correlación ítem-puntuación total del test. Es conceptualmente similar al estadístico explicado de correlación corregida ítem-total. A veces se utiliza con una modificación, consistente en considerar dicotómica la puntuación total (éxito-no éxito), calculándose el coeficiente ϕ.

d) Índice de discrepancia promedio al cuadrado (Epstein, 1977). Se basa en las discrepancias individuales de las puntuaciones de los ítems a partir de una matriz de puntuaciones sujeto · ítem. El cálculo es complicado y no proporciona valores críticos para evaluar la calidad de los ítems.

Para la evaluación del FDI se utilizarán los mismos procedimientos propuestos en el capítulo 14.

6. Fiabilidad de los TRC

Normalmente los TRC pueden tener dos usos: a) estimar las puntuaciones del dominio o b) asignar a los sujetos a una categoría de clasificación. Traub y Rowley (1980) señalan que según el uso pretendido, el coeficiente de fiabilidad será distinto.

6.1. La fiabilidad de los TRC en las puntuaciones del dominio

El planteamiento es similar al expuesto al desarrollar la TG, explicada en el capítulo 5, ya que se refiere a la generalización de las puntuaciones obtenidas a la población, dominio o universo. La aplicación de la TG a los TRC se encuentra en Brennan (1984, 2001a) y Kane y Brennan (1980), que denominan en este contexto a los coeficientes de fiabilidad *coeficientes de confianza (dependability)*. Suele usarse el coeficiente para las *decisiones absolutas*. En español puede encontrarse un ejemplo de aplicación en Martínez Arias (1995).

6.2. La fiabilidad de las clasificaciones

Cuando se utiliza el TRC para la clasificación de los sujetos, interesa más la fiabilidad de las clasificaciones establecidas mediante el test que la fiabilidad de las puntuaciones del dominio o universo. Puesto que éste es el uso más frecuente de los TRC, es el ámbito en el que se han propuesto más aproximaciones al cálculo de la fiabilidad. Una extensa relación de todos los índices propuestos puede encontrarse en Berk (1986). Los diferentes métodos pueden clasificarse en dos amplias categorías:

  a) Funciones de pérdida umbral.
  b) Funciones de pérdida cuadrática.

Una *función de pérdida umbral* estima el grado en que un examinado es consistentemente clasificado en la misma categoría en una administración repetida del test. Este concepto de consistencia en la clasificación fue propuesto por Hambleton y Novick (1973). Su utilización parte de los siguientes supuestos: 1) una clasificación dicotómica de los sujetos como aptos y no aptos basada en un umbral o punto de corte y 2) consideración de que las pérdidas asociadas con las clasificaciones incorrectas en ambas categorías son igualmente graves, independientemente del tamaño del error, es decir, de la distancia a su categoría verdadera.

Las *funciones de pérdida cuadrática* se basan en los errores al cuadrado y tienen en cuenta los tamaños de los errores de clasificación. Son escasamente utilizados en las aplicaciones.

Tabla 16.6. **Clasificación de 300 estudiantes en 3 categorías de rendimiento mediante dos formas equivalentes, X e Y**

		Test X			
		A	B	C	N_j
Test Y	A	125 (n_{11})	20	25	170
	B	15	75 (n_{22})	10	100
	C	3	7	20 (n_{33})	30
	N_j	143	102	55	300

A su vez, pueden clasificarse los métodos según requieran una o dos aplicaciones del test.

Para ilustrar los diferentes índices usaremos el siguiente ejemplo ficticio. Sean dos formas de tests supuestamente equivalentes, X e Y, que se utilizan para la clasificación de los sujetos en tres grupos o categorías de rendimiento: A, B y C. Supongamos que los dos tests se han aplicado al mismo grupo de $N = 300$ sujetos. Los resultados conjuntos de la clasificación mediante los dos tests se presentan en la tabla 16.6.

6.2.1. Métodos basados en funciones de pérdida umbral

Índices que requieren dos aplicaciones del test o dos formas equivalentes

1) *Índice de Hambleton y Novick (1973)*

Proponen estimar la consistencia de las clasificaciones calculando la proporción de sujetos consistentemente clasificados en las dos formas, que en la tabla del ejemplo son los que se encuentran en la diagonal principal: n_{11}, n_{22} y n_{33} y en general, para una tabla de cualquier dimensionalidad, n_{jj}. La proporción correspondiente será para una de las categorías $p_{jj} = \dfrac{n_{jj}}{n}$. La proporción de acuerdos para m categorías se definirá como:

$$p_0 = \sum_{j=1}^{m} p_{jj} \qquad [16.4]$$

Su límite superior es 1, que ocurre solamente cuando hay una consistencia perfecta, es decir, cuando no existen frecuencias fuera de las casillas de la diagonal principal.

El límite inferior, denotado como p_e es la proporción de clasificaciones consistentes esperable por azar, y que debería restarse del anterior. Estas proporciones esperadas se obtienen como:

$$p_{jj_e} = \dfrac{n_j. n_{.j}}{n^2} \qquad [16.5]$$

y

$$p_e = \sum_{j=1}^{m} p_{jj_e} \qquad [16.6]$$

El cálculo del índice viene dado por la siguiente expresión:

$$p_{H-N} = p_o - p_e$$

Para los datos del ejemplo anterior:

$$p_{11} = 125/300 = 0{,}42$$
$$p_{11e} = 170 \cdot 143/300^2 = 0{,}27$$
$$p_{22} = 75/300 = 0{,}25$$
$$p_{22e} = 100 \cdot 102/300^2 = 0{,}11$$
$$P_{33} = 20/300 = 0{,}07$$
$$p_{33e} = 30 \cdot 55/300^2 = 0{,}02$$
$$p_o = 0{,}42 + 0{,}25 + 0{,}07 = 0{,}74$$
$$p_e = 0{,}27 + 0{,}11 + 0{,}02 = 0{,}40$$
$$p_{H-N} = 0{,}74 - 0{,}40 = 0{,}34$$

2) *Coeficiente kappa de Cohen (1960)*

Este índice ha sido expuesto ya en el capítulo 3 y es seguramente el índice de consistencia de las clasificaciones más utilizado.

El índice kappa para los datos del ejemplo anterior sería:

$$k = \frac{0{,}74 - 0{,}40}{1 - 0{,}40} = 0{,}57$$

y su error típico:

$$\sigma_k = \sqrt{\frac{0{,}40}{300(1 - 0{,}40)}} = 0{,}05$$

Asumiendo que la distribución de k es normal, el intervalo de confianza para k con un nivel de significación de 0,05 será:

$$L_i = 0{,}57 + (-1{,}96)(0{,}05) = 0{,}47$$
$$L_s = 0{,}57 + (1{,}96)(0{,}05) = 0{,}67$$

Un tratamiento muy completo sobre los índices de acuerdo se encuentra en Dunn (1989).

3) p^* *de Crocker y Algina (1986)*

Cuando se intercambian dos formas de un test, la probabilidad mínima de una decisión consistente es 0,50. Este mínimo tendría lugar si las puntuaciones de los tests son estadísticamente independientes y el punto de corte, para una clasificación doble, está en la mediana de la distribución común de las dos formas. Basado en este mínimo proponen una alternativa a κ:

$$p^* = \frac{p_0 - 0{,}50}{1 - 0{,}50} = 2p_0 - 1 \qquad [16.7]$$

El índice alcanzará el valor de 1 cuando las decisiones son absolutamente consistentes y valdrá 0 cuando las decisiones no son más consistentes de las que se esperarían por azar, en el caso de usar tests cuyas puntuaciones fuesen estadísticamente independientes.

En el ejemplo, $p^* = 2 \cdot 0{,}74 - 1 = 0{,}48$.

Los índices anteriores están influidos por diversos factores que representan importantes limitaciones: 1) la generalizabilidad o fiabilidad de las puntuaciones del test; 2) la posición del punto de corte, que repercute en las frecuencias marginales y en los valores máximos alcanzables, 3) la semejanza de las dos distribuciones y 4) la longitud del test. Pero sin duda, el problema más grave que presentan es de tipo práctico, y es que requieren dos aplicaciones del test. Por este motivo, suele ser más sencillo utilizar procedimientos que requieren de una sola aplicación del test.

Métodos basados en una única aplicación del test

Keats y Lord (1962) mostraron que dadas las puntuaciones de una de las formas, las puntuaciones de la segunda pueden simularse, bajo ciertos supuestos, derivados del modelo binomial de las puntuaciones de los tests.

Los procedimientos que siguen esta aproximación son complejos y no son utilizados en las aplicaciones. Los dos más relevantes son los de Huyhn (1976) y Subkoviak (1978). Ambos pueden consultarse, aplicados a un ejemplo concreto, en Martínez Arias (1995).

6.2.2. Métodos basados en funciones de pérdida cuadrática

Los dos métodos presentados a continuación son de uso frecuente para el examen de la fiabilidad de las clasificaciones y son aproximaciones a las funciones de pérdida cuadrática, que tienen en cuenta la distancia entre el punto de corte y la media del test. Conceptualmente, a mayor distancia entre la puntuación verdadera de la persona y el punto de corte, la decisión será más fiable. Aunque han sido propuestos para procedimientos basados en un único punto de corte, pueden extenderse fácilmente a varios puntos de corte que determinen diferentes niveles o categorías de clasificación.

1) Coeficiente de Livingston (1972)

Livingston (1972) parte de la TCT y desarrolló el índice K^2, que teóricamente se define como:

$$K^2 = \frac{\sigma_\theta^2 + (\mu_\theta - \lambda)^2}{\sigma_X^2 + (\mu_\theta - \lambda)^2} \qquad [16.8]$$

donde θ y X se refieren, respectivamente, a la puntuación verdadera y observada, según el modelo de la TCT y λ es la puntuación del punto de corte utilizado en la clasificación.

Evidentemente, la ecuación anterior no puede aplicarse en la práctica, ya que se desconocen tanto la varianza de las puntuaciones verdaderas, como su media.

Para hacer operativo el coeficiente, propuso dos alternativas, una para el caso de disponer de dos aplicaciones del test y otra, cuando se dispone de puntuaciones de una única aplicación. Utilizando algunos supuestos y derivaciones de la TCT, las dos alternativas son las siguientes:

i) Caso de dos aplicaciones del test. (Utilizamos la misma notación anterior, aunque deberían sustituirse los elementos de la expresión por sus estimadores muestrales.)

$$K^2 = \frac{\rho_{xx'}\sigma_x\sigma_{x'} + (\mu_x - \lambda)(\mu_{x'} - \lambda)}{\sqrt{[\sigma_x^2 + (\mu_x - \lambda)^2][\sigma_{x'}^2 + (\mu_{x'} - \lambda)^2]}} \qquad [16.9]$$

donde X y X' hacen referencia a las dos formas del test.

Supongamos que hemos aplicado dos formas de un test a una muestra de sujetos obteniéndose una media igual a 40 en la primera aplicación y 43 en la segunda. La desviación típica de las puntuaciones en la primera aplicación fue 12 y en la segunda 10. La correlación entre ambas aplicaciones fue 0,70 y el punto de corte establecido es 50 puntos. El estimador de K^2 será:

$$K^2 = \frac{0{,}70 \cdot 12 \cdot 10 - (40 - 50)(43 - 50)}{\sqrt{[12^2 + (40 - 50)^2][10^2 + (43 - 50)^2]}} = 0{,}81$$

ii) Caso de una sola aplicación del test.

Cuando se da una sola aplicación del test se obtiene una aproximación en función del coeficiente de fiabilidad KR-20 (para ítems binarios).

$$K^2 = \frac{\sigma_x^2 KR\text{-}20 + (\mu_x - \lambda)^2}{\sigma_x^2 + (\mu_x - \lambda)^2} \qquad [16.10]$$

donde todos los términos tienen el mismo significado.

Supongamos que solo tuviéramos la primera aplicación del ejemplo anterior en cuyo caso *KR-20* resultó ser igual a 0,75. El estimador de K^2 será, en este caso:

$$K^2 = \frac{12^2 \cdot 0{,}80 + (40 - 50)^2}{12^2 + (40 - 50)^2} = 0{,}85$$

En el caso de existir varios puntos de corte, puede aplicarse la fórmula para cada uno de ellos y si se dispone de ítems no binarios, KR-20 podría sustituirse por su expresión más general, el coeficiente alpha.

2) Procedimientos basados en índices de la TG

Brennan (1984) propone el coeficiente de confianza (coeficiente de generalizabilidad para decisiones absolutas, tratado en el capítulo 5) para el caso de un test con una única faceta: los ítems. El coeficiente adaptado a las clasificaciones por medio de puntos de corte puede expresarse como:

$$\Phi = \frac{\sigma_p^2 + (\mu_x - \lambda)^2}{\sigma_p^2 + (\mu_x - \lambda)^2 + (\sigma_{pi}^2 + \sigma^2)/n_i} \qquad [16.11]$$

En la práctica, las expresiones de la fórmula deben sustituirse por sus estimadores muestrales.

La seguridad de las clasificaciones basadas en las puntuaciones de los tests son críticamente dependientes de la seguridad de la medida en los puntos de corte (Ercikan y Julian, 2002; Hambleton y Slater, 1997). Los coeficientes de la TCT proporcionan una indicación global de la seguridad de la medida proporcionada por el test para todos los examinados, pero no proporcionan información de la seguridad en los puntos de corte. Ercikan y Julian (2002) encuentran que la seguridad de la clasificación puede diferir mucho para examinados en diferentes niveles de aptitud. Por tanto, deben establecerse valores de la seguridad de la clasificación para diferentes rangos de puntuaciones.

7. Determinación de puntos de corte para establecer los niveles

Hasta ahora se han dado por supuestos unos puntos de corte que permiten clasificar a los sujetos en las categorías de interpretación del TRC. Uno de los aspectos más importantes de los TRC es precisamente el del establecimiento de puntos de corte para las clasificaciones.

Los *puntos de corte* son valores establecidos en la escala numérica de los resultados, que permiten clasificar a los sujetos en términos de categorías significativas. Cuando estas categorías se utilizan para la descripción de los resultados, suelen tener menos consecuencias que cuando se usan para selección/certificación.

Se denominan *estándares de rendimiento* a descripciones cualitativas de las distinciones entre niveles adyacentes de rendimiento en términos de lo que los examinados en dicho nivel conocen y son capaces de hacer. Los puntos de corte son puntos en la escala de puntuaciones asociados con cada nivel de rendimiento particular (Kane, 2001). El uso de puntos de corte y sus estándares asociados añade una regla de decisión explícita a las puntuaciones de los tests.

En la actualidad existen numerosos procedimientos para la determinación de los puntos de corte y estándares de rendimiento. Ningún método está libre de críticas, no obstante, algunos son más defendibles ante los expertos. Haladyna (2002) presenta unos criterios generales de aceptabilidad de los métodos, dividiéndolos en aceptables e inaceptables. Según este autor, métodos aceptables o defendibles serían los siguientes:

1. Juicios de ítems o tareas, donde los expertos en contenido hacen juicios de los ítems sobre cómo los estudiantes deberían responder. Es el método más popular.
2. Grupos contrastados. Los estudiantes se clasifican en grupos de rendimiento y el punto de la distribución que separa los grupos es donde se establece el estándar.

Por el contrario, serían procedimientos desaconsejados y no defendibles los siguientes, que son utilizados en algunas ocasiones.

1. Cuotas, es decir, establecer unos porcentajes a priori de sujetos clasificables en cada nivel.
2. Arbitrarios (por ejemplo, arbitrariamente decir que hay que responder al 75% o al 80% de los ítems, sin consideraciones sobre el significado de las puntuaciones).
3. Estadísticos. Algunos usuarios de clasificación en niveles establecen éstos con base en la distribución normal. Es muy similar al método de cuotas y por lo tanto también inaceptable.

Los primeros procedimientos seguían normalmente alguna de estas aproximaciones. Era muy común, por ejemplo, en la determinación de los niveles pasa/falla utilizar criterios arbitrarios como los señalados en (2). En un esfuerzo por dar alguna validez a la metodología de establecer estándares en los tests EM, se crearon algunos métodos de jueces como los de Nedelsky (1954) y Angoff (1971). Los expertos intentaban predecir patrones de rendimiento de candidatos mínimamente competentes.

Haertel (2002) señala que los estándares son hoy un tema común en la evaluación educativa. Implican un juicio de valor a menudo ligado a consecuencias significativas para individuos o para escuelas. No solamente son un tema común, sino que probablemente sea este el tema que más retos plantea en el momento actual a la medida educativa (Cizek, 2001).

En este capítulo intentamos presentar una visión de algunas de las cuestiones y los métodos más comunes en el proceso de determinación de puntos de corte y estándares. Los lectores interesados en una descripción más comprensiva de los métodos son remitidos a las referencias originales en las que éstos se proponen.

7.1. Procedimientos de establecimiento de los puntos de corte

Hambleton, *et al.* (2000) ofrecen un esquema de clasificación de los métodos que se basa en la naturaleza de la tarea planteada a los panelistas:

1. Hacer juicios basados en una revisión del *material de evaluación*.
2. Hacer juicios sobre *el trabajo del examinado*.
3. Hacer juicios sobre *perfiles de puntuaciones*.
4. Hacer juicios sobre *los candidatos*.

Otras clasificaciones los agrupan en dos categorías, los que se *basan en el test*, en la que se situarían los tres primeros métodos de la clasificación anterior, y los que se basan en los *grupos*.

En la literatura la mayor parte de los métodos están descritos en términos de un estándar único (pasa/falla), que pueden generalizarse con facilidad a la determinación de múltiples puntos de corte, repitiendo el proceso para cada uno.

Una cuestión importante es que métodos bien establecidos para ítems dicotómicos, contexto en el que se generaron, pueden plantear problemas en la aplicación a otro tipo de ítems.

En educación, dado el uso generalizado de evaluación mediante tests con respuesta extendida y mediante materiales de trabajo del estudiante (*performance assesment*, en literatura anglosajona) se han propuesto diferentes métodos de determinación de los puntos de corte que responden a estas formas de evaluación. El lector interesado puede consultar el libro de Cizek (2001) o los documentos editados por Bourque (1997), Bourque y Byrd (2000) y Hansche (1998). En este apartado únicamente nos detendremos en los métodos más habituales, distinguiendo entre aquellos basados en el material de evaluación y los basados en los estudiantes.

7.1.1. Métodos basados en el material de evaluación

Con los métodos basados en el test se estudian los ítems individuales para juzgar cómo se comportaría un estudiante límite (*borderline* en la literatura anglosajona) en dichos ítems o tareas. Un estudiante *límite* es aquel que tiene una puntuación de habilidad localizada próxima al punto de corte. Se pide a los panelistas, o expertos en la materia, que evalúen cómo o en qué grado un estudiante descrito como límite realizaría cada ítem o tarea.

Método de Nedelsky

Nedelsky (1954) definió el estándar absoluto en términos de «conocimientos y destrezas que un sujeto debe poseer para pasar de curso» (p. 3). Propuso un método para determinar el estándar en tests formados por elementos EM en términos de la probabilidad de que los sujetos sean capaces de eliminar las respuestas incorrectas. Según su aproximación y para un ítem individual, clasifica las respuestas incorrectas en dos categorías: las respuestas D, que son aquellas que el estudiante *límite* es capaz de rechazar y las respuestas F, que son las que le resultan atractivas. En el método, común en otras fases a otros métodos, el proceso de juicio que se demanda de los panelistas, es que identifiquen distractores en EM que piensen que el estudiante límite es capaz de identificar como incorrectas. El supuesto en el que se basa es que el estudiante límite sería indiferente a las restantes elecciones, seleccionando una de ellas al azar. El nivel mínimo o estándar de rendimiento para ese ítem sería el recíproco del número de elecciones restantes. Por ejemplo, supongamos que un panelista revisa un ítem EM y cree que el sujeto límite reconocería 2 de las 5 opciones del ítem como incorrectas. La puntuación esperada para este estudiante en dicho ítem sería 0,33, ya que se supone que las restantes tres opciones son igualmente plausibles. Este proceso se repetirá para cada uno de los niveles. Los panelistas proceden con cada ítem del test de forma similar y una vez completado el proceso con todos los ítems cada panelista suma los niveles mínimos para todos los ítems para obtener un estándar de rendimiento. El estándar de rendimiento de un panelista es la puntuación esperada en el test para el estudiante límite. Las puntuaciones de los panelistas individuales se promedian para obtener el punto de corte que es considerado el mejor estimador del estándar.

A menudo se establece algún tipo de discusión entre los panelistas, después de la cual, los panelistas tendrán la oportunidad de revisar sus juicios. Después de este proceso de revisión se calculan de nuevo (como antes) los estándares. La desviación típica de los estándares de los panelistas se usa a menudo como un indicador del consenso entre los mismos. Cuando la variabilidad es grande, la confianza en el estándar producido por los panelistas se debilita. Muy a menudo la meta del proceso es llegar a consenso entre panelistas.

Método modificado de Nedelsky

Chang (1999) propuso una modificación del método de Nedelsky. En ella se pide a los jueces que estimen la probabilidad de que un examinado que está por encima del estándar elimine cada alternativa errónea bajo consideración (en el de Nedelsky la elección era dicotómica). El valor p estimado para un ítem es la suma de las probabilidades de las elecciones más 1 dividido por el número de opciones.

Este método es de difícil aplicación en la actualidad a las evaluaciones del rendimiento educativo, ya que no podría aplicarse a las tareas evaluación de materiales de trabajo. Sigue gozando de una extraordinaria popularidad en los exámenes de certificaciones de médicos, probablemente por la importancia que tienen en estos casos las opciones incorrectas.

Método de Angoff

En un extenso texto de más de 90 páginas, en el que se presenta la situación de temas como equiparación, escalamiento y normas, Angoff dedicó 23 líneas de texto y una nota a pie de página a un procedimiento sistemático para decidir sobre la puntuación directa mínima para «pasar» en un test de criterio pasa\falla (514). El procedimiento consiste en asignar una puntuación igual a 1 a cada ítem que una persona «mínimamente aceptable» sea capaz de responder correctamente y una puntuación de 0 a los que una persona similar no sea capaz de responder correctamente. La suma de las puntuaciones será el punto de corte. Lo más usado del método fue lo que aparecía en la nota a pie de página que implicaba establecer la probabilidad de que la persona mínimamente aceptable respondiera al ítem correctamente (p. 515). Estas probabilidades se suman para obtener el estándar. Los estándares de los panelistas se promedian para obtener el estándar final. Este proceso se repite para cada estándar de interés. No proporcionó detalles de cómo realizar el estudio. A causa de esta falta de especificidad en la descripción original, muchas descripciones modernas del método permiten iteración, proporcionar datos normativos a los participantes, etc., y son referidos como método de Angoff modificados.

A veces se les presenta el problema diciéndoles que piensen en 100 estudiantes límites y que estimen el número de éstos que responderían al ítem correctamente (Reckase, 1998). Después de estimar el *borderline* del primer nivel, se estiman los correspondientes a los otros dos niveles. Como con otros métodos de juicio es práctica común la discusión y repetición del proceso de asignación de probabilidades. A menudo se les presentan, además, estadísticos de ítem (información normativa) o información referida a las consecuencias de los estándares establecidos. La información sobre estadísticos de ítem a menudo tiene un efecto sustancial sobre los estándares resultantes (Taube, 1997), como puede apreciarse en la tabla siguiente.

Este método ha sido aplicado con éxito a ítems de EM y una forma modificada puede aplicarse a ítems PA (Hambleton y Plake, 1995). La variación en PA supone que, en vez de probabilidad, especifiquen el número esperado de puntos en la tarea para el estudiante límite. Los estándares de cada uno de los panelistas se promedian para obtener el estándar final que puede usarse para clasificar el estatus de los estudiantes en la tarea de respuesta construida.

En la tabla 16.7 se presenta las respuestas hipotéticas de un panelista en dos rondas, especificando las probabilidades de acierto de estudiantes límite de los tres niveles para un conjunto de ítems.

Tabla 16.7. Ejemplo de aplicación del método de Angoff

Ítem	Básico		Competente		Avanzado	
	R1	R2	R1	R2	R1	R2
1	0,30	0,35	0,70	0,65	0,80	0,80
2	0,40	0,40	0,65	0,65	0,85	0,85
3	0,25	0,28	0,50	0,50	0,70	0,65
4	0,60	0,55	0,70	0,70	0,95	0,90
5	0,70	0,65	0,80	0,80	0,90	0,90
6	0,30	0,30	0,40	0,45	0,75	0,80
7	0,20	0,20	0,40	0,45	0,70	0,70
8	0,50	0,50	0,60	0,65	0,85	0,85
9	0,60	0,55	0,70	0,75	0,90	0,90
10	0,45	0,45	0,75	0,80	0,85	0,85
Standard	40,30	40,23	60,20	60,35	80,25	80,20

La complejidad cognitiva del método no parece alta, a pesar de las fuertes críticas que ha recibido. Hurtz y Hertz (1999) señalan que el método fue usado para 8 exámenes diferentes de obtención de licencias profesionales sin dificultad. Impara y Plake (1997), no obstante, apuntan en otra dirección. La diferencia de sus resultados puede deberse a que no se siguió un adecuado procedimiento de entrenamiento de los jueces.

7.1.2. Métodos basados en los estudiantes

Algunos autores sugieren que el criterio de validez para evaluar un estándar debe determinarse juzgando los rendimientos de los sujetos examinados. Cuando existen evidencias previas del rendimiento de los estudiantes y éstos han sido clasificados en niveles (p. ej., apto y no apto), pueden evaluarse los puntos de corte, que serán juzgados válidos en la medida en que reproduzcan la clasificación conocida de los estudiantes.

Existen variaciones de los métodos, pero en todos se hacen juicios sobre el estatus de dominio de una muestra de estudiantes de la población de interés. La elección del método determina la naturaleza de los juicios requeridos. A continuación, a los miembros de los grupos que han sido juzgados en cada uno de los niveles (normalmente juzgados por profesores en el contexto de la escuela), se les administra el test.

Grupo límite (*borderline*)

Este procedimiento fue propuesto originalmente por Zieky y Livingston (Zieky y Livingston, 1977; Livingston y Zieky, 1982).

Requiere que se prepare de antemano una descripción de cada categoría de rendimiento. En la práctica, a profesores que están familiarizados con los rendimientos de los estudiantes se les pide que proporcionen listas de estudiantes cuyos rendimientos estarían próximos al estándar o límite. El test es administrado a estos grupos límite y asignándose la mediana para cada grupo como punto de corte. Pueden tomarse alternativamente otras decisiones para llegar a los estándares.

La principal ventaja del método es que es muy simple y fácil de explicar a los usuarios de los niveles. La crítica fundamental que se le atribuye está en la clasificación de los estudiantes por parte de los profesores. Es difícil que juzguen teniendo en cuenta únicamente el grado de dominio en los contenidos del test. Pueden actuar en estas evaluaciones muchos de los sesgos encontrados en las técnicas de juicio de sujetos: efecto halo, restricción del rango, tendencia central, etc.

Grupos contrastados

Este procedimiento también fue propuesto por Zieky y Livingston (Zieky y Livingston, 1977; Livingston y Zieky, 1982).

El procedimiento se solapa en parte con el anterior, ya que los profesores clasifican a los estudiantes en cada uno de estos grupos o categorías de rendimiento. El test se administra a los grupos y se comparan las distribuciones de puntuaciones en el test para cada uno de estos grupos. La diferencia se encuentra en la determinación del punto de corte. En este método se establece en los puntos de intersección de las curvas.

En la figura 16.1 se presenta la distribución que permitiría clasificar a los estudiantes en cuatro grupos.

Un punto de corte puede moverse para reducir el número de falsas identificaciones. La dirección para mover el estándar dependerá de la gravedad de los tipos de errores (falsos positivos y falsos negativos). También podrían tenerse en cuenta los costes derivados de las clasificaciones incorrectas. Si las distribuciones se solapan completamente, ninguna clasificación de los estu-

Figura 16.1. Método de los grupos contrastados

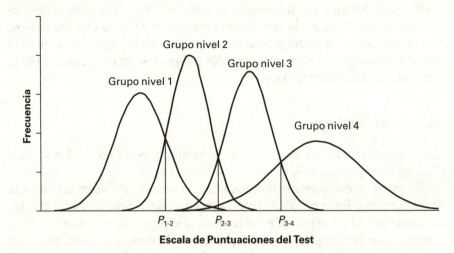

P_{1-2} - punto de corte para separar los niveles 1 y 2
P_{2-3} - punto de corte para separar los niveles 2 y 3
P_{3-4} - punto de corte para separar los niveles 3 y 4

diantes se podrá hacer de forma fiable. La situación ideal sería aquella en que las distribuciones no se solapasen en absoluto, pero desgraciadamente no suele darse en la práctica.

La validez del método depende en parte de la adecuación de las clasificaciones realizadas por los panelistas. Si los panelistas o profesores se equivocan en su asignación de los estudiantes a los grupos, los estándares estarán sesgados. Si los asignan a grupos más altos de los que pertenecen en la realidad, el estándar se rebaja. Si sucede lo contrario, el estándar será superior a lo esperable en la realidad. El método también puede aplicarse a ítems de respuesta construida corta o desarrollada.

Cohen, Kane y Crooks (1999) proponen usar todas las puntuaciones en una distribución para establecer los puntos de corte, en vez de puntuaciones de grupos seleccionados. Los participantes deben evaluar los rendimientos de una muestra en una escala ligada a los estándares. Por ejemplo, si los estándares fueran avanzado, competente (*proficient*), parcialmente competente y mínimo, podría usarse una escala de siete puntos como la siguiente: 7. Avanzado, 6. Competente-avanzado, 5. Competente, 4. Competente-parcialmente competente, 3. Parcialmente competente, 2. Parcialmente competente - Mínimo 1. Mínimo. 0. No puntuable (p. 352).

El siguiente paso es desarrollar una función (lineal o no lineal) entre la *Rating scale* y la escala de puntuaciones de los tests. Los autores dan ejemplos del uso de relaciones de regresión y de equiparación. El paso final es trasladar los puntos de la *Rating scale* en la escala de puntuaciones, generando un punto de corte para los límites de cada categoría.

Bibliografía

Adams, R. J., y Khoo, S. T. (1996): *QUEST*. Melbourne, Australia: Australian Council for Educational Research.
Aiken, L. R. (1980): «Content validity and reliability of single items or questionnaires». *Educational and Psychological Measurement, 40*, pp. 955-959.
Akaike, H. (1987): «Factor Analysis on AIC». *Psychometrika, 52,* pp. 317-332.
Allen, N. L., Carlson, J. E., y Donoghoue, J. R. (2000): *The analysis of 1998 NAEP data.* Washington, DC: National Center for Education Statistics.
American Educational Research Association, American Psychological Association y National Council on Measurement in Education (1966): *Standards for Educational and Psychological Tests and Manuals.* Washington, DC: Author.
— (1974): *Standards for Educational and Psychological Tests and Manuals.* Washington, DC: Author.
— (1985): *Standards for Educational and Psychological Testing.* Washington, DC: Author.
— (1999): *Standards for Educational and Psychological Testing.* Washington, DC: Author.
American Institutes for Research (1998a): «Cognitive lab report. Prepared for the National Assessment Governing Board». Washington, DC: Edición del autor.
— (1998b): Background paper reviewing laws and regulations, current practice, and research relevant to inclusion of accommodations for students with disabilities. Prepared for the National Assessment Governing Board. RJ97151001. Palo Alto, CA. Noviembre.
American Psychological Association (1954): *Technical recommendations for psychological tests and diagnostic techniques.* Washington, DC: Edición del autor.
— (2001): *Publication manual of the American Psychological Association* (5.ª ed.). Washington, DC: Author.

Anastasi, A. (1954): *Psychological Testing*. Nueva York: Macmillan.
— (1988): *Psychological Testing* (6.ª ed.). Nueva York: Macmillan.
—, y Urbina, S. (1998): *Psychological Testing*. Englewood Cliffs, NJ: Prentice-Hall.
Andrich, D. (1978): «Application of a psychometric model to ordered categories which are scored with successive integers». *Applied Psychological Measurement*, 2: 581-594.
— (1988): «A general form of Rasch's extended logistic model for partial credit scoring». *Applied Measurement in Education, 1,* pp. 363-378.
— (1997): «An hyperbolic cosine IRT model for unfolding direct response of persons to items». En: W. J. van der Linden y R. K. Hambleton (eds.): *Handbook of modern item response theory*. Nueva York: Springer, 187-208.
Angoff, W. H. (1971): «Scales, norms, and equivalent scores». En R. L. Thorndike (ed.): *Educational Measurement*. 2.ª edición (pp. 508-600): Washington, DC: American Council on Education. Reimpreso en Educational Testing Service. Princeton: NJ.
— (1972): *A technique for the investigation of cultural differences.* (Presentado en el Annual Meeting ation of the American Psychological Ass Honiluklu).
—, y Ford, S. F. (1973): «Item-race interaction on a test of scholastic aptitude». *Journal of Educational Measurement, 10,* pp. 95-105.
— (1984): *Scales, norms, and equivalent scores*. Princeton, NJ: Educational Testing Service.
— (1988): «Validity: An evolving concept». En H. Wainer y H. Braun (eds.): *Test Validity.* Hillsdale, NJ: Lawrence Erlbaum.
Ankenmann, R. D.; Witt, E. A., y Dunbar, S. B. (1999): «An investigation of the power of the Likelihood ratio goodness of fit statistic in detecting differential item functioning». *Journal of Educational Measurement, 36,* pp. 277-300.
Arvey, R. D., y Faley, R. H. (1988): *Fairness in selecting employees*. Nueva York: Addison,
Ayala, C., Martínez Arias, R., y Yuste, C. (2004): *CEAM: Cuestionario de estrategias de aprendizaje y motivación*. Madrid: EOS.
Azen, R., y Budescu, D. V. (2003): «The dominance analysis approach for comparing predictors in multiple regression». *Psychological Methods, 8,* pp. 129-148.
Azorín, F., y Sánchez Crespo, J. L. (1986): *Métodos y aplicaciones de muestreo*. Madrid: Alianza Editorial.
Baker, F. B. (1985): *The Basics of Item Response Theory*. Portsmouth, NH: Heinemann.
— (1992): *Item response theory: parameter estimation techniques*. Nueva York: Marcel Dekker.
—, y Kim, S. H. (2004): *Item response theory. Parameter estimation techniques*. Nueva York: Marcel Dekker.
Bandalos, D., y Finney, J. S. (2001): «Item parceling in structural equation modeling». En: G. A: Marcoulides y R. Schumacker (eds.): *New developments and techniques in structural equation modelling* (pp. 269-295): Mahwah, NJ: Erlbaum.
Bartlett, M. S. (1937): «The statistical conception of mental factors». *British Journal of Psychology,* 3, pp. 77-85.
Batista, J. M., y Coenders, G. (2000): *Modelos de ecuaciones estructurales*. Madrid: Hespérides.

Baugh, F. (2002): «Correcting effect sizes for score reliability». *Educational and Psychological Measurement, 62,* pp. 254-263.
Bennett, R. E. (1993): «On the meanings of constructed response». En: R. E. Bennett y W. C. Ward (eds.): *Construction versus choice in cognitive measurement. Issues in constructed response, performance testing, and portfolio assessment.* Hillsdale, NJ: Erlbaum.
Bentler, P. M., y Bonnett, D. G. (1980): «Significance tests and goodness of fit in the analysis of covariance structures». *Psychological Bulletin, 88,* pp. 588-606.
— (1990): «Comparative fit indexes in structural models». *Psychological Bulletin, 107,* pp. 238-246.
Berk, R. A. (ed.) (1982): *Handbook of methods for detecting test bias.* Baltimore, MD: The Johns Hopkins University Press.
— (1984) (ed.): *A guide to criterion-referenced test construction.* Baltimore, MD: John Hopkins University Press.
— (1986): «A consumer's guide to setting performance standards on criterion-referenced tests». *Review of Educational Research,* 56:137-172.
Bernstein, I. H., y Teng, G. (1989): «Factoring items and factoring scales are different: Spurious evidence for multidimensionality due to item categorization». *Psychological Bulletin, 105,* pp. 467-477.
—; Garbin, C., y Teng, G. (1988): *Applied Multivariate analysis.* Nueva York: Springer.
Birnbaum, A. (1968): «Some latent trait models and their use in inferring an examinee's ability». En: F. M. Lord, y M. R. Novick. *Statistical theories of mental test scores* (pp. 453-479): Reading, MA: Addison Wesly.
Bock, R. D. (1997): «A brief history of item response theory». *Educational Measurement: Issues and practice, 16,* pp. 21-32.
—; Gibbons, R., y Muraki, E. (1988): «Full information item factor analysis». *Applied Psychological Measurement, 12,* pp. 261-280.
Bohrnstedt, G. W., y Borgatta, E. F. (1981): *Social Measurement: Current issues.* Beverly Hills, CA: Sage.
Bollen, K. A. (1986): «Sample size and Bentler y Bonnett's nonnormed fit index». *Psychometrika, 51,* pp. 375-377.
— (1989a): *Structural Equations with latent variables.* Nueva York: Wiley.
— (1989b): «A new incremental fit index for general structural equation models». *Sociological Methods and Research, 17,* pp. 303-316.
— (1990): «Overall fit in covariance structure models, Two types of sample size effects». *Psychological Bulletin,* 197, pp. 256-259.
—, y Long, J. S. (1993): *Testing structural equation models.* Newbury Park, CA: Sage.
Boomsma, A.; Van Duijn, M. A. J., y Snijders, T. A. B. (2001): *Essays on item response theory.* Nueva York: Springer-Verlag.
Borsboom, D.; Mellenbergh, G. J., y Van Haerden (2004): «The concept of validity». *Psychological Review, 111,* pp. 1061-1071.
Bourque, M. L. (1997): *Proceedings of achievement levels workshop.* Washington, DC: National Assessment Governing Board.
— y Byrd, S. (2000): *Student performance standards on the National Assessment of Educational Progress.* Washington, DC: National Assessment Governing Board.

Bozdogan, H. (1987): «Model selection and Akaike's information criterion: The general theory and its analytical extension». *Psychometrika, 52,* pp. 345-370.

Braun, H. I., y Holland, P. W. (1982): «Observed-score test equating: A mathematical analysis of some ETS equating procedures». En: E. D. Holland y D. B. Rubin (eds.): *Test equating* (pp. 9-49). Nueva York: Academic Press.

Brennan, R. L. (1984): «Estimating the dependability of the scores». En: R. A. Berk (ed.): *Criterion-referenced measurement: The state of art.* Baltimore: John Hopkins University Press.

— (2001a): *Generalizability Theory.* Nueva York: Springer Verlag.

— (2001b): «An essay on the history and future of reliability from the perspective of replications». *Journal of Educational Measurement, 38,* pp. 295-317.

— (2001c): «Some problems, pitfalls, and paradoxes in Educational Measurement. *Educational Measurement: Issues and Practices, 2001, (4),* pp. 6-18.

—, y Kolen, M. J. (1987): Some practical questions in equating. *Applied Psychological Measurement, 11,* pp. 279-290.

Brodgen, H. E. (1949): «On the interpretation of the correlation coefficient as a measure of predictive efficiency». *Journal of Educational Psychology, 37,* pp. 65-76.

Brown, W. (1910): «Some experimental results in the correlation of mental abilities». *British Journal of Psychology, 3*, pp. 296-322.

Browne, M. W., y Cudeck, R. (1989): «Single sample cross-validation indices for covariance structures». *Multivariate Behavioral Research, 24,* pp. 445-455.

— (1993): «Alternative ways of assessing model fit». En: K. A. Bollen y J. S. Long (eds.), *Testing structural equation models* (pp. 136-162): Newbury Park, CA: Sage.

Budescu, D., y Bar-Hillel, M. (1993): «The guess or not guess: A decision-theoretic view of scoring formula». *Journal of Educational Measurement, 30,* pp. 277-291.

Budescu, D. V. (1993): «Dominance analysis: a new approach to the problem of the relative importance of predictors in multiple regression». *Psychological Bulletin, 114,* pp. 542-551.

Byrne, B. M. (1989): *A primer of LISREL. Basic applications and programming for confirmatory factor analysis models.* Nueva York: Springer.

— (1998): *Structural equation modelling with LISREL, PRELIS, and SIMPLIS: Basic concepts, applications, and programming.* Mahwah, NJ: Erlbaum.

Camilli, G. (1994): «Origin of the scaling constant D1.7 in item response theory». *Journal of Educational and Behavioral Statistics,19,* pp. 293-295.

—, y Shepard, L. A. (1994): *Methods for identifying biased test items.* Newbury Park, CA: Sage.

—, y Penfield, D. A. (1997): «Variance estimation for differential test functioning based on Mantel-Haenszel statistics». *Journal of Educational Measurement, 34,* pp. 123-139.

— (1997): «Variance estimation for differential test functioning based on Mantel-Haenszel statistics». *Journal of Educational Measurement, 34,* pp. 123-139.

Campbell, D. T., y Fiske, D. W. (1959): «Convergent and discriminant validation by the multitrait-multimethod matrix». *Psychological Bulletin, 56,* pp. 81-105.

Cardinet, J., y Tourneur, Y. (1985): *Assurer la measure. Guide pour les etudes de généralizabilité.* Berna: Meter Lang.

Carmines, E. G., y Zeller, R. A. (1979): *Reliability and validity assessment.* Beverly Hills, CA: Sage.

Cattell, R. B. (1957): *Personality and motivation: Structure and measurement*. Nueva York: World Book.
— (1966): «The scree test for the number of factors». *Multivariate Behavioral Research, 1*, pp. 245-276.
— (1978): *The scientific use of factor analysis*. Nueva York: Plenum Press.
Chang, H. H.; Mazzeo, J., y Roussos, L. A. (1996): «Detecting DIF for polytomously scored items: An adaptation of SIBTEST procedure». *Journal of Educational Measurement, 33,* 333-353.
Chang, L. (1999): «Judgmental item analysis of the Nedelsky and Angoff standard-setting methods». *Applied Measurement in Education, 12,* pp. 151-165.
Chen, W. H., y Thissen, D. (1997): «Local dependence indices for item pairs using item response theory». *Journal of Educational and behavioral Statistics, 22,* pp. 265-289.
Christofferson, A. (1975): «Factor analysis of dichotomized variables». *Psychometrika, 40,* pp. 5-32.
Cizek, G. J. (2001a): «More unintended consequences of high-stakes testing». *Educational Measurement: Issues and Practice, 20(4),* pp. 19-27.
— (2001b): *Setting performance standards: Concepts, methods, and perspectives*. Mahwah, NJ: Erlbaum.
Clauser, B. E., y Mazor, K. M. (1998): «Using statistical procedures to identify differentially functioning test items». *Educational Measurement: Issues and Practice, 17*(1), pp. 31-44.
Cliff, N. (1987): *Analyzing multivariate data*. San Diego, CA: Harcourt, Brace y Jovanovich.
Cochran, W. G. (1977): *Sampling techniques*. Nueva York: Wiley.
Cohen, A. S., Kane, M. T., y Crooks, T. J. (1999): «A generalizable examinee-centered method for setting standards on achievement tests». *Applied Measurement in Education, 12,* pp. 367-381.
—, Kim, S., y Wollack, J. A. (1996): «An investigation of the likelihood ratio test for detection of differential item functioning». *Applied Psychological Measurement, 20,* pp. 15-26.
Cohen, J. (1960): «A coefficient of agreement for nominal scales». *Educational and Psychological Measurement, 20,* pp. 37-46.
—, West, S. G., Cohen, P., y Aiken, L. S. (2003): *Applied multiple regression/correlation analysis for the behavioral sciences*. Mahwah, NJ: Erlbaum.
Cole, N. S., y Moss, P. A. (1989): «Bias in test use». En: R. L. Linn (ed.): *Educational Measurement*, pp. 201-219. Nueva York: Macmillan.
—, y Zieky, M. J. (2001): «The new faces of fairness». *Journal of Educational Measurement, 38,* pp. 369-382.
Comrey, A. L. (1962): «The minimum residual method of factor analysis». *Psychological Reports, 11,* pp. 15-18.
—, y Lee, H. B. (1992): *A first course in factor analysis*. Hillsdale, NJ: Erlbaum.
Cook, T. D., y Campbell, D. T. (1979): *Quasi-experimentation: Design and analysis issues for field settings*. Chicago: Rand McNally.
Corten, I. W., Saris, W. E., y Coenders, G. (2002): «Fit of different models for Multitrait-Multimethod experiments». *Structural Equation Modeling, 9,* pp. 213-233.
Crocker, L., y Algina, J. (1986): *Introduction to classical and modern test theory*. Nueva York: Holt, Rinehart, y Winston.

Cronbach, L. J. (1951): «Coefficient alpha and the internal structure of tests». *Psychometrika, 16*, pp. 297-334.
— (1982): *Designing evaluations of educational and social programs.* San Francisco: Jossey Bass.
— (1984): *Essentials of psychological testing* (4.ª ed.). Nueva York: Harper y Row.
— (1988): «Five perspectives on the validity argument». En: H. Wainer y H. Braun (eds.): *Test Validity*, pp. 3-17. Hillsdale, NJ: Erlbaum.
—, y Meehl, P. E. (1955): «Construct validity in psychological tests». *Psychological Bulletin, 52*, pp. 281-302.
—, y Gleser, G. C. (1965): *Psychological tests and personnel decisions.* Urbana, IL: University of Illinois Press.
—, Gleser, G. C., Nanda, H., y Rajaratnam, N. (1972): *The dependability of behavioural measurements.* Nueva York: Wiley.
—, y Snow, R. E. (1977): *Aptitudes and instructional methods. A handbook for research on interactions.* Nueva York: Wiley.
Dawes, R. (1972): *Fundamentals of attitude measurement.* Nueva York: Wiley.
— (1976): «The robust beauty of improper linear models in decision making». *American Psychologist, 34*, pp. 571-582.
De Ayala, R. J., y Hertzog, M. A. (1991): «The assessment of dimensionality for use in item response theory». *Multivariate Behavioral Research, 26*, pp. 765-792.
De Boeck, P., y Wilson, M. (eds.) (2004): *Explanatory item response models. A generalized linear and nonlinear approach.* Nueva York: Springer.
De Gruitjer, D. N. M., y Van der Kamp, L. J. T. (2003): *Statistical test theory for education and psychology.* http://icloniis. iclon. leidenuniv. nl/gruitjer.
De Vellis, R. F. (2003): *Scale Development: Theory and applications.* Thousand Oaks, CA: Sage.
Deville, C. W. (1996): «An empirical link of content and construct validity evidence». *Applied Psychological Measurement, 20*, pp. 127-139.
Ding, C. S., y Hershberger, S. C. (2002): «Assessing content validity and content equivalence using structural equation models». *Structural Equation Modeling, 9*, pp. 283-297.
Dorans, N. J. (1989): «Two new approaches to assessing differential item functioning. Standardization and the Mantel Haenszel method». *Applied Measurement in Education, 2*, pp. 217-233.
— (2000): «Distinctions among classes of linkage». *College Board Research Notes* (RN-11): Nueva York: The College Board.
— (2004): «Equating, concordance and expectation». *Applied Psychological Measurement, 28*, pp. 227-246.
—, y Kulick, E. M. (1983): «Assessing unexpected differential item performance of female candidates on SAT and TSWE forms administered in December 1977». *An application of the standardized approach.* Princeton, NJ: Educational Testing Service.
—, y Kulick, E. M. (1986): «Demonstratint the utility of the standardization approach to assessing unexpected differential item performance on the Scholastic Aptitude Test». *Journal of Educational Measurement, 23*, pp. 355-368.
—, y Schmitt, A. J. (1991): *Constructed response and differential item functioning: A pragmatic approach.* (Research Rep. n.º 91-47): Princeton, NJ: Educational Testing Service.

—, y Holland, P. W. (1993): «DIF detection and description: Mantel-Haenszel and standardization». En: P. W., Holland y H. Wainer (eds.): *Differential item functioning*, pp. 35-66. Hillsdale, NJ: Lawrence Erlbaum.

—, y Holland, P. W. (2000): «Population invariance and the equatability of tests: Basic theory and the linear case». *Journal of Educational Measurement, 37*, pp. 281-306.

Dunn-Rankin, P., Knezek, G. A., Wallace, S., y Zhang, S. (2004): *Scaling methods*. Mahwah, NJ: Erlbaum.

Du Bois, P. (1970): *A history of psychological testing*. Boston: Allyn and Bacon.

Du Toit, M. (ed.) (2003): *IRT from SSI: BILOG-MG, MULTILOG, PARSCALE, TESTFACT*. Chicago: Scientific Software International.

Ebel, R. L. (1962): «Content standard test scores». *Educational and Psychological Measurement, 22*, pp. 15-25.

— (1965): *Measuring educational achievement*. Englewood Cliffs, NJ: Prentice Hall.

— (1972): *Essentials of Educational Measurement*. Englewood Cliffs, NJ: Prentice Hall.

Educational Testing Service (2000): *Standards for quality and Fairness*. Princeton, NJ: ETS.

— (2003): *Fairness Review Guide*. Princeton, NJ: Educational Testing Service.

Eells, K., Davis, A., Havighurst, R. J., Herrick, V. E., y Tyler, R. W. (1951): *Intelligence and cultural differences*. Chicago: Chicago University Press.

Eisner, E. (2001): «What does it mean to say that a school is doing well?». *Phi, Delta, Kappan, 82*, pp. 367-372.

Embretson, S. E. (1983): «Construct validity. Construct representation versus nomothetic span». *Psychological Bulletin, 93*, pp. 179-197.

— (1991): «A multidimensional latent trait model for measuring learning and change». *Psychometrika, 56*, pp. 495-516.

—, y Herschberger, S. L. (eds.): *The new rules of measurement: What every psychologist and educator should know*. Mahwah, NJ: Erlbaum.

—, y Reise, S. P. (2000): *Item Response Theory for psychologists*. Mahwah, NJ: Erlbaum.

Epstein, K. I. (1977): *Predictive sample reuse and application for criterion-referenced tests*. Presentado durante el encuentro anual del National Council on Measurement in Education.

Ercikan, K., y Julian, M. (2002): «Classification accuracy of assigning student performance to proficiency levels: Guideliness for assessment design». *Applied Measurement in Education, 15*, pp. 269-294.

Etxeberria, J. (1999): *Regresión Múltiple*. Madrid: La Muralla.

Fabrigar, L. R., Wegener, D. T., MacCallum, R. C., y Strahan, E. J. (1999): «Evaluating the use of exploratory factor analysis in psychological research». *Psychological Methods, 4*, pp. 272-299.

Fan, X. (1998): «Item response theory and classical test theory: An empirical comparison of their item/person statistics». *Educational and Psychological Measurement, 58*, pp. 357-381.

—, y Thompson, B. (2001): «Confidence intervals about score reliability coefficients». *Educational and Psychological Measurement, 61*, pp. 527-531.

Feldt, L. S. (1990): «The sampling theory for the intraclass reliability coefficient». *Applied Measurement in Education, 3*, pp. 361-367.

—, y Brennan, R. L. (1989): «Reliability». En: R. L. Linn (ed.): *Educational Measurement.* Nueva York: Macmillan.

—, y Qualls, A. L. (1996): «Estimation of measurement error variance at specific score levels». *Journal of Educational Measurement, 33,* pp. 141-156.

—, Woodruff, D. J., Salih, F. A., y Srichai, M. (1986): *Statistical tests and confidence intervals for Cronbach's coefficient alpha.* Iowa Testing Programs Occasional Papers Number 33.

Feuer, M. J., Holland, P. W., Green, B. F., Bertenthal, M. W., y Hemphil, F. C. (eds.): (1999): *Uncommon measures: equivalence and linkage among educational tests.* Washington, DC: National Research Council.

Finney, D. J. (1944): «The application of probit analysis to the results of mental tests». *Psychometrika, 19,* pp. 31-39.

Fischer, G. (1973): «Linear logistic test model as an instrument in educational research». *Acta Psychologica, 37,* pp. 359-374.

— (1997): «Unidimensional linear logistic Rasch models». En: W. J. van der Linden, y R. K. Hambleton. (eds.), *Handbook of modern item response theory.* (pp. 225-244): Nueva York: Springer.

— (2001): «Gain scores revisited under an IRT perspective». En: A. Boomsma, M. A. J. van Duijn, y T. A. B. Snijders (eds.), *Essays on item response theory.* (pp. 43-67): Nueva York: Springer.

—, y Molenaar, I. W. (eds.): (1995): *Rasch models: Foundations, recent developments, and applications.* Nueva York: Springer-Verlag.

Flanagan, J. C. (1951): «Units, scores, and norms». En: E. F. Lindquist (ed.), *Educational Measurement* (pp. 695-763): Washington, DC: American Council on Education.

Fleishman, E. A., y Hempel, W. E. (1954): «Changes in factor structure of a complex psychomotor as a function of practice». *Psychometrika, 18,* pp. 239-252.

—, y Fruchter, B. (1960): «Factor structure and predictibility of successive stages of learning Morse code». *Journal of Applied Psychology, 44,* pp. 97-101.

Fraser, C. (1988): «NOHARM II: A FORTRAN program for fitting unidimensional and multidimensional normal ogive models of latent trait theory [Computer Software]». Armidale, Australia: The University of New England, Center for Behavioural Studies.

—, y McDonald, R. P. (1988): «NOHARM. Least-Squares item factor analysis». *Multivariate Behavioral Research, 23,* pp. 267-269.

Frederiksen, N. (1986): «Toward a broader conception of human intelligence». *American Psychologist, 41,* 445-452.

—, Mislevy, R. J., y Bejar, I. I. (eds.): (1993): *Test theory for a new generation of tests.* Hillsdale, NJ: Lawrence Erlbaum.

Ge, S. A. (1968): «A universe defined system of arithmetic achievement tests». *Journal of Educational Measurement, 5,* pp. 275-290.

Ghiselli, E. E., Campbell, J. P., y Zedeck, S. (1981): *Measurement theory for the behavioral sciences.* Nueva York: Freeman.

Gieri, M. J., Bisanz, J., Bisanz, G. L., Boughton, K. A. (2001): «Ilustrating the utility of differential bundle functioning analyses to identify and interpret group differences on achievement test». *Educational Measurement:Issues and Practice, (2),* pp. 26-35.

Glaser, R. (1963): «Instructional technology and the measurement of learning outcomes». *American Psychologist, 18,* pp. 519-521.

Gorsuch, R. L. (1983): *Factor analysis.* Hillsdale, NJ. Lawrence Erlbaum.
— (1997): «Exploratory factor analysis: Its role in item analysis». *Journal of Personality Assessment, 68,* pp. 532-560.
Green, B. F. (1990): «A comprehensive assessment of measurement». *Contemporary Psychology, 35,* pp. 850-851.
—, y Swets, J. A. *Signal detection theory and psychophysics.* Nueva York: Wiley.
Guadagnoli, E., y Velicer, W. (1988): «Relation of sample size to the stability of component patterns». *Pychological Bulletin, 103,* pp. 265-275.
Guilford, J. P. (1937): *Psychometric Methods.* Nueva York: McGraw Hill.
— (1946): «New standards for test evaluation». *Educational and Psychological Measurement, 6,* pp. 427-439.
Guion, R.M. (1976): *Recruiting, selection, and job placement.* En: M. D. Dunnette (ed.), *Handbook of industrial and organizational psychology* (pp. 777-828).
— (1977): «Content validity. The source of my discontent». *Applied Psychological Measurement, 1,* pp. 1-10.
— (1980): «On Trinitarian doctrines of validity». *Professional Psychology, 11,* pp. 385-398.
Gulliksen, H. O. (1950/1987) *Theory of Mental Tests.* Nueva Tork: Wiley (reimpresión de 1987).
Guttman, L. (1944): «A basis for scaling qualitative data». *American Sociological Review, 9,* pp. 139-150.
— (1945): «A basis for analyzing test-retest reliability». *Psychometrika, 10,* pp. 255-282.
— (1950): «The basis for scalogram analysis». En: S. A. Stouffer, L. A. Guttman, F. A. Suchman, P. F. Lazarsfeld, S. A. Star, y J. A. Clausen (eds.), *Studies in social psychology in World War II: Vol. 4. Measurement and prediction.* (pp. 60-90): Princeton, NJ: Princeton University Press.
— (1954): «Some necessary conditions for common-factor analysis». *Psychometrika, 19,* pp. 149-161.
Haebara, T. (1980): «Equating logistic ability scales by weighted least squares method». *Japanese Psychological Research, 22,* pp. 144-149.
Haertel, E. H. (2002): «Standard setting as a participatory process: Implications for validation of standard-based accountability programs». *Educational Measurement: Issues and Practice, 21(1),* pp. 16-22.
Haladyna, T. M. (2002): *Essentials of standardized achievement testing: Validity and accountability.* Boston: Allyn and Bacon.
— (2004): *Developing and validating multiple-choice test items.* Mahwah, NJ: Erlbaum.
Hambleton, R. K. (1980): «Test score validity and standard setting methods». En: R. A. Berk (ed.): *Criterion-Referenced measurement: the state of art.* Baltimore, MA: John Hopkins University Press.
— (1984): «Validating the scores». En: R. A. Berk (ed.), *A guide to criterion-referenced tests construction.* (pp. 199-230): Baltimore: John Hopkins University Press.
— (1990): «Technical proposal». Amherst, MA: University of Massachusetts Laboratory for Psychometric and Evaluative Research.
—, y Novick, M. R. (1973): «Toward an integration of theory and method for criterion-referenced tests». *Journal of Educational Measurement, 10,* pp. 159-171.

—, y Swaminathan, J. (1985): *Item response theory. Principles and applications.* Boston: Kluwer.

—, y Rovinelli, R. J. (1986): «Assessing the dimensionality of a set of test items». *Applied Psychological Measurement, 10,* pp. 287-302.

—, y Rogers, H. J. (1991): «Advances in criterion-referenced measurement». En: R. K. Hambleton y J. N. Zaal (eds.), *Advances in educational and psychological testing: Theory and applications.* Boston: Kluwer.

—, Swaminathan, J., y Rogers, H. J. (1991): *Fundamentals of item response theory.* Newbury Park, CA: Sage.

—, y Plake, B. S. (1995): «Using an extended Angoff procedure to set standards on complex performance assessments». *Applied Measurement in Education, 8,* pp. 41-56.

—, y Slater, S. C. (1997): «Reliability of credentialing examinations and the impact of scoring models and standard-setting policies». *Applied Measurement in Education, 10,* pp. 41-56.

—, Brennan, R. L., Brown, W., Dodd, B., Forsyth, R. A., Mehrens, W. A., Nelhaus, J., Reckase, M., Rindone, D., Van der Linden, W. J., y Zwick, R. (2000): «A response to "Setting reasonable and useful performance standards" in the National Academy of Sciences' Grading the Nation's Report Card». *Educational Measurement: Issues and Practice, (2),* pp. 5-14.

Hanley, J. A., y McNeil, B. J. (1982): «The meaning and use of the area under a receiver operating characteristic (ROC) curve». *Radiology, 143,* pp. 29-36.

Hansche, L. N. (1998): (ed.): *Handbook for the development of performance standards. Meeting the requirements of Title 1.* Washington, DC: US Department of Education and the Council of Chief State School Officers.

Hanson, B. A., y Zeng, L. (2004): *PIE: Computer program for IRT equating.* Monterrey, CA: Edición del autor. En: http://www.uiowa.edu.

Harman, H. H., y Jones, W. H. (1966): «Factor analysis by minimizing residuals (minres)». *Psychometrika, 31,* pp. 351-368.

Harvill, L. M. (1991): «Standard error of measurement». *Educational Measurement: Issues and Practice, 10,* 181-189.

Hattie, J. (1985): «Methodology review: Assessing unidimensionality of tests and items». *Applied Psychological Measurement, 9,* pp. 139-164.

Henrysson, S. (1971): «Gathering, analyzing, and using data on test items». En: R. L. Thorndike (ed.): *Educational measurement.* Washington, DC: American Council on Education.

Herman, J. L.; Aschbacher, P. R., y Winters, L. (1992): *A practical guide to alternative assessment.* USA. Regents of the University of California.

Heuvelmans, A. (2003): *TiaPlus user's manual.* Armherm: CITO. http://www.citogroep.nl.

Hintze, K., y Wentzel, A. (2003): «Influence of number of surfaces and observers on statistical power in a multiobserver ROC radiographic detection study». *Caries Research, 37,* pp. 200-205.

Hoelter, J. W. (1983): «The analysis of covariance structures: Goodness of fit indices». *Sociological Methods and Research, 11,* pp. 325-344.

Hogan, T. P., y Agnello, J. (2004): «An empirical study of reporting practices concerning measurement validity». *Educational and Psychological Measurement, 64,* pp. 802-812.

Hoitjink, H. (1997): «A multidimensional item response model. Constrained latent class analysis using the Gibbs sampler and posterior predictive checks». *Psychometrika, 62,* 171-189.
— (2001): «Conditional independence and differential item functioning in the two-parameter logistic model». En: A. Boomsma, M. A. J. Duijn y T. Snijders (eds.), *Essays on item response theory* (pp. 109-130). Nueva York: Springer.
Holland, P. W., y Thayer, D. T. (1988): «Differential item functioning and the Mantel-Haenszel procedure». En: H. Wainer y H. I. Braun (eds.), *Test validity* (pp. 129-145): Hillsdale, NJ: Erlbaum.
—, y Wainer, H. (eds.) (1993): *Differential item functioning: Theory and practice.* Hillsdale, NJ: Lawrence Erlbaum.
Horn, J. L (1965): «A rationale and test for the number of factors in factor analysis». *Psychometrika, 30,* pp. 179-185.
Houston, W., y Sawyer, R. (1991): «Relating scores of the enhanced ACT assessment and the SAT test batteries». *College and University, 67,* pp. 195-200.
Hoyt, C. J. (1941): «Test reliability estimated by analysis of variance». *Psychometrika, 6,* pp. 153-160.
Huberty, C. (1994): *Applied discriminant analysis.* Nueva York: Wiley.
Hubley, A. M., y Zumbo, B. D. (1996): «A dialectic on validity: Where we have been and where we are going». *Journal of General Psychology, 123,* pp. 207-215.
Hunsley, J., y Meyer, G. J. (2003): «The incremental validity of psychological testing and assessment: Conceptual, methodological, and statistical issues». *Psychological Assessment, 15,* pp. 446-455.
Hunter, J. E., y Schmidt, F. L. (1990): *Methods of meta-analysis: Correcting error and bias in research finddings.* Newbury Park, CA: Sage.
—, Schmidt, F. L., y Jackson, C. B. (1982): «Advanced meta-analysis. Quantitative methods of cumulating research findings across studies». San Francisco: Jossey Bass.
Hurtz, G. M., y Hertz, N. R. (1999): «How many raters should be used for establishing cutoff scores with the Angoff method: A generalizability theory study». *Educational and Psychological Measurement, 59,* pp. 885-897.
Huyhn, H. (1976): «On the reliability of decisions in domain-referenced testing». *Journal of Educational Measurement, 13,* pp. 253-264.
— (1976): «Statistical considerations of mastery scores». *Psychometrika, 41,* 65-78.
Impara, J. C., y Plake, B. S. (1997): «Standard setting: An alternative approach». *Journal of Educational Measurement, 34,* pp. 353-366.
Jarjoura, D., y R. L. Brennan: 1982, «A variance components model for measurement procedures associated with a table of specifications», *Applied Psychological Measurement 6,* pp. 161-171.
Jensen, A. R (1969): «How much can we boost IQ and scholastic achievement?». *Harvard Educational Review, 39,* pp. 1-123.
Jones, L. V. (2001): «Assessment achievement versus high-stakes testing: A crucial contrast». *Educational Assessment, 7,* pp. 21-28.
Jöreskog, K. G. (1971): «Statistical analysis of sets of congeneric tests». *Phsychometrika, 36,* pp. 409-426.
— (1979): «Basic ideas in factor analysis and structural equation models». En: K. G. Jöreskog y D. Sörbom (eds.): *Advances in factor analysis and structural equation models.* Cambridge, MA: Abt Books.

—, y Sörbom, D. (1979): *Advances in factor analysis and structural equation models.* Cambridge, MA: Abt Associates.
— (1989): *LISREL 7. A guide to the program and applications.* Chicago: SPSS.
— (1993): *LISREL 8. Structural Equation Modelling with the Simplis command language.* Chicago: Scientific Software International.
Junker, B. (2001): «On the interplay between nonparametric and parametric IRT, with some thoughts about the future». En: A. Boomsma, M. A. J. van Duijn y T. A. B. Snijders (eds.), *Essays on item response theory* (pp. 247-276): Nueva York: Springer-Verlag.
Kaiser, H. F. (1970): «A second generation Little Jiffy». *Psychometrika, 35,* pp. 401-415.
Kaiser, H. G., y Caffrey, J. (1965): «Alpha factor analysis». *Psychometrika, 30,* pp. 1-14.
Kane, M. (1992): «An argument-based approach to validity». *Psychological Bulletin, 112,* pp. 527-535.
— (2001): «Current concerns in validity theory», *Journal of Educational Measurement, 38,* pp. 319-342.
—, y Brennan, R. L. (1980): «Agreement coefficients as indices of dependability for domain referenced tests». *Applied Psychological Measurement, 4,* 105-126.
Kaplan, D. (2000): *Structural equation modelling: Foundations and extensions.* Thousand Oaks, CA: Sage.
Keats, J. A., y Lord, F. M. (1962): «A theoretical distribution for mental test scores». *Psychometrika, 27,* 215-231.
Kelderman, H. (1990): «Item bias detection using loglinear IRT». *Psychometrika, 54,* pp. 681-697.
Kelley, T. L. (1927): *Interpretation of educational measurements.* Nueva York: World Book.
— (1939): «Selection of upper and lower groups for the validation of test items». *Journal of Educational Psychology, 30,* pp. 17-24.
Kenny, D. A. (1979): *Correlation and causality.* Nueva York: Wiley.
Kim, S. H., y Cohen, A. S. (1995): «A minimum chi-square method for equating test under the graded response model». *Applied Psychological Measurement, 19,* pp. 167-176.
Kirk, R. E. (1995): *Experimental design: procedures for the behavioral sciences,* 5.ª ed. Belmont, CA: Brooks/Cole.
Kish, L. (1965): *Survey Sampling.* Nueva York: Wiley.
Klein, S. P., y Kosecoff, J. P. (1975): *Determining how well a test measure your objectives.* Los Ángeles: University of California at Los Ángeles. Center for Study of Evaluation.
Kline, R. B. (2004): *Principles and practice of structural equation modelling.* Guilford Press.
Kolen, M. J. (1999): «Equating of tests». En: G. N. Masters y J. P. Keeves (eds.), *Advances in measurement in educational research and assessment* (pp. 164-175): Amsterdam: Pergamon.
— (2001): «Linking assessments effectively: Purpose and design». *Educational Measurement: Issues and Practice, 20,* 5-19.
— (2004): CIPE: *Common Item Program for Equating.* http://www. uiowa. edu.
—, y Brennan, R. L. (2004): *Tests equating, scaling, and linking. Methods and Practices,* 2.ª ed. Nueva York: Springer.

Kovacs, M. (1992): *The Children's Depression Inventory (CDI) Manual*. Multi-Health Systems, Nueva York.

Krantz, D. H.; Luce, R. D.; Suppes, P., y Tversky, A. (1971): *Foundations of Measurement. Vol. 1. Additive and polynomial representations*. Nueva York: Academic Press.

Kuder, G. F., y Richardson, M. W. (1937): «The theory of estimation of test reliability». *Psychometrika, 2*, pp. 151-160.

Lam, T. C. M. (1995): «Fairness in performance assessment». ERIC Digest (EDU-CG-95-25).

Lawley, D. M. (1940): «The estimation of factor loadings by the method of maximum likelihood», *Proceedings of the Royal Society of Edinburgh, 60*, pp. 64-82.

— (1944): «The factorial analysis of multiple test items». *Proceedings of the Royal Society of Edinburgh, 62A*, pp. 74-82.

—, y Maxwell, A. E. (1971): *Factor Analysis as statistical method*. Nueva York: Elsevier.

Levine, R. (1955): *Equating the score scales of alternate forms administered to samples of different ability*. (Research Bulletin 55-23): Princeton, NJ: Educational Testing Service.

Levine, M. V., y Rubin, D. B. (1979): «Measuring appropriateness of multiple-choice test scores». *Journal of Educational Statistics, 4*, pp. 269-290.

Linn, R. L. (1993): «Linking results of distinct assessments». *Applied Measurement in Education, 6*, pp. 83-102.

— (1996): «Linking assessments». En: M. B. Kane y R. Mischell (eds.), *Implementing performance assessments. Promises, problems, and challenges* (pp. 91-105): Mahwah: Erlbaum.

— (2002): «Validation of the uses and interpretation of results of State assessment and accountability systems». En: G. Tindal y T. M. Haladyna (eds.), *Large-scale assessment programs for all students: validity, technical adequacy, and implementation* (pp. 27-48): Mahwah, NJ: Erlbaum.

—, Levine, M. V., Hastings, C. N., y Wardrop, J. L. (1981): «Item bias in a test of reading comprehension». *Applied Psychological Measurement, 5*, pp. 159-173.

— (1981): «Item bias in a test of reading comprehension». *Applied Psychological Measurement, 5*, pp. 159-173.

—, y Baker, E. L. (1995): «What do international assessments imply for world-class standards?» *Educational Evaluation and Policy Analysis, 17*, pp. 405-418.

—, y Gronlund, M. E. (2000): *Measurement and Assessment in Teaching*. Upper Saddle River, NJ: Prentice Hall (8.ª ed).

— (1972): «Criterion-referenced applications of classical test theory». *Journal of Educational Measurement, 9*, pp. 13-26.

—, y Zieky, M. J. (1982): *Passing scores. A manual for setting standards of performance on educational and occupational tests*. Princeton, NJ: Educational testing Service.

Loehlin, J. C. (2004): *Latent variable models*. Mahaw, NJ: Erlbaum.

Loevinger, J. (1957): «Objective tests as instruments of psychological theory». *Psychological reports, 3*, pp. 635-694.

Lord, F. M. (1955): «A survey of observed test-score distributions with respect to skewness and kurtosis». *Educational and Psychological Measurement, 15*, pp. 383-389.

— (1977): «A study of item bias using item characteristic curve theory». En: Y. H. Poortinga (Ed.), *Basic problems in cross-cultural psychology* (pp. 19-29): Amsterdam: Swets y Zeitlinger.
— (1980): *Applications of item response theory to practical testing problems*. Hillsdale, NJ: Lawrence Erlbaum.
—, y Novick, M. R. (1968): *Statistical theories of mental test scores*. Reading, MA: Addison Wesley.
Loyd, B. H., y Hoover, H. D. (1980): «Vertical equating using the Rasch model». *Journal of Educational Measurement, 17,* pp. 179-193.
Luce, R. D.; Krantz, D. H.; Suppes, P., y Tversky, A. (1990): *Foundations of Measurement. Vol. 3. Representation, axiomatization, and invariance*. Nueva York: Academic Press.
MacCallum, R. C.; Widaman, K. F.; Zhang, S., y Hong, S. (1999): «Sample size in factor analysis». *Psychological Methods, 4,* pp. 84-99.
McDonald, R. P. (1985): *Factor analysis and related methods*. Hillsdale, NJ: Lawrence Erlbaum.
Magnusson, D. (1967): *Test theory*. Boston: Addison Wesley (trad. castellana en México: Trillas).
Mantel, N., y Haenszel, W. (1959): «Statistical aspects of the analysis of data from retrospective studies of disease». *Journal of the National Cancer Institute, 22,* pp. 719-748.
Marco, G. L. (1977): «Item characteristic curve solutions to three intractable testing problems». *Journal of Educational Measurement, 14,* pp. 139-160.
Marcoulides, G. A., y Schumacker, R. E. (2001): *New developments and techniques in structural equation modelling*. Mahwah, NJ: Erlbaum.
Martin, M. O.; Rust, K.; y Adams, R. J. (1999): *Tehnical Standards for IEA Studies*. Amsterdam: IEA.
Martínez Arias, R. (1995): *Psicometría: Teoría de los tests psicológicos y educativos*. Madrid: Síntesis.
— Rivas, T., y Rius, F. (1991): *Modelos estadísticos para la predicción*. Málaga: Universidad de Málaga.
Masters, G. N. (1982): «A Rasch model for partial credit scoring». *Psychometrika, 47,* pp. 149-174.
—, y Keeves, J. P. (eds.), *Advances in measurement in educational research and assessment*. Amsterdam: Pergamon.
—, y Wright, B. D. (1997): «The partial credit model». En: W. J. Linden van der y R. K. Hambleton (eds.), *Handbook of modern item response theroy* (pp. 101-121): Nueva York: Springer.
McDonald, R. P. (1985): *Factor analysis and related methods*. Hillsdale, NJ: Lawrence Erlbaum.
— (1997): «Normal ogive multidimensional model». En: W. J. van der Linden y R. K. Hambleton (eds.), *Handbook of modern item response theory* (pp. 258-269): Nueva York: Springer.
— (1999): *Test theory. A unified treatment*. Mahwah, NJ: Lawrence Erlbaum.
—, y Krane, W. R: (1977): «A note on local identifiability and degrees of freedom in the asymptotic likelihood ratio test». *British Journal of Mathematical and Statistical Psychology, 30,* pp. 198-203.

—, y Marsh, H. W. (1990): «Choosing a multivariate model: Noncentrality and goodness of fit». *Psychological Bulletin, 107,* pp. 247-255.

McLeod, L. D.; Swygert, K. A.; y Thissen, D. (2001): «Factor analysis for item scored in two categories». En: D. Thissen y H. Wainer (eds.), *Test Scoring* (pp. 189-216): Mahwah, NJ: Erlbaum.

Meehl, P. E. (1959): «Some ruminations on the validation of clinical procedures». *Canadian Journal of Psychology, 13,* pp. 102-128.

Mellenbergh, G. (1982): «Contingency tables models for assessing item bias». *Journal of Educational Statistics, 7,* pp. 235-245.

Messick, S. M. (1975): «The standard problem. Meaning and values in measurement and evaluation». *American Psychologist, 29,* pp. 955-966.

— (1980): «Test validity and the ethics of assessment». *American Psychologist, 35,* pp. 1012-1027.

— (1981): «Constructs and their vicissitudes in educational and psychological measurement». *Psychological Bulletin, 89,* pp. 575-588.

— (1988): «The once and future issues of validity: assessing the meaning and consequences of measurement». En: H. Wainer y H. Braun (eds.): *Test validity.* Hillsdale, NJ: Lawrence Erlbaum.

— (1989): «Validity». En: R. Linn (ed.): *Educational measurement.* (pp. 13-103): Nueva York: Macmillan.

— (1990): *Validity of test interpretation and use.* Research Rep. No. 90-11. Princeton, NJ: Educational Testing Service.

— (1994): «The interplay of evidence and consequences in the validity of performance assessments». *Educational Researcher, 32,* pp. 13-23.

— (1995): «Standards of validity and the validity of standards in performance assessment». *Educational Measurement:Issues and Practice, 14 (4),* pp. 5-8.

— (1996): «Validity of performance assessment». En: Phillips, G. W. (ed.), *Technical issues in large-scale performance assessment.* (pp. 1-19) (NCES 96-802): US Department of Education. Office of Educational Research and Improvement.

Michell, J. (1999): *Measurement in psychology: Critical history of a methodological concept.* Cambridge: Cambridge University Press.

Miller, T. R., y Spray, J. A. (1993): «Logistic discriminant function analysis for DIF identification of politomously scored items». *Journal of Educational Measurement, 30,* pp. 107-122.

—, y Welch, C. J. (1993): *Issues and problems in assessing differential item functioning in performance assessments.* Paper presented at the annual meeting of the National Council on Measurement in Education, Atlanta.

Mills, C. N., Potenza, M. T., Fremer, J. J., y Ward, W. C. (2002): *Computer-Based Testing. Building the Foundations for Future Assessments.* Mahwah, NJ: Lawrence Erlbaum.

Millsap, R. E., y Everson, H. T. (1993): «Methodology review : Statistical approaches for assessing measurement bias». *Applied Psychological Measurement, 17,* pp. 297-334.

Mislevy, R. J. (1992): *Linking educational assessments: Concepts, issues, methods, and prospects.* Princeton, NJ: ETS Policy Information Center.

— y Bock (1990): BILOG. Scientific Software International.

— (2002): *Psychometric principles in student assessment.* Cresst, CA: CSE Report 583.

—, Steinberg, L. S., y Almond, R. G. (2003): «On the structure of educational assessments». *Measurement: Interdisciplinary research and perspectives, 1*, pp. 1-62.

—, Wilson, M., Ercikan, K., y Chudowsky, N. (2003): «Psychometric principles in student assessment». En: D. Stufflebeam y T. Kellaghan (eds.), *International handbook of educational evaluation* (pp. 489-532): Dordretch, Países Bajos: Kluwer Academic Press.

Mokken, R. J. (1971): *A theory and procedure of scale analysis with applications in political research*. Nueva York: De Gruyter.

— (1997): «Nonparametric models for dichotomous responses». En: W. J. van der Linden, y R. K. Hambleton (eds.), *Handbook of modern item response theory* (pp. 351-367): Nueva York: Springer.

Molenaar, I. (1997): «Nonparametric models for polytomous responses». En: W. J. van der Linden, y R. K. Hambleton (eds.), *Handbook of modern item response theory*. (pp. 369-380): Nueva York: Springer.

—, Sijtsma, K. (2000): *User's manual MSP5 for Windows*. Groningen: iecProGAMMA.

Morales, P., Urosa, B., y Blanco, A. (2003): *Construcción de escalas de actitudes tipo Likert*. Madrid: Hespérides.

Mossier, C. L. (1947): «A critical examination of the concept of face validity». *Educational and Psychological measurement, 7,* pp. 91-205.

Moss, P. A. (1994): «Can there be validity without reliability?». *Educational Researcher, 23,* pp. 5-12.

— (1998): «The role of consequences invalidity theory». *Educational Measurement: Issues and Practice,* 17(2), pp. 6-12.

— Schutz, A. (2001): «Educational standards, assessment, and the search for consensus». *American Educational Research Journal, 38,* 37-70.

Mulaik, S. A. (1990): *An analysis of the conditions under which the estimation of parameters inflates goodness of fit indices as measures of model validity*. Presentado en el encuentro anual de la Psychometric Society, Princeton, NJ.

Muraki, E. (1990): «Fitting a polytomous item response model to Likert-type data». *Applied Psychological Measurement, 14,* pp. 59-71.

— (1992): «A generalized partial credit model. Application of an Em algorithm». *Applied Psychological Measurement, 16,* pp. 159-176.

— (1993): «Information functions of the generalized partial credit model». *Applied Psychological Measurement, 17,* pp. 351-363.

— (1997): «A generalized partial credit model». En: W. J. van der Linden y R. K. Hambleton (eds.), *Handbook of modern item response theory* (pp. 153-164). Nueva York: Springer.

— y Bock (2003): PARSCALE. Scientif Software International.

Muthén, B., y Lehman, J. (1988): «Multiple group IRT modelling: Applications to item bias analysis». *Journal of Educational Statistics, 10,* pp. 133-142.

Nasser, F., y Wisenbaker, J. (2003): «A Monte Carlo study investigating the impact of item parceling on measures of fit in confirmatory factor analysis». *Educational and Psychological measurement, 63,* pp. 729-757.

Nedelsky, L. (1954): «Absolute grading standards for objective tests». *Educational and Psychological Measurement, 14,* pp. 3-19.

Netemeyer, R. G., Bearden, R. O., y Sharma, S. (2003): *Scaling procedures. Issues and applications*. Thousand Oaks, CA: Sage.

Nichols, P. (1999): «The lack of fidelity between cognitively complex constructs and conventional test development practice». *Educational Measurement: Issues and Practice, 83,* pp. 18-29.

Nitko, A. J. (1984): «Defining criterion-referenced tests». En: R. A. Berk (ed.): *A guide to criterion-referenced test construction.* Baltimore, MA: John Hopkins University Press.

— (2001): *Educational assessment of students.* Columbus, OH: Merrill.

Novick, M. R., y Lewis, C. (1967): «Coephicient alpha and the reliability of composite measurements». *Psychometrika, 32,* pp. 1-13.

Nunnally, J. C. (1978): *Psychometric Theory.* Nueva York: Mcgraw Hill.

— y Bernstein, I. H. (1994): *Psychometric Theory,* 3.ª ed. Nueva York: McGraw Hill.

O'Connor, B. P. (2000): «SPSS and SAS programs for determining the number of components using parallel analysis and Velicer's MAP test». *Behavior Research Methods, Instruments and Computers, 32,* pp. 396-402.

O'Neill, K. A., y McPeek, W. M. (1993): «Item and tests characteristics that are associated with differential item functioning». En: P. W. Holland y H. Wainer (eds.), *Differential item functioning.* Hillsdale, NJ: Erlbaum.

Osburn, H. G. (1968): «Item sampling for achievement testing». *Educational and Psychological Measurement, 28,* pp. 95-104.

Osgood, C. E., y Tannenbaum, P. H. (1955): «The principle of congruence in the prediction of attitude change». *Psychological Bulletin, 62,* pp. 42-55.

Osterlind, H. G. (1989): *Constructing test items.* Boston: Kluwer.

Osterlind, S. J. (1979): *Test item bias.* Beverly Hilla, CA: Sage.

Ostini, R., y Nering, M. L. (2005): *Polytomous item responser theory.* Thousand Oaks, CA: Sage.

Panter, A. T., Swygert, K. A., Dahlstrom, W. G., y Tanaka, J. S. (1997): «Factor analytic approaches to personality item-level data». *Journal of Personality Assessment, 68,* pp. 561-589.

Pedhazur, E. J., y Schmelkin, L. P. (2001): *Measurement, design and analysis: An integrated approach.* Hillsdale, NJ: Erlbaum.

Pellegrino, J., Chudowsky, N., y Glaser (eds.) (2001): *Knowing what students know: The science and design of educational assessment.* Washington, DC: National Academy Press.

Penfield, R. D., y Lam, T. C. M. (2000): «Assessing differential item functioning in performance assessment: Review and recommendations». *Educational Measurement: Issues and Practices, 19,* pp. 5-15.

Peña, D. (2002): *Análisis de datos multivariantes.* Madrid: McGraw Hill.

Petersen, N. S., y Novick, M. R. (1976): «An evaluation of some models for culture-fair selection». *Journal of Educational Measurement, 13,* pp. 3-29.

— Kolen, M. J., y Hoover, H. D. (1989): «Scaling, norming, and equating». En: R. L. Linn (ed.): *Educational Measurement* (pp. 221-262): Nueva York. Macmillan.

Phillips, A., y Holland, P. W. (1987): «Estimators of the variance of the Mantel-Haenszel log-odds ratios estimate». *Biometrics, 43,* pp. 425-431.

Phillips, G. W. (ed.) (1996): *Technical issues in large-scale performance assessment.* (NCES 96-802): US Department of Education. Office of Educational Research and Improvement.

Phillips, S. E. (1995): «Legal defensibility of standards : Issues and policy perspectives». *Educational measurement: Issues and Practices, 15,* pp. 5-14.

Pommerich, P., y Dorans, N. J. (2004): «Linking Scores via concordance: Introduction to the special issue». *Applied Psychological Measurement, 28*, 216-218.

Popham, J. (1978): *Criterion-referenced measurement*. Englewood Cliffs, NJ: Prentice Hall.

— (2000): *Modern educational measurement. Practical guideliness for educational leaders*. Boston: Allyn and Bacon.

—, y Husek, T. R. (1969): «Implications of criterion-referenced measurement». *Journal of Educational Measurement, 6,* pp. 1-9.

Popham, W. J. (1984): «Specifying the domain of content of behaviour». En: R. A. Berk (ed.), *A guide to criterion-referenced test construction*. Baltimore: John Hopkins University Press.

Potenza, M. T., y Dorans, N. J. (1995): «DIF assessment for polytomously scored items: a framework for classification and evaluation». *Applied Psychological Measurement, 19,* pp. 23-37.

Preacher, K. J., y MacCallum, R. C. (2003): «Repairing Tom Swift's electric factor analysis machine». *Understanding Statistics, 2,* 13-43.

Raju, N. S. (1988): «The area between two item characteristic curves». *Psychometrika, 53,* pp. 495-502.

— (1990): «Determining the significance of estimated signed and unsigned areas between two item response functions». *Applied Psychological Measurement, 14,* pp. 197-207.

Ramsay, J. O. (1991): «Kernel smoothing approaches to nonparametric item characteristic curve estimation». *Psychometrika, 56,* pp. 611-630.

— (1996): *TestGraf: A program for the graphical analysis of multiple choice test data*. No publicado. Montreal: McGill University.

— (1997): «A functional approach to modelling test data». En: W. J. van der Linden y R. K. Hambleton (eds.), *Handbook of modern item response theory*. (pp. 381-394): Nueva York: Springer.

Rasch, G. (1960/1980): *Probabilistic models for some intelligence and attainment tests*. Copenhague: Danish Institute for Educational Research. Reprinted: Chicago University Press.

— (1966): «An item analysis which takes individual differences into account». *British Journal of Mathematical and Statistical Psychology, 19,* 49-57.

Reckase, M. D. (1997): «A linear logistic multidimensional model for dichotomous item response data». En: W. J. van der Linden y R. K. Hambleton (eds.), *Handbook of modern item response theory* (pp. 271-286). Nueva York: Springer.

— (1998): *Setting standards to be consistent with an IRT item calibration*. No publicado.

Reise, S. P. (1999): «Personality measurement: issues viewed through the eyes of IRT». En: S. E. Embretson, y S. L. Herschberger (eds.), *The new rules of measurement: What every psychologist and educator should know* (pp. 219-241): Mahwah, NJ: Erlbaum.

— y Waller, N. G. (1993): «Traitedness and the assessment of response patterns scalability». *Journal of personality and Social Psychology, 65,* 143-151.

— Waller, N. G., y Comrey, A. L. (2000): «Factor analysis and scale revision». *Psychological Assessment, 12,* pp. 287-297.

Rogers, H. J. (1997): «Multiple choice tests, guessing in». En: J. P. Keeves (ed.), *Educational Research, Methodology and Measurement. An international handbook* (pp. 766-771), Londres: Pergamon.

Roskam, E. E. (1997): «Models for speed and time-limit tests». En: W. J. van der Linden y R. K. Hambleton (eds.), *Handbook of modern item response theory* (pp. 187-208). Nueva York: Springer.

Roussos, L., y Stout, W. F. (1996): «A multidimensionality based DIF analysis paradigm». *Applied Psychological Measurement, 20,* pp. 355-371.

Rovinelli, R. J., y Hambleton, R. K. (1977): «On the use of content specialists in the assessment of criterion-referenced test item validity». *Dutch Journal of Educational Research, 2,* 49-60.

Rowley, G. L., y Traub, R. E. (1977): «Formula scoring, number-right scoring, and test-taking strategy». *Journal of Educational Measurement, 14,* 15-22.

Rudner, L. M. (1977): *An approach to biased item identification using latent trait measurement theory.* Presentado en el encuentro anual de la American Educational Research Association, Nueva York.

Rulon, P. J. (1939): «A simplified procedure for determining the reliability of a test by split-halves». *Harvard Educational Review, 9,* pp. 99-103.

Russell, D. W. (2002): «In search of underlying dimensions: The use (and abuse) of factor analysis». En *Personality and Social Psychology Bulletin, 28,* pp. 1629-1646.

Samejima, F. (1969): «Estimation of latent ability using a response pattern of graded scores». *Psychometric Monograph Supplement, 17.*

— (1972): «A general model for free-response data». *Psychometric Monograph, 18.*

— (1997): «Graded response model». En: W. J. van der Linden y R. K. Hambleton (eds.): *Handbook of Modern Item Response Theory* (pp. 85-100): Nueva York: Springer.

Satorra, A., y Bentler, P. M. (1994): «Corrections to test statistics and standard errors in covariance structure analysis». En A. von Eye y C. Clogg (eds.), *Latent variables analysis: applications to developmental research.* (pp. 399-419): Thousand Oaks, CA: Sage.

Sax, G. (1997): *Principles of educacional and psychological measurement and evaluation.* Toronto: Wadsworth.

Scheuneman, J. D., y Bleistein, C. A. (1997): «Item Bias». En: J. P. Keeves (ed.), *Educational Research, Methodology and Measurement. An international handbook* (pp.742-749), Londres: Pergamon.

Schmeiser, C. B. (1982): «Use of experimental design in statistical item bias studies». En: R. A. Berk (ed.): *Handbook of methods for detecting item bias* (pp. 64-95): Baltimore: John Hopkins University Press.

Sechrest, L. (1963): «Incremental validity: A recommendation». *Educational and Psychological measurement, 23,* pp. 153-158.

Shavelson, R. J., y Webb, N. M. (1991): *Generalizability theory. A primer.* Newbury Park, CA: Sage.

—, Gao, X., y Baxter G. P. (1995): «On the content validity of performance assessments: Centrality of domain specification», en M. Birenbaum y F. Douchy (eds.), *Alternatives in Assessment of Achievements, Learning Process, and Prior Knowledge* (pp. 131-141), Boston: Kluwer.

Shealy, R., y Stout, W. (1991): *A procedure to detect test bias present simultaneously in several items* (Office of Naval Research Report n.º 4421-548): Urbana, Il : University of Illinois. Departament of Applied Statistics.

—, y — (1993): «An item response theory model for test bias». En: P. W. Holland y H. Wainer (eds.): *Differential item functioning* (pp. 197-239): Hillsdale, NJ : Lawrence Erlbaum.

Shepard, L. A. (1997): «The centrality of test use and consequences for test validity». *Educational Measurement: Issues and Practice, 16(2),* pp. 5-8, 13, 24.

Shepard, L., Camilli, G., y Williams, D. M. (1985): «Validity of approximation techniques for detecting item bias». *Journal of Educational Measurement, 22,* pp. 77-105.

Sijtsma, K., y Molenaar, I. (2002): *Introduction to nonparametric item response theory.* Thousand Oaks, CA: Sage.

Sireci, S. G. (1998): «Gathering and analyzing content validity data». *Educational Assessment, 5,* pp. 299-321.

—, y Geisinger, K. F. (1992): «Analyzing test content using cluster analysis and multidimensional scaling». *Applied Psychological Measurement, 16,* pp. 17-31.

—, y — (1995): «Using subject matter experts to assess content representation: An MDS analysis». *Applied Psychological Measurement, 19,* 241-255.

Snow, R. E., y Lohman, D. F. (1989): «Implications of cognitive psychology for educational measurement». En: R. L. Linn (Ed.): *Educational Measurement.* Nueva York: Macmillan.

Spearman, C. (1904a): «General intelligence objectively determined and measured». *American Journal of Psychology*, 15, pp. 201-293.

— (1904b): «The proof and measurement of association between two things». *American Journal of Psychology, 15,* pp. 72-101.

— (1910): «Correlation calculated from faulty data». *British Journal of Psychology, 3,* pp. 271-295.

Spray, J. A. (1997): «Multiple-attempt, single-item response models». En: W. J. van der Linden, y R. K. Hambleton (eds.), *Handbook of modern item response theory.* (pp. 187-209): Nueva York: Springer.

— (1997): «Single-item response models». En: W. J. van der Linden y R. K. Hambleton (eds.), *Handbook of modern item response theory* (pp. 209-220). Nueva York: Springer.

Stafford, R. S. (1971): «The speedness quotient. A new descriptive statistics for test». *Journal of Educational measurement*, 8, pp. 275-277.

Steinberg, L., y Thissen, D. (1996): «Uses of item response theory and the testlet concept in the measurement of psychopathology». *Psychological Methods, 1,* pp. 81-97.

Stevens, J. (2002): *Applied Multivariate statistics for the social sciences.* Hillsdale, NJ: Lawrence Erlbaum.

Stocking, M. L., y Lord, F. M. (1983): «Developing a common metric in item response theory». *Applied Psychological Measurement, 7,* pp. 201-210.

Stout, W. (1987): «A nonparametric approach for assessing latent trait dimensionality». *Psychometrika, 52,* pp. 589-617.

— (1990): «A new item response theory modeling approach with applications to unidimensionality assessment and ability estimation». *Psychometrika, 55,* 293-325.

— (1999): *Dimensionality-based DIF/DBF package: Sibtest, Poly-Sibtest, crossing sibtest, difsim, difcomp. IRT- Based educational and psychological measurement software.* St. Paul, MN: Assessment Systems Corporation.

— Goodwin Froelich, A., y Gao, F. (2000): «Using resampling methods to produce an improved DIMTEST procedure». En: A. Boomsma, M. A. J. van Duijn, y T. A.

B. Snijders (eds.), *Essays on item response theory* (pp. 357-376): Nueva York: Springer-Verlag.

Subkoviak, M. J. (1978): «Empirical investigation of procedures for estimating reliability for mastery tests». *Journal of Educational measurement, 15*, pp. 111-116.

Sudman, S., Bradburn, N. M., y Schwartz, N. (1996): *Thinking aloud answers: The application of cognitive processes to survey methodology*. San Francisco: Jossey Bass.

Suen, H. K. (1990): *Principles of test theories*. Hillsdale, NJ : Lawrence Erlbaum.

Supovitz, J. A., y Brennan, R. T. (1997): «Mirror, mirror on the wall, which is the fairest test of all? An examination of the equitability of portfolio assessment relative to standardized tests». *Harvard Educational Review, 67,* pp. 472-506.

Suppes, P., y Zinnes, J. L. (1963): «Basic measurement theory». En: R. D. Luce, R. R. Bush, y E. Galanter (eds.), *Handbook of Mathematical Psychology. Vol. 1*. Nueva York: Wiley.

— Krantz, D. H.; Luce, R. D., y Tversky, A. (1989): *Foundations of Measurement. Vol. 2. Geometrical, threshold, and probabilistic representations*. Nueva York: Academic Press.

Swaminathan, H., y Rogers, H. J. (1990): «Detecting differential item functioning using logistic regression procedures». *Journal of Educational Measurement, 27,* pp. 361-370.

Swets, J. A. (1986): «Form of empirical ROCs in discrimination and diagnostic tasks : implications for theory and measurement of performance». *Psychological Bulletin, 99,* 181-198.

—, y Pickett, R. M. (1982): *Evaluation of diagnostic systems: methods from signal detection theory*. Nueva York: Academic Press.

Tanaka, J. S. (1993): «Multifaceted conceptions of fit in structural equation models». En: K. A. Bollen y J. S. Long (eds.), *Testing structural equation models* (pp. 10-39): Newbury Park, CA: Sage.

Tatsuoka, K. K. (1996): «Use of generalized person-fit indices, zetas for statistical pattern classification». *Applied Measurement in Education, 9,* pp. 65-75.

Taube, K. T. (1997): «The incorporation of empirical item data into the Angoff standard-setting procedure». *Education and the Health Professions, 20,* pp. 479-498.

Taylor, H. C., y Russell, J. T. (1939): «The relationships of validity coefficients to the practical effectiveness of tests in selection: discussion and tables». *Journal of Applied Psychology, 23,* pp. 565-578.

Tenopyr, M. L. (1977): «Content-construct confusion». *Personnel Psychology, 30,* pp. 47-54.

Thissen, D. (2003): *MULTILOG*. Chicago : Scientific Software International.

—, y Steinberg, L. (1986): «A taxonomy of item response models». *Psychometrika, 51,* 567-577.

—, Steinberg, L., y Wainer, H. (1988): «Use of item response theory in the study of group differences in trace lines». En: Wainer H. y Braun H. I. (eds.), *Test Validity* (pp. 147-169): Hillsdale, NJ: Erlbaum.

—, Steinberg, L., y Wainer, H. (1993): «Detection of differential item functioning using the parameters of item response models». En: P. W. Holland y H. Waines (eds.): *Differential item functioning. Theory and practice* (pp. 147-169): Hillsdale, NJ: Lawrence Erlbaum.

—, H. Wainer, H. (eds.): (2001): *Test scoring*. Mahwah, NJ: Erlbaum.

Thompson, B. (ed.) (1935): *The vectors of the mind*. Chicago: University of Chicago Press.
— (1938): *Primary mental abilities*. Chicago: University of Chicago Press.
— (1947): *Multiple factor analysis*. Chicago: University of Chicago Press.
— (2002): «Statistical, practical, and clinical: How many kinds if significance do counsellors need to consider?». *Journal of Counseling and Development, 80,* pp. 64-71.
— (2003): *Score reliability. Contemporary thinking onreliability issues*. Thousand Oaks, CA: Sage.
— (2004): *Exploratory and confirmatory factor analysis*. Washington, DC: American Psychological Association.
Tindal, G., y Haladyna, T. M. (2002): *Large-scale assessment programs for all students: Validity, technical adequacy, and implementation*. Mahwah, NJ : Erlbaum.
Torgerson, W. S. (1958): *Theory and methods of scaling*. Nueva York: Wiley.
Traub, R. E., y Rowley, G. L. (1980): «Reliability of test scores and decisions». *Applied Psychological Measurement, 4,* 517-545.
— (1994): *Reliability for the Social Sciences*. Thousand Oaks, CA: Sage.
Tucker, L. R. (1961): «Factor Analysis of Relevance Judgments: An Approach to Content Validity». Presentado en la Invitational Conference on Testing Problems, Princeton, NJ (reimpreso en A. Anastasi (ed.), *Testing Problems in Perspective* (1966), (American Council on Education, Washington, DC), pp. 577-586.
Vacha-Haase, T. (1998): «Reliability generalization: Exploring variance in measurement error affecting score reliability across studies». *Educational and Psychological Measurement, 58,* pp. 6-20.
— Kogan, L. R., y Thompson, B. (2000): «Sample compositions and variabilities in published studies versus those in test manuals: Validity of score reliability induction». *Educational and Psychological Measurement, 60,* pp. 509-522.
Van der Linden, W. J. (1997): «Decisión theory in educational testing.» En: J. P. Keeves (ed.), *Educational Research, Methodology and Measurement. An International Handbook,* pp. 725-730. Londres: Pergamon.
—, y Mellenbergh, G. J. (1977): «Optimal cutting scores using a linear loss function». *Applied Psychological Measurement, 1,* pp. 593-599.
—, y Hambleton, R. K. (1997): *Handbook of modern item response theory*. Nueva York: Springer.
—, y Glas, C. A. W. (eds.): (2000): *Computerized adaptative testing. Theory and practice*. Dordecht: Kluwer.
Velicer, W. F. (1976): «Determining the number of components from the matrix of partial correlations». *Psychometrika, 41,* pp. 321-327.
Verhelst, N. D., Verstralen, H. H. F. M., y Jansen, M. G. H. (1997): «A logistic model for time-limit tests». En: W. J. van der Linden y R. K. Hambleton (eds.), *Handbook of modern item response theory* (pp. 169-186). Nueva York: Springer.
Wainer, H., y Kiely, G. (1987): «Item clusters and computerized adaptative testing: A case for testlets». *Journal of Educational Measurement, 24,* 185-201.
— (ed.) (2000): *Computerized adaptative testing: A primer* (2.ª ed.): Mahwah, NJ: Erlbaum.
—, y Thissen, D. (2001): «True score theory: The traditional method». En: D. Thissen y H. Wainer (eds.), *Test Scoring* (pp. 23-72): Mahwah, NJ: Erlbaum.

Waller, N. G.; Tellegen, A.; McDonald, R. P., y Lykken, D. T. (1996): «Exploring non-linear models in personality assessment: development and preliminary validation of a negative emotionality scale». *Journal of Personality, 64,* pp. 545-576.

Wang, M. D., y Stanley, J. C. (1970): «Differential weighting: A review of methods and empirical studies». *Review of Educational Research, 40,* pp. 663-705.

Welch, C., y Hoover, H. D. (1993): «Procedures for extending item bias detection techniques to politomously scored items». *Applied Measurement in Education, 6,* pp. 11-19.

—, y Miller, T. R. (1995): «Assessing differential item functioning in direct writing assessments: Problems and an example». *Journal of Educational Measurement, 32,* pp. 163-178.

Westat (2000): *Wesvar: Software for analysis of data from complex samples.* Rockville, MD: Westat.

Wiggins, J. S. (1973): *Personality and prediction: Principles of personality assessment.* Menlo Park, CA: Addison Wesley.

Wiley, D. E. (1973): «The identification problem for structural equation models with unmeasured variables». En: A. S. Goldberger y O. D. Duncan (eds.), *Structural equation models in the social sciences.* Nueva York: Academic Press.

Wiley, P. E. (1991): «Test validity and invalidity reconsidered». En: R. E. Snow y D. E. Wiley (eds.), *Improving inquiry in social science.* (pp. 75-107): Hillsdale, NJ: Erlbaum.

Wilkinson, L., y APA Task Force on Statistical Inference (1999): «Statistical methods in psychology journals: Guideliness and explanations». *American Psychologist, 54,* 594-604. http://www. apa. org/journals/amp/amp548594. html.

Willingham, W. W., y Cole, N. S. (1997): «Research on gender differences». En: W. W. Willingham y N. S. Cole (eds.), *Gender and Fair Assessment.* NJ: Lawrence Erlbaum.

Wilson, M. (2005): *Constructing measures: An item respose modelling approach.* Mahwah, NJ: Erlbaum.

Winer, B. J.; Brown, D. R., y Michels, K. M. (1991): *Statistical principles in experimental design.* Nueva York: McGraw Hill.

Woodruff, D. (1990): «Conditional standard error of measurement in prediction». *Journal of Educational Measurement, 27,* pp. 191-208.

Wright, B. D. (1977): «Solving measurement problems with the Rasch Model». *Journal of Educational Measurement, 14,* 97-116.

—, y Stone, M. H. (1979): *Best test design.* Chicago: MESA Press.

—, y Masters, G. N. (1982): *Rating Scale analysis.* Chicago: MESA Press.

Wu, M.; Adams, R. J., y Wilson, M. (1998): *ConQuest [Computer Software].* Melbourne, Australia: ACER Press.

Yen, W. M. (1984): «Effects of local item dependencia of the fit and equating performance of the three parameter logistic model». *Applied Psychological Measurement, 8,* pp. 125-145.

— (1993): «Scaling performance assessments: Strategies for managing item local dependence». *Journal of Educational Measurement, 30,* pp. 187-213.

Zieky, M. (1993): «Practical questions in the use of DIF statistics in item development». En: P. W. Holland y H. Wainer (eds.), *Differential item functioning: Theory and practice* (pp. 337-364). Hillsdale, NJ: Erlbaum.

—, y Livingston, S. A. (1977): *Manual for setting standards on the Basic Skills Assessment Tests.* Princeton, NJ: Educational Testing Service.

Zimowski, Muraki, Mislevy y Bock (1996, 2003): *BILOG-MG.* Chicago: Scientific Software International.

Zou, K. H.; Hall, W. J., y Shapiro, D. E. (1997): «Smooth non-paraemetric receiver operating characteristic (ROC) curves for continous diagnostic tests». *Statistics in Medicine, 16,* pp. 2143-2156.

Zweig, M. H., y Campbell, G. (1993): «Receiver operating characteristic (ROC) plots: a fundamental evaluation tool in clinical medicine». *Clinical Chemical, 39,* pp. 561-577.

Zwick, R. (1990): «When do item response function and Mantel-Haenszel definitions of differential item functioning coincide?» *Journal of Educational Statistics, 15,* pp. 185-197.

— (1991): «Effects of item order and context on estimation of NAEP reading proficiency». *Educational Measurement: Issues and Practice, 10,* 10-16.

—, Thayer, D. T., y Mazzeo, J. (1997): «Descriptive and inferential procedures for assessing differential item functioning in polytomous items». *Applied Measurement in Education, 10,* pp. 321-334.